河南省“十四五”普通高等教育规划教材

微 积 分

（修订版）

王　霞　何国亮　主编

科 学 出 版 社

北　京

内 容 简 介

本书是河南省“十四五”普通高等教育规划教材立项，是将传统纸质教材内容与教学视频等相关数字资源链接在一起的新形态立体化教材。

本书是以教育部2019年提出的“新文科”建设总体要求、2016年颁布的《高等学校“十三五”科学和技术发展规划》和2015年公布的大学数学课程教学基本要求为纲领，在广泛调研财经、管理类专业的基础上，结合高等教育改革的新形势，以及编者多年的教学经验，并广泛吸取微积分教学改革成果和国内外诸多同类优秀教材的精华编写而成．本书共分10章，内容包括函数、极限与连续、导数与微分、导数的应用、不定积分、定积分及其应用、常微分方程与差分方程、向量代数与空间解析几何、多元函数的微积分、无穷级数．其中标“*”号的为选学内容，读者可自行选择．

本书可供本科理工类、经管类、财经类和文科类各专业使用，也可供各类高职高专院校根据专业需求自行选用．

图书在版编目(CIP)数据

微积分/王霞，何国亮主编．—北京：科学出版社，2017.8
（河南省“十四五”普通高等教育规划教材）
ISBN 978-7-03-053855-0

Ⅰ．①微…　Ⅱ．①王…　②何…　Ⅲ．①微积分-高等学校-教材　Ⅳ．①O172

中国版本图书馆CIP数据核字（2017）第141135号

责任编辑：宋　丽　袁星星／责任校对：赵丽杰
责任印制：吕春珉／封面设计：东方人华平面设计部

科学出版社 出版
北京东黄城根北街16号
邮政编码：100717
http://www.sciencep.com
北京中科印刷有限公司印刷
科学出版社发行　各地新华书店经销
*
2017年8月第 一 版　开本：787×1092　1/16
2022年9月修 订 版　印张：22 1/2
2025年8月第九次印刷　字数：533 000

定价：69.00元

（如有印装质量问题，我社负责调换）
销售部电话 010-62136230　编辑部电话 010-62135927-2047

修订版前言

本书是以教育部2019年提出的“新文科”建设总体要求、2016年颁布的《高等学校“十三五”科学和技术发展规划》和2015年公布的大学数学课程教学基本要求为纲领，在广泛调研财经、管理类专业的基础上，结合高等教育信息化建设的新形势，以及编者多年的教学经验，并广泛吸取微积分教学改革成果和国内外诸多同类优秀教材的精华编写而成的.

本书有以下几大特点：

（1）力求适合素质教育，重视概念的梳理及理论的应用场景，有利于培养学生的数学素养和创新精神.

（2）内容阐述简明扼要，便于教师讲授和学生自学.

（3）章、节例题设计巧妙，对例题的讲解着重思路分析和解题规律的总结.

（4）配套的各类题型都是精心设计的，试题知识点覆盖全面，有涉及基本知识、基本方法和基本技巧的习题，也有涉及巩固提高的习题，每章结束还设计了两套自测题（基础自测题和提高自测题），确保试题有区分度，为不同程度的学生提供不一样的测试.

（5）每章设计了与章节核心内容高度匹配的经济学案例，以增强学生综合运用所学知识分析问题和解决问题的能力，为学生学习后续课程和进一步获得专业知识奠定必要的数学基础.

与第一版教材相比，此次修订有下面几个亮点：

（1）部分章结尾增加了与本章知识点相关的数学史阅读，以培养学生的数学素养，提高学生学习微积分的兴趣.

（2）借助信息化技术为每章的重、难点配备了微课视频，学生可以通过扫描二维码实现个性化学习.

（3）每章增加了知识思维导图的二维码，方便学生梳理本章的所有知识点，理解和掌握整体内容，同时将习题和自测题答案以二维码的形式放在每章末尾，以便学生及时查看.

（4）书后增加了一个附录，附录介绍了三角函数的一些常用公式，以便学生及时查阅.

本书克服了知识覆盖面小、习题配备区分度不大及与社会现实脱节等不适合学生学习的特点，使学生在课堂上既能学到必要的基础知识，又能使其基本技能得到必要的训练，能力得到普遍提高. 由于有很多现代化的知识渗透其中，因此本书也将为学生进一步深造和就业奠定良好的基础.

本书由王霞、何国亮（郑州轻工业大学）任主编，由李春、吕红杰、何琳、樊晓敏、贺慧、王冰雪任副主编. 本书在编写过程中得到郑州轻工业大学、郑州财经学院的大力支持与帮助，同时得到了教师同仁和同学的帮助，在此表示衷心的感谢.

由于编者水平有限，书中难免存在不妥和疏漏之处，敬请广大读者不吝指教，提出宝贵的批评和建议，以便我们改正和完善.

编　者

2021年8月

第一版前言

本书有以下几大特点：一是力求适合素质教育，重视问题的几何意义及实际应用，有利于培养学生的数学应用能力和创新精神；二是内容阐述简明扼要，同时注重渗透数学思想方法，便于教师讲授和学生自学；三是例题与习题实用性较高，书中选用较多的例题和习题，对例题的讲解着重思路分析和解题规律的总结；四是本书配备的各类题型都是精心设计的，既有涉及基本知识、基本方法和基本技巧的习题，也有涉及巩固提高的习题，每章结束还设计了自测题．配备自测题是为了强化全章知识，增强学生综合使用所学知识的本领，并通过训练达到能力提升的目的．另外，本书的各类题型中均设计了一定数量的贴近生活、贴近实际的应用题，以增强学生综合运用所学知识分析问题和解决问题的能力，为学生学习后续课程和进一步获得专业知识奠定必要的数学基础．

与以往所用教材相比，本书克服了覆盖面小、习题配备难度大及与日常生活脱节等不适合学生学习的缺点，使学生在课堂上既能学到必要的基础知识，又能使基本技能得到必要的训练，能力得到普遍提高．由于有很多现代化的知识渗透其中，因此本书也将为学生进一步深造和就业奠定良好的基础．

本书由郑州轻工业学院王霞、何国亮担任主编，由赵玲玲、何琳、杨静、王艳青、李珍珍、李春担任副主编．

由于编者水平和经验有限，书中难免存在不足之处，恳请广大读者批评指正。

编　者

2017 年 6 月

目　　录

第1章　函　　数

在自然科学、工程技术，甚至某些社会科学中，函数是被广泛应用的一个数学概念. 函数描述了现实世界中各种变量之间的相互依赖关系，是微积分研究的基本对象. 自17世纪近代数学产生以来，函数的概念一直处于数学研究的核心位置. 本章将给出函数的概念和基本性质，并介绍经济学中一些常见的函数.

1.1　函数的概念与性质

1.1.1　集合的概念

集合是数学中的一个基本概念，一般地，我们将具有某些确定性质的对象组成的全体，称为**集合**（简称**集**），通常用大写字母 $A,B,\cdots$ 或带下标的大写字母 $A_1,B_1,\cdots$ 表示. 集合中的各个对象称为集合的**元素**，通常用小写字母 $a,b,\cdots$ 或带下标的小写字母 $a_1,b_1,\cdots$ 表示. 如果 a 是集合 A 的一个元素，记作 $a\in A$，读作 a 属于 A，否则记作 $a\notin A$，读作 a 不属于 A.

我们把不含任何元素的集合称为**空集**，记作 $\varnothing$；而把所研究问题的全体元素组成的集合称为**全集**，记作 E 或 U；含有有限个元素的集合称为**有限集**，含有无限多个元素的集合称为**无限集**.

集合的表示方法通常有两种：

一种是**列举法**（**枚举法**），就是将集合中的元素全部列出，写在一个花括号内，元素间用逗号隔开，如 $A=\{a,b,c,d\}$，$N=\{0,1,2,\cdots\}$. 用列举法表示集合时，一般对元素之间的次序没有要求，对重复的元素通常看作同一个元素，在集合中用到省略号时，省略的部分必须满足一般的可认知性.

一种是**描述法**，一般形式是 $A=\{x\mid p(x)\}$，其中 x 表示 A 中的元素，$p(x)$ 表示 A 中的元素 x 所具有的特征. 如 $B=\{x\mid 3\leqslant x\leqslant 5, x\in\mathbf{R}\}$ 表示大于等于 3 且小于等于 5 的全体实数的集合. 一般在不致混淆的情况下，可以省去“$x\in\mathbf{R}$”，记作 $B=\{x\mid 3\leqslant x\leqslant 5\}$.

如果集合中的元素都是数，则称其为数集. 有时我们在表示数集的字母的右上角标上“+”或“－”来表示该数集是由所有正数或负数构成的特定子集. 常用的数集及其符号表示有以下几种：

全体自然数的集合记为 $\mathbf{N}$，即 $\mathbf{N}=\{0,1,2,\cdots,n,\cdots\}$.

全体正整数的集合记为 $\mathbf{N}^+$，即 $\mathbf{N}^+=\{1,2,\cdots,n,\cdots\}$.

全体整数的集合记为 $\mathbf{Z}$，即 $\mathbf{Z}=\{\cdots,-n,\cdots-2,-1,0,1,2,\cdots,n,\cdots\}$.

全体有理数的集合记为 $\mathbf{Q}$，即 $\mathbf{Q}=\left\{\dfrac{p}{q}\mid p\in\mathbf{Z},q\in\mathbf{N}^+,\text{且}p\text{与}q\text{互质}\right\}$.

全体实数的集合记为 $\mathbf{R}$.

集合之间有以下几种关系.

定义 1.1 如果集合 A 中的任意一个元素都是集合 B 中的元素，则称 A 是 B 的一个子集，记作 $A\subseteq B$ 或 $B\supseteq A$，读作 A 包含于 B，或 B 包含 A.

定义 1.2 如果 $A\subseteq B$ 且 $B\subseteq A$，则称 A 和 B 相等，记作 $A=B$，否则记为 $A\neq B$.

定义 1.3 如果 $A\subseteq B$ 且 $A\neq B$，则称 A 是 B 的一个真子集，记为 $A\subsetneqq B$ 或 $B\supsetneqq A$.

在后面许多问题的讨论中，我们往往将问题限定在某两个实数之间，为了简便地表示这部分实数集合，我们引入区间和邻域的概念.

若实数 $a<b$，满足条件 $a<x<b$ 的全体实数构成的集合称为**开区间**，记作 (a,b)，即 $(a,b)=\{x\mid a<x<b\}$；满足条件 $a\leqslant x\leqslant b$ 的全体实数所构成的集合称为**闭区间**，记作 $[a,b]$，即 $[a,b]=\{x\mid a\leqslant x\leqslant b\}$. 类似地，可以定义**半开半闭区间** $[a,b)=\{x\mid a\leqslant x<b\}$，$(a,b]=\{x\mid a<x\leqslant b\}$.

以上这些区间都称为**有限区间**，数 $b-a$ 称为这些区间的**长度**.

除上面的有限区间外，还可以定义无限区间

$$(-\infty,+\infty)=\{x\mid x\in\mathbf{R}\},$$

$$(a,+\infty)=\{x\mid x>a\},\quad [a,+\infty)=\{x\mid x\geqslant a\},$$

$$(-\infty,b)=\{x\mid x<b\},\quad (-\infty,b]=\{x\mid x\leqslant b\}.$$

下面给出邻域的概念.

定义 1.4 以点 x_0 为中心，$\delta(\delta>0)$ 为半径的开区间 $(x_0-\delta,x_0+\delta)$，称为**以点 x_0 为中心的 δ 邻域**，记作 $U(x_0,\delta)$，即

$$U(x_0,\delta)=(x_0-\delta,x_0+\delta)=\{x\mid |x-x_0|<\delta\}.$$

在某些情形下，不要求指出邻域的半径，则可以简单记作 $U(x_0)$，称为 x_0 的**某个邻域**.

我们还可以定义以点 x_0 为中心，δ 为半径的**去心邻域**：

$$\overset{\circ}{U}(x_0,\delta)=\{x\mid 0<|x-x_0|<\delta\},$$

它不包含邻域的中心 x_0.

1.1.2 函数的概念

在自然科学和工程技术中，常常会遇到这样两种量：常量和变量. 在某一变化过程中保持不变的量叫作**常量**，常用 $a,b,c,\cdots$ 表示；在某一变化过程中不断变化的量叫作**变量**，常用 $x,y,z,\cdots$ 表示.

例 1.1 一个物体在做自由落体运动的过程中，物体经过的路程 s 与时间 t 之间的对应关系由公式

$$s=\frac{1}{2}gt^2$$

给出，其中重力加速度 g 为常量，而路程 s 与时间 t 均为变量.

例 1.2 某公司发行股票，年利率为 a，每股 x 元，12 年后每股价值 y 元，则 y 与 x 的对应关系为

$$y=x(1+a)^{12},$$

其中，a 为常量，而 y 与 x 均为变量.

例 1.3　圆的面积 A 与它的半径 r 之间的对应关系为

$$A=\pi r^2,$$

其中，π 为常量，而 A 与 r 均为变量.

定义 1.5　设 x 与 y 是两个变量，D 为实数集的一个非空子集. 若对 D 中的每一个数 x，变量 y 按照一定的对应法则 f 总有唯一确定的值与之对应，则称 y 是 x 的（单值）函数，记作 $y=f(x)$，$x\in D$. x 称为**自变量**，y 称为**因变量**，自变量的取值范围 D 叫作这个函数的**定义域**.

定义域一般分为两种情况：

（1）在实际问题中，函数的定义域是根据实际意义确定的，叫作**实际定义域**，如自由落体运动函数 $s=\frac{1}{2}gt^2$ 中的时间 t 必须满足 $t\geqslant 0$ 才有意义，即函数的定义域为 $D=[0,+\infty)$.

（2）对于用数学解析式表示的函数，如果不考虑它的实际意义，那么使函数表达式有意义的一切实数组成的集合就是函数的定义域，叫作**自然定义域**，简称定义域，如函数 $f(x)=\frac{1}{2}gx^2$（g 是常数）的定义域为 $\mathbf{R}$.

当 x 在定义域 D 内取值 x_0 时，对应的 y 的数值为函数 $f(x)$ 在点 x_0 处的**函数值**，记为

$$y_0=f(x_0)\text{ 或 }y\big|_{x=x_0}=f(x_0).$$

当 x 取遍 D 内的一切数值时，对应函数值的集合

$$R=\{y\,|\,y=f(x),x\in D\}$$

叫作函数 $y=f(x)$ 的**值域**.

注　（1）函数的定义域和对应法则称为函数的二要素，两个函数相同的充要条件是它们的定义域和对应法则分别相同.

（2）函数的表示方法有表格法、图像法和解析法（也称公式法）. 根据函数解析式表达形式的不同，函数又可分为显函数和隐函数. 由 x 的解析表达式直接表示的函数称为显函数，如 $y=x^2+2x+3$；自变量 x 与因变量 y 的对应法则由参数方程或方程组来表示的函数称为隐函数，如 $e^y=x+1$.

例 1.4　设函数 $f(x)=3x^2+1$，求 $f(1)$ 及 $f(a+1)$.

解　由函数的定义可知

$$f(1)=3\times 1^2+1=4,$$

$$f(a+1)=3\times(a+1)^2+1=3a^2+6a+4.$$

例 1.5　设函数 $f(x-1)=x^2-3x+2$，求 $f(x)$ 及 $f(x+1)$.

解　令 $u=x-1$，则 $x=u+1$，所以 $f(u)=(u+1)^2-3(u+1)+2$，所以有

$$f(x)=(x+1)^2-3(x+1)+2,$$

$$f(x+1)=(x+2)^2-3(x+2)+2=x^2+x.$$

例 1.6　判断下列函数是否相同.

（1）$f(x)=x$ 与 $g(x)=\sqrt{x^2}$；　　（2）$f(x)=x$ 与 $g(x)=\frac{x^2}{x}$；

（3）$f(x)=x$ 与 $g(x)=x\cos^2 x+x\sin^2 x$；（4）$f(x)=\dfrac{x^2-1}{x-1}$ 与 $g(x)=x+1$.

解 （1）由于 $g(x)=\sqrt{x^2}=|x|$，与函数 $f(x)=x$ 的对应法则不同，所以这两个函数不相同.

（2）在函数 $g(x)=\dfrac{x^2}{x}$ 中，$x\neq 0$，与函数 $f(x)=x$ 的定义域不同，故这两个函数不相同.

（3）函数 $g(x)=x\cos^2 x+x\sin^2 x=x$，与函数 $f(x)=x$ 的定义域和对应法则均相同，故这两个函数相同，即 $f(x)=g(x)$.

（4）函数 $f(x)=\dfrac{x^2-1}{x-1}$ 的定义域为 $D=\{x\,|\,x\in\mathbf{R},x\neq 1\}$，函数 $g(x)$ 的定义域为 $D=\{x\,|\,x\in\mathbf{R}\}$，两者定义域不同，故这两个函数不相同.

例 1.7 求函数 $f(x)=\dfrac{1}{2x}-\sqrt{1-x^2}$ 的定义域.

解 要使函数有意义，自变量必须满足：

$$\begin{cases}1-x^2\geqslant 0\\ x\neq 0\end{cases},$$

解得

$$\begin{cases}-1\leqslant x\leqslant 1\\ x\neq 0\end{cases}.$$

则函数 $f(x)$ 的定义域为 $D=[-1,0)\cup(0,1]$.

1.1.3 几个特殊函数

下面举几个特殊函数的例子.

例 1.8 绝对值函数

$$y=f(x)=|x|=\begin{cases}x, & x\geqslant 0\\ -x, & x<0\end{cases},$$

其定义域 $D=(-\infty,+\infty)$，值域 $R=[0,+\infty)$，如图 1.1 所示.

如果一个函数在其定义域的不同子集上，用不同的解析式表示，这样的函数称为**分段函数**，相应的子集的共同端点称为该函数的分段点．需要注意的是，尽管在不同的区间内函数的表达式不同，但它们是一个整体，表示的是一个函数，而不是几个函数.

例 1.9 符号函数

$$y=f(x)=\operatorname{sgn}x=\begin{cases}1, & x>0\\ 0, & x=0\\ -1, & x<0\end{cases},$$

其定义域为 $D=(-\infty,+\infty)$，值域为 $R=\{-1,0,1\}$，如图 1.2 所示.

图 1.1　　图 1.2

例 1.10　取整函数

$$y=f(x)=[x],$$

其中，$[x]$表示不超过x的最大整数，即若$x=n+r$，$n\in\mathbf{Z}$，$0\leqslant r<1$，则$[x]=n$．其定义域为$D=\mathbf{R}$，值域为$R=\mathbf{Z}$，如图 1.3 所示．

例 1.11　用解析法表示出图 1.4 所示的函数．

图 1.3　　图 1.4

解　这是定义域在$[-2,2]$上的函数，当$x\in[-2,0)$时，$y=x$；当$x=0$时，$y=1$；当$x\in(0,2]$时，$y=2-x$，所以

$$y=f(x)=\begin{cases}x, & x\in[-2,0)\\ 1, & x=0\\ 2-x, & x\in(0,2]\end{cases}.$$

例 1.12　设有一个边长为a的正方形铁皮，现将它的四角剪去边长相等的小正方形，做成一个无盖盒子，试将盒子的体积表示成小正方形边长的函数．

解　设剪去的小正方形的边长为x，盒子的体积为V，则盒子的底边长为$(a-2x)$，且

$$V=x(a-2x)^2,0<x<\frac{a}{2}.$$

1.1.4　函数的几种特性

1．函数的单调性

定义 1.6　设函数$y=f(x)$，如果对某区间I内任意两点x_1，x_2，当$x_1<x_2$时，都有$f(x_1)<f(x_2)$（或$f(x_1)>f(x_2)$），则称$f(x)$在I内是**单调增加**（或**单调减少**）的，也称为**单调递增**（或**单调递减**）．

单调增加或单调减少的函数称为单调函数．一个函数在其定义域内某区间上是单调增加（或减少）的，我们称这样的区间为单调增加（或单调减少）区间，如图 1.5 所示．

例如，函数$y=x$是单调增加函数，$y=-x$是单调减少函数，取整函数$y=[x]$，在$(-\infty,+\infty)$是单调非减函数，但不是单调增加函数．区间$(-\infty,0]$、$[0,+\infty)$分别是函数

$y=x^2$ 的单调减少区间和单调增加区间.

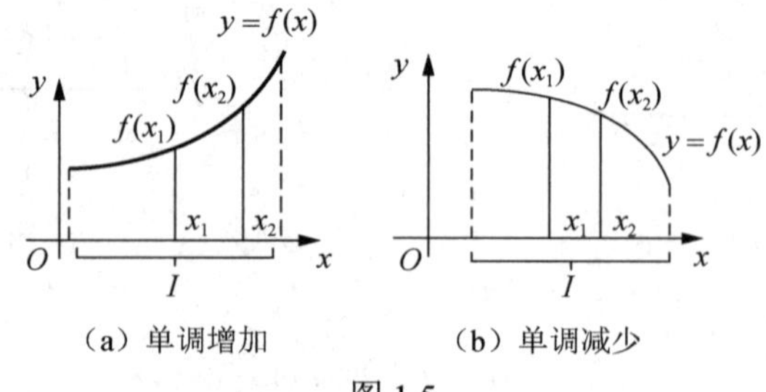

（a）单调增加　　（b）单调减少

图 1.5

2. 函数的奇偶性

定义 1.7 设函数 $f(x)$ 的定义域 D 是关于原点对称的（即对任意的 $x\in D$，必存在 $-x\in D$）.

（1）若对任意的 $x\in D$，有 $f(-x)=f(x)$，则称 $f(x)$ 为**偶函数**；

（2）若对任意的 $x\in D$，有 $f(-x)=-f(x)$，则称 $f(x)$ 为**奇函数**.

例如，$y=x^2$（图 1.6），$y=c$，$y=x^{2n}$，$y=\cos x$ 等为偶函数；$y=x^3$（图 1.7），$y=x$，$y=x^{2n+1}$，$y=\sin x$ 等为奇函数. 但是，并非任何函数都具有奇偶性，如函数 $y=\cos x+\sin x$ 既不是偶函数也不是奇函数.

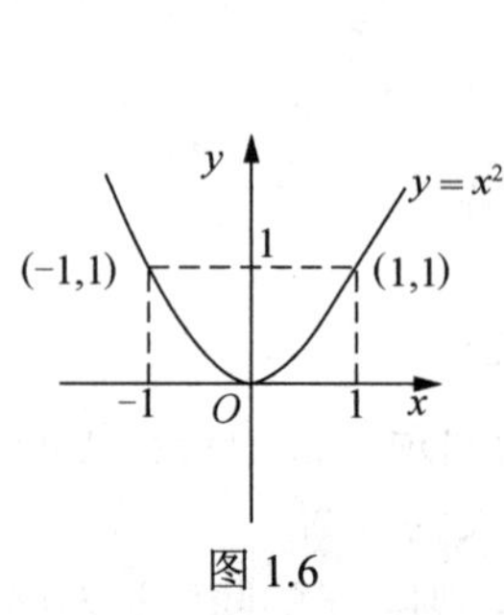

图 1.6

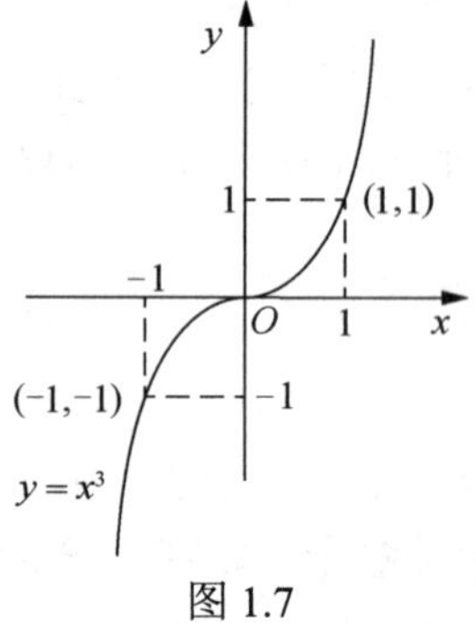

图 1.7

偶函数和奇函数的图形有如下特点：

（1）偶函数的图形关于 y 轴对称；

（2）奇函数的图形关于原点对称.

3. 函数的周期性

定义 1.8 设函数 $y=f(x)$，其定义域为 D，若存在正数 l，使得对任意 $x\in D$，有

$$x\pm l\in D \text{ 且 } f(x\pm l)=f(x),$$

则称 $f(x)$ 为**周期函数**，称 l 为 $f(x)$ 的**周期**，其中满足上述条件的最小的正数 l 称为 $f(x)$ 的**最小正周期**，通常简称为周期. 在本书中，除特别声明外，周期均指最小正周期. 例如，函数 $y=\sin x$，$y=\cos x$ 是以 2π 为周期的周期函数，$y=\tan x$，$y=\sin 2x$ 是以 π 为周期的周期函数. 周期为 l 的函数在长度为 l 的相邻区间上有着相同的图形，如图 1.8 所示.

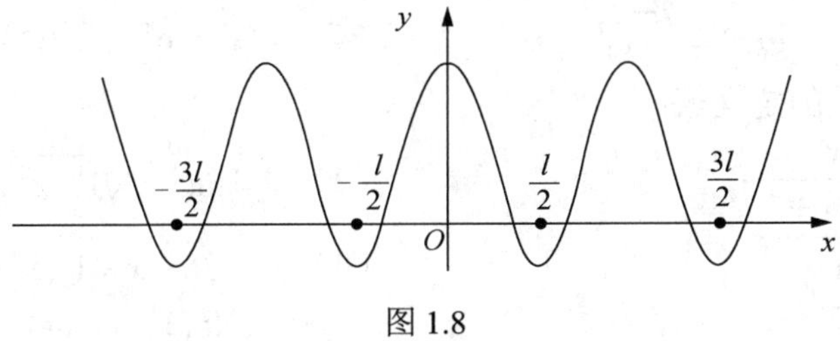

图 1.8

4. 函数的有界性

定义 1.9　设函数 $y=f(x)$ 在区间 I 上有定义，若存在正数 $M>0$，使得对任意 $x\in I$，都有 $|f(x)|\leqslant M$，则称 $f(x)$ 在 I 上**有界**，并称函数 $y=f(x)$ 为区间 I 上的**有界函数**.

若不存在这样的正数 M，则称函数 $y=f(x)$ 在区间 I 上**无界**，函数 $y=f(x)$ 为 I 上的**无界函数**. 例如，函数 $y=\sin x$，$y=\cos x$，$y=\dfrac{1}{1+x^2}$ 在其定义域上都是有界的，而函数 $y=\tan x$，$y=x$ 在其定义域上都是无界的.

例 1.13　判断下列函数在其定义域内是否有界.

（1）$f(x)=\dfrac{1}{x}$；　　（2）$f(x)=\sin\dfrac{1}{x}$；

（3）$f(x)=\dfrac{\cos(x-2)}{1+x^2}$.

解　（1）函数 $f(x)=\dfrac{1}{x}$ 的定义域 $D=(-\infty,0)\cup(0,+\infty)$. 在任何不含 $x=0$ 的闭区间和不以 $x=0$ 为区间端点的开区间内都是有界的，如在 $(1,2)$ 内是有界的，因为这时可取 $M=1$，则有 $\left|\dfrac{1}{x}\right|<1, x\in(1,2)$；在任何以 $x=0$ 为端点的开区间内是无界的，如在 $(0,1)$ 内是无界的，所以函数 $f(x)=\dfrac{1}{x}$ 在定义域内是无界的.

（2）函数 $f(x)=\sin\dfrac{1}{x}$ 的定义域 $D=(-\infty,0)\cup(0,+\infty)$，在 D 内 $\left|\sin\dfrac{1}{x}\right|\leqslant 1$，所以 $f(x)$ 在定义域内是有界的.

（3）函数 $f(x)=\dfrac{\cos(x-2)}{1+x^2}$ 的定义域 $D=(-\infty,+\infty)$，在 D 内 $\left|\dfrac{\cos(x-2)}{1+x^2}\right|\leqslant\dfrac{1}{1+x^2}\leqslant 1$，所以 $f(x)$ 在定义域内是有界的.

习题 1.1

1. 已知函数 $f(x)=ax+b$，且 $f(2)=1$，$f(-1)=0$，求 a 与 b 的值.

2. 判断下列每对函数是否相同.

（1）$f(x)=\sqrt[3]{x^4-x^3}$，$g(x)=x\cdot\sqrt[3]{x-1}$；　（2）$f(x)=1$，$g(x)=\dfrac{1}{\cos^2 x}-\tan^2 x$；

（3）$f(x)=|x|$，$g(x)=\sqrt{|x|^2}$；（4）$f(x)=\mathrm{e}^{\ln x}$，$g(x)=x$.

3．求下列函数的定义域：

（1）$y=\dfrac{5x}{x^2-3x+2}$；（2）$y=\ln(x+\sqrt{1+x^2})$；

（3）$y=\sqrt{2-x-x^2}$；（4）$y=\sqrt{5-x}+\lg(x-1)$；

（5）$y=\sqrt{\dfrac{2-x}{x+2}}$；（6）$y=\dfrac{\ln(3-x)}{\sqrt{|x|-1}}$.

4．设 $f(x)=\begin{cases}2x+3, & x>0\\ 1, & x=0,\\ x^3, & x<0\end{cases}$ 求 $f(0)$，$f(3)$，$f(-3)$.

5．已知 $f(x)=\dfrac{x}{1+x}$，求 $f[f(x)]$.

6．判断下列函数的奇偶性：

（1）$y=\ln(x+\sqrt{1+x^2})$；（2）$f(x)=\dfrac{1}{2}(\mathrm{e}^x+\mathrm{e}^{-x})$；

（3）$f(x)=\dfrac{|x|}{x}$；（4）$f(x)=\begin{cases}-1, & x<0\\ 0, & x=0\\ 1, & x>0\end{cases}$.

7．作出下列函数的图像：

（1）$f(x)=|x+1|$；（2）$f(x)=|x^2-4x+1|$；

（3）$f(x)=\begin{cases}x+2, & x\leqslant -1\\ x^2, & -1<x<2\\ 2x, & x\geqslant 2\end{cases}$；（4）$f(x)=\begin{cases}x, & x<0\\ 1, & x=0.\\ \sin x, & x>0\end{cases}$

8．判断下列函数在其定义域内的单调性：

（1）$y=2x+1$；（2）$y=x^2-2x+3$；

（3）$y=\mathrm{e}^{-x+1}$；（4）$y=\ln(x+1)$.

9．下列函数中，哪些函数在其定义域内有界？

（1）$y=\cos^2 x$；（2）$y=\dfrac{1}{1+x^2}$；

（3）$y=\ln(x+1)$；（4）$y=\dfrac{\sin x}{10^x}$.

1.2 反函数、复合函数和初等函数

1.2.1 反函数

定义 1.10 设函数 $y=f(x)$，$x\in D_f$，$y=f(x)$ 的值域为 R_f．如果任给 R_f 中的一个元素 y，可以在 D_f 中找到唯一的 x 与之对应．这样可以确定一个从 R_f 到 D_f 的函数，

称为 $y=f(x)$ 的**反函数**，记作 $x=f^{-1}(y)$，$y\in R_f$，函数 $y=f(x)$ 称为**直接函数**.

一般地，习惯用 x 表示自变量，所以通常把函数 $y=f(x)$，$x\in D_f$ 的反函数改写成 $y=f^{-1}(x)$，$x\in R_f$.

由反函数的定义可以看出直接函数实际上也是其反函数的反函数，所以通常也称 $y=f(x)$，$x\in D_f$ 和 $y=f^{-1}(x)$，$x\in R_f$ 互为反函数.

互为反函数的两个函数的图像关于直线 $y=x$ 对称，如图 1.9 所示.

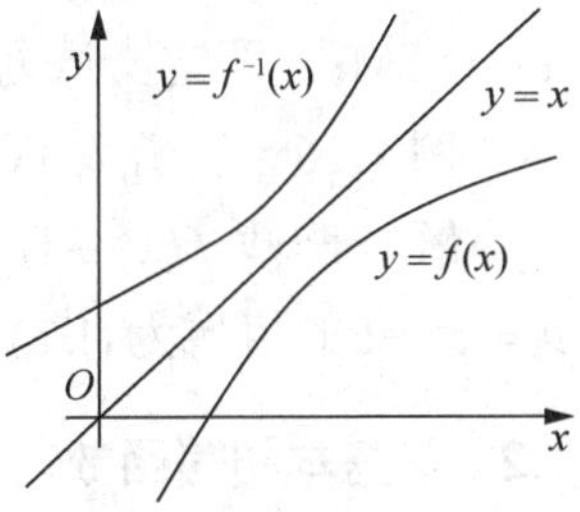

图 1.9

例 1.14　求下列函数的反函数.

（1）$y=10^{x-1}-2$，$x\in\mathbf{R}$；

（2）$y=-\sqrt{x}$，$x\in[0,+\infty)$.

解　（1）为求其反函数，先解出 x. 易知 $10^{x-1}=y+2$，则 $x-1=\lg(y+2)$，从而 $x=\lg(y+2)+1$，再把 x 和 y 对调，得到反函数

$$y=\lg(x+2)+1,\quad x>-2.$$

（2）函数 y 的值域是 $(-\infty,0]$，先解出 $x=y^2$，所以反函数是 $y=x^2$，$x\in(-\infty,0]$.

注　并不是每个函数都存在反函数，如 $y=x^2$ 在其定义域 $(-\infty,+\infty)$ 上不存在反函数，这是因为在区间 $(-\infty,0)$ 上解出 $x=-\sqrt{y}$，此时有反函数 $y=-\sqrt{x}$，但在区间 $[0,+\infty)$ 上反函数为 $y=\sqrt{x}$，所以函数 $y=x^2$ 在定义域上不存在反函数. 那么函数在什么条件下才存在反函数呢？下面我们给出反函数存在的条件.

定理 1.1（反函数存在定理）　若直接函数 $y=f(x)$ 在区间 I 上是单调函数，则在区间 I 上 $f(x)$ 存在反函数，并且直接函数与反函数具有相同的单调性.

1.2.2　复合函数

经济学现象中经常会出现这样的情形：在某个过程中，第一个变量依赖于第二个变量，第二个变量又依赖于第三个变量，实际上第一个变量可以由第三个变量确定. 例如，某企业经营者每年的收入 S 与该年的年利润 L 有关，其函数关系为 $S=5L$，而年利润 L 与该企业产品的产量 Q 有关，其关系为 $L=Q^{0.3}$，把 $L=Q^{0.3}$ 代入 $S=5L$ 中得到 $S=5Q^{0.3}$，从而称 $S=5Q^{0.3}$ 为由 $S=5L$ 和 $L=Q^{0.3}$ 构成的复合函数.

定义 1.11　设函数 $y=f(u)$，定义域为 D_f. 函数 $u=\varphi(x)$，定义域为 D_φ，值域为 R_φ. 当满足 $D_f\cap R_\varphi\neq\varnothing$ 时，称 $y=f[\varphi(x)]$ 为由 $y=f(u)$ 和 $u=\varphi(x)$ 构成的复合函数，变量 u 称为中间变量.

利用函数的复合运算规则，还可以将三个或三个以上函数构成复合函数；反之，也可以将一个复合函数分解为几个简单函数. 但必须注意的是，函数之间的复合是有条件的，不是任意两个函数都能复合的. 例如，函数 $y=\sin^2(\log_2 x)$ 就是由三个函数 $y=u^2$，$u=\sin v$，$v=\log_2 x$ 复合而成的关于 x 的复合函数；而 $y=f(u)=\log_5 u$，$u=\varphi(x)=-1+\sin x$ 中，$y=\log_5(-1+\sin x)$ 并不是一个函数，因为 $D_f=(0,+\infty)$，$R_\varphi=[-2,0]$，$D_f\cap R_\varphi=\varnothing$，所以这两个函数不能构成复合函数.

例 1.15 设 $y=f(u)=\sqrt{1-u}$，$u=\varphi(x)=x^2-3$，求复合函数 $y=f[\varphi(x)]$ 的定义域.

解 因为 $D_f=(-\infty,1]$，$R_\varphi=[-3,+\infty)$，$D_f\cap R_\varphi\neq\varnothing$，所以这两个函数可以复合.

由复合函数 $y=f[\varphi(x)]$ 直接求其定义域，这里 $y=f[\varphi(x)]=\sqrt{4-x^2}$，要求 $4-x^2\geqslant 0$，即定义域为 $D=[-2,2]$.

例 1.16 设函数 $f(x)$ 的定义域为 $(1,2)$，求 $f(x^2+1)$ 的定义域.

解 函数 $f(x^2+1)$ 由 $f(u)$ 和 $u=x^2+1$ 复合而成. 因为 $f(u)$ 的定义域为 $(1,2)$，则 $u=x^2+1$ 的值域为 $(1,2)$，即 $x^2+1\in(1,2)$. 从而 $f(x^2+1)$ 的定义域为 $(-1,0)\cup(0,1)$.

1.2.3 基本初等函数

我们在中学学过常数函数、幂函数、指数函数、对数函数、三角函数和反三角函数，并研究了它们的性质和图像，这些函数都是我们经常用到的函数，称为**基本初等函数**. 下面我们回顾一下这些函数的图像和简单性质.

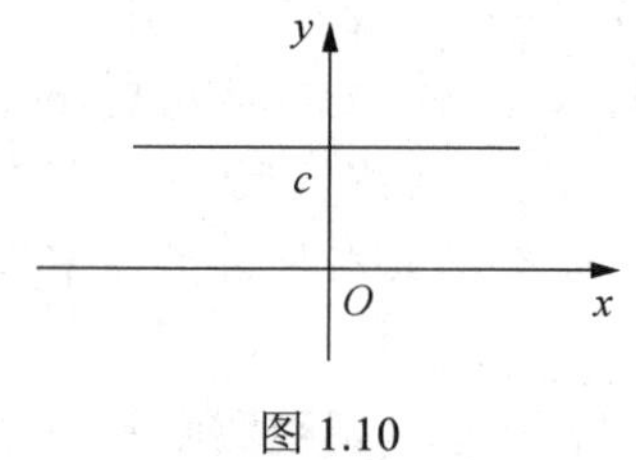

图 1.10

1. 常数函数

函数 $y=c$（c 为常数）称为**常数函数**，其定义域为全体实数集合 $\mathbf{R}$，常数函数是偶函数，其图像是一条直线，且关于 y 轴对称，如图 1.10 所示.

2. 幂函数

函数 $y=x^\alpha$（α 是常数）称为**幂函数**.

幂函数的定义域与 α 有关，当 $x>0$ 时函数总有意义，且是单调的，都经过点 $(1,1)$. 当 α 为偶数时，函数 $y=x^\alpha$ 是偶函数，其图像关于 y 轴对称；当 α 为奇数时，函数 $y=x^\alpha$ 是奇函数，其图像关于原点对称. 当 $\alpha<0$ 时，函数在 $x=0$ 处无意义.

我们画出了常见的几种幂函数的图像，图 1.11 给出了 $y=x$，$y=x^2$，$y=\sqrt{x}$ 的图像，图 1.12 给出了 $y=x^3$ 的图像，图 1.13 给出了 $y=\dfrac{1}{x}$ 的图像，图 1.14 给出了 $y=\dfrac{1}{x^2}$ 的图像.

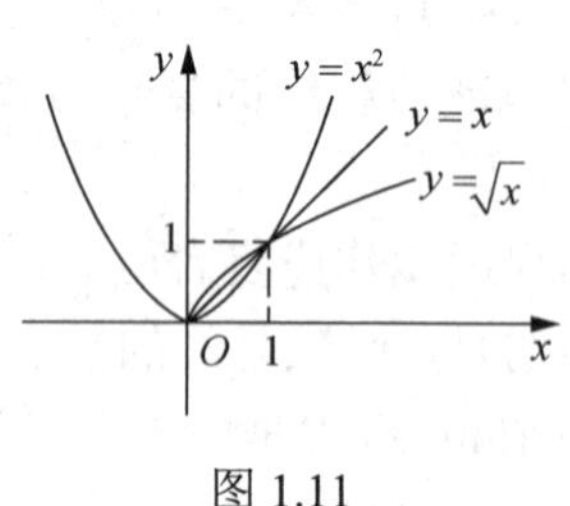

图 1.11

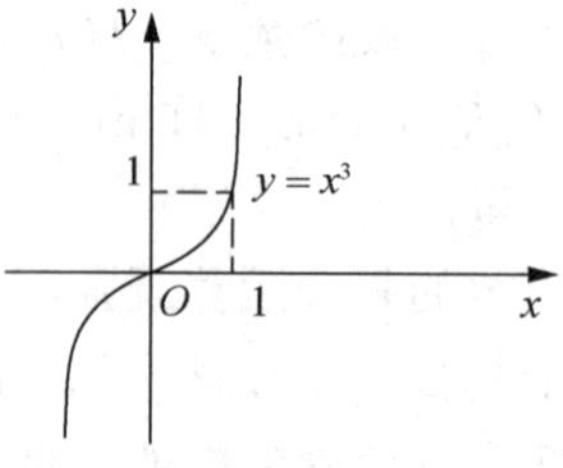

图 1.12

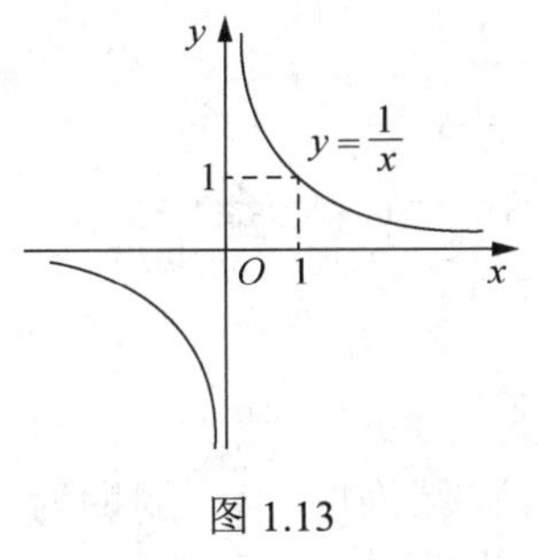

图 1.13

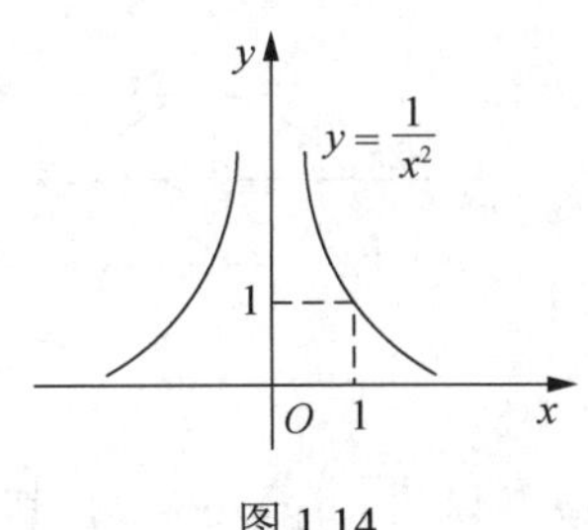

图 1.14

3. 指数函数

函数

$$y=a^x\ (a>0\text{且}a\neq 1)$$

称为**指数函数**.

指数函数的定义域为$(-\infty,+\infty)$，其图像恒过点$(0,1)$，且函数的图像在x轴的上方，即$a^x>0$．当$a>1$时，指数函数$y=a^x$是单调递增的，当$0<a<1$时，指数函数$y=a^x$是单调递减的，如图 1.15 所示.

在指数函数中，常见的是以常数e为底的指数函数$y=\mathrm{e}^x$，这里$\mathrm{e}=2.71828182\cdots$.

4. 对数函数

指数函数$y=a^x$的反函数，记为

$$y=\log_a x\ (a>0\text{且}a\neq 1),$$

称为**对数函数**.

对数函数的定义域为$(0,+\infty)$，其图像恒过点$(1,0)$．当$a>1$时，$y=\log_a x$是单调递增的；当$0<a<1$时，$y=\log_a x$是单调递减的，如图 1.16 所示.

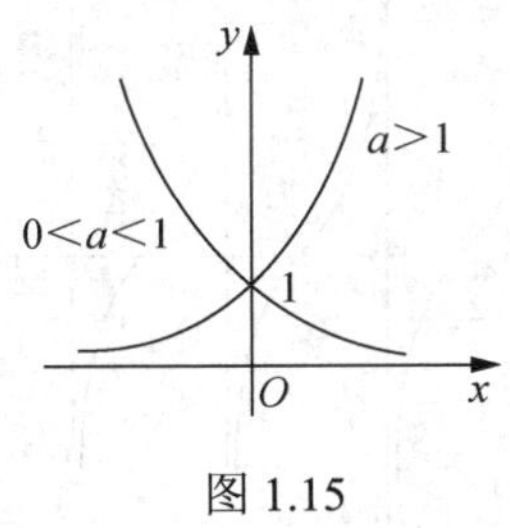

图 1.15

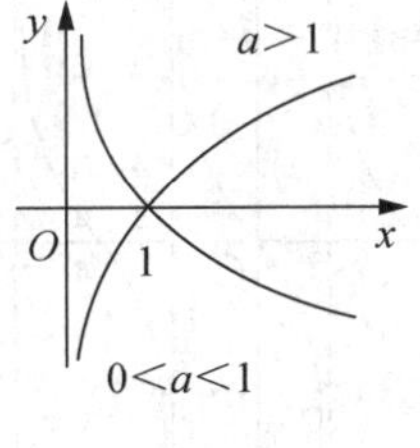

图 1.16

在对数函数中，常见的是以常数e为底的对数函数$y=\log_{\mathrm{e}} x$，称为自然对数函数，简记为$y=\ln x$，以及以常数 10 为底的对数函数$y=\log_{10} x$，简记为$y=\lg x$.

5. 三角函数

常见的三角函数有以下几种.

（1）正弦函数：$y=\sin x$，其定义域为$(-\infty,+\infty)$，值域为$[-1,1]$，周期为2π，正弦函数是奇函数，其图像经过原点，且关于原点对称，如图 1.17 所示.

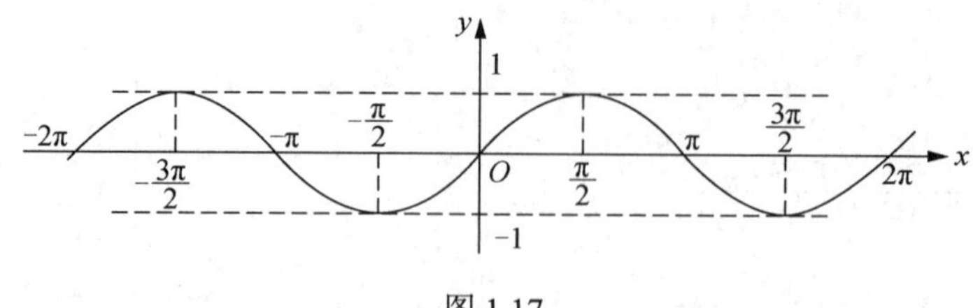

图 1.17

（2）余弦函数：$y=\cos x$，其定义域为$(-\infty,+\infty)$，值域为$[-1,1]$，周期为2π，余弦函数是偶函数，其图像经过点$(0,1)$，且关于y轴对称，如图 1.18 所示.

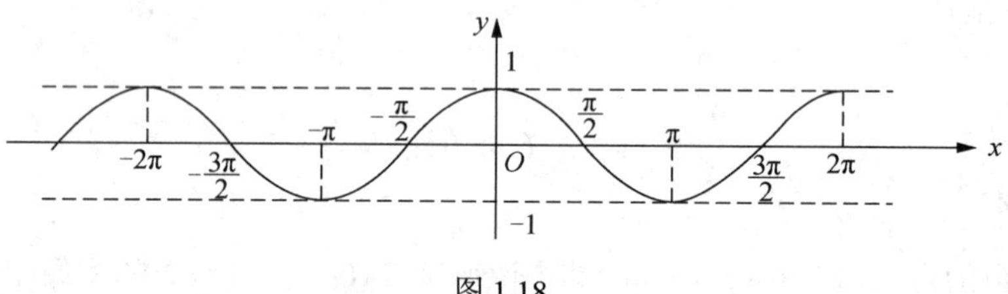

图 1.18

（3）正切函数：$y=\tan x$，其定义域为

$$D=\left\{x\mid x\in\mathbf{R},x\neq n\pi+\frac{\pi}{2},n\in\mathbf{Z}\right\},$$

值域为$(-\infty,+\infty)$，周期为π，正切函数是奇函数，其图像经过原点，且关于原点对称，如图 1.19 所示.

（4）余切函数：$y=\cot x$，其定义域为

$$D=\{x\mid x\in\mathbf{R},x\neq n\pi,n\in\mathbf{Z}\},$$

值域为$(-\infty,+\infty)$，周期为π，余切函数是奇函数，其图像关于原点对称，如图 1.20 所示.

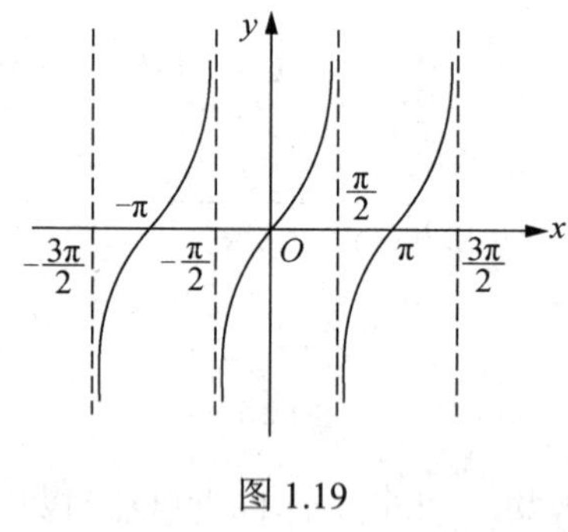

图 1.19

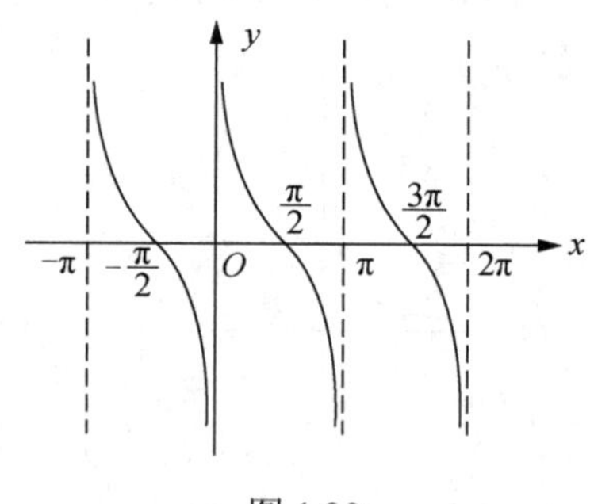

图 1.20

另外，常见的三角函数还有以下两种.

正割函数：$y=\sec x$，其中$\sec x=\dfrac{1}{\cos x}$.

余割函数：$y=\csc x$，其中$\csc x=\dfrac{1}{\sin x}$.

6. 反三角函数

常见的反三角函数有以下几种.

反正弦函数：$y=\arcsin x$，定义域为$[-1,1]$，值域为$\left[-\dfrac{\pi}{2},\dfrac{\pi}{2}\right]$，如图 1.21 所示.

反余弦函数：$y=\arccos x$，定义域为$[-1,1]$，值域为$[0,\pi]$，如图 1.22 所示.

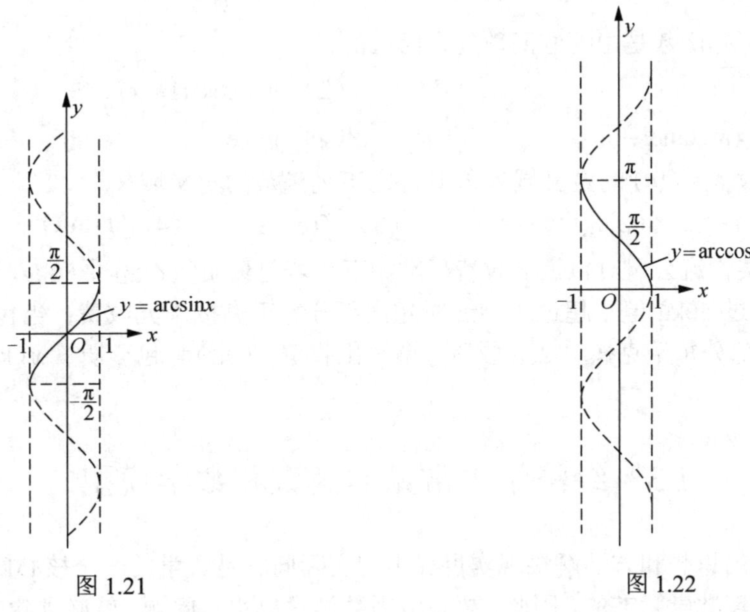

图 1.21　　图 1.22

反正切函数：$y=\arctan x$，定义域为$(-\infty,+\infty)$，值域为$\left(-\dfrac{\pi}{2},\dfrac{\pi}{2}\right)$，如图 1.23 所示.

反余切函数：$y=\operatorname{arccot} x$，定义域为$(-\infty,+\infty)$，值域为$(0,\pi)$，如图 1.24 所示.

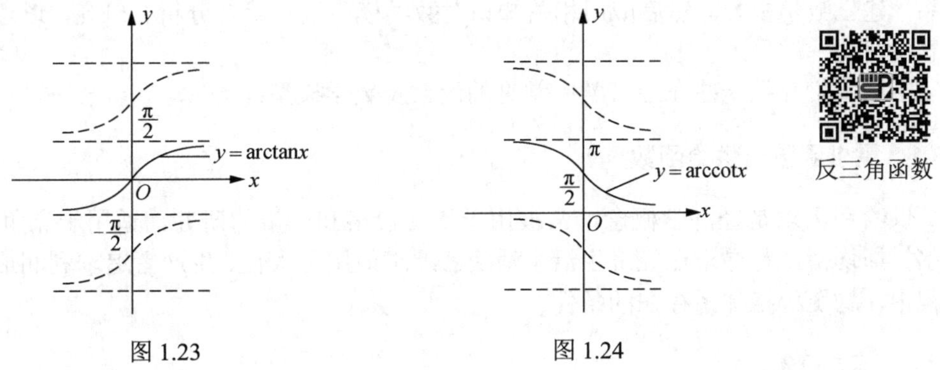

图 1.23　　图 1.24

1.2.4　初等函数

由基本初等函数经过有限次的四则运算和有限次的复合运算所得到并可用一个式子表示的函数叫作**初等函数**，如函数$y=\arcsin(\ln x)$，$y=\ln(2+3x)$都是初等函数.

习题 1.2

1．求下列函数的反函数：

（1）$y=\dfrac{1-x}{1+x}$；（2）$y=2\sin 3x$，$x\in\left[-\dfrac{\pi}{6},\dfrac{\pi}{6}\right]$；

（3）$y=1+\ln(x+2)$；（4）$y=\dfrac{2^x}{2^x+1}$.

2．指出下列函数是由哪些函数复合而成的：

（1）$y=\sqrt{1+x^2}$；（2）$y=\cos^2(1+x)$；

（3）$y=\ln\arctan x$；（4）$y=\mathrm{e}^{-x^2}$.

3．设函数 $y=f(u)$ 的定义域为 $(0,1]$，求下列函数的定义域：

（1）$f(x^2)$；（2）$f(\cos x)$；（3）$f(\mathrm{e}^x)$；（4）$f(\ln x)$.

4．已知某物流公司对包裹的收费标准如下：若包裹质量不超过 50kg，收费 5 元；当包裹质量超过 50kg 但不超过 100kg 时超出部分每千克按 1 元收费；当包裹质量超过 100kg 时超出部分每千克按 1.2 元收费，请写出收费 y（元）与包裹质量 x（kg）之间的函数关系式.

1.3 经济学中常见的函数和数学模型

利用数学的思想和方法解决现实世界中的实际问题是数学的一个核心内容. 实际问题一般是不呈现数学状态的，因此，要想应用数学解决实际问题，就必须建立一个桥梁，即把实际问题转化为一个数学问题，这就是所说的数学模型.

在社会经济活动中，往往会涉及成本、价格、需求、收益、利润等经济变量，它们之间存在着各种依存关系. 用数学方法解决经济问题，就要找出这些经济量之间的函数关系，建立数学模型，然后应用相关知识对数学模型进行综合分析、研究，以达到解决问题的目的.

下面我们介绍一些在经济学中常见的函数及数学模型.

1.3.1 需求函数与供给函数

供给和需求是经济学概念，常被用于均衡价格和产量的研究，适用于竞争性市场. 瓦尔拉斯均衡就是寻求在经济生活里消费者追求效用最大化、生产者追求利润最大化的过程中，均衡价格体系存在的条件.

1. 需求函数

需求是指消费者在一定的价格条件下对商品的需要. 任何商品的需求量与商品的价格之间都有密切关系，这种关系就是商品的需求函数. 通常，降低商品的价格会使需求量增加，提高商品的价格会使需求量减少，为了简化问题，我们通常假设其他因素对需求暂无影响，而只考虑商品价格对商品需求量的影响.

定义 1.12　如果用 Q 表示商品的需求量，P 表示商品的价格，则市场对商品的需求量 Q 可视为该商品价格 P 的函数，称为**需求函数**，记作

$$Q=Q(P),$$

其中，P 是自变量，取非负值，Q 是因变量.

一般来说，需求量随价格的上涨而减少，随价格的下降而增加. 因此，需求函数在一般情况下是单调递减的. 用以表达需求规律的数学模型有多种形式，常见的需求函数有以下几种.

（1）线性需求函数：$Q=a-bP$，其中 $a>0$，$b>0$ 均为常数.

（2）二次需求函数：$Q=a-bP-cP^2$，其中 $a>0$，$b>0$，$c>0$ 均为常数.

（3）指数需求函数：$Q=A\mathrm{e}^{-bP}$，其中 $A>0$，$b>0$ 均为常数.

需求函数 $Q=Q(P)$ 的反函数，就是**价格函数**，记作

$$P=P(Q),$$

它反映了商品的需求量与价格的关系.

例 1.17　某型号彩电价格为 2200 元时，需求量为 1000 台，若价格每提高 100 元，需求量就减少 400 台，试求线性需求函数和价格函数.

解　设该彩电的价格为 P（元）时，其市场需求量为 Q（台），设其线性需求函数为 $Q=a-bP$，则有

$$\begin{cases}a-2200b=1000\\a-2300b=600\end{cases}，解得\begin{cases}a=9800\\b=4\end{cases},$$

故线性需求函数为 $Q=9800-4P$.

从上式解出 P，即得价格函数 $P=2450-\dfrac{Q}{4}$.

2. 供给函数

供给是与需求相对应的概念，是生产者在一定的价格条件下愿意而且能够提供出售的该种商品的数量. 需求是就市场中的消费者而言的，供给是就市场中的生产销售者而言的. 一般情况下，价格上涨将刺激生产者向市场提供更多的商品，供给量增加；反之，价格下跌将使供给量减少. 因此供给量是价格的单调递增函数.

在假定其他因素不变的情况下，商品供给量 S 可看作价格 P 的函数，称为**供给函数**，记作

$$S=S(P).$$

用以表达供给函数的形式有多种，常见的供给函数有以下几类.

（1）线性供给函数：$S=-c+dP$，其中 $c>0$，$d>0$ 均为常数.

（2）二次供给函数：$S=-a+bP+cP^2$，其中 $a>0$，$b>0$，$c>0$ 均为常数.

（3）指数供给函数：$S=A\mathrm{e}^{dP}-B$，其中 $A>0$，$d>0$，$B>0$，$B>A$ 均为常数.

例 1.18　若某型号彩电价格为 2200 元时，生产厂家愿供给 1000 台，若价格每提高 100 元，该厂可多供给 400 台，试求线性供给函数.

解　设该彩电的价格为 P（元）时，供给量为 S（台），设其线性供给函数为

$S=-c+dP$，则有

$$\begin{cases}-c+2200d=1000\\-c+2300d=1400\end{cases}，解得\begin{cases}c=7800\\d=4\end{cases}，$$

故线性供给函数为 $S=-7800+4P$．

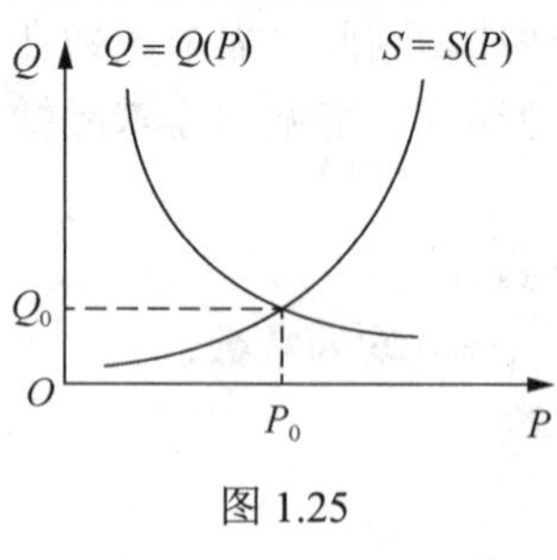

图 1.25

显而易见，价格的上涨将引起供给量增加，而需求量减少；价格的降低将会使市场供给量减少，从而刺激需求量增加．需求函数和供给函数密切相关，由于需求函数 Q 是单调减少函数，供给函数 S 是单调增加函数，把需求函数曲线和供给函数曲线画在同一坐标系中，如图 1.25 所示，它们将交于点 (P_0,Q_0) 处，P_0 是供需平衡时的价格，叫作**均衡价格**，Q_0 是供需平衡时的商品数量．

例 1.19　试求出例 1.17 与例 1.18 中商品的均衡价格 P．

解　由供需均衡条件 $S=Q$，可得

$$-7800+4P=9800-4P，$$

解得均衡价格 $P=2200$（元）．

1.3.2　总成本函数、收益函数与利润函数

1．总成本函数

总成本是指生产一定数量的产品所需的全部经济资源投入（劳力、原料、设备等）的价格或费用总额．它包含两部分内容，即**固定成本**和**可变成本**．所谓**固定成本**，是指在一定范围内不随产量变动而变动的费用，即指与产品产量无直接关系的开支，如厂房费用、机器折旧费用、一般管理费用、管理人员的工资等，固定成本常用 C_1 表示．所谓**可变成本**，是指随产量的变动而变动的费用，即直接用于生产的成本，如原材料费、燃料费、生产工人工资、包装费等，可变成本用 C_2 表示，它与产量 Q 有关，一般表示为 $C_2=C_2(Q)$．

因此，**总成本函数**为生产 Q 个单位某种产品时的固定成本 C_1 与可变成本 C_2 之和，记作 C，即

$$C=C(Q)=C_1+C_2(Q)．$$

一般情况下，总成本函数具有以下性质：

（1）总成本函数是单调增加的，这是因为当产量增加时，成本总额一定随之增加；

（2）没有产品产出时，总成本为非负值，因为不生产时，也要支出固定成本．

在实际问题中，常用生产 Q 个单位产品时的平均成本来说明企业生产状况的好坏．生产 Q 个产品时的平均成本为

$$\bar{C}(Q)=\frac{C(Q)}{Q}=\frac{C_1+C_2(Q)}{Q}．$$

在生产技术水平和原材料、劳动力等生产要素的价格固定不变的条件下，总成本、平均成本都是产量的函数．

例 1.20　已知某种产品的总成本函数为$C(Q)=1000+\dfrac{Q^2}{10}$，求当生产 100 个该产品时的总成本和平均成本.

解　总成本为

$$C(100)=1000+\frac{100^2}{10}=2000,$$

平均成本为

$$\overline{C}(Q)\Big|_{Q=100}=\frac{C(Q)}{Q}\Bigg|_{Q=100}=\frac{2000}{100}=20.$$

2. 收益函数

收益是指生产者出售商品的收入，常用的收益函数有总收益函数和平均收益函数，它们都是售出商品数量的函数.

总收益是销售者售出一定数量商品所得的全部收入，常用 R 表示.

平均收益是指售出一定数量的商品时，平均售出一个单位商品的收入，即平均每单位商品的售价，常用 $\overline{R}$ 表示.

设 P 为商品价格，Q 为商品数量（一般地，Q 对生产者来说就是销售的商品量，对消费者来说，就是需求量），于是有

$$R=R(Q)=Q\cdot P(Q),\quad \overline{R}=\frac{R(Q)}{Q}=P(Q),$$

其中，$P(Q)$ 是商品的价格函数.

例 1.21　某旅游公司调查发现，有一种短途往返游览项目，售出的票数 Q 是票价 P 的线性函数. 当票价为 50 元时，有 40 人买票；当票价为 80 元时，只能卖出 10 张票. 试写出该种短途游览项目的需求函数 Q，并确定总收益 R 与票数 Q 的函数关系.

解　设$Q=a-bP$，根据题意有

$$\begin{cases}40=a-50b\\ 10=a-80b\end{cases},$$

解得$a=90$，$b=1$，即需求函数为$Q=90-P$.

于是$P=90-Q$，所以总收益R与票数Q的函数关系为

$$R=PQ=(90-Q)Q=90Q-Q^2.$$

3. 利润函数

销售一定数量产品的总收入与总成本之差就是**总利润**，记作 L，即

$$L=L(Q)=R(Q)-C(Q),$$

其中，Q是销售量. 每一件产品产生的利润称为**平均利润**，记作$\overline{L}$，即

$$\overline{L}=\overline{L}(Q)=\frac{L(Q)}{Q}.$$

总利润L和平均利润$\overline{L}$都是产量Q的函数.

在经营活动中，生产产品的总成本函数是产量Q的单调增加函数．但是，产品的需求量Q往往不总是增加的，因此，对某种产品而言，利润函数$L(Q)$会出现三种情况：

（1）$L(Q)=R(Q)-C(Q)>0$，此时为有盈余生产，即生产处于有利润状态．

（2）$L(Q)=R(Q)-C(Q)<0$，此时为亏损生产，即生产处于负利润状态．

（3）$L(Q)=0$，此时为无盈余生产．

我们把无盈余生产时的产量记为Q_0，称为**无盈亏点**（或**保本点**）．无盈亏分析常用于（经营）管理和经济分析中各种产品定价和生产决策等方面．

例 1.22 康泰糖果公司每天要支付 300 元的固定费用（用于工资和房租），公司所出售的糖果的生产费用是每千克 2 元，而售出的价格为每千克 4 元，试求：

（1）公司的保本点为多少？

（2）销售 200kg 糖果时，总利润与平均利润是多少？

解 （1）总成本函数C为固定成本加上生产Q(kg)糖果所需的可变成本，即

$$C=C(Q)=300+2Q.$$

销售Q(kg)糖果所得收益为$R=R(Q)=4Q$，则利润函数

$$L=L(Q)=R(Q)-C(Q)=4Q-(300+2Q)=2Q-300.$$

令$L(Q)=0$，得保本点为$Q=150$(kg)．

（2）当$Q=200$时，总利润$L=2\times 200-300=100$（元），平均利润$\overline{L}=\dfrac{100}{200}=0.5$（元）．

例 1.23 由于经营环境的变化，康泰糖果公司经与雇员谈判和原料价格提高之后，每日生产Q(kg)糖果的成本为

$$C=340+2.3Q.$$

试求：（1）若每千克糖果的售价为 4 元，则每天应售出多少千克才能保本？

（2）若销售价格增至每千克 4.3 元，则保本点是多少？

（3）若每天至少能售出 250kg 糖果，则每千克定价应为多少才能保证不赔本？

解 （1）设销售量为Q(kg)，则收益函数为$R=4Q$，利润函数为

$$L=R-C=4Q-(340+2.3Q)=1.7Q-340.$$

令$L=0$，得保本点为$Q=200$(kg)．

（2）销售价格增至每千克 4.3 元，则收益函数为$R=4.3Q$，利润函数为

$$L=R-C=4.3Q-(340+2.3Q)=2Q-340.$$

令$L=0$，得保本点为$Q=170$(kg)．

（3）设定价为P（元），则利润函数$L=R-C=PQ-(2.3Q+340)$，当$Q=250$，$L=0$时，解得定价$P=3.66$．故保本定价为 3.66（元）．

1.3.3 库存函数

我们讨论的库存函数（库存数学模型）只限于需求量确定且不允许缺货的简单情形．先看下面这个实例．

例 1.24 某商店半年可销售 400 件小器皿，假设销售均匀，为节约储存费，分批进货，每批进货费用为 60 元，每件器皿的储存费为每月 0.2 元，试列出储存费和进货费之

和与批量 x 之间的函数关系．

解　设分批进货的批量为 x 件（即每一批进货量为 x 件）．由于均匀销售，库存货量由 x 件逐渐均匀地减少到0件，平均存货量为 $\frac{x}{2}$ 件，记半年的储存费用为 E_1，则

$$E_1 = 0.2 \times \frac{x}{2} \times 6 = 0.6x \text{（元）}.$$

每次进货 x 件，半年（6个月）需进货次数为 $\frac{400}{x}$ 次，总的进货费用记作 E_2，则

$$E_2 = 60 \times \frac{400}{x} = \frac{24000}{x} \text{（元）}.$$

于是总的费用 E 表示为

$$E = E_1 + E_2 = 0.6x + \frac{24000}{x} \text{（元）}.$$

对于这样一个库存模型，实际上我们做了如下假设：

（1）若计划期为 T（例1.24以半年为一个计划期），在计划期 T 内，对货物的需求量是确定的，记为 Q．

（2）进货均匀．在计划期 T 内分 n 次进货，每次进货量为 $q = \frac{Q}{n}$（例1.24中用 x 表示）．进货周期（两次进货时间的间隔）为 $t_s = \frac{T}{n}$．

（3）每批进货费用为常数，记作 C_2，每件货物存储单位时间的储存费用为常数，记为 C_1．

（4）货物均匀投放市场．这时，库存货物量 $q(t)$ 的最大值就是每次的进货量 q，随时间推移均匀降至0．一旦库存货物量为0，立即得到货物补充，而且进货瞬间完成，因此，平均库存量为 $\overline{q} = \frac{q}{2}$．

在以上假定条件下，总储存费用 E_1 为

$$E_1 = \overline{q} C_1 T = \frac{q}{2} C_1 T = \frac{q}{2} C_1 n t_s \text{（元）}.$$

总进货费用 E_2 为

$$E_2 = C_2 n = C_2 \frac{Q}{q} \text{（元）}.$$

于是，总费用 E 为总储存费用和总进货费用之和，即

$$E = E_1 + E_2 = \frac{q}{2} C_1 T + C_2 \frac{Q}{q} = \frac{q}{2} C_1 n t_s + C_2 \frac{Q}{q} \text{（元）}.$$

这就是**库存总费用函数**．根据不同的要求，可选用不同的公式．如例1.24，把 E 表示成进货批量 x 的函数，即

$$E = 0.6x + \frac{24000}{x} \text{（元）}.$$

常用的经济函数

若把 E 表示成批数 n 的函数，由于 $n=\dfrac{400}{x}$，则

$$E=\frac{0.6\times 400}{n}+\frac{24000}{\dfrac{400}{n}}=\frac{240}{n}+60n\ （元）.$$

习题 1.3

1．兴华机床厂最大生产量为年产 Q 台，固定成本为 b 元，每生产一台机床总成本要增加 k 元，试求总成本函数与平均成本函数．

2．设生产某种商品 Q 件时的总成本为 $C=20+2Q+0.5Q^2$（万元）．若每售出一件该商品的收入是 20 万元，求生产 20 件该商品的总利润和平均利润．

3．求由下列成本函数和收益函数所确定的保本点．

（1）$C=600+10Q$，$R=30Q$；（2）$C=200+5Q$，$R=9Q$．

4．某企业固定成本为 60000 元，单位可变成本为 35 元，每件产品的销售价格为 50 元．试求：

（1）保本点；

（2）每月要得到利润 12000 元，应销售多少件？

5．某产品的需求函数与供给函数分别为 $Q(P)=\dfrac{5600}{P}$，$S(P)=P-10$，试找出均衡价格，并求此时的供给量和需求量．

6．某厂生产的蓝牙耳机每台售价 110 元，固定成本 7500 元，可变成本为每台 60 元．求：

（1）要售出多少台蓝牙耳机，厂家才保本？

（2）卖掉 110 台蓝牙耳机，厂家赢利或亏损了多少？

（3）要获利 1250 元，需要售出多少台蓝牙耳机？

自测题 A　基础自测题

一、填空题（每题 2 分，共 10 分）

1．函数 $f(x)=\sqrt{x+2}+\dfrac{1}{\lg(1-x)}$ 的定义域为________．

2．函数 $f(x)=\dfrac{2x}{1+x}$ 的值域为________．

3．设 $f(x)=\begin{cases}2-x^2, & |x|\leqslant 2\\ 2, & |x|>2\end{cases}$，则 $f[f(3)]=$________．

4．已知生产某种产品的成本函数为 $C(Q)=8+2Q$，则当产量 $Q=50$ 时，该产品的平均成本为________．

5．已知某商品的供给函数为 $S(P)=\dfrac{2}{3}P-4$，需求函数为 $Q(P)=50-\dfrac{4}{3}P$，则该商

品处于市场平衡状态下的均衡价格为________.

二、选择题（每题 2 分，共 10 分）

6．函数 $y=\lg(x^2-x-2)$ 的定义域为（　　）.

A. $(2,+\infty)$　　B. $(-\infty,-1)\cup(2,+\infty)$

C. $(1,2)$　　D. $(-\infty,-1]\cup[2,+\infty)$

7．函数 $f(x)=\lg(x+\sqrt{x^2+1})$ 是（　　）.

A. 奇函数　　B. 偶函数　　C. 有界函数　　D. 周期函数

8．已知 $f(3x)=\log_2\sqrt{\dfrac{9x+1}{2}}$，则 $f(1)=$（　　）.

A. $\dfrac{1}{3}$　　B. $\dfrac{1}{2}$　　C. 1　　D. 0

9．下列各组函数中，两个函数相等的为（　　）.

A. $f(x)=\sin^2 x+\cos^2 x$，$g(x)=1$　　B. $f(x)=x$，$g(x)=\sqrt{x^2}$

C. $f(x)=x$，$g(x)=(\sqrt{x})^2$　　D. $f(x)=x$，$g(x)=\dfrac{x^2+x}{x+1}$

10．对于一元函数，下列说法正确的是（　　）.

A. 函数值域中每一个数在定义域中一定只有一个数与之对应

B. 函数的定义域和值域可以是空集

C. 函数的定义域和值域一定是数集

D. 函数的定义域和值域确定后，函数的对应关系也就确定了

三、解答题（每题 5 分，共 50 分）

11．求函数 $f(x)=\dfrac{1}{x-3}+\sqrt{16-x^2}$ 的定义域.

12．已知 $f(x)$ 的定义域为 $[0,1)$，求 $f(2x-1)$ 及 $f(\ln x)$ 的定义域.

13．已知 $f(x)$ 的定义域为 $[0,1)$，求 $y=f(\sin x)+f(\ln x)$ 的定义域.

14．已知 $f(x)$ 的定义域为 $[-a,a](a>0)$，求 $f(x^2-1)$ 的定义域.

15．已知 $f(x-1)=x^2-2x$，求 $f(x^2)$.

16．已知 $f(x)=3x+5$，求 $f[f(x)-2]$.

17．设 $f(x)=\sqrt{x^2-1}$，$g(x)=\sqrt{1-x^2}$，求 $f[g(x)]$，$g[f(x)]$.

18．已知 $f(x)=\sin x$，$f[\varphi(x)]=1-x^2\left(|\varphi(x)|\leqslant\dfrac{\pi}{2}\right)$，求 $\varphi(x)$.

19．设 $f(x)=\begin{cases}1, & x\geqslant 1\\ \sin x, & x<1\end{cases}$，求 $f[f(\mathrm{e}^x+1)-1]$.

20．设函数 $y=\dfrac{\mathrm{e}^x}{\mathrm{e}^x+1}$，求该函数的反函数及反函数的定义域.

四、应用题（每题6分，共24分）

21．若生产与销售手机屏保的收益R是产量Q的二次函数$R=aQ^2+bQ\ (Q\geqslant 0)$．由统计数据可知，当$Q=10$时，$R=120$；当$Q=100$时，$R=10200$．试确定总收益$R$与产量$Q$之间的函数关系．

22．某品牌优盘每个售价90元，成本60元. 厂家为鼓励销售商大量采购，决定凡订购量在100个以上的，每多订购一个，售价就降低5分，但最低价为每个75元.

（1）将每个内存卡的实际售价P表示为订购量Q的函数；

（2）将厂家所获利润L表示为订购量Q的函数；

（3）某销售商订购了1000台，厂家可以获得利润多少元？

23. 华星机床厂生产某个型号的车床，年产量为a台，分若干批进行生产，每批生产准备费为b元，每台设备每年的库存费为c元. 设产品均匀投放市场，且上一批用完后立即生产下一批，即平均库存为批量的一半. 显然，生产批量大则库存费高，生产批量小则批数增加，因而生产准备费高. 为了选择最优批量，试求出一年中库存费与生产准备费的和与批量的函数关系.

24. 每印刷一本杂志的成本为1.22元，每出售一本杂志仅得1.2元的收入，但销售超过1500本时还能取得超过部分收入的10%作为广告费收入. 试问应至少销售多少本杂志才能保本？销量至少达到多少本时能获利达1000元？

五、证明题（本题6分）

25. 设函数$f(x)=x^4+x^3+x^2+x+1$，证明：$x^4 f\left(\dfrac{1}{x}\right)=f(x)$．

自测题B　提高自测题

一、填空题（每题5分，共15分）

1. 设$f(x)=\ln(1+x^2)$，$f[\varphi(x)]=1+\dfrac{1}{x^2}$，且$\varphi(x)>0$，则$\varphi(x)=$________.

2. 已知某商品的需求函数为$Q(P)=180-4P$，则该商品的收益函数为________.

3.设函数$f(x)$的定义域为$(-\infty,+\infty)$，且$f(x)\neq 0$，$f(xy)=f(x)f(y)$，则$f(x)=$________.

二、选择题（每题5分，共15分）

4. 设$f(x)=\begin{cases}1,|x|\leqslant 1\\ 0,|x|>1\end{cases}$，则$f\{f[f(x)]\}$为（　　）.

A. 0　　B. 1　　C. $\begin{cases}1, & |x|\leqslant 1\\ 0, & |x|>1\end{cases}$　　D. $f(x)=\begin{cases}0, & |x|\leqslant 1\\ 1, & |x|>1\end{cases}$

5. 设 $f(x)=x\sin x\,\mathrm{e}^{\cos x}$，则在 $(-\infty,+\infty)$ 上，$f(x)$ 为（　　）.

A. 有界函数　　B. 单调函数　　C. 周期函数　　D. 偶函数

6. 函数 $f(x)=\dfrac{\sqrt{x^2-2x-15}}{|x+3|-3}$ 的定义域为（　　）.

A. $(-\infty,-6)\cup(-6,-3]\cup[5,+\infty)$　　B. $(-\infty,-3]\cup[5,+\infty)$

C. $[-3,5]$　　D. $[5,+\infty)$

三、解答题（每题 8 分，共 40 分）

7. 求函数 $f(x)=\dfrac{1}{1+\dfrac{1}{x-1}}+\sqrt{4-x^2}$ 的定义域.

8. 设 $f\left(\dfrac{1-x}{x}\right)=\dfrac{1}{x}+\dfrac{x^2}{2x^2-2x+1}-1\ (x\neq 0)$，求 $f(x)$.

9. 已知 $f(x)=\dfrac{x}{x-1}$，求 $f\left[\dfrac{1}{f(x)-1}\right]$.

10. 设 $f(x)=\dfrac{x}{\sqrt{1+x^2}}$，求 $f_2(x)=f[f(x)],\ f_3(x)=f[f(f(x))],\ f_n(x)=f[f(\cdots f(x))]$.

11. 求函数 $f(x)=\dfrac{1+\sqrt{1-x}}{1-\sqrt{1-x}}$ 的反函数.

四、应用题（每题 8 分，共 16 分）

12. 有两家健身俱乐部，第一家每年会费 3000 元，每次健身收费 10 元，第二家每年会费 2000 元，每次健身收费 20 元. 若只考虑经济因素，你会选择哪一家俱乐部健身（根据你每年的健身次数决定）？

13. 已知鸡蛋的收购价格为每千克 4 元时，每月能收购 5000kg，若收购价每千克提高 0.1 元，则每月收购量可增加 500kg. 当鸡蛋的销售价格为每千克 5 元时，每月能销售 5000kg，若销售价每千克降低 0.2 元，则每月的销量可增加 800kg，求鸡蛋的线性供给函数、线性需求函数及均衡价格.

五、证明题（每题 7 分，共 14 分）

14. 设 $f(x)=\ln\dfrac{1-x}{1+x}$，证明：$f(y)+f(z)=f\left(\dfrac{y+z}{1+yz}\right)$.

15. 设函数 $f(x)$ 在 $(-\infty,+\infty)$ 上有定义，且对任意的 $x,y\in(-\infty,+\infty)$ 有 $|f(x)-f(y)|<|x-y|$ 成立. 证明：$F(x)=f(x)+x$ 在 $(-\infty,+\infty)$ 上单调增加.

思维导图

习题答案

第 2 章　极限与连续

极限方法是微积分学研究问题的基本方法，极限理论贯穿于整个微积分学的始终，是微积分的理论基础．微积分学的许多概念都是建立在极限的基础上的．连续函数是常见的一类函数，也是微积分学所研究的最主要的对象．本章先介绍极限的概念、性质及计算，之后介绍函数连续的概念与性质．

2.1　数列的极限与性质

意大利数学家斐波那契（L. Fibonacci）在《算盘书》中收录了一个有趣的数学问题——兔子问题：设初生的兔子一个月以后成熟，而一对成熟兔子每个月会生一对兔子．假设每次生的兔子都是一雌一雄，且所有的兔子都不病不死．那么，由一对初生兔子开始，到第 12 个月总共有多少对兔子？

由问题分析，我们可以得到一个递推公式：用 F_n 表示第 n 个月成熟的兔子对数，则

$$\begin{cases} F_1 = F_2 = 1 \\ F_n = F_{n-1} + F_{n-2}, n = 3,4,5,\cdots \end{cases}.$$

具体写出 F_n 就是1, 1, 2, 3, 5, 8, 13, 21, 34, 55, 89, 144,$\cdots$. 那么这一列数就是我们要研究的数列，下面给出数列的具体定义．

2.1.1　数列的概念

定义 2.1　按一定次序排列的一列数

$$x_1, x_2, \cdots, x_n, \cdots \tag{2.1}$$

称为**无穷数列**，简称**数列**，记为 $\{x_n\}$．其中数列中每一个数称为数列的项，x_n 称为数列的**通项**或**一般项**．

下面列举几个数列：

（1）$\dfrac{1}{2},\dfrac{2}{3},\cdots,\dfrac{n}{n+1},\cdots$，通项 $x_n = \dfrac{n}{n+1}$；

（2）$2,4,8,\cdots,2^n,\cdots$，通项 $x_n = 2^n$；

（3）$3,3,3,\cdots,3,\cdots$，通项 $x_n = 3$；

（4）$\dfrac{1}{2},\dfrac{1}{4},\dfrac{1}{8},\cdots,\dfrac{1}{2^n},\cdots$，通项 $x_n = \dfrac{1}{2^n}$；

（5）$0,\dfrac{3}{2},\dfrac{2}{3},\dfrac{5}{4},\dfrac{4}{5},\dfrac{7}{6},\dfrac{6}{7},\cdots$，通项 $x_n = 1 + \dfrac{(-1)^n}{n}$；

（6）$1,-1,1,\cdots,(-1)^{n-1},\cdots$，通项 $x_n = (-1)^{n-1}$．

由上面给出的几个数列可以看出，数列 $\{x_n\}$ 也可看作自变量取正整数 n 的函数

$$x_n = f(n),\ n \in \mathbf{N}^+ .$$

数列作为特殊的函数，也有类似于函数的性质.

性质 2.1（单调性）　对于数列 $\{x_n\}$，若有

$$x_1 \leqslant x_2 \leqslant \cdots \leqslant x_n \leqslant \cdots ,$$

则称该数列是**单调递增**的；反之，若有

$$x_1 \geqslant x_2 \geqslant \cdots \geqslant x_n \geqslant \cdots ,$$

则称该数列是**单调递减**的.

单调递增和单调递减的数列统称为**单调数列**. 例如，上面的数列（1）、（2）是单调递增的，数列（4）是单调递减的，但一般的数列不一定具有单调性.

性质 2.2（有界性）　对于数列 $\{x_n\}$，若存在正数 M，使得对于一切 $n \in \mathbf{N}^+$，都有

$$|x_n| \leqslant M ,$$

则称数列 $\{x_n\}$ **有界**. 否则，称数列 $\{x_n\}$ **无界**.

例如，数列（1）、（3）、（4）、（5）、（6）都是有界数列.

在几何上，单调数列所对应的点将朝着同一个方向变化，而有界数列所对应的点将全部落在区间 $[-M, M]$ 内.

2.1.2　数列的极限

对于一个给定的数列 $\{x_n\}$，我们所要研究的是，当 n 无限增大时，它的通项 x_n 的变化趋势. 下面我们来分析上面给出的 6 个数列.

（1）数列 $\left\{\dfrac{n}{n+1}\right\}$，当 n 无限增大时，它的通项 $x_n = \dfrac{n}{n+1}$ 无限接近于 1，如图 2.1 所示.

（2）数列 $\{2^n\}$，当 n 无限增大时，它的通项 $x_n = 2^n$ 无限增大，而不是接近于某一个确定的数.

（3）数列 $\{3\}$，不论 n 取何值，它的通项 $x_n = 3$ 总是取确定的值 3，这类数列叫作**常数数列**.

（4）数列 $\left\{\dfrac{1}{2^n}\right\}$，当 n 无限增大时，它的通项 $x_n = \dfrac{1}{2^n}$ 无限接近于 0，如图 2.2 所示.

（5）数列 $\left\{1 + \dfrac{(-1)^n}{n}\right\}$，当 n 无限增大时，它的通项 $x_n = 1 + \dfrac{(-1)^n}{n}$ 无限接近于 1，如图 2.3 所示.

（6）数列 $\{(-1)^{n-1}\}$，当 n 无限增大时，它的通项 $x_n = (-1)^{n-1}$ 在 1 和 -1 这两个数之间跳跃，而不是取某一个确定的值，如图 2.4 所示.

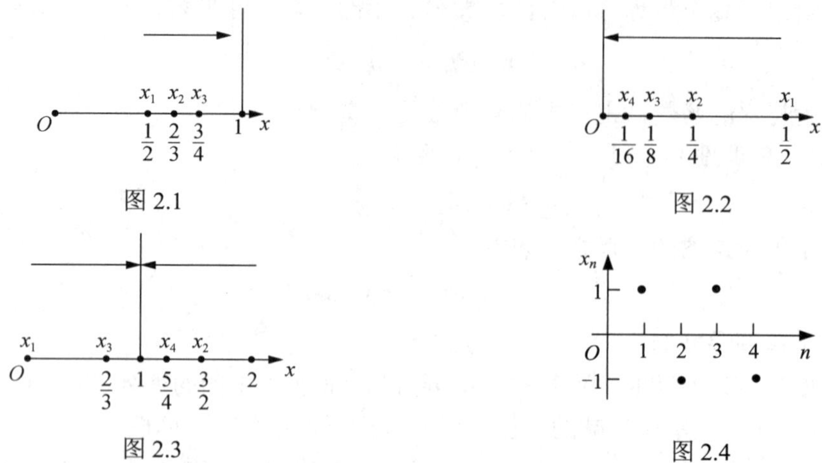

图 2.1　　图 2.2

图 2.3　　图 2.4

通过上面 6 个数列的变化趋势，我们不难发现，当n无限增大时，数列的通项x_n的变化趋势可以分为两种情况：一种情况是通项x_n无限接近于某一确定的常数，另一种情况是通项x_n不能保持与某一常数无限接近. 研究当n无限增大时，对应的通项x_n的变化趋势，这就是数列的极限问题. 为了叙述方便，我们先给出数列极限的直观描述性定义.

定义 2.2　给定数列$\{x_n\}$，如果当n无限增大时，通项x_n总是无限接近于某个确定的常数a，则称常数a是数列$\{x_n\}$当n趋向于无穷大时的极限，或者说数列$\{x_n\}$收敛于a，记为

$$\lim_{n\to\infty} x_n = a \text{ 或 } x_n \to a\ (n\to\infty).$$

如果数列$\{x_n\}$不趋近于某个确定的常数，则称数列$\{x_n\}$的极限不存在，或称数列$\{x_n\}$发散.

上述定义只是一个定性描述，不便于理论推证和量化分析. 为了在数量上精确刻画当n充分大时，x_n无限接近于常数a，需要给出极限的精确定义. 为此，我们先来研究数列（1），即$\left\{\dfrac{n}{n+1}\right\}$：$\dfrac{1}{2},\dfrac{2}{3},\dfrac{3}{4},\cdots,\dfrac{n}{n+1},\cdots$.

容易看到，当n不断增大时，通项$x_n=\dfrac{n}{n+1}$的值越来越接近1. 如何对此做出精确描述呢？我们知道，两个数的接近程度可以用两个数的距离（两个数之差的绝对值）来度量，即有

$$|x_n-1|=\left|\frac{n}{n+1}-1\right|=\frac{1}{n+1}.$$

由此可见，当n越来越大时，$|x_n-1|$就越来越小，也就是说，当n充分大时，$|x_n-1|$就能任意小，即有以下事实：

对于$\dfrac{1}{10^3}$，要使$|x_n-1|=\dfrac{1}{n+1}<\dfrac{1}{10^3}$，只需$n>10^3-1$，即从第$10^3-1$项开始，数列中后面所有项与常数 1 的距离都小于事先给定的很小的数$\dfrac{1}{10^3}$.

对于$\frac{1}{10^5}$，要使$|x_n-1|=\frac{1}{n+1}<\frac{1}{10^5}$，只需$n>10^5-1$，即从第$10^5-1$项开始，数列中后面所有项与常数 1 的距离都小于事先给定的很小的数$\frac{1}{10^5}$.

一般地，给定任意小的数$\varepsilon>0$ $(\varepsilon<1)$，要使$|x_n-1|=\frac{1}{n+1}<\varepsilon$，只需$n>\frac{1}{\varepsilon}-1$，取$N=\left[\frac{1}{\varepsilon}-1\right]$$\left(\left[\frac{1}{\varepsilon}-1\right]\right.$表示不超过$\left(\frac{1}{\varepsilon}-1\right)$的最大整数$\left.\right)$，即从第$N$项开始，数列中后面所有项与常数 1 的距离都小于事先给定的任意小的数ε.

总之，对给定任意小的数$\varepsilon>0$，总存在正整数$N=\left[\frac{1}{\varepsilon}-1\right]$，当$n>N$时，$|x_n-1|<\varepsilon$. 因为$\varepsilon$具有任意性，不等式$|x_n-1|<\varepsilon$表明$x_n$与 1 无限接近. 这就是数列$\left\{\frac{n}{n+1}\right\}$当$n\to\infty$时无限接近于 1 的实质. 这样的一个数 1，叫作数列$\left\{\frac{n}{n+1}\right\}$当$n\to\infty$时的极限.

基于以上分析，我们给出数列极限的精确定义.

定义 2.3　已知数列$\{x_n\}$与常数a，若对于任意给定的正数ε，总存在一个正整数N，使当$n>N$时，恒有

$$|x_n-a|<\varepsilon,$$

则称a为数列$\{x_n\}$当$n\to\infty$时的极限，或者称数列$\{x_n\}$收敛于a，记作

$$\lim_{n\to\infty}x_n=a \text{ 或 } x_n\to a\ (n\to\infty).$$

若这样的常数a不存在，则称数列$\{x_n\}$不收敛，或称数列$\{x_n\}$发散.

例如，在上面讨论的 6 个数列中，数列（1）、（3）、（4）、（5）是收敛的，即

$$\lim_{n\to\infty}\frac{n}{n+1}=1;\quad \lim_{n\to\infty}3=3;\quad \lim_{n\to\infty}\frac{1}{2^n}=0;\quad \lim_{n\to\infty}\left[1+\frac{(-1)^n}{n}\right]=1.$$

而数列（2）、（6）是发散的.

定义 2.3 常称为数列极限的“$\varepsilon-N$”定义，理解定义需要注意以下几点：

（1）ε具有任意性，是任意给定的，只有这样才能刻画x_n与a的“无限接近”的程度；同时ε又具有相对固定性，一旦给定，就相对固定下来，就可以找到满足$|x_n-a|<\varepsilon$的N；由于ε是任意小的正数，有时也可以用$2\varepsilon,\varepsilon^2$等代替.

（2）正整数N是与ε有关的，给定ε，就能找出满足$|x_n-a|<\varepsilon$的N. 一般地，ε越小，相应的N越大，但这样的N不是唯一的.

数列极限的“$\varepsilon-N$”定义给出了证明常数a是数列$\{x_n\}$的极限的逻辑方法，其证明步骤如下：

第一步　对任意给定的正数ε $(\varepsilon<1)$，找出使不等式$|x_n-a|<\varepsilon$成立的充分条件$n>g(\varepsilon)$.

第二步　取正整数$N=[g(\varepsilon)]$，再用“$\varepsilon-N$”语言叙述定义，给出结论.

例 2.1　用数列极限的定义证明 $\lim\limits_{n\to\infty}\dfrac{2n+(-1)^n}{n}=2$．

证明　令 $x_n=\dfrac{2n+(-1)^n}{n}$，则 $|x_n-2|=\left|\dfrac{2n+(-1)^n}{n}-2\right|=\dfrac{1}{n}$．

对任意给定的正数 ε ($\varepsilon<1$)，为使 $|x_n-2|=\dfrac{1}{n}<\varepsilon$，只需 $n>\dfrac{1}{\varepsilon}$．取正整数 $N=\left[\dfrac{1}{\varepsilon}\right]$，则当 $n>N$ 时，有 $|x_n-2|=\dfrac{1}{n}<\varepsilon$，即 $\lim\limits_{n\to\infty}\dfrac{2n+(-1)^n}{n}=2$．

数列极限的“$\varepsilon-N$”定义未给出求数列极限的方法，我们可以通过观察数列的变化趋势，确定数列是收敛的还是发散的，对于特殊的数列，还可以求出数列的极限．

例 2.2　观察下列数列 $\{x_n\}$ 的变化趋势，指出哪些数列是收敛的，哪些数列是发散的，并写出收敛数列的极限．

（1）$x_n=1+\dfrac{1}{n^2}$；　　（2）$x_n=\dfrac{n^2-1}{n^2+1}$；　　（3）$x_n=\cos\dfrac{n}{2}\pi$．

解　（1）当 n 无限增大时，$x_n=1+\dfrac{1}{n^2}$ 无限接近于 1，所以 $\lim\limits_{n\to\infty}\left(1+\dfrac{1}{n^2}\right)=1$．

（2）当 n 无限增大时，$x_n=\dfrac{n^2-1}{n^2+1}$ 无限接近于 1，所以 $\lim\limits_{n\to\infty}\dfrac{n^2-1}{n^2+1}=1$．

（3）当 n 无限增大时，$x_n=\cos\dfrac{n}{2}\pi$ 总是在 $-1,0,1$ 这三个数之间来回跳动，不接近于某个常数，所以此数列的极限不存在，或者说该数列发散．

2.1.3　数列极限的几何意义

极限 $\lim\limits_{n\to\infty}x_n=a$ 的“$\varepsilon-N$”定义可简单叙述为

$$\text{对}\ \forall\varepsilon>0，\exists N，\text{当}\ n>N\ \text{时}，\ a-\varepsilon<x_n<a+\varepsilon．$$

显然，其几何意义是，对于点 a 的任意 ε 邻域 $U(a,\varepsilon)$，总存在正整数 N，使得数列中在第 N 项以后的所有项全部落在 $U(a,\varepsilon)$ 之内，在这个邻域之外，最多只有 N 项，如图 2.5 所示．

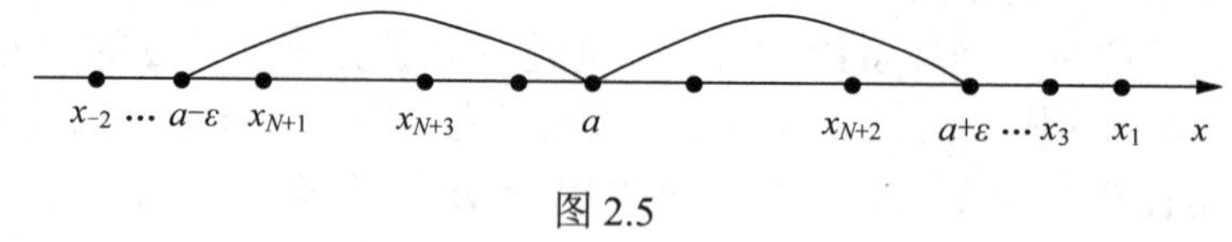

图 2.5

2.1.4　收敛数列的性质

收敛数列有以下几个重要的性质．

定理 2.1（唯一性）　若数列 $\{x_n\}$ 收敛，则它的极限是唯一的．

证明（反证法）　设 $\lim\limits_{n\to\infty}x_n=a$，$\lim\limits_{n\to\infty}x_n=b$ 且 $a\neq b$．由数列极限的定义知，对于任意 $\varepsilon>0$，存在 $N_1\in\mathbf{N}^+$，当 $n>N_1$ 时，$|x_n-a|<\varepsilon$．同时，存在 $N_2\in\mathbf{N}^+$，当 $n>N_2$ 时，$|x_n-b|<\varepsilon$．

取 $N=\max\{N_1,N_2\}$，则当 $n>N$ 时，$|x_n-a|<\varepsilon$ 且 $|x_n-b|<\varepsilon$．因此，当 $n>N$ 时，

$$|a-b|=|a-x_n+x_n-b|\leqslant|x_n-a|+|x_n-b|<2\varepsilon.$$

由 ε 的任意性，即得 $a=b$，与题设矛盾．故收敛数列 $\{x_n\}$ 的极限唯一．

定理 2.2（有界性）　若数列 $\{x_n\}$ 收敛，则数列 $\{x_n\}$ 有界，即存在 $M>0$，对任意 $n\in\mathbf{N}^+$，有 $|x_n|\leqslant M$．

证明　设 $\lim\limits_{n\to\infty}x_n=a$，由定义，对 $\varepsilon=\dfrac{1}{2}$，存在 $N\in\mathbf{N}^+$，当 $n>N$ 时，有

$$a-\frac{1}{2}<x_n<a+\frac{1}{2}.$$

取 $M=\max\left\{|x_1|,|x_2|,\cdots,|x_N|,\left|a-\dfrac{1}{2}\right|,\left|a+\dfrac{1}{2}\right|\right\}$，则对于任意 $n\in\mathbf{N}^+$，都有 $|x_n|\leqslant M$，即数列 $\{x_n\}$ 有界．

数列有界是数列收敛的必要条件，不是充分条件．例如，数列 $\{(-1)^{n-1}\}$ 有界，但它是发散的．

定理 2.3（保号性）　若 $\lim\limits_{n\to\infty}x_n=a$ 且 $a>0$（或 $a<0$），则存在正整数 N，当 $n>N$ 时，$x_n>0$（或 $x_n<0$）．

证明　仅证 $a>0$ 的情形．

由于 $\lim\limits_{n\to\infty}x_n=a$，所以对于 $\varepsilon=\dfrac{a}{2}$，存在正整数 N，当 $n>N$ 时，$|x_n-a|<\dfrac{a}{2}$，即有

$$x_n>a-\frac{a}{2}=\frac{a}{2}>0.$$

推论 2.1　若 $\lim\limits_{n\to\infty}x_n=a$ 且存在正整数 N，当 $n>N$ 时，$x_n\geqslant0$（或 $x_n\leqslant0$），则有 $a\geqslant0$（或 $a\leqslant0$）．

推论 2.2（保序性）　若 $\lim\limits_{n\to\infty}x_n=a$，$\lim\limits_{n\to\infty}y_n=b$ 且 $a<b$，则存在正整数 N，当 $n>N$ 时，$x_n<y_n$．

在数列 $\{x_n\}$ 中任意抽取无限多项并保持这些项在原数列中的先后次序，这样得到的数列称为原数列的**子数列**（或称为**子列**）．收敛数列与其子数列有以下关系：

定理 2.4（收敛数列与其子数列的关系）　若数列 $\{x_n\}$ 收敛于 a，则其任一子数列也收敛，且极限也是 a．

2.1.5　收敛数列的四则运算

定理 2.5　若 $\lim\limits_{n\to\infty}x_n=a$，$\lim\limits_{n\to\infty}y_n=b$，则有

（1）$\lim\limits_{n\to\infty}(x_n\pm y_n)=\lim\limits_{n\to\infty}x_n\pm\lim\limits_{n\to\infty}y_n=a\pm b$；

（2）$\lim\limits_{n\to\infty}(x_n\cdot y_n)=\lim\limits_{n\to\infty}x_n\cdot\lim\limits_{n\to\infty}y_n=a\cdot b$；

（3）若 $b\neq0$，则 $\lim\limits_{n\to\infty}\dfrac{x_n}{y_n}=\dfrac{\lim\limits_{n\to\infty}x_n}{\lim\limits_{n\to\infty}y_n}=\dfrac{a}{b}$．

例 2.3 求$\lim\limits_{n\to\infty}\left[\frac{1}{1\times 2}+\frac{1}{2\times 3}+\cdots+\frac{1}{n\times(n+1)}\right]$.

解 先化简，则有

$$\lim_{n\to\infty}\left[\frac{1}{1\times 2}+\frac{1}{2\times 3}+\cdots+\frac{1}{n\times(n+1)}\right]=\lim_{n\to\infty}\left(1-\frac{1}{2}+\frac{1}{2}-\frac{1}{3}+\cdots+\frac{1}{n}-\frac{1}{n+1}\right)$$
$$=\lim_{n\to\infty}\left(1-\frac{1}{n+1}\right)=1.$$

例 2.4 求$\lim\limits_{n\to\infty}\left(\sqrt{n+1}-\sqrt{n}\right)$.

解 先进行分子有理化，则有

$$\lim_{n\to\infty}\left(\sqrt{n+1}-\sqrt{n}\right)=\lim_{n\to\infty}\frac{1}{\sqrt{n+1}+\sqrt{n}}=0\ .$$

例 2.5 求$\lim\limits_{n\to\infty}\left(\frac{n-1}{n+1}\right)^2$.

解 $\lim\limits_{n\to\infty}\left(\frac{n-1}{n+1}\right)^2=\left(\lim\limits_{n\to\infty}\frac{n-1}{n+1}\right)^2=\left[\lim\limits_{n\to\infty}\left(1-\frac{2}{n+1}\right)\right]^2=1^2=1$.

习题 2.1

1. 观察下列数列$\{x_n\}$的变化趋势，写出它们的极限：

（1）$x_n=\frac{1}{2^n}$；（2）$x_n=(-1)^n\frac{1}{n}$；

（3）$x_n=\frac{n+1}{n-1}$；（4）$x_n=n(-1)^n$.

2. 根据数列极限的定义证明：

（1）$\lim\limits_{n\to\infty}\frac{1}{n^2}=0$；（2）$\lim\limits_{n\to\infty}\frac{3n+1}{2n+1}=\frac{3}{2}$.

3. 证明：若$\lim\limits_{n\to\infty}x_n=a$，则$\lim\limits_{n\to\infty}|x_n|=|a|$. 并举例说明，若$\lim\limits_{n\to\infty}|x_n|=|a|$，而$\lim\limits_{n\to\infty}x_n$不一定存在.

4. 计算下列极限：

（1）$\lim\limits_{n\to\infty}\frac{n^2+n+2}{(n-1)(n+1)}$；（2）$\lim\limits_{n\to\infty}\frac{1+a+a^2+\cdots+a^n}{1+b+b^2+\cdots+b^n}$（$|a|<1$，$|b|<1$）；

（3）$\lim\limits_{n\to\infty}\frac{1+2+3+\cdots+n}{n^2}$；（4）$\lim\limits_{n\to\infty}\frac{1+2n-6n^2}{3n^2-4n+5}$.

2.2 函数的极限与性质

2.2.1 函数的极限

数列$\{x_n\}$可以看作以n为自变量的函数$x_n=f(n)$，所以数列的极限事实上是函数极限的一种特殊情况，即当 $n\to\infty$ 时，函数 $f(n)$ 的极限.

作为一般的函数 $y=f(x)$，自变量 x 的取值是实数，所以函数 $y=f(x)$ 的极限主要分为两种类型：一是自变量 $|x|$ 无限增大（记为 $x\to\infty$）时，对应的函数 $f(x)$ 的变化趋势；二是当 x 无限接近于有限值 x_0（记为 $x\to x_0$）时，对应的函数 $f(x)$ 的变化趋势. 以下分两种情况进行讨论.

1. 当自变量 $x\to\infty$ 时，函数 $y=f(x)$ 的极限

我们先来分析函数 $y=\dfrac{1}{x}$ 当自变量 $x\to\infty$ 时的变化趋势，如图 2.6 所示.

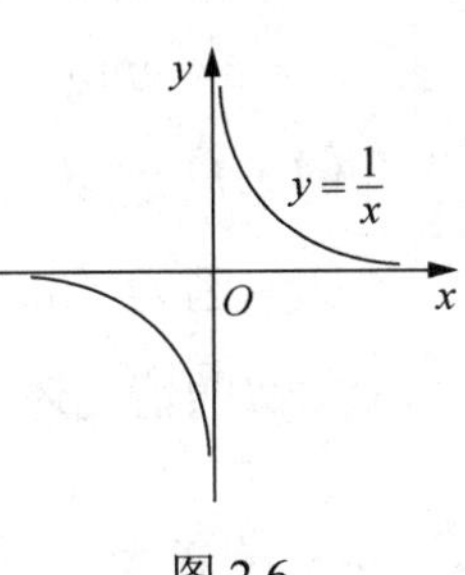

图 2.6

由图 2.6 可以看出，当 $|x|$ 无限增大时，函数 $y=\dfrac{1}{x}$ 无限接近于 0. 类似于数列的极限定义，我们给出以下定义.

定义 2.4　设函数 $f(x)$ 在 $|x|$ 充分大时有定义，A 为常数. 若对于任意给定的正数 ε，总存在正数 X，使得对满足不等式 $|x|>X$ 的一切 x，总有

$$|f(x)-A|<\varepsilon$$

成立，则称常数 A 为函数 $f(x)$ 当 $x\to\infty$ 时的极限，也称函数 $f(x)$ 当 $x\to\infty$ 时收敛于 A，记作

$$\lim_{x\to\infty}f(x)=A \quad 或 \quad f(x)\to A\,(x\to\infty).$$

此定义称为 $x\to\infty$ 时函数极限的“$\varepsilon-X$”定义，极限 $\lim\limits_{x\to\infty}f(x)=A$ 可简单叙述为

$$对\ \forall\varepsilon>0，\exists X>0，当\ |x|>X\ 时，\ A-\varepsilon<f(x)<A+\varepsilon.$$

显然，其几何意义是，对于任意小的 ε，总能找到正数 X，当 $x>X$ 或 $x<-X$ 时，曲线 $y=f(x)$ 总是落在两条水平线 $y=A-\varepsilon$ 与 $y=A+\varepsilon$ 之间，如图 2.7 所示.

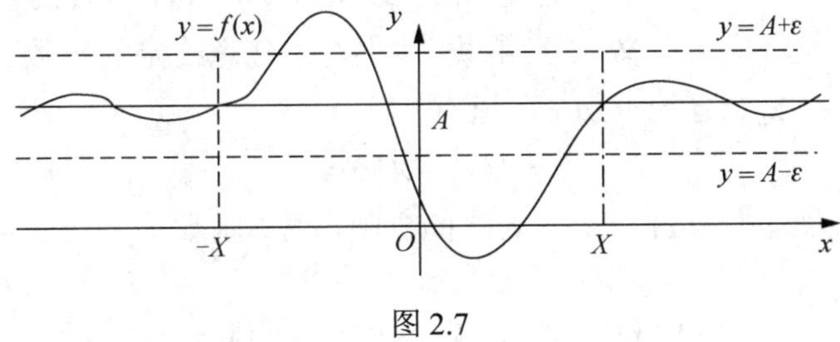

图 2.7

例 2.6　利用极限的定义证明：$\lim\limits_{x\to\infty}\dfrac{1}{x}=0$.

证明　对任意 $\varepsilon>0$，为使 $\left|\dfrac{1}{x}-0\right|=\dfrac{1}{|x|}<\varepsilon$，只需 $|x|>\dfrac{1}{\varepsilon}$.

取 $X=\dfrac{1}{\varepsilon}$，则当 $|x|>X$ 时，$\left|\dfrac{1}{x}-0\right|<\varepsilon$，即有

$$\lim_{x\to\infty}\frac{1}{x}=0.$$

在定义 2.4 中，若将$|x|>X$换成$x>X$，就得到$\lim\limits_{x\to+\infty}f(x)=A$的定义；若将$|x|>X$换成$x<-X$，就得到$\lim\limits_{x\to-\infty}f(x)=A$的定义.

若$\lim\limits_{x\to\infty}f(x)=A$，$\lim\limits_{x\to+\infty}f(x)=A$或$\lim\limits_{x\to-\infty}f(x)=A$，则称直线$y=A$为曲线$y=f(x)$的**水平渐近线**.

利用极限的定义可以证明结论：

$$\lim_{x\to\infty}f(x)=A \text{ 的充要条件是 } \lim_{x\to+\infty}f(x)=\lim_{x\to-\infty}f(x)=A.$$

例 2.7 讨论$\lim\limits_{x\to\infty}e^x$.

解 因为$\lim\limits_{x\to+\infty}e^x=+\infty$，$\lim\limits_{x\to-\infty}e^x=0$，所以$\lim\limits_{x\to\infty}e^x$不存在.

类似的情况还有$\lim\limits_{x\to\infty}\arctan x$和$\lim\limits_{x\to\infty}\operatorname{arccot}x$等.

2. 当$x\to x_0$时，函数$y=f(x)$的极限

对于函数$y=f(x)$，除研究当$x\to\infty$的极限外，还需要研究当x趋近于某一有限值x_0时，函数$y=f(x)$的变化趋势.

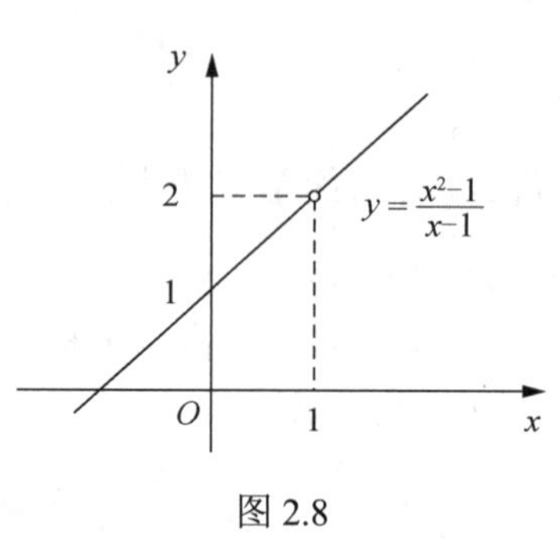

图 2.8

分析极限$\lim\limits_{x\to1}\frac{x^2-1}{x-1}$，如图 2.8 所示. 当$x$无限接近于 1 时，函数$y=\frac{x^2-1}{x-1}$无限接近于 2，这时我们称 2 为函数$y=\frac{x^2-1}{x-1}$当$x\to1$时的极限. 下面给出$x\to x_0$时，函数$y=f(x)$的极限的定义.

定义 2.5 设函数$y=f(x)$在x_0的某去心邻域内有定义，A为常数. 如果对于任意给定的正数ε，总存在正数δ，使得对于满足$0<|x-x_0|<\delta$的一切x，恒有

$$|f(x)-A|<\varepsilon$$

成立，则称常数A为函数$f(x)$当$x\to x_0$时的极限，也称函数$f(x)$当$x\to x_0$时收敛于A，记作

$$\lim_{x\to x_0}f(x)=A \quad \text{或} \quad f(x)\to A\ (x\to x_0).$$

此定义称为$x\to x_0$时函数极限的“$\varepsilon-\delta$”定义，极限$\lim\limits_{x\to x_0}f(x)=A$可简单叙述为对$\forall\varepsilon>0$，$\exists\delta>0$，当$0<|x-x_0|<\delta$时，$A-\varepsilon<f(x)<A+\varepsilon$.

显然，其几何意义是，对于任意小的ε，总能找到正数δ，当$0<|x-x_0|<\delta$时，曲线$y=f(x)$总是落在两条水平线$y=A-\varepsilon$与$y=A+\varepsilon$之间，如图 2.9 所示.

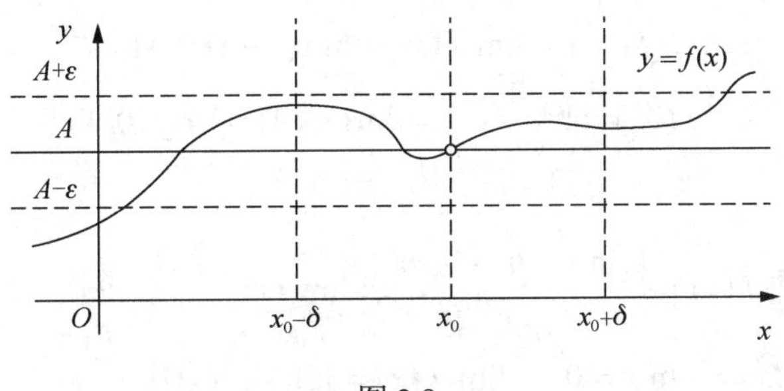

图 2.9

例 2.8　利用极限的定义证明：$\lim\limits_{x\to 0}\sin x = 0$.

证明　任意给定 $\varepsilon > 0$，为使 $|\sin x - 0| = |\sin x| \leqslant |x| < \varepsilon$，只需 $|x| < \varepsilon$.

取 $\delta = \varepsilon$，则当 $0 < |x - 0| < \varepsilon$ 时，$|\sin x - 0| < \varepsilon$，即有

$$\lim_{x\to 0}\sin x = 0 .$$

3. 左、右极限

自变量 $x \to x_0$ 包含两种方式：一种是 x 从左边小于 x_0 的方向向右趋于 x_0，记为 $x \to x_0^-$；一种是 x 从右边大于 x_0 的方向向左趋于 x_0，记为 $x \to x_0^+$. 在实际问题中，有时我们需要考虑 x 从单侧趋于 x_0 时，函数 $f(x)$ 的变化趋势，这就是我们要讨论的单侧极限. 由此，我们给出单侧极限的定义.

定义 2.6　设函数 $y = f(x)$ 在 x_0 左侧（或右侧）邻域内有定义，A 为某一确定的常数. 若对于任意给定的正数 ε，总存在正数 δ，使得当 $-\delta < x - x_0 < 0$（或 $0 < x - x_0 < \delta$）时，总有

$$|f(x) - A| < \varepsilon$$

成立，则称常数 A 为函数 $f(x)$ 当 $x \to x_0^-$（或 $x \to x_0^+$）时的左（或右）**极限**，也称函数 $f(x)$ 当 $x \to x_0^-$（或 $x \to x_0^+$）时收敛于 A，记作

$$\lim_{x\to x_0^-} f(x) = A \left(或 \lim_{x\to x_0^+} f(x) = A\right),$$

或

$$f(x_0^-) = A\ (或\ f(x_0^+) = A).$$

左极限和右极限统称为**单侧极限**. 根据 $x \to x_0$ 时函数 $f(x)$ 的极限及单侧极限的定义，容易得到左、右极限与函数极限的关系：

定理 2.6　极限 $\lim\limits_{x\to x_0} f(x) = A$ 的充要条件是 $\lim\limits_{x\to x_0^-} f(x) = \lim\limits_{x\to x_0^+} f(x) = A$.

该定理给出了函数在某点处单侧极限与函数极限的关系，也经常用来讨论分段函数在分段点（左、右两边的表达式不一样）处的极限是否存在.

例 2.9　设函数 $f(x) = \begin{cases} x-1, & x<0 \\ 0, & x=0 \\ x+1, & x>0 \end{cases}$，讨论 $\lim\limits_{x\to 0} f(x)$.

解　因为

$$f(0^-)=\lim_{x\to 0^-}f(x)=\lim_{x\to 0^-}(x-1)=-1,$$

$$f(0^+)=\lim_{x\to 0^+}f(x)=\lim_{x\to 0^+}(x+1)=1\neq f(0^-),$$

故 $\lim\limits_{x\to 0}f(x)$ 不存在.

极限的定义

例 2.10 设函数 $f(x)=\begin{cases}\sin x, & x>0\\ x, & x<0\end{cases}$，求 $\lim\limits_{x\to 0}f(x)$.

解 因为 $\lim\limits_{x\to 0^-}f(x)=\lim\limits_{x\to 0^-}x=0$， $\lim\limits_{x\to 0^+}f(x)=\lim\limits_{x\to 0^+}\sin x=0$，故 $\lim\limits_{x\to 0^-}f(x)=\lim\limits_{x\to 0^+}f(x)=0$，所以 $\lim\limits_{x\to 0}f(x)=0$.

2.2.2 函数极限的性质

对于函数的极限，自变量的变化趋势有六种情况，即 $x\to\infty$， $x\to-\infty$， $x\to+\infty$， $x\to x_0$， $x\to x_0^-$， $x\to x_0^+$，每一种收敛类型的函数极限与收敛数列具有类似的性质，下面以 $x\to x_0$ 的类型为例不加证明地给出具体的性质.

性质 2.3（极限的唯一性） 如果 $\lim\limits_{x\to x_0}f(x)$ 存在，则其极限值必是唯一的.

性质 2.4（极限的局部有界性） 如果 $\lim\limits_{x\to x_0}f(x)$ 存在，则函数 $f(x)$ 在 $x_0(x\neq x_0)$ 的某去心邻域内有界.

性质 2.5（极限的局部保号性） 如果 $\lim\limits_{x\to x_0}f(x)=A$，且 $A>0$（或 $A<0$），则存在常数 $\delta>0$，当 $0<|x-x_0|<\delta$ 时，有 $f(x)>0$ (或 $f(x)<0$).

推论 2.3 （1）若在 x_0 的某去心邻域内有 $f(x)\geqslant 0$ (或 $f(x)\leqslant 0$)，且 $\lim\limits_{x\to x_0}f(x)=A$，则 $A\geqslant 0$（或 $A\leqslant 0$）；

（2）若 $\lim\limits_{x\to x_0}f(x)=A\neq 0$，则存在常数 $\delta>0$，当 $0<|x-x_0|<\delta$ 时，有 $|f(x)|>\dfrac{|A|}{2}$.

性质 2.6（极限的保序性） 如果 $\lim\limits_{x\to x_0}f(x)=A$， $\lim\limits_{x\to x_0}g(x)=B$，且 $A>B$，则存在常数 $\delta>0$，当 $0<|x-x_0|<\delta$ 时， $f(x)>g(x)$.

习题 2.2

1．观察下列函数的变化趋势，并写出其极限值：

（1） $\lim\limits_{x\to\infty}\dfrac{1}{x^2+1}$；　　（2） $\lim\limits_{x\to+\infty}\left(\dfrac{1}{2}\right)^x$；

（3） $\lim\limits_{x\to 1}\left(\dfrac{x}{x+1}\right)^2$；　　（4） $\lim\limits_{x\to 1}\left(\dfrac{x^2-1}{x-1}\right)^2$.

2．用定义证明下列极限：

（1） $\lim\limits_{x\to+\infty}\dfrac{\cos x}{\sqrt{x}}=0$；　　（2） $\lim\limits_{x\to 2}\dfrac{x^2-3x+2}{x-2}=1$.

3．设函数 $f(x)=\begin{cases}x+1, & x\geqslant 0\\ e^x, & x<0\end{cases}$，求 $x\to 0$ 时 $f(x)$ 的左、右极限，并判断 $\lim\limits_{x\to 0}f(x)$ 是

否存在.

4. 设函数 $f(x)=\begin{cases} x-3, & x\geqslant 2 \\ x, & 1<x<2 \\ x^2, & -3<x\leqslant 1 \end{cases}$，求 $\lim\limits_{x\to 1}f(x)$，$\lim\limits_{x\to 2}f(x)$，$\lim\limits_{x\to 3}f(x)$ 及 $\lim\limits_{x\to 0}f(x)$.

2.3　无穷小量与无穷大量

当我们考虑函数的变化趋势时，有两种特殊的情形：一种是在自变量的某个变化过程中，函数的绝对值越来越小，即无限接近于 0；一种是在自变量的某个变化过程中，函数的绝对值越来越大，即趋于 $+\infty$.下面我们来讨论这两种情形.

2.3.1　无穷小量

到目前为止，我们学到的自变量的变化过程共有七种，即 $x\to x_0$，$x\to x_0^-$，$x\to x_0^+$，$x\to\infty$，$x\to-\infty$，$x\to+\infty$ 及 $n\to\infty$．为了讨论和书写方便，记号“$\lim$”下面没有标明自变量的变化过程，它表示七种变化过程中的某一种.

定义 2.7　若 $\lim f(x)=0$，则称 $f(x)$ 为同一变化过程中的**无穷小量**，简称为**无穷小**.

例如，

$\lim\limits_{n\to\infty}\dfrac{1}{2^n}=0$，则称变量 $\dfrac{1}{2^n}$ 为 $n\to\infty$ 时的无穷小；

$\lim\limits_{x\to\infty}\dfrac{1}{x}=0$，则称 $f(x)=\dfrac{1}{x}$ 为 $x\to\infty$ 时的无穷小；

$\lim\limits_{x\to+\infty}\dfrac{1}{\sqrt{x}}=0$，则称 $f(x)=\dfrac{1}{\sqrt{x}}$ 为 $x\to+\infty$ 时的无穷小；

$\lim\limits_{x\to 1}\dfrac{x-1}{x}=0$，则称 $f(x)=\dfrac{x-1}{x}$ 为 $x\to 1$ 时的无穷小；

$\lim\limits_{x\to 1^-}\mathrm{e}^{\frac{1}{x-1}}=0$，则称 $f(x)=\mathrm{e}^{\frac{1}{x-1}}$ 为 $x\to 1^-$ 时的无穷小.

无穷小是极限存在的一种特殊形式，正确理解无穷小，需注意以下几点：

（1）无穷小不是很小很小的数，而是一个绝对值无限逼近于 0 的变量，如 10^{-1000} 是一个很小的正实数，但不是无穷小.

（2）0 是唯一一个可以作为无穷小的常数，除 0 之外，任何非零常数都不是无穷小.

（3）无穷小是与自变量的变化过程有关的，在不同的变化过程中同一个函数不一定都是无穷小．例如，函数 $f(x)=\tan x$，当 $x\to 0$ 时，因为 $\tan x\to 0$，所以 $f(x)=\tan x$ 是 $x\to 0$ 时的无穷小，但当 $x\to\dfrac{\pi}{4}$ 时，$\tan x\to 1$，此时 $f(x)=\tan x$ 就不再是无穷小了．因此在谈及无穷小时，总要先说明自变量的变化过程.

2.3.2　无穷小的性质

下面先给出无穷小与函数极限的关系：

定理 2.7 在自变量的同一变化过程中，函数 $f(x)$ 的极限是 A 的充要条件是 $f(x)=A+\alpha$，其中 α 是这个变化过程中的无穷小.

证明 以 $x\to x_0$ 为例给出证明.

先证必要性：设 $\lim\limits_{x\to x_0}f(x)=A$，则对 $\forall\varepsilon>0$，$\exists\delta>0$，当 $0<|x-x_0|<\delta$ 时，有

$$|f(x)-A|<\varepsilon.$$

令 $\alpha=f(x)-A$，则有 $|\alpha|<\varepsilon$，即 $f(x)=A+\alpha$ 且 $\lim\limits_{x\to x_0}\alpha=0$.

再证充分性：由 $f(x)=A+\alpha$ 且 $\lim\limits_{x\to x_0}\alpha=0$，得对 $\forall\varepsilon>0$，$\exists\delta>0$，当 $0<|x-x_0|<\delta$ 时，有

$$|\alpha|=|f(x)-A|<\varepsilon,$$

即有 $\lim\limits_{x\to x_0}f(x)=A$.

该定理揭示了函数与其极限之间的关系，即若 $\lim\limits_{x\to x_0}f(x)=A$，则在 $\mathring{U}(x_0)$ 内，$f(x)=A+\alpha$，其中 $\lim\limits_{x\to x_0}\alpha=0$. 这个结论在以后的学习中有很重要的应用，利用它可将函数的极限运算转化为常数（极限值）与无穷小的代数运算.

下面给出无穷小的一些基本性质.

定理 2.8 有限个无穷小的和仍为无穷小.

特别地，无限个无穷小的和不一定是无穷小，例如，

$$\lim_{n\to\infty}\frac{1}{n}=0,\text{ 而 }\lim_{n\to\infty}\left(\overbrace{\frac{1}{n}+\frac{1}{n}+\cdots+\frac{1}{n}}^{n\text{个}}\right)=\lim_{n\to\infty}\frac{n}{n}=1.$$

定理 2.9 有界函数与无穷小的乘积仍为无穷小.

推论 2.4 常数与无穷小的乘积仍为无穷小.

推论 2.5 有限个无穷小的乘积仍为无穷小.

例 2.11 求 $\lim\limits_{x\to 0}x\sin\dfrac{1}{x}$.

解 因为 $\lim\limits_{x\to 0}x=0$，且 $\left|\sin\dfrac{1}{x}\right|\leqslant 1$，于是由定理 2.9 可知 $\lim\limits_{x\to 0}x\sin\dfrac{1}{x}=0$.

2.3.3 无穷大量

无穷大量是和无穷小量相反的一类变量，即无穷大量是在变量的某一变化过程中函数的绝对值无限增大的变量. 下面以 $x\to x_0$ 这一变化过程为例，给出无穷大量的精确定义.

定义 2.8 设函数 $f(x)$ 在 x_0 的某去心邻域内有定义. 若对任意给定的正数 M（无论多么大），总存在正数 δ，当 $0<|x-x_0|<\delta$ 时，恒有

$$|f(x)|>M$$

成立，则称函数 $f(x)$ 为 $x\to x_0$ 时的**无穷大量**，简称为**无穷大**. 记为

$$\lim_{x\to x_0}f(x)=\infty\text{ 或 }f(x)\to\infty\ (x\to x_0).$$

例如，函数 $f(x)=\dfrac{1}{x-1}$，当 $x\to 1$ 时 $|f(x)|=\left|\dfrac{1}{x-1}\right|$ 无限增大，因此称 $f(x)=\dfrac{1}{x-1}$ 为 $x\to 1$ 时的无穷大.

对于无穷大，我们有以下几点说明：

（1）无穷大是自变量的某一变化过程中函数极限不存在的一种情况，但为了方便叙述函数的这一性态，我们也说“函数的极限是无穷大，并记为 $\lim f(x)=\infty$ ”.

（2）若将定义中 $|f(x)|>M$ 改为 $f(x)>M$（或 $f(x)<-M$），则称 $f(x)$ 为这一变化过程中的**正无穷大**（或**负无穷大**），记为 $\lim f(x)=+\infty$（或 $\lim f(x)=-\infty$）. 例如，$\lim\limits_{x\to+\infty}\mathrm{e}^x=+\infty$，则称 e^x 为 $x\to+\infty$ 时的正无穷大；$\lim\limits_{x\to 0^+}\ln x=-\infty$，则称 $\ln x$ 为 $x\to 0^+$ 时的负无穷大.

（3）无穷大是自变量的某一变化过程中函数的绝对值无限增大的变量，它不是一个很大很大的数，如 $10^{100}, 10^{100000}$ 等不能叫作无穷大，它们只是常数.

（4）无穷大与自变量的变化过程有关. 例如，函数 $f(x)=\dfrac{1}{x-1}$，当 $x\to 1$ 时为无穷大，但当 $x\to\infty$ 时 $f(x)=\dfrac{1}{x-1}$ 则是无穷小.

（5）若 $\lim\limits_{x\to x_0}f(x)=\infty$，则称 $x=x_0$ 为函数 $f(x)$ 的图形的**铅直渐近线**.

注　若 $\lim\limits_{x\to\infty}\dfrac{f(x)}{x}=k$，$\lim\limits_{x\to\infty}[f(x)-kx]=b$（$b$ 为常数），则称 $y=kx+b$ 是曲线 $y=f(x)$ 的一条**斜渐近线**.

根据无穷大的定义，不难证明无穷大具有以下两个性质：

（1）两个无穷大的乘积仍为无穷大；

（2）有界变量与无穷大的和仍为无穷大.

无穷大和无穷小之间具有如下关系：

定理 2.10　在自变量的同一变化过程中，若 $f(x)$ 为无穷大，则 $\dfrac{1}{f(x)}$ 为无穷小；若 $f(x)$ 为无穷小，且 $f(x)\neq 0$，则 $\dfrac{1}{f(x)}$ 为无穷大.

证明　以 $x\to x_0$ 为例证明. 设 $\lim\limits_{x\to x_0}f(x)=\infty$，则对任意 $\varepsilon>0$，取 $M=\dfrac{1}{\varepsilon}$，存在 $\delta>0$，当 $0<|x-x_0|<\delta$ 时，$|f(x)|>M$，即 $\left|\dfrac{1}{f(x)}\right|<\dfrac{1}{M}=\varepsilon$，故 $\lim\limits_{x\to x_0}\dfrac{1}{f(x)}=0$.

反之，设 $\lim\limits_{x\to x_0}f(x)=0$，且 $f(x)\neq 0$，则对任意 $M>0$，取 $\varepsilon=\dfrac{1}{M}$，存在 $\delta>0$，当 $0<|x-x_0|<\delta$ 时，$|f(x)|<\varepsilon$，即有 $\left|\dfrac{1}{f(x)}\right|>\dfrac{1}{\varepsilon}=M$，故 $\lim\limits_{x\to x_0}\dfrac{1}{f(x)}=\infty$.

例如，当 $x\to\infty$ 时，x 为无穷大，而 $\lim\limits_{x\to\infty}\dfrac{1}{x}=0$.

例 2.12 求$\lim\limits_{x\to0}\dfrac{x^2-1}{x^3}$.

解 因为$\lim\limits_{x\to0}\dfrac{x^3}{x^2-1}=\dfrac{\lim\limits_{x\to0}x^3}{\lim\limits_{x\to0}(x^2-1)}=0$，且$\dfrac{x^3}{x^2-1}\neq0\left(x\in\mathring{U}(0)\right)$，所以由无穷小与无穷大的关系知

$$\lim_{x\to0}\frac{x^2-1}{x^3}=\infty.$$

习题 2.3

1．在给定的自变量的变化过程中，下列函数哪些是无穷小？哪些是无穷大？

（1）$x^2\sin x$，$x\to0$；（2）$\dfrac{\sin x}{x}$，$x\to\infty$；

（3）$\dfrac{x}{(x+1)^2}$，$x\to-1$；（4）$\mathrm{e}^{\frac{1}{x}}$，$x\to0^+$；

（5）$\ln\left(1+\dfrac{1}{x}\right)$，$x\to+\infty$；（6）$\dfrac{\sqrt{x+1}-1}{x}$，$x\to+\infty$；

（7）$\dfrac{n^2}{n^3+1}$，$n\to\infty$.

2．指出下列函数在自变量如何变化时是无穷小，在自变量如何变化时是无穷大.

（1）$y=\dfrac{1}{x^2}$；（2）$y=\dfrac{1}{1+x}$；

（3）$y=\ln x$；（4）$y=\mathrm{e}^x$.

3．利用无穷小的性质求下列极限：

（1）$\lim\limits_{x\to0}x^2\cos\dfrac{1}{x}$；（2）$\lim\limits_{x\to0}x^2\arctan\dfrac{1}{x}$；

（3）$\lim\limits_{x\to\infty}\dfrac{\arctan x}{x}$；（4）$\lim\limits_{x\to\infty}\dfrac{1+\cos x}{x}$.

2.4 极限的运算法则

本节讨论极限的求法，主要建立极限的四则运算法则和复合函数的运算法则，利用这些法则，可以求出一些函数的极限.

定理 2.11（极限四则运算法则） 设极限$\lim f(x)=A$，$\lim g(x)=B$（A，B为确定的常数)，则

（1）$\lim[f(x)\pm g(x)]=A\pm B$；

（2）$\lim[f(x)g(x)]=AB$；

（3）$\lim\dfrac{f(x)}{g(x)}=\dfrac{A}{B}\ (B\neq0)$.

下面仅对（1）给出证明.

证明　(1) 因为 $\lim f(x)=A$，$\lim g(x)=B$，根据函数极限与无穷小的关系，有

$$f(x)=A+\alpha,\ g(x)=B+\beta\text{，其中}\lim\alpha=0,\ \lim\beta=0\text{，}$$

则

$$f(x)\pm g(x)=A\pm B+(\alpha\pm\beta)\text{，其中}\lim(\alpha\pm\beta)=0\,.$$

根据函数极限与无穷小的关系有

$$\lim[f(x)\pm g(x)]=A\pm B\,.$$

上述法则（1）、（2）都可以推广到有限个函数的极限运算，且易得以下推论：

推论 2.6　$\lim[c\cdot f(x)]=c\cdot\lim f(x)$，$c$ 为常数.

推论 2.7　$\lim[f(x)]^n=[\lim f(x)]^n$，$\lim\sqrt[n]{f(x)}=\sqrt[n]{\lim f(x)}$，$n$ 为正整数.

例 2.13　求 $\lim\limits_{x\to1}(x^2-2x+3)$.

解　$\lim\limits_{x\to1}(x^2-2x+3)=\lim\limits_{x\to1}x^2-2\lim\limits_{x\to1}x+3=1-2+3=2$.

例 2.14　求 $\lim\limits_{x\to1}\dfrac{x+2}{x-2}$.

解　$\lim\limits_{x\to1}\dfrac{x+2}{x-2}=\dfrac{\lim\limits_{x\to1}(x+2)}{\lim\limits_{x\to1}(x-2)}=\dfrac{3}{-1}=-3$.

例 2.15　求 $\lim\limits_{x\to1}\dfrac{x+1}{x^2-1}$.

解　因为 $\lim\limits_{x\to1}(x^2-1)=0$，所以不能直接应用极限运算法则，但是 $\lim\limits_{x\to1}\dfrac{x^2-1}{x+1}=0$，且 $\dfrac{x^2-1}{x+1}\neq0\left(x\in\mathring{U}(1)\right)$，根据非零无穷小量的倒数是无穷大量，得 $\lim\limits_{x\to1}\dfrac{x+1}{x^2-1}=\infty$.

例 2.16　求 $\lim\limits_{x\to1}\dfrac{x^2-1}{x^2+2x-3}$.

解　由于 $\lim\limits_{x\to1}(x^2-1)=0$，$\lim\limits_{x\to1}(x^2+2x-3)=0$，不能直接应用上面的运算法则，可以先消去零因子 $(x-1)$，再求极限，即

$$\lim_{x\to1}\frac{x^2-1}{x^2+2x-3}=\lim_{x\to1}\frac{(x+1)(x-1)}{(x+3)(x-1)}=\lim_{x\to1}\frac{x+1}{x+3}=\frac{1}{2}.$$

例 2.17　求 $\lim\limits_{x\to5}\dfrac{\sqrt{x+4}-3}{\sqrt{x-1}-2}$.

解　由于分子、分母均为无理式，且分子、分母极限均为零，不能直接应用商的极限运算法则，可以将分子、分母有理化，消去零因子再求极限，即

$$\begin{aligned}\lim_{x\to5}\frac{\sqrt{x+4}-3}{\sqrt{x-1}-2}&=\lim_{x\to5}\frac{(\sqrt{x+4}-3)(\sqrt{x+4}+3)(\sqrt{x-1}+2)}{(\sqrt{x-1}-2)(\sqrt{x+4}+3)(\sqrt{x-1}+2)}\\&=\lim_{x\to5}\frac{(x-5)(\sqrt{x-1}+2)}{(x-5)(\sqrt{x+4}+3)}=\frac{2}{3}\,.\end{aligned}$$

例 2.18　求 $\lim\limits_{x\to\infty}\dfrac{2x^3+3x^2+4}{5x^3+4x^2-1}$.

解 因为$\lim\limits_{x\to\infty}(2x^3+3x^2+4)=\infty$，$\lim\limits_{x\to\infty}(5x^3+4x^2-1)=\infty$，不能直接应用商的极限运算法则，可以将分子、分母同除以x的最高次幂x^3，再求极限，即

$$\lim_{x\to\infty}\frac{2x^3+3x^2+4}{5x^3+4x^2-1}=\lim_{x\to\infty}\frac{2+\dfrac{3}{x}+\dfrac{4}{x^3}}{5+\dfrac{4}{x}-\dfrac{1}{x^3}}=\frac{2}{5}.$$

例 2.19 求$\lim\limits_{x\to\infty}\dfrac{2x^3+3x^2+4}{x^2+x+5}$.

解 将分子、分母同除以x的最高次幂x^3，可得

$$\lim_{x\to\infty}\frac{2x^3+3x^2+4}{x^2+x+5}=\lim_{x\to\infty}\frac{2+\dfrac{3}{x}+\dfrac{4}{x^3}}{\dfrac{1}{x}+\dfrac{1}{x^2}+\dfrac{5}{x^3}}=\infty.$$

例 2.20 求$\lim\limits_{x\to\infty}\dfrac{x^4+2x^2+1}{x^5+3x^3+3}$.

解 将分子、分母同除以x的最高次幂x^5，可得

$$\lim_{x\to\infty}\frac{x^4+2x^2+1}{x^5+3x^3+3}=\lim_{x\to\infty}\frac{\dfrac{1}{x}+\dfrac{2}{x^3}+\dfrac{1}{x^5}}{1+\dfrac{3}{x^2}+\dfrac{3}{x^5}}=0.$$

求有理函数当$x\to\infty$时的极限，可以得到下面的结论.

设

$$P_n(x)=a_0x^n+a_1x^{n-1}+\cdots+a_n\quad(a_0\neq 0),$$
$$Q_m(x)=b_0x^m+b_1x^{m-1}+\cdots+b_m\quad(b_0\neq 0),$$

则有

$$\lim_{x\to\infty}\frac{P_n(x)}{Q_m(x)}=\begin{cases}0, & n<m\\ \dfrac{a_0}{b_0}, & n=m.\\ \infty, & n>m\end{cases}$$

其中，m,n均为正整数.

定理 2.12（复合函数极限的运算法则） 设函数$y=f[g(x)]$是由函数$y=f(u)$与$u=g(x)$复合而成的，$f[g(x)]$在x_0的某去心邻域内有定义，若$\lim\limits_{x\to x_0}g(x)=u_0$，$\lim\limits_{u\to u_0}f(u)=A$，且在$x_0$的某去心邻域内，$g(x)\neq u_0$，那么有

$$\lim_{x\to x_0}f[g(x)]=\lim_{u\to u_0}f(u)=A.$$

定理 2.12 说明，当复合函数的内函数$u=g(x)$和外函数$y=f(u)$的极限都存在时，求复合函数的极限时，可作变量代换，先求$\lim\limits_{x\to x_0}g(x)=u_0$，再求$\lim\limits_{u\to u_0}f(u)=A$，定理 2.12 又称为变量置换定理．该定理中自变量的变化过程$x\to x_0$换成$x\to\infty$，也有类似的定理成立．定理 2.12 的结论可以推广到多次复合的复合函数.

例 2.21　求 $\lim\limits_{x\to 2}\sqrt{\dfrac{x-2}{x^2-4}}$.

解　令 $u=g(x)=\dfrac{x-2}{x^2-4}, y=f(u)=\sqrt{u}$. 由定理 2.12，先求极限

$$\lim_{x\to 2}\frac{x-2}{x^2-4}=\lim_{x\to 2}\frac{x-2}{(x-2)(x+2)}=\lim_{x\to 2}\frac{1}{x+2}=\frac{1}{4},$$

则

$$\lim_{x\to 2}\sqrt{\frac{x-2}{x^2-4}}=\lim_{u\to\frac{1}{4}}\sqrt{u}=\frac{1}{2}.$$

例 2.22　求 $\lim\limits_{x\to 1}\arctan\left(\dfrac{x^2-1}{x-1}-1\right)$.

解　令 $u=g(x)=\dfrac{x^2-1}{x-1}-1, y=f(u)=\arctan u$. 由定理 2.12，得

$$\lim_{x\to 1}\left(\frac{x^2-1}{x-1}-1\right)=\lim_{x\to 1}(x+1-1)=1.$$

则

$$\lim_{u\to 1}\arctan u=\frac{\pi}{4}.$$

习题 2.4

1. 求下列极限：

（1）$\lim\limits_{x\to 2}(x^2+5x-7)$；

（2）$\lim\limits_{x\to 1}\left(2+\dfrac{4}{2-x}\right)$；

（3）$\lim\limits_{x\to 2}\dfrac{5+x^2}{x-2}$；

（4）$\lim\limits_{x\to 1}\dfrac{x^2-2x+1}{x^2-1}$；

（5）$\lim\limits_{x\to 0}\dfrac{4x^3-2x^2+x}{3x^2+2x}$；

（6）$\lim\limits_{h\to 0}\dfrac{(x+h)^2-x^2}{h}$；

（7）$\lim\limits_{x\to 1}\dfrac{x^3-1}{x-1}$；

（8）$\lim\limits_{x\to\infty}\dfrac{x-\sin x}{x+\sin x}$；

（9）$\lim\limits_{x\to\infty}\dfrac{6x^2-x+1}{2x^2+x}$；

（10）$\lim\limits_{x\to\infty}\dfrac{x^3+x^2+1}{x^2+2x}$；

（11）$\lim\limits_{n\to\infty}\dfrac{\sqrt{n^2-3}}{\sqrt[3]{n^3+1}}$；

（12）$\lim\limits_{x\to\infty}\dfrac{(2x^2-1)(x+5)^{10}}{(3x^3-5x+3)^4}$；

（13）$\lim\limits_{x\to\infty}\left(\dfrac{1}{x-1}-\dfrac{2}{x^2-1}\right)$；

（14）$\lim\limits_{x\to+\infty}\left(\sqrt{x+1}-\sqrt{x}\right)$；

（15）$\lim\limits_{n\to\infty}\dfrac{2+4+\cdots+2n}{n^2}$；

（16）$\lim\limits_{n\to\infty}\left(1+\dfrac{1}{2}+\dfrac{1}{4}+\cdots+\dfrac{1}{2^n}\right)$；

（17）$\lim\limits_{x\to\infty}\left(1+\frac{1}{x}\right)\left(3-\frac{1}{x^3}\right)$；（18）$\lim\limits_{x\to 3}\frac{\sqrt{1+x}-2}{x-3}$；

（19）$\lim\limits_{x\to 1}\ln(x^2+2x)$；（20）$\lim\limits_{x\to+\infty}\arcsin(\sqrt{x^2+x}-x)$.

2. 求极限：$\lim\limits_{x\to+\infty}\frac{a^x}{1+a^x}$ ($a>0$，$a\neq 1$).

2.5 极限存在准则及两个重要极限

2.5.1 极限存在准则

1. 夹逼准则

一个数列不是收敛就是发散，那么怎样判断数列的敛散性（收敛或发散）呢？下面给出数列收敛的一个判别法.

定理 2.13（数列极限的夹逼准则） 设数列 $\{x_n\}$，$\{y_n\}$，$\{z_n\}$ 满足条件

（1）存在 $n_0\in\mathbf{N}$，当 $n>n_0$ 时，$y_n\leqslant x_n\leqslant z_n$；

（2）$\lim\limits_{n\to\infty}y_n=a$，$\lim\limits_{n\to\infty}z_n=a$，

则数列 $\{x_n\}$ 收敛，且 $\lim\limits_{n\to\infty}x_n=a$.

证明 因为 $\lim\limits_{n\to\infty}y_n=a$，$\lim\limits_{n\to\infty}z_n=a$，所以对 $\forall\varepsilon>0$，$\exists N_1,N_2$，当 $n>N_1$ 时，有 $|y_n-a|<\varepsilon$，当 $n>N_2$ 时，有 $|z_n-a|<\varepsilon$. 取 $N=\max\{n_0,N_1,N_2\}$，则当 $n>N$ 时，$|y_n-a|<\varepsilon$，$|z_n-a|<\varepsilon$ 同时成立，再由（1），得

$$a-\varepsilon<y_n\leqslant x_n\leqslant z_n<a+\varepsilon,$$

即有 $|x_n-a|<\varepsilon$，故

$$\lim_{n\to\infty}x_n=a.$$

定理 2.13 中条件 $y_n\leqslant x_n\leqslant z_n$ 换成 $y_n<x_n<z_n$，$y_n\leqslant x_n<z_n$ 或 $y_n<x_n\leqslant z_n$，结论同样成立.

例 2.23 求 $\lim\limits_{n\to\infty}\left(\frac{n}{n^2+1}+\frac{n}{n^2+2}+\cdots+\frac{n}{n^2+n}\right)$.

解 因为

$$\frac{n}{n^2+n}\leqslant\frac{n}{n^2+k}\leqslant\frac{n}{n^2+1},\quad k=1,2,\cdots,n,$$

所以

$$\sum_{k=1}^{n}\frac{n}{n^2+n}\leqslant\sum_{k=1}^{n}\frac{n}{n^2+k}\leqslant\sum_{k=1}^{n}\frac{n}{n^2+1},$$

即

$$\frac{n^2}{n^2+n}\leqslant\frac{n}{n^2+1}+\frac{n}{n^2+2}+\cdots+\frac{n}{n^2+n}\leqslant\frac{n^2}{n^2+1}.$$

因为

$$\lim_{n\to\infty}\frac{n^2}{n^2+n}=1，\quad \lim_{n\to\infty}\frac{n^2}{n^2+1}=1，$$

所以，由夹逼准则可知

$$\lim_{n\to\infty}\left(\frac{n}{n^2+1}+\frac{n}{n^2+2}+\cdots+\frac{n}{n^2+n}\right)=1 .$$

例 2.24　证明：$\lim\limits_{n\to\infty}\frac{n!}{n^n}=0$.

证明　由于

$$0<\frac{n!}{n^n}=\frac{1\times2\times3\times\cdots\times n}{n\times n\times n\times\cdots\times n}=\frac{1}{n}\times\frac{2}{n}\times\frac{3}{n}\times\cdots\times\frac{n}{n}<\frac{1}{n}，\quad n>2，$$

且 $\lim\limits_{n\to\infty}\frac{1}{n}=0$，故由夹逼准则，得

$$\lim_{n\to\infty}\frac{n!}{n^n}=0 .$$

数列极限的夹逼准则也可推广到函数的极限.

定理 2.14（函数极限的夹逼准则）　若

（1）当 $x\in\mathring{U}(x_0,\delta)$（或 $|x|>M$）时，$g(x)\leqslant f(x)\leqslant h(x)$；

（2）$\lim\limits_{\substack{x\to x_0\\(x\to\infty)}} g(x)=A,\quad \lim\limits_{\substack{x\to x_0\\(x\to\infty)}} h(x)=A$，

则 $f(x)$ 极限存在，且 $\lim\limits_{\substack{x\to x_0\\(x\to\infty)}} f(x)=A$.

例 2.25　证明 $\lim\limits_{x\to0^+}x\cdot\left[\frac{1}{x}\right]=1$.

证明　由取整函数的性质知，$\frac{1}{x}-1<\left[\frac{1}{x}\right]\leqslant\frac{1}{x}$，因为 $x>0$，所以 $1-x<x\cdot\left[\frac{1}{x}\right]\leqslant1$.

由于 $\lim\limits_{x\to0^+}(1-x)=1$，所以由夹逼准则知 $\lim\limits_{x\to0^+}x\cdot\left[\frac{1}{x}\right]=1$.

2. 单调有界准则

我们知道收敛数列一定有界，而有界数列不一定收敛. 但如果数列不仅有界，而且单调，那么就有下面的结论：

定理 2.15（数列的单调有界准则）　单调有界数列必有极限.

如果数列 $\{x_n\}$ 满足条件

$$x_1\leqslant x_2\leqslant x_3\leqslant\cdots\leqslant x_n\leqslant x_{n+1}\leqslant\cdots，$$

就称数列 $\{x_n\}$ 是**单调增加**的；如果数列 $\{x_n\}$ 满足条件

$$x_1\geqslant x_2\geqslant x_3\geqslant\cdots\geqslant x_n\geqslant x_{n+1}\geqslant\cdots，$$

就称数列 $\{x_n\}$ 是**单调减少**的. 单调增加和单调减少的数列统称为**单调数列**. 由定理 2.15 可知，单调增加有上界的数列必有极限；单调减少有下界的数列必有极限.

定理 2.15 不作证明，下面仅给出几何解释：从数轴上来看，单调数列 $\{x_n\}$ 的点 x_n 只

能沿数轴向一个方向移动，当数列$\{x_n\}$有界时，x_n只能无限趋于某个定点A，也就是数列$\{x_n\}$趋于一个极限．如图 2.10 所示．

图 2.10

例 2.26 设$x_1=10$，$x_{n+1}=\sqrt{6+x_n}\ (n=1,2,\cdots)$，求$\lim\limits_{n\to\infty}x_n$．

解 先证明数列$\{x_n\}$的极限存在．

由于$x_1=10$，$x_2=\sqrt{6+x_1}=4$，故$x_1>x_2$．设对任意的正数k，都有$x_k>x_{k+1}$，则

$$x_{k+1}=\sqrt{6+x_k}>\sqrt{6+x_{k+1}}=x_{k+2},$$

由归纳法知，对任意的自然数n，都有$x_n>x_{n+1}$，即数列$\{x_n\}$单调减少．又$x_n>0$，故数列$\{x_n\}$有下界．综上，数列$\{x_n\}$单调减少有下界，故极限存在．

设$\lim\limits_{n\to\infty}x_n=a$，则$\lim\limits_{n\to\infty}x_{n+1}=\lim\limits_{n\to\infty}\sqrt{x_n+6}$，即$a=\sqrt{a+6}$，解得$a=3$．故$\lim\limits_{n\to\infty}x_n=3$．

相应于数列的单调有界准则，函数也有类似的准则．对于自变量的 4 种变化过程（$x\to x_0^+$，$x\to x_0^-$，$x\to+\infty$，$x\to-\infty$），准则有不同的形式，下面仅以$x\to x_0^-$给出函数的单调有界准则．

定理 2.16（函数的单调有界准则） 设函数$f(x)$在x_0的某个左邻域内单调有界，则$f(x)$在x_0的左极限$f(x_0^-)$必存在．

2.5.2 两个重要极限

1．重要极限$\lim\limits_{x\to 0}\dfrac{\sin x}{x}=1$

下面我们利用函数的夹逼准则来证明极限$\lim\limits_{x\to 0}\dfrac{\sin x}{x}=1$．自变量$x$取弧度单位，作单位圆，如图 2.11 所示，圆心为O，作半径OA，取圆心角$\angle AOB=x$，且$0<x<\dfrac{\pi}{2}$，过A作$CA\perp OA$交OB延长线于点C，连接BA，并作$BD\perp OA$于D，则有

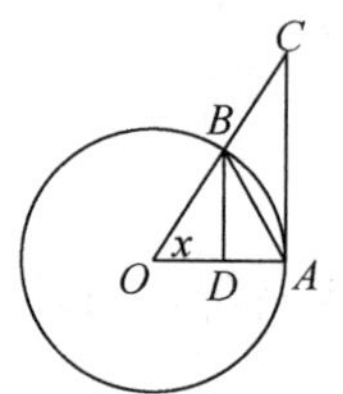

图 2.11

$$BD=\sin x,\quad \overset{\frown}{AB}=x,\quad CA=\tan x.$$

在图 2.11 中不难看出，$BD<\overset{\frown}{AB}<CA$，即

$$\sin x<x<\tan x.$$

因为$0<x<\dfrac{\pi}{2}$，所以$\sin x>0$，故可用$\sin x$同除不等式的两边，得

$$1<\frac{x}{\sin x}<\frac{1}{\cos x},$$

即

$$\cos x<\frac{\sin x}{x}<1.$$

当 $-\dfrac{\pi}{2}<x<0$ 时，有 $0<-x<\dfrac{\pi}{2}$，且 $\dfrac{\sin(-x)}{-x}=\dfrac{\sin x}{x}$，$\cos(-x)=\cos x$，所以对于 $-\dfrac{\pi}{2}<x<0$，$\cos x<\dfrac{\sin x}{x}<1$ 也成立.

由于 $\lim\limits_{x\to 0}\cos x=1$, $\lim\limits_{x\to 0}1=1$，由函数的夹逼准则可知，

$$\lim_{x\to 0}\frac{\sin x}{x}=1.$$

此极限还可以写成另一种形式：

$$\lim_{x\to 0}\frac{x}{\sin x}=1.$$

因为 $\lim\limits_{x\to 0}\sin x=0$，$\lim\limits_{x\to 0}x=0$，所以重要极限 $\lim\limits_{x\to 0}\dfrac{\sin x}{x}=1$ 又称为 $\dfrac{0}{0}$ 型重要极限. 根据复合函数的运算法则，我们可以得到更为一般的公式：

$$\lim_{\varphi(x)\to 0}\frac{\sin\varphi(x)}{\varphi(x)}=1,$$

其中，在 x 的某个变化过程中，$\varphi(x)\to 0$. 我们可以利用这个重要极限，求解一些特殊函数的极限.

例 2.27　求 $\lim\limits_{x\to 0}\dfrac{\tan 4x}{x}$.

解　因为 $\lim\limits_{x\to 0}\cos 4x=1$，所以

$$\lim_{x\to 0}\frac{\tan 4x}{x}=\lim_{x\to 0}\frac{1}{\cos 4x}\cdot 4\cdot\frac{\sin 4x}{4x}=\lim_{x\to 0}\frac{1}{\cos 4x}\cdot 4\lim_{x\to 0}\frac{\sin 4x}{4x}=4.$$

例 2.28　求 $\lim\limits_{x\to 0}\dfrac{\arcsin x}{x}$.

解　令 $t=\arcsin x$，则 $x=\sin t$，当 $x\to 0$ 时，$t=\arcsin x\to 0$，则

$$\lim_{x\to 0}\frac{\arcsin x}{x}=\lim_{t\to 0}\frac{t}{\sin t}=1.$$

例 2.29　求 $\lim\limits_{x\to\pi}\dfrac{\sin x}{x-\pi}$.

解　令 $u=x-\pi$，当 $x\to\pi$ 时，$u=x-\pi\to 0$，于是

$$\lim_{x\to\pi}\frac{\sin x}{x-\pi}=\lim_{u\to 0}\frac{\sin(u+\pi)}{u}=\lim_{u\to 0}\frac{-\sin u}{u}=-1.$$

例 2.30　求 $\lim\limits_{x\to 0}\dfrac{2-2\cos x}{x^2}$.

解　因为 $1-\cos x=2\sin^2\dfrac{x}{2}$，所以

$$\lim_{x\to 0}\frac{2-2\cos x}{x^2}=\lim_{x\to 0}\frac{4\sin^2\frac{x}{2}}{x^2}=\lim_{x\to 0}\left(\frac{\sin\frac{x}{2}}{\frac{x}{2}}\right)^2=1.$$

2. 重要极限 $\lim\limits_{x\to\infty}\left(1+\dfrac{1}{x}\right)^x=\mathrm{e}$

首先，我们来考查数列 $\left\{\left(1+\dfrac{1}{n}\right)^n\right\}$ 的极限，如表 2.1 所示.

表 2.1

n	x_n	n	x_n	n	x_n	n	x_n
1	2	5	2.48832	9	2.58117	10000	2.71815
2	2.25	6	2.52463	10	2.59374	100000	2.71827
3	2.37037	7	2.54650	100	2.70481	1000000	2.71828
4	2.44141	8	2.56578	1000	2.71692	10000000	2.71828

通过计算 $x_n=\left(1+\dfrac{1}{n}\right)^n$ 的数值不难看出，数列 $\left\{\left(1+\dfrac{1}{n}\right)^n\right\}$ 是单调增加的，且其变化趋势渐趋稳定，稳定值即为它的极限值．下面给出数列 $\{x_n\}$ 是单调增加且有上界的证明.

由二项公式，得

$$
\begin{aligned}
x_n=\left(1+\frac{1}{n}\right)^n&=1+\frac{n}{1!}\cdot\frac{1}{n}+\frac{n(n-1)}{2!}\cdot\frac{1}{n^2}+\frac{n(n-1)(n-2)}{3!}\cdot\frac{1}{n^3}+\cdots\\
&\quad+\frac{n(n-1)(n-2)\cdots(n-n+1)}{n!}\cdot\frac{1}{n^n}\\
&=1+\frac{1}{1!}+\frac{1}{2!}\left(1-\frac{1}{n}\right)+\frac{1}{3!}\left(1-\frac{1}{n}\right)\left(1-\frac{2}{n}\right)+\cdots\\
&\quad+\frac{1}{n!}\left(1-\frac{1}{n}\right)\left(1-\frac{2}{n}\right)\cdots\left(1-\frac{n-1}{n}\right),
\end{aligned}
$$

$$
\begin{aligned}
x_{n+1}=\left(1+\frac{1}{n+1}\right)^{n+1}&=1+\frac{1}{1!}+\frac{1}{2!}\left(1-\frac{1}{n+1}\right)+\frac{1}{3!}\left(1-\frac{1}{n+1}\right)\left(1-\frac{2}{n+1}\right)+\cdots\\
&\quad+\frac{1}{n!}\left(1-\frac{1}{n+1}\right)\left(1-\frac{2}{n+1}\right)\cdots\left(1-\frac{n-1}{n+1}\right)\\
&\quad+\frac{1}{(n+1)!}\left(1-\frac{1}{n+1}\right)\left(1-\frac{2}{n+1}\right)\cdots\left(1-\frac{n}{n+1}\right).
\end{aligned}
$$

比较 x_n,x_{n+1} 的展开式可知，除前两项相同和 x_{n+1} 比 x_n 多了一项正项外， x_{n+1} 的其他项均比 x_n 的相应项大，所以 $x_{n+1}>x_n$.

再有

$$
\begin{aligned}
x_n&<1+\frac{1}{1!}+\frac{1}{2!}+\frac{1}{3!}+\cdots+\frac{1}{n!}<1+1+\frac{1}{2}+\frac{1}{2^2}+\cdots+\frac{1}{2^{n-1}}\\
&=1+\frac{1-\left(\frac{1}{2}\right)^n}{1-\frac{1}{2}}=1+2\left[1-\left(\frac{1}{2}\right)^n\right]=3-\left(\frac{1}{2}\right)^{n-1}<3,
\end{aligned}
$$

即数列 $\{x_n\}$ 有上界.

综上，数列 $\left\{\left(1+\frac{1}{n}\right)^n\right\}$ 单调增加有上界，故该数列有极限，其极限值是一个无理数，记为e，并且 $e\approx 2.71828$，即

$$\lim_{n\to\infty}\left(1+\frac{1}{n}\right)^n=e.$$

可以证明，当 x 取实数且 $x\to+\infty$ 或 $x\to-\infty$ 时，函数 $\left(1+\frac{1}{x}\right)^x$ 的极限存在且都等于e，因此有

$$\lim_{x\to\infty}\left(1+\frac{1}{x}\right)^x=e.$$

如果令 $t=\frac{1}{x}$，则上述极限可以写成如下的形式：

$$\lim_{t\to 0}(1+t)^{\frac{1}{t}}=e.$$

因此，我们可以得到更为一般的公式：

$$\lim_{u(x)\to\infty}\left[1+\frac{1}{u(x)}\right]^{u(x)}=e \text{ 或 } \lim_{u(x)\to 0}[1+u(x)]^{\frac{1}{u(x)}}=e.$$

因为 $\lim\limits_{x\to\infty}\left(1+\frac{1}{x}\right)=1$，$\lim\limits_{x\to\infty}x=\infty$，重要极限 $\lim\limits_{x\to\infty}\left(1+\frac{1}{x}\right)^x=e$ 又称为 1^∞ 类型的重要极限.

类似于函数 $\left(1+\frac{1}{x}\right)^x$ 的函数 $[f(x)]^{g(x)}$ 一般叫作幂指函数.下面给出一般的幂指函数的极限的求法.

设函数极限 $\lim f(x)=A$，$\lim g(x)=B$，其中 A,B 为确定的常数，且 $f(x)>0$，$A>0$，在幂指函数 $[f(x)]^{g(x)}$ 有意义的条件下，我们有

$$\lim[f(x)]^{g(x)}=[\lim f(x)]^{\lim g(x)}=A^B.$$

若 $\lim f(x)=0$ $(f(x)\neq 0)$，$\lim g(x)=\infty$，$\lim f(x)\cdot g(x)=C$，则极限 $\lim[1+f(x)]^{g(x)}$ 属于 1^∞ 类型的极限，根据重要极限及幂指函数极限的求法，有

$$\lim[1+f(x)]^{g(x)}=\lim[1+f(x)]^{\frac{1}{f(x)}\cdot f(x)\cdot g(x)}=\left\{\lim[1+f(x)]^{\frac{1}{f(x)}}\right\}^{\lim f(x)\cdot g(x)}=e^C.$$

例 2.31　求 $\lim\limits_{x\to\infty}\left(1-\frac{1}{x}\right)^x$.

解　$\lim\limits_{x\to\infty}\left(1-\frac{1}{x}\right)^x=\lim\limits_{x\to\infty}\left[\left(1+\frac{1}{-x}\right)^{-x}\right]^{-1}=\lim\limits_{x\to\infty}\frac{1}{\left(1+\frac{1}{-x}\right)^{-x}}\overset{u=-x}{=\!=}\frac{1}{\lim\limits_{u\to\infty}\left(1+\frac{1}{u}\right)^u}=\frac{1}{e}.$

例 2.32 求$\lim\limits_{x\to 0}(1+\sin x)^{\frac{1}{x}}$.

解 $\lim\limits_{x\to 0}(1+\sin x)^{\frac{1}{x}}=\lim\limits_{x\to 0}(1+\sin x)^{\frac{1}{\sin x}\cdot\frac{\sin x}{x}}=\left[\lim\limits_{x\to 0}(1+\sin x)^{\frac{1}{\sin x}}\right]^{\lim\limits_{x\to 0}\frac{\sin x}{x}}=\mathrm{e}$.

例 2.33 求$\lim\limits_{x\to\infty}\left(\dfrac{x+2}{x-1}\right)^{x}$.

解 $\lim\limits_{x\to\infty}\left(\dfrac{x+2}{x-1}\right)^{x}=\lim\limits_{x\to\infty}\left(1+\dfrac{3}{x-1}\right)^{x}=\lim\limits_{x\to\infty}\left(1+\dfrac{3}{x-1}\right)^{\frac{x-1}{3}\cdot\frac{3x}{x-1}}=\mathrm{e}^{3}$.

例 2.34 求$\lim\limits_{x\to 0}\dfrac{\ln(1+x)}{x}$.

解 因为

$$\frac{\ln(1+x)}{x}=\frac{1}{x}\ln(1+x)=\ln(1+x)^{\frac{1}{x}},$$

令$u=(1+x)^{\frac{1}{x}}$，$\lim\limits_{x\to 0}(1+x)^{\frac{1}{x}}=\mathrm{e}$，由复合函数极限运算法则，得

$$\lim_{x\to 0}\frac{\ln(1+x)}{x}=\lim_{u\to \mathrm{e}}\ln u=\ln\mathrm{e}=1.$$

例 2.35 求$\lim\limits_{x\to 0}\dfrac{\mathrm{e}^{x}-1}{x}$.

解 令$u=\mathrm{e}^{x}-1$，则$x=\ln(1+u)$，$x\to 0$时，$u\to 0$，则

$$\lim_{x\to 0}\frac{\mathrm{e}^{x}-1}{x}=\lim_{u\to 0}\frac{u}{\ln(1+u)}=\lim_{u\to 0}\frac{1}{\frac{\ln(1+u)}{u}}=1.$$

例 2.36 小张经营着一家咖啡馆，由于洪水与疫情等原因，经营出现困难，资金周转不畅，急需借贷 100 万元. 他找朋友借款，约定按半年 10%向朋友支付利息. 合同签订之后，朋友遇到突发状况表示能否在半年息不变的情况下，按月或者按周支付利息. 按照复利的计算方式，按月算的话半年后小张需要连本带息还给朋友大约 110.4260 万元，计算公式如下：

$$100\times\left(1+\frac{10\%}{6}\right)^{6}\approx 110.4260.$$

如果按周计算，半年一共 26 周，半年后小张需要将连本带息还给朋友大约 110.4959 万，计算公式如下：

$$100\times\left(1+\frac{10\%}{26}\right)^{26}\approx 110.4959.$$

很明显，按周的付息方式比按月的付息方式多了 699 元. 但之后，小张突然想到如果朋友提出复利的计息方式按天算，或者按小时算，不断缩短的复利周期是不是会让自己陷入沉重的负债危机呢？下面我们先来看什么是复利.

所谓**复利计息**，就是将第一期的利息与本金之和作为第二期的本金，然后反复计

息．设有某笔贷款 a_0（称为**本金**，也称为**现值**），贷款期数为 t，每期利率为 r（按复利计息），如果每期结算一次，则 t 期本利和（也称为**未来值**）为

$$a = a_0(1+r)^t,$$

若每期结算 m 次，则 t 期本利和为

$$a_m = a_0\left(1+\frac{r}{m}\right)^{mt}.$$

若结算的次数 $m \to \infty$，也就是每时每刻计算复利，这样 t 期本利和为

$$\lim_{m\to\infty} a_0\left(1+\frac{r}{m}\right)^{mt} = a_0 \lim_{m\to\infty}\left(1+\frac{r}{m}\right)^{\frac{m}{r}\cdot\frac{r}{m}\cdot mt} = a_0\mathrm{e}^{rt},$$

这种计算复利的方法称为**连续复利**.

其实这样的问题早在古巴比伦的泥板上就有记载. 一笔钱，年息 100%，如果一年复利一次，则一年后本金与利息的和为 $\left(1+\frac{1}{1}\right)^1 = 2$；如果每半年复利一次，则一年后本金与利息的和为 $\left(1+\frac{1}{2}\right)^2 = 2.25$；如果一个季度复利一次，则一年后的本利和为 $\left(1+\frac{1}{4}\right)^4 = 2.441406250$；如果每月复利一次，则一年后的本利和为 $\left(1+\frac{1}{12}\right)^{12} \approx 2.61303529$；如果每天复利一次，则一年后的本利和为 $\left(1+\frac{1}{365}\right)^{365} \approx 2.7145674821$；如果每小时复利一次，则一年后的本利和为 $\left(1+\frac{1}{8760}\right)^{8760} \approx 2.718126691$.

从上面的计算可以看出，年息一定，分期复利，期数增加，本利和会缓慢增大，但无论期数怎么增加，本利和并不会无限制地增大，而是有个“封顶”，这个封顶就是时时刻刻都在连续复利时第一年的本利和，即期数趋向无穷大时第一年本利和的极限 $\lim\limits_{n\to\infty}\left(1+\frac{1}{n}\right)^n = \mathrm{e}$. 由此可知，小张不会陷入沉重的负债危机，可以向朋友借贷并安心经营.

已知现值求未来值，称为**复利问题**；已知未来值求现值，称为**贴现问题**，这时的利率称为贴现率. 例如，某人为孩子准备教育基金，希望 10 年后的价值为 20 万元，如果按照年利率 6%的连续复利计息，问现在大约需要存入多少钱？

解　设按照连续复利计息，现在大约需要存入 a_0 元，依据题意，有 $a_0\mathrm{e}^{0.06\times 10} = 200000$，又 $\mathrm{e}^{0.6} \approx 1.822118$，则 $a_0 \approx 109762.32$.

所以，按照连续复利计息，现在大约需要存入 109762.32 元.

习题 2.5

1．求下列极限：

（1）$\lim\limits_{x\to 0}\dfrac{\sin 3x}{5x}$； （2）$\lim\limits_{x\to 0}\dfrac{\sin 2x}{\sin 3x}$；

（3）$\lim\limits_{x\to 0}x\cot x$； （4）$\lim\limits_{x\to 0}\dfrac{x\sin x}{1-\cos 2x}$；

（5）$\lim\limits_{x\to 0}\dfrac{\arcsin^2 x}{3x\sin x}$； （6）$\lim\limits_{n\to\infty}n\sin\dfrac{\pi}{n}$；

（7）$\lim\limits_{x\to 0}\dfrac{\tan 2x-\sin x}{x}$； （8）$\lim\limits_{x\to 0}\dfrac{\sec x-1}{x^2}$.

2．求下列极限：

（1）$\lim\limits_{x\to\infty}\left(1-\dfrac{1}{x}\right)^{2x}$； （2）$\lim\limits_{x\to 0}\left(1+xe^x\right)^{\frac{1}{x}}$；

（3）$\lim\limits_{x\to 1}(3-2x)^{\frac{3}{x-1}}$； （4）$\lim\limits_{x\to\infty}\left(\dfrac{x}{x+1}\right)^{x+3}$；

（5）$\lim\limits_{x\to 0}(\cos x)^{\frac{1}{1-\cos x}}$； （6）$\lim\limits_{x\to 0}(1+\tan^2 x)^{\cot^2 x}$.

3．利用极限存在准则求极限：

（1）$\lim\limits_{n\to\infty}\left(\dfrac{1}{n^2+n+1}+\dfrac{2}{n^2+n+2}+\cdots+\dfrac{n}{n^2+n+n}\right)$；

（2）$\lim\limits_{n\to\infty}\left(\dfrac{1}{\sqrt{n^2+1}}+\dfrac{1}{\sqrt{n^2+2}}+\cdots+\dfrac{1}{\sqrt{n^2+n}}\right)$.

4．设$0<x_1<3$，$x_{n+1}=\sqrt{x_n(3-x_n)}$ $(n=1,2,\cdots)$，证明数列$\{x_n\}$的极限存在并求$\lim\limits_{n\to\infty}x_n$.

5．设$\lim\limits_{x\to\infty}\left(\dfrac{x+c}{x-c}\right)^x=2$，求常数$c$.

6．某企业计划发行公司债券，规定以年利率6.5%的连续复利计算利息，10年后每份债券一次偿还本息1000元，问发行时每份债券的价格是多少元？

2.6 无穷小的比较

2.6.1 无穷小的阶

我们知道，两个无穷小的和、差、积仍为无穷小，但两个无穷小的商却会有不同的情况，如

$$\lim_{x\to 0}\frac{\sin x}{x}=1，\quad \lim_{x\to 0}\frac{x^2}{x}=0，\quad \lim_{x\to 0}\frac{x}{x^2}=\infty，\quad \lim_{x\to 0}\frac{\sin 2x}{3x}=\frac{2}{3}.$$

两个无穷小的商的极限结果不同，说明在同一变化过程中，无穷小趋近于0的速度不相同，为了比较两个无穷小趋近于0的快慢程度，我们给出无穷小的阶的概念.

设$\alpha(x),\beta(x)$是自变量x的同一变化过程中的无穷小.

（1）若 $\lim\dfrac{\beta}{\alpha}=0$，则称 β 是比 α 高阶的无穷小，记为 $\beta=o(\alpha)$；

（2）若 $\lim\dfrac{\beta}{\alpha}=\infty$，则称 β 是比 α 低阶的无穷小；

（3）若 $\lim\dfrac{\beta}{\alpha}=c$（$c$ 为非零常数），则称 β 与 α 为同阶无穷小，记为 $\beta=O(\alpha)$；

（4）若 $\lim\dfrac{\beta}{\alpha^k}=c$（$c$ 为非零常数，$k>0$），则称 β 是关于 α 的 k 阶无穷小；

（5）若 $\lim\dfrac{\beta}{\alpha}=1$，则称 β 与 α 为等价无穷小，记为 $\beta\sim\alpha$.

显然等价无穷小是同阶无穷小（$c=1$）的特殊情形.

下面举一些例子.

例如，因为 $\lim\limits_{x\to 0}\dfrac{x^2}{3x}=0$，所以 x^2 是比 $3x$ 高阶的无穷小，记为 $x^2=o(3x)\ (x\to 0)$；因为 $\lim\limits_{x\to 1}\dfrac{x^2-x}{x-1}=1$，所以当 $x\to 1$ 时，x^2-x 与 $x-1$ 为等价无穷小，记为 $x^2-x\sim x-1\ (x\to 1)$. 因为 $\lim\limits_{x\to 0}\dfrac{1-\cos x}{x^2}=\dfrac{1}{2}$，所以当 $x\to 0$ 时，$1-\cos x$ 与 x^2 为同阶无穷小，或者说 $1-\cos x$ 是 x 的二阶无穷小，记为 $1-\cos x=O(x^2)\ (x\to 0)$.

2.6.2　等价无穷小的性质

由等价无穷小的定义，易证无穷小的等价关系具有以下性质.

定理 2.17　设 $\lim\alpha=0$，$\lim\beta=0$，$\lim\gamma=0$，则

（1）$\alpha\sim\alpha$（自反性）；

（2）若 $\alpha\sim\beta$，则 $\beta\sim\alpha$（对称性）；

（3）若 $\alpha\sim\beta,\ \beta\sim\gamma$，则 $\alpha\sim\gamma$（传递性）.

在前面的学习中，我们知道了一些等价无穷小. 如 $x\to 0$ 时，$\sin x\sim x$，$\tan x\sim x$，$1-\cos x\sim\dfrac{1}{2}x^2$，$\arcsin x\sim x$，$\ln(1+x)\sim x$，$\mathrm{e}^x-1\sim x$，由等价无穷小的性质（传递性），一些等价的无穷小可以写为

$$x\to 0\text{时，}\ x\sim\sin x\sim\tan x\sim\arcsin x\sim\arctan x\sim\ln(1+x)\sim\mathrm{e}^x-1.$$

利用变量代换，可以得到以上等价无穷小的更一般的形式，即当 $\varphi(x)\to 0$ 时，

$$\varphi(x)\sim\sin[\varphi(x)]\sim\tan[\varphi(x)]\sim\arcsin[\varphi(x)]\sim\ln[1+\varphi(x)]\sim\mathrm{e}^{\varphi(x)}-1.$$

关于等价无穷小，有以下两个定理.

定理 2.18　设 $\lim\alpha=0$，$\lim\beta=0$，则 $\alpha\sim\beta$ 的充要条件是 $\beta=\alpha+o(\alpha)$.

证明　必要性：因为 $\lim\dfrac{\beta}{\alpha}=1$，由函数极限与无穷小的关系知

$$\frac{\beta}{\alpha}=1+\gamma,\quad \lim\gamma=0,$$

即

$$\beta=\alpha+\alpha\gamma=\alpha+o(\alpha).$$

充分性：因为$\beta=\alpha+o(\alpha)$，所以$\lim\frac{\beta}{\alpha}=\lim\frac{\alpha+o(\alpha)}{\alpha}=1$，即$\alpha\sim\beta$.

例如，当$x\to0$时，$x\sim\sin x\sim\tan x\sim\ln(1+x)$，$1-\cos x\sim\frac{1}{2}x^2$，所以当$x\to0$时，有

$$\sin x=x+o(x),\quad \tan x=x+o(x),\quad \ln(1+x)=x+o(x),\quad 1-\cos x=\frac{1}{2}x^2+o(x^2).$$

定理 2.19　设自变量x的同一变化过程中有等价的无穷小$\alpha\sim\alpha'$，$\beta\sim\beta'$，且$\lim\frac{\beta'}{\alpha'}$存在，则

$$\lim\frac{\beta}{\alpha}=\lim\frac{\beta'}{\alpha'}.$$

等价无穷小的应用

证明　$\lim\frac{\beta}{\alpha}=\lim\left[\frac{\beta}{\beta'}\cdot\frac{\beta'}{\alpha'}\cdot\frac{\alpha'}{\alpha}\right]=\lim\frac{\beta}{\beta'}\cdot\lim\frac{\beta'}{\alpha'}\cdot\lim\frac{\alpha'}{\alpha}=\lim\frac{\beta'}{\alpha'}$.

定理 2.19 表明，在求无穷小的商的极限时，作为独立因子的无穷小可以用其等价的无穷小代替，如果用来代替的无穷小选得适当，可使计算问题简化.

例 2.37　求$\lim\limits_{x\to0}\frac{\arctan 2x}{\arcsin 5x}$.

解　因为$x\to0$时，$\arctan 2x\sim 2x$，$\arcsin 5x\sim 5x$，于是

$$\lim_{x\to0}\frac{\arctan 2x}{\arcsin 5x}=\lim_{x\to0}\frac{2x}{5x}=\frac{2}{5}.$$

例 2.38　求$\lim\limits_{x\to0}\frac{1-\cos 3x}{x\tan x}$.

解　因为当$x\to0$时，$1-\cos 3x\sim\frac{1}{2}(3x)^2$，$\tan x\sim x$，所以

$$\lim_{x\to0}\frac{1-\cos 3x}{x\tan x}=\lim_{x\to0}\frac{\frac{1}{2}(3x)^2}{x\cdot x}=\frac{9}{2}.$$

例 2.39　求$\lim\limits_{x\to0}\frac{\tan x-\sin x}{x^3}$.

解　当$x\to0$时，$\tan x\sim x,\sin x\sim x$，若直接用等价无穷小代换，得

$$\lim_{x\to0}\frac{\tan x-\sin x}{x^3}=\lim_{x\to0}\frac{x-x}{x^3}=0,$$

这个结果是错误的. 因为$\tan x-\sin x$为无穷小，0 虽然也是无穷小，但$\tan x-\sin x$与 0 不等价.

事实上，$\tan x-\sin x=\tan x(1-\cos x)$，所以

$$\lim_{x\to0}\frac{\tan x-\sin x}{x^3}=\lim_{x\to0}\frac{\tan x(1-\cos x)}{x^3}=\lim_{x\to0}\frac{x\cdot\frac{x^2}{2}}{x^3}=\lim_{x\to0}\frac{\frac{x^3}{2}}{x^3}=\frac{1}{2}.$$

注　在求极限过程中，乘除因子可以用各自与其等价的无穷小代换，但作为加减项的无穷小不能随意用各自等价的无穷小代换，必须将加减作为整体才能用其等价的无穷小代换，否则容易造成错误.

例 2.40　证明：当$x\to 0$时，$\sqrt[n]{1+x}-1\sim\frac{1}{n}x$.

证明　令$\sqrt[n]{1+x}=t$，则$x=t^n-1$．当$x\to 0$时，$t\to 1$．所以

$$\lim_{x\to 0}\frac{\sqrt[n]{1+x}-1}{\frac{1}{n}x}=n\cdot\lim_{t\to 1}\frac{t-1}{t^n-1}=n\cdot\lim_{t\to 1}\frac{t-1}{(t-1)(t^{n-1}+t^{n-2}+\cdots+t+1)}=1.$$

故

$$x\to 0\text{时，}\sqrt[n]{1+x}-1\sim\frac{1}{n}x.$$

更一般地，$\varphi(x)\to 0$时，$\sqrt[n]{1+\varphi(x)}-1\sim\frac{1}{n}\varphi(x)$.

例 2.41　求$\lim\limits_{x\to 0}\frac{\sqrt[3]{1+x^2}-1}{e^{x^2}-1}$.

解　因为$x\to 0$时，$\sqrt[3]{1+x^2}-1\sim\frac{1}{3}x^2$，$e^{x^2}-1\sim x^2$，故

$$\lim_{x\to 0}\frac{\sqrt[3]{1+x^2}-1}{e^{x^2}-1}=\lim_{x\to 0}\frac{\frac{1}{3}x^2}{x^2}=\frac{1}{3}.$$

习题 2.6

1. 证明：$x\to 0$时，$\sec x-1\sim\frac{1}{2}x^2$.

2. 利用等价无穷小代换计算下列极限：

（1）$\lim\limits_{x\to 0}\frac{\tan 3x}{\sin 2x}$；　　（2）$\lim\limits_{x\to 0}\frac{\sin(x^n)}{(\sin x)^m}$（$m,n$为正整数）；

（3）$\lim\limits_{x\to\infty}x\sin\frac{2x}{x^2+1}$；　　（4）$\lim\limits_{x\to 0}\frac{\ln(1+x^2)}{2x^2}$；

（5）$\lim\limits_{x\to 1}\frac{e^x-e}{\ln x}$；　　（6）$\lim\limits_{x\to 1}\frac{\arcsin(x-1)}{x^2-1}$.

3. 已知当$x\to 0$时，$\sqrt{1+ax^2}-1$与$\sin^2 x$是等价无穷小，求常数a.

4. 确定α的值，使$x\to 0$时，$\sqrt{1+\tan x}-\sqrt{1+\sin x}\sim\frac{1}{4}x^{\alpha}$.

2.7 连续函数

古典物理学中提倡“一切都是连续的”. 连续为什么是一个点的局部特征？它是如何把一个点的局部特征辐射成该点周围（附近）区域的整体特征的呢？奔流不息的江水不会在某个时刻戛然静止，万物生长是我们对周围世界最基本的认知，连续以怎样的定义让事物在动与静之间成功交融？生活中随处可见自然万物动态而连续的景象. 马路上连续行驶的车流，因为一点发生交通事故，就会很快把“速度慢”的特征向周围辐射，造成大面积拥堵. 再如，喝水时先小口饮，确定温度适宜之后再畅饮，正是利用水的温度是连续变化的特性. 这些生活中的例子让我们体会到掌握连续变化量的规律对开展研究极为重要. 那么，什么样的函数是连续的，什么样的函数是不连续的呢？从图像上观察可知，下面图 2.12 所示的为连续变化的图像. 但并非所有函数都能画出那样的图像，比如狄利克雷函数

$$f(x)=\begin{cases}1, & \text{当}x\text{为有理数}\\0, & \text{当}x\text{为无理数}\end{cases}$$

的取值是间断的，但因为定义域取值的稠密性，无法用图像表示. 因此，连续的严谨定义显得必要而紧迫.

2.7.1 函数的连续性

1. 函数的改变量

设函数 $y=f(x)$ 在 x_0 的某邻域内有定义，如果自变量 x 从 x_0 变到 x_1，则称 x_1-x_0 为自变量 x 在 x_0 的改变量，记为 Δx，即 $\Delta x=x_1-x_0$. 此时，$x_1=\Delta x+x_0$，其函数值相应地从 $f(x_0)$ 改变到 $f(x_1)$，其差 $f(x_0+\Delta x)-f(x_0)$ 称为函数 $y=f(x)$ 的改变量，记为 Δy，即

$$\Delta y= f(x_0+\Delta x)-f(x_0).$$

自变量的改变量可以是正的，也可以是负的. 函数的改变量可正可负，也可以为 0. Δx，Δy 是一种记号，是不可分割的一个整体，如图 2.12 所示.

例 2.42 求函数 $f(x)=x^2$ 在下列条件下的改变量.

（1）当 x 由 1 变到 1.1;

（2）当 x 由 1 变到 0.9;

（3）当 x 由 x 变到 $x+\Delta x$.

解 （1）$\Delta y= f(1.1)-f(1)=1.21-1=0.21$.

（2）$\Delta y= f(0.9)-f(1)=0.81-1=-0.19$.

（3）$\Delta y= f(x+\Delta x)-f(x)=(x+\Delta x)^2-x^2=2x\Delta x+(\Delta x)^2$.

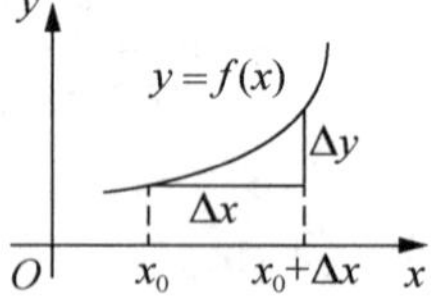

图 2.12

2. 函数 $y=f(x)$ 在点 x_0 的连续性

下面给出用改变量的方式来定义的函数的连续性.

定义 2.9 函数 $y=f(x)$ 在 x_0 的某邻域内有定义，设 $\Delta x=x-x_0$，$\Delta y=f(x_0+\Delta x)-$

$f(x_0)$，如果

$$\lim_{\Delta x\to 0}\Delta y=0,$$

则称函数 $f(x)$ 在 x_0 处连续，x_0 称为函数的连续点.

在定义 2.9 中，$\Delta y=f(x_0+\Delta x)-f(x_0)=f(x)-f(x_0)$，则

$$\lim_{\Delta x\to 0}\Delta y=\lim_{x\to x_0}[f(x)-f(x_0)]=0\Rightarrow\lim_{x\to x_0}f(x)=f(x_0).$$

于是连续性的定义又可以叙述如下.

定义 2.10　设函数 $y=f(x)$ 在 x_0 的某邻域内有定义，如果 $\lim\limits_{x\to x_0}f(x)=f(x_0)$，则称函数 $f(x)$ 在 x_0 处连续，并称 x_0 为 $f(x)$ 的连续点.

注　函数 $y=f(x)$ 在 x_0 的连续性定义要求满足三个条件：

（1）函数 $y=f(x)$ 在 x_0 处有定义；

（2）函数 $y=f(x)$ 在 x_0 处的极限存在；

（3）函数 $y=f(x)$ 在 x_0 处的极限等于该点的函数值.

如果只考虑单侧极限，当 $\lim\limits_{x\to x_0^-}f(x)=f(x_0)$ 时，称 $f(x)$ 在 x_0 处**左连续**；当 $\lim\limits_{x\to x_0^+}f(x)=f(x_0)$ 时，称 $f(x)$ 在 x_0 处**右连续**.

显然，函数 $f(x)$ 在 x_0 处连续的**充要条件**是 $f(x)$ 在 x_0 处既左连续又右连续.

例 2.43　函数 $f(x)=\begin{cases}e^{\frac{1}{x}}, & x\neq 0\\ 0, & x=0\end{cases}$ 在 $x=0$ 处是否连续？

解　由于

$$f(0^-)=\lim_{x\to 0^-}f(x)=\lim_{x\to 0^-}e^{\frac{1}{x}}=0,\quad f(0^+)=\lim_{x\to 0^+}f(x)=\lim_{x\to 0^+}e^{\frac{1}{x}}=+\infty.$$

因为 $f(0^-)\neq f(0^+)$，所以 $\lim\limits_{x\to 0}f(x)$ 不存在，故 $f(x)$ 在 $x=0$ 处不连续.

例 2.44　已知函数 $f(x)=\begin{cases}\dfrac{\ln(1-3x)}{bx}, & x<0\\ 2, & x=0\\ \dfrac{\sin ax}{x}, & x>0\end{cases}$，讨论 a,b 为何值时，函数 $f(x)$ 在点 $x=0$ 处连续.

解　因为

$$\lim_{x\to 0^-}f(x)=\lim_{x\to 0^-}\frac{\ln(1-3x)}{bx}=-\frac{3}{b},\quad \lim_{x\to 0^+}f(x)=\lim_{x\to 0^+}\frac{\sin ax}{x}=a,\quad f(0)=2,$$

当 $\lim\limits_{x\to 0^-}f(x)=\lim\limits_{x\to 0^+}f(x)=f(0)$ 时，$a=2$，$b=-\dfrac{3}{2}$，即当 $a=2$，$b=-\dfrac{3}{2}$ 时，函数 $f(x)$ 在 $x=0$ 处连续.

如果函数 $y=f(x)$ 在区间 (a,b) 内每一个点都连续，则称函数 $f(x)$ 在 (a,b) 内连续，并称 (a,b) 为函数 $f(x)$ 的连续区间；如果函数 $f(x)$ 在 (a,b) 内连续，并在左端点 $x=a$ 处右连续，在右端点 $x=b$ 处左连续，则称函数 $f(x)$ 在 $[a,b]$ 上连续，也称函数 $f(x)$ 是 $[a,b]$ 上的连续函数. 连续函数的图像是一条连续不间断的曲线.

例 2.45 证明函数 $y=\sin x$ 在 $(-\infty,+\infty)$ 内连续.

证明 设 x_0 是区间 $(-\infty,+\infty)$ 内任意一点，自变量 x 在 x_0 处有改变量 Δx，则

$$\Delta y=\sin(x_0+\Delta x)-\sin x_0=2\sin\frac{\Delta x}{2}\cos\left(x_0+\frac{\Delta x}{2}\right).$$

又 $\left|\cos\left(x_0+\dfrac{\Delta x}{2}\right)\right|\leqslant 1$，且 $\lim\limits_{\Delta x\to 0}\sin\dfrac{\Delta x}{2}=0$，故 Δy 为无穷小量，即有

$$\lim_{\Delta x\to 0}\Delta y=0.$$

所以，函数 $y=\sin x$ 在 $x=x_0$ 处连续. 由于 x_0 是区间 $(-\infty,+\infty)$ 内任意一点，所以函数 $y=\sin x$ 在 $(-\infty,+\infty)$ 内连续.

类似地，可以证明函数 $y=\cos x$ 在 $(-\infty,+\infty)$ 内连续.

2.7.2 函数的间断点

如果函数 $f(x)$ 在点 x_0 处不连续，即函数 $f(x)$ 有下列情况之一：

（1）在点 x_0 处没有定义；

（2）在点 x_0 处有定义，但极限 $\lim\limits_{x\to x_0}f(x)$ 不存在；

（3）在点 x_0 处有定义，极限 $\lim\limits_{x\to x_0}f(x)$ 存在，但 $\lim\limits_{x\to x_0}f(x)\neq f(x_0)$，

则称点 x_0 为函数 $f(x)$ 的**间断点或不连续点**.

根据导致点 x_0 为函数 $f(x)$ 的间断点的不同情形，可以对间断点 x_0 进行分类，一般分为两类：

（1）若 $f(x)$ 在 x_0 的左极限 $\lim\limits_{x\to x_0^-}f(x)$ 和右极限 $\lim\limits_{x\to x_0^+}f(x)$ 都存在，则称 x_0 为**第一类间断点**.

若 $\lim\limits_{x\to x_0}f(x)$ 存在，即 $f(x)$ 在 x_0 处左、右极限存在且相等，称 x_0 为函数 $f(x)$ 的**可去间断点**. 若 $\lim\limits_{x\to x_0^-}f(x)$，$\lim\limits_{x\to x_0^+}f(x)$ 存在但不相等，此时称 x_0 为函数 $f(x)$ 的**跳跃间断点**.

（2）不是第一类间断点的任何一个间断点 x_0，称为函数 $f(x)$ 的**第二类间断点**.

若函数 $f(x)$ 在 x_0 处的左、右极限至少有一个为无穷大，则称 x_0 是函数 $f(x)$ 的**无穷间断点**.

例 2.46 求函数 $f(x)=\dfrac{x^2-1}{x^2-3x+2}$ 的间断点，若是可去间断点，补充定义使函数在此点连续.

解 函数 $f(x)=\dfrac{x^2-1}{x^2-3x+2}$ 在点 $x=1$，$x=2$ 处无定义，在 $x=1$，$x=2$ 的去心邻域内有定义，所以 $x=1$，$x=2$ 为间断点，而

$$\lim_{x\to 2}\frac{x^2-1}{x^2-3x+2}=\infty,$$

所以，$x=2$ 为函数的第二类的无穷间断点；又

$$\lim_{x\to 1}\frac{x^2-1}{x^2-3x+2}=\lim_{x\to 1}\frac{x+1}{x-2}=-2,$$

所以，$x=1$ 是函数 $f(x)$ 的第一类的可去间断点. 补充 $x=1$ 处的定义，令 $f(1)=-2$，则 $f(x)$ 在 $x=1$ 处连续.

例 2.47　讨论函数 $f(x)=\begin{cases}-x, & x\leqslant 0\\ 1+x, & x>0\end{cases}$ 在 $x=0$ 处的连续性，若不连续，说明间断点的类型.

解　因为

$$\lim_{x\to 0^-} f(x)=\lim_{x\to 0^-}(-x)=0,$$

$$\lim_{x\to 0^+} f(x)=\lim_{x\to 0^+}(1+x)=1\neq \lim_{x\to 0^-} f(x),$$

所以，函数 $f(x)$ 在 $x=0$ 处不连续. $f(x)$ 在 $x=0$ 处左、右极限都是存在的，但不相等，故 $x=0$ 是函数 $f(x)$ 的跳跃间断点，如图 2.13 所示.

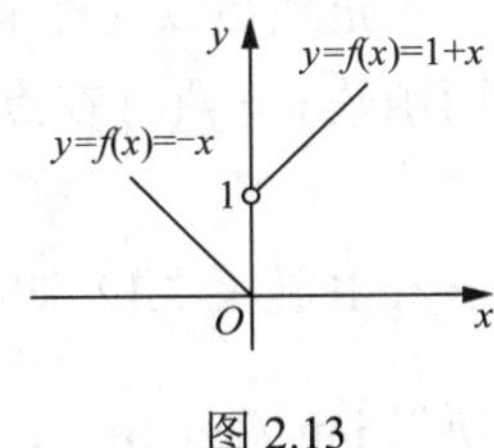

图 2.13

例 2.48　求函数 $f(x)=\cos\dfrac{1}{x}$ 的间断点，并判断其类型.

解　函数 $f(x)=\cos\dfrac{1}{x}$ 在 $x=0$ 处无定义，在 $x=0$ 的去心邻域内有定义，故 $x=0$ 是函数的间断点. 当 $x\to 0$ 时，它的函数值在 -1 和 1 之间振荡，我们称这类间断点是函数 $f(x)$ 的第二类的**振荡间断点**.

间断点的分类

2.7.3　连续函数的运算与性质

1. 连续函数的和、差、积、商的连续性

由函数在某点连续的定义及极限的四则运算法则，可得以下定理：

定理 2.20　设函数 $f(x)$ 和 $g(x)$ 在点 x_0 处连续，则 $f(x)\pm g(x)$，$f(x)g(x)$，$\dfrac{f(x)}{g(x)}$ $(g(x)\neq 0)$ 都在点 x_0 处连续.

该定理表明，连续函数的和、差、积、商仍是连续函数. 例如，因为函数 $y=\sin x$，$y=\cos x$ 在 $(-\infty,+\infty)$ 内是连续的，所以函数 $\tan x=\dfrac{\sin x}{\cos x}$，$\cot x=\dfrac{\cos x}{\sin x}$，$\sec x=\dfrac{1}{\cos x}$，$\csc x=\dfrac{1}{\sin x}$ 在它们各自的定义域内也是连续的.

2. 反函数和复合函数的连续性

定理 2.21　如果函数 $y=f(x)$ 在区间 I_x 上单调增加（或单调减少）且连续，则其反函数 $x=f^{-1}(y)$ 在对应的区间 $I_y=\{y\mid y=f(x),x\in I_x\}$ 上单调增加（或单调减少）且连续.

例如，函数 $y=\sin x$ 在区间 $\left[-\dfrac{\pi}{2},\dfrac{\pi}{2}\right]$ 上单调增加且连续，所以其反函数 $y=\arcsin x$ 在区间 $[-1,1]$ 上单调增加且连续；函数 $y=\cos x$ 在区间 $[0,\pi]$ 上单调减少且连续，所以其反函数 $y=\arccos x$ 在区间 $[-1,1]$ 上单调减少且连续；函数 $y=\tan x$ 在区间 $\left(-\dfrac{\pi}{2},\dfrac{\pi}{2}\right)$ 内单调

增加且连续，所以其反函数 $y=\arctan x$ 在区间 $(-\infty,+\infty)$ 内单调增加且连续；函数 $y=\cot x$ 在区间 $(0,\pi)$ 内单调减少且连续，所以其反函数 $y=\operatorname{arccot} x$ 在区间 $(-\infty,+\infty)$ 内单调减少且连续.

因此，反三角函数在其定义域内是连续的.

由复合函数的运算法则可得：

定理 2.22 设函数 $y=f[g(x)]$ 是由 $y=f(u)$ 与 $u=g(x)$ 复合而成的，$\lim\limits_{x\to x_0} g(x)=u_0$，而函数 $y=f(u)$ 在点 $u=u_0$ 处连续，则

$$\lim_{x\to x_0} f[g(x)]=\lim_{u\to u_0} f(u)=f(u_0).$$

由定理 2.12 知，$\lim\limits_{x\to x_0} f[g(x)]=\lim\limits_{u\to u_0} f(u)$，又由于函数 $y=f(u)$ 在点 $u=u_0$ 处连续，所以 $\lim\limits_{x\to x_0} f[g(x)]=f(u_0)=f\left[\lim\limits_{x\to x_0} g(x)\right]$. 定理 2.22 表明，在内函数 $u=g(x)$ 极限存在，外函数 $y=f(u)$ 连续的情况下，求极限时，函数符号 f 和极限符号 $\lim\limits_{x\to x_0}$ 可以交换次序. 将该定理中自变量的变化过程 $x\to x_0$ 换成 $x\to\infty$，也有类似的定理成立.

例 2.49 求 $\lim\limits_{x\to 0}\ln\dfrac{\tan x}{x}$.

解 因为 $\lim\limits_{x\to 0}\dfrac{\tan x}{x}=1$，而 $y=\ln u$ 在 $u=1$ 处连续，故

$$\lim_{x\to 0}\ln\frac{\tan x}{x}=\ln\left(\lim_{x\to 0}\frac{\tan x}{x}\right)=\ln 1=0.$$

例 2.50 求 $\lim\limits_{x\to 1}\sqrt{\dfrac{x-1}{x^2-1}}$.

解 因为 $\lim\limits_{x\to 1}\dfrac{x-1}{x^2-1}=\lim\limits_{x\to 1}\dfrac{1}{x+1}=\dfrac{1}{2}$，而 $y=\sqrt{u}$ 在 $u=\dfrac{1}{2}$ 处连续，故

$$\lim_{x\to 1}\sqrt{\frac{x-1}{x^2-1}}=\sqrt{\lim_{x\to 1}\frac{x-1}{x^2-1}}=\frac{1}{\sqrt{2}}.$$

例 2.51 求 $\lim\limits_{x\to 0}\dfrac{\log_a(1+x)}{x}$，$a>0$，$a\neq 1$.

解 $\lim\limits_{x\to 0}\dfrac{\log_a(1+x)}{x}=\lim\limits_{x\to 0}\log_a(1+x)^{\frac{1}{x}}=\log_a\left[\lim\limits_{x\to 0}(1+x)^{\frac{1}{x}}\right]=\log_a \mathrm{e}=\dfrac{1}{\ln a}$.

例 2.52 求 $\lim\limits_{x\to 0}\dfrac{a^x-1}{x}$，$a>0$，$a\neq 1$.

解 利用等价无穷小代换.

因为

$$\lim_{x\to 0}\frac{a^x-1}{x}=\lim_{x\to 0}\frac{\mathrm{e}^{\ln a^x}-1}{x}=\lim_{x\to 0}\frac{\mathrm{e}^{x\ln a}-1}{x}=\lim_{x\to 0}\frac{x\ln a}{x}=\ln a.$$

故有

$$x\to 0\text{时，}\ a^x-1\sim x\ln a.$$

例 2.53　求 $\lim\limits_{x\to 0}\dfrac{(1+x)^{\alpha}-1}{x}$（$\alpha>0$，$\alpha\in\mathbf{R}$）.

解　利用等价无穷小代换.

因为 $\lim\limits_{x\to 0}\dfrac{(1+x)^{\alpha}-1}{x}=\lim\limits_{x\to 0}\dfrac{\mathrm{e}^{\ln(1+x)^{\alpha}}-1}{x}=\lim\limits_{x\to 0}\dfrac{\mathrm{e}^{\alpha\ln(1+x)}-1}{x}=\lim\limits_{x\to 0}\dfrac{\alpha\ln(1+x)}{x}=\alpha$.

故有

$$x\to 0 \text{ 时，} (1+x)^{\alpha}-1\sim\alpha x .$$

特别地，当 $\alpha=\dfrac{1}{n}$ 时，$(1+x)^{\frac{1}{n}}-1\sim\dfrac{x}{n}$.

定理 2.23　设函数 $y=f[g(x)]$ 是由 $y=f(u)$ 与 $u=g(x)$ 复合而成，若 $u=g(x)$ 在 x_0 处连续，且 $u_0=g(x_0)$，$y=f(u)$ 在 u_0 处连续，则复合函数 $y=f[g(x)]$ 在点 x_0 处连续.

显然，由于 $\lim\limits_{x\to x_0}f[g(x)]=\lim\limits_{u\to u_0}f(u)=f(u_0)=f[g(x_0)]$，所以对于复合函数，当内函数和外函数都连续时，复合函数也是连续的.

例 2.54　讨论函数 $y=\sin\dfrac{1}{x}$ 的连续性.

解　函数 $y=\sin\dfrac{1}{x}$ 可以看作 $y=\sin u$，$u=\dfrac{1}{x}$ 复合而成. 函数 $u=\dfrac{1}{x}$ 在 $(-\infty,0)$ 与 $(0,+\infty)$ 内连续，$\sin u$ 在 $(-\infty,+\infty)$ 内连续. 所以函数 $y=\sin\dfrac{1}{x}$ 在 $(-\infty,0)$ 与 $(0,+\infty)$ 内是连续的.

2.7.4　初等函数的连续性

前面已经证明了三角函数、反三角函数在其定义域内是连续的，也可以证明指数函数、对数函数及幂函数在其定义域内也是连续的. 所以，**基本初等函数在其定义域内是连续的**. 由于初等函数是由基本初等函数经过有限次四则运算和有限次复合运算得到的，所以根据连续函数的和、差、积、商的连续性及复合函数的连续性知，**一切初等函数在其定义区间内都是连续的**，所谓定义区间，是指包含在定义域中的区间.

例 2.55　求 $\lim\limits_{x\to 1}\ln(\arctan x)$.

解　因为函数 $\ln(\arctan x)$ 在其定义域内是连续的，而 $x=1$ 是其定义域内的一点，所以

$$\lim_{x\to 1}\ln(\arctan x)=\ln(\arctan 1)=\ln\frac{\pi}{4}.$$

例 2.56　讨论函数 $f(x)=\begin{cases}(1-x)^{\frac{1}{x}}, & x\neq 0\\ \mathrm{e}^{-1}, & x=0\end{cases}$ 在其定义域内的连续性.

解　函数 $f(x)$ 的定义域为 $(-\infty,+\infty)$，当 $x\neq 0$ 时，函数 $f(x)=(1-x)^{\frac{1}{x}}$ 为初等函数，所以 $f(x)$ 在 $x\neq 0$ 时是连续的，又因为

$$\lim_{x\to 0}f(x)=\lim_{x\to 0}(1-x)^{\frac{1}{x}}=\mathrm{e}^{-1},$$

而 $f(0)=\mathrm{e}^{-1}$，故函数 $f(x)$ 在 $x=0$ 处连续，所以函数 $f(x)$ 在其定义域内连续.

2.7.5 闭区间上连续函数的性质

定义 2.11 设函数 $f(x)$ 在区间 I 上有定义，$x_0 \in I$，若对任意的 $x \in I$，都有

$$f(x) \leqslant f(x_0) \text{（或 } f(x) \geqslant f(x_0) \text{）},$$

则称 $f(x_0)$ 为函数 $f(x)$ 在区间 I 上的**最大值**（或**最小值**），并称 x_0 为**最大值点**（或**最小值点**）.

定义 2.12 如果点 x_0 满足 $f(x_0)=0$，则称 x_0 为函数 $f(x)$ 的零点，或称 x_0 为方程 $f(x)=0$ 的根.

设函数 $f(x)$ 为闭区间 $[a,b]$ 上的连续函数，则有如下的性质：

定理 2.24（最值定理） 闭区间上的连续函数在该区间上一定有最大值和最小值.

函数的最大值和最小值统称为**最值**.

最值定理表明：如果函数 $y=f(x)$ 在 $[a,b]$ 上连续，则至少存在一点 x_1 使得对任意 $x\in[a,b]$ 都有 $f(x)\leqslant f(x_1)$，且至少存在一点 x_2 使得对任意 $x\in[a,b]$ 都有 $f(x)\geqslant f(x_2)$.

若最大值等于最小值，则此时的连续函数为常值函数.

推论 2.8（有界性） 闭区间上的连续函数在该区间上是有界的.

由最值定理，我们很容易得到闭区间上连续函数的有界性. 设函数 $y=f(x)$ 在 $[a,b]$ 上连续，在 $[a,b]$ 上存在最大值 M 和最小值 m，并设 $M'=\max\{|M|,|m|\}$，则对任意 $x\in[a,b]$，都有

$$|f(x)|\leqslant M'.$$

定理 2.25（介值定理） 设函数 $y=f(x)$ 在 $[a,b]$ 上连续，在 $[a,b]$ 上存在最大值 M 和最小值 m，则对满足 $m\leqslant c\leqslant M$ 的一切实数 c，至少存在一点 $\xi\in[a,b]$，使得 $f(\xi)=c$.

介值定理表明：直线 $y=c$（$m\leqslant c\leqslant M$）与曲线 $y=f(x)$ 至少有一个交点.

推论 2.9（零点定理） 设函数 $y=f(x)$ 在 $[a,b]$ 上连续，且 $f(a)\cdot f(b)<0$，则至少存在一点 $\xi\in(a,b)$，使得 $f(\xi)=0$.

其几何意义是，如果连续函数 $y=f(x)$ 在区间 $[a,b]$ 的两个端点的函数值异号，则函数 $y=f(x)$ 的曲线与 x 轴至少有一个交点.

函数 $f(x)$ 的零点问题等价于方程 $f(x)=0$ 根的问题，所以零点定理也称为根的存在定理，因此研究方程根的问题可以转化为研究函数的零点问题.

例 2.57 证明 $x^5-3x^2+1=0$ 至少有一个小于 1 的正实根.

证明 转化为函数的零点问题.

令 $f(x)=x^5-3x^2+1$，即要证明 $f(x)$ 在 $(0,1)$ 内至少有一个根. 显然 $f(x)$ 在 $[0,1]$ 上连续，且 $f(0)=1>0$，$f(1)=-1<0$. 由零点定理知，至少存在一点 $\xi\in(0,1)$，使得 $f(\xi)=0$，即 $\xi^5-3\xi^2+1=0$，ξ 即为方程 $x^5-3x^2+1=0$ 的一个根. 故 $x^5-3x^2+1=0$ 在区间 $(0,1)$ 内至少存在一个实根.

习题 2.7

1．求出下列函数的间断点，并判断其类型，如果是可去间断点，请补充定义使其连续.

（1）$f(x)=\dfrac{1}{x^2-4}$；　　（2）$f(x)=\dfrac{x}{\tan x}$；

（3）$f(x)=\begin{cases}x-1, & x<0\\ 0, & x=0\\ x+1, & x>0\end{cases}$.

2．讨论下列函数在 $x=0$ 处的连续性：

（1）$f(x)=\begin{cases}x\cos\dfrac{1}{x}, & x\neq 0\\ 1, & x=0\end{cases}$；　　（2）$f(x)=\begin{cases}\mathrm{e}^x, & x\geqslant 0\\ \dfrac{\ln(1+x)}{x}, & x<0\end{cases}$.

3．设函数 $f(x)=\begin{cases}\dfrac{x^2-1}{x-1}, & x\neq 1\\ a, & x=1\end{cases}$，则 a 为何值时，函数 $f(x)$ 在 $x=1$ 处连续.

4．已知函数 $f(x)=\begin{cases}\dfrac{\sin x}{x}, & x<0\\ a, & x=0\\ x\sin\dfrac{1}{x}+b, & x>0\end{cases}$，讨论 a,b 为何值时，函数 $f(x)$ 在点 $x=0$ 处连续.

5．已知函数 $f(x)=\begin{cases}|x-1|, & x\neq 1\\ 1, & x=1\end{cases}$.

（1）求函数 $f(x)$ 的定义域；

（2）画出 $f(x)$ 的草图；

（3）求 $f(x)$ 的连续区间，如有间断点，指出其间断点的类型.

6．求下列函数的极限：

（1）$\lim\limits_{x\to 0}\sqrt{2x^4-3x^2+5}$；　　（2）$\lim\limits_{x\to 0}\dfrac{\ln(1+x)}{\sin(1+x)}$；

（3）$\lim\limits_{x\to 0}\sin x\cos\dfrac{1}{x}$；　　（4）$\lim\limits_{x\to 0}\lg\dfrac{\sqrt{x+1}-1}{x}$.

7．证明：方程 $x-a\sin x-b=0$（其中 $a>0$，$b>0$）至少有一个不超过 $a+b$ 的正根.

8．设 $f(x)$ 在 $[0,2a]$ 上连续，且 $f(0)=f(2a)$，证明：在 $[0,a]$ 上至少存在一点 ξ，使得 $f(\xi)=f(\xi+a)$.

自测题 A　基础自测题

一、填空题（每题 2 分，共 10 分）

1. 数列 $\{x_n\}$ 收敛是数列 $\{x_n\}$ 有界的________条件；数列 $\{x_n\}$ 有界是数列 $\{x_n\}$ 收敛的________条件.（填“充分”、“必要”或“充分必要”）

2. $\lim\limits_{x\to\infty}\dfrac{\text{arccot}x}{x}=$________；$\lim\limits_{x\to 0}x\cdot\text{arccot}\dfrac{1}{x}=$________.

3. 已知 $\lim\limits_{n\to+\infty}\dfrac{n^{2021}}{n^k-(n-1)^k}=a$（$a$为非零常数），则 $k=$________.

4. 已知 $\lim\limits_{x\to\infty}\left(\dfrac{x^2}{x+1}-ax-b\right)=0$，则 $a=$________，$b=$________.

5. 已知 $\lim\limits_{x\to\infty}\left(\dfrac{x+2a}{x-a}\right)^x=8$，则 $a=$________.

二、选择题（每题 2 分，共 10 分）

6. 设 $\{x_n\}$ 是数列，则下列命题中不正确的是（　　）.

A. 若 $\lim\limits_{n\to\infty}x_n=a$，则 $\lim\limits_{n\to\infty}x_{2n}=\lim\limits_{n\to\infty}x_{2n+1}=a$

B. 若 $\lim\limits_{n\to\infty}x_{2n}=\lim\limits_{n\to\infty}x_{2n+1}=a$，则 $\lim\limits_{n\to\infty}x_n=a$

C. 若 $\lim\limits_{n\to\infty}x_n=a$，则 $\lim\limits_{n\to\infty}x_{3n}=\lim\limits_{n\to\infty}x_{3n+1}=a$

D. 若 $\lim\limits_{n\to\infty}x_{3n}=\lim\limits_{n\to\infty}x_{3n+1}=a$，则 $\lim\limits_{n\to\infty}x_n=a$

7. $\lim\limits_{n\to\infty}\left(1+\dfrac{1}{n}\right)^{n+2022}$ 的值是（　　）.

A. e　　B. 1　　C. e^{2022}　　D. $e\cdot e^{2022}$

8. 曲线 $y=\dfrac{x^2+x}{x^2-1}$ 的水平渐近线为（　　）.

A. $x=1$　　B. $x=-1$　　C. $y=1$　　D. $y=-1$

9. 若函数 $f(x)=\begin{cases}\dfrac{1-\cos\sqrt{x}}{ax}, & x>0\\ b, & x\leqslant 0\end{cases}$ 在 x=0 处连续，则有（　　）.

A. $ab=\dfrac{1}{2}$　　B. $ab=-\dfrac{1}{2}$　　C. $ab=0$　　D. $ab=2$

10. 当 $x\to 0$ 时，$f(x)=3^x+5^x-2$ 是 x 的（　　）.

A. 高阶无穷小　　B. 低阶无穷小

C. 同阶但非等价无穷小　　D. 等价无穷小

三、解答题（每题 5 分，共 60 分）

11. 求 $\lim\limits_{n\to\infty}\left[\dfrac{3}{1^2\times 2^2}+\dfrac{5}{2^2\times 3^2}+\cdots+\dfrac{2n+1}{n^2\cdot(n+1)^2}\right]$.

12. 求 $\lim\limits_{x\to 0}\dfrac{\sqrt{1+2x}-\sqrt{1-2x}}{\sin 5x}$.

13. 求 $\lim\limits_{x\to 0}\dfrac{\ln\cos x}{x^2}$.

14. 求 $\lim\limits_{x\to\infty}\left(\dfrac{x^2+1}{x^2-1}\right)^{x^2}$.

15. 求 $\lim\limits_{x\to 0}\dfrac{\tan 3x-\sin x}{\sqrt[3]{1+x}-1}$.

16. 设 $\lim\limits_{x\to -1}\dfrac{x^3-ax^2-x+4}{x+1}=l$（$l$ 为常数），求 a 与 l 的值.

17. 设 $\lim\limits_{x\to 0}\dfrac{x^2}{\sqrt{x^2+a^2}(b-\cos x)}=\dfrac{1}{2}(a>0)$，求 a 与 b 的值.

18. 已知 $p(x)$ 为多项式函数，且 $\lim\limits_{x\to\infty}\dfrac{p(x)-x^3}{x^2}=2$，$\lim\limits_{x\to 0}\dfrac{p(x)}{x}=1$，求 $p(x)$.

19. 当 $x\to 0$ 时，$1-\cos x\cdot\cos 2x$ 与 ax^n 为等价无穷小，求 n 与 a 的值.

20. 求函数 $f(x)=\dfrac{x^2-2x}{|x|(x^2-4)}$ 的间断点并判断其类型.

21. 求函数 $f(x)=\begin{cases}\dfrac{1-\cos x}{(x+1)x^2}, & x<0\\ \dfrac{x-1}{x^2+x-2}, & x\geqslant 0\end{cases}$ 的间断点并判断其类型.

22. 讨论函数 $f(x)=\begin{cases}\dfrac{e^{1/x}-1}{e^{1/x}+1}, & x\neq 0\\ 1, & x=0\end{cases}$ 在 $x=0$ 处的连续性.

四、分析题（本题 8 分）

23. 试判断数列 $\{x_n\}=\left\{\dfrac{1}{(n+1)^2}+\dfrac{1}{(n+2)^2}+\cdots+\dfrac{1}{(n+n)^2}\right\}$ 的敛散性，若收敛求该数列的极限.

五、证明题（每题 6 分，共 12 分）

24. 已知 $a>0,b>0$，证明方程 $x=ae^{-x}+b$ 至少有一个不超过 $a+b$ 的正根.

25. 设函数 $f(x)$ 在 $[a,b]$ 上连续，且 $f(a)>a$，$f(b)<b$，证明在 (a,b) 内至少存在一点 ξ 满足 $f(\xi)=\xi$.

自测题 B　提高自测题

一、填空题（每题 5 分，共 15 分）

1. 函数 $f(x)=\dfrac{(e^x-1)(x^2-1)}{x(x+1)\ln|x|}$ 的可去间断点的个数为________.

2. 已知 $\lim\limits_{x\to+\infty}(3x-\sqrt{ax^2+bx+1})=2$，则 a=________, b=________.

3. $\lim\limits_{x\to 0}\dfrac{e-e^{\cos x}}{\sqrt[3]{1+x^2}-1}=$________.

二、选择题（每题 5 分，共 15 分）

4. 当 $x\to 0$ 时，用“$o(x)$”表示比 x 高阶的无穷小量，则下列式子中错误的是（　　）.

A. $x\cdot o(x^2)=o(x^3)$　　B. $o(x)\cdot o(x^2)=o(x^3)$

C. $o(x^2)+o(x^2)=o(x^2)$　　D. $o(x)+o(x^2)=o(x^2)$

5. 已知 $\lim\limits_{n\to\infty}a_n=a$，且 $a\neq 0$，则当 n 充分大时有（　　）.

A. $|a_n|>\dfrac{|a|}{2}$　　B. $|a_n|<\dfrac{|a|}{2}$　　C. $a_n>a-\dfrac{1}{n}$　　D. $a_n<a+\dfrac{1}{n}$

6. 下列曲线中有渐近线的是（　　）

A. $y=x+\sin x$　　B. $y=x^2+\sin x$

C. $y=\dfrac{\arctan x}{x^2+1}$　　D. $y=x^2+\arctan\dfrac{1}{x}$

三、解答题（每题 8 分，共 56 分）

7. 已知函数 $f(x)$ 满足 $\lim\limits_{x\to 0}\dfrac{\sqrt{1+f(x)\sin 2x}-1}{e^{3x}-1}=5$，计算 $\lim\limits_{x\to 0}f(x)$.

8. 设 α 与 β 是方程 $x^2-x-1=0$ 的根，$a_n=\alpha^n+\beta^n$，则

（1）证明 $a_{n+2}=a_{n+1}+a_n$；

（2）数列 $\{a_n\}$ 是否收敛？如果收敛，求其极限值.

9. 求 $\lim\limits_{x\to\infty}\left(\sin\dfrac{2}{x}+\cos\dfrac{1}{x}\right)^x$.

10. 已知 $\lim\limits_{x\to 0}\left(\dfrac{1-\tan x}{1+\tan x}\right)^{\frac{1}{\sin kx}}=e$，求 k.

11. 设函数 $f(x)$ 是 x 的三次多项式，若 $\lim\limits_{x\to a}\dfrac{f(x)}{x-a}=\lim\limits_{x\to 3a}\dfrac{f(x)}{x-3a}=1$，求 $\lim\limits_{x\to 2a}\dfrac{f(x)}{x-2a}$.

12. 求函数 $f(x)=\dfrac{e^{\frac{1}{x-1}}\ln|1+x|}{(e^x-1)(x-2)}$ 的间断点，并指出间断点的类型.

13. 设 $f(x)=\lim\limits_{n\to\infty}\dfrac{x^{2n-1}+ax^2+bx}{x^{2n}+1}$ 是连续函数，求 a 与 b 的值.

四、证明题（每题 7 分，共 14 分）

14. 设函数 $f(x)$ 在 $[a,b]$ 上连续，且 $a<x_1<x_2<b$，证明：在 $[a,b]$ 上至少存在一点 ξ 满足 $k_1f(x_1)+k_2f(x_2)=(k_1+k_2)f(\xi)$（其中 $k_1\cdot k_2>0$）.

15. 设有数列 $a_1=a$，$a_2=b\ (a\neq b)$，$a_{n+2}=\dfrac{a_{n+1}+a_n}{2}\ (n=1,2,\cdots)$，并记 $y_n=a_{n+1}-a_n$.

（1）证明数列 $\{y_n\}$ 收敛，并求 $\lim\limits_{n\to\infty}y_n$；

（2）证明数列 $\{a_n\}$ 收敛，并求 $\lim\limits_{n\to\infty}a_n$.

思维导图

习题答案

史 料 阅 读

极限发展史

极限思想古已有之，是微积分学的核心概念之一，也是奠定微积分理论发展的基石．人们对极限概念的认识经历了一段漫长的过程，从最初朴素的、直观的极限观到近代严格的极限理论，无一不体现了变量与常量、无限与有限的对立统一关系．借助极限思想，人们可以从有限认识无限，从“不变”认识“变”，这种转化是“数学科学的有力杠杆之一”．

一、极限思想的萌芽

公元前 5 世纪，古希腊数学家安提丰（Antiphon，约前 480—前 410 年）在讨论“化圆为方”问题时首次运用了“穷竭”思想，之后欧多克索斯（Audoxus，约前 400—前 347 年）利用这种思想创立的“比例论”解决了无理量问题，阿基米德（Archimede，约前 287—前 212 年）在该理论的基础上提出了著名的阿基米德公理“对 $\forall a>0,\ b>0,\ \exists n\in N$，使得 $na>b$”，并将其成功运用于求平面图形的面积和立体图形的体积．虽然在计算过程中并未提到极限概念，但其中蕴含了“微元法”思想的雏形．据史料考证，中国的极限思想早在春秋战国时期就已出现．《庄子·天下篇》中记载，公元前 4 世纪，惠施（前 370 年—前 310 年）提出“一尺之棰，日取其半，万世不竭”的思想，《庄子·杂篇》中的“飞鸟之景，未尝动也”的说法与芝诺（Zeno，约前 490—

前 425 年）悖论亦有异曲同工之妙. 刘徽（225—295 年）263 年在计算圆面积时所采用的“割圆术”与安提丰的“穷竭法”不谋而合，都反映了朴素的极限思想.

二、极限思想的发展

十六七世纪，解析几何的创立成为极限发展的真正意义上的转折点. 瑞士数学家欧拉（Euler，1707—1783 年）提出了关于无穷小不同阶的理论，标志着极限与微积分开始形成密不可分的关系，并且最终成为微积分的直接基础. 但此时对无穷小量和极限的概念认识还比较模糊，尤其是对无穷小量的理解常处于一种矛盾. 17 世纪英国科学家牛顿（Newton，1643—1727 年）和德国数学家莱布尼茨（Leibniz，1646—1716 年）对“无穷小量是否为零”都无法给出合乎逻辑的论证，英国哲学家贝克莱（Berkeley，1685—1753 年）戏称无穷小量是“消失的幽灵”，这些都为极限概念蒙上了神秘的色彩，也造成了数学史上第二次危机的出现. 尽管这个阶段极限概念被明确提出，但它仍然过于直观，与数学上追求严密的原则相抵触.

三、极限思想的严格化

法国数学家达朗贝尔（D'Alembert，1717—1783 年）认为，极限思想是微积分的基础并定性地给出了极限的解释：“一个量为另一个量的极限，就是后者趋向前者，但不等同于前者.”他的观点正式把微积分转变到以极限为中心的思想上，但极限概念依然没有实现公式化. 19 世纪，分析严格化的倡导者捷克数学家波尔查诺（Bolzano，1781—1848 年）首先抛弃无穷小概念，用极限概念给出了导数和连续的定义，并得到了判别级数收敛的一般准则（现称柯西准则），但由于他的工作被长期埋没，对当时数学的发展没有产生影响，成为数学史上的一件憾事. 法国数学家柯西（Cauchy，1789—1857 年）是对分析严格化影响最大的学者. 1821 年他出版的《分析教程》除独立得到波尔查诺之前证明的基本结论，还用极限概念定义了连续函数的定积分，这是建立分析严格化理论的第一部重要著作. 他以极限为基础定义无穷小和无穷大的基本概念，正式摆脱了无穷小的尴尬局面，但必须注意的是，柯西的分析理论基本上是基于几何直观，按现代标准衡量依然不够严密. 在这些数学工作的基础上，德国数学家魏尔斯特拉斯（Weierstrass，1815—1897 年）定量地给出了极限思想的定义，即现在通用的 ε-δ 方法表示的极限、连续定义，并把导数、积分等概念都严格地建立在极限的基础上，从而解决了数学发展过程中的危机和矛盾. 基于魏尔斯特拉斯在分析严格化方面的贡献，在数学史上，他获得了“现代分析之父”的称号.

第 3 章　导数与微分

微积分学是微分学和积分学的总称. 微分就是“无限细分”，积分就是“无限求和”. 微积分理论一般分为三个部分：极限的概念，求积的无限小方法，积分与微分的互逆关系. 导数与微分是微分学中非常重要的概念. 第 2 章定义了极限，解决了微积分中的第一个问题. 本章开始研究微积分中的另一个重要问题“微分”，这个概念的出现是数学史上的重大发现，它起源于对曲线切线、函数极值及瞬时变化率问题的处理. 在自然科学的许多领域中有着广泛的应用，如研究物体变速运动的速度、电流强度、曲线的切线、变化率等. 本章先引出导数的概念，然后介绍求导数的方法、导数的经济学应用，最后介绍微分的概念和计算方法.

3.1　导数的基本概念

3.1.1　函数的变化率问题举例

导数的概念起源于瞬时变化率问题，我们将通过两个例子来引出变化率及导数的概念.

1. 瞬时速度问题

设一质点做变速直线运动，其路程 s 与时间 t 的函数关系为 $s=s(t)$，求质点在 t_0 时刻的瞬时速度.

从 t_0 到 $t_0+\Delta t$ 这段时间内，质点经过的路程为

$$\Delta s = s(t_0+\Delta t)-s(t_0),$$

于是，这段时间内的平均速度为

$$\bar{v}=\frac{s(t_0+\Delta t)-s(t_0)}{\Delta t}=\frac{\Delta s}{\Delta t}.$$

时间间隔 Δt 很小时，$\bar{v}$ 可以近似地看成时刻 t_0 的瞬时速度，显然时间间隔 Δt 越小，这个平均速度 $\bar{v}$ 就越接近于时刻 t_0 的瞬时速度 $v(t_0)$. 因此当 $\Delta t\to 0$ 时，若 $\bar{v}$ 的极限存在，就把此极限称为质点在时刻 t_0 的瞬时速度 $v(t_0)$，即

$$v(t_0)=\lim_{\Delta t\to 0}\frac{s(t_0+\Delta t)-s(t_0)}{\Delta t}.$$

2. 切线的斜率

设 xOy 坐标平面上的一条曲线 C，其方程为 $y=f(x)$，求它在点 $M(x_0,y_0)$ 的切线的斜率. 如图 3.1 所示，在曲线 C 上另取一点 $N(x_0+\Delta x, y_0+\Delta y)$，作割线

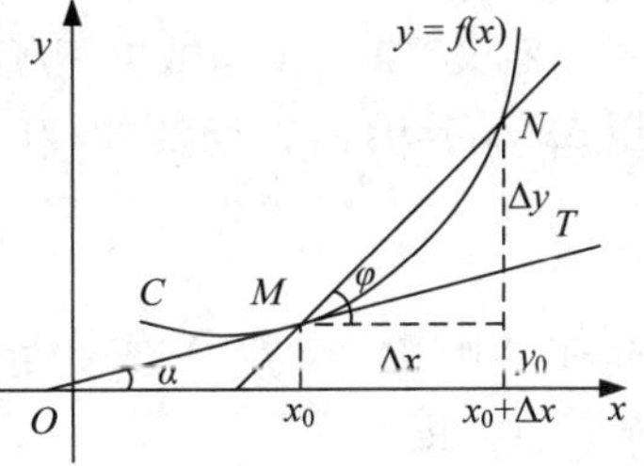

图 3.1

MN，则割线 MN 的斜率为

$$\frac{\Delta y}{\Delta x}=\frac{f(x_0+\Delta x)-f(x_0)}{\Delta x}=\tan\varphi .$$

当 $\Delta x\to 0$ 时，N 沿曲线 C 无限接近于 M，若割线存在极限位置 MT，则割线 MN 无限接近于它的极限位置 MT，我们称直线 MT 为曲线 $y=f(x)$ 在点 M 的切线. 这里极限位置的含义是，只要割线长 $|MN|$ 趋于零，$\angle NMT$ 也趋于零.

如果当 $\Delta x\to 0$ 时，上式极限存在，设为 k，即

$$k=\lim_{\Delta x\to 0}\frac{\Delta y}{\Delta x}=\lim_{\Delta x\to 0}\frac{f(x_0+\Delta x)-f(x_0)}{\Delta x}=\lim_{\Delta x\to 0}\tan\varphi ,$$

则此极限 k 是割线斜率的极限，也就是切线 MT 的斜率，即 $k=\tan\alpha$.

3. *产品总成本变化率问题*

某厂生产的产品的总成本 C 是产量 Q 的函数 $C=C(Q)$. 当产品的产量为 Q 时，总成本的变化率是多少？

当产量由 Q_0 增加到 $Q_0+\Delta Q$ 时，总成本的相应增量为 $\Delta C=C(Q_0+\Delta Q)-C(Q_0)$，则产量由 Q_0 增加到 $Q_0+\Delta Q$ 时，总成本的平均变化率为

$$\frac{\Delta C}{\Delta Q}=\frac{C(Q_0+\Delta Q)-C(Q_0)}{\Delta Q}.$$

我们可以用上式去近似代替产量为 Q_0 时的总成本变化率. 一般来说，增量 ΔQ 越小，其近似程度越高. 当 ΔQ 无限接近零时，如果总成本平均变化率 $\frac{\Delta C}{\Delta Q}$ 的极限存在，那么此极限就是产量为 Q_0 时的总成本的变化率，即

$$\lim_{\Delta Q\to 0}\frac{\Delta C}{\Delta Q}=\lim_{\Delta Q\to 0}\frac{C(Q_0+\Delta Q)-C(Q_0)}{\Delta Q}.$$

它是衡量总成本变化快慢的一项经济指标.

3.1.2 导数的定义

从上面讨论的例子中我们发现，尽管它们的实际意义不同，但抽象出来的数学表达式却是相同的，都是先求函数值的改变量与自变量的改变量的比值，再求在自变量的改变量趋于零时的极限，即函数的变化率问题. 我们把这种特定意义的极限称为函数的导数.

定义 3.1 设函数 $y=f(x)$ 在 x_0 的某个邻域内有定义，当自变量 x 在点 x_0 处有改变量 $\Delta x(\Delta x\neq 0)$ 时，函数的相应改变量为 $\Delta y=f(x_0+\Delta x)-f(x_0)$，若极限

$$\lim_{\Delta x\to 0}\frac{\Delta y}{\Delta x}=\lim_{\Delta x\to 0}\frac{f(x_0+\Delta x)-f(x_0)}{\Delta x}$$

存在，则称 $y=f(x)$ 在 x_0 处可导，并称此极限为函数 $f(x)$ 在 $x=x_0$ 处的**导数**，记为 $f'(x_0)$，即

$$f'(x_0)=\lim_{\Delta x\to 0}\frac{\Delta y}{\Delta x}=\lim_{\Delta x\to 0}\frac{f(x_0+\Delta x)-f(x_0)}{\Delta x}.$$

也可记为

$$y'\big|_{x=x_0},\quad \left.\frac{\mathrm{d}y}{\mathrm{d}x}\right|_{x=x_0},\quad 或\left.\frac{\mathrm{d}f}{\mathrm{d}x}\right|_{x=x_0}.$$

如果 $\lim\limits_{\Delta x\to 0}\frac{\Delta y}{\Delta x}$ 不存在，则称函数 $y=f(x)$ 在 x_0 处**不可导**，或者导数不存在.

注 （1）如果 $\lim\limits_{\Delta x\to 0}\frac{\Delta y}{\Delta x}=\infty$，则此时函数在 x_0 处不可导，但通常也称函数 $y=f(x)$ 在 x_0 处的导数为无穷大.

（2）令 $x=x_0+\Delta x$，则 $\Delta x=x-x_0$，且 $x\to x_0$ 时，$\Delta x\to 0$，因此函数 $f(x)$ 在 $x=x_0$ 处的导数又可以表示为

$$f'(x_0)=\lim_{x\to x_0}\frac{f(x)-f(x_0)}{x-x_0}.$$

（3）导数的本质是差商的极限，即函数值的差与自变量的差之比，当自变量的差趋于零时的极限. 导数的公式可以有不同的变形，但起点不能变，如

$$f'(x_0)=\lim_{t\to 0}\frac{f(x_0+t)-f(x_0)}{t}=\lim_{h\to 0}\frac{f(x_0+\alpha h)-f(x_0)}{\alpha h}\quad（\alpha\neq 0 为常数）.$$

例 3.1　设 $f'(x_0)$ 存在，且 $\lim\limits_{h\to 0}\frac{f(x_0)-f(x_0-3h)}{h}=3$，求 $f'(x_0)$.

解　因为

$$\begin{aligned}\lim_{h\to 0}\frac{f(x_0)-f(x_0-3h)}{h}&=\lim_{h\to 0}\frac{f(x_0-3h)-f(x_0)}{-h}\\&=\lim_{h\to 0}3\frac{f(x_0-3h)-f(x_0)}{-3h}=3\lim_{-3h\to 0}\frac{f(x_0-3h)-f(x_0)}{-3h}\quad（令 t=-3h）\\&=3\lim_{t\to 0}\frac{f(x_0+t)-f(x_0)}{t}=3f'(x_0)=3,\end{aligned}$$

故 $f'(x_0)=1$.

利用导数的定义求极限

函数的改变量和自变量的改变量之比 $\frac{\Delta y}{\Delta x}$ 是函数 $y=f(x)$ 在某区间上的平均变化率，而导数 $f'(x_0)$ 则是函数在点 x_0 处的极限变化率，它反映了函数相对于自变量的变化快慢程度.

根据导数的定义，前面所讨论的实际问题可表述如下：

（1）做变速直线运动的质点在 t_0 时刻的瞬时速度就是路程函数 $s(t)$ 在 t_0 时刻对时间 t 的导数，即

$$v(t_0)=s'(t_0).$$

（2）曲线 $y=f(x)$ 在点 $M(x_0,y_0)$ 的切线斜率就是 $y=f(x)$ 在点 x_0 处对 x 的导数，即

$$k=f'(x_0).$$

（3）总成本函数 $C(Q)$ 在产量为 Q_0 时的变化率就是 $C(Q)$ 在点 Q_0 处对 Q 的导数，即

$$C'(Q_0).$$

若函数 $y=f(x)$ 在开区间 (a,b) 内每一点都可导，则称函数 $y=f(x)$ **在开区间 (a,b) 内可导**. 这时对 (a,b) 内每一个给定的 x 都有一个确定的导数值 $f'(x)$ 与之对应，于是对

于任一 $x\in(a,b)$ 就确定了一个新的函数，这个函数我们称为原来函数 $y=f(x)$ 的**导函数**，记为

$$f'(x)\text{，}\ y'\text{，}\ \frac{\mathrm{d}y}{\mathrm{d}x}\text{，或}\frac{\mathrm{d}f}{\mathrm{d}x}\text{，}$$

即

$$f'(x)=\lim_{\Delta x\to 0}\frac{f(x+\Delta x)-f(x)}{\Delta x}\text{，}\quad x\in(a,b)\ .$$

显然，函数 $y=f(x)$ 在点 x_0 处的导数就是导函数在该点处的函数值，即

$$f'(x_0)=f'(x)\Big|_{x=x_0}\ .$$

一般地，我们简称导函数为**导数**.

3.1.3 用导数的定义求导数举例

根据导数的定义，我们可以求出一些较为简单的函数的导数．求函数 $y=f(x)$ 的导数一般可以分为以下几个步骤.

（1）求因变量的改变量 Δy：

$$\Delta y=f(x+\Delta x)-f(x)\text{；}$$

（2）计算比值：

$$\frac{\Delta y}{\Delta x}=\frac{f(x+\Delta x)-f(x)}{\Delta x}\text{；}$$

（3）取极限：

$$f'(x)=\lim_{\Delta x\to 0}\frac{f(x+\Delta x)-f(x)}{\Delta x}\ .$$

例 3.2 求常数函数 $y=c$ 的导数.

解 （1）求改变量：

$$\Delta y=f(x+\Delta x)-f(x)=c-c=0\ .$$

（2）求比值：

$$\frac{\Delta y}{\Delta x}=\frac{0}{\Delta x}=0\ .$$

（3）取极限：

$$\lim_{\Delta x\to 0}\frac{\Delta y}{\Delta x}=\lim_{\Delta x\to 0}0=0\ .$$

所以 $c'=0$，即常数的导数为 0.

例 3.3 求函数 $y=x^2$ 的导数及 $y=x^2$ 在点 $x=1$ 的导数.

解 （1）求改变量：

$$\Delta y=f(x+\Delta x)-f(x)=(x+\Delta x)^2-x^2=2x\Delta x+(\Delta x)^2\ .$$

（2）求比值：

$$\frac{\Delta y}{\Delta x}=\frac{2x\Delta x+(\Delta x)^2}{\Delta x}=2x+\Delta x\ .$$

（3）取极限：

$$\lim_{\Delta x \to 0} \frac{\Delta y}{\Delta x} = \lim_{\Delta x \to 0}(2x + \Delta x) = 2x .$$

故 $(x^2)' = 2x$，所以 $y = x^2$ 在点 $x = 1$ 的导数为

$$f'(1) = (2x)\big|_{x=1} = 2 .$$

例 3.4　求函数 $y = x^n$，$n \in \mathbf{N}^+$ 的导数.

解　$y'(x) = \lim\limits_{\Delta x \to 0} \dfrac{f(x+\Delta x) - f(x)}{\Delta x} = \lim\limits_{\Delta x \to 0} \dfrac{(x+\Delta x)^n - x^n}{\Delta x}$

$$= \lim_{\Delta x \to 0} \frac{x^n + \mathrm{C}_n^1 x^{n-1}\Delta x + \mathrm{C}_n^2 x^{n-2}(\Delta x)^2 + \cdots + \mathrm{C}_n^{n-1} x(\Delta x)^{n-1} + \mathrm{C}_n^n (\Delta x)^n - x^n}{\Delta x}$$

$$= \lim_{\Delta x \to 0}[\mathrm{C}_n^1 x^{n-1} + \mathrm{C}_n^2 x^{n-2} \cdot \Delta x + \cdots + \mathrm{C}_n^{n-1} x(\Delta x)^{n-2} + \mathrm{C}_n^n (\Delta x)^{n-1}] = nx^{n-1},$$

所以

$$(x^n)' = nx^{n-1}, \quad n \in \mathbf{N}^+ .$$

一般地，我们有 $(x^\mu)' = \mu x^{\mu-1}$，$\mu \in \mathbf{R}$．利用该公式可以方便地求出任意幂函数的导数，如 $(\sqrt{x})' = \dfrac{1}{2}x^{-\frac{1}{2}}$，$\left(\dfrac{1}{x}\right)' = (x^{-1})' = -x^{-2}$．

例 3.5　求函数 $f(x) = \sin x$ 的导数 $(\sin x)'$ 及 $(\sin x)'\Big|_{x=\frac{\pi}{4}}$．

解　因为

$$(\sin x)' = \lim_{h \to 0} \frac{\sin(x+h) - \sin x}{h} = \lim_{h \to 0} \frac{2\cos\dfrac{2x+h}{2} \cdot \sin\dfrac{h}{2}}{h}$$

$$= \lim_{h \to 0} \cos\left(x + \frac{h}{2}\right) \cdot \frac{\sin\dfrac{h}{2}}{\dfrac{h}{2}} = \cos x ,$$

即 $(\sin x)' = \cos x$．所以

$$(\sin x)'\Big|_{x=\frac{\pi}{4}} = \cos x\Big|_{x=\frac{\pi}{4}} = \frac{\sqrt{2}}{2} .$$

同理，可得 $(\cos x)' = -\sin x$.

例 3.6　求函数 $f(x) = a^x$ ($a > 0$，$a \neq 1$)的导数.

解　$(a^x)' = \lim\limits_{h \to 0} \dfrac{a^{x+h} - a^x}{h} = a^x \lim\limits_{h \to 0} \dfrac{a^h - 1}{h} = a^x \ln a$，即 $(a^x)' = a^x \ln a$.

特别地，$(\mathrm{e}^x)' = \mathrm{e}^x$.

例 3.7　求函数 $y = \log_a x$ ($a > 0$，$a \neq 1$)的导数.

解　$y' = \lim\limits_{h \to 0} \dfrac{\log_a(x+h) - \log_a x}{h}$

$$=\lim_{h\to 0}\frac{\log_a\left(1+\frac{h}{x}\right)}{\frac{h}{x}}\cdot\frac{1}{x}=\frac{1}{x}\lim_{h\to 0}\log_a\left(1+\frac{h}{x}\right)^{\frac{x}{h}}=\frac{1}{x}\log_a \mathrm{e}=\frac{1}{x\ln a},$$

即

$$(\log_a x)'=\frac{1}{x\ln a}.$$

特别地，当 $a=\mathrm{e}$ 时，$(\ln x)'=\dfrac{1}{x}$.

3.1.4 左导数与右导数

在定义 3.1 的条件下，若函数 $y=f(x)$ 在 x_0 的左邻域内有定义，且 $\lim\limits_{\Delta x\to 0^-}\dfrac{\Delta y}{\Delta x}$ 存在，则称此极限为函数 $y=f(x)$ 在 x_0 处的**左导数**，记为 $f'_-(x_0)$，即

$$f'_-(x_0)=\lim_{\Delta x\to 0^-}\frac{\Delta y}{\Delta x}=\lim_{\Delta x\to 0^-}\frac{f(x_0+\Delta x)-f(x_0)}{\Delta x}.$$

若函数 $y=f(x)$ 在 x_0 的右邻域内有定义，且 $\lim\limits_{\Delta x\to 0^+}\dfrac{\Delta y}{\Delta x}$ 存在，则称此极限为函数 $y=f(x)$ 在 x_0 处的**右导数**，记为 $f'_+(x_0)$，即

$$f'_+(x_0)=\lim_{\Delta x\to 0^+}\frac{\Delta y}{\Delta x}=\lim_{\Delta x\to 0^+}\frac{f(x_0+\Delta x)-f(x_0)}{\Delta x}.$$

左导数与右导数统称为**单侧导数**.

显然，函数 $y=f(x)$ 在 x_0 处可导的充分必要条件是 $y=f(x)$ 在 x_0 处的左、右导数都存在并且相等，即

$$f'_-(x_0)=f'_+(x_0)=f'(x_0).$$

若函数 $f(x)$ 在开区间 (a,b) 内可导，且 $f_+'(a)$ 和 $f_-'(b)$ 存在，则称 $f(x)$ 在闭区间 $[a,b]$ 上可导.

例 3.8 判断函数 $f(x)=|x|$ 在 $x=0$ 处的可导性.

解 因为 $f(x)=\begin{cases}x, & x\geqslant 0\\ -x, & x<0\end{cases}$，所以

$$f'_-(0)=\lim_{\Delta x\to 0^-}\frac{f(0+\Delta x)-f(0)}{\Delta x}=\lim_{\Delta x\to 0^-}\frac{-\Delta x}{\Delta x}=-1,$$

$$f'_+(0)=\lim_{\Delta x\to 0^+}\frac{f(0+\Delta x)-f(0)}{\Delta x}=\lim_{\Delta x\to 0^+}\frac{\Delta x}{\Delta x}=1.$$

因为 $f'_-(0)\neq f'_+(0)$，所以 $f(x)=|x|$ 在 $x=0$ 处的导数 $f'(0)$ 不存在.

例 3.9 设函数 $f(x)=\begin{cases}\ln(1+x), & x\leqslant 0\\ x, & x>0\end{cases}$，求 $f'(0)$.

解 因为

$$f'_-(0)=\lim_{\Delta x\to 0^-}\frac{f(0+\Delta x)-f(0)}{\Delta x}=\lim_{\Delta x\to 0^-}\frac{\ln(1+\Delta x)}{\Delta x}=1,$$

$$f'_+(0)=\lim_{\Delta x\to 0^+}\frac{f(0+\Delta x)-f(0)}{\Delta x}=\lim_{\Delta x\to 0^+}\frac{\Delta x}{\Delta x}=1,$$

即 $f'_-(0)=f'_+(0)=1$，所以 $f'(0)=1$.

3.1.5　导数的几何意义

在讨论曲线的切线问题时，我们知道导数 $f'(x_0)$ 等于曲线 $y=f(x)$ 在点 $M(x_0,f(x_0))$ 的切线的斜率（图 3.2），即 $\tan\alpha=f'(x_0)$，因此导数的几何意义就是曲线 $y=f(x)$ 在点 $M(x_0,f(x_0))$ 处的切线的斜率.

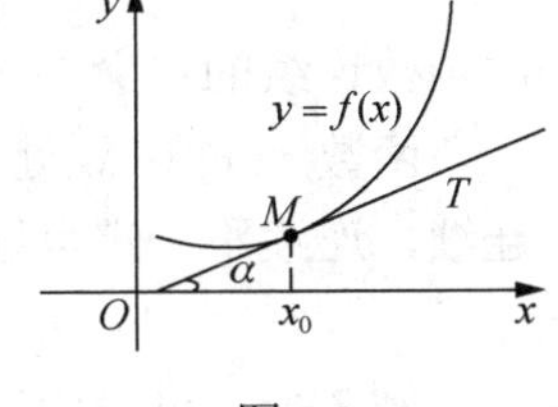

图 3.2

由此可得曲线 $y=f(x)$ 在点 $M(x_0,f(x_0))$ 处的切线方程和法线方程.

（1）当 $f'(x_0)$ 为有限值，且 $f'(x_0)\neq 0$ 时，切线方程为 $y-f(x_0)=f'(x_0)(x-x_0)$，法线方程为 $y-f(x_0)=-\dfrac{1}{f'(x_0)}(x-x_0)$.

（2）当 $f'(x_0)=0$ 时，切线方程为 $y=f(x_0)$，法线方程为 $x=x_0$.

（3）当 $f'(x_0)=\infty$ 时，切线方程为 $x=x_0$，法线方程为 $y=f(x_0)$.

例 3.10　求曲线 $y=x^3$ 在(1,1)处的切线方程和法线方程.

解　因为曲线 $y=x^3$ 在(1,1)处的切线的斜率为 $k=y'|_{x=1}=(3x^2)|_{x=1}=3$，所以切线方程为 $y-1=3(x-1)$，即 $3x-y-2=0$；法线方程为 $y-1=-\dfrac{1}{3}(x-1)$，即 $\dfrac{1}{3}x+y-\dfrac{4}{3}=0$.

例 3.11　研究曲线 $y=\sqrt[3]{x}$ 及 $y=|x|$ 在 (0,0) 处的切线方程和法线方程.

解　对于函数 $y=\sqrt[3]{x}$，因为 $y'=\dfrac{1}{3}x^{-\frac{2}{3}}$，所以 $y=\sqrt[3]{x}$ 在 x=0 处不可导，$y'(0)=+\infty$. 所以，切线方程为 $x=0$，法线方程为 $y=0$，如图 3.3（a）所示.

对于函数 $y=|x|$，由例 3.8 可知 $y_-'(0)\neq y_+'(0)$，所以 $y'(0)$ 不存在，且 $y=|x|$ 在 (0,0) 处没有切线与法线，如图 3.3（b）所示.

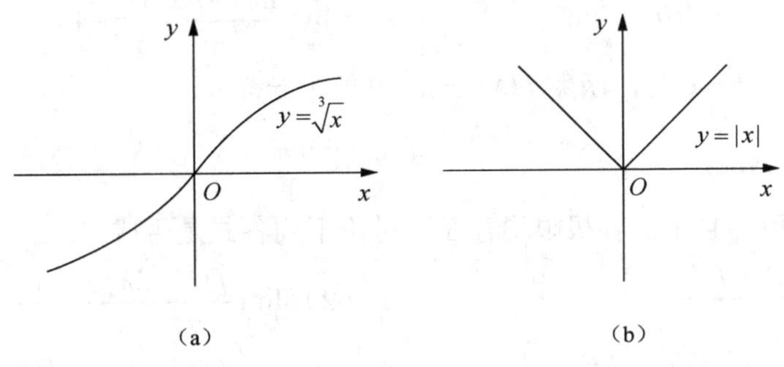

图 3.3

由例 3.10 和例 3.11 可知，若 $y=f(x)$ 在点 x_0 处可导，则曲线在 $(x_0,f(x_0))$ 处一定有切线和法线，否则在 $(x_0,f(x_0))$ 处不一定有切线和法线.

3.1.6 函数可导与连续的关系

定理 3.1 如果函数 $y=f(x)$ 在 x_0 处可导，则函数 $f(x)$ 在 x_0 处连续.

证明 已知函数 $y=f(x)$ 在 x_0 处可导，设自变量 x 在 x_0 处的改变量为 Δx，$\Delta x\neq 0$．由于 $f'(x_0)$ 存在，所以

$$\lim_{\Delta x\to 0}\Delta y=\lim_{\Delta x\to 0}\left(\frac{\Delta y}{\Delta x}\cdot\Delta x\right)=\lim_{\Delta x\to 0}\frac{\Delta y}{\Delta x}\cdot\lim_{\Delta x\to 0}\Delta x=f'(x_0)\cdot 0=0.$$

由函数连续的定义知 $f(x)$ 在 x_0 处连续.

函数 $f(x)$ 在 x_0 处连续是 $f(x)$ 在 x_0 处可导的必要条件，但并非充分条件，即可导必连续，连续不一定可导，如函数 $f(x)=|x|$ 在 $x=0$ 处是连续的，但不可导.

例 3.12 讨论函数 $f(x)=\begin{cases}x\cos\dfrac{1}{x}, & x\neq 0\\ 0, & x=0\end{cases}$ 在 $x=0$ 处的连续性和可导性.

解 因为 $\lim\limits_{x\to 0}f(x)=\lim\limits_{x\to 0}x\cos\dfrac{1}{x}=0=f(0)$，所以 $f(x)$ 在 $x=0$ 处连续．又

$$\lim_{x\to 0}\frac{f(x)-f(0)}{x-0}=\lim_{x\to 0}\frac{x\cos\frac{1}{x}-0}{x}=\lim_{x\to 0}\cos\frac{1}{x}$$

极限不存在，即导数 $f'(0)$ 不存在，所以 $f(x)$ 在 $x=0$ 处不可导.

例 3.13 已知函数 $f(x)=\begin{cases}\dfrac{\ln(1-4x^2)}{x}, & x>0\\ ax+b, & x\leqslant 0\end{cases}$ 在 $x=0$ 处可导，求常数 a 和 b.

解 由函数 $f(x)$ 在 $x=0$ 处可导，知 $f(x)$ 在 $x=0$ 处连续，所以 $\lim\limits_{x\to 0^-}f(x)=\lim\limits_{x\to 0^+}f(x)=f(0)$，即得 $b=0$．又因为 $f(x)$ 在 $x=0$ 处可导，所以要求 $f'_-(0)=f'_+(0)$，而

$$f'_-(0)=\lim_{x\to 0^-}\frac{f(x)-f(0)}{x-0}=\lim_{x\to 0^-}\frac{(ax+b)-0}{x-0}=a,$$

$$f'_+(0)=\lim_{x\to 0^+}\frac{\frac{\ln(1-4x^2)}{x}-0}{x-0}=\lim_{x\to 0^+}\frac{\ln(1-4x^2)}{x^2}=-4,$$

因此，当 $a=-4$，$b=0$ 时，函数 $f(x)$ 在 $x=0$ 处可导.

习题 3.1

1. 设 $f(x)$ 可导且下列各极限均存在，讨论下列各式是否成立.

（1）$\lim\limits_{x\to 0}\dfrac{f(x)-f(0)}{x}=f'(0)$；（2）$\lim\limits_{h\to 0}\dfrac{f(a+2h)-f(a)}{h}=f'(a)$；

（3）$\lim\limits_{\Delta x\to 0}\dfrac{f(x_0)-f(x_0-\Delta x)}{\Delta x}=f'(x_0)$；（4）$\lim\limits_{\Delta x\to 0}\dfrac{f(x_0+\Delta x)-f(x_0-\Delta x)}{2\Delta x}=f'(x_0)$.

2. 函数 $f(x)$ 在点 x_0 处连续是 $f(x)$ 在 x_0 处可导的（　　）条件.

A. 充分　　B. 必要

C．充分必要　　D．既非充分又非必要

3．回答下列问题：

（1）如果曲线 $y=f(x)$ 处处都有切线，函数 $y=f(x)$ 是否处处可导？

（2）如果曲线 $y=f(x)$ 在点 x_0 处的导数 $f'(x_0)=0$，则曲线在 (x_0,y_0) 点的切线平行于什么轴？ $f'(x_0)=\infty$ 呢？

（3）曲线 $y=\sqrt{x}$ 是否存在平行于 x 轴的切线？为什么？

4．利用导数公式 $(x^\mu)'=\mu x^{\mu-1}$，求下列函数的导数：

（1） $y=x^5$；　（2） $y=\sqrt[3]{x^2}$；

（3） $y=\sqrt{x\sqrt{x}}$；　（4） $y=\dfrac{1}{x^4}$．

5．已知物体的运动方程为 $s=t^2$ m，求物体在 $t=3$ s 时的速度．

6．求下列曲线在横坐标 $x=1$ 处的切线方程和法线方程：

（1） $y=\sqrt[4]{x}$；　（2） $y=\ln x$；

（3） $y=\sin x$；　（4） $y=2^x$．

7．设 $f(x)=\cos x$，利用导数的定义证明 $f'(x)=-\sin x$，并求 $f'\left(\dfrac{\pi}{2}\right)$ 和 $f'(\pi)$．

8．讨论下列函数在 $x=0$ 处的连续性与可导性：

（1） $y=|\sin x|$；　（2） $f(x)=\begin{cases} x^2\sin\dfrac{1}{x}, & x\neq 0 \\ 0, & x=0 \end{cases}$．

9．设函数 $f(x)=\begin{cases} x^2, & x\leqslant 1 \\ ax+b, & x>1 \end{cases}$，当 a,b 为何值时，函数在 $x=1$ 处连续且可导？

10．设 $f(x)$ 在 $x=0$ 处连续，且 $\lim\limits_{x\to 0}\dfrac{f(x)}{x}=A$（$A$ 为常数），证明：$f(x)$ 在 $x=0$ 处可导．

3.2　函数的求导法则

3.1 节我们引入了导函数的定义，并且用定义求出了一部分简单函数的导数．一般来说，用定义计算函数的导数是很烦琐的，也是很困难的，因此在本节和下节中，我们将介绍一些求导数的基本法则，并求出所有基本初等函数的导数，运用这些运算法则就能较简便地求出初等函数的导数．

3.2.1　函数的和、差、积、商的求导法则

定理 3.2　如果函数 $u(x)$ 和 $v(x)$ 在点 x 处可导，则函数 $u(x)\pm v(x)$，$u(x)\cdot v(x)$ 及 $\dfrac{u(x)}{v(x)}$ $(v(x)\neq 0)$ 在 x 处均可导，且有

（1） $[u(x)\pm v(x)]'=u'(x)\pm v'(x)$；

（2） $[u(x)\cdot v(x)]'=u'(x)v(x)+u(x)v'(x)$；

（3）$\left[\dfrac{u(x)}{v(x)}\right]'=\dfrac{u'(x)v(x)-u(x)v'(x)}{v^2(x)}\quad (v(x)\neq 0)$.

证明 仅证明（2），其他可类似证明.

已知

$$u'(x)=\lim_{\Delta x\to 0}\frac{u(x+\Delta x)-u(x)}{\Delta x},\quad v'(x)=\lim_{\Delta x\to 0}\frac{v(x+\Delta x)-v(x)}{\Delta x},$$

根据导数的定义和函数连续的性质，得

$$\begin{aligned}[u(x)\cdot v(x)]'&=\lim_{\Delta x\to 0}\frac{u(x+\Delta x)\cdot v(x+\Delta x)-u(x)\cdot v(x)}{\Delta x}\\&=\lim_{\Delta x\to 0}\frac{u(x+\Delta x)\cdot v(x+\Delta x)-u(x)\cdot v(x+\Delta x)+u(x)\cdot v(x+\Delta x)-u(x)\cdot v(x)}{\Delta x}\\&=\lim_{\Delta x\to 0}\frac{[u(x+\Delta x)-u(x)]\cdot v(x+\Delta x)}{\Delta x}+\lim_{\Delta x\to 0}\frac{u(x)[v(x+\Delta x)-v(x)]}{\Delta x}\\&=\lim_{\Delta x\to 0}\frac{u(x+\Delta x)-u(x)}{\Delta x}\cdot\lim_{\Delta x\to 0}v(x+\Delta x)+u(x)\cdot\lim_{\Delta x\to 0}\frac{v(x+\Delta x)-v(x)}{\Delta x}\\&=u'(x)\cdot v(x)+u(x)\cdot v'(x).\end{aligned}$$

推论 3.1 如果$u(x)$可导，c为常数，则有

$$(cu)'=cu'.$$

推论 3.2 如果$u_1(x),u_2(x),\cdots,u_n(x)$在$x$处均可导，则有

$$[k_1u_1(x)+k_2u_2(x)+\cdots+k_nu_n(x)]'=k_1u_1'(x)+k_2u_2'(x)+\cdots+k_nu_n'(x).$$

其中，$k_1,k_2,\cdots,k_n$为常数.

推论 3.3 如果$u_1(x),u_2(x),\cdots,u_n(x)$在$x$处均可导，则有

$$[u_1(x)u_2(x)\cdots u_n(x)]'=\sum_{i=1}^{n}[u_1(x)\cdots(u_i(x))'\cdots u_n(x)].$$

特别地，$(uvw)'=u'vw+uv'w+uvw'$.

推论 3.4 $\left[\dfrac{1}{v(x)}\right]'=-\dfrac{v'(x)}{v^2(x)}\quad (v(x)\neq 0)$.

例 3.14 求函数$y=x^2\sin x+3$的导数.

解 $y'=(x^2\sin x+3)'=(x^2\sin x)'+3'$

$=(x^2)'\sin x+x^2(\sin x)'+0=2x\sin x+x^2\cos x$.

例 3.15 求$y=\tan x$的导数.

解 $y'=(\tan x)'=\left(\dfrac{\sin x}{\cos x}\right)'=\dfrac{(\sin x)'\cos x-\sin x(\cos x)'}{\cos^2 x}$

$=\dfrac{\cos x\cos x+\sin x\sin x}{\cos^2 x}=\dfrac{1}{\cos^2 x}=\sec^2 x$.

即

$$(\tan x)'=\sec^2 x.$$

类似地，可以求得

$$(\cot x)' = -\csc^2 x .$$

例 3.16　求正割函数 $y = \sec x$ 的导数.

解　$y' = (\sec x)' = \left(\dfrac{1}{\cos x}\right)' = \dfrac{-(\cos x)'}{\cos^2 x} = \dfrac{\sin x}{\cos^2 x} = \sec x \tan x$，

即

$$(\sec x)' = \sec x \tan x .$$

类似地，可以求得

$$(\csc x)' = -\csc x \cot x .$$

例 3.17　求函数 $y = \dfrac{\cos x}{\mathrm{e}^x}$ 的导数.

解　$y' = \left(\dfrac{\cos x}{\mathrm{e}^x}\right)' = \dfrac{(\cos x)'\mathrm{e}^x - \cos x(\mathrm{e}^x)'}{\mathrm{e}^{2x}} = \dfrac{-\sin x \cdot \mathrm{e}^x - \cos x \cdot \mathrm{e}^x}{\mathrm{e}^{2x}}$

$= -\dfrac{\sin x + \cos x}{\mathrm{e}^x}$.

3.2.2　反函数的求导法则

定理 3.3　如果函数 $x = \varphi(y)$ 在某区间 I_y 内严格单调、可导且 $\varphi'(y) \neq 0$，则其反函数 $y = f(x)$ 在 $I_x = \{x \mid x = \varphi(y), y \in I_y\}$ 内也可导，且

$$f'(x) = \frac{1}{\varphi'(y)} \quad (\varphi'(y) \neq 0).$$

证明　由于 $x = \varphi(y)$ 在 I_y 内严格单调、可导，则其反函数 $y = f(x)$ 在区间 I_x 内一定单调、连续.

任取 $x \in I_x$，给 x 一个增量 Δx（$\Delta x \neq 0$，$x + \Delta x \in I_x$），因为 $y = f(x)$ 单调、连续，所以 $\Delta y = f(x + \Delta x) - f(x) \neq 0$ 且 $\Delta x \to 0$ 时 $\Delta y \to 0$．于是

$$\lim_{\Delta x \to 0} \frac{\Delta y}{\Delta x} = \lim_{\Delta x \to 0} \frac{1}{\dfrac{\Delta x}{\Delta y}} = \frac{1}{\lim\limits_{\Delta y \to 0} \dfrac{\Delta x}{\Delta y}} = \frac{1}{\varphi'(y)},$$

即有

$$f'(x) = \frac{1}{\varphi'(y)} .$$

该定理可简述为反函数的导数等于直接函数导数的倒数.

例 3.18　求 $y = \arcsin x$ 的导数.

解　因为直接函数 $x = \sin y$ 在区间 $\left(-\dfrac{\pi}{2}, \dfrac{\pi}{2}\right)$ 内严格单调、可导，且 $(\sin y)' = \cos y \neq 0$，所以，其反函数 $y = \arcsin x$ 在相应区间 $(-1,1)$ 内可导，且

$$(\arcsin x)' = \frac{1}{(\sin y)'} = \frac{1}{\cos y} = \frac{1}{\sqrt{1 - \sin^2 y}} = \frac{1}{\sqrt{1 - x^2}} \quad (-1 < x < 1),$$

即

$$(\arcsin x)' = \frac{1}{\sqrt{1-x^2}} \quad (-1 < x < 1).$$

类似地，可以求得

$$(\arccos x)' = -\frac{1}{\sqrt{1-x^2}} \quad (-1 < x < 1).$$

例 3.19 求 $y = \arctan x$ 的导数.

解 因为直接函数 $x = \tan y$ 在 $\left(-\frac{\pi}{2}, \frac{\pi}{2}\right)$ 内严格单调、可导，且 $(\tan y)' = \sec^2 y \neq 0$，所以，其反函数 $y = \arctan x$ 在区间 $(-\infty, +\infty)$ 内可导，且

$$(\arctan x)' = \frac{1}{(\tan y)'} = \frac{1}{\sec^2 y} = \frac{1}{1+\tan^2 y} = \frac{1}{1+x^2},$$

即

$$(\arctan x)' = \frac{1}{1+x^2}.$$

类似地，可以求得

$$(\operatorname{arccot} x)' = -\frac{1}{1+x^2}.$$

3.2.3 复合函数的求导法则

要求初等函数的导数，我们还需要知道如何求复合函数的导数，如求函数 $y = \sin 2x$ 的导数，我们不能直接用公式 $(\sin x)' = \cos x$ 来计算出 $(\sin 2x)' = \cos 2x$，事实上，$\sin 2x = 2\sin x \cos x$，所以

$$(\sin 2x)' = (2\sin x \cos x)' = 2(\cos^2 x - \sin^2 x) = 2\cos 2x.$$

这是因为 $y = \sin 2x$ 是由函数 $y = \sin u$，$u = 2x$ 复合而成的复合函数，下面给出复合函数的求导法则.

定理 3.4 设函数 $u=\varphi(x)$ 在 x 处可导，函数 $y = f(u)$ 在对应点 u 处可导，则复合函数 $y = f[\varphi(x)]$ 在 x 处也可导，且有

$$\frac{\mathrm{d}y}{\mathrm{d}x} = \frac{\mathrm{d}y}{\mathrm{d}u} \cdot \frac{\mathrm{d}u}{\mathrm{d}x}.$$

复合函数求导

也可写成

$$\{f[\varphi(x)]\}' = f'(u) \cdot \varphi'(x).$$

证明 由于 $y = f(u)$ 在点 u 处可导，所以

$$f'(u) = \lim_{\Delta u \to 0} \frac{\Delta y}{\Delta u}$$

存在，由极限与无穷小的关系，得

$$\frac{\Delta y}{\Delta u} = f'(u) + \alpha，即 \Delta y = \Delta u \cdot f'(u) + \alpha \cdot \Delta u,$$

其中，$\lim\limits_{\Delta u \to 0} \alpha = 0$. 上式两边同除以 Δx $(\Delta x \neq 0)$，并求极限，得

$$\lim_{\Delta x\to 0}\frac{\Delta y}{\Delta x}=\lim_{\Delta x\to 0}\left[f'(u)\cdot\frac{\Delta u}{\Delta x}+\alpha\cdot\frac{\Delta u}{\Delta x}\right]=f'(u)\cdot\varphi'(x)+(\lim_{\Delta x\to 0}\alpha)\cdot\varphi'(x).$$

因为$u=\varphi(x)$在x处可导，所以$\Delta x\to 0$时$\Delta u\to 0$，故$\lim\limits_{\Delta x\to 0}\alpha=\lim\limits_{\Delta u\to 0}\alpha=0$，从而有

$$\frac{\mathrm{d}y}{\mathrm{d}x}=\lim_{\Delta x\to 0}\frac{\Delta y}{\Delta x}=f'(u)\cdot\varphi'(x).$$

定理 3.4 表明，复合函数的导数等于该函数对中间变量的导数乘以中间变量对自变量的导数．复合函数求导法则通常称为**链式法则**．

例 3.20　求函数$y=\ln\cos x$的导数．

解　将函数$y=\ln\cos x$分解为$y=\ln u$，$u=\cos x$．所以

$$\frac{\mathrm{d}y}{\mathrm{d}x}=\frac{\mathrm{d}y}{\mathrm{d}u}\cdot\frac{\mathrm{d}u}{\mathrm{d}x}=\frac{1}{u}\cdot(-\sin x)=\frac{-\sin x}{\cos x}=-\tan x.$$

例 3.21　已知函数$y=\mathrm{e}^{x^3}$，求$\dfrac{\mathrm{d}y}{\mathrm{d}x}$．

解　将函数$y=\mathrm{e}^{x^3}$分解为$y=\mathrm{e}^u$，$u=x^3$，则

$$\frac{\mathrm{d}y}{\mathrm{d}x}=\frac{\mathrm{d}y}{\mathrm{d}u}\cdot\frac{\mathrm{d}u}{\mathrm{d}x}=\mathrm{e}^u\cdot 3x^2=3x^2\mathrm{e}^{x^3}.$$

复合函数的求导法则可以推广到多个中间变量的情形，如$y=f(u)$，$u=\varphi(v)$，$v=\psi(x)$均可导，则复合函数$y=f\{\varphi[\psi(x)]\}$也可导，且满足

$$\frac{\mathrm{d}y}{\mathrm{d}x}=\frac{\mathrm{d}y}{\mathrm{d}u}\cdot\frac{\mathrm{d}u}{\mathrm{d}v}\cdot\frac{\mathrm{d}v}{\mathrm{d}x}=f'(u)\varphi'(v)\psi'(x).$$

例 3.22　求函数$y=\cos^2 x^2$的导数．

解　将函数$y=\cos^2 x^2$分解为$y=u^2$，$u=\cos v$，$v=x^2$，则

$$\frac{\mathrm{d}y}{\mathrm{d}x}=\frac{\mathrm{d}y}{\mathrm{d}u}\cdot\frac{\mathrm{d}u}{\mathrm{d}v}\cdot\frac{\mathrm{d}v}{\mathrm{d}x}=2u\cdot(-\sin v)\cdot 2x=-2x\sin 2x^2.$$

由以上例题可以看出，求复合函数的导数，首先将复合函数分解为简单的函数，然后利用复合函数的求导法则就可以求出复合函数的导数．熟练掌握复合函数的分解以后，就不必写出中间变量．

例 3.23　求函数$y=(x^2+1)^3$的导数．

解　$\dfrac{\mathrm{d}y}{\mathrm{d}x}=3(x^2+1)^2\cdot(x^2+1)'=3(x^2+1)^2\cdot 2x=6x(x^2+1)^2$.

例 3.24　已知函数$y=\arctan\sqrt{x}$，求$\dfrac{\mathrm{d}y}{\mathrm{d}x}$．

解　$$\frac{\mathrm{d}y}{\mathrm{d}x}=\frac{\mathrm{d}\arctan\sqrt{x}}{\mathrm{d}x}=\frac{\mathrm{d}\arctan\sqrt{x}}{\mathrm{d}\sqrt{x}}\cdot\frac{\mathrm{d}\sqrt{x}}{\mathrm{d}x}$$

$$=\frac{1}{1+(\sqrt{x})^2}\cdot\frac{1}{2\sqrt{x}}=\frac{1}{2\sqrt{x}(1+x)}.$$

例 3.25　设$x>0$，证明$(x^\mu)'=\mu x^{\mu-1}$，$\mu\in\mathbf{R}$．

证明　令$y=x^\mu=\mathrm{e}^{\ln x^\mu}=\mathrm{e}^{\mu\ln x}$，则

$$y' = e^{\mu \ln x}(\mu \ln x)' = x^{\mu} \cdot \frac{\mu}{x} = \mu x^{\mu-1}.$$

即

$$(x^{\mu})' = \mu x^{\mu-1}, \quad \mu \in \mathbf{R}.$$

3.2.4 基本求导法则与导数公式

至此，我们已经求出了所有基本初等函数的导数，再结合求导法则，就可以求出初等函数的导数. 为了便于查阅，下面我们归纳了基本初等函数的导数公式和求导法则.

1. 基本导数公式

（1）$(C)'=0$（C 为任意常数）；

（2）$(x^{\mu})' = \mu x^{\mu-1}$（$\mu$ 为任意实数）；

（3）$(a^x)' = a^x \ln a\,(a>0,\ a\neq 1)$；

（4）$(e^x)' = e^x$；

（5）$(\log_a x)' = \dfrac{1}{x\ln a}\,(a>0,\ a\neq 1)$；

（6）$(\ln x)' = \dfrac{1}{x}$；

（7）$(\sin x)' = \cos x$；

（8）$(\cos x)' = -\sin x$；

（9）$(\tan x)' = \sec^2 x$；

（10）$(\cot x)' = -\csc^2 x$；

（11）$(\sec x)' = \sec x \tan x$；

（12）$(\csc x)' = -\csc x \cot x$；

（13）$(\arcsin x)' = \dfrac{1}{\sqrt{1-x^2}}$；

（14）$(\arccos x)' = -\dfrac{1}{\sqrt{1-x^2}}$；

（15）$(\arctan x)' = \dfrac{1}{1+x^2}$；

（16）$(\operatorname{arccot} x)' = -\dfrac{1}{1+x^2}$.

2. 函数的和、差、积、商的求导法则

设 $u=u(x)$，$v=v(x)$ 都可导，则

（1）$(u\pm v)' = u'\pm v'$；

（2）$(Cu)' = Cu'$（C 为常数）；

（3）$(uv)' = u'v + uv'$；

（4）$\left(\dfrac{u}{v}\right)' = \dfrac{u'v - uv'}{v^2}\ (v\neq 0)$.

3. 反函数的求导法则

设函数 $x=\varphi(y)$ 在某区间 I_y 内严格单调、可导且 $\varphi'(y)\neq 0$，则其反函数 $y=f(x)$ 在 $I_x=\{x \mid x=\varphi(y), y\in I_y\}$ 内也可导，且

$$f'(x) = \frac{1}{\varphi'(y)}\,(\varphi'(y)\neq 0).$$

4. 复合函数的求导法则

设 $y=f(u)$，$u=\varphi(x)$ 均可导，则复合函数 $y=f[\varphi(x)]$ 的导数为

$$\frac{dy}{dx} = f'(u)\cdot\varphi'(x).$$

下面，我们看几个初等函数的导数.

例 3.26　求函数 $y=a^x\sin\ln x$ ($a>0$，$a\neq 1$)的导数.

解　$$\begin{aligned} y' &= (a^x\sin\ln x)' = (a^x)'\sin\ln x + a^x(\sin\ln x)' \\ &= a^x\ln a\sin\ln x + a^x\cos\ln x\cdot(\ln x)' \\ &= a^x\ln a\sin\ln x + a^x\frac{1}{x}\cos\ln x \\ &= a^x\left(\ln a\sin\ln x + \frac{\cos\ln x}{x}\right). \end{aligned}$$

例 3.27　求函数 $y=\ln(x+\sqrt{1+x^2})$ 的导数.

解　$$\begin{aligned} y' &= \frac{1}{x+\sqrt{1+x^2}}(x+\sqrt{1+x^2})' = \frac{1}{x+\sqrt{1+x^2}}\left(1+\frac{2x}{2\sqrt{1+x^2}}\right) \\ &= \frac{1}{x+\sqrt{1+x^2}}\frac{\sqrt{1+x^2}+x}{\sqrt{1+x^2}} = \frac{1}{\sqrt{1+x^2}}. \end{aligned}$$

例 3.28　已知 $y=f\left(\frac{x-1}{x+1}\right)$，$f'(x)=\ln(x+2)$，求 $\left.\frac{\mathrm{d}y}{\mathrm{d}x}\right|_{x=0}$.

解　由复合函数求导法则，得

$$\begin{aligned} \frac{\mathrm{d}y}{\mathrm{d}x} = f'\left(\frac{x-1}{x+1}\right)\left(\frac{x-1}{x+1}\right)' &= f'\left(\frac{x-1}{x+1}\right)\frac{(x-1)'(x+1)-(x-1)(x+1)'}{(x+1)^2} \\ &= f'\left(\frac{x-1}{x+1}\right)\frac{2}{(x+1)^2}, \end{aligned}$$

所以 $\left.\frac{\mathrm{d}y}{\mathrm{d}x}\right|_{x=0}=2f'(-1)=2\ln(-1+2)=0$.

习题 3.2

1．求下列函数的导数：

（1）$y=x^{a+b}$；　　（2）$y=2\sqrt{x}-\frac{1}{x}+7\sqrt{5}$；

（3）$y=(x^2-3)(x^4+x^2-1)$；　　（4）$y=2x^3-3^x+\mathrm{e}^x$；

（5）$y=(\sqrt{x}+1)\left(\frac{1}{\sqrt{x}}-1\right)$；　　（6）$y=\frac{x^2-1}{x^2+1}$；

（7）$y=\frac{x}{x-1}$；　　（8）$y=x\log_2 x+2\pi$；

（9）$y=3x-\frac{2x}{2-x}$；　　（10）$y=\frac{1-\sin x}{1+\cos x}$；

（11）$y=(x+1)\sqrt{2x}$；　　（12）$y=(1+ax^b)(1+bx^a)$.

2．求下列函数的导数：

（1）$y=2\sqrt{x}\sin x$；　　（2）$y=\ln\sqrt{x}$；

（3） $y=\frac{\ln x}{x}$；（4） $y=\frac{1-a^x}{1+a^x}$；

（5） $\rho=\theta\sin\theta+\cos\theta$；（6） $\rho=\frac{\theta}{1-\cos\theta}$；

（7） $y=\tan x-x\tan x$；（8） $y=x\sin x\log_5 x$.

3．求下列函数在指定点的导数：

（1）已知 $\varphi(x)=x\cos x+3x^2$，求 $\varphi'(-\pi)$ 和 $\varphi'(\pi)$.

（2）已知 $f(x)=\frac{x\sin x}{1+\cos x}$，求 $f'(x)$ 及 $f'\left(\frac{\pi}{3}\right)$.

4．已知物体的运动方程为 $s=(3t^4+5)$ m，求该物体在 $t=10$s 时的瞬时速度.

5．已知某商品的产量 y 关于原料 x 的函数关系为 $y=1+2^x-3x^2$，试求产量 y 对原料 x 的变化率.

6．求曲线 $y=\sin x$ 在 $x=\pi$ 处的切线方程和法线方程.

7．曲线 $y=x\ln x$ 上哪一点的切线与直线 $x+2y-4=0$ 垂直？

8．求下列函数的导数：

（1） $y=(1-x+x^3)^2$；（2） $y=\sin(5-2x)$；

（3） $y=\ln(1+t^2)$；（4） $y=3^{x^2}$；

（5） $y=\cos x^2$；（6） $y=\tan^3 x$；

（7） $y=\ln\frac{1+t}{1-t}$；（8） $y=\sqrt{b^2-x^2}$.

9．求下列函数的导数：

（1） $y=\arcsin^2 x$；（2） $y=\arctan 2^x$；

（3） $y=e^{\cos x}$；（4） $y=\frac{1}{\sqrt{2\pi}}e^{-\frac{x^2}{2}}$；

（5） $y=3e^{2x}+(2x)^3+\sin 5x$；（6） $y=\arccos\sqrt{x}$；

（7） $y=\ln(\sec x+\tan x)$；（8） $y=\ln(\csc x-\cot x)$.

10．求下列函数的导数：

（1） $y=\ln(\sin x^2)$；（2） $y=\ln(\sin^2 x)$；

（3） $y=\log_5\frac{x}{1-x}$；（4） $y=\sin^n x\cos nx$；

（5） $y=\ln\sqrt{x}+\sqrt{\ln x}$；（6） $y=x^{2a}+a^{2x}+a^{2a}$；

（7） $y=e^{-x}(x^2-2x+5)$；（8） $y=x\arcsin\frac{x}{2}+\sqrt{4-x^2}$.

11．设 $f(x)=(ax+b)\sin x+(cx+d)\cos x$，试确定 a,b,c,d 的值，使 $f'(x)=x\cos x$.

3.3 高 阶 导 数

3.3.1 高阶导数的定义

设某一物体的运动方程为 $s=s(t)$，则该物体运动的速度 $v(t)=s'(t)$. 而速度的变化率就是该物体运动的加速度，即 $a(t)=\lim\limits_{\Delta t\to 0}\dfrac{v(t+\Delta t)-v(t)}{\Delta t}$. 由导数定义，若该极限存在，显然加速度就是速度 $v(t)$ 对 t 的导数，也就是路程 s 对 t 的导数的导数：

$$a(t)=\frac{\mathrm{d}v}{\mathrm{d}t}=\frac{\mathrm{d}}{\mathrm{d}t}\left(\frac{\mathrm{d}s}{\mathrm{d}t}\right) \text{ 或 } a(t)=[s'(t)]'.$$

一般地，如果函数 $y=f(x)$ 的导函数 $y'=f'(x)$ 仍然可导，则称 $y'=f'(x)$ 的导数为函数 $y=f(x)$ 的二阶导数，记作 y''，$f''(x)$ 或 $\dfrac{\mathrm{d}^2y}{\mathrm{d}x^2}$，即

$$f''(x)=[f'(x)]'=\lim_{\Delta x\to 0}\frac{f'(x+\Delta x)-f'(x)}{\Delta x}.$$

类似地，如果函数 $y=f(x)$ 的二阶导数依然可导，则称其二阶导函数的导数为函数 $y=f(x)$ 的三阶导数，记作 y'''，$f'''(x)$ 或 $\dfrac{\mathrm{d}^3y}{\mathrm{d}x^3}$. 如果函数 $y=f(x)$ 的三阶导数可导，则称其三阶导函数的导数为函数 $y=f(x)$ 的四阶导数，记为 $y^{(4)}$，$f^{(4)}(x)$ 或 $\dfrac{\mathrm{d}^4y}{\mathrm{d}x^4}$.

依此类推，如果函数 $y=f(x)$ 的 $(n-1)$ 阶导数可导，则称其 $(n-1)$ 阶导函数的导数为函数 $y=f(x)$ 的 n 阶导数，记为 $y^{(n)},f^{(n)}(x)$ 或 $\dfrac{\mathrm{d}^ny}{\mathrm{d}x^n}$. n 阶导数的定义式为

$$f^{(n)}(x)=\lim_{\Delta x\to 0}\frac{f^{(n-1)}(x+\Delta x)-f^{(n-1)}(x)}{\Delta x}.$$

通常情况下将 $y'=f'(x)$ 称为函数 $y=f(x)$ 的一阶导数，将函数 $y=f(x)$ 的二阶及二阶以上的导数统称为**高阶导数**.

由定义可知，求函数的高阶导数的方法就是“逐阶求导”，即一阶一阶地求.

例 3.29　已知函数 $y=x^4+2^x$，求 y'''.

解　因为

$$y'=(x^4+2^x)'=4x^3+2^x\ln 2,\quad y''=(4x^3+2^x\ln 2)'=12x^2+(\ln 2)^2 2^x,$$

所以

$$y'''=\left[12x^2+(\ln 2)^2 2^x\right]'=24x+(\ln 2)^3 2^x.$$

例 3.30　求多项式 $y=a_0x^n+a_1x^{n-1}+\cdots+a_{n-1}x+a_n$ 的各阶导数.

解　因为

$$y'=na_0x^{n-1}+(n-1)a_1x^{n-2}+\cdots+a_{n-1},$$

$$y''=n(n-1)a_0x^{n-2}+(n-1)(n-2)a_1x^{n-3}+\cdots+2a_{n-2}.$$

可见，每求导一次，多项式的次幂就降低一次. 依此类推，求导得

$$y^{(k)}=n(n-1)\cdots(n-k+1)a_0x^{n-k}+(n-1)(n-2)\cdots(n-k)a_1x^{n-k-1}+\cdots+k\cdot(k-1)\cdots1\cdot a_{n-k},$$

$$\cdots$$

$$y^{(n)}=n!a_0.$$

这是一个常数，因此 $y^{(n+1)}=y^{(n+2)}=\cdots=0$.

特别地，$(x^n)^{(n)}=n!$，$(x^\mu)^{(n)}=\mu(\mu-1)(\mu-2)\cdots(\mu-n+1)x^{\mu-n}$，$\mu\in\mathbf{R}$.

例 3.31 设函数 $y=\ln(1+x)$，求 $y^{(n)}$.

解 因为 $y'=\dfrac{1}{1+x}$，所以 $y''=-\dfrac{1}{(1+x)^2}$，继续求导可得

$$y'''=\frac{2!}{(1+x)^3},\quad y^{(4)}=-\frac{3!}{(1+x)^4},$$

归纳可得

$$[\ln(x+1)]^{(n)}=(-1)^{n-1}\frac{(n-1)!}{(1+x)^n}\ (n\geqslant1，0!=1).$$

一般地，有

$$[\ln(ax+b)]^{(n)}=(-1)^{n-1}\frac{a^n(n-1)!}{(ax+b)^n}\ (n\geqslant1);$$

$$\left(\frac{1}{ax+b}\right)^{(n)}=(-1)^n\frac{a^nn!}{(ax+b)^{n+1}}\ (n\geqslant1).$$

例 3.32 求 $y=\sin x$ 的 n 阶导数.

解 因为

$$y'=(\sin x)'=\cos x=\sin\left(x+\frac{\pi}{2}\right),$$

$$y''=\left[\sin\left(x+\frac{\pi}{2}\right)\right]'=\cos\left(x+\frac{\pi}{2}\right)=\sin\left(x+\frac{\pi}{2}\cdot2\right),$$

$$\cdots$$

$$y^{(n)}=\sin^{(n)}x=\sin\left(x+\frac{\pi}{2}\cdot n\right).$$

用同样方法可求出

$$(\cos x)^{(n)}=\cos\left(x+\frac{\pi}{2}\cdot n\right).$$

一般地，有

$$\sin^{(n)}(ax+b)=a^n\sin\left(ax+b+\frac{\pi}{2}\cdot n\right),\quad \cos^{(n)}(ax+b)=a^n\cos\left(ax+b+\frac{\pi}{2}\cdot n\right).$$

例 3.33 求指数函数 $y=a^x\,(a>0，a\neq1)$ 的 n 阶导数.

解 由 $y'=a^x\ln a$，$y''=a^x\ln^2a$，…，可得

$$y^{(n)}=a^x\ln^na,$$

即

$$(a^x)^{(n)} = a^x \ln^n a\ .$$

特别地，$(\mathrm{e}^x)^{(n)} = \mathrm{e}^x$.

3.3.2 高阶导数的求导法则

若 $u = u(x)$，$v = v(x)$ 都在点 x 处具有 n 阶导数，则有

（1）$(u \pm v)^{(n)} = u^{(n)} \pm v^{(n)}$；

（2）$(cu)^{(n)} = cu^{(n)}$，c 为常数；

（3）$(u \cdot v)^{(n)} = \sum\limits_{k=0}^{n} \mathrm{C}_n^k u^{(n-k)} v^{(k)}$（$n \geqslant 1$）,其中,$\mathrm{C}_n^k = \dfrac{n!}{k!(n-k)!} = \dfrac{n(n-1)(n-2)\cdots(n-k+1)}{k!}$，

$u^{(0)} = u$，$v^{(0)} = v$．该公式称为莱布尼茨（Leibniz）公式，是求两个函数乘积的 n 阶导数的公式.

例 3.34　设 $y = \mathrm{e}^{2x} x^3$，求 $y^{(20)}$．

解　根据莱布尼茨公式，得

$$\begin{aligned} y^{(20)} &= (\mathrm{e}^{2x} x^3)^{(20)} \\ &= \mathrm{C}_{20}^0 (\mathrm{e}^{2x})^{(20)} x^3 + \mathrm{C}_{20}^1 (\mathrm{e}^{2x})^{(19)} (x^3)' + \mathrm{C}_{20}^2 (\mathrm{e}^{2x})^{(18)} (x^3)'' + \mathrm{C}_{20}^3 (\mathrm{e}^{2x})^{(17)} (x^3)''' \\ &= 2^{20} \mathrm{e}^{2x} x^3 + 20 \times 2^{19} \mathrm{e}^{2x} \cdot 3x^2 + \frac{20 \times 19}{2!} \times 2^{18} \mathrm{e}^{2x} \cdot 6x + \frac{20 \times 19 \times 18}{3!} \times 2^{17} \mathrm{e}^{2x} \cdot 6 \\ &= 2^{20} \mathrm{e}^{2x} x^3 + 30 \times 2^{20} \mathrm{e}^{2x} \cdot x^2 + 285 \times 2^{20} \mathrm{e}^{2x} \cdot x + 855 \times 2^{20} \mathrm{e}^{2x} \\ &= 2^{20} \mathrm{e}^{2x} (x^3 + 30x^2 + 285x + 855)\ . \end{aligned}$$

例 3.35　设 $y = \dfrac{2}{x^2 - 1}$，求 $y^{(n)}$．

解　先化简函数

$$y = \frac{2}{x^2 - 1} = \frac{2}{(x-1)(x+1)} = \frac{1}{x-1} - \frac{1}{x+1}\ ,$$

所以

$$\begin{aligned} y^{(n)} &= \left(\frac{1}{x-1}\right)^{(n)} - \left(\frac{1}{x+1}\right)^{(n)} = \frac{(-1)^n n!}{(x-1)^{n+1}} - \frac{(-1)^n n!}{(x+1)^{n+1}} \\ &= (-1)^n n! \left[\frac{1}{(x-1)^{n+1}} - \frac{1}{(x+1)^{n+1}}\right]. \end{aligned}$$

习题 3.3

1．求下列函数的二阶导数：

（1）$y = \mathrm{e}^{x^2}$；　　（2）$y = \dfrac{\mathrm{e}^x}{x}$；

（3）$y = \ln(1 + x^2)$；　　（4）$y = (1 + x)\ln(1 + x)$；

（5）$y = \tan x$；　　（6）$y = \sqrt{2^2 - x^2}$；

（7） $y=(1+x^2)\arctan x$； （8） $y=\ln\left(\sqrt{1+x^2}-x\right)$.

2．求下列函数的 n 阶导数：

（1） $y=xe^x$； （2） $y=3^{2x}$；

（3） $y=\ln\dfrac{1}{x+1}$； （4） $y=\dfrac{2x+3}{x+1}$.

3．求下列函数在指定点的导数：

（1）设 $y=2x^2+e^{-x}$，求 $y''(1)$； （2）设 $f(x)=x^2\ln x$，求 $f'''(2)$.

4．求下列函数指定阶的导数：

（1） $y=e^x\sin x$，求 $y^{(4)}$； （2） $y=\sin^2 x$，求 $y^{(n)}$；

（3） $y=\dfrac{5}{x^2+3x-4}$，求 $y^{(n)}$； （4） $y=x^2\sin x$，求 $y^{(30)}$.

3.4 隐函数及由参数方程所确定的函数的导数

3.4.1 隐函数的导数

用解析表达式来表示函数通常有两种不同的方式：一种是函数 y 可以直接由自变量 x 的解析表达式 $y=f(x)$ 表示，这种函数称为**显函数**，如 $y=2\sin x+1$ 等；另一种是变量 y 与 x 之间的函数关系是由方程或参数方程（方程组）确定，这种函数称为**隐函数**，如 $e^y+x-5=0$ 等.

把一个隐函数化为显函数，称为隐函数的**显化**．例如，由方程 $x+y^3-1=0$ 所确定的函数 $y=f(x)$，可以从方程中求出 $y=\sqrt[3]{1-x}$，这样就把隐函数化成了显函数．但是并不是所有隐函数都可以化成显函数，如天文学研究行星运行方位的开普勒（Kepler）方程

$$y-x-\xi\sin y=0 \qquad (0<\xi<1)$$

所确定的隐函数就不能显化.

在求隐函数的导数时，并不需要将隐函数显化后再求导．一般地，如果方程 $F(x,y)=0$ 确定了一个隐函数 $y=f(x)$，求导时，可直接在方程的两边同时对自变量 x 求导，而把 y 视为中间变量，利用复合函数求导法则即可求出函数的导数．下面我们将举例说明隐函数的求导方法.

例 3.36 求方程 $xy=e^{x+y}$ 所确定的隐函数 $y=y(x)$ 的导数.

解 方程两边同时对 x 求导，注意 y 是 x 的函数，e^{x+y} 是 x 的复合函数，可得

$$y+x\frac{dy}{dx}=e^{x+y}\left(1+\frac{dy}{dx}\right),$$

解得

$$\frac{dy}{dx}=\frac{e^{x+y}-y}{x-e^{x+y}}.$$

例 3.37　已知方程 $xy+y^2-2x=0$ 确定了函数 $y=y(x)$，求 $\frac{\mathrm{d}y}{\mathrm{d}x}$.

解　方程两边同时对 x 求导，注意 y^2 是 y 的函数，而 y 又是 x 的函数，所以 y^2 为 x 的复合函数，可得

$$y+x\frac{\mathrm{d}y}{\mathrm{d}x}+\frac{\mathrm{d}y^2}{\mathrm{d}y}\cdot\frac{\mathrm{d}y}{\mathrm{d}x}-2=0,$$

整理，得

$$y+(x+2y)\frac{\mathrm{d}y}{\mathrm{d}x}=2,$$

所以

$$\frac{\mathrm{d}y}{\mathrm{d}x}=\frac{2-y}{x+2y}.$$

例 3.38　求椭圆 $\frac{x^2}{2}+\frac{y^2}{4}=1$ 上点 $(1,\sqrt{2})$ 处的切线方程.

解　方程两边同时对 x 求导，得 $x+\frac{y}{2}y'=0$. 所以椭圆在点 $(1,\sqrt{2})$ 处的切线斜率为

$$k=y'\Big|_{\substack{x=1\\y=\sqrt{2}}}=-\frac{2x}{y}\Big|_{\substack{x=1\\y=\sqrt{2}}}=-\sqrt{2}.$$

故所求切线方程为 $y-\sqrt{2}=-\sqrt{2}(x-1)$，即 $\sqrt{2}x+y-2\sqrt{2}=0$.

例 3.39　求由方程 $x+y-\sin y=0$ 所确定的隐函数的二阶导数 $\frac{\mathrm{d}^2y}{\mathrm{d}x^2}$.

解　方程两边同时对 x 求导，得

$$1+\frac{\mathrm{d}y}{\mathrm{d}x}-\cos y\cdot\frac{\mathrm{d}y}{\mathrm{d}x}=0,$$

于是得

$$\frac{\mathrm{d}y}{\mathrm{d}x}=\frac{1}{\cos y-1}.$$

上式两边再对自变量 x 求导，得

$$\frac{\mathrm{d}^2y}{\mathrm{d}x^2}=\frac{\mathrm{d}}{\mathrm{d}x}\left(\frac{1}{\cos y-1}\right)=\frac{\sin y\cdot\frac{\mathrm{d}y}{\mathrm{d}x}}{(\cos y-1)^2}=\frac{\sin y}{(\cos y-1)^3}.$$

3.4.2　对数求导法

下面我们将介绍一种新的求导方法——**对数求导法**，用来求一些特殊函数的导数，如幂指函数，也可以用这种方法求由多个因式连乘或包含多个根式的函数的导数.

例 3.40　求 $y=x^x\,(x>0)$ 的导数.

解　对函数 $y=x^x$ 两边同时取对数，得

$$\ln y=\ln x^x=x\cdot\ln x.$$

于是，原来的函数转变成隐函数，两边关于自变量 x 求导，可得

$$\frac{1}{y}\cdot\frac{\mathrm{d}y}{\mathrm{d}x}=\ln x+1,$$

从而

$$\frac{\mathrm{d}y}{\mathrm{d}x}=y(\ln x+1),$$

即

$$\frac{\mathrm{d}y}{\mathrm{d}x}=x^{x}(\ln x+1).$$

对于一般的幂指函数 $y=u(x)^{v(x)}\ (u(x)>0)$，若 $u(x),v(x)$ 都可导，通常有两种方法求 $\frac{\mathrm{d}y}{\mathrm{d}x}$.

解法一 两边取对数，得

$$\ln y=\ln u(x)^{v(x)}=v(x)\cdot\ln u(x),$$

方程两边对自变量 x 求导，得

$$\frac{1}{y}\cdot\frac{\mathrm{d}y}{\mathrm{d}x}=v'(x)\cdot\ln u(x)+v(x)\cdot\frac{u'(x)}{u(x)},$$

即得

$$\frac{\mathrm{d}y}{\mathrm{d}x}=u(x)^{v(x)}\left[v'(x)\cdot\ln u(x)+v(x)\cdot\frac{u'(x)}{u(x)}\right].$$

解法二 化为指数函数

$$y=\mathrm{e}^{\ln u(x)^{v(x)}}=\mathrm{e}^{v(x)\ln u(x)},$$

求导，得

$$\frac{\mathrm{d}y}{\mathrm{d}x}=\mathrm{e}^{v(x)\ln u(x)}[v(x)\ln u(x)]'=\mathrm{e}^{v(x)\ln u(x)}\left[v'(x)\ln u(x)+v(x)\cdot\frac{u'(x)}{u(x)}\right],$$

即

$$\frac{\mathrm{d}y}{\mathrm{d}x}=u(x)^{v(x)}\left[v'(x)\cdot\ln u(x)+v(x)\cdot\frac{u'(x)}{u(x)}\right].$$

例 3.41 求 $y=\mathrm{e}^{x^2}+x^{\sin x}\ (x>0)$的导数 $\frac{\mathrm{d}y}{\mathrm{d}x}$.

解 先整理函数的形式为

$$y=\mathrm{e}^{x^2}+\mathrm{e}^{\ln x^{\sin x}}=\mathrm{e}^{x^2}+\mathrm{e}^{\sin x\cdot\ln x},$$

求导，得

$$\begin{aligned}\frac{\mathrm{d}y}{\mathrm{d}x}&=\mathrm{e}^{x^2}(x^2)'+\mathrm{e}^{\sin x\cdot\ln x}(\sin x\cdot\ln x)'\\&=2x\mathrm{e}^{x^2}+\mathrm{e}^{\sin x\cdot\ln x}\left(\cos x\cdot\ln x+\frac{\sin x}{x}\right)\\&=2x\mathrm{e}^{x^2}+x^{\sin x}\left(\cos x\cdot\ln x+\frac{\sin x}{x}\right).\end{aligned}$$

利用对数求导法，首先要保证真数有意义，从而需要对自变量的取值范围进行讨论，这样使得求导问题变得很烦琐. 为了更方便地使用对数求导法，下面给出对数函数求导的一般公式. 设函数 $u(x)$ 可导，则

（1）若 $u(x)>0$，则 $y=\ln u(x)$ 可导，且 $\dfrac{\mathrm{d}y}{\mathrm{d}x}=\dfrac{u'(x)}{u(x)}$；

（2）若 $u(x)<0$，则 $y=\ln[-u(x)]$ 可导，且 $\dfrac{\mathrm{d}y}{\mathrm{d}x}=\dfrac{-u'(x)}{-u(x)}=\dfrac{u'(x)}{u(x)}$；

（3）若 $u(x)\neq 0$，则 $y=\ln|u(x)|$ 可导，且

$$\frac{\mathrm{d}y}{\mathrm{d}x}=\left\{\ln[u^2(x)]^{\frac{1}{2}}\right\}'=\left\{\frac{1}{2}\ln[u^2(x)]\right\}'=\frac{1}{2}\cdot\frac{2u(x)\cdot u'(x)}{u^2(x)}=\frac{u'(x)}{u(x)}.$$

易见，无论函数 $u(x)$ 是何种情况，只要取对数后保证真数有意义，那么取对数后的求导结果都是一样的. 所以，在 $u(x)$ 的表达式比较复杂的情况下，如例 3.42，通常采取加绝对值后取对数的方法来求导以避免讨论自变量的取值范围.

例 3.42　求 $y=\sqrt[5]{(2x+1)^3(4-x)}$ 的导数 $\dfrac{\mathrm{d}y}{\mathrm{d}x}$.

解　等号两边取绝对值，然后取对数，得

$$|y|=\sqrt[5]{|2x+1|^3|4-x|},$$

$$\ln|y|=\frac{1}{5}\ln(|2x+1|^3|4-x|)=\frac{3}{5}\ln|2x+1|+\frac{1}{5}\ln|4-x|,$$

两边关于自变量 x 求导，得

$$\frac{1}{y}\cdot\frac{\mathrm{d}y}{\mathrm{d}x}=\frac{3}{5}\cdot\frac{2}{2x+1}+\frac{1}{5}\cdot\frac{-1}{4-x},$$

即

$$\frac{\mathrm{d}y}{\mathrm{d}x}=\sqrt[5]{(2x+1)^3(4-x)}\left[\frac{6}{10x+5}+\frac{1}{5(x-4)}\right].$$

注　在不引起混淆，且假定真数有意义的情况下，通常在利用对数求导法进行求导的过程中也常常省略加绝对值的步骤，表达式两端直接取对数进行求导运算.

3.4.3　由参数方程所确定的函数的求导法则

在物理学中，我们学习过平抛运动，如果一物体以初速度 v_0 做平抛运动，那么它的运动轨迹可以用参数方程描述为

$$\begin{cases}x=v_0t\\ y=\dfrac{1}{2}gt^2\end{cases},$$

其中，t 为时间，g 为重力加速度，x,y 分别表示物体运动的水平位移和竖直位移. 由第一式可以解出 $t=\dfrac{x}{v_0}$，将其代入第二式中可得 y 与 x 之间的函数关系为 $y=\dfrac{1}{2}g\left(\dfrac{x}{v_0}\right)^2$.

一般地，设 t 为参数，如果参数方程

$$\begin{cases} x=\varphi(t) \\ y=\psi(t) \end{cases}$$

确定了 y 是 x 的函数，则称此函数为由**参数方程所确定的函数**.

在求由参数方程所确定的函数的导数时，不需要先消去参数 t 再求导，下面我们给出其求导的方法. 假设 $x=\varphi(t)$， $y=\psi(t)$ 均为可导函数，且 $\varphi'(t)\neq 0$，如果 $x=\varphi(t)$ 存在反函数 $t=\varphi^{-1}(x)$，则 y 为 x 的复合函数，即 $y=\psi[\varphi^{-1}(x)]$，由复合函数和反函数的求导法则，可得

$$\frac{\mathrm{d}y}{\mathrm{d}x}=\frac{\mathrm{d}y}{\mathrm{d}t}\cdot\frac{\mathrm{d}t}{\mathrm{d}x}=\frac{\frac{\mathrm{d}y}{\mathrm{d}t}}{\frac{\mathrm{d}x}{\mathrm{d}t}}=\frac{\psi'(t)}{\varphi'(t)},$$

隐函数和参数方程确定的函数的导数

即

$$\frac{\mathrm{d}y}{\mathrm{d}x}=\frac{\psi'(t)}{\varphi'(t)}.$$

这就是由参数方程所确定的函数 y 对 x 的导数，其求导结果仍是 t 的函数.

若 $\varphi(t),\psi(t)$ 是二阶可导的，则对上式继续求导，得

$$\frac{\mathrm{d}^2y}{\mathrm{d}x^2}=\frac{\mathrm{d}}{\mathrm{d}x}\left(\frac{\mathrm{d}y}{\mathrm{d}x}\right)=\frac{\frac{\mathrm{d}}{\mathrm{d}t}\left(\frac{\mathrm{d}y}{\mathrm{d}x}\right)}{\frac{\mathrm{d}x}{\mathrm{d}t}}=\frac{\frac{\mathrm{d}}{\mathrm{d}t}\left[\frac{\psi'(t)}{\varphi'(t)}\right]}{\frac{\mathrm{d}x}{\mathrm{d}t}}=\frac{\psi''(t)\varphi'(t)-\psi'(t)\varphi''(t)}{\varphi'^2(t)}\cdot\frac{1}{\varphi'(t)}$$

$$=\frac{\psi''(t)\varphi'(t)-\psi'(t)\varphi''(t)}{\varphi'^3(t)}.$$

例 3.43 已知摆线（图 3.4）的参数方程为

$$\begin{cases} x=a(t-\sin t) \\ y=a(1-\cos t) \end{cases} \quad (t\text{ 为参数}),$$

求其在 $t=\frac{\pi}{2}$ 处的切线方程.

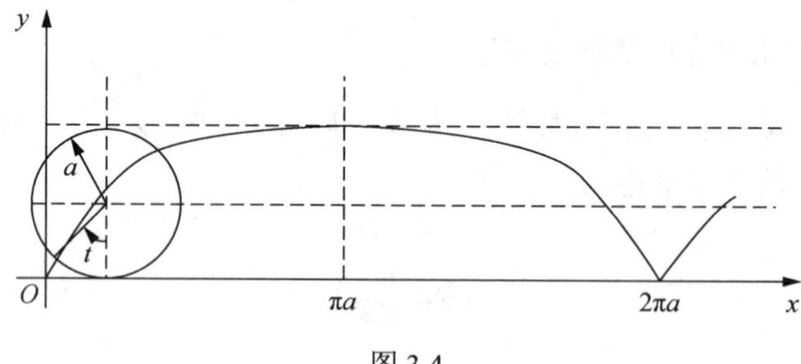

图 3.4

解 该参数方程所确定的函数的导数为

$$\frac{\mathrm{d}y}{\mathrm{d}x}=\frac{\frac{\mathrm{d}y}{\mathrm{d}t}}{\frac{\mathrm{d}x}{\mathrm{d}t}}=\frac{a\sin t}{a-a\cos t}=\frac{\sin t}{1-\cos t},\quad t\neq 2n\pi,\quad n\in\mathbf{Z}.$$

则在 $t=\dfrac{\pi}{2}$ 处的切线斜率为

$$\left.\frac{\mathrm{d}y}{\mathrm{d}x}\right|_{t=\frac{\pi}{2}}=\frac{\sin\frac{\pi}{2}}{1-\cos\frac{\pi}{2}}=1.$$

当 $t=\dfrac{\pi}{2}$ 时，$x=a\left(\dfrac{\pi}{2}-1\right)$，$y=a$．所以所求切线方程为

$$y-a=x-a\left(\frac{\pi}{2}-1\right),$$

即

$$y=x+a\left(2-\frac{\pi}{2}\right).$$

例 3.44　求参数方程 $\begin{cases}x=\ln(1+t^2)\\ y=t-\arctan t\end{cases}$（$t$ 为参数）所确定的函数 $y=y(x)$ 的二阶导数 $\dfrac{\mathrm{d}^2y}{\mathrm{d}x^2}$．

解　由于

$$\frac{\mathrm{d}x}{\mathrm{d}t}=\frac{2t}{1+t^2},\quad \frac{\mathrm{d}y}{\mathrm{d}t}=1-\frac{1}{1+t^2}=\frac{t^2}{1+t^2},$$

所以

$$\frac{\mathrm{d}y}{\mathrm{d}x}=\frac{\frac{\mathrm{d}y}{\mathrm{d}t}}{\frac{\mathrm{d}x}{\mathrm{d}t}}=\frac{t}{2}.$$

对上式再求导，得

$$\frac{\mathrm{d}^2y}{\mathrm{d}x^2}=\frac{\mathrm{d}}{\mathrm{d}x}\left(\frac{\mathrm{d}y}{\mathrm{d}x}\right)=\frac{\frac{\mathrm{d}}{\mathrm{d}t}\left(\frac{\mathrm{d}y}{\mathrm{d}x}\right)}{\frac{\mathrm{d}x}{\mathrm{d}t}}=\frac{1}{2}\cdot\frac{1+t^2}{2t}=\frac{1+t^2}{4t}.$$

3.4.4　相关变化率

设 $x=x(t)$ 及 $y=y(t)$ 都是可导函数，而变量 x 与 y 之间存在某种关系，从而变化率 $\dfrac{\mathrm{d}x}{\mathrm{d}t}$ 与 $\dfrac{\mathrm{d}y}{\mathrm{d}t}$ 之间也存在一定的关系．这两个相互依赖的变化率称为**相关变化率**．若知道其中一个变化率，可以通过二者之间的关系求出另一个变化率．

例 3.45　一气球从离观察员 500m 处离开地面铅直上升，当气球高度为 500m 时，其速率为 140m/min．求此时观察员视线的仰角增加的速率是多少？

解　如图 3.5 所示，设气球上升 t min 后，其高度为 h m，观察员的视角为 α，由几何知识得

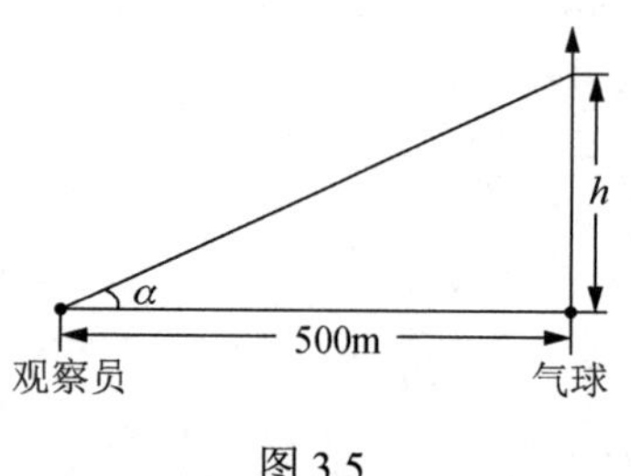

图 3.5

$$\tan\alpha=\frac{h}{500},$$

其中，$\alpha=\alpha(t)$，$h=h(t)$ 都是 t 的可导函数，上式两边关于 t 求导，得

$$\sec^2\alpha\cdot\frac{\mathrm{d}\alpha}{\mathrm{d}t}=\frac{1}{500}\cdot\frac{\mathrm{d}h}{\mathrm{d}t}.$$

因为 $\frac{\mathrm{d}h}{\mathrm{d}t}=140$，当气球高度 $h=500\text{ m}$ 时，$\tan\alpha|_{h=500}=1$，则 $\sec^2\alpha=2$，代入，得

$$\frac{\mathrm{d}\alpha}{\mathrm{d}t}=\frac{1}{500\cdot\sec^2\alpha}\cdot\frac{\mathrm{d}h}{\mathrm{d}t}=\frac{140}{1000}=0.14\ (\text{rad/min}).$$

习题 3.4

1．求由下列方程所确定的隐函数 y 对 x 的导数 $\frac{\mathrm{d}y}{\mathrm{d}x}$：

（1）$\sqrt{x}+\sqrt{y}=\sqrt{a}$；　　（2）$y=x+\frac{1}{2}\ln y$；

（3）$xy^3=2y-1$；　　（4）$y=1+x\mathrm{e}^y$；

（5）$y=\ln(x^2+y)$；　　（6）$\cos(xy)=y$；

（7）$y\sin x-\cos(x-y)=0$；　　（8）$xy-\mathrm{e}^x+\mathrm{e}^y=0$.

2．求下列隐函数在指定点的导数 $\frac{\mathrm{d}y}{\mathrm{d}x}$：

（1）$y=\cos x+\frac{1}{2}\sin y$，$\left(\frac{\pi}{2},0\right)$；　　（2）$2y=\mathrm{e}^x+\ln y+1$，$(0,1)$.

3．求圆 $x^2+y^2=4$ 在点 $(1,\sqrt{3})$ 处的切线方程.

4．设 $\ln\sqrt{x^2+y^2}-\arctan\frac{y}{x}=\ln 2$，求 $\frac{\mathrm{d}y}{\mathrm{d}x}$.

5．用对数求导法，求下列函数的导数 $\frac{\mathrm{d}y}{\mathrm{d}x}$：

（1）$y=x^{\tan x}\,(x>0)$；　　（2）$x^y=y^x$；

（3）$y=\frac{\sqrt{x+2}(3-x)}{(2x+1)^5}$；　　（4）$y=\sqrt[3]{\frac{x(x^2+1)}{(x^2-1)^2}}$.

6．求下列参数方程所确定的函数的导数 $\frac{\mathrm{d}y}{\mathrm{d}x}$ 和二阶导数 $\frac{\mathrm{d}^2y}{\mathrm{d}x^2}$：

（1）$\begin{cases}x=\mathrm{e}^t\cos t\\ y=\mathrm{e}^t\sin t\end{cases}$（$t$ 为参数）；　　（2）$\begin{cases}x=\dfrac{1}{1+t}\\ y=\dfrac{t}{1+t}\end{cases}$（$t$ 为参数）.

7．已知曲线的参数方程为 $\begin{cases}x=2t-\cos t\\ y=t\sin t\end{cases}$（$t$ 为参数），求：

（1）曲线在任意点的切线的斜率；

（2）曲线在 $t=\frac{\pi}{2}$ 处的切线方程.

3.5　函数的微分

3.5.1　微分的概念

先分析一个具体问题，我们假设有一个正方形的均匀薄片，受均匀加热后，面积产生了改变，设正方形的边长为 x，则其面积 $S(x)=x^2$. 当受热后边长 x 由 x_0 变化到 $x_0+\Delta x$ 时，面积的改变量为

$$\Delta S=(x_0+\Delta x)^2-x_0^2=2x_0\Delta x+(\Delta x)^2.$$

从图3.6可以看出，ΔS 为阴影部分面积之和，当 Δx 很小时，ΔS 的线性部分 $2x_0\Delta x$ 称为 ΔS 的主要部分，$(\Delta x)^2$ 是当 $\Delta x\to 0$ 时比 Δx 高阶的无穷小．因此当 $|\Delta x|$ 很小时，ΔS 可以由其主要部分 $2x_0\Delta x$ 来代替，即

$$\Delta S\approx 2x_0\Delta x.$$

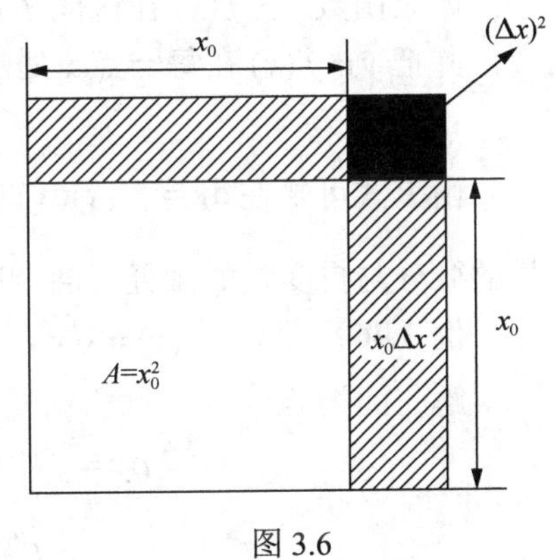

图 3.6

下面我们给出微分的定义.

定义 3.2　设函数 $y=f(x)$ 在 x_0 的某邻域内有定义，自变量 x 在 x_0 处产生增量 Δx，且 $x_0+\Delta x$ 在该邻域内，若存在与 Δx 无关的常数 A，相应函数的改变量 $\Delta y=f(x_0+\Delta x)-f(x_0)$ 可表示为

$$\Delta y=A\Delta x+o(\Delta x).$$

则称 $f(x)$ 在点 x_0 处可微，并称 $A\Delta x$ 为 $f(x)$ 在点 x_0 处的**微分**，记为 $\mathrm{d}y|_{x=x_0}$ 或 $\mathrm{d}f(x_0)$，即 $\mathrm{d}y|_{x=x_0}=A\Delta x$ 或 $\mathrm{d}f(x_0)=A\Delta x$.

由于微分 $\mathrm{d}y$ 与函数的改变量 Δy 之差是当 $\Delta x\to 0$ 时比 Δx 高阶的无穷小，所以当 $|\Delta x|$ 很小且 $A\neq 0$ 时，有近似公式

$$\Delta y\approx \mathrm{d}y.$$

下面讨论微分与导数的关系．如果函数 $f(x)$ 在 x_0 处可微，则 $\Delta y=A\Delta x+o(\Delta x)$，于是可得

$$\frac{\Delta y}{\Delta x}=A+\frac{o(\Delta x)}{\Delta x},$$

两边同时取极限，得

$$f'(x_0)=\lim_{\Delta x\to 0}\frac{\Delta y}{\Delta x}=\lim_{\Delta x\to 0}\left[A+\frac{o(\Delta x)}{\Delta x}\right]=A,$$

即若函数 $f(x)$ 在 x_0 处可微，则在 x_0 处可导.

反之，若 $f(x)$ 在 x_0 处可导，由导数定义有 $\lim\limits_{\Delta x\to 0}\frac{\Delta y}{\Delta x}=f'(x_0)$，于是

$$\frac{\Delta y}{\Delta x}=f'(x_0)+\alpha\text{，其中}\alpha\to 0(\Delta x\to 0)\text{，}$$

从而有

$$\Delta y=f'(x_0)\Delta x+\alpha\Delta x\text{，}$$

这里 $f'(x_0)$ 是与 Δx 无关的常数，且 $\alpha\Delta x$ 是当 $\Delta x\to 0$ 时比 Δx 高阶的无穷小，所以 $f(x)$ 在 x_0 处可微，且 $A=f'(x_0)$.

由此得到下面的结论：

定理 3.5（函数可微的充要条件） 函数 $f(x)$ 在 x_0 处可微的充要条件是在 x_0 处可导，且微分可表示为

$$\mathrm{d}y\big|_{x=x_0}=f'(x_0)\cdot\Delta x\text{.}$$

当取 $y=x$ 时，微分 $\mathrm{d}y=\mathrm{d}x=x'\Delta x=\Delta x$. 通常把自变量 x 的增量 Δx 称为自变量的微分，记作 $\mathrm{d}x$，即 $\mathrm{d}x=\Delta x$.

如果函数 $y=f(x)$ 在区间 I 内每一点处都可微，则称 $y=f(x)$ 是区间 I 内的可微函数，并把 $y=f(x)$ 在每一点 x 处的微分记为

$$\mathrm{d}y=f'(x)\mathrm{d}x\text{.}$$

由上式可知在 $\mathrm{d}y=f'(x)\mathrm{d}x$ 两端同除以 $\mathrm{d}x$，有 $\dfrac{\mathrm{d}y}{\mathrm{d}x}=f'(x)$，即函数的导数等于因变量的微分与自变量的微分之商，因此，函数的导数又称为**微商**.

例 3.46 设 $y=f(x)=\sqrt{x}$，计算在 $x=1$ 处且 $\Delta x=0.01$ 时的 Δy，$f'(1)$ 及 $\mathrm{d}y$.

解 因为

$$\Delta y=f(1+\Delta x)-f(1)=\sqrt{1.01}-1\approx 0.00499\text{，}$$

$$f'(1)=(\sqrt{x})'\big|_{x=1}=\left.\frac{1}{2\sqrt{x}}\right|_{x=1}=\frac{1}{2}\text{，}$$

所以

$$\mathrm{d}y\Big|_{\substack{x=1\\ \Delta x=0.01}}=f'(1)\Delta x\big|_{\Delta x=0.01}=\frac{1}{2}\times 0.01=0.005.$$

例 3.47 求函数 $y=x^3$ 当 $x=2$，$\Delta x=0.02$ 时的微分.

解 因为

$$\mathrm{d}y=(x^3)'\Delta x=3x^2\Delta x\text{，}$$

所以

$$\mathrm{d}y\Big|_{\substack{x=2\\ \Delta x=0.02}}=3x^2\Delta x\Big|_{\substack{x=2\\ \Delta x=0.02}}=0.24.$$

例 3.48 求由方程 $x^3+y^3-xy=0$ 所确定的函数 $y=y(x)$ 的微分 $\mathrm{d}y$.

解 方程两边关于 x 求导，得

$$3x^2+3y^2\frac{\mathrm{d}y}{\mathrm{d}x}-y-x\frac{\mathrm{d}y}{\mathrm{d}x}=0\text{，}$$

即有

$$\frac{dy}{dx}=\frac{y-3x^2}{3y^2-x},$$

所以

$$dy=\frac{y-3x^2}{3y^2-x}dx.$$

3.5.2　微分的几何意义

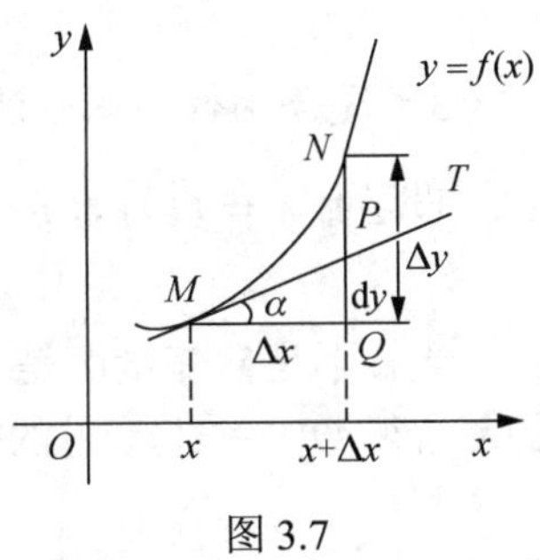

图 3.7

如图 3.7 所示，设 $M(x,y)$ 是曲线 $y=f(x)$ 上的一个固定点，当横坐标有微小的改变量 Δx 时，就得到曲线上的另一点 $N(x+\Delta x,y+\Delta y)$．从图 3.7 可知，$|MQ|=\Delta x$，$|QN|=\Delta y$，过点 M 作曲线的切线 MT，曲线的切线 MT 的倾角为 α，则在直角三角形 MPQ 中，$|QP|=|MQ|\cdot\tan\alpha=\Delta x\cdot f'(x)=dy$．这表明，当曲线 $y=f(x)$ 在点 $M(x,y)$ 处横坐标有改变量 Δx 时，相应的微分 dy 就是曲线在点 M 处的切线 MT 的纵坐标的改变量．当 $\Delta x\to 0$ 时，$|QP|\to 0$，$|PN|\to 0$，而且 $|PN|\to 0$ 的速度更快．用 Δy 代替 dy，即 $\Delta y\approx f'(x)\Delta x$，所产生的误差就是图中线段 PN 的长度．当 $|\Delta x|$ 很小时，它比 $|\Delta y|$ 小得多．因此常用点 M 处切线段近似代替曲线段．

3.5.3　微分的基本公式和运算法则

从函数的微分和导数的关系 $dy=f'(x)\cdot dx$ 可知，要计算函数的微分，只需求出该函数的导数，再乘自变量的微分即可，所以根据基本初等函数的导数公式及求导的运算法则可直接得到相应的微分基本公式和微分运算法则．

1．微分基本公式

（1）$d(c)=0$（c 为任意常数）；　（2）$d(x^\mu)=\mu x^{\mu-1}dx$（μ 为任意实数）；

（3）$d(a^x)=a^x\ln a dx$（$a>0$，$a\neq 1$）；　（4）$d(e^x)=e^x dx$；

（5）$d(\log_a x)=\frac{1}{x\ln a}dx$（$a>0$，$a\neq 1$）；　（6）$d(\ln x)=\frac{1}{x}dx$；

（7）$d(\sin x)=\cos x dx$；　（8）$d(\cos x)=-\sin x dx$；

（9）$d(\tan x)=\sec^2 x dx$；　（10）$d(\cot x)=-\csc^2 x dx$；

（11）$d(\sec x)=\sec x\cdot\tan x dx$；　（12）$d(\csc x)=-\csc x\cot x dx$；

（13）$d(\arcsin x)=\frac{1}{\sqrt{1-x^2}}dx$；　（14）$d(\arccos x)=-\frac{1}{\sqrt{1-x^2}}dx$；

（15）$d(\arctan x)=\frac{1}{1+x^2}dx$；　（16）$d(\text{arccot}x)=-\frac{1}{1+x^2}dx$．

2．微分的四则运算法则

设 u,v 都是 x 的可微函数，c 为常数，则

（1）$d(u\pm v)=du\pm dv$；　（2）$d(uv)=udv+vdu$；

（3）$\mathrm{d}(cu)=c\mathrm{d}u$；（4）$\mathrm{d}\left(\dfrac{u}{v}\right)=\dfrac{v\mathrm{d}u-u\mathrm{d}v}{v^2}(v\neq 0)$.

3. 复合函数的微分法则

设函数 $y=f(u)$，$u=\varphi(x)$，当 u 是自变量时，$y=f(u)$ 的微分为

$$\mathrm{d}y=f'(u)\mathrm{d}u.$$

当 u 不是自变量而是 x 的可微函数 $u=\varphi(x)$ 时，对于由 $y=f(u)$ 和 $u=\varphi(x)$ 复合而成的复合函数 $y=f[\varphi(x)]$ 的微分为

$$\mathrm{d}y=y'\mathrm{d}x=f'(u)\cdot\varphi'(x)\mathrm{d}x,$$

但 $\varphi'(x)\mathrm{d}x=\mathrm{d}u$，故得 $\mathrm{d}y=f'(u)\mathrm{d}u$.

上式与 u 是自变量时得到的式子完全相同．这就是说，无论 u 是自变量还是中间变量，函数 $y=f(u)$ 的微分总保持同一形式不变，都是用 $f'(u)$ 与 $\mathrm{d}u$ 的乘积来表示，这一性质称为**微分的形式不变性**．所以在求复合函数的微分时既可以利用微分的定义式，先根据复合函数的求导法则求出复合函数的导数，然后乘以自变量的微分；也可以利用微分的形式不变性，直接利用 $\mathrm{d}y=f'(u)\mathrm{d}u$ 进行运算．

例 3.49 设 $y=\tan(2x+1)$，求 $\mathrm{d}y$.

解 把 $(2x+1)$ 视为中间变量 u，由微分的形式不变性，得

$$\mathrm{d}y=\mathrm{d}\tan(2x+1)=\sec^2(2x+1)\mathrm{d}(2x+1)=2\sec^2(2x+1)\mathrm{d}x.$$

例 3.50 设 $y=\mathrm{e}^{-x}\sin x$，求 $\mathrm{d}y$.

解
$$\begin{aligned}\mathrm{d}y&=\mathrm{e}^{-x}\mathrm{d}(\sin x)+\sin x\mathrm{d}\mathrm{e}^{-x}\\&=\mathrm{e}^{-x}\cos x\mathrm{d}x+\sin x\mathrm{e}^{-x}\mathrm{d}(-x)=\mathrm{e}^{-x}(\cos x-\sin x)\mathrm{d}x.\end{aligned}$$

例 3.51 设 $y=\ln(1+\mathrm{e}^x)$，求 $\mathrm{d}y$.

解 $\mathrm{d}y=\mathrm{d}\ln(1+\mathrm{e}^x)=\dfrac{1}{1+\mathrm{e}^x}\mathrm{d}(1+\mathrm{e}^x)=\dfrac{1}{1+\mathrm{e}^x}\mathrm{d}\mathrm{e}^x=\dfrac{\mathrm{e}^x}{1+\mathrm{e}^x}\mathrm{d}x$.

例 3.52 在下列等式左端的括号中填入适当的函数，使等式成立．

（1）$\mathrm{d}(\quad)=\cos\omega t\mathrm{d}t$；（2）$\mathrm{d}(\quad)=x^2\mathrm{d}x$.

解 （1）因为 $\mathrm{d}(\sin\omega t)=\omega\cos\omega t\mathrm{d}t$，所以

$$\cos\omega t\mathrm{d}t=\frac{1}{\omega}\mathrm{d}(\sin\omega t)=\mathrm{d}\left(\frac{1}{\omega}\sin\omega t\right),$$

故

$$\mathrm{d}\left(\frac{1}{\omega}\sin\omega t+C\right)=\cos\omega t\mathrm{d}t,$$

其中，C 为任意常数．

（2）因为 $\mathrm{d}(x^3)=3x^2\mathrm{d}x$，所以 $\mathrm{d}\left(\dfrac{1}{3}x^3\right)=x^2\mathrm{d}x$，故

$$\mathrm{d}\left(\frac{1}{3}x^3+C\right)=x^2\mathrm{d}x,$$

其中，C 为任意常数．

3.5.4 微分在近似计算中的应用

设函数 $y=f(x)$ 在 x_0 处可微，则

$$\Delta y=f'(x_0)\Delta x+o(\Delta x),$$

当 $|\Delta x|$ 很小，且 $f'(x_0)\neq 0$ 时，$\Delta y\approx f'(x_0)\Delta x$，即有

$$f(x_0+\Delta x)\approx f(x_0)+f'(x_0)\Delta x .$$

若记 $x=x_0+\Delta x$，有

$$f(x)\approx f(x_0)+f'(x_0)\Delta x .$$

特别地，取 $x_0=0$，即有

$$f(x)\approx f(0)+f'(0)x，\ |x|\text{很小}.$$

若求 $f(x)$ 的值，可找 x 的邻近点 x_0，使 $f(x_0)$ 与 $f'(x_0)$ 都容易求出，这样可以求出 $f(x)$ 的近似值.

例 3.53 某客户有本金 1 万元，在银行办理了存期 2 年的储蓄，设年利率为 4.4%，若年利率由 4.4% 升至 4.65%，则到期时本利和约增加多少？

解 由本利和计算公式可知，存期为 2 年的储蓄到期后的本利和为 $S=a(1+r)^2$，其中 a 为本金，r 为年利率，故有近似公式

$$\Delta S\approx S'(r)\cdot\Delta r=2a(1+r)\Delta r,$$

这里 $a=10000$，$r=0.044$，$\Delta r=0.0465-0.044=0.0025$，代入上式可得

$$\Delta S\approx S'(r)\cdot\Delta r=2\times 10000\times(1+0.044)\times 0.0025\approx 52.2 .$$

故本利和约增加 52.2 元.

例 3.54 求 $\cos 61^\circ$ 的近似值.

解 设函数 $y=f(x)=\cos x$，取 $x_0=60^\circ=\dfrac{\pi}{3}$，$\Delta x=1^\circ=\dfrac{\pi}{180}$，由近似计算公式可知

$$\cos 61^\circ\approx f(x_0)+f'(x_0)\cdot\Delta x=\cos\frac{\pi}{3}-\left(\sin\frac{\pi}{3}\right)\cdot\frac{\pi}{180}$$

$$=\frac{1}{2}-\frac{\sqrt{3}}{2}\cdot\frac{\pi}{180}\approx 0.4849 .$$

例 3.55 证明：当 $|x|$ 很小时，$\ln(1+x)\approx x$.

证明 设函数 $f(x)=\ln(1+x)$，取 $x_0=0$，由微分近似计算公式知

$$f(x)\approx f(0)+f'(0)x,$$

即

$$\ln(1+x)\approx\ln 1+\left.\frac{1}{1+x}\right|_{x=0}x=x.$$

类似可证，当 $|x|$ 很小时，$\sqrt[n]{1+x}\approx 1+\dfrac{x}{n}$，$\mathrm{e}^x\approx 1+x$，$\sin x\approx x$（$x$ 为弧度）等.

习题 3.5

1．设 $y=x^3-\dfrac{1}{x}$，求当 $x=2$，$\Delta x=0.2$ 和 $\Delta x=0.02$ 时的 Δy 和 $\mathrm{d}y$.

2．函数 $y=f(x)$ 在某点 x 处增量 $\Delta x=0.2$，对应的函数增量的线性部分等于 0.8，求 $f(x)$ 在点 x 处的导数．

3．已知函数 $f(x)=x^2$ 在某点处自变量的增量 $\Delta x=0.2$，对应的函数增量的线性部分 $\mathrm{d}f(x)=-0.8$，求自变量的初值．

4．求下列函数的微分：

（1）$y=\dfrac{2}{x^2}$；　　（2）$y=\mathrm{e}^{-x}\cos x$；

（3）$y=\arcsin\sqrt{x}$；　　（4）$y=(\mathrm{e}^x+\mathrm{e}^{-x})^2$；

（5）$y=\ln\sqrt{1-x^3}$；　　（6）$y=(1+x-x^2)^3$；

（7）$xy=a^2$；　　（8）$\dfrac{x^2}{a^2}+\dfrac{y^2}{b^2}=1$；

（9）$y=\mathrm{e}^{\sin^2 x}$；　　（10）$y=\ln(1+\mathrm{e}^{x^2})$．

5．用适当的函数填入下列括号内，使各等式成立：

（1）$\mathrm{d}(\quad)=a\mathrm{d}x$；　　（2）$\mathrm{d}(\quad)=2x\mathrm{d}x$；

（3）$\mathrm{d}(\quad)=\cos x\mathrm{d}x$；　　（4）$\mathrm{d}(\quad)=\sin 3x\mathrm{d}x$；

（5）$\mathrm{d}(\quad)=\dfrac{1}{x^2}\mathrm{d}x$；　　（6）$\mathrm{d}(\quad)=\mathrm{e}^{-x}\mathrm{d}x$；

（7）$\mathrm{d}(\quad)=5^x\mathrm{d}x$；　　（8）$\mathrm{d}(\quad)=\dfrac{1}{\sqrt{x}}\mathrm{d}x$；

（9）$\mathrm{d}(\quad)=\dfrac{1}{1+x^2}\mathrm{d}x$；　　（10）$\mathrm{d}(\quad)=\dfrac{1}{1+2x}\mathrm{d}x$．

6．计算下列近似值：

（1）$\sqrt{402}$；　　（2）$\sin 29^\circ 30'$．

7．设扇形的圆心角 $\alpha=60^\circ$，半径 $R=100\text{cm}$．如果 R 不变，α 减少 $30'$，则扇形的面积大约改变了多少？如果 α 不变，R 增加 1cm，则扇形的面积大约改变了多少？

8．在一只半径为 5cm 的铁球的表面镀一层金，厚度为 0.005cm，已知金子的密度为 18.9g/cm^3，试用微分法估计所需要的金子的质量．

9．某公司一个月生产 x 单位的产品的收入函数为 $R(x)=37x-\dfrac{1}{20}x^2$（单位：百元）．已知该公司 2021 年 9 月份的产量从 270 个单位增加到 280 个单位，求该公司 9 月份的收入增加了多少．

自测题 A　基础自测题

一、填空题（每题 2 分，共 10 分）

1．设 $f(x)=x(x+1)(x+2)\cdots(x+n)\ (n>1)$，则 $f'(0)=$________．

2．设 $f(x)$ 在点 x=1 处可导，且 $f'(1)=2$，则 $\lim\limits_{h\to 0}\dfrac{f(1-3h)-f(1)}{h}=$________．

3. $y=e^{2x}$ 的 n 阶导数是________.

4. 设函数 $f(x)$ 可微，则 $d[\arctan f(x)]=$________.

5. $\dfrac{d(\ln x)}{d(\sqrt{x})}=$________.

二、选择题（每题 2 分，共 10 分）

6. 设函数 $f(x)$ 可导，则当 x 在 $x=2$ 处有微小增量 Δx 时，函数的增量约为（　　）.

A. $f'(2)$　　B. $\lim\limits_{x\to 2} f(x)$　　C. $f(2+\Delta x)$　　D. $f'(2)\Delta x$

7. 设曲线 $y=x^3+ax$ 与曲线 $y=bx^2+c$ 在点 $(-1,0)$ 处相切，则（　　）.

A. $a=b=-1$，$c=1$　　B. $a=-1$，$b=c=1$

C. $a=b=1$，$c=-1$　　D. $a=1$，$b=c=-1$

8. 设函数 $y=y(x)$ 由方程 $\tan y=x+y$ 所确定，则 $dy=$（　　）.

A. $\cot^2 y$　　B. $\cot^2 y dx$　　C. $\tan^2 y$　　D. $\tan^2 y dx$

9. 函数 $f(x)=\begin{cases} x\sin\dfrac{1}{x}, & x\neq 0 \\ 0, & x=0 \end{cases}$ 在点 $x=0$ 处（　　）.

A. 不连续　　B. 可导

C. 连续但不可导　　D. 以上都不对

10. 曲线 $\begin{cases} x=t\cos t \\ y=t\sin t \end{cases}$ 在点 $t=\dfrac{\pi}{2}$ 处的法线方程为（　　）.

A. $y=\dfrac{\pi}{2}(x+1)$　　B. $y=\dfrac{\pi}{2}+\dfrac{2}{\pi}x$　　C. $y=\dfrac{\pi}{2}(1-x)$　　D. $y=\dfrac{\pi}{2}-\dfrac{2}{\pi}x$

三、解答题（每题 5 分，共 70 分）

11. 求函数 $y=\ln(\sin e^x)$ 的导数.

12. 求由参数方程 $\begin{cases} x=\ln(1+t^2) \\ y=t^3 \end{cases}$ 所确定的函数 $y=y(x)$ 的导数 $\dfrac{dy}{dx}$ 和二阶导数 $\dfrac{d^2y}{dx^2}$.

13. 求由方程 $\arctan y=\ln(x^2+y^2)$ 所确定的隐函数 $y=y(x)$ 的导数 $\dfrac{dy}{dx}$.

14. 已知 $xy=e^x-e^y$ 确定了函数 $y=y(x)$，求 $dy\big|_{x=0}$.

15. 利用取对数法求函数 $y=\sqrt{\dfrac{(x-1)^2}{(x+1)(x+2)}}$ 的导数.

16. 求函数 $y=\dfrac{1-x}{1+x}$ 的 n 阶导数.

17. 试确定 a 的值，使得曲线 $y=ax^2$ 与 $y=\ln x$ 相切.

18. 设 $\varphi(x)$ 在 $x=a$ 处连续，$f(x)=\varphi(x)\ln(1+x-a)$，试求 $f'(a)$.

19. 设 $f(u)$ 可导，求函数 $y=f(xe^x)$ 的微分.

20. 已知函数 $f(x)=\begin{cases}ax^2+bx+1, & x>1\\ 4x, & 0<x\leqslant 1\end{cases}$ 在 $x=1$ 处可导，求常数 a,b 的值.

21. 求曲线 $\begin{cases}x=2\mathrm{e}^t\\ y=\mathrm{e}^{-t}\end{cases}$ 在 $t=0$ 相应点处的切线方程和法线方程.

22. 求曲线 $\tan\left(x+y+\dfrac{\pi}{4}\right)=\mathrm{e}^y$ 在点 $(0,0)$ 处的切线方程.

23. 求双曲线 $xy=9$ 上任意一点的切线与两坐标轴形成的三角形的面积.

24. 设 $f(x)=\begin{cases}a(x)\cos\dfrac{1}{x}, x\neq 0\\ 0, \quad x=0\end{cases}$，当 $x\to 0$ 时，$a(x)$ 为 x 的高阶无穷小，求 $f(x)$ 在 $x=0$ 处的导数.

四、证明题（本题 10 分）

25. 证明函数 $y=A\mathrm{e}^{2x}+Bx\mathrm{e}^{2x}$ 满足方程 $y''-4y'+4y=0$.

自测题 B　提高自测题

一、填空题（每题 5 分，共 15 分）

1. 设 $f(x)=\lim\limits_{t\to 0}(1+3t)^{\frac{x}{t}}$，则 $f'(x)=$________.

2. 设 $f(-x)=-f(x)$，且 $f'(-x)=k$，则 $f'(x)=$________.

3. 设 $f(x)$ 在 $x=1$ 处连续，且 $\lim\limits_{x\to 1}\dfrac{f(x)}{x-1}=2$，则 $f'(1)=$________.

二、选择题（每题 5 分，共 15 分）

4. 设函数 $f(x)=\begin{cases}\ln\sqrt{x}, x\geqslant 1\\ 2x-1, x<1\end{cases}$，$y=f[f(x)]$，则 $\left.\dfrac{\mathrm{d}y}{\mathrm{d}x}\right|_{x=\mathrm{e}}=$（　　）.

A. 0　　B. $\dfrac{1}{\mathrm{e}}$　　C. $\dfrac{2}{\mathrm{e}}$　　D. 1

5. 下列函数中，在 x=0 处不可导的是（　　）.

A. $f(x)=|x|\sin|x|$　　B. $f(x)=|x|\sin\sqrt{|x|}$

C. $f(x)=\cos|x|$　　D. $f(x)=\cos\sqrt{|x|}$

6. 设 $f(0)=0$，则 $f(x)$ 在 $x=0$ 处可导的充分必要条件为（　　）.

A. $\lim\limits_{h\to 0}\dfrac{1}{h^2}f(1-\cos h)$ 存在　　B. $\lim\limits_{h\to 0}\dfrac{1}{h}f(1-\mathrm{e}^h)$ 存在

C. $\lim\limits_{h\to 0}\dfrac{1}{h^2}f(\tan h-\sin h)$ 存在　　D. $\lim\limits_{h\to 0}\dfrac{f(2h)-f(h)}{h}$ 存在

三、解答题（每题 8 分，共 48 分）

7. 设函数 $f(x)=(\mathrm{e}^{x}-1)(\mathrm{e}^{2x}-2)\cdots(\mathrm{e}^{nx}-n)$，其中 n 为正整数，求 $f'(0)$.

8. 若 $f''(x)$ 存在，$y=f(\sin x)$，求 $\dfrac{\mathrm{d}^2y}{\mathrm{d}x^2}$.

9. 设函数 $f(x)=\begin{cases}x^2+4, & x\leqslant 0\\ ax^3+bx^2+cx+d, & 0<x<1\\ x^2-x, & x\geqslant 1\end{cases}$ 在 $(-\infty,+\infty)$ 上可导，求常数 a,b,c,d 的值.

10. 设函数 $y=y(x)$ 由方程 $\begin{cases}x=3t^2+2t+3\\ \mathrm{e}^{y}\sin t-y+1=0\end{cases}$ 所确定，求 $\left.\dfrac{\mathrm{d}^2y}{\mathrm{d}x^2}\right|_{t=0}$.

11. 设函数 $y=y(x)$ 由方程 $\cos(xy)+\ln y-x=1$ 所确定，计算 $\lim\limits_{x\to 0}\dfrac{y(2x)-1}{x}$.

12. 设 $y=(1+x^2)^{\arctan x}+\sin^2 x$，求 $\mathrm{d}y$.

四、分析题（每题 8 分，共 16 分）

13. 设 $f(x)$ 和 $g(x)$ 在 $(-\infty,+\infty)$ 上有定义，且满足下列两个条件，求 $f'(x)$.

（1）$f(x+h)=f(x)g(h)+f(h)g(x)$；

（2）$f(x)$ 和 $g(x)$ 在 $x=0$ 处可微，且 $f(0)=g'(0)=0, g(0)=f'(0)=1$.

14. 设函数 $f(x)$ 在 $(-\infty,+\infty)$ 上有定义，在区间[0,2]上，$f(x)=x(x^2-4)$，若对任意的 x 都满足 $f(x)=kf(x+2)$，其中 k 为常数.

（1）写 $f(x)$ 在区间[−2,0]上的表达式；

（2）问 k 为何值时，$f(x)$ 在 $x=0$ 处可导.

五、证明题（本题 6 分）

15. 设函数 $y=y(x)$ 由方程 $\ln(x^2+y+1)=x^3y+\sin x$ 所确定，证明 $\lim\limits_{n\to\infty}ny\left(\dfrac{2}{n}\right)=2$.

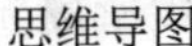

思维导图

习题答案

史料阅读

微积分发展史（一）

从 17 世纪起，欧洲一些天文学家、物理学家和数学家就曾零散地涉猎微分问题. 当时，微分和积分是作为两类数学问题分别加以研究的. 微分的概念起源于对曲线的切线、函数的极值及瞬时变化率问题的研究. 17 世纪，欧洲的社会经济迅猛发展，资本主义工业的大型生产使得力学在科学中的地位越来越重要，于是，以力学需要为中心产生了大量的数学问题. 例如，由距离和时间的函数关系，求物体在任意时刻的速度和加速度；由加速度和时间的函数关系，求物体的速度和距离；求曲线上任意一点处的切线或确定运动物体在运行轨道上任意一点处的运动方向；求函数的最大值和最小值；求曲线的长度、曲线所围成的图形的面积、曲面所围成的立体的体积及物体的重心等. 17 世纪的微积分正是围绕着这些问题的解决逐步建立起来的.

为了了解微分学的起源，我们回到曲线的切线问题上来. 试图解决这个问题的代表性人物有法国数学家笛卡儿（Descartes，1596—1650 年）、费马（Fermat，1601—1665 年）和英国数学家巴罗（Barrow，1630—1677 年）. 笛卡儿在创立坐标系后，又于 1637 年成功创立了解析几何学，通过引入变数加深对函数概念的理解，他的这一成就为微积分的创立奠定了基础. 笛卡儿在《几何学》和他的《书信集》中提到两种计算曲线切线的方法，其中，把切线看成"割线的极限位置"是他特别喜欢的方法，他宣称它适用于任何几何曲线. 费马是微积分创立的先驱工作者之一，他于 1629 年撰写了《求极大值与极小值的方法》，其中提到"用无穷小量的概念来确定曲线切线的方法和确定它们纵坐标的极大极小值"与现代方法十分相似. 费马差一点就完成了微积分的发明，乃至拉格朗日曾断言"费马是这种新计算的第一个发明人"，就连牛顿本人也说自己是从费马的切线作法中得到了启示. 牛顿在剑桥的导师巴罗也是微积分理论的奠基人之一，他的《光学与几何学讲义》这本著作均是关于曲线的切线作法及确定曲线下面积的方法，他在书中首次采用微分三角形来求切线，这种方法弥补了费马求切线方法的不足而且非常接近现代微分法. 有些现代作者认为巴罗是无穷小分析的第一发明人，这不是没有理由的.

虽然在上面的几本著作中已经可以清楚地看到微积分的开端，但要把这个有力的数学工具的发明归功于上面提到的任何哪一个人，都是言过其实的. 因为，他们当中是否有谁已经想到了变化率这个基本观念有待商榷，他们的兴趣都是在微积分的应用方面——曲线的切线的作法、曲线长度的求法和曲线所围面积的求法. 但微积分的应用是一回事，对它的基本原理加以严谨的解释则是另一回事，要在牛顿的任何前辈包括费马在内的著作中找到关于这种解释的任何启示都是困难的. 必须强调指出，除巴罗以外，其他人连猜都没有猜到我们今天用"微分"和"积分"这些术语所表示的那些运算的互逆性质. 牛顿从前辈的《光学与几何学讲义》里学到了很多东西，这本著作在微积分的发展中是一个重要的里程碑.

第 4 章　导数的应用

导数是研究函数性态的重要工具，函数在某点的导数反映的是函数在该点附近的局部性态．本章我们将利用导数进一步研究函数的性态，首先介绍微分中值定理，它是导数应用的基础，是由函数的局部性质推断整体性质的有力工具．

4.1　微分中值定理

前面阐述了微分学的有关概念和基本方法，解决了一些简单的问题，但要运用微分学（导数）这个工具去分析、解决更复杂的问题，还需要学习微分学的有关定理．这些定理的讨论对以后的学习，无论在理论方面，还是在实际应用方面都有深远的影响．

4.1.1　费马定理

定理 4.1　设函数 $f(x)$ 在点 x_0 的某个邻域内有定义，且在 x_0 处可导，若对该邻域内的所有点 x，都有 $f(x)\leqslant f(x_0)$（或 $f(x)\geqslant f(x_0)$），那么

$$f'(x_0)=0\ .$$

证明　设对该邻域内所有点 x，都有 $f(x)\leqslant f(x_0)$，且 $x_0+\Delta x$ 也在该邻域内，则有 $f(x_0+\Delta x)-f(x_0)\leqslant 0$，所以，当 $\Delta x>0$ 时，

$$\frac{f(x_0+\Delta x)-f(x_0)}{\Delta x}\leqslant 0\ ;$$

当 $\Delta x<0$ 时，

$$\frac{f(x_0+\Delta x)-f(x_0)}{\Delta x}\geqslant 0\ .$$

根据函数 $f(x)$ 在 x_0 处可导的条件以及极限的保号性，得

$$f'(x_0)=f'_+(x_0)=\lim_{\Delta x\to 0^+}\frac{f(x_0+\Delta x)-f(x_0)}{\Delta x}\leqslant 0\ ,$$

$$f'(x_0)=f'_-(x_0)=\lim_{\Delta x\to 0^-}\frac{f(x_0+\Delta x)-f(x_0)}{\Delta x}\geqslant 0\ ,$$

故有 $f'(x_0)=0$（对 $f(x)\geqslant f(x_0)$，同样可证）．

通常称函数 $y=f(x)$ 的导数等于零的点为该函数的**驻点**（或称**稳定点**、**临界点**）．

4.1.2　罗尔定理

如图 4.1 所示，函数 $y=f(x)(x\in[a,b])$ 的图形为曲线，其两端点 A、B 处的纵坐标相等，即 $f(a)=f(b)$，且除端点外处处有不垂直于 x 轴的切线．可以发现，曲线弧的某个点处，曲线有水平（平行于 x 轴）的切线，设该点的横坐标为 ξ，那么根据曲线在一点处切线的斜率与函数在该点处的导数之间的关系，就有 $f'(\xi)=0$．这就是罗尔定理所要刻画的事实．

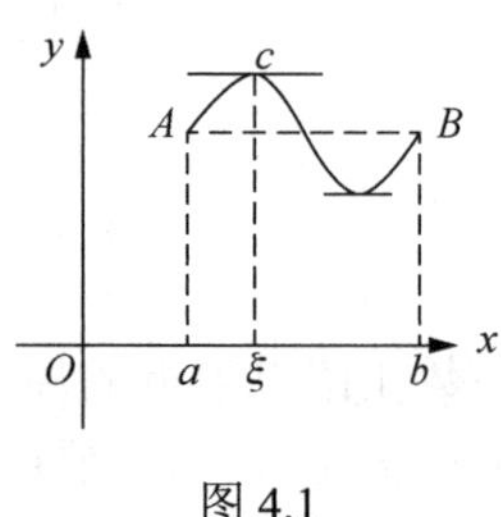

图 4.1

定理 4.2（罗尔定理） 如果函数 $y=f(x)$ 满足：

（1）在闭区间 $[a,b]$ 上连续；

（2）在开区间 (a,b) 内可导；

（3）在区间端点处的函数值相等，即 $f(a)=f(b)$，

则在 (a,b) 内至少存在一点 ξ $(a<\xi<b)$，使函数在该点的导数等于零，即

$$f'(\xi)=0.$$

证明 由于函数在闭区间 $[a,b]$ 上连续，所以 $y=f(x)$ 在闭区间 $[a,b]$ 上必定取得最大值 M 和最小值 m.

若 $M=m$，即函数 $y=f(x)$ 为常函数，此时在区间 $[a,b]$ 上 $f'(x)\equiv 0$. 因此可以取任意一点 $\xi\in(a,b)$，必有 $f'(\xi)=0$.

若 $M>m$，此时 M 和 m 两个数中至少有一个不等于 $f(a)$，不妨设 $M\neq f(a)$. 由于 $f(a)=f(b)$，所以 $M\neq f(b)$，于是存在 $\xi\in(a,b)$，使 $f(\xi)=M$. 因此对在闭区间 $[a,b]$ 上的任意 x，有 $f(x)\leqslant f(\xi)$，由费马定理知，$f'(\xi)=0$.

对 $m\neq f(a)$ 的情况同样可以证明.

注 罗尔定理的三个条件是缺一不可的，否则结论就有可能不成立.

如函数 $f(x)=\sin x$ 在 $[0,\pi]$ 上满足罗尔定理的三个条件，因此有相应的结论，即存在点 $\xi=\dfrac{\pi}{2}\in(0,\pi)$，使得 $f'(\xi)=0$.

例 4.1 设函数 $f(x)=(x+1)(x-3)$，不用求导数的方法，说明 $f'(x)=0$ 在区间 $(-1,3)$ 内有唯一的实根.

解 函数 $f(x)=(x+1)(x-3)$ 在区间 $[-1,3]$ 上连续，在 $(-1,3)$ 内可导，且 $f(-1)=f(3)=0$，则该函数满足罗尔定理的条件，所以至少存在一点 $\xi\in(-1,3)$，使得 $f'(\xi)=0$，而 $f(x)=x^2-2x-3$ 为二次式，其导数为一次式，即 $f'(x)=0$ 为一次方程，故 $f'(x)=0$ 仅有一根，即 ξ 是 $f'(x)=0$ 的唯一实根.

例 4.2 设 $f(x)$ 在 $[0,1]$ 上连续，在 $(0,1)$ 内可导，且 $f(1)=0$. 证明存在一点 $\xi\in(0,1)$，使得 $f(\xi)+\xi f'(\xi)=0$.

证明 令 $F(x)=xf(x)$，则 $F'(x)=f(x)+xf'(x)$.

显然 $F(x)$ 在 $[0,1]$ 上连续，在 $(0,1)$ 内可导，且 $F(0)=0$，$F(1)=0$. 因此 $F(x)$ 在 $[0,1]$ 上满足罗尔定理的条件，所以至少存在一点 $\xi\in(0,1)$，使得 $F'(\xi)=f(\xi)+\xi f'(\xi)=0$.

例 4.3 若函数 $f(x)$，$g(x)$ 在 $[a,b]$ 上连续，(a,b) 内可导，且 $g(a)=f(b)=0$，对任意 $x\in(a,b)$，$f(x)\cdot g(x)\neq 0$. 证明：$\exists\xi\in(a,b)$，使得

$$\frac{f'(\xi)}{f(\xi)}=-\frac{g'(\xi)}{g(\xi)}.$$

证明 令 $F(x)=f(x)g(x)$，则 $F'(x)=f'(x)g(x)+f(x)g'(x)$. 显然 $F(x)$ 在 $[a,b]$ 上连续，在 (a,b) 内可导，且 $F(a)=f(a)g(a)=0$，$F(b)=f(b)g(b)=0$. 故 $F(x)$ 在 $[a,b]$ 上满足罗尔定理，故 $\exists\xi\in(a,b)$，使得 $F'(\xi)=f'(\xi)g(\xi)+f(\xi)g'(\xi)=0$，即有

$$\frac{f'(\xi)}{f(\xi)}=-\frac{g'(\xi)}{g(\xi)}.$$

4.1.3　拉格朗日中值定理

在交通区间测速问题中，时刻 a 采集到汽车的位移是 $f(a)$，时刻 b 采集到汽车的位移是 $f(b)$，据此得到平均速度为

$$\frac{f(b)-f(a)}{b-a}.$$

如果平均速度为 70km/h，而平均速度是由瞬时速度叠加的结果，那么整个路程的瞬时速度必然有大于、等于、小于 70km/h 的情况．如果限速 60km/h，那么可以判定在行进过程中必然至少有一个点超速．其中的原理就来自微分学中著名的拉格朗日中值定理，它去掉了罗尔定理中的限制条件 $f(a)=f(b)$，从而扩展了罗尔定理的应用范围．

定理 4.3（拉格朗日中值定理）　如果函数 $y=f(x)$ 满足：

（1）在闭区间 $[a,b]$ 上连续；

（2）在开区间 (a,b) 内可导，

则在区间 (a,b) 内至少有一点 ξ $(a<\xi<b)$，使得

$$f(b)-f(a)=f'(\xi)(b-a). \tag{4.1}$$

证明　构造辅助函数

$$F(x)=f(a)-f(x)+\frac{f(b)-f(a)}{b-a}(x-a).$$

显然，函数 $F(x)$ 在 $[a,b]$ 上连续，在 (a,b) 内可导，容易验证 $F(a)=F(b)=0$．

由此可见，函数 $F(x)$ 满足罗尔定理的条件，故至少存在一点 $\xi\in(a,b)$，使得 $F'(\xi)=0$，而 $F'(\xi)=\dfrac{f(b)-f(a)}{b-a}-f'(\xi)$，所以，$f'(\xi)=\dfrac{f(b)-f(a)}{b-a}$，即

$$f(b)-f(a)=f'(\xi)(b-a).$$

拉格朗日中值定理的几何意义是，如果连续曲线 $y=f(x)$ 上，除端点 A、B 外每一点都有不垂直于 x 轴的切线，则点 A、B 之间至少存在一点 C，点 C 处的切线与弦 AB 平行，如图 4.2 所示，因为点 A，B 的坐标分别为 $(a,f(a)),(b,f(b))$，所以弦 AB 的方程为

$$y=f(a)+\frac{f(b)-f(a)}{b-a}(x-a).$$

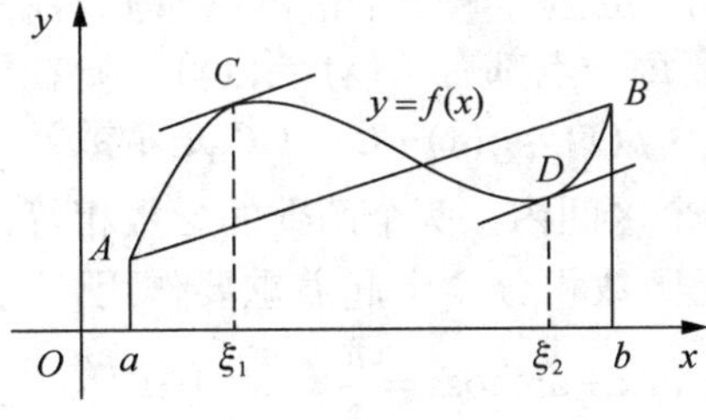

图 4.2

在曲线上找一点 C，使得曲线 $y=f(x)$ 在这点的切线平行于弦 AB，也就是要使曲线在该点的切线斜率与弦 AB 的斜率相等，即

$$f'(\xi)=\frac{f(b)-f(a)}{b-a}.$$

所以拉格朗日中值定理的结论为

$$f(b)-f(a)=f'(\xi)(b-a).$$

在拉格朗日中值定理中，令 $f(a)=f(b)$，即得罗尔定理的结论．因此，罗尔定理是拉格朗日中值定理的特例，而拉格朗日中值定理是罗尔定理的推广．

式（4.1）也称为拉格朗日公式，它对于 $b<a$ 也同样成立．式（4.1）中的 a,b 可以用 (a,b) 内任意数代替，即任取 $x_1,x_2\in(a,b)$，有

$$f(x_2)-f(x_1)=f'(\xi)(x_2-x_1), \tag{4.2}$$

其中，ξ 介于 x_1 与 x_2 之间．

在式（4.2）中取 $x_1=x$，$x_2=x+\Delta x$，则有

$$f(x+\Delta x)-f(x)=f'(\xi)\cdot\Delta x$$

或

$$f(x+\Delta x)-f(x)=f'(x+\theta\Delta x)\cdot\Delta x,\quad 0<\theta<1.$$

它表示当 Δx 为有限数时，$f'(x+\theta\Delta x)\cdot\Delta x$ 就是函数的增量 $\Delta y=f(x+\Delta x)-f(x)$ 的精确表达式，函数的微分 $\mathrm{d}y=f'(x)\cdot\Delta x$ 是函数的增量的近似表达式．因此拉格朗日中值定理又称为**有限增量定理**，拉格朗日中值公式又称为**有限增量公式**．拉格朗日中值定理在微分学中占有重要的地位，有时也称该定理为微分中值定理．在某些问题中，当自变量 x 取得有限增量 Δx 而需要给出函数增量的精确表达式时，拉格朗日中值公式就显示出它的重要价值．

作为拉格朗日中值定理的应用，我们给出以下几个重要推论：

推论 4.1 如果函数 $f(x)$ 在区间 I 上每一点都有 $f'(x)=0$，则 $f(x)$ 在区间 I 上为常值函数．

证明 在区间 I 上任取两点 x_1,x_2（不妨设 $x_1<x_2$），因为在区间 I 上每一点都有 $f'(x)=0$，所以 $f(x)$ 在 $[x_1,x_2]$ 上连续，在 (x_1,x_2) 内可导．根据拉格朗日中值定理，$\exists\xi\in(x_1,x_2)$，使得

$$f(x_2)-f(x_1)=f'(\xi)(x_2-x_1).$$

因为区间 I 上每一点都有 $f'(x)=0$，所以 $f'(\xi)=0$，故有 $f(x_1)=f(x_2)$，因为 x_1,x_2 的任意性，所以 $f(x)$ 在区间 I 上恒等于一个常数，即 $f(x)$ 在区间 I 上为常值函数．

推论 4.2 如果区间 I 上每一点都有 $f'(x)=g'(x)$，则在区间 I 上有

$$f(x)=g(x)+C\quad（C\text{ 是常数}）.$$

此推论说明，如果在某个区间内，两个函数的导数相等，则这两个函数间至多相差一个常数．这个结论在一元函数积分学中起着重要作用，可由推论 4.1 直接得到．

例 4.4 证明恒等式 $\arcsin x+\arccos x=\dfrac{\pi}{2}$，$x\in[-1,1]$．

证明 令函数 $f(x)=\arcsin x+\arccos x$，则

$$f'(x)=\frac{1}{\sqrt{1-x^2}}-\frac{1}{\sqrt{1-x^2}}=0,\quad x\in(-1,1).$$

所以

$$f(x)=\arcsin x+\arccos x=C,$$

其中，C 为常数．而 $f(0)=\arcsin 0+\arccos 0=\dfrac{\pi}{2}$，因此

$$\arcsin x+\arccos x=\frac{\pi}{2},\quad x\in[-1,1].$$

例 4.5　证明当 $x>0$ 时，不等式 $\dfrac{1}{1+x}<\ln\left(1+\dfrac{1}{x}\right)<\dfrac{1}{x}$ 成立．

证明　由于 $\ln\left(1+\dfrac{1}{x}\right)=\ln(1+x)-\ln x$，故令函数 $f(x)=\ln x$．显然，函数 $f(x)$ 在 $[x,x+1]$ 上连续，在 $(x,x+1)$ 内可导，所以 $f(x)$ 在 $[x,x+1]$ 上满足拉格朗日中值定理的条件，故存在 $\xi\in(x,x+1)$，使得

$$f(1+x)-f(x)=\frac{1}{\xi},\quad \xi\in(x,x+1).$$

罗尔定理和拉格朗日中值定理的应用

因为 $x<\xi<x+1$，所以 $\dfrac{1}{1+x}<\dfrac{1}{\xi}<\dfrac{1}{x}$，即

$$\frac{1}{1+x}<\ln\left(1+\frac{1}{x}\right)<\frac{1}{x}.$$

4.1.4　柯西中值定理

上面定理指出，如果连续曲线 $\overset{\frown}{AB}$ 上除端点外，处处具有不垂直于 x 轴的切线，那么这段弧上至少有一点 C，曲线在该点处的切线平行于弦 AB．设曲线 $\overset{\frown}{AB}$ 由参数方程

$$\begin{cases}X=F(x)\\ Y=f(x)\end{cases}\quad(a\leqslant x\leqslant b)$$

表示（图 4.3），其中 x 为参数，那么曲线上点 (X,Y) 处的切线的斜率和弦 AB 的斜率分别为

$$\frac{\mathrm{d}Y}{\mathrm{d}X}=\frac{f'(x)}{F'(x)} \text{ 和 } \frac{f(b)-f(a)}{F(b)-F(a)}.$$

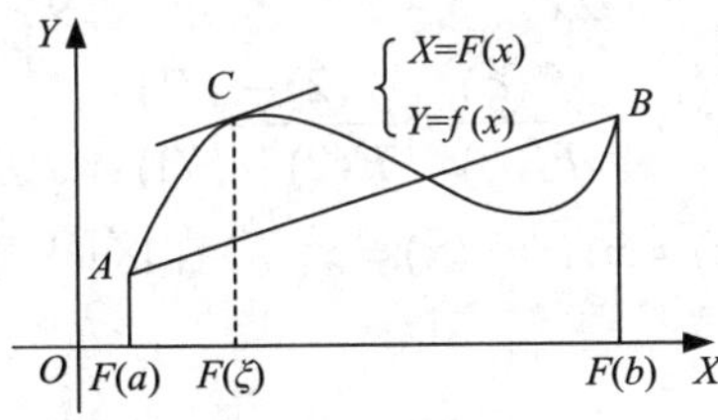

图 4.3

假定点 C 对应于参数 $x=\xi$，那么曲线上点 C 处的切线平行于弦 AB，即有

$$\frac{f(b)-f(a)}{F(b)-F(a)}=\frac{f'(\xi)}{F'(\xi)}.$$

与这个几何阐述密切相关的结论就是以下定理：

定理 4.4（柯西中值定理）　如果函数 $f(x)$ 和函数 $F(x)$ 均满足：

（1）在闭区间$[a,b]$上连续；

（2）在开区间(a,b)内可导；

（3）对任意$x\in(a,b)$，都有$F'(x)\neq 0$，

则在(a,b)内至少存在一点$\xi(a<\xi<b)$，使得

$$\frac{f(b)-f(a)}{F(b)-F(a)}=\frac{f'(\xi)}{F'(\xi)}. \tag{4.3}$$

证明 令

$$\varphi(x)=f(x)-f(a)-\frac{f(b)-f(a)}{F(b)-F(a)}[F(x)-F(a)],$$

则

$$\varphi'(x)=f'(x)-\frac{f(b)-f(a)}{F(b)-F(a)}F'(x).$$

显然，$\varphi(x)$在闭区间$[a,b]$上连续，在开区间(a,b)内可导，且$\varphi(a)=0$，$\varphi(b)=0$．因此$\varphi(x)$在闭区间$[a,b]$上满足罗尔定理，故至少存在一点$\xi\in(a,b)$，使得$\varphi'(\xi)=0$，于是有

$$\varphi'(\xi)=f'(\xi)-\frac{f(b)-f(a)}{F(b)-F(a)}F'(\xi)=0,$$

即

$$\frac{f(b)-f(a)}{F(b)-F(a)}=\frac{f'(\xi)}{F'(\xi)}.$$

在柯西中值定理中，若取$F(x)=x$，则由式（4.3）立即得到拉格朗日中值公式．因此，柯西中值定理是拉格朗日中值定理的推广．

例 4.6 验证柯西中值定理对函数$f(x)=x^3$，$F(x)=x^2+1$在区间$[1,2]$上的正确性．

证明 显然$f(x)$，$F(x)$在$[1,2]$上连续，在$(1,2)$内可导，且对任意$x\in(1,2)$，都有$F'(x)=2x\neq 0$，所以$f(x),F(x)$在$[1,2]$上满足柯西中值定理．

由$\dfrac{f'(x)}{F'(x)}=\dfrac{f(2)-f(1)}{F(2)-F(1)}$，得$\dfrac{3x^2}{2x}=\dfrac{8-1}{5-2}$，即得$x=\dfrac{14}{9}$．故存在$\xi=\dfrac{14}{9}\in(1,2)$，使得

$$\frac{f'(\xi)}{F'(\xi)}=\frac{f(2)-f(1)}{F(2)-F(1)}.$$

所以柯西中值定理对函数$f(x)=x^3$，$F(x)=x^2+1$在区间$[1,2]$上是正确的．

*4.1.5 泰勒中值定理

在初等函数中，多项式函数是最简单的函数，因为多项式函数只有加、减、乘三种运算．如果能将一些初等函数用多项式函数近似代替，而误差又能满足要求，这对函数性态的研究和函数值的近似计算都有重要的意义．

一个函数满足什么条件才能用多项式函数近似代替呢？这个多项式函数的各项系数与这个函数有什么关系呢？用多项式函数近似代替这个函数误差又是多少呢？下面来讨论和解决这些问题．

设函数$f(x)$在$U(x_0)$内具有直到$n+1$阶导数，试找出一个关于$(x-x_0)$的n次多项

式函数

$$p_n(x)=a_0+a_1(x-x_0)+a_2(x-x_0)^2+\cdots+a_n(x-x_0)^n$$

来近似表示 $f(x)$．假设 $p_n(x)$ 与 $f(x)$ 有以下关系：

$$p_n(x_0)=f(x_0),\ p_n'(x_0)=f'(x_0),\ p_n''(x_0)=f''(x_0),\cdots,p_n^{(n)}(x_0)=f^{(n)}(x_0),$$

代入 $p_n(x)$ 的表达式，可得

$$a_0=f(x_0),a_1=f'(x_0),a_2=\frac{f''(x_0)}{2!},\cdots,a_n=\frac{f^{(n)}(x_0)}{n!},$$

即

$$p_n(x)=f(x_0)+f'(x_0)(x-x_0)+\frac{f''(x_0)}{2!}(x-x_0)^2+\cdots+\frac{f^{(n)}(x_0)}{n!}(x-x_0)^n. \tag{4.4}$$

$p_n(x)$ 与 $f(x)$ 的进一步的关系由以下定理给出．

***定理 4.5（泰勒中值定理）** 若 $f(x)$ 在 $U(x_0)$ 内具有直到 $n+1$ 阶导数，则对任意 $x\in U(x_0)$，有

$$f(x)=f(x_0)+f'(x_0)(x-x_0)+\frac{f''(x_0)}{2!}(x-x_0)^2+\cdots+\frac{f^{(n)}(x_0)}{n!}(x-x_0)^n+R_n(x), \tag{4.5}$$

其中，

$$R_n(x)=\frac{f^{(n+1)}(\xi)}{(n+1)!}(x-x_0)^{n+1},$$

这里 ξ 介于 x 与 x_0 之间．

称式（4.4）为 $f(x)$ 按 $(x-x_0)$ 的幂展开的 n 阶泰勒公式，式（4.5）中称 $R_n(x)$ 为拉格朗日型余项，称式（4.5）为 $f(x)$ 按 $(x-x_0)$ 的幂展开的带有拉格朗日型余项的 n 阶泰勒公式．当 $n=0$ 时，泰勒公式化为拉格朗日中值公式：

$$f(x)=f(x_0)+f'(\xi)(x-x_0),$$

其中，ξ 介于 x 与 x_0 之间．

因此，泰勒定理是拉格朗日中值定理的推广．

若 $|f^{(n+1)}(x)|\leqslant M$，$\forall x\in U(x_0)$，则

$$0\leqslant|R_n(x)|\leqslant\frac{M}{(n+1)!}|x-x_0|^{n+1},$$

可得

$$\lim_{x\to x_0}\frac{R_n(x)}{(x-x_0)^n}=0.$$

因此 $x\to x_0$ 时，

$$R_n(x)=o[(x-x_0)^n]. \tag{4.6}$$

在不需要写出余项的精确表达式时，n 阶泰勒公式也可以写为

$$f(x)=f(x_0)+f'(x_0)(x-x_0)+\frac{f''(x_0)}{2!}(x-x_0)^2+\cdots$$
$$+\frac{f^{(n)}(x_0)}{n!}(x-x_0)^n+o[(x-x_0)^n]. \tag{4.7}$$

$R_n(x)$ 的表达式（4.6）称为 $f(x)$ 的 n 阶泰勒公式的佩亚诺（Peano）余项．式（4.7）称为 $f(x)$ 按 $(x-x_0)$ 的幂展开的带有佩亚诺余项的 n 阶泰勒公式．

若在式（4.5）中，令 $x_0=0$，则

$$f(x)=f(0)+f'(0)x+\frac{f''(0)}{2!}x^2+\cdots+\frac{f^{(n)}(0)}{n!}x^n+R_n(x)\,, \tag{4.8}$$

其中

$$R_n(x)=\frac{f^{(n+1)}(\theta x)}{(n+1)!}x^{n+1},\quad 0<\theta<1\,, \tag{4.9}$$

或

$$R_n(x)=o(x^n)\,. \tag{4.10}$$

称式（4.8）和式（4.9）为 $f(x)$ 按 x 的幂展开的带有拉格朗日型余项的 n 阶麦克劳林公式，称式（4.8）和式（4.10）为 $f(x)$ 按 x 的幂展开的带有佩亚诺余项的 n 阶麦克劳林公式．

例 4.7 写出函数 $f(x)=\mathrm{e}^x$ 的带有拉格朗日型余项的 n 阶麦克劳林公式．

解 因为 $f^{(n)}(x)=\mathrm{e}^x\,(n=1,2,\cdots)$，所以 $f^{(n)}(0)=1\,(n=1,2,\cdots)$，代入式(4.8)和式(4.9)得

$$\mathrm{e}^x=1+x+\frac{x^2}{2!}+\frac{x^3}{3!}+\cdots+\frac{x^n}{n!}+\frac{\mathrm{e}^{\theta x}}{(n+1)!}x^{n+1}\,,$$

其中，$0<\theta<1$．易知 $f(x)=\mathrm{e}^x$ 的 n 次泰勒多项式为

$$\mathrm{e}^x\approx 1+x+\frac{x^2}{2!}+\frac{x^3}{3!}+\cdots+\frac{x^n}{n!}\,,$$

取 $x=1$，可得无理数

$$\mathrm{e}\approx 1+1+\frac{1}{2!}+\frac{1}{3!}+\cdots+\frac{1}{n!}\,,$$

当 $n=10$ 时，可得 $\mathrm{e}\approx 2.718282$，此时误差

$$|R_{10}|=\frac{\mathrm{e}^{\theta}}{11!}\leqslant\frac{3}{11!}<10^{-6}\quad(0<\theta<1)\,.$$

类似地，还可以得到几个常用的初等函数的麦克劳林公式：

$$\sin x=x-\frac{x^3}{3!}+\frac{x^5}{5!}-\frac{x^7}{7!}+\cdots+\frac{(-1)^{n-1}}{(2n-1)!}x^{2n-1}+\frac{\sin\left(\theta x+\dfrac{2n+1}{2}\pi\right)}{(2n+1)!}x^{2n+1}\,;$$

$$\cos x=1-\frac{x^2}{2!}+\frac{x^4}{4!}-\frac{x^6}{6!}+\cdots+\frac{(-1)^n}{(2n)!}x^{2n}+\frac{\cos[\theta x+(n+1)\pi]}{(2n+2)!}x^{2n+2}\,;$$

$$\ln(1+x)=x-\frac{x^2}{2}+\frac{x^3}{3}-\frac{x^4}{4}+\cdots+\frac{(-1)^{n-1}}{n}x^n+\frac{(-1)^n}{(n+1)(1+\theta x)^{n+1}}x^{n+1}\,;$$

$$(1+x)^{\alpha}=1+\alpha x+\frac{\alpha(\alpha-1)}{2!}x^2+\cdots+\frac{\alpha(\alpha-1)\cdots(\alpha-n+1)}{n!}x^n$$
$$+\frac{\alpha(\alpha-1)\cdots(\alpha-n)}{(n+1)!}(1+\theta x)^{\alpha-n-1}x^{n+1}\,.$$

其中，各公式中 $0<\theta<1$．

带佩亚诺余项的麦克劳林公式还可以用来求极限．

例 4.8　求 $\lim\limits_{x\to 0}\dfrac{\cos x-\mathrm{e}^{-\frac{x^2}{2}}}{x^4}$．

泰勒中值定理求极限

解　利用麦克劳林公式，得

$$\cos x=1-\frac{x^2}{2!}+\frac{x^4}{4!}+o(x^4),$$

$$\mathrm{e}^{-\frac{x^2}{2}}=1+\left(-\frac{x^2}{2}\right)+\frac{\left(-\frac{x^2}{2}\right)^2}{2!}+o(x^4),$$

则

$$\lim_{x\to 0}\frac{\cos x-\mathrm{e}^{-\frac{x^2}{2}}}{x^4}=\lim_{x\to 0}\frac{\left[1-\frac{x^2}{2!}+\frac{x^4}{4!}+o(x^4)\right]-\left[1+\left(-\frac{x^2}{2}\right)+\frac{\left(-\frac{x^2}{2}\right)^2}{2!}+o(x^4)\right]}{x^4}$$

$$=\lim_{x\to 0}\frac{-\frac{x^4}{12}+o(x^4)}{x^4}=-\frac{1}{12}.$$

习题 4.1

1．函数 $y=\cos x$ 在区间 $[0,2\pi]$ 上是否满足罗尔定理，若满足，求出相应 ξ 的值．

2．对下列函数在给定区间上用拉格朗日中值定理求出 ξ 的值．

（1）$f(x)=\ln(1+x)$，$x\in[0,\mathrm{e}-1]$；　　（2）$f(x)=3x^2+6x-11$，$x\in[0,2]$．

3．证明题：

（1）$\arctan x+\operatorname{arccot} x=\dfrac{\pi}{2}\ (-\infty<x<\infty)$；

（2）$\dfrac{b-a}{b}<\ln\dfrac{b}{a}<\dfrac{b-a}{a}(0<a<b)$；

（3）当 $x>1$ 时，$\mathrm{e}^x>\mathrm{e}\cdot x$．

4．不必求函数 $f(x)=(x-1)(x-2)(x-3)$ 的导数，说明方程 $f'(x)=0$ 有几个实根，并指出它们所在的区间．

5．证明方程 $1+x+\dfrac{x^2}{2}+\dfrac{x^3}{6}=0$ 只有一个实根．

6．设 $a_0+\dfrac{a_1}{2}+\cdots+\dfrac{a_n}{n+1}=0$，证明 $f(x)=a_0+a_1x+\cdots+a_nx^n$ 在 $(0,1)$ 内至少有一个零点．

7．设 $f(x)$ 在 $[0,a]$ 上连续，在 $(0,a)$ 内可导，且 $f(a)=0$．证明存在一点 $\xi\in(0,a)$，使得 $2f(\xi)+\xi f'(\xi)=0$．

8．设 $0<a<b$，函数 $f(x)$ 在 $[a,b]$ 上连续，在 (a,b) 内可导，试利用柯西中值定理，证明存在一点 $\xi\in(a,b)$，使得

$$f(b)-f(a)=\xi f'(\xi)\ln\frac{b}{a}.$$

9．设 $0<a<b$，函数 $f(x)$ 在 $[a,b]$ 上连续，在 (a,b) 内可导，证明存在一点 $\xi\in(a,b)$，使得

$$2\xi[f(b)-f(a)]=(b^2-a^2)f'(\xi).$$

10．求函数 $f(x)=\tan x$ 的带有佩亚诺余项的 3 阶麦克劳林公式.

11．利用泰勒公式求极限：$\lim\limits_{x\to0}\dfrac{\mathrm{e}^x\sin x-x(1+x)}{x^3}$.

4.2　洛必达法则

如果函数 $\dfrac{f(x)}{g(x)}$ 当 $x\to x_0$（或 $x\to\infty$）时分子、分母的极限都为 0 或都为无穷大，那么 $\dfrac{f(x)}{g(x)}$ 的极限可能存在也可能不存在，我们把这样的极限叫作**未定式的极限**，当分子、分母的极限都为 0 时称为 $\dfrac{0}{0}$ 型的未定式，当分子、分母的极限都为无穷大时称为 $\dfrac{\infty}{\infty}$ 型的未定式. 本节将介绍一种求未定式极限的简便方法——**洛必达（L'Hospital）法则**.

此外，还有 $0\cdot\infty$，$\infty-\infty$，0^0，1^∞，∞^0 等诸多类型的未定式，它们都可以转化为 $\dfrac{0}{0}$ 型或 $\dfrac{\infty}{\infty}$ 型的未定式，然后利用洛必达法则进行计算. 我们先来介绍 $\dfrac{0}{0}$ 型和 $\dfrac{\infty}{\infty}$ 型未定式极限的求法.

4.2.1　$\dfrac{0}{0}$ 型和 $\dfrac{\infty}{\infty}$ 型未定式的极限

定理 4.6（洛必达法则Ⅰ）　设函数 $f(x),g(x)$，在点 x_0 的某个去心邻域内满足如下条件：

（1）$f(x),g(x)$ 均可导，且 $g'(x)\neq0$；

（2）$\lim\limits_{x\to x_0}f(x)=0$，$\lim\limits_{x\to x_0}g(x)=0$；

（3）$\lim\limits_{x\to x_0}\dfrac{f'(x)}{g'(x)}$ 存在（或为无穷大），

则有

$$\lim_{x\to x_0}\frac{f(x)}{g(x)}=\lim_{x\to x_0}\frac{f'(x)}{g'(x)}.$$

证明　因为函数 $\dfrac{f(x)}{g(x)}$ 当 $x\to x_0$ 时的极限与函数 $f(x),g(x)$ 在点 x_0 处的函数值无关，

所以可令 $f(x_0)=0$，$g(x_0)=0$，于是

$$\lim_{x\to x_0} f(x)=f(x_0)=0,\quad \lim_{x\to x_0} g(x)=g(x_0)=0,$$

从而使得函数 $f(x),g(x)$ 在点 x_0 连续．由条件（1）、（2）可知，在点 x_0 的某个去心邻域内，$f(x),g(x)$ 均可导，对该邻域内任意一点 $x(x\neq x_0)$，$f(x),g(x)$ 在以 x_0 及 x 为端点的区间上满足柯西中值定理，所以有

$$\frac{f(x)}{g(x)}=\frac{f(x)-f(x_0)}{g(x)-g(x_0)}=\frac{f'(\xi)}{g'(\xi)},$$

ξ 在 x_0 与 x 之间，令 $x\to x_0$，从而 $\xi\to x_0$，则由条件（3）可得

$$\lim_{x\to x_0}\frac{f(x)}{g(x)}=\lim_{\xi\to x_0}\frac{f'(\xi)}{g'(\xi)}=\lim_{x\to x_0}\frac{f'(x)}{g'(x)}.$$

需要指出的是，对于 $x\to\infty$ 时的 $\frac{0}{0}$ 型未定式，定理 4.6 也同样适用．

如果 $\lim\limits_{x\to x_0}\frac{f'(x)}{g'(x)}$ 仍为 $\frac{0}{0}$ 型，而 $f'(x),g'(x)$ 仍满足定理的条件，则可以继续使用洛必达法则 I，即

$$\lim_{x\to x_0}\frac{f(x)}{g(x)}=\lim_{x\to x_0}\frac{f'(x)}{g'(x)}=\lim_{x\to x_0}\frac{f''(x)}{g''(x)},$$

且可依次继续下去．

例 4.9　求 $\lim\limits_{x\to 0}\frac{\tan ax}{\tan bx}(b\neq 0)$．

解　这是 $\frac{0}{0}$ 型的未定式，由洛必达法则 I 可得

$$\lim_{x\to 0}\frac{\tan ax}{\tan bx}=\lim_{x\to 0}\frac{(\tan ax)'}{(\tan bx)'}=\lim_{x\to 0}\frac{a\sec^2 ax}{b\sec^2 bx}=\lim_{x\to 0}\frac{a\cos^2 bx}{b\cos^2 ax}=\frac{a}{b}.$$

例 4.10　求 $\lim\limits_{x\to -\infty}\dfrac{\pi+2\arctan x}{\frac{2}{x}}$．

解　这是 $\frac{0}{0}$ 型的未定式，由洛必达法则 I 可得

$$\lim_{x\to -\infty}\frac{\pi+2\arctan x}{\frac{2}{x}}=\lim_{x\to -\infty}\frac{\frac{2}{1+x^2}}{-\frac{2}{x^2}}=\lim_{x\to -\infty}\frac{-x^2}{1+x^2}=-1.$$

例 4.11　求 $\lim\limits_{x\to 0}\frac{e^x-1}{x^2-x}$．

解　这是 $\frac{0}{0}$ 型的未定式，由洛必达法则 I 可得

$$\lim_{x\to 0}\frac{e^x-1}{x^2-x}=\lim_{x\to 0}\frac{e^x}{2x-1}=-1.$$

例 4.12　求 $\lim\limits_{x\to 0}\frac{x-\sin x}{x^3}$．

解 这是$\frac{0}{0}$型的未定式，由洛必达法则Ⅰ可得

$$\lim_{x\to 0}\frac{x-\sin x}{x^3}=\lim_{x\to 0}\frac{1-\cos x}{3x^2}=\lim_{x\to 0}\frac{\sin x}{6x}=\frac{1}{6}.$$

在计算过程中，由于当$x\to 0$时，$\frac{1-\cos x}{3x^2}$为$\frac{0}{0}$型的未定式，并且满足定理 4.6 的条件，故可以再一次使用该法则．当然，在这里也可以用等价无穷小代换来解决，即

$$\lim_{x\to 0}\frac{1-\cos x}{3x^2}=\lim_{x\to 0}\frac{\frac{x^2}{2}}{3x^2}=\frac{1}{6}.$$

例 4.13 求$\lim\limits_{x\to 0}\frac{\tan x-x}{x-\sin x}$.

解 $\lim\limits_{x\to 0}\frac{\tan x-x}{x-\sin x}=\lim\limits_{x\to 0}\frac{\sec^2 x-1}{1-\cos x}=\lim\limits_{x\to 0}\frac{2\sec^2 x\tan x}{\sin x}=\lim\limits_{x\to 0}\frac{2}{\cos^3 x}=2$.

定理 4.7（洛必达法则Ⅱ） 设函数$f(x),g(x)$在点x_0的某个去心邻域内满足如下条件:

（1）$f(x),g(x)$均可导，且$g'(x)\neq 0$；

（2）$\lim\limits_{x\to x_0}f(x)=\infty$，$\lim\limits_{x\to x_0}g(x)=\infty$；

（3）$\lim\limits_{x\to x_0}\frac{f'(x)}{g'(x)}$存在（或为无穷大），

则有

$$\lim_{x\to x_0}\frac{f(x)}{g(x)}=\lim_{x\to x_0}\frac{f'(x)}{g'(x)}.$$

定理 4.7 也适用于$x\to\infty$时的$\frac{\infty}{\infty}$型未定式.

例 4.14 求$\lim\limits_{x\to 0^+}\frac{\cot x}{\frac{1}{x}}$.

解 这是$\frac{\infty}{\infty}$型的未定式，由洛必达法则Ⅱ，可得

$$\lim_{x\to 0^+}\frac{\cot x}{\frac{1}{x}}=\lim_{x\to 0^+}\frac{x}{\tan x}=\lim_{x\to 0^+}\frac{1}{\sec^2 x}=\lim_{x\to 0^+}\cos^2 x=1.$$

例 4.15 求$\lim\limits_{x\to +\infty}\frac{x^3}{\mathrm{e}^x}$.

解 这是$\frac{\infty}{\infty}$型的未定式，由洛必达法则Ⅱ，可得

$$\lim_{x\to +\infty}\frac{x^3}{\mathrm{e}^x}=\lim_{x\to +\infty}\frac{3x^2}{\mathrm{e}^x}=\lim_{x\to +\infty}\frac{3\times 2x}{\mathrm{e}^x}=\lim_{x\to +\infty}\frac{3\times 2\times 1}{\mathrm{e}^x}=0.$$

一般地，若求$\lim\limits_{x\to +\infty}\frac{x^n}{\mathrm{e}^x}$的极限，则$\lim\limits_{x\to +\infty}\frac{x^n}{\mathrm{e}^x}=\cdots=\lim\limits_{x\to +\infty}\frac{n!}{\mathrm{e}^x}=0$.

例 4.16　求 $\lim\limits_{x\to\frac{\pi}{2}}\dfrac{\tan x}{\tan 3x}$.

解　这是 $\dfrac{\infty}{\infty}$ 型的未定式，先求出非零因子的极限值，再使用洛必达法则，即

$$\lim_{x\to\frac{\pi}{2}}\frac{\tan x}{\tan 3x}=\lim_{x\to\frac{\pi}{2}}\frac{\sin x}{\sin 3x}\cdot\frac{\cos 3x}{\cos x}=-\lim_{x\to\frac{\pi}{2}}\frac{\cos 3x}{\cos x}=-\lim_{x\to\frac{\pi}{2}}\frac{-3\sin 3x}{-\sin x}=3.$$

例 4.17　求 $\lim\limits_{x\to\infty}\dfrac{x-\sin x}{x+\sin x}$.

解　因为

$$\lim_{x\to\infty}\frac{x-\sin x}{x+\sin x}=\lim_{x\to\infty}\frac{1-\dfrac{\sin x}{x}}{1+\dfrac{\sin x}{x}},$$

且 $\lim\limits_{x\to\infty}\dfrac{\sin x}{x}=0$，所以 $\lim\limits_{x\to\infty}\dfrac{x-\sin x}{x+\sin x}=1$.

注　例 4.17 中原极限为 $\dfrac{\infty}{\infty}$ 型的未定式，若分子、分母同时求导，有

$$\lim_{x\to\infty}\frac{(x-\sin x)'}{(x+\sin x)'}=\lim_{x\to\infty}\frac{1-\cos x}{1+\cos x},$$

极限不存在也不为无穷大，不满足洛必达法则的第三个条件，但此时不能断定原极限不存在，只能说明此极限不能用洛必达法则来求，要换用其他方法.

例 4.18　求 $\lim\limits_{x\to+\infty}\dfrac{e^x-e^{-x}}{e^x+e^{-x}}$.

解　本题属于 $\dfrac{\infty}{\infty}$ 型的未定式，若分子、分母同时求导，得

$$\lim_{x\to+\infty}\frac{(e^x-e^{-x})'}{(e^x+e^{-x})'}=\lim_{x\to+\infty}\frac{e^x+e^{-x}}{e^x-e^{-x}},$$

继续求导，得

$$\lim_{x\to+\infty}\frac{(e^x+e^{-x})'}{(e^x-e^{-x})'}=\lim_{x\to+\infty}\frac{e^x-e^{-x}}{e^x+e^{-x}}.$$

出现循环情况，不能使用洛必达法则，事实上，

$$\lim_{x\to+\infty}\frac{e^x-e^{-x}}{e^x+e^{-x}}=\lim_{x\to+\infty}\frac{1-e^{-2x}}{1+e^{-2x}}=1.$$

4.2.2　其他形式的未定式

1. $0\cdot\infty$ 型未定式

若 $\lim f(x)=0\,(f(x)\neq 0)$，$\lim g(x)=\infty$，则称 $\lim f(x)\cdot g(x)$ 为 $0\cdot\infty$ 型未定式．此时 $\lim\dfrac{f(x)}{\dfrac{1}{g(x)}}$ 为 $\dfrac{0}{0}$ 型未定式，$\lim\dfrac{g(x)}{\dfrac{1}{f(x)}}$ 为 $\dfrac{\infty}{\infty}$ 型未定式，具体化为哪一种未定式求解，关键

是考虑哪个函数的倒数的导数易求．若$\dfrac{1}{g(x)}$的导数易求，则化为$\dfrac{0}{0}$型未定式，否则，化为$\dfrac{\infty}{\infty}$型未定式．

例 4.19 求$\lim\limits_{x\to 0^+} x^n \ln x$．

解 这是$0\cdot\infty$型的未定式，将原函数$x^n\ln x$变形为$\dfrac{\ln x}{\dfrac{1}{x^n}}$，则当$x\to 0^+$时，函数即为$\dfrac{\infty}{\infty}$型未定式，满足定理 4.7 的条件，利用洛必达法则Ⅱ可得

$$\lim_{x\to 0^+} x^n \ln x=\lim_{x\to 0^+}\frac{\ln x}{\dfrac{1}{x^n}}=\lim_{x\to 0^+}\frac{\dfrac{1}{x}}{\dfrac{-n}{x^{n+1}}}=-\frac{1}{n}\lim_{x\to 0^+}x^n=0 .$$

若转化为$\dfrac{0}{0}$型未定式，则

$$\lim_{x\to 0^+} x^n \ln x=\lim_{x\to 0^+}\frac{x^n}{\dfrac{1}{\ln x}}=\lim_{x\to 0^+}\frac{nx^{n-1}}{\dfrac{-1}{x(\ln x)^2}}=\lim_{x\to 0^+}[-nx^n(\ln x)^2],$$

计算将会越求越麻烦．

2. $\infty-\infty$型未定式

若$\lim f(x)=\infty$，$\lim g(x)=\infty$，则称$\lim[f(x)-g(x)]$为$\infty-\infty$型未定式，具体求解方法与函数$f(x),g(x)$的具体形式有关．

例 4.20 求$\lim\limits_{x\to 1}\left(\dfrac{x}{x-1}-\dfrac{1}{\ln x}\right)$．

解 这是$\infty-\infty$型未定式，通分可得

$$\frac{x}{x-1}-\frac{1}{\ln x}=\frac{x\ln x-(x-1)}{(x-1)\ln x} .$$

此时，极限为$\dfrac{0}{0}$型的未定式，满足定理 4.6 的条件，利用洛必达法则可得

$$\begin{aligned}\lim_{x\to 1}\left(\frac{x}{x-1}-\frac{1}{\ln x}\right)&=\lim_{x\to 1}\frac{x\ln x-(x-1)}{(x-1)\ln x}=\lim_{x\to 1}\frac{\ln x}{\ln x+\dfrac{x-1}{x}}\\&=\lim_{x\to 1}\frac{x\ln x}{x\ln x+x-1}=\lim_{x\to 1}\frac{\ln x+1}{\ln x+2}=\frac{1}{2} .\end{aligned}$$

此题是将$\infty-\infty$型未定式，经过通分，化为$\dfrac{0}{0}$型的未定式来求解．

例 4.21 求$\lim\limits_{x\to\infty}\left[x-x^2\ln(1+\dfrac{1}{x})\right]$．

解 这是$\infty-\infty$型未定式，提取无穷大因子化为$0\cdot\infty$型未定式．

$$\lim_{x\to\infty}\left[x-x^2\ln\left(1+\frac{1}{x}\right)\right]=\lim_{x\to\infty}x^2\left[\frac{1}{x}-\ln\left(1+\frac{1}{x}\right)\right]$$

$$=\lim_{x\to\infty}\frac{\frac{1}{x}-\ln\left(1+\frac{1}{x}\right)}{\frac{1}{x^2}}=\lim_{t\to 0}\frac{t-\ln(1+t)}{t^2}\quad\left(令 t=\frac{1}{x}\right)$$

$$=\lim_{t\to 0}\frac{1-\frac{1}{1+t}}{2t}=\lim_{t\to 0}\frac{t}{2t(1+t)}=\frac{1}{2}$$

3. 0^0，1^∞，∞^0 型未定式

若 $\lim f(x)=0$，$\lim g(x)=0$，则称 $\lim f(x)^{g(x)}$ 为 0^0 型未定式；若 $\lim f(x)=1$，$\lim g(x)=\infty$，则称 $\lim f(x)^{g(x)}$ 为 1^∞ 型未定式；若 $\lim f(x)=\infty$，$\lim g(x)=0$，则称 $\lim f(x)^{g(x)}$ 为 ∞^0 型未定式．这三种未定式均属于幂指函数型未定式，统一的求解方法是先化为复合的指数函数的极限，再具体问题具体分析，即

$$\lim f(x)^{g(x)}=\lim \mathrm{e}^{\ln f(x)^{g(x)}}=\lim \mathrm{e}^{g(x)\cdot\ln f(x)}=\mathrm{e}^{\lim g(x)\cdot\ln f(x)},$$

从而只需求极限 $\lim g(x)\ln f(x)$，属于 $0\cdot\infty$ 型未定式，用前面讨论过的方法求解即可．

例 4.22　求下列极限：

（1）$\lim\limits_{x\to 0^+}x^{\tan x}$；　（2）$\lim\limits_{x\to 0}(\cos x)^{\frac{1}{x^2}}$；　（3）$\lim\limits_{x\to+\infty}x^{\frac{2}{\ln(1+3x)}}$．

解　（1）属于 0^0 型未定式，则

$$\lim_{x\to 0^+}x^{\tan x}=\lim_{x\to 0^+}\mathrm{e}^{\tan x\ln x}=\mathrm{e}^{\lim\limits_{x\to 0^+}\tan x\ln x}=\mathrm{e}^{\lim\limits_{x\to 0^+}x\ln x}=\mathrm{e}^{\lim\limits_{x\to 0^+}\frac{\ln x}{x^{-1}}}$$

$$=\mathrm{e}^{\lim\limits_{x\to 0^+}\frac{x^{-1}}{-x^{-2}}}=\mathrm{e}^{\lim\limits_{x\to 0^+}(-x)}=\mathrm{e}^0=1.$$

（2）属于 1^∞ 型未定式．

因为

$$\lim_{x\to 0}(\cos x)^{\frac{1}{x^2}}=\lim_{x\to 0}\mathrm{e}^{\frac{1}{x^2}\ln\cos x}=\mathrm{e}^{\lim\limits_{x\to 0}\frac{\ln\cos x}{x^2}},$$

且

$$\lim_{x\to 0}\frac{\ln\cos x}{x^2}=\lim_{x\to 0}\frac{\ln(1+\cos x-1)}{x^2}=\lim_{x\to 0}\frac{\cos x-1}{x^2}=\lim_{x\to 0}\frac{-\frac{x^2}{2}}{x^2}=-\frac{1}{2},$$

所以

$$\lim_{x\to 0}(\cos x)^{\frac{1}{x^2}}=\mathrm{e}^{-\frac{1}{2}}.$$

（3）属于 ∞^0 型未定式，则

$$\lim_{x\to+\infty}x^{\frac{2}{\ln(1+3x)}}=\lim_{x\to+\infty}\mathrm{e}^{\ln x^{\frac{2}{\ln(1+3x)}}}=\lim_{x\to+\infty}\mathrm{e}^{\frac{2}{\ln(1+3x)}\cdot\ln x}=\mathrm{e}^{\lim\limits_{x\to+\infty}\frac{2\ln x}{\ln(1+3x)}}=\mathrm{e}^{\lim\limits_{x\to+\infty}\frac{\frac{2}{x}}{\frac{3}{1+3x}}}=\mathrm{e}^{\frac{2}{3}\lim\limits_{x\to+\infty}\frac{1+3x}{x}}=\mathrm{e}^2.$$

洛比达法则是求未定式极限的一种有效方法，但它不是万能的，并不是所有$\dfrac{0}{0}$型和$\dfrac{\infty}{\infty}$型的未定式都可以利用洛必达法则来求极限（如例 4.17 和例 4.18），必须满足其要求的条件方可使用．同时还要注意在求极限时，综合使用等价无穷小代换和重要极限会简化计算．

洛必达法则的应用

习题 4.2

1．求下列各式的极限：

（1）$\lim\limits_{x\to 2}\dfrac{x^3-8}{x^2-x-2}$；（2）$\lim\limits_{x\to 0}\dfrac{e^x+e^{-x}-2}{1-\cos x}$；

（3）$\lim\limits_{x\to 0}\dfrac{e^x-\cos x}{\sin x}$；（4）$\lim\limits_{x\to +\infty}\dfrac{\dfrac{\pi}{2}-\arctan x}{\dfrac{1}{x}}$；

（5）$\lim\limits_{x\to +\infty}\dfrac{e^x}{\ln x}$；（6）$\lim\limits_{x\to +\infty}\dfrac{\ln(1+e^x)}{x^2}$．

2．求下列各式的极限：

（1）$\lim\limits_{x\to 1}(x-1)\tan\dfrac{\pi x}{2}$；（2）$\lim\limits_{x\to 0^+}\sin x\ln x$；

（3）$\lim\limits_{x\to\infty}\left(\sqrt[3]{x^3+x^2+1}-x\right)$；（4）$\lim\limits_{x\to 1}\left(\dfrac{2}{x^2-1}-\dfrac{1}{x-1}\right)$；

（5）$\lim\limits_{x\to 0^+}x^x$；（6）$\lim\limits_{x\to 0^+}(\tan x)^{\sin x}$；

（7）$\lim\limits_{x\to\frac{\pi}{2}^-}(\tan x)^{\cos x}$；（8）$\lim\limits_{x\to 0^+}\left(\dfrac{1}{x}\right)^{\tan x}$；

（9）$\lim\limits_{x\to 0}\left(\dfrac{\arcsin x}{x}\right)^{\frac{1}{x^2}}$；（10）$\lim\limits_{x\to 0}\left(\dfrac{\sin x}{x}\right)^{\frac{1}{1-\cos x}}$．

3．验证$\lim\limits_{x\to 0}\dfrac{x^2\sin\dfrac{1}{x}}{\sin x}$存在，但不能用洛必达法则求出．

4.3 函数的单调性与极值

4.3.1 函数单调性的判别法

在第 1 章的 1.1 节我们已经介绍过函数单调性的概念，如果利用单调性的定义来判断函数的单调性，对很多函数来讲是很复杂的，下面我们给出一种新的方法，即利用导数的符号来判断函数的单调性．

定理 4.8（函数单调性的判别法） 设函数$y=f(x)$在$[a,b]$上连续，在(a,b)内可导，

（1）如果在(a,b)内恒有$f'(x)>0$，则$y=f(x)$在$[a,b]$上单调增加；

（2）如果在 (a,b) 内恒有 $f'(x)<0$，则 $y=f(x)$ 在 $[a,b]$ 上单调减少.

证明　对任意 x_1，$x_2\in(a,b)$（不妨设 $x_1<x_2$），显然在 $[x_1,x_2]$ 上函数 $y=f(x)$ 满足拉格朗日中值定理的条件. 于是，应用拉格朗日中值定理，至少存在一点 $\xi\in(x_1,x_2)$，使得

$$f(x_2)-f(x_1)=f'(\xi)(x_2-x_1).$$

所以，当 $f'(x)>0$，即 $f'(\xi)>0$ 时，$f(x_2)-f(x_1)>0$，即 $f(x_2)>f(x_1)$，此时，函数在 $y=f(x)$ 在 $[a,b]$ 上单调增加；当 $f'(x)<0$，即 $f'(\xi)<0$ 时，$f(x_2)-f(x_1)<0$，即 $f(x_2)<f(x_1)$，此时，函数 $y=f(x)$ 在 $[a,b]$ 上单调减少.

注　定理 4.8 是判定可导函数单调性的充分条件而不是必要条件. 事实上，可以证明，对任意 $x\in I$，$f'(x)\geqslant 0$（或 $f'(x)\leqslant 0$），且满足 $f'(x)=0$ 的点为函数的孤立点，则函数 $f(x)$ 在区间 I 上单调增加（或单调减少）. 例如，函数 $y=x^3$，对 $\forall x\in\mathbf{R}$，$f'(x)\geqslant 0$，而使 $f'(x)=0$ 的点 $x=0$ 是其孤立点，所以函数 $y=x^3$ 在整个定义域上都是单调增加.

有时，函数 $y=f(x)$ 在所给的区间上不是单调的，此时若要求单调区间，可以先求出满足 $f'(x)=0$ 的一切点 x，即驻点，并利用驻点将所给区间分成若干个子区间，再由定理 4.8 在各个子区间上判定函数的单调性.

例 4.23　判断函数 $y=x+\sin x$ 的单调性.

解　函数的定义域为 $(-\infty,+\infty)$. 因为 $y'=1+\cos x\geqslant 0$，仅当 $x=2k\pi+\pi(k\in\mathbf{Z})$ 时，$y'=0$. 所以 $y=x+\sin x$ 在 $(-\infty,+\infty)$ 内单调增加.

例 4.24　求函数 $f(x)=x^3-6x^2+9x+3$ 的单调区间.

解　函数的定义域为 $(-\infty,+\infty)$. 因为 $f'(x)=3x^2-12x+9=3(x-1)(x-3)$，令 $f'(x)=0$，得 $x_1=1$，$x_2=3$. 用 $x_1=1$，$x_2=3$ 将定义域分为 3 个区间，在每个区间上判断导数的符号，从而判断函数的单调性，列表讨论如表 4.1 所示.

表 4.1

x	$(-\infty,1)$	1	$(1,3)$	3	$(3,+\infty)$
y'	+	0	−	0	+
y	单调增加		单调减少		单调增加

所以 $f(x)$ 的单调增加区间是 $(-\infty,1]$ 和 $[3,+\infty)$，单调减少区间是 $[1,3]$.

例 4.25　求函数 $f(x)=\sqrt[3]{x^2}$ 的单调区间.

解　函数的定义域为 $(-\infty,+\infty)$，$f'(x)=\dfrac{2}{3\sqrt[3]{x}}(x\neq 0)$.

当 $x=0$ 时，导数不存在，用 $x=0$ 将定义域分成两个区间，即 $(-\infty,0)$ 和 $(0,+\infty)$.

当 $x\in(-\infty,0)$ 时，$f'(x)<0$，所以函数在区间 $(-\infty,0]$ 上单调减少；当 $x\in(0,+\infty)$ 时，$f'(x)>0$，所以函数在区间 $[0,+\infty)$ 上单调增加.

注　一般利用驻点和导数不存在的点来划分函数的定义域，在各个子区间上确定导数的符号，从而确定函数的单调区间.

例 4.26　证明当 $x>0$ 时，$\ln(1+x)>x-\dfrac{x^2}{2}$.

证明 令 $f(x)=\ln(1+x)-x+\frac{x^2}{2}$ ($x\geqslant 0$)，显然 $f(0)=0$ ，当 $x>0$ 时，

$$f'(x)=\frac{1}{1+x}-1+x=\frac{x^2}{1+x}>0.$$

因为 $f(x)$ 在 $[0,+\infty)$ 上连续，在 $(0,+\infty)$ 内可导，且 $f'(x)>0$ ，所以函数 $f(x)$ 在 $[0,+\infty)$ 上单调增加，当 $x>0$ 时， $f(x)>f(0)=0$ ，即 $\ln(1+x)-x+\frac{x^2}{2}>0$. 故

$$\ln(1+x)>x-\frac{x^2}{2}, \quad x>0.$$

例 4.27 证明方程 $1-x=\tan x$ 在 $(0,1)$ 内有唯一实根.

证明 令 $f(x)=1-x-\tan x$ ， $0\leqslant x\leqslant 1$.

（1）（存在性）显然，函数 $f(x)$ 在 $[0,1]$ 上连续，且 $f(0)=1>0$ ， $f(1)=-\tan 1<0$ ，所以 $f(x)$ 在 $[0,1]$ 上满足零点定理. 故存在 $\xi\in(0,1)$ ，使得 $f(\xi)=0$.

（2）（唯一性）当 $x\in(0,1)$ 时， $f'(x)=-1-\sec^2 x<0$. 故 $f(x)$ 在 $[0,1]$ 上单调减少，若 $f(x)$ 经过 x 轴，只能经过一次.

综合（1）、（2）可知，函数 $f(x)$ 在 $(0,1)$ 内，有且仅有一个零点，即方程 $1-x=\tan x$ 在 $(0,1)$ 内有唯一实根.

4.3.2 函数的极值及其判别法

定义 4.1 设函数 $y=f(x)$ 在点 x_0 的某邻域内有定义，如果对该去心邻域内任意一点 x ，恒有 $f(x)<f(x_0)$ （或 $f(x)>f(x_0)$ ），则称 $f(x_0)$ 是函数 $f(x)$ 的一个**极大值**（或**极小值**），称 x_0 为函数 $y=f(x)$ 的**极大值点**（或**极小值点**）.

函数的极大值和极小值统称为函数的**极值**，极大值点和极小值点统称为函数的**极值点**.

如图 4.4 所示，区间 (a,b) 内， $f(x_2)$ 和 $f(x_5)$ 均为函数的极大值， $f(x_1)$ ， $f(x_3)$ 和 $f(x_6)$ 均为函数的极小值. 在图 4.4 中我们发现极大值 $f(x_2)$ 比极小值 $f(x_6)$ 还要小，这说明函数的极值只是一个局部的概念，也就是说函数 $y=f(x)$ 在点 x_0 取得极大值（或极小值） $f(x_0)$ ，仅仅是指在 x_0 的某一邻域内 $f(x_0)$ 是最大值（或最小值），并不一定是整个区间上的最大值（或最小值），极值只是一个局部的概念，而最值是全局的概念，在图 4.4 中区间 (a,b) 上的最大值为 $f(b)$ ，最小值为 $f(x_1)$.

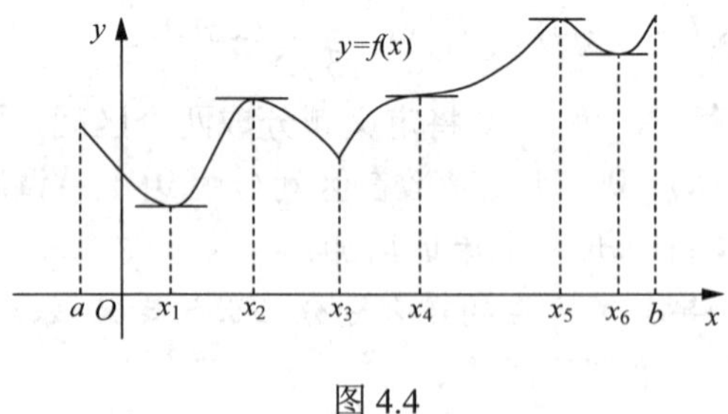

图 4.4

由图 4.4 我们还可以看到，在极值点处，曲线上相应的点如果有切线，那么其切线是水平的，即切线的斜率为 0，于是我们有如下的定理.

定理 4.9（极值存在的必要条件）　若可导函数 $f(x)$ 在点 x_0 处取得极值，则

$$f'(x_0)=0 .$$

证明　不妨设 $f(x_0)$ 为极大值，则对于点 x_0 的某一去心邻域内所有的 x，有 $f(x)<f(x_0)$ 成立，且当 $x<x_0$ 时，$\dfrac{f(x)-f(x_0)}{x-x_0}>0$，所以

$$f'(x_0)=f'_-(x_0)=\lim_{x\to x_0^-}\frac{f(x)-f(x_0)}{x-x_0}\geqslant 0 ;$$

当 $x>x_0$ 时，$\dfrac{f(x)-f(x_0)}{x-x_0}<0$，所以

$$f'(x_0)=f'_+(x_0)=\lim_{x\to x_0^+}\frac{f(x)-f(x_0)}{x-x_0}\leqslant 0 .$$

故有

$$f'(x_0)=0 .$$

注　$f'(x_0)=0$ 只是可导函数在点 x_0 处取得极值的必要条件并不是充分条件. 例如，函数 $f(x)=x^3$，在 $x=0$ 处 $(x^3)'\big|_{x=0}=(3x^2)\big|_{x=0}=0$，但 $x=0$ 不是函数 $f(x)=x^3$ 的极值点. 又如图 4.4 中，x_4 是驻点，但不是极值点.

对于在 x_0 处不可导的函数也可能在 x_0 处取得极值，如函数 $y=|x|$ 在点 $x=0$ 处不可导，但函数 $y=|x|$ 在点 $x=0$ 处取得极小值. 如图 4.4 中，x_3 是不可导点，但 x_3 是极小值点.

由此可以说明，函数 $f(x)$ 的极值点可能是函数的驻点（即满足 $f'(x)=0$ 的点），也可能是不可导的点. 怎样判定函数在驻点或不可导的点究竟能否取得极值？如果取得极值，究竟是取得极大值还是极小值？下面给出两个判定极值的充分条件.

定理 4.10（第一充分条件）　设函数 $y=f(x)$ 在点 x_0 处连续，且在 x_0 的去心邻域 $\mathring{U}(x_0,\delta)$ 内可导.

（1）当 $x\in(x_0-\delta,x_0)$ 时，$f'(x)>0$，$x\in(x_0,x_0+\delta)$ 时，$f'(x)<0$，则函数 $y=f(x)$ 在 x_0 处取得极大值；

（2）当 $x\in(x_0-\delta,x_0)$ 时，$f'(x)<0$，$x\in(x_0,x_0+\delta)$ 时，$f'(x)>0$，则函数 $y=f(x)$ 在 x_0 处取得极小值；

（3）如果 $x\in\mathring{U}(x_0,\delta)$ 时，$f'(x)$ 不改变符号，则函数 $y=f(x)$ 在点 x_0 处不取得极值.

证明　（1）由单调性判别法，函数 $f(x)$ 在 $(x_0-\delta,x_0)$ 内单调增加，在 $(x_0,x_0+\delta)$ 内单调减少，又由于函数 $y=f(x)$ 在点 x_0 处连续，故当 $x\in\mathring{U}(x_0,\delta)$ 时，总有 $f(x)<f(x_0)$. 所以，$y=f(x)$ 在 x_0 处取得极大值.

类似地，可证（2）和（3）.

根据以上两个定理，可把求函数 $y=f(x)$ 极值的步骤归纳如下：

（1）确定函数 $f(x)$ 的定义域，并求出导数 $f'(x)$；

（2）求出 $f(x)$ 的全部驻点和不可导点；

（3）用驻点和不可导点将定义域划分为若干个区间，在每个区间上判断 $f'(x)$ 的符号，并利用定理 4.10 判断驻点和不可导点是否是极值点，如果是极值点，进一步确定是

极大值点还是极小值点；

（4）求出各极值点处的函数值即为相应的极大（或极小）值.

例 4.28 求函数 $f(x)=2x^3+3x^2-12x+10$ 的极值.

解 函数的定义域为 $(-\infty,+\infty)$，求导得

$$f'(x)=6x^2+6x-12=6(x+2)(x-1).$$

令 $f'(x)=0$，得函数的两个驻点 $x_1=-2$，$x_2=1$，此函数没有不可导的点. 当 $x<-2$ 时，$f'(x)>0$；当 $-2<x<1$ 时，$f'(x)<0$；当 $x>1$ 时，$f'(x)>0$. 根据定理 4.10 可知，$x_1=-2$ 为函数的极大值点，$x_2=1$ 为函数的极小值点.

所以，函数有极大值 $f(-2)=30$，极小值 $f(1)=3$.

例 4.29 求函数 $f(x)=(x-1)\sqrt[3]{x^2}$ 的极值.

解 $f(x)$ 的定义域为 $(-\infty,+\infty)$，且

$$f'(x)=\sqrt[3]{x^2}+(x-1)\frac{2}{3}x^{-\frac{1}{3}}=\frac{5x-2}{3\times\sqrt[3]{x}}.$$

易见，在 $x=0$ 处，$f'(x)$ 不存在. 令 $f'(x)=0$ 得驻点 $x=\frac{2}{5}$. 于是函数可能的极值点为 $x=0$ 及 $x=\frac{2}{5}$，判断 $f'(x)$ 在 $x=0$ 及 $x=\frac{2}{5}$ 附近的符号，列表如表 4.2 所示.

表 4.2

x	$(-\infty,0)$	0	$\left(0,\frac{2}{5}\right)$	$\frac{2}{5}$	$\left(\frac{2}{5},+\infty\right)$
$f'(x)$	+	不存在	−	0	+
$f(x)$	单调增加	极大值	单调减少	极小值	单调增加

所以 $x=0$ 是极大值点，极大值为 $f(0)=0$；$x=\frac{2}{5}$ 为极小值点，极小值为 $f\left(\frac{2}{5}\right)=-\frac{3}{5}\left(\frac{2}{5}\right)^{\frac{2}{3}}$.

当函数 $y=f(x)$ 在驻点处的二阶导数存在且不为零时，也可以借助于在驻点处的二阶导数的符号来判定驻点是否为极值点.

定理 4.11（第二充分条件） 设函数 $y=f(x)$ 在点 x_0 处的二阶导数存在，并且 $f'(x_0)=0$，$f''(x_0)\neq 0$，则 $f(x_0)$ 必为函数的极值.

（1）如果 $f''(x_0)<0$，则 $f(x)$ 在 x_0 处取得极大值；

（2）如果 $f''(x_0)>0$，则 $f(x)$ 在 x_0 处取得极小值.

证明 （1）利用导数的定义，得

$$f''(x_0)=\lim_{x\to x_0}\frac{f'(x)-f'(x_0)}{x-x_0}<0,$$

由极限的保号性及 $f'(x_0)=0$ 得，存在 $\mathring{U}(x_0,\delta)$，当 $x\in\mathring{U}(x_0,\delta)$ 时，$\frac{f'(x)}{x-x_0}<0$. 所以当

$x\in(x_0-\delta,x_0)$ 时，$f'(x)>0$；$x\in(x_0,x_0+\delta)$ 时，$f'(x)<0$．由定理 4.10 知，$f(x)$ 在 x_0 处取得极大值．

同理可证（2）．

注　在定理 4.11 中，判断点 x_0 是否为极值点的前提条件是 $f'(x_0)=0$，$f''(x_0)\neq 0$，如果 $x=x_0$ 为不可导点或者二阶导数不存在的点，那么该定理的方法失效．若函数的二阶导数存在，但是 $f''(x_0)=0$，则 $x=x_0$ 是否为极值点需要用其他的方法判断．例如，函数 $y=x^4$，在 $x=0$ 处，$(x^4)''\big|_{x=0}=12x^2\big|_{x=0}=0$，不满足定理的条件，但 $x=0$ 是函数 $y=x^4$ 的极小值点．

例 4.30　求函数 $f(x)=x^3-3x^2-9x+5$ 的极值．

解　$f(x)$ 的定义域为 $(-\infty,+\infty)$，且

$$f'(x)=3x^2-6x-9=3(x+1)(x-3)，\quad f''(x)=6x-6．$$

令 $f'(x)=0$，得函数的驻点为 $x_1=-1$，$x_2=3$．由于 $f''(-1)=-12<0$，$f''(3)=12>0$，所以，$x_1=-1$ 为极大值点，极大值 $f(-1)=10$，$x_2=3$ 为极小值点，极小值 $f(3)=-22$．

例 4.31　通过研究一组学生的学习行为，心理学家发现学生的接受能力（即学生掌握一个概念的能力）依赖于在概念引入之前老师提出和描述问题所用的时间．讲座开始时，学生的兴趣激增，但随着时间的延长，学生的注意力开始分散．分析结果表明，学生掌握概念的能力由下式给出：

$$G(x)=-0.1x^2+2.6x+43，$$

式中，$G(x)$ 是接受能力的一种度量；x 是提出概念所用的时间（单位：min）．

（1）x 为何值时，学生接受能力增强或降低？

（2）第 10min 时，学生的兴趣是增强还是下降？

（3）最难的概念应该在何时讲授？

（4）若一个概念需要 55 的接受能力，那么它适于对这组学生讲解吗？

解　（1）$G'(x)=-0.2x+2.6$，令 $G'(x)=0$，得 $x=13$．当 $x<13$ 时，$G'(x)>0$，$G(x)$ 单调增加；当 $x>13$ 时，$G'(x)<0$，$G(x)$ 单调减少．所以，当提出概念所用时间小于 13 时，学生接受能力增强；当提出概念所用时间大于 13 时，学生接受能力降低．

（2）$x=10\in(0,13)$，$G(x)$ 单调上升，学生的兴趣在增强．

（3）$G(x)$ 在 $x=13$ 时取极大值，所以最难的概念应该在提出问题的第 13 分钟讲授．

（4）因为 $G(13)=59.9$，这个概念需要 55 的接受能力，小于最大承受能力，所以可以对这组学生讲解．

4.3.3　函数的最大值和最小值问题

根据闭区间上连续函数的性质，若函数 $f(x)$ 在闭区间 $[a,b]$ 上连续，则函数 $f(x)$ 在闭区间 $[a,b]$ 上一定能取得最大值和最小值．由图 4.4 可知，函数的最大值和最小值只可能在极值点和端点处取得，而极值点一定是函数的驻点或不可导点，且函数在闭区间 $[a,b]$ 上至多有有限个驻点和不可导点，所以，我们可以避开考查极值点，只需要计算出函数在驻点和不可导点以及端点处的函数值，再比较这些函数值的大小，其中最大的就是函数的最大值，最小的就是函数的最小值．

例 4.32 求函数 $f(x)=x^4-2x^2+5$ 在 $[-2,3]$ 上的最大值和最小值.

解 因为 $f'(x)=4x^3-4x=4x(x+1)(x-1)$，令 $f'(x)=0$，解得

$$x_1=-1,\quad x_2=0,\quad x_3=1.$$

计算驻点及端点处的函数值，即有

$$f(-2)=13，f(-1)=4，f(0)=5，f(1)=4，f(3)=68.$$

比较大小可得，函数 $f(x)=x^4-2x^2+5$ 在 $[-2,3]$ 上的最大值和最小值分别为 $f(3)=68$，$f(-1)=f(1)=4$.

在求函数的最值时，有些情况可以简化计算，例如：

（1）如果函数在此区间上是单调函数，则在该区间上的最大值和最小值在区间的端点处取得.

（2）如果遇到实际问题中求最大值或最小值问题（如求“用料最少”、“成本最低”及“效率最高”等问题），则首先建立目标函数，并确定其定义域，将它转化为函数的最值问题. 特别地，若根据问题的实际意义能够判断出函数在定义区间内一定有最大值或最小值，且在定义区间内有且仅有一个驻点，则函数在该驻点处一定取得最大值或最小值.

例 4.33 设有一块边长为 a 的正方形铁皮，从 4 个角截去同样大小的正方形小方块，做成一个无盖的方形盒子，问小方块的边长为多少才能使盒子容积最大？最大容积是多少？

解 设小方块的边长为 x，则方盒的底边长为 $a-2x$，它的容积为

$$V=x(a-2x)^2，x\in\left(0,\frac{a}{2}\right).$$

所以 $V'=(a-2x)(a-6x)$，令 $V'=0$，得区间 $\left(0,\frac{a}{2}\right)$ 内唯一驻点：$x=\frac{a}{6}$.

当 $0<x<\frac{a}{6}$ 时，$V'>0$；当 $\frac{a}{6}<x<\frac{a}{2}$ 时，$V'<0$，所以在 $x=\frac{a}{6}$ 处，体积 V 取得极大值. 由实际问题可知，该函数一定存在最大值，故唯一的极大值点一定是最大值点，即 V 在点 $x=\frac{a}{6}$ 处取得最大值 $V\left(\frac{a}{6}\right)=\frac{2a^3}{27}$. 故在小方块的边长为 $\frac{a}{6}$ 时，盒子的容积最大，为 $\frac{2a^3}{27}$.

习题 4.3

1．求下列函数的单调区间：

（1）$y=\frac{x}{1+x^2}$；　　（2）$y=(x-1)x^{\frac{2}{3}}$；

（3）$y=x-e^x$；　　（4）$y=2x^2-\ln x$.

2．证明：

（1）函数 $y=\arctan x-x$ 单调减少；　　（2）当 $x>1$ 时，$2\sqrt{x}>3-\frac{1}{x}$.

3．求下列函数的极值：

（1）$y=x^3-3x^2+7$；（2）$y=x-\ln(1+x)$；

（3）$y=x+\dfrac{1}{x}$；（4）$y=x^2\mathrm{e}^{-x}$；

（5）$y=2-(x-1)^{\frac{2}{3}}$；（6）$y=\arctan x-\dfrac{1}{2}\ln(1+x^2)$．

4．求下列函数在给定区间上的最大值与最小值：

（1）$y=\dfrac{1}{3}x^3-2x^2+5$，$[-2,2]$；（2）$y=2x+\sqrt{1-x}$，$[-5,1]$．

5．轮船 A 位于轮船 B 以东 75km 处，以 12km/h 的速度向西行驶，而轮船 B 则以 6 km/h 的速度向北行驶，问经过多少时间，两船相距最近？

6．在椭圆 $\dfrac{x^2}{a^2}+\dfrac{y^2}{b^2}=1\ (a>b>0)$ 的第一象限部分上求一点 P，使由该点处的切线、椭圆及两坐标轴所围成的面积最小．

7. 要做一个容积为 V 的圆柱形有盖铁桶，问底面半径 r 为多大时所用的铁皮最少？此时底面半径 r 与高 h 的比例是多少？

4.4　曲线的凹凸性与函数作图

4.4.1　曲线的凹凸性与拐点

2020 年 2 月 17 日，全国新冠肺炎确诊病例 1886 例，自 2 月 12 日湖北调整“临床诊断”分类标准以来，连续多日呈现单日确诊数量下降的趋势．钟南山院士曾表示，在国家强有力的干预措施下，2020 年 2 月中下旬全国病例数将达到峰值，但是并不代表就出现了疫情的拐点，而且随着务工人员返程，全国病例可能还会再次出现新的高峰. 在这段新闻中对疫情的研判提到了两个很重要的信息，一个是“拐点”，一个是“峰值”，恰好对应了上节课介绍的极值和本节课将要介绍的拐点的概念，而且新闻中也提到极值可能不止一个.

在 4.3 节中我们已经研究了函数的单调性和极值，由此可以确定函数图形在各弧段上的情况，但还不能完整地反映函数图形的变化规律．如图 4.5 和图 4.6 所示，在区间 $[a,b]$ 上同样是单调增加的，但图形的变化却完全不同．

在图 4.5 中我们可以看出，弧段是向下弯曲的，弧段上的每点处的切线都在曲线弧的下方，而在图 4.6 中，弧段是向上弯曲的，弧段上的每点处的切线都在曲线弧的上方，由此我们给出如下的定义.

定义 4.2　如果在区间 I 上的曲线弧 $y=f(x)$ 都位于其上任一点的切线上方，称此曲线弧在该区间上是凹的；如果在区间 I 上的曲线弧 $y=f(x)$ 都位于其上任一点的切线下方，则称此曲线弧在该区间上是凸的.

显然，图 4.5 中的曲线弧是凹的，图 4.6 中的曲线弧是凸的.

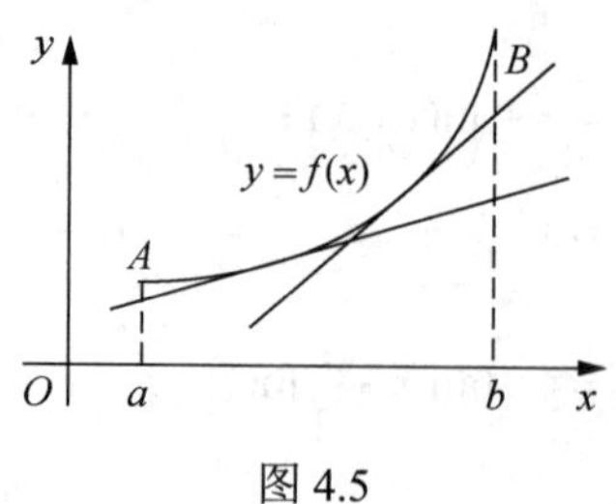

图 4.5

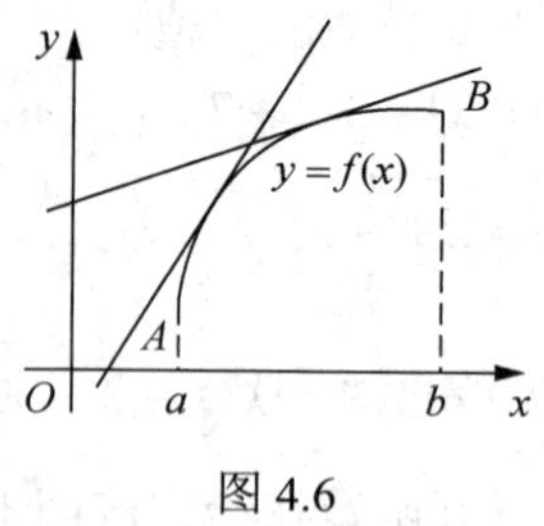

图 4.6

对于凹的曲线弧，如图 4.7 所示，$\forall x_1, x_2 \in (a,b)$，$f\left(\dfrac{x_1+x_2}{2}\right) < \dfrac{f(x_1)+f(x_2)}{2}$ 总成立；对于凸的曲线弧，如图 4.8 所示，$\forall x_1, x_2 \in (a,b)$，$f\left(\dfrac{x_1+x_2}{2}\right) > \dfrac{f(x_1)+f(x_2)}{2}$ 总成立．于是，我们得到曲线凹凸性的另一种定义．

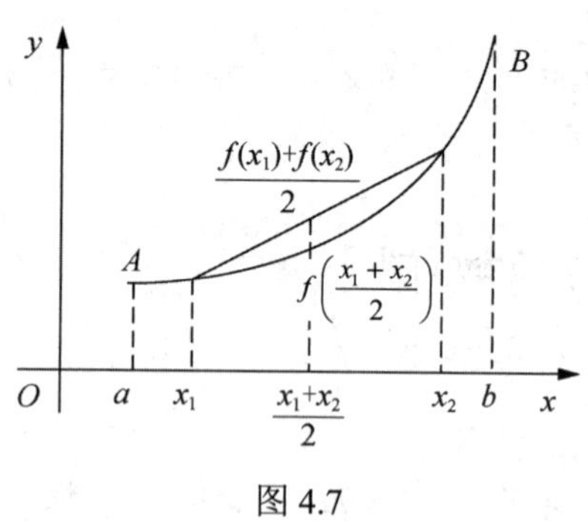

图 4.7

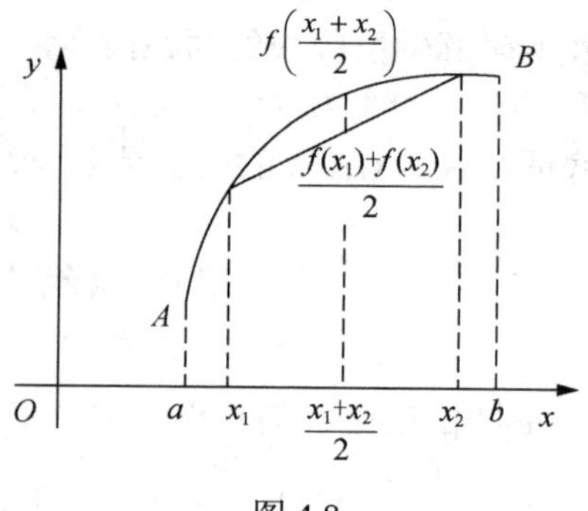

图 4.8

定义 4.3 设 $f(x)$ 在区间 I 上连续，若对 $\forall x_1, x_2 \in I$，恒有

$$f\left(\frac{x_1+x_2}{2}\right) < \frac{f(x_1)+f(x_2)}{2},$$

则称 $f(x)$ 在 I 上的图形是凹的；如果恒有

$$f\left(\frac{x_1+x_2}{2}\right) > \frac{f(x_1)+f(x_2)}{2},$$

则称 $f(x)$ 在 I 上的图形是凸的．

相应地，也称 $f(x)$ 分别为区间 I 上的**凹函数**或**凸函数**．

从图 4.5 中不难看出，在凹的曲线弧上每一点的切线斜率随着 x 的增大而增大，即 $f'(x)$ 单调增加．在图 4.6 中，在凸的曲线弧上每一点的切线斜率随着 x 的增大而减小，即 $f'(x)$ 单调减少．要判断函数 $f'(x)$ 的单调性，需要通过 $f'(x)$ 的导数 $f''(x)$ 的符号来判断．于是我们有如下结论．

定理 4.12 设函数 $y = f(x)$ 在 $[a,b]$ 上连续，在 (a,b) 内二阶可导，

（1）若对任意的 $x \in (a,b)$，有 $f''(x) > 0$，则曲线 $y = f(x)$ 在 $[a,b]$ 上是凹的；

（2）若对任意的 $x \in (a,b)$，有 $f''(x) < 0$，则曲线 $y = f(x)$ 在 $[a,b]$ 上是凸的．

证明 （1）对任意的 x_1，$x_2 \in (a,b)$，$x_1 \neq x_2$，记 $x_0 = \dfrac{x_1+x_2}{2}$，则由泰勒公式，得

$$f(x)=f(x_0)+f'(x_0)(x-x_0)+\frac{f''(\xi)}{2!}(x-x_0)^2,$$

其中，ξ 介于 x 与 x_0 之间.

因为 $f''(x)>0$，则

$$f(x_1)=f(x_0)+f'(x_0)(x_1-x_0)+\frac{f''(\xi_1)}{2!}(x_1-x_0)^2>f(x_0)+f'(x_0)(x_1-x_0),$$

$$f(x_2)=f(x_0)+f'(x_0)(x_2-x_0)+\frac{f''(\xi_2)}{2!}(x_2-x_0)^2>f(x_0)+f'(x_0)(x_2-x_0),$$

其中，ξ_1 介于 x_1 与 x_0 之间，ξ_2 介于 x_2 与 x_0 之间. 将上述两式相加，得

$$f(x_1)+f(x_2)>2f(x_0)+f'(x_0)(x_1+x_2-2x_0)=2f(x_0),$$

即

$$f\left(\frac{x_1+x_2}{2}\right)<\frac{f(x_1)+f(x_2)}{2}.$$

由定义 4.3 知，曲线 $f(x)$ 在 $[a,b]$ 上是凹的.

类似地，可证（2）成立.

一般地，给定函数 $y=f(x)$，如果在区间 (a,b) 内，$f(x)$ 为凹（或凸）函数，则称区间 (a,b) 为函数 $f(x)$ 的凹（或凸）区间.

注　定理 4.12 是判定二阶可导函数曲线凹凸性的充分条件而不是必要条件. 事实上，对任意的 $x\in(a,b)$，若 $f''(x)\geqslant 0$（或 $f''(x)\leqslant 0$），但 $f''(x)=0$ 的点是有限个或无限可列个孤立点，则曲线 $f(x)$ 在 $[a,b]$ 上是凹的（或凸的），即不影响曲线的凹凸性. 例如，$y=x^4$，$x\in(-\infty,+\infty)$，$y'=4x^3$，$y''=12x^2\geqslant 0$，仅当 $x=0$ 时，$y''=0$，所以曲线 $y=x^4$ 在 $(-\infty,+\infty)$ 内是凹的.

曲线的凸弧与凹弧的分界点称为此曲线的**拐点**.

由定理 4.12 不难得到：如果 (x_0,y_0) 是二阶可导函数 $y=f(x)$ 的曲线的拐点，则 $f''(x_0)=0$.

例 4.34　判断曲线 $y=\dfrac{1}{x}$ 的凹凸性.

解　函数 $y=\dfrac{1}{x}$ 的定义域为 $(-\infty,0)\cup(0,+\infty)$. 因为 $y'=-\dfrac{1}{x^2}$，$y''=\dfrac{2}{x^3}$. 所以，当 $x<0$ 时，$y''<0$，曲线在 $(-\infty,0)$ 内为凸的；当 $x>0$ 时，$y''>0$，曲线在 $(0,+\infty)$ 内为凹的.

例 4.35　求曲线 $y=x\mathrm{e}^{-x}$ 的凹凸区间和拐点.

解　函数 $y=x\mathrm{e}^{-x}$ 在区间 $(-\infty,+\infty)$ 内连续，且

$$y'=(1-x)\mathrm{e}^{-x},\quad y''=(x-2)\mathrm{e}^{-x}.$$

令 $y''=0$，得 $x=2$. 在 $(-\infty,2)$ 内，$y''<0$，所以曲线在 $(-\infty,2]$ 上是凸的；在 $(2,+\infty)$ 内，$y''>0$，所以曲线在 $[2,+\infty)$ 上是凹的. 所以曲线 $y=x\mathrm{e}^{-x}$ 的凸区间是 $(-\infty,2]$，凹区间是 $[2,+\infty)$，拐点是 $(2,2\mathrm{e}^{-2})$.

综上所述，求曲线 $y=f(x)$ 的凹（或凸）区间和拐点的步骤如下：

（1）确定函数的定义域，并求出函数的一阶导数 $f'(x)$ 和二阶导数 $f''(x)$；

（2）求出所有二阶导数为零的点和二阶导数不存在的点，并用这些点划分定义域为

若干子区间；

（3）利用定理 4.12 的结论，在每个区间内讨论函数的二阶导数的符号，从而判断函数曲线的凹（或凸）性；

（4）判断曲线在各个区间上的凹（或凸）性，并求出拐点.

例 4.36 求曲线 $y=3x^4-4x^3+1$ 的凹凸区间及拐点.

解 函数 $y=3x^4-4x^3+1$ 的定义域为 $(-\infty,+\infty)$，且

$$y'=12x^3-12x^2，\quad y''=36x^2-24x=36x\left(x-\frac{2}{3}\right).$$

令 $y''=0$，得 $x_1=0$，$x_2=\dfrac{2}{3}$. 当 $x\in(-\infty,0)\cup\left(\dfrac{2}{3},+\infty\right)$ 时，$y''>0$；当 $x\in\left(0,\dfrac{2}{3}\right)$ 时，$y''<0$. 所以曲线的凹区间为 $(-\infty,0]$，$\left[\dfrac{2}{3},+\infty\right]$，凸区间为 $\left[0,\dfrac{2}{3}\right]$，拐点为 $(0,1)$ 和 $\left(\dfrac{2}{3},\dfrac{11}{27}\right)$.

4.4.2 曲线的渐近线

为了更全面地了解函数性态，更准确地描绘函数图形，下面回顾函数曲线的几种渐近线.

定义 4.4 （1）若 $\lim\limits_{x\to a}f(x)=\infty$，则称 $x=a$ 为曲线 $y=f(x)$ 的一条**铅直渐近线**；

（2）若 $\lim\limits_{x\to\infty}\dfrac{f(x)}{x}=k$，$\lim\limits_{x\to\infty}[f(x)-kx]=b$（$b$ 为常数），则称 $y=kx+b$ 为曲线 $y=f(x)$ 的一条**斜渐近线**.

特别地，若 $k=0$，$\lim\limits_{x\to\infty}f(x)=b$，则 $y=b$ 为曲线 $y=f(x)$ 的一条**水平渐近线**.

注 上面的极限过程 $x\to a$ 换成 $x\to a^+$ 或 $x\to a^-$，$x\to\infty$ 换成 $x\to+\infty$ 或 $x\to-\infty$，结论也成立.

例 4.37 求曲线 $f(x)=\dfrac{x^3}{x^2+2x-3}$ 的渐近线.

解 因为 $\lim\limits_{x\to\infty}f(x)=\infty$，所以曲线 $y=f(x)$ 没有水平渐近线.

因为 $\lim\limits_{x\to-3}f(x)=\infty$，$\lim\limits_{x\to1}f(x)=\infty$，所以曲线 $y=f(x)$ 有铅直渐近线 $x=-3$ 和 $x=1$.

因为

$$\lim_{x\to\infty}\frac{f(x)}{x}=\lim_{x\to\infty}\frac{x^2}{(x+3)(x-1)}=1,$$

$$\lim_{x\to\infty}[f(x)-x]=\lim_{x\to\infty}\left[\frac{x^3}{(x+3)(x-1)}-x\right]=\lim_{x\to\infty}\frac{x(3-2x)}{(x+3)(x-1)}=-2,$$

所以曲线 $y=f(x)$ 有斜渐近线 $y=x-2$.

4.4.3 函数图形的描绘

通过研究函数的性质即周期性、奇偶性、单调性、极值、凸凹性与拐点及渐近线等，我们可以较为准确地描绘函数的图形，一般步骤如下：

（1）确定函数 $y=f(x)$ 的定义域，研究函数的周期性、奇偶性；

（2）讨论 $f(x)$ 的单调区间、极值点、凹凸区间和拐点；

（3）研究函数曲线的渐近线；

（4）计算曲线上某些特殊点的坐标，然后结合上述的讨论来描绘函数的图形.

例 4.38　描绘函数 $y=x^3-x^2-x+1$ 的图形.

解　（1）函数的定义域为 $(-\infty,+\infty)$.

（2）$y'=3x^2-2x-1=(3x+1)(x-1)$ ，$y''=6x-2=2(3x-1)$. 令 $y'=0$ ，得函数的驻点：$x_1=-\dfrac{1}{3}$ ，$x_2=1$ ；令 $y''=0$ ，得 $x_3=\dfrac{1}{3}$. 列表如表 4.3 所示.

表 4.3

x	$(-\infty,-\frac{1}{3})$	$-\frac{1}{3}$	$\left(-\frac{1}{3},\frac{1}{3}\right)$	$\frac{1}{3}$	$\left(\frac{1}{3},1\right)$	1	$(1,+\infty)$
y'	+	0	−		−	0	+
y''	−		−	0	+		+
y	增，凸	极大值	减，凸	拐点 $\left(\frac{1}{3},\frac{16}{27}\right)$	减，凹	极小值	增，凹

（3）$\lim\limits_{x\to\infty}f(x)=\infty$.

（4）$f\left(-\dfrac{1}{3}\right)=\dfrac{32}{27}$ ，$f\left(\dfrac{1}{3}\right)=\dfrac{16}{27}$ ，$f(1)=0$ ，补充 $f(-1)=0$ ，$f(0)=1$.

（5）综合上述讨论，绘制出函数的图形，如图 4.9 所示.

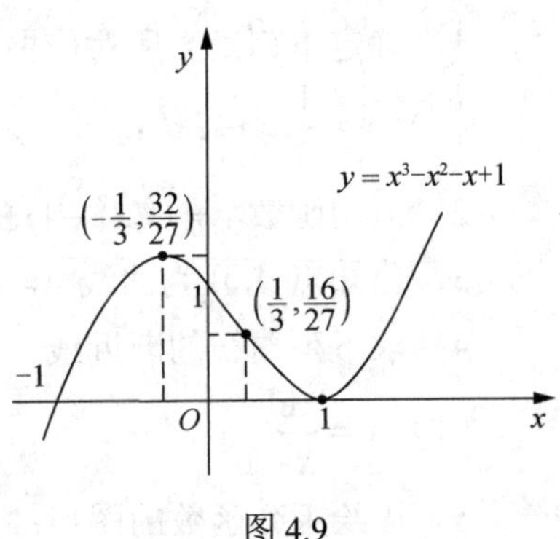

图 4.9

例 4.39　描绘函数 $y=\dfrac{4(x+1)}{x^2}-2$ 的图形.

解　函数的定义域为 $(-\infty,0)\cup(0,+\infty)$ ，$y'=-\dfrac{4(x+2)}{x^3}$ ，$y''=\dfrac{8(x+3)}{x^4}$. 令 $y'=0$ ，得 $x_1=-2$ ；令 $y''=0$ ，得 $x_2=-3$. 列表如表 4.4 所示.

表 4.4

x	$(-\infty,-3)$	-3	$(-3,-2)$	-2	$(-2,0)$	$(0,+\infty)$
y'	−		−		+	−
y''	−		+		+	+
y	减，凸	拐点 $\left(-3,-\frac{26}{9}\right)$	减，凹	极小值	增，凹	减，凹

因为 $\lim\limits_{x\to\infty}\left[\dfrac{4(x+1)}{x^2}-2\right]=-2$ ，所以 $y=-2$ 是函数图形的水平渐近线.

因为$\lim\limits_{x\to 0}\left[\dfrac{4(x+1)}{x^2}-2\right]=\infty$，所以$x=0$是函数图形的铅直渐近线.

又$f(-3)=-\dfrac{26}{9}$，$f(-2)=-3$，$f(2)=1$，$f(3)=-\dfrac{2}{9}$，综合上述讨论，绘制出函数的图形，如图 4.10 所示.

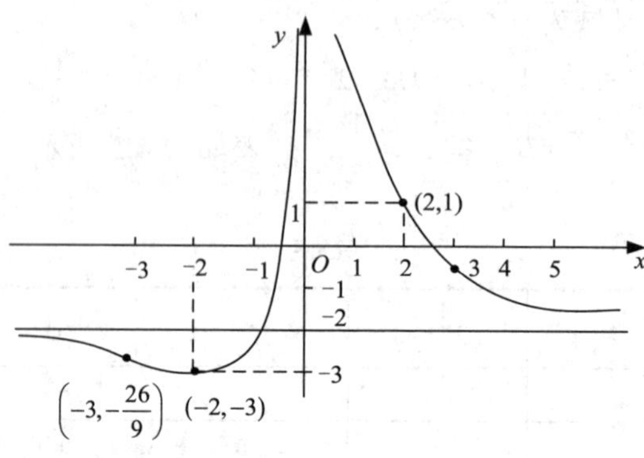

图 4.10

习题 4.4

1．确定下列函数所对应曲线的凹凸区间和拐点：

（1）$y=\dfrac{1}{3}x^4-2x^2$；　　（2）$y=xe^{-x}$.

2．证明函数$y=\ln(x^2-1)$的曲线是凸的.

3．已知点$(1,3)$为曲线$y=ax^3+bx^2$的拐点，求a，b的值.

4．求下列曲线的渐近线：

（1）$y=\dfrac{e^x}{x+1}$；　　（2）$y=\dfrac{x^2}{x+1}$.

5．描绘下列函数的图形：

（1）$y=x^3-3x$；　　（2）$y=\dfrac{x^2}{x+1}$.

4.5　导数在经济学中的应用

导数在工程、技术、科研、国防、医学、环保和经济管理等许多领域都有十分广泛的应用．在企业的若干经营决策中经常会面临是否开发新产品、是否接受追加订货、亏损产品是否停产或转产等问题．这些问题均涉及经济学的一个重要规律“边际效用”．在微观经济学中，边际效用针对的是消费者每新增（或减少）一个单位的商品或服务，它对商品或服务的满足程度增加（或减少）的情况．通常认为，随着商品或服务量的增加，边际效用将会逐步减少，称为边际效应递减定律．另外，企业在面对商业竞争时时常会采用“薄利多销”的手段，该策略的理论基础源于对商品的需求价格弹性分析．需求价格弹性是指市场商品需求量对于价格变动做出反应的敏感程度．影响产品需求弹性大小的因素主要包括产品对人民生活的重要程度、商品的替代性、产品用途的多少、产品的普及程度、产品单价高低等．弹性理论的目的在于说明价格变化比率与需求量（或供给量）的变动比率之间的关系．

下面介绍导数（微分）在经济学中的一些简单应用．

边际和弹性是经济学中的两个重要概念．用导数来研究经济变量的边际与弹性的方法，称为**边际分析**和**弹性分析**．它使得经济变量的研究从静态进入动态，使得近代数学更深入地应用于经济分析．

4.5.1　边际分析

1. 边际的概念

一般地，若函数 $y=f(x)$ 可导，则导函数 $f'(x)$ 也称为**边际函数**．$\dfrac{\Delta y}{\Delta x}=\dfrac{f(x_0+\Delta x)-f(x_0)}{\Delta x}$ 称为函数 $y=f(x)$ 在 $[x_0,x_0+\Delta x]$ 上的平均变化率，它表示在 $[x_0,x_0+\Delta x]$ 内 $y=f(x)$ 的平均变化速度．$f(x)$ 在点 x_0 处的变化率 $f'(x_0)$ 也称为 $f(x)$ 在点 x_0 处的边际函数值，它表示 $f(x)$ 在点 x_0 处的变化速度．

在点 x_0 处，x 从 x_0 改变一个单位，y 相应的改变值为

$$\Delta y\Big|_{\Delta x=1}^{x=x_0}=f(x_0+1)-f(x_0).$$

当 x 增加的一个单位与 x_0 的值相比很小时，则有

$$\Delta y\Big|_{\Delta x=1}^{x=x_0}=f(x_0+1)-f(x_0)\approx \mathrm{d}y\Big|_{\Delta x=1}^{x=x_0}=f'(x)\mathrm{d}x\Big|_{\Delta x=1}^{x=x_0}=f'(x_0).$$

当 $\Delta x=-1$ 时，标志着 x 在点 x_0 处，从 x_0 减小一个单位．

这说明 $f(x)$ 在点 x_0 处，当 x 产生一个单位的改变时，y 近似地改变 $f'(x_0)$ 个单位．在实际应用中解释边际函数值的具体意义时常略去“近似”二字．

因此，我们称 $C'(Q)$，$R'(Q)$，$L'(Q)$ 分别为边际成本（MC）、边际收益（MR）、边际利润（ML），而 $C'(Q_0)$ 称为当产量为 Q_0 时的边际成本，其经济学意义是，当产量达到 Q_0 个单位时，再增加一个单位的产量，即 $\Delta Q=1$ 时，总成本将增加 $C'(Q_0)$ 个单位（即成本的瞬时变化率）．同样，$R'(Q_0)$ 称为当产量为 Q_0 时的边际收益，其经济学意义是，产量达到 Q_0 个单位的时候，再增加一个单位的销量，即 $\Delta Q=1$ 时，相应的总收入增加 $R'(Q_0)$ 个单位（即收益的瞬时变化率）．

注　边际效用不仅适用于经济分析，同时在科技、教育等领域也显示出巨大的潜力．但科技成分并非越多越好，越高越好，更重要的是在解决实际问题方面的实用性、针对性，否则就会进入“惟科学论”的思维模式．教育活动也如此，“锦上添花”固然轻松，但“雪中送炭”更为重要．初始阶段教育对象接受相关信息的效果最高，然后随着时间的推移逐渐降低，最后达到一个饱和点，超过了这个点，教育对象将产生抵触心态．

例 4.40　设某产品的需求函数为 $Q=100-5P$，求边际收益函数及 $Q=20$、50 和 70 时的边际收益，并解释所得结果的经济学意义．

解 收益函数 $R(Q)=PQ=\dfrac{1}{5}Q(100-Q)$，则边际收益函数为 $R'(Q)=\dfrac{1}{5}(100-2Q)$，从而 $R'(20)=12$， $R'(50)=0$， $R'(70)=-8$.

其经济学意义为，当销售量为 20 个单位时，再多销售一个单位产品，总收入约增加 12 个单位；当销售量为 50 个单位时，扩大销售，总收入不会增加；当销售量为 70 个单位时，再多销售一个单位产品，反而使总收入减少约 8 个单位.

2. 最大利润

在产量和销售一致的情况下，总利润函数是总收益函数与总成本函数之差，即

$$L(Q)=R(Q)-C(Q).$$

若企业以最大利润为目标而控制产量，则我们的问题是选择怎样的产量 Q，使目标函数 $L(Q)$ 达到最大值？

如果产量为 Q_0 时可以达到利润最大，根据极值存在的必要条件和充分条件，利润函数应该满足：

$$L'(Q_0)=R'(Q_0)-C'(Q_0)=0,$$

即

$$R'(Q_0)=C'(Q_0), \tag{4.11}$$

$$L''(Q_0)=R''(Q_0)-C''(Q_0)<0,$$

即

$$R''(Q_0)<C''(Q_0). \tag{4.12}$$

式（4.11）为极大利润的必要（均衡）条件，即边际收益等于边际成本. 式（4.12）为极大利润的充分（稳定）条件，即边际收益的变化率小于边际成本的变化率. 由此得到，当产量 Q 满足式（4.11）和式（4.12）时，所得利润为极大值. 若极大值点只有一个，根据问题的实际意义，此点也为最大值点.

例 4.41 已知某商品的需求函数为 $Q=1200-60P$，总成本函数为 $C(Q)=1000+10Q$. 若工厂有权自定价格，问每天生产多少件产品时，利润最大，此时的价格为多少元？

解 利润 $L(Q)$=收益 $R(Q)$ − 成本 $C(Q)$. 由题意知

$$L(Q)=PQ-C(Q)=20Q-\frac{Q^2}{60}-10Q-1000=10Q-\frac{Q^2}{60}-1000,$$

则

$$L'(Q)=10-\frac{Q}{30},\quad L''(Q)=-\frac{1}{30}.$$

令 $L'(Q)=0$，得 $Q=300$. 又 $L''(300)=-\dfrac{1}{30}<0$，所以 $Q=300$ 是极大值点. 由实际问题可知，该问题一定存在最大值，且驻点唯一，故该极大值点即为最大值点. 所以利

润最大时的产量是 300 件．此时价格为 $P=20-\dfrac{300}{60}=15$（元）．

例 4.42　某商家销售某种商品的价格满足关系 $P=7-0.2Q$（万元/t），且 Q 为销售量（单位：t），商品的成本函数为 $C(Q)=3Q+1$（万元）．

（1）若每销售 1t 商品，政府要征税 t（万元），求商家获得最大利润时的销售量；

（2）t 为何值时，政府税收总额最大．

解　（1）当商品的销售量为 Q 时，商品销售总收入为

$$R=PQ=7Q-0.2Q^2.$$

设政府征税总额为 T，则有 $T=tQ$，且利润函数为

$$L=R-T-C=-0.2Q^2+(4-t)Q-1.$$

令 $L'=-0.4Q+4-t=0$，得驻点 $Q=\dfrac{5}{2}(4-t)$．

而 $L''=-0.4<0$，则 $L(Q)$ 在 $Q=\dfrac{5}{2}(4-t)$ 处取得极大值，由实际问题知最大值一定存在，再由驻点唯一，可知 $L(Q)$ 在 $Q=\dfrac{5}{2}(4-t)$ 时取得最大值，即 $Q=\dfrac{5}{2}(4-t)$ 是商家获得最大利润的销售量．

（2）由（1）的结果知，政府征税总额为

$$T=tQ=\frac{5}{2}(4-t)t=10-\frac{5}{2}(2-t)^2.$$

显然，当 $t=2$ 时，政府税收总额最大．若使商家在纳税的情况下仍能获得最大利润，则必须使 $Q=\dfrac{5}{2}(4-t)>0$，即 t 满足限制条件 $0<t<4$，显然 $t=2$ 未超出范围．

4.5.2　弹性分析

1. 弹性的概念

我们前面介绍的函数的改变量和函数的变化率都是指绝对改变量和绝对变化率，在生活实践中，仅仅研究函数的绝对改变量和函数的绝对变化率是不够的．例如，商品 A 每单位价格 10 元，涨价 1 元；商品 B 每单位价格 1000 元，也涨价 1 元．两种商品的价格的绝对改变量都是 1 元，但两者的涨价的百分比却有很大的不同，商品 A 涨价了 10%，商品 B 涨价了 0.1%．因此我们有必要研究函数的相对改变量和相对变化率．

定义 4.5　设 $f(x)$ 在 x_0 处可导，那么函数的相对改变量 $\dfrac{\Delta y}{y_0}=\dfrac{f(x_0+\Delta x)-f(x_0)}{f(x_0)}$ 与自变量的相对改变量 $\dfrac{\Delta x}{x_0}$ 的比值 $\dfrac{\Delta y/y_0}{\Delta x/x_0}$ 称为函数 $y=f(x)$ 从 x_0 到 $x_0+\Delta x$ **两点间的相对变化率或两点间的弹性**．若当 $\Delta x\to 0$ 时，$\dfrac{\Delta y/y_0}{\Delta x/x_0}$ 的极限存在，则称此极限为 $y=f(x)$ 在点 x_0 的**相对变化率，也就是相对导数**，或称为 $y=f(x)$ 在点 x_0 的**弹性**，并记为 $\left.\dfrac{Ey}{Ex}\right|_{x=x_0}$ 或

$\dfrac{E}{Ex}f(x_0)$，即

$$\left.\frac{Ey}{Ex}\right|_{x=x_0}=\lim_{\Delta x\to 0}\frac{\Delta y}{\Delta x}\cdot\frac{x_0}{y_0}=\frac{x_0}{y_0}f'(x_0).$$

若函数 $y=f(x)$ 在任意点 x 处可导，则称 $\dfrac{Ey}{Ex}$ 为函数 $y=f(x)$ 在点 x 处的弹性函数，即

$$\frac{Ey}{Ex}=\lim_{\Delta x\to 0}\frac{\Delta y/y}{\Delta x/x}=\lim_{\Delta x\to 0}\frac{\Delta y}{\Delta x}\cdot\frac{x}{y}=y'\frac{x}{y}.$$

由于 $\lim\limits_{\Delta x\to 0}\dfrac{\Delta y}{\Delta x}\cdot\dfrac{x_0}{y_0}=\dfrac{E}{Ex}f(x_0)$，故当 $|\Delta x|$ 充分小时，$\dfrac{\Delta y}{\Delta x}\cdot\dfrac{x_0}{y_0}\approx\dfrac{E}{Ex}f(x_0)$，从而 $\dfrac{\Delta y}{y_0}\approx\dfrac{\Delta x}{x_0}\cdot\dfrac{E}{Ex}f(x_0)$，若取 $\dfrac{\Delta x}{x_0}=1\%$，则 $\dfrac{\Delta y}{y_0}\approx\dfrac{E}{Ex}f(x_0)\%$.

弹性的经济学意义：数值 $\dfrac{E}{Ex}f(x)$ 表示 $f(x)$ 在点 x 处，当 x 产生1%的改变时，函数 $f(x)$ 近似地改变 $\dfrac{E}{Ex}f(x)\%$. 在应用问题中解释弹性的具体意义时，通常略去“近似”二字. 因此，函数 $f(x)$ 在点 x 的弹性 $\dfrac{Ey}{Ex}$ 反映随 x 的变化 $f(x)$ 变化幅度的大小，即 $f(x)$ 对 x 变化反应的强烈程度或**灵敏度**.

关于弹性，要注意的是分子和分母必须以百分比表示，因为只有百分比计算才有可比性. 例如，衡量肉和蔬菜这两种物品价格变动情况时，不能直接用价格的绝对数来表示，而要用百分比来比较.

例 4.43 求函数 $y=f(x)=\mathrm{e}^{2x}$ 的弹性函数，并求 $x=2$ 处的弹性.

解 因为 $f'(x)=2\mathrm{e}^{2x}$，所以

$$\frac{Ey}{Ex}=y'\frac{x}{y}=\frac{x}{y}\cdot 2\mathrm{e}^{2x}=\frac{x}{\mathrm{e}^{2x}}\cdot 2\mathrm{e}^{2x}=2x.$$

因此，$x=2$ 处的弹性为 $\left.\dfrac{Ey}{Ex}\right|_{x=2}=4$.

例 4.44 求函数 $f(x)=x^n$（n 为自然数）的弹性函数.

解 因为 $f'(x)=nx^{n-1}$，故

$$\frac{E}{Ex}f(x)=\frac{x}{x^n}\cdot n\cdot x^{n-1}=n.$$

例 4.44 表明幂函数的弹性函数为常数.

2. 需求弹性

需求弹性反映了当商品价格变动时需求变动的强弱. 由于需求函数 $Q=f(P)$ 为递减函数，所以 $f'(P)<0$，从而 $f'(P_0)\dfrac{P_0}{Q_0}$ 为负数. 经济学家一般用正数表示需求弹性，因此，用需求弹性相对变化率的相反数来定义需求弹性.

定义 4.6　设需求函数为 $Q=f(P)$，则称 $\overline{\eta}(P_0,P_0+\Delta P)=-\dfrac{\Delta Q}{\Delta P}\cdot\dfrac{P_0}{Q_0}$ 为该商品从 P_0 到 $P_0+\Delta P$ **两点间的需求弹性**．若 $f'(P)$ 存在，则称 $\eta\Big|_{P=P_0}=\eta(P_0)=-f'(P_0)\dfrac{P_0}{f(P_0)}$ 为该商品在 $P=P_0$ 处的**需求弹性**．

在经济学中，对需求弹性分析时根据其大小把需求弹性划分为弹性不足、单位弹性和弹性充足三种情况．

（1）若 $\eta<1$，则需求变动的幅度小于价格变动的幅度，此时称为弹性不足，生活必需品多属于这种情况．在这种情况下，价格提高 1%，需求减少低于 1%；价格减少 1%，需求增加低于 1%，这说明提价会增加总收益，减价会减少总收益．

（2）若 $\eta=1$，则需求量与价格以同一比例变动，此时称为单位弹性．在这种情况下，价格提高 1%，需求减少 1%，提价或减价不影响其总收益，在实际中这种情况很少见．

（3）若 $\eta>1$，则需求变动的幅度大于价格变动的幅度，此时称为弹性充足，奢侈品多属此类．在这种情况下，价格提高 1%，需求减少大于 1%；价格降低 1%，需求增加大于 1%，这说明减价会增加总收益，提价会减少总收益．

例 4.45　设某商品的需求函数为 $Q=\dfrac{1200}{P}$，求：

（1）P 从 30 到 $P=20$，25，32，50 各点间的需求弹性；

（2）举例说明其经济学意义；

（3）$P=30$ 时的需求弹性．

解　（1）因为 $Q_0=\dfrac{1200}{P_0}$，$\Delta Q=Q(P)-Q(P_0)=1200\left(\dfrac{1}{P}-\dfrac{1}{P_0}\right)$，两点间的弹性为

$$\overline{\eta}(P_0,P_0+\Delta P)=-\frac{\Delta Q}{\Delta P}\cdot\frac{P_0}{Q_0},$$

所以，当 $P_0=30$，$P=20$ 时，$\Delta P=-10$，$Q_0=40$，$\Delta Q=20$，$\overline{\eta}(30,20)=1.5$；

当 $P_0=30$，$P=25$ 时，$\Delta P=-5$，$Q_0=40$，$\Delta Q=8$，$\overline{\eta}(30,25)=1.2$；

当 $P_0=30$，$P=32$ 时，$\Delta P=2$，$Q_0=40$，$\Delta Q=-2.5$，$\overline{\eta}(30,32)=0.93$；

当 $P_0=30$，$P=50$ 时，$\Delta P=20$，$Q_0=40$，$\Delta Q=-16$，$\overline{\eta}(30,50)=0.6$．

（2）$\overline{\eta}(30,20)=1.5$，说明当商品价格 P 从 30 降到 20 时，在这个区间内，P 从 30 每降低 1%，其需求从 40 平均增加 1.5%．

$\overline{\eta}(30,50)=0.6$，说明当商品价格 P 从 30 涨到 50 时，在这个区间内，P 从 30 每上涨 1%，其需求从 40 平均减少 0.6%．

（3）因为

$$Q'=-\frac{1200}{P^2},\quad \eta(P)=-Q'\cdot\frac{P}{Q}=\frac{1200}{P^2}\cdot\frac{P}{\dfrac{1200}{P}}=1,$$

故 $\eta(30)=1$．说明，在 $P=30$ 时，价格上涨 1%，需求则减少 1%；价格下降 1%，需求

则增加 1%.

此需求函数为幂函数，其弹性函数为单位弹性，即 P 为任何值时均有 $\eta=1$.

例 4.46 设某商品的需求函数为 $Q=\mathrm{e}^{-\frac{P}{5}}$ ，求 $P=3$ ， $P=5$ ， $P=6$ 时的需求弹性.

解 因为 $Q'=-\frac{1}{5}\mathrm{e}^{-\frac{P}{5}}$ ，故

$$\eta=-Q'\frac{P}{Q}=-\left(-\frac{1}{5}\right)\mathrm{e}^{-\frac{P}{5}}\cdot\frac{P}{\mathrm{e}^{-\frac{P}{5}}}=\frac{P}{5}.$$

当 $P=3$ 时， $\eta=0.6<1$ ，这时需求是弹性不足的，当价格上涨 1%，引起需求量减少 0.6%;

当 $P=5$ 时， $\eta=1$ ，这时需求是单位弹性，这时的需求量是最大需求量的一半；

当 $P=6$ 时， $\eta=1.2>1$ ，此时需求是弹性充足的，当价格上涨 1%，引起需求量减少 1.2%.

3. 供给弹性

类似于一般函数弹性的定义，我们对供给弹性定义如下：

定义 4.7 设供给函数为 $S=\varphi(P)$ ，其中 S 为供给量， P 为价格，则称

$$\overline{\varepsilon}(P_0,P_0+\Delta P)=\frac{\Delta S}{\Delta P}\cdot\frac{P_0}{S_0}$$

为该商品从 P_0 到 $P_0+\Delta P$ **两点间的供给弹性**. 若 $\varphi'(P)$ 存在，则称

$$\varepsilon\Big|_{P=P_0}=\varepsilon(P_0)=\varphi'(P_0)\frac{P_0}{\varphi(P_0)}$$

为该商品在 $P=P_0$ 处的供给弹性.

例 4.47 设某商品的供给函数为 $S=2+3P$ ，求供给弹性函数及 $P=3$ 时的供给弹性.

解 由已知 $S=2+3P$ ，得 $S'=3$. 因为

$$\varepsilon(P)=\varphi'(P)\frac{P}{\varphi(P)}=\frac{3P}{2+3P},$$

所以

$$\varepsilon(3)=\frac{3\times3}{2+3\times3}=0.82.$$

说明当价格 $P=3$ 时，价格上涨（或下跌）1%，引起供给量增加（或减少）0.82%.

4. 边际收益与需求弹性的关系

设 R 为收益函数， $Q=f(P)$ 为需求函数， P 为价格，则 $R=P\cdot Q=P\cdot f(P)$ ，从而

$$\begin{aligned}R'&=f(P)+Pf'(P)=f(P)\left[1+f'(P)\frac{P}{f(P)}\right]\\&=f(P)(1-\eta).\end{aligned}$$

由于 $f(P) \geqslant 0$，于是有：

（1）若 $\eta < 1$，$R' > 0$，R 递增，即价格上涨会使总收益增加，价格下跌会使总收益减少.

（2）若 $\eta > 1$，$R' < 0$，R 递减，即价格上涨会使总收益减少，价格下跌会使总收益增加.

（3）若 $\eta = 1$，$R' = 0$，R 取得最大值.

综上所述，总收益的变化受需求弹性的制约，随商品需求弹性的变化而变化（图 4.11）.

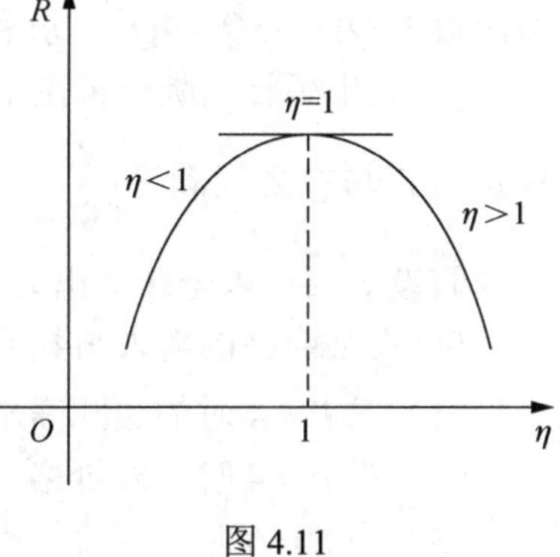

图 4.11

例 4.48　设某商品的需求函数为 $Q = f(P) = 12 - \dfrac{P}{2}$.

（1）求需求弹性函数；

（2）求 $P = 6$ 时的需求弹性；

（3）在 $P = 6$ 时，若价格上涨 1%，总收益增加还是减少？将变化百分之几？

（4）当 P 为何值时，总收益最大？最大的总收益是多少？

解　（1）$Q' = -\dfrac{1}{2}$，$\eta(P) = -Q' \cdot \dfrac{P}{Q} = \dfrac{1}{2} \cdot \dfrac{P}{12 - \dfrac{P}{2}} = \dfrac{P}{24 - P}$.

（2）$\eta(6) = \dfrac{6}{24 - 6} = \dfrac{1}{3}$.

（3）$\eta(6) = \dfrac{1}{3} < 1$，所以价格上涨 1%，总收益将增加. 总收益增加的百分比，即总收益的弹性. 因为 $R = P \cdot Q = P \cdot f(P)$，所以 $R(6) = 6 \cdot f(6) = 54$；$R' = f(P)[1 - \eta(P)]$，所以 $R'(6) = f(6)[1 - \eta(6)] = 9 \times \dfrac{2}{3} = 6$，故总收益弹性为

$$\left.\frac{ER}{EP}\right|_{P=6} = R'(6) \cdot \frac{6}{R(6)} = 6 \times \frac{6}{54} = \frac{2}{3} \approx 0.67.$$

所以，当价格上涨 1%时，总收益约增加 0.67%.

（4）$R = P \cdot f(P) = 12P - \dfrac{P^2}{2}$，所以 $R' = 12 - P$，令 $R' = 0$，得 $P = 12$，而 $R'' = -1 < 0$，所以 $P = 12$ 时，总收益取得极大值，由实际问题可知，最大值一定存在，而驻点唯一，故该点处的极大值也是最大值，最大的总收益为

$$R(12) = 12 \times 12 - \frac{12^2}{2} = 72.$$

习题 4.5

1. 某商品的成本函数为 $C(Q) = \dfrac{Q^2}{8} + 1000$，求产量 $Q = 100\,\text{t}$ 时的总成本、平均成本和边际成本.

2. 设需求函数为 $Q(P) = 650 - 5P - P^2$，求 $P = 10$ 时需求弹性.

3．已知某厂生产Q件产品的总成本函数为$C(Q)=Q^3-9Q^2+36Q+6$（元），总收益函数$R(Q)=33Q-4Q^2$．求利润最大时的产量、产品的价格和利润？

4．某出版社出版一种图书，印刷Q册所需成本为$C=25000+5Q$（元），又每本书的价格P与Q之间满足$\dfrac{Q}{1000}=6\left(1-\dfrac{P}{30}\right)$，问价格$P$定为多少时，出版社可获取最大利润（假设该书可以全部售出）？

5．设某商品的需求函数为$Q=f(P)=75-P^2$．

（1）求$P=4$时的边际需求；

（2）当$P=4$时，若价格上涨1%，总收益增加还是减少？将变化百分之几？

（3）当$P=6$时，若价格上涨1%，总收益增加还是减少？将变化百分之几？

（4）P为何值时，总收益最大？最大的总收益是多少？

自测题A　基础自测题

一、填空题（每题2分，共10分）

1. 函数$f(x)=x^3-x$在区间$[0, 2]$上满足拉格朗日中值定理的$\xi=$________.

2. $\lim\limits_{x\to 0}\cot x\left(\dfrac{1}{\sin x}-\dfrac{1}{x}\right)=$________.

3. 曲线$y=(x-1)^3$的拐点是________.

4. 曲线$y=(x+1)^4+\mathrm{e}^x$的凹区间为________.

5. 设某产品需求量Q与价格P的函数关系为$Q=Q(P)=1600\left(\dfrac{1}{4}\right)^P$，则需求$Q$对于$P$的需求弹性函数为________.

二、选择题（每题2分，共10分）

6. 已知当$x\to 0$时，函数$f(x)=3\sin x-\sin 3x$与cx^k是等价无穷小，则有（　　）.

A. $k=1$，$c=4$　　B. $k=1$，$c=-4$

C. $k=3$，$c=4$　　D. $k=3$，$c=-4$

7. 若$\lim\limits_{x\to 0}\left[\dfrac{1}{x}-\left(\dfrac{1}{x}-a\right)\mathrm{e}^x\right]=1$，则$a=$（　　）.

A. 0　　B. 1　　C. 2　　D. 3

8. 设$f(x)=\dfrac{x}{3-x}$，则曲线$y=f(x)$（　　）.

A. 仅有水平渐近线　　B. 仅有铅直渐近线

C. 既有水平渐近线又有铅直渐近线　　D. 无渐近线

9. 设在$[0,1]$上$f''(x)>0$，则$f'(0), f'(1), f(1)-f(0)$或$f(0)-f(1)$几个数的大小顺序为（　　）.

A. $f'(1)>f'(0)>f(1)-f(0)$

B. $f'(1)>f(1)-f(0)>f'(0)$

C. $f(1)-f(0)>f'(1)>f'(0)$

D. $f'(1)>f(0)-f(1)>f'(0)$

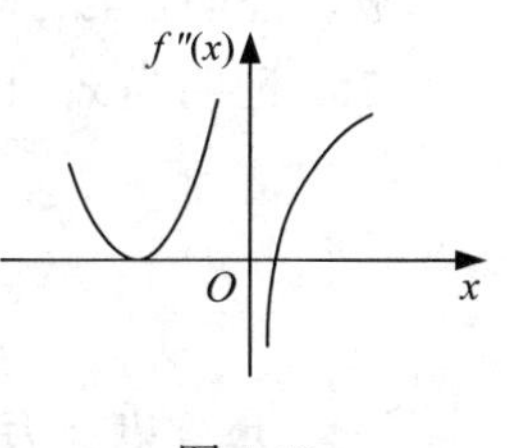

图 4.12

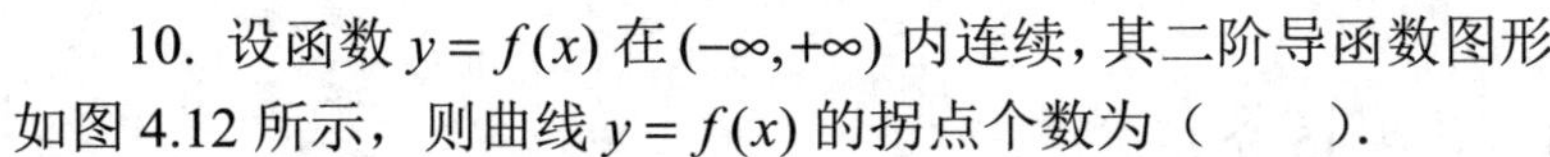
10. 设函数 $y=f(x)$ 在 $(-\infty,+\infty)$ 内连续，其二阶导函数图形如图 4.12 所示，则曲线 $y=f(x)$ 的拐点个数为（　　）.

A. 0　　B. 1　　C. 2　　D. 3

三、解答题（每题 5 分，共 35 分）

11. 设函数 $f(x)$ 二阶连续可导，且 $f(0)=0, f'(0)=1$，求 $\lim\limits_{x\to0}\dfrac{f(x)-x}{x^2}$.

12. 求 $\lim\limits_{x\to0}\dfrac{\mathrm{e}^{2x}-2\mathrm{e}^x+1}{x^2\cos x}$.

13. 求函数 $y=\dfrac{x^3+4}{x^2}$ 的单调区间和极值.

14. 已知点 $(-1,0)$ 是曲线 $y=x^3+ax^2+bx+1$ 的拐点，求 a 和 b 的值.

15. 计算 y 轴上的点 $(0,b)(b>2)$ 到抛物线 $4y=x^2$ 上的点的最短距离.

16. 求曲线 $y=\ln x$ 上与直线 $x+y=1$ 垂直的切线方程.

17. 求 $\lim\limits_{x\to0}\left(\dfrac{1}{\sin^2 x}-\dfrac{\cos^2 x}{x^2}\right)$.

四、应用题（每题 5 分，共 15 分）

18. 某工厂生产某种产品，固定成本为 20000 元，每生产一单位产品，成本增加 100 元. 已知总收益是年产量 Q 的函数：$R=R(Q)=400Q-\dfrac{1}{2}Q^2$，则每年生产多少单位产品时，总利润最大？此时总利润是多少？

19. 在椭圆 $\dfrac{x^2}{2}+\dfrac{y^2}{4}=1$ 中嵌入边平行于坐标轴的矩形，问该矩形的长和宽各为多少时矩形的面积最大，最大值是多少？

20. 某农场需要建一个面积为 $512\mathrm{m}^2$ 的矩形晾晒场，一边可用路边原来的石条围沿，另外三边需要砌新的石条围沿. 问晾晒场的长和宽如何选取才能使用料最省？

五、证明题（每题 6 分，共 30 分）

21. 试证明对函数 $f(x)=ax^2+bx+c$ 应用拉格朗日中值定理时所求得的点 ξ 总是位于该区间的中点处.

22. 证明方程 $\mathrm{e}^{x-1}+x-2=0$ 仅有一个实根.

23. 证明当 $x\in[0,1]$ 时，$2\operatorname{arccot}x+\arcsin\dfrac{2x}{1+x^2}=\pi$.

24. 若函数 $f(x)$ 在 (a,b) 内二阶可导，且 $f(x_1)=f(x_2)=f(x_3)$，其中 $a<x_1<x_2<$

$x_3 < b$，证明在(x_1, x_3)内至少有一点ξ，使得$f''(\xi)=0$.

25. 证明当$x>1$时，$(1+x)\ln(1+x) > x\ln x$.

自测题 B 提高自测题

一、填空题（每题 5 分，共 15 分）

1. 设函数$f(x)$在x=0处可导，且$f(0)$=0，则$\lim\limits_{x\to 0}\dfrac{x^2 f(x)-2f(x^3)}{x^3}=$________.

2. $\lim\limits_{x\to 0}\left[\dfrac{1}{x}-\dfrac{1}{\ln(1+x)}\right]=$________.

3. 曲线$y=x^2+2\ln x$在其拐点处的切线方程为________.

二、选择题（每题 5 分，共 15 分）

4. 设函数$f(x)$, $g(x)$具有二阶导数，且$g''(x)<0$.若$g(x_0)=a$是$g(x)$的极值，则$f[g(x)]$在x_0处取得极大值的一个充分条件是（　　）.

A. $f'(a)<0$　　B. $f'(a)>0$　　C. $f''(a)<0$　　D. $f''(a)>0$

5. 设函数$f(x)$具有二阶导数，$g(x)=f(0)(1-x)+f(1)x$，则在区间$[0,1]$上有（　　）.

A. 当$f'(x)\geqslant 0$时，$f(x)\geqslant g(x)$　　B. 当$f'(x)\geqslant 0$时，$f(x)\leqslant g(x)$

C. 当$f''(x)\geqslant 0$时，$f(x)\geqslant g(x)$　　D. 当$f''(x)\geqslant 0$时，$f(x)\leqslant g(x)$

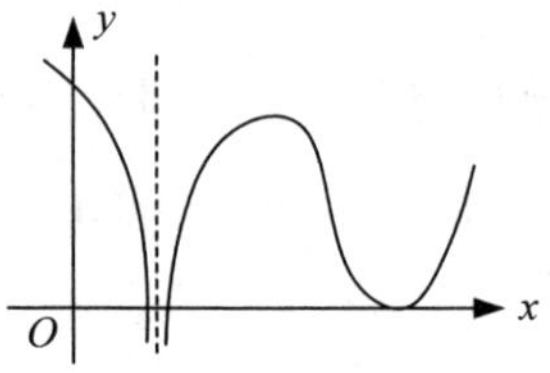

6. 设函数$y=f(x)$在$(-\infty,+\infty)$内连续，其导函数图形如图 4.13 所示，则有（　　）.

A. 函数$f(x)$有 2 个极值点，曲线$f(x)$有 2 个拐点

B. 函数$f(x)$有 2 个极值点，曲线$f(x)$有 3 个拐点

C. 函数$f(x)$有 3 个极值点，曲线$f(x)$有 1 个拐点

D. 函数$f(x)$有 3 个极值点，曲线$f(x)$有 2 个拐点

图 4.13

三、解答题（每题 8 分，共 40 分）

7. 求$\lim\limits_{x\to 0}\dfrac{\sqrt{1+2\sin x}-x-1}{x\ln(1+x)}$.

8. 已知实数a, b满足$\lim\limits_{x\to+\infty}\left[(ax+b)\mathrm{e}^{\frac{1}{x}}-x\right]=2$，求$a$, b.

9. 设函数$f(x)=x+a\ln(1+x)+bx\sin x$，$g(x)=kx^3$. 若$f(x)$与$g(x)$在$x\to 0$时是等价无穷小，求$a, b, k$的值.

10. 设函数 $y=y(x)$ 由参数方程 $\begin{cases} x=\frac{1}{3}t^3+t+\frac{1}{3} \\ y=\frac{1}{3}t^3-t+\frac{1}{3} \end{cases}$ 确定，求 $y=y(x)$ 的极值及曲线 $y=y(x)$ 的拐点.

11. 已知方程 $\frac{1}{\ln(1+x)}-\frac{1}{x}=k$ 在区间 $(0,1)$ 内有实根，确定常数 k 的取值范围.

四、应用题（每题 8 分，共 16 分）

12. 设生产某件商品的固定成本为 60000 元，可变成本为 20 元/件，价格函数为 $p=60-\frac{Q}{1000}$（p 是单价，单位：元；Q 是销量，单位：件）. 已知产销平衡，求：

（1）该商品的边际利润；

（2）当 $p=50$ 时的边际利润，并解释其经济意义；

（3）使得利润最大的定价 p.

13. 在抛物线 $y=x^2$（第一象限部分）上求一点，使过该点的切线与直线 $y=0,\ x=8$ 相交所围成的三角形的面积最大，并求最大面积.

五、证明题（每题 7 分，共 14 分）

14. 设不恒为常数的函数 $f(x)$ 在 $[a,b]$ 上连续，(a,b) 内可导，且 $f(a)=f(b)$，证明在 (a,b) 内至少有一点 ξ，使得 $f'(\xi)>0$.

15. 设函数 $f(x)$ 在 $[0,+\infty)$ 上可导，且 $f(0)=0,\ f(3)=2$，证明：

（1）存在 $a>0$，使得 $f(a)=1$；

（2）对（1）中的 a，存在 $\xi\in(0,a)$，使得 $f'(\xi)=\frac{1}{a}$.

思维导图

习题答案

第5章 不定积分

微分学的基本问题是已知一个函数，求它的导数或微分．但是，在自然科学和工程技术领域中往往还会遇到与此相反的问题，即已知一个函数的导数或微分，求这个函数，由此产生了积分学．在一元函数的积分学中包括不定积分和定积分两个部分．不定积分主要用来解决已知某个函数的导数（或微分）求这个函数的问题，是求导（或微分）的逆运算．定积分则主要用来解决求平面图形的面积、立体的体积、变速直线运动的路程和经济函数的总量等问题．本章将研究不定积分的概念、性质以及求法．

5.1 不定积分的概念与性质

5.1.1 不定积分的概念

定义 5.1 设 $f(x)$ 是定义在区间 I 上的函数，如果存在一个可导的函数 $F(x)$，使得对于 I 上任一点 x，都有

$$F'(x)=f(x) \quad 或 \quad \mathrm{d}F(x)=f(x)\mathrm{d}x,$$

那么称 $F(x)$ 为 $f(x)$ 在 I 上的一个**原函数**.

例如，在区间 $(-\infty,+\infty)$ 上，因为 $(x^3)'=3x^2$，$(x^3+1)'=3x^2$，$(x^3+C)'=3x^2$（C 为任意常数），所以 x^3，x^3+1，x^3+C 都是 $3x^2$ 的原函数.

又如，在区间 $(-\infty,+\infty)$ 上，$(\sin x)'=\cos x$，$(\sin x-3)'=\cos x$，$(\sin x+C)'=\cos x$（C 为任意常数），所以 $\sin x$，$\sin x-3$，$\sin x+C$ 都是 $\cos x$ 的原函数. 一般地，$f(x)$ 的原函数不止一个.

从这些例子可以看出，一个函数若存在原函数，它的原函数不唯一，那么它们之间有什么关系呢？是否每个函数都具有原函数呢？因此，要理解原函数，我们必须弄清以下几个问题：

（1）一个函数满足什么条件一定具有原函数？

（2）若一个函数的原函数不止一个，那么有多少个？

（3）若一个函数的原函数不止一个，那么这些原函数之间有什么关系？

下面的定理可回答上述问题：

定理 5.1（原函数存在定理） 如果函数 $f(x)$ 在区间 I 上连续，则 $f(x)$ 在区间 I 上存在原函数，即连续函数一定有原函数.

定理 5.1 给出了原函数存在的充分条件. 由于初等函数在其定义区间内连续，故初等函数在其定义区间内都存在原函数.

定理 5.2 设 $F(x)$ 是 $f(x)$ 在区间 I 上的一个原函数，则：

（1）$F(x)+C$ 也是 $f(x)$ 的一个原函数，其中 C 为任意常数；

（2）$f(x)$ 的任意两个原函数之间相差一个常数.

证明 （1）因为$[F(x)+C]'=F'(x)=f(x)$，所以$F(x)+C$也是$f(x)$的一个原函数.

（2）设$F(x)$与$G(x)$是$f(x)$在区间I上的两个原函数，则

$$[F(x)-G(x)]'=F'(x)-G'(x)=f(x)-f(x)=0,$$

故$F(x)-G(x)=C$.

定理 5.2 表明，若函数 $f(x)$有一个原函数 $F(x)$，则其任意一个原函数可以表示为$F(x)+C$，其中C为任意常数，其原函数全体就是函数族：

$$\{F(x)+C\mid-\infty<C<+\infty\}.$$

定义 5.2 设函数$F(x)$为函数$f(x)$在区间I上的一个原函数，则$f(x)$的带有任意常数项的原函数$F(x)+C$称为函数$f(x)$在区间I上的**不定积分**，记为$\int f(x)\mathrm{d}x$，即

$$\int f(x)\mathrm{d}x=F(x)+C.$$

其中，"$\int$"称为积分号，$f(x)$称为被积函数，$f(x)\mathrm{d}x$称为被积表达式，x称为积分变量，C称为积分常数.

因为不定积分$\int f(x)\mathrm{d}x$表示$f(x)$的带有任意常数项的原函数$F(x)+C$，因此求函数$f(x)$的不定积分，就是求$f(x)$的一个原函数，再加上一个任意常数. 具体地说，只要先求出$f(x)$的一个原函数，再加上积分常数C即可.

不定积分的概念（含原函数）

例如

$$\int 4x^3\mathrm{d}x=x^4+C,\quad \int\cos x\mathrm{d}x=\sin x+C.$$

5.1.2 不定积分的基本公式

由于求不定积分是求导数的逆运算，因此由基本导数公式可以得到相应的基本积分公式. 对照基本导数公式，有如下积分公式：

（1）$\int x^\mu\mathrm{d}x=\dfrac{x^{\mu+1}}{\mu+1}+C\ (\mu\neq-1)$；（2）$\int\dfrac{1}{x}\mathrm{d}x=\ln|x|+C$；

（3）$\int a^x\mathrm{d}x=\dfrac{a^x}{\ln a}+C\ \ (a>0,\ a\neq1)$；（4）$\int \mathrm{e}^x\mathrm{d}x=\mathrm{e}^x+C$；

（5）$\int\cos x\mathrm{d}x=\sin x+C$；（6）$\int\sin x\mathrm{d}x=-\cos x+C$；

（7）$\int\sec^2x\mathrm{d}x=\int\dfrac{1}{\cos^2x}\mathrm{d}x=\tan x+C$；（8）$\int\csc^2x\mathrm{d}x=\int\dfrac{1}{\sin^2x}\mathrm{d}x=-\cot x+C$；

（9）$\int\sec x\tan x\mathrm{d}x=\sec x+C$；（10）$\int\csc x\cot x\mathrm{d}x=-\csc x+C$；

（11）$\int\dfrac{1}{1+x^2}\mathrm{d}x=\arctan x+C=-\mathrm{arccot}x+C$；

（12）$\int\dfrac{1}{\sqrt{1-x^2}}\mathrm{d}x=\arcsin x+C=-\arccos x+C$.

基本积分公式是求不定积分的基础，必须牢记.

例 5.1 求下列不定积分：

（1）$\int \frac{1}{x\sqrt{x}}\mathrm{d}x$； （2）$\int \sqrt{x\sqrt{x}}\mathrm{d}x$.

解 先把被积函数写成分数指数幂的形式，再利用基本积分公式（1），得

（1）$\int \frac{1}{x\sqrt{x}}\mathrm{d}x = \int x^{-\frac{3}{2}}\mathrm{d}x = \frac{1}{-\frac{3}{2}+1}x^{-\frac{3}{2}+1} + C = \frac{-2}{\sqrt{x}} + C$.

（2）$\int \sqrt{x\sqrt{x}}\mathrm{d}x = \int x^{\frac{1}{2}+\frac{1}{4}}\mathrm{d}x = \int x^{\frac{3}{4}}\mathrm{d}x = \frac{1}{\frac{3}{4}+1}x^{\frac{3}{4}+1} + C = \frac{4}{7}x^{\frac{7}{4}} + C$.

例 5.2 求 $\int 2^x \mathrm{e}^x \mathrm{d}x$.

解 由于 $2^x\mathrm{e}^x = (2\mathrm{e})^x$，利用基本积分公式（3），得

$$\int 2^x \mathrm{e}^x \,\mathrm{d}x = \int (2\mathrm{e})^x \,\mathrm{d}x = \frac{(2\mathrm{e})^x}{\ln(2\mathrm{e})} + C = \frac{2^x \mathrm{e}^x}{1+\ln 2} + C.$$

5.1.3 不定积分的性质

性质 5.1 求不定积分与求导互为逆运算，即

（1）$\left[\int f(x)\mathrm{d}x\right]' = f(x)$ 或 $\mathrm{d}\left[\int f(x)\mathrm{d}x\right] = f(x)\mathrm{d}x$；

（2）$\int F'(x)\mathrm{d}x = F(x) + C$ 或 $\int \mathrm{d}F(x) = F(x) + C$.

由此可见，对一个函数先积分再微分，结果是两者互相抵消；若先微分再积分，则结果只差一个常数.

性质 5.2 被积函数中的常数因子可以提到积分号的前面，即

$$\int k f(x)\mathrm{d}x = k\int f(x)\mathrm{d}x \quad (k \text{ 为常数}).$$

性质 5.3 两个函数和、差的不定积分等于各不定积分的和、差，即

$$\int [f(x) \pm g(x)]\mathrm{d}x = \int f(x)\mathrm{d}x \pm \int g(x)\mathrm{d}x.$$

对于有限个函数的和、差的情形也是成立的，即

$$\int [f_1(x) \pm f_2(x) \pm \cdots \pm f_n(x)]\mathrm{d}x = \int f_1(x)\mathrm{d}x \pm \int f_2(x)\mathrm{d}x \pm \cdots \pm \int f_n(x)\mathrm{d}x.$$

证明上述性质，只需验证等式左、右两边的导数相等即可.

利用基本积分公式和不定积分的性质进行积分的方法称为直接积分法. 用直接积分法可以求出一些简单函数的不定积分.

例 5.3 求 $\int (x^3 - 3\cos x)\mathrm{d}x$.

解 $\int (x^3 - 3\cos x)\mathrm{d}x = \int x^3\mathrm{d}x - 3\int \cos x\mathrm{d}x = \frac{1}{4}x^4 - 3\sin x + C$.

注 分项积分后的多个积分常数可以合并成一个积分常数.

例 5.4 求 $\int \frac{6x^3 + \sqrt{x}}{2x}\mathrm{d}x$.

解 先将被积函数变形，化为代数和的形式，然后再分项积分，故

$$\int\frac{6x^3+\sqrt{x}}{2x}\mathrm{d}x=\int\left(3x^2+\frac{1}{2\sqrt{x}}\right)\mathrm{d}x=3\int x^2\mathrm{d}x+\frac{1}{2}\int\frac{1}{\sqrt{x}}\mathrm{d}x=x^3+\sqrt{x}+C.$$

例 5.5　求 $\int\frac{1+2x^2}{x^2(1+x^2)}\mathrm{d}x$.

解　被积函数是有理真分式，通常先将其化为几个分式之和，再分项积分. 故

$$\int\frac{1+2x^2}{x^2(1+x^2)}\mathrm{d}x=\int\left(\frac{1}{1+x^2}+\frac{1}{x^2}\right)\mathrm{d}x=\arctan x-\frac{1}{x}+C.$$

例 5.6　求 $\int\frac{x^4}{1+x^2}\mathrm{d}x$.

解　被积函数是有理假分式，先将其变形为

$$\frac{x^4}{1+x^2}=\frac{x^4-1+1}{1+x^2}=\frac{(x^2-1)(x^2+1)+1}{1+x^2}=x^2-1+\frac{1}{1+x^2},$$

然后分项积分，得

$$\int\frac{x^4}{1+x^2}\mathrm{d}x=\int\left(x^2-1+\frac{1}{1+x^2}\right)\mathrm{d}x=\frac{x^3}{3}-x+\arctan x+C.$$

例 5.7　求 $\int\cos^2\frac{x}{2}\mathrm{d}x$.

解　先利用三角恒等式 $\cos^2\frac{x}{2}=\frac{1}{2}(1+\cos x)$ 将被积函数变形后再分项积分，于是有

$$\int\cos^2\frac{x}{2}\mathrm{d}x=\int\frac{1+\cos x}{2}\mathrm{d}x=\frac{1}{2}\left(\int\mathrm{d}x+\int\cos x\mathrm{d}x\right)=\frac{1}{2}(x+\sin x)+C.$$

例 5.8　求 $\int\frac{\cos 2x}{\cos^2 x\sin^2 x}\mathrm{d}x$.

解　利用三角恒等式 $\cos 2x=\cos^2 x-\sin^2 x$，将被积函数变形为

$$\frac{\cos 2x}{\cos^2 x\sin^2 x}=\frac{\cos^2 x-\sin^2 x}{\cos^2 x\sin^2 x}=\frac{1}{\sin^2 x}-\frac{1}{\cos^2 x}.$$

然后进行分项积分，于是有

$$\int\frac{\cos 2x}{\cos^2 x\sin^2 x}\mathrm{d}x=\int\frac{1}{\sin^2 x}\mathrm{d}x-\int\frac{1}{\cos^2 x}\mathrm{d}x=-\cot x-\tan x+C.$$

5.1.4　不定积分的几何意义

若 $F(x)$ 为 $f(x)$ 的一个原函数，则称 $y=F(x)$ 的图像为 $f(x)$ 的一条积分曲线. 因此不定积分 $\int f(x)\mathrm{d}x$ 在几何上表示 $f(x)$ 的积分曲线族，它由 $f(x)$ 的一条积分曲线 $y=F(x)$ 沿 y 轴方向上下平移得到. 该曲线族中每条曲线在横坐标相同处的切线相互平行，如图 5.1 所示.

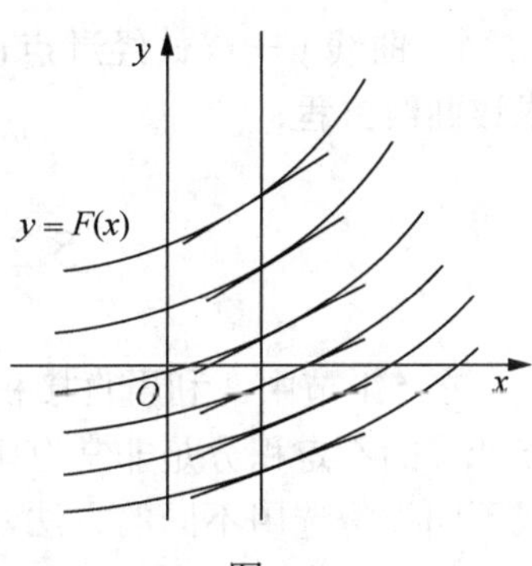

图 5.1

例 5.9　设积分曲线过点 $(1,2)$，且其上任意一点处的切线的斜率为 $3x^2$，求曲线方程.

解 已知$f(x)=3x^2$，则$F(x)=\int 3x^2\mathrm{d}x=x^3+C$.

因为积分曲线过点$(1,2)$，所以$F(1)=2=1+C$，得$C=1$．故积分曲线方程为$y=x^3+1$.

习题 5.1

1．已知曲线$y=f(x)$过点$(1,3)$，且在点(x,y)处的切线斜率为$k=4x^3-1$，求该曲线方程.

2．一质点做直线运动，已知其加速度$a=12t^2-3\sin t$，且当$t=0$时，速度为$v(0)=5$，位移$s(0)=-3$，求：

（1）速度v和时间t的关系；

（2）位移s与时间t的关系.

3．已知某产品产量$Q(t)$的变化率为时间t的函数$Q'(t)=2t+1\ (t\geqslant 0)$，求产量函数$Q(t)$.

4．已知某厂生产Q(kg)某商品的边际成本为$C'(Q)=0.3+2\dfrac{1}{\sqrt{Q}}$（元/kg），又固定成本$C(0)=4$（万元），求总成本函数$C(Q)$.

5．计算下列不定积分：

（1）$\int\dfrac{1}{x^3\sqrt{x}}\mathrm{d}x$；　　（2）$\int\sqrt{x\sqrt{x\sqrt{x}}}\mathrm{d}x$；

（3）$\int 2^x a^x\mathrm{d}x$；　　（4）$\int\dfrac{x^2+1}{\sqrt{x}}\mathrm{d}x$；

（5）$\int\dfrac{2\cdot 3^x-2^x}{3^x}\mathrm{d}x$；　　（6）$\int\sin^2\dfrac{x}{2}\mathrm{d}x$；

（7）$\int\dfrac{(1-x)^2}{\sqrt{x}}\mathrm{d}x$；　　（8）$\int\dfrac{1}{1+\cos 2x}\mathrm{d}x$；

（9）$\int\dfrac{x^2}{1+x^2}\mathrm{d}x$；　　（10）$\int\tan^2 x\mathrm{d}x$；

（11）$\int\dfrac{\mathrm{e}^{2x}-1}{\mathrm{e}^x+1}\mathrm{d}x$；　　（12）$\int\dfrac{x-\sqrt{1-x^2}}{x\sqrt{1-x^2}}\mathrm{d}x$.

6. 曲线$y=f(x)$经过点$(\mathrm{e}^2,3)$，且在任一点处的切线的斜率为该点横坐标的倒数，求该曲线方程.

5.2 不定积分的换元积分法

在 5.1 节中，利用直接积分法计算了一些简单的不定积分，但是，利用直接积分法能计算的不定积分是非常有限的．而对于更多函数的不定积分，要根据函数的不同形式或不同类型选用不同的方法，求不定积分有很大的灵活性．因此，我们有必要进一步研究不定积分的求法．本节讨论不定积分的换元积分法.

5.2.1　第一类换元积分法（凑微分法）

第一类换元积分法是由复合函数微分法导出的求原函数的一种方法. 为了更好地理解这种方法，我们先看一个例子.

引例　求$\int 2\cos 2x\mathrm{d}x$.

分析　先考虑复合函数的微分：

$$\mathrm{d}(\sin 2x) = \cos 2x\,\mathrm{d}(2x) = \cos 2x\cdot(2x)'\mathrm{d}x = 2\cos 2x\mathrm{d}x,$$

此公式倒过来，便可用于求不定积分.

解　$\int 2\cos 2x\mathrm{d}x = \int (2x)'\cos 2x\mathrm{d}x = \int \cos 2x\mathrm{d}2x$

$$\overset{2x=u}{=\!=\!=}\int \cos u\mathrm{d}u = \sin u + C \overset{u=2x}{=\!=\!=} \sin 2x + C.$$

对所得到的结果进行求导，容易验证$\sin 2x$确实是$2\cos x$的一个原函数. 我们常用这种方法来验证积分所得结果是否正确.

引例中所用的方法就是第一类换元积分法，也称为凑微分法.

定理 5.3　设函数$f(u)$具有原函数$F(u)$，且$u=\varphi(x)$可导，则有换元公式

$$\int f[\varphi(x)]\varphi'(x)\mathrm{d}x = \int f(u)\mathrm{d}u\,|_{u=\varphi(x)} = F[\varphi(x)] + C. \quad (5.1)$$

证明　只需证明上式右端的导数等于左端的被积函数，由复合函数求导法则，得

$$\{F[\varphi(x)]\}' = F'[\varphi(x)]\cdot\varphi'(x) = f[\varphi(x)]\cdot\varphi'(x).$$

式（5.1）称为不定积分的**第一类换元积分公式**. 此式还可以简单表述为

$$\begin{aligned}
&\int f[\varphi(x)]\varphi'(x)\mathrm{d}x \\
=&\int f[\varphi(x)]\mathrm{d}\varphi(x) &&（凑微分）\\
=&\int f(u)\mathrm{d}u &&（变量代换，令 u=\varphi(x)）\\
=&F(u)+C &&（求 f(u) 的原函数）\\
=&F[\varphi(x)]+C &&（还原 u=\varphi(x)）.
\end{aligned}$$

这种求不定积分的方法称为**第一类换元积分法**，它分为“**换元—积分—还原**”三个过程. 在利用第一类换元积分法进行换元的过程中，需要把$\varphi'(x)\mathrm{d}x$凑成微分$\mathrm{d}\varphi(x)$，也就是$\mathrm{d}u$，因此这一方法也称为**凑微分法**.

例 5.10　求$\int \frac{1}{5+2x}\mathrm{d}x$.

解　令$u=5+2x$，从而

$$\begin{aligned}
\int \frac{1}{5+2x}\mathrm{d}x &= \frac{1}{2}\int \frac{1}{5+2x}(5+2x)'\mathrm{d}x \\
&= \frac{1}{2}\int \frac{1}{u}\mathrm{d}u = \frac{1}{2}\ln|u| + C = \frac{1}{2}\ln|5+2x| + C.
\end{aligned}$$

例 5.11　求$\int (3+2x)^5\mathrm{d}x$.

解　$\int (3+2x)^5\mathrm{d}x = \frac{1}{2}\int (3+2x)^5(3+2x)'\mathrm{d}x = \frac{1}{2}\int (3+2x)^5\,\mathrm{d}(3+2x)$

$$\xlongequal{3+2x=u}\frac{1}{2}\int u^5\mathrm{d}u=\frac{1}{12}u^6+C\xlongequal{u=3+2x}\frac{1}{12}(3+2x)^6+C.$$

一般地，有

$$\int f(ax+b)\mathrm{d}x=\frac{1}{a}\int f(ax+b)(ax+b)'\mathrm{d}x=\frac{1}{a}\int f(ax+b)\,\mathrm{d}(ax+b)\quad(a\neq 0).$$

例 5.12 求 $\int\frac{\cos\sqrt{x}}{2\sqrt{x}}\mathrm{d}x$.

解 因为 $\mathrm{d}\sqrt{x}=\frac{1}{2\sqrt{x}}\mathrm{d}x$，令 $u=\sqrt{x}$，所以有

$$\int\frac{\cos\sqrt{x}}{2\sqrt{x}}\mathrm{d}x=\int\cos\sqrt{x}\,\mathrm{d}\sqrt{x}=\int\cos u\,\mathrm{d}u=\sin u+C=\sin\sqrt{x}+C.$$

凑微分法经常要用到下面的结论：

（1）$\mathrm{d}x=\frac{1}{a}\mathrm{d}(ax+b)$；（2）$x\mathrm{d}x=\frac{1}{2}\mathrm{d}x^2=\frac{1}{2a}\mathrm{d}(ax^2+b)$；

（3）$\frac{1}{x}\mathrm{d}x=\mathrm{d}\ln|x|$；（4）$\frac{\mathrm{d}x}{\sqrt{x}}=2\mathrm{d}\sqrt{x}$；

（5）$\cos x\mathrm{d}x=\mathrm{d}\sin x$；（6）$\sin x\mathrm{d}x=-\mathrm{d}\cos x$；

（7）$\mathrm{e}^x\mathrm{d}x=\mathrm{d}\mathrm{e}^x$；（8）$\frac{1}{1+x^2}\mathrm{d}x=\mathrm{d}\arctan x=-\mathrm{d}\,\mathrm{arccot}x$；

（9）$\frac{1}{\sqrt{1-x^2}}\mathrm{d}x=\mathrm{d}\arcsin x=-\mathrm{d}\arccos x$.

注 *凑微分的目的是利用公式进行计算. 当凑微分熟练之后，中间变量就可以省略，即省去换元这一过程.*

例 5.13 求下列不定积分：

（1）$\int\frac{2x}{\sqrt{1-x^2}}\mathrm{d}x$；（2）$\int\frac{1}{x(2\ln x+1)}\mathrm{d}x$；

（3）$\int\tan x\mathrm{d}x$；（4）$\int x\mathrm{e}^{x^2}\mathrm{d}x$.

解 （1）$\int\frac{2x}{\sqrt{1-x^2}}\mathrm{d}x=\int(1-x^2)^{-\frac{1}{2}}\mathrm{d}x^2=-\int(1-x^2)^{-\frac{1}{2}}\mathrm{d}(1-x^2)=-2(1-x^2)^{\frac{1}{2}}+C$.

（2）

$$\int\frac{1}{x(2\ln x+1)}\mathrm{d}x=\int\frac{1}{2\ln x+1}\mathrm{d}(\ln x)$$

$$=\frac{1}{2}\int\frac{1}{2\ln x+1}\mathrm{d}(2\ln x+1)=\frac{1}{2}\ln|2\ln x+1|+C.$$

（3）$\int\tan x\mathrm{d}x=\int\frac{\sin x}{\cos x}\mathrm{d}x=-\int\frac{1}{\cos x}\mathrm{d}\cos x=-\ln|\cos x|+C$.

同理可得

$$\int\cot x\mathrm{d}x=\ln|\sin x|+C.$$

（4）$\int x\mathrm{e}^{x^2}\mathrm{d}x=\frac{1}{2}\int\mathrm{e}^{x^2}\mathrm{d}x^2=\frac{1}{2}\mathrm{e}^{x^2}+C$.

例 5.14　求$\int\cos^2 x\mathrm{d}x$.

解　利用降幂公式$\cos^2 x=\frac{1}{2}(1+\cos 2x)$，得

$$\int\cos^2 x\mathrm{d}x=\frac{1}{2}\int(1+\cos 2x)\mathrm{d}x=\frac{x}{2}+\frac{1}{4}\int\cos 2x\,\mathrm{d}(2x)=\frac{x}{2}+\frac{1}{4}\sin 2x+C.$$

一般地，形如$\int\sin^m x\cdot\cos^n x\mathrm{d}x$（$m,n$为非负整数）的积分，若$m,n$均为偶数，则考虑用半角公式降幂次，即$\sin^2 x=\frac{1-\cos 2x}{2}$，$\cos^2 x=\frac{1+\cos 2x}{2}$；若$m,n$中至少有一个是奇数，则一般从奇数中分离一个进行凑微分.

例 5.15　求$\int\sin^3 x\cos^2 x\,\mathrm{d}x$.

解

$$\begin{aligned}\int\sin^3 x\cos^2 x\mathrm{d}x&=\int\sin^2 x\cdot\sin x\cdot\cos^2 x\mathrm{d}x=-\int\cos^2 x\cdot(1-\cos^2 x)\mathrm{d}(\cos x)\\&=\int(\cos^4 x-\cos^2 x)\,\mathrm{d}\cos x=\frac{1}{5}\cos^5 x-\frac{1}{3}\cos^3 x+C.\end{aligned}$$

例 5.16　求$\int\sec x\mathrm{d}x$.

解　由于$(\sec^2 x+\sec x\tan x)\,\mathrm{d}x=\mathrm{d}(\tan x+\sec x)$，所以先对被积函数$\sec x$变形，再凑微分，有

$$\begin{aligned}\int\sec x\mathrm{d}x&=\int\frac{\sec x(\sec x+\tan x)}{\sec x+\tan x}\mathrm{d}x=\int\frac{\sec^2 x+\sec x\tan x}{\sec x+\tan x}\mathrm{d}x\\&=\int\frac{1}{\sec x+\tan x}\mathrm{d}(\sec x+\tan x)=\ln|\tan x+\sec x|+C.\end{aligned}$$

例 5.17　求下列不定积分：

（1）$\int\sec^4 x\tan^3 x\mathrm{d}x$；　（2）$\int\sec^3 x\tan^3 x\mathrm{d}x$；　（3）$\int\cos 3x\cos 2x\mathrm{d}x$.

解　（1）

$$\begin{aligned}\int\sec^4 x\tan^3 x\mathrm{d}x&=\int\sec^2 x(\tan x)'\tan^3 x\mathrm{d}x=\int\sec^2 x\cdot\tan^3 x\mathrm{d}\tan x\\&=\int(1+\tan^2 x)\cdot\tan^3 x\mathrm{d}\tan x=\int(\tan^3 x+\tan^5 x)\mathrm{d}\tan x\\&=\frac{1}{4}\tan^4 x+\frac{1}{6}\tan^6 x+C.\end{aligned}$$

（2）

$$\begin{aligned}\int\sec^3 x\tan^3 x\mathrm{d}x&=\int\sec^2 x\tan^2 x\cdot(\sec x\cdot\tan x)\mathrm{d}x=\int\sec^2 x\tan^2 x\mathrm{d}\sec x\\&=\int\sec^2 x(\sec^2 x-1)\mathrm{d}\sec x=\int(\sec^4 x-\sec^2 x)\mathrm{d}\sec x\\&=\frac{1}{5}\sec^5 x-\frac{1}{3}\sec^3 x+C.\end{aligned}$$

（3）$\int\cos 3x\cos 2x\mathrm{d}x=\frac{1}{2}\int(\cos 5x+\cos x)\,\mathrm{d}x=\frac{1}{10}\sin 5x+\frac{1}{2}\sin x+C$.

一般地，

（1）形如$\int\tan^m x\sec^n x\mathrm{d}x$的积分，当$n$为偶数时，通常凑微分$\sec^2 x\mathrm{d}x=\mathrm{d}\tan x$，将被积函数化为$\tan x$的函数；当$m$为奇数时，通常凑微分$\sec x\cdot\tan x\mathrm{d}x=\mathrm{d}\sec x$，将被积函数化为$\sec x$的函数.

（2）形如$\int \cos mx\cos nx\mathrm{d}x$之类的积分，经常采用积化和差的方法化简被积函数，再求积分.

例 5.18 求下列不定积分：

（1）$\int \frac{1}{x^2-a^2}\mathrm{d}x$，$a\neq 0$； （2）$\int \frac{1}{x^2-2x-3}\mathrm{d}x$；

（3）$\int \frac{1}{x^2+a^2}\mathrm{d}x$，$a\neq 0$； （4）$\int \frac{1}{x^2+2x+3}\mathrm{d}x$.

解 （1）
$$\int \frac{1}{x^2-a^2}\mathrm{d}x=\frac{1}{2a}\int\left(\frac{1}{x-a}-\frac{1}{x+a}\right)\mathrm{d}x=\frac{1}{2a}(\ln|x-a|-\ln|x+a|)+C$$
$$=\frac{1}{2a}\ln\left|\frac{x-a}{x+a}\right|+C.$$

（2）先化为（1）的形式，再利用（1）的结果，即
$$\int \frac{1}{x^2-2x-3}\mathrm{d}x=\int \frac{1}{(x-1)^2-2^2}\mathrm{d}(x-1)=\frac{1}{2\times 2}\ln\left|\frac{x-1-2}{x-1+2}\right|+C=\frac{1}{4}\ln\left|\frac{x-3}{x+1}\right|+C.$$

（3）
$$\int \frac{1}{x^2+a^2}\mathrm{d}x=\frac{1}{a}\int \frac{1}{1+\left(\frac{x}{a}\right)^2}\mathrm{d}\frac{x}{a}=\frac{1}{a}\arctan\left(\frac{x}{a}\right)+C.$$

（4）先化为（3）的形式，再利用（3）的结果，即
$$\int \frac{1}{x^2+2x+3}\mathrm{d}x=\int \frac{1}{(x+1)^2+2}\mathrm{d}(x+1)=\frac{1}{\sqrt{2}}\arctan\left(\frac{x+1}{\sqrt{2}}\right)+C.$$

5.2.2 第二类换元积分法

前面介绍的第一类换元积分法，是利用凑微分$\varphi'(x)\mathrm{d}x=\mathrm{d}\varphi(x)$的方法，把一个较复杂的积分$\int f[\varphi(x)]\varphi'(x)\mathrm{d}x$化为较简便的且基本积分公式中已有的形式：
$$\int f[\varphi(x)]\varphi'(x)\mathrm{d}x=\int f(u)\mathrm{d}u \quad（其中 u=\varphi(x)）.$$

但是有时不易找出微分形式，此时可以设法做代换$x=\varphi(t)$，把积分$\int f(x)\mathrm{d}x$化为$\int f[\varphi(t)]\varphi'(t)\mathrm{d}t$的形式，这就是**第二类换元积分法**.

定理 5.4 设函数$x=\varphi(t)$单调、可导，且$\varphi'(t)\neq 0$. 又设$f[\varphi(t)]\varphi'(t)$存在原函数$F(t)$，则有换元公式
$$\int f(x)\mathrm{d}x=\int f[\varphi(t)]\cdot\varphi'(t)\mathrm{d}t=F(t)+C=F[\varphi^{-1}(x)]+C,$$
其中，$t=\varphi^{-1}(x)$是$x=\varphi(t)$的反函数.

证明 只需证明右端对x的导数等于左端的被积函数，即
$$\{F[\varphi^{-1}(x)]+C\}'=F'[\varphi^{-1}(x)]\frac{\mathrm{d}\varphi^{-1}(x)}{\mathrm{d}x}=F'(t)\frac{\mathrm{d}t}{\mathrm{d}x}$$
$$=f[\varphi(t)]\cdot\varphi'(t)\cdot\frac{1}{\varphi'(t)}=f[\varphi(t)]=f(x).$$

使用第二类换元法的关键在于合理地选择函数$x=\varphi(t)$进行变量代换，然后求出积

分$\int f[\varphi(t)]\varphi'(t)\mathrm{d}t$，再将结果中的变量$t$作变量回代，即分为"**换元—积分—回代**"三个过程. 这一过程可简单表述为

$$\begin{aligned}\int f(x)\,\mathrm{d}x &= \int f[\varphi(t)]\varphi'(t)\mathrm{d}t \qquad &&\text{（变量代换，令 } x=\varphi(t)\text{）}\\ &= F(t)+C &&\text{（求原函数）}\\ &= F[\varphi^{-1}(x)]+C &&\text{（将 } t=\varphi^{-1}(x) \text{ 回代）}.\end{aligned}$$

第二类换元积分法

第二类换元法没有固定的形式，下面分几类介绍基本的积分方法.

1. 根式代换法

当被积函数中有形如$\sqrt[n]{ax-b}$的根式时，可选择新的积分变量$t=\sqrt[n]{ax-b}$，从中解出$x=\dfrac{1}{a}(t^n+b)$，则$\mathrm{d}x=\dfrac{n}{a}t^{n-1}\mathrm{d}t$. 将其代入积分，可化去根式，使被积函数有理化.

例 5.19 求$\int\dfrac{1}{1+\sqrt{x}}\mathrm{d}x$.

解 为了去掉根号，可设$\sqrt{x}=t$，于是$x=t^2$，$\mathrm{d}x=2t\mathrm{d}t$，从而所求积分为

$$\begin{aligned}\int\frac{1}{1+\sqrt{x}}\mathrm{d}x &= \int\frac{2t}{t+1}\mathrm{d}t = 2\int\left(1-\frac{1}{1+t}\right)\mathrm{d}t\\ &= 2(t-\ln|1+t|)+C = 2(\sqrt{x}-\ln|1+\sqrt{x}|)+C.\end{aligned}$$

例 5.20 求$\int\dfrac{1}{\sqrt{x}(1+\sqrt[3]{x})}\mathrm{d}x$.

解 被积函数中有根式$\sqrt{x}$和$\sqrt[3]{x}$，它们的根指数分别是2和3，为了同时消除这些根式，则以2与3的最小公倍数6为根指数，即令$t=\sqrt[6]{x}$，于是有$x=t^6$，$\mathrm{d}x=6t^5\mathrm{d}t$.从而

$$\begin{aligned}\int\frac{1}{\sqrt{x}(1+\sqrt[3]{x})}\mathrm{d}x &= \int\frac{1}{t^3(1+t^2)}6t^5\mathrm{d}t = 6\int\left(1-\frac{1}{1+t^2}\right)\mathrm{d}t\\ &= 6(t-\arctan t)+C = 6(\sqrt[6]{x}-\arctan\sqrt[6]{x})+C.\end{aligned}$$

2. 三角代换法

当被积函数中含有形如$\sqrt{a^2-x^2}$，$\sqrt{x^2\pm a^2}$ $(a>0)$的根式时，可以利用三角函数进行换元，将被积函数有理化. 具体代换为：

（1）当被积函数中含有$\sqrt{a^2-x^2}$时，可作代换$x=a\sin t$，$-\dfrac{\pi}{2}<t<\dfrac{\pi}{2}$.

（2）当被积函数中含有$\sqrt{x^2+a^2}$时，可作代换$x=a\tan t$，$-\dfrac{\pi}{2}<t<\dfrac{\pi}{2}$.

（3）当被积函数中含有$\sqrt{x^2-a^2}$时，分两种情况讨论：

（i）当$x>a$时，可作代换$x=a\sec t$，$0<t<\dfrac{\pi}{2}$；

（ii）当$x<-a$时，可作代换$u=-x$，则$u>a$，回到（i）的情形.

这三种代换统称为**三角代换**.

例 5.21 求$\int\sqrt{a^2-x^2}\,\mathrm{d}x\ (a>0)$.

解 令 $x = a\sin t$，则 $\mathrm{d}x = a\cos t\mathrm{d}t$，$\sqrt{a^2 - x^2} = a\cos t$，$-\dfrac{\pi}{2} < t < \dfrac{\pi}{2}$，于是有

$$\int \sqrt{a^2 - x^2}\mathrm{d}x = a^2\int \cos^2 t\mathrm{d}t = \frac{a^2}{2}\int (1+\cos 2t)\mathrm{d}t$$
$$= \frac{a^2}{2}\left(t + \frac{1}{2}\sin 2t\right) + C = \frac{a^2}{2}(t + \sin t\cos t) + C.$$

为了将结果中的 t 回代成 x 的函数，可以根据 $\sin t = \dfrac{x}{a}$ 画一个直角三角形，作为辅助三角形，如图 5.2 所示.

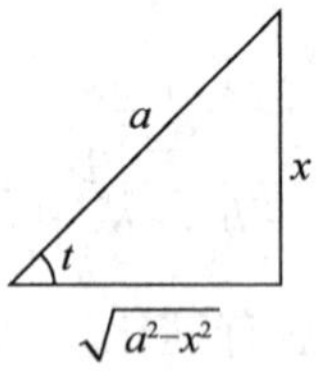

图 5.2

因为 $t = \arcsin\dfrac{x}{a}$，$\cos t = \dfrac{\sqrt{a^2 - x^2}}{a}$，所以，

$$\int \sqrt{a^2 - x^2}\mathrm{d}x = \frac{a^2}{2}\arcsin\frac{x}{a} + \frac{x}{2}\sqrt{a^2 - x^2} + C.$$

例 5.22 求 $\displaystyle\int \frac{1}{\sqrt{a^2 + x^2}}\mathrm{d}x \quad (a > 0)$.

解 令 $x = a\tan t$，则 $\mathrm{d}x = a\sec^2 t\mathrm{d}t$，$-\dfrac{\pi}{2} < t < \dfrac{\pi}{2}$，于是有

$$\int \frac{1}{\sqrt{a^2 + x^2}}\mathrm{d}x = \int \frac{a\sec^2 t}{a\sec t}\mathrm{d}t = \int \sec t\mathrm{d}t = \ln|\sec t + \tan t| + C_1.$$

根据 $\tan t = \dfrac{x}{a}$ 作辅助三角形，如图 5.3 所示，则 $\sec t = \dfrac{\sqrt{x^2 + a^2}}{a}$，因此

$$\int \frac{1}{\sqrt{a^2 + x^2}}\mathrm{d}x = \ln|\sec t + \tan t| + C_1$$
$$= \ln\left|\frac{x}{a} + \frac{\sqrt{x^2 + a^2}}{a}\right| + C_1$$
$$= \ln(x + \sqrt{x^2 + a^2}) + C_1 - \ln a$$
$$= \ln(x + \sqrt{x^2 + a^2}) + C.$$

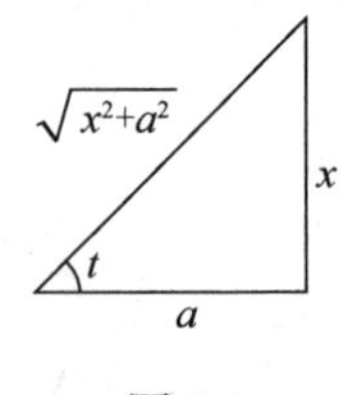

图 5.3

其中，$C = C_1 - \ln a$.

例 5.23 求 $\displaystyle\int \frac{1}{\sqrt{x^2 - a^2}}\mathrm{d}x (a > 0)$.

解 (1)当 $x > a$ 时，令 $x = a\sec t$，$0 < t < \dfrac{\pi}{2}$，则 $\mathrm{d}x = a\sec t\tan t\mathrm{d}t$，于是有

$$\int \frac{1}{\sqrt{x^2 - a^2}}\mathrm{d}x = \int \frac{a\sec t\tan t}{a\tan t}\mathrm{d}t = \int \sec t\mathrm{d}t = \ln|\sec t + \tan t| + C_1.$$

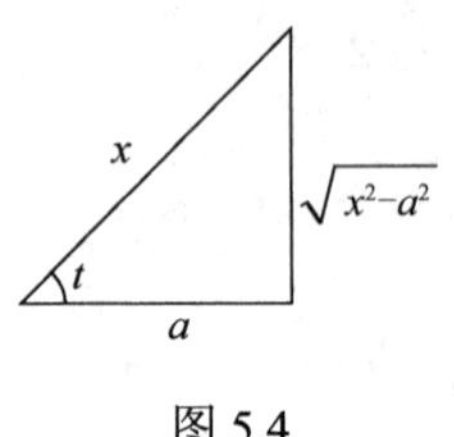

图 5.4

根据 $\sec t = \dfrac{x}{a}$ 作辅助三角形，如图 5.4 所示，则 $\tan t = \dfrac{\sqrt{x^2 - a^2}}{a}$，因此

$$\int\frac{1}{\sqrt{x^2-a^2}}\mathrm{d}x=\ln|\sec t+\tan t|+C_1=\ln\left|\frac{x}{a}+\frac{\sqrt{x^2-a^2}}{a}\right|+C_1=\ln\left(x+\sqrt{x^2-a^2}\right)+C,$$

其中，$C=C_1-\ln a$.

（2）当$x<-a$时，令$u=-x$，则$u>a$，$\mathrm{d}x=-\mathrm{d}u$，代入得

$$\int\frac{1}{\sqrt{x^2-a^2}}\mathrm{d}x=-\int\frac{1}{\sqrt{u^2-a^2}}\mathrm{d}u.$$

利用（1）的结果，得当$x<-a$时，

$$\begin{aligned}\int\frac{1}{\sqrt{x^2-a^2}}\mathrm{d}x&=-\int\frac{1}{\sqrt{u^2-a^2}}\mathrm{d}u=-\ln\left(u+\sqrt{u^2-a^2}\right)+C_2\\&=-\ln(-x+\sqrt{x^2-a^2})+C_2=\ln\frac{1}{-x+\sqrt{x^2-a^2}}+C_2\\&=\ln\frac{-x-\sqrt{x^2-a^2}}{a^2}+C_2=\ln(-x-\sqrt{x^2-a^2})+C_2-2\ln a\\&=\ln(-x-\sqrt{x^2-a^2})+C,\end{aligned}$$

其中，$C=C_2-2\ln a$.

将（1）、（2）两种结果综合起来，得

$$\int\frac{1}{\sqrt{x^2-a^2}}\mathrm{d}x=\ln|x+\sqrt{x^2-a^2}|+C.$$

从上面的三个例子中看出，用三角代换可以化去被积函数中含有的根式，但具体解题时，还需要灵活运用. 例如，积分$\int x\sqrt{a^2-x^2}\mathrm{d}x$就不必作三角代换，而用凑微分法化为$-\frac{1}{2}\int\sqrt{a^2-x^2}\,\mathrm{d}(a^2-x^2)$，这样积分更为方便.

例 5.24 求$\int\frac{1}{\sqrt{x^2+2x+2}}\mathrm{d}x$.

解 $\int\frac{1}{\sqrt{x^2+2x+2}}\mathrm{d}x=\int\frac{1}{\sqrt{(x+1)^2+1}}\mathrm{d}x$，令$x+1=\tan t$，$-\frac{\pi}{2}<t<\frac{\pi}{2}$，则$\mathrm{d}x=\sec^2 t\mathrm{d}t$，代入得

$$\begin{aligned}\int\frac{1}{\sqrt{x^2+2x+2}}\mathrm{d}x&=\int\frac{\sec^2 t}{\sec t}\mathrm{d}t=\int\sec t\mathrm{d}t=\ln|\sec t+\tan t|+C\\&=\ln|\sqrt{1+\tan^2 t}+\tan t|+C=\ln|\sqrt{1+(x+1)^2}+x+1|+C\\&=\ln(\sqrt{x^2+2x+2}+x+1)+C.\end{aligned}$$

此题也可以利用公式$\int\frac{1}{\sqrt{x^2+a^2}}\mathrm{d}x=\ln(x+\sqrt{x^2+a^2})+C$求解.

3. 倒代换法

倒代换是指令$x=\frac{1}{t}$，利用倒代换常常可以消去被积函数分母中的变量因子.

例 5.25 求$\int \frac{1}{x(x^7+2)}\mathrm{d}x$.

解 令$x=\frac{1}{t}$，则$\mathrm{d}x=-\frac{1}{t^2}\mathrm{d}t$，于是

$$\int \frac{1}{x(x^7+2)}\mathrm{d}x=\int \frac{1}{\frac{1}{t}\left(\frac{1}{t^7}+2\right)}\left(-\frac{1}{t^2}\right)\mathrm{d}t=\int \frac{-t^6}{1+2t^7}\mathrm{d}t=-\frac{1}{14}\int \frac{1}{1+2t^7}\mathrm{d}(1+2t^7)$$

$$=-\frac{1}{14}\ln|1+2t^7|+C=\frac{1}{2}\ln|x|-\frac{1}{14}\ln|2+x^7|+C.$$

习题 5.2

1. 在下列各式等号的右端空白处填上合适的系数，使等式成立.

（1）$\mathrm{d}x=$________$\mathrm{d}(ax)$，$a\neq 0$；（2）$\mathrm{d}x=$________$\mathrm{d}(7x-3)$；

（3）$x^2\mathrm{d}x=$________$\mathrm{d}(4x^3+6)$；（4）$2^x\mathrm{d}x=$________$\mathrm{d}(2^x+4)$；

（5）$\frac{x}{1+2x^2}\mathrm{d}x=$________$\mathrm{d}\ln(1+2x^2)$；（6）$\frac{1}{\sqrt{1-4x^2}}\mathrm{d}x=$________$\mathrm{d}\arcsin 2x$；

（7）$\frac{1}{x^2-4}\mathrm{d}x=$________$\mathrm{d}\ln\left|\frac{x-2}{x+2}\right|$；

（8）$\sin(2x-1)\cos(2x-1)\mathrm{d}x=$________$\mathrm{d}\sin^2(2x-1)$.

2．求下列不定积分：

（1）$\int \frac{1}{(2x-13)^2}\mathrm{d}x$；（2）$\int \mathrm{e}^{-3x}\mathrm{d}x$；

（3）$\int \frac{1}{x\ln x}\mathrm{d}x$；（4）$\int \frac{x}{1+x^2}\mathrm{d}x$；

（5）$\int \frac{\mathrm{e}^x}{\mathrm{e}^x+1}\mathrm{d}x$；（6）$\int \frac{1}{1+16x^2}\mathrm{d}x$；

（7）$\int \frac{1}{4-9x^2}\mathrm{d}x$；（8）$\int \frac{1}{\sqrt{1-9x^2}}\mathrm{d}x$；

（9）$\int \sin^2 x\cos^3 x\mathrm{d}x$；（10）$\int \cos^5 x\mathrm{d}x$；

（11）$\int \frac{\sin(\ln x)}{x}\mathrm{d}x$；（12）$\int \frac{1}{\sin x\cos x}\mathrm{d}x$；

（13）$\int \frac{1}{\sqrt{2x-1}(2x-1)}\mathrm{d}x$；（14）$\int x\sqrt{3-x}\mathrm{d}x$；

（15）$\int \frac{\sqrt{1-x^2}}{x^2}\mathrm{d}x$；（16）$\int \frac{\sqrt{x^2-1}}{x}\mathrm{d}x$；

（17）$\int \frac{x}{1+x^4}\mathrm{d}x$；（18）$\int \frac{\mathrm{e}^{\frac{1}{x}}}{x^2}\mathrm{d}x$；

（19）$\int \tan^3 x\sec x\mathrm{d}x$；（20）$\int \sin 2x\cos 3x\mathrm{d}x$；

(21) $\int\frac{1}{x^2\sqrt{1+x^2}}\mathrm{d}x$；(22) $\int\frac{1}{2x^2-1}\mathrm{d}x$；

(23) $\int\frac{(\sqrt{x})^3+1}{\sqrt{x}+1}\mathrm{d}x$；(24) $\int\frac{1}{\sqrt{x}+\sqrt[4]{x}}\mathrm{d}x$.

5.3 不定积分的分部积分法

根据函数乘积的求导法则，可以得到计算不定积分的又一重要方法：分部积分法.

设函数 $u=u(x)$，$v=v(x)$ 具有连续导数，由

$$(uv)'=u'v+uv',$$

移项，得

分部积分法

$$uv'=(uv)'-u'v,$$

两边对 x 求不定积分，于是有

$$\int uv'\mathrm{d}x=uv-\int vu'\mathrm{d}x,$$

即

$$\int u\,\mathrm{d}v=uv-\int v\,\mathrm{d}u.$$

这就是**分部积分公式**，利用该公式求不定积分的方法称为**分部积分法**，其特点是把左边的积分 $\int u\mathrm{d}v$ 换成了右边的积分 $\int v\mathrm{d}u$. 因此，当积分 $\int v\mathrm{d}u$ 比积分 $\int u\mathrm{d}v$ 易求时，分部积分公式就可以发挥作用了.

例 5.26 求 $\int x\mathrm{e}^x\mathrm{d}x$.

解 被积函数为幂函数与指数函数乘积的形式，用分部积分法时应选择 $u=x$，$\mathrm{d}v=\mathrm{e}^x\mathrm{d}x=\mathrm{d}\mathrm{e}^x$. 由分部积分公式可得

$$\int x\mathrm{e}^x\mathrm{d}x=\int x\mathrm{d}\mathrm{e}^x=x\mathrm{e}^x-\int\mathrm{e}^x\mathrm{d}x=x\mathrm{e}^x-\mathrm{e}^x+C.$$

注 如果选择 $u=\mathrm{e}^x$，$\mathrm{d}v=x\mathrm{d}x=\mathrm{d}\frac{x^2}{2}$，则有

$$\int x\mathrm{e}^x\mathrm{d}x=\int\mathrm{e}^x\mathrm{d}\frac{x^2}{2}=\frac{x^2}{2}\mathrm{e}^x-\int\frac{x^2}{2}\mathrm{e}^x\mathrm{d}x.$$

上式右端的新积分 $\int\frac{x^2}{2}\mathrm{e}^x\mathrm{d}x$ 比左端的原积分 $\int x\mathrm{e}^x\mathrm{d}x$ 更难求出，所以不能这样选择 u 和 v.

由此可知，运用分部积分法的关键在于选择 u 和 $\mathrm{d}v$. 一般地，选择 u 和 $\mathrm{d}v$ 的原则是

(1) v 容易求出；

(2) 新积分 $\int v\mathrm{d}u$ 比原积分 $\int u\mathrm{d}v$ 容易求出.

例 5.27 求 $\int x\cos x\mathrm{d}x$.

解 被积函数为幂函数与余弦函数乘积的形式，应选择 $u=x$，$\mathrm{d}v=\cos x\mathrm{d}x=\mathrm{d}\sin x$，于是有

$$\int x\cos x\mathrm{d}x=\int x\mathrm{d}\sin x=x\sin x-\int\sin x\mathrm{d}x=x\sin x+\cos x+C.$$

例 5.28 求$\int x\ln x\mathrm{d}x$.

解 被积函数为幂函数与对数函数乘积的形式，应选择$u=\ln x$，$\mathrm{d}v=x\mathrm{d}x=\mathrm{d}\dfrac{x^2}{2}$，于是有

$$\begin{aligned}\int x\ln x\mathrm{d}x&=\frac{1}{2}\int\ln x\mathrm{d}x^2=\frac{1}{2}(x^2\cdot\ln x-\int x^2\mathrm{d}\ln x)\\&=\frac{1}{2}(x^2\cdot\ln x-\int x\mathrm{d}x)=\frac{1}{2}\left(x^2\cdot\ln x-\frac{1}{2}x^2\right)+C.\end{aligned}$$

例 5.29 求$\int x\arctan x\mathrm{d}x$.

解 被积函数为幂函数与反三角函数乘积的形式，应选择$u=\arctan x$，$\mathrm{d}v=x\mathrm{d}x=\mathrm{d}\dfrac{x^2}{2}$，于是有

$$\begin{aligned}\int x\arctan x\mathrm{d}x&=\int\arctan x\mathrm{d}\left(\frac{x^2}{2}\right)=\frac{x^2}{2}\arctan x-\int\frac{x^2}{2}\mathrm{d}\arctan x\\&=\frac{x^2}{2}\arctan x-\frac{1}{2}\int\frac{x^2}{1+x^2}\mathrm{d}x=\frac{x^2}{2}\arctan x-\frac{1}{2}\int\left(1-\frac{1}{1+x^2}\right)\mathrm{d}x\\&=\frac{x^2}{2}\arctan x-\frac{1}{2}(x-\arctan x)+C.\end{aligned}$$

注 从以上各例可以看出，当被积函数是两种不同类型的函数的乘积时，可考虑用分部积分法，选择u和$\mathrm{d}v$的原则可归纳如下：

（1）当被积函数是多项式与指数函数或正弦（或余弦）函数的乘积时，选多项式为u，剩余部分与$\mathrm{d}x$的乘积为$\mathrm{d}v$.

（2）当被积函数是多项式与对数函数或反三角函数的乘积时，选对数函数或反三角函数为u，剩余部分与$\mathrm{d}x$的乘积为$\mathrm{d}v$.

例 5.30 求$\int \mathrm{e}^x\sin x\mathrm{d}x$.

解 被积函数为指数函数与正弦函数乘积的形式，可任选其中一个函数作为u，不妨取$u=\mathrm{e}^x$，$\mathrm{d}v=\sin x\mathrm{d}x=-\mathrm{d}\cos x$，于是有

$$\begin{aligned}\int\mathrm{e}^x\sin x\mathrm{d}x&=-\int\mathrm{e}^x\mathrm{d}\cos x=-\mathrm{e}^x\cos x+\int\mathrm{e}^x\cos x\mathrm{d}x\\&=-\mathrm{e}^x\cos x+\int\mathrm{e}^x\mathrm{d}\sin x\\&=-\mathrm{e}^x\cos x+\mathrm{e}^x\sin x-\int\mathrm{e}^x\sin x\mathrm{d}x,\end{aligned}$$

移项，得

$$2\int\mathrm{e}^x\sin x\mathrm{d}x=\mathrm{e}^x(\sin x-\cos x)+C_1,$$

即

$$\int\mathrm{e}^x\sin x\mathrm{d}x=\frac{1}{2}\mathrm{e}^x(\sin x-\cos x)+C\quad（C=\frac{C_1}{2}\text{为任意常数}）.$$

例 5.30 在连续使用分部积分后，又出现了原积分的形式，即

$$\int f(x)\mathrm{d}x = g(x) + k\int f(x)\mathrm{d}x，k \neq 1，$$

此时，将原积分$\int f(x)\mathrm{d}x$看作未知量，解得$\int f(x)\mathrm{d}x = \dfrac{1}{1-k}g(x) + C$即可.

利用分部积分法时，选取$u(x)$非常关键，根据以上常见的类型，总结“优选”原则如下：

（1）$\int P_n(x)\sin\alpha x\mathrm{d}x$，$\int P_n(x)\cos\beta x\mathrm{d}x$，选取$u(x) = P_n(x)$；

（2）$\int P_n(x)\mathrm{e}^x\mathrm{d}x$，选取$u(x) = P_n(x)$；

（3）$\int P_n(x)\ln^m x\mathrm{d}x$，选取$u(x) = \ln^m x$；

（4）$\int P_n(x)\arctan x\mathrm{d}x$，选取$u(x) = \arctan x$；

（5）$\int \mathrm{e}^{\alpha x}\cos\beta x\mathrm{d}x$，选取$u(x) = \mathrm{e}^{\alpha x}$或$u(x) = \cos\beta x$均可.

一般地，若被积函数为“反三角函数、对数函数、多项式函数、三角函数、指数函数”中任意两个函数乘积的积分时，位置在前的函数，一般选为$u(x)$.

有些不定积分需要综合运用换元法与分部积分法才能求出结果.

例 5.31 求$\int \sin\sqrt{x}\mathrm{d}x$.

解 令$\sqrt{x} = t$，则$x = t^2$，$\mathrm{d}x = 2t\mathrm{d}t$，于是有

$$\begin{aligned}\int \sin\sqrt{x}\mathrm{d}x &= 2\int t\sin t\mathrm{d}t = -2\int t\mathrm{d}\cos t = -2t\cos t + 2\int \cos t\mathrm{d}t \\ &= -2t\cos t + 2\sin t + C.\end{aligned}$$

回代$t = \sqrt{x}$，得

$$\int \sin\sqrt{x}\mathrm{d}x = 2(\sin\sqrt{x} - \sqrt{x}\cos\sqrt{x}) + C.$$

例 5.32 求$\int \ln\left(1 + \sqrt[3]{x}\right)\mathrm{d}x$.

解 令$\sqrt[3]{x} = t$，则$x = t^3$，$\mathrm{d}x = 3t^2\mathrm{d}t$，于是有

$$\begin{aligned}\int \ln(1 + \sqrt[3]{x})\mathrm{d}x &= \int \ln(1+t)\mathrm{d}t^3 = t^3\ln(1+t) - \int t^3\frac{1}{1+t}\mathrm{d}t \\ &= t^3\ln(1+t) - \int\left(1 - t + t^2 - \frac{1}{1+t}\right)\mathrm{d}t \\ &= t^3\ln(1+t) - t + \frac{t^2}{2} - \frac{t^3}{3} + \ln|t+1| + C \\ &= x\ln(1+\sqrt[3]{x}) - \sqrt[3]{x} + \frac{\sqrt[3]{x^2}}{2} - \frac{x}{3} + \ln(1+\sqrt[3]{x}) + C.\end{aligned}$$

例 5.33 求$\int x^3\cos x^2\mathrm{d}x$.

解 $\int x^3\cos x^2\mathrm{d}x = \dfrac{1}{2}\int x^2\cos x^2\mathrm{d}x^2$，令$x^2 = t$，$\mathrm{d}t = \mathrm{d}x^2$，于是有

$$\begin{aligned}\int x^3\cos x^2\mathrm{d}x &= \frac{1}{2}\int t\cos t\mathrm{d}t = \frac{1}{2}\int t\mathrm{d}\sin t = \frac{1}{2}\left(t\sin t - \int \sin t\mathrm{d}t\right) \\ &= \frac{1}{2}(t\sin t + \cos t) + C = \frac{1}{2}(x^2\sin x^2 + \cos x^2) + C.\end{aligned}$$

习题 5.3

求下列不定积分：

（1）$\int x\mathrm{e}^{-x}\mathrm{d}x$；（2）$\int x^2\ln x\mathrm{d}x$；

（3）$\int \arcsin x\mathrm{d}x$；（4）$\int \mathrm{e}^x\cos x\mathrm{d}x$；

（5）$\int \ln(x+1)\mathrm{d}x$；（6）$\int \frac{\ln x}{2\sqrt{x}}\mathrm{d}x$；

（7）$\int \arctan\sqrt{x}\mathrm{d}x$；（8）$\int \ln(x+\sqrt{1+x^2})\mathrm{d}x$；

（9）$\int \ln x^2\,\mathrm{d}x$；（10）$\int x\tan^2 x\mathrm{d}x$；

（11）$\int \mathrm{e}^{\sqrt{x}}\mathrm{d}x$；（12）$\int x^2\cos x\mathrm{d}x$.

5.4 有理函数的积分

5.4.1 一般有理函数的积分

设 $P(x)$ 和 $Q(x)$ 为两个多项式，则称

$$R(x)=\frac{P(x)}{Q(x)}=\frac{a_0x^n+a_1x^{n-1}+\cdots+a_n}{b_0x^m+b_1x^{m-1}+\cdots+b_m}$$

为**有理函数**，其中 m,n 为非负整数，$a_0,a_1,\cdots,a_n,b_0,b_1,\cdots,b_m$ 都是实数，且 $a_0\neq 0$，$b_0\neq 0$，$P(x),Q(x)$ 互质．当 $n<m$ 时，称有理函数 $R(x)$ 为**真分式**，否则称为**假分式**．当有理函数 $R(x)$ 是假分式时，可以用多项式的除法把假分式化为一个多项式与一个真分式之和．例如

$$\frac{x^3+5x^2+9x+7}{x^2+3x+2}=x+2+\frac{x+3}{x^2+3x+2}.$$

我们已经会求多项式的积分，因此只需讨论真分式的积分即可．

由代数学知道，我们可以将真分式中的分母，即多项式 $Q(x)$ 在实数范围内分解成一次因式（如 $(x-a)^k$）和二次质因式（如 $(x^2+px+q)^l$，$p^2-4q<0$）的乘积，然后进一步将真分式分解成若干个简单分式的代数和，其中，每个简单分式称为**部分分式**．

（1）当分母 $Q(x)$ 中含有 $(x-a)^k$ 时，部分分式中所含对应项为

$$\frac{A_1}{x-a}+\frac{A_2}{(x-a)^2}+\cdots+\frac{A_k}{(x-a)^k};$$

（2）当分母 $Q(x)$ 中含有二次质因式 $(x^2+px+q)^l$ 时，部分分式中所含对应项为

$$\frac{B_1x+C_1}{x^2+px+q}+\frac{B_2x+C_2}{(x^2+px+q)^2}+\cdots+\frac{B_lx+C_l}{(x^2+px+q)^l}.$$

把所有的部分分式加起来，使之等于 $R(x)$，从而确定常系数 $A_i(i=1,2,\cdots,k)$，B_i 和 $C_i(i=1,2,\cdots,l)$．

下面通过例子来说明这种方法．

例 5.34 求$\int\frac{x+3}{x^2+3x+2}\mathrm{d}x$.

解 因为分母$x^2+3x+2=(x+1)(x+2)$，所以这个真分式可以分解为

$$\frac{x+3}{x^2+3x+2}=\frac{A}{x+1}+\frac{B}{x+2},$$

其中，A，B是待定常数，将等式通分后，等式两边的分子应相等，故

$$x+3=A(x+2)+B(x+1).$$

比较等式两端x的同次幂的系数和常数项，于是有

$$\begin{cases}A+B=1\\2A+B=3\end{cases},$$

从中可解得$A=2$，$B=-1$，所以

$$\frac{x+3}{x^2+3x+2}=\frac{2}{x+1}-\frac{1}{x+2}.$$

故

$$\int\frac{x+3}{x^2+3x+2}\mathrm{d}x=\int\frac{2}{x+1}\mathrm{d}x-\int\frac{1}{x+2}\mathrm{d}x=2\ln|x+1|-\ln|x+2|+C.$$

例 5.35 求$\int\frac{x-2}{x^2+2x+3}\mathrm{d}x$.

解 $$\int\frac{x-2}{x^2+2x+3}\mathrm{d}x=\int\frac{(x+1)-3}{(x+1)^2+2}\mathrm{d}x=\int\frac{x+1}{(x+1)^2+2}\mathrm{d}x-\int\frac{3}{(x+1)^2+2}\mathrm{d}x$$

$$=\frac{1}{2}\int\frac{1}{(x+1)^2+2}\mathrm{d}[(x+1)^2+2]-\frac{3}{\sqrt{2}}\int\frac{1}{\left(\frac{x+1}{\sqrt{2}}\right)^2+1}\mathrm{d}\frac{x+1}{\sqrt{2}}$$

$$=\frac{1}{2}\ln(x^2+2x+3)-\frac{3}{\sqrt{2}}\arctan\frac{x+1}{\sqrt{2}}+C.$$

例 5.36 求$\int\frac{2x^2+x+3}{x(x^2+2x+3)}\mathrm{d}x$.

解 因为分母的二次三项式x^2+2x+3在实数范围内无法分解，所以真分式应分解为

$$\frac{2x^2+x+3}{x(x^2+2x+3)}=\frac{A}{x}+\frac{Bx+D}{x^2+2x+3}.$$

将等式右边通分，并令两端分子相等，得

$$2x^2+x+3=A(x^2+2x+3)+x(Bx+D)=(A+B)x^2+(2A+D)x+3A.$$

比较等式两端x的同次幂的系数和常数项，应有

$$\begin{cases}A+B=2\\2A+D=1,\\3A=3\end{cases}$$

解得$A=1$，$B=1$，$D=-1$. 所以

$$\int \frac{2x^2+x+3}{x(x^2+2x+3)}\mathrm{d}x = \int \frac{1}{x}\mathrm{d}x + \int \frac{x-1}{x^2+2x+3}\mathrm{d}x$$

$$= \ln|x| + \int \frac{\frac{1}{2}(x^2+2x+3)'-2}{x^2+2x+3}\mathrm{d}x$$

$$= \ln|x| + \int \frac{\frac{1}{2}(x^2+2x+3)'}{x^2+2x+3}\mathrm{d}x - 2\int \frac{1}{(x+1)^2+\left(\sqrt{2}\right)^2}\mathrm{d}x$$

$$= \ln|x| + \frac{1}{2}\ln(x^2+2x+3) - \sqrt{2}\arctan\frac{x+1}{\sqrt{2}} + C.$$

一般地，求有理函数积分，可以分为以下三个步骤：

（1）当有理函数为假分式时，可用多项式的除法将它化为一个多项式与一个真分式之和.

（2）将真分式分解成部分分式之和.

（3）求出各部分分式的不定积分.

例 5.37 求$\int \frac{x^3+5x^2+9x+7}{x^2+3x+2}\mathrm{d}x$.

解 被积函数是假分式，可化为

$$x+2+\frac{2}{x+1}-\frac{1}{x+2}.$$

于是有

$$\int \frac{x^3+5x^2+9x+7}{x^2+3x+2}\mathrm{d}x = \int\left(x+2+\frac{2}{x+1}-\frac{1}{x+2}\right)\mathrm{d}x$$

$$= \frac{x^2}{2}+2x+2\ln|x+1|-\ln|x+2|+C.$$

例 5.38 求$\int \frac{x^2}{(x-1)(x-2)(x-3)}\mathrm{d}x$.

解 被积函数可化为

$$\frac{x^2}{(x-1)(x-2)(x-3)} = \frac{\frac{1}{2}}{x-1}-\frac{4}{x-2}+\frac{\frac{9}{2}}{x-3},$$

于是有

$$\int \frac{x^2}{(x-1)(x-2)(x-3)}\mathrm{d}x = \frac{1}{2}\int \frac{1}{x-1}\mathrm{d}x - 4\int \frac{1}{x-2}\mathrm{d}x + \frac{9}{2}\int \frac{1}{x-3}\mathrm{d}x$$

$$= \frac{1}{2}\ln|x-1| - 4\ln|x-2| + \frac{9}{2}\ln|x-3| + C.$$

注 上面介绍的是求有理函数积分的一般方法，但对于某些有理函数的积分，解题时应根据被积函数的特点，尽量选择较为方便的方法. 例如，求积分$\int \frac{x^2}{x^3+1}\mathrm{d}x$时，就不必把分母$x^3+1$分解成$(x+1)(x^2-x+1)$，然后将$\dfrac{x^2}{x^3+1}$化为部分分式后积分，而可以直接进行凑微分，即

$$\int\frac{x^2}{x^3+1}\mathrm{d}x=\frac{1}{3}\int\frac{1}{x^3+1}\mathrm{d}(x^3+1)=\frac{1}{3}\ln|x^3+1|+C.$$

又如，求积分$\int\dfrac{x^2}{(x-1)^{10}}\mathrm{d}x$时，可采用换元积分法求解，令$x-1=t$，则$x=t+1$，$\mathrm{d}x=\mathrm{d}t$，于是有

$$\begin{aligned}\int\frac{x^2}{(x-1)^{10}}\mathrm{d}x&=\int\frac{(t+1)^2}{t^{10}}\mathrm{d}t=\int(t^{-8}+2t^{-9}+t^{-10})\mathrm{d}t=-\frac{1}{7}t^{-7}-\frac{1}{4}t^{-8}-\frac{1}{9}t^{-9}+C\\&=-\frac{1}{7(x-1)^7}-\frac{1}{4(x-1)^8}-\frac{1}{9(x-1)^9}+C.\end{aligned}$$

例 5.39 求$\int\dfrac{1}{x(x^6+1)}\mathrm{d}x$.

解 $$\begin{aligned}\int\frac{1}{x(x^6+1)}\mathrm{d}x&=\int\frac{x^5}{x^6(x^6+1)}\mathrm{d}x=\frac{1}{6}\int\frac{1}{x^6(1+x^6)}\mathrm{d}x^6\\&=\frac{1}{6}\int\left(\frac{1}{x^6}-\frac{1}{1+x^6}\right)\mathrm{d}x^6=\frac{1}{6}\ln\frac{x^6}{1+x^6}+C.\end{aligned}$$

5.4.2 三角函数有理式的积分

三角函数有理式是指由三角函数和常数经过有限次四则运算所构成的函数，一般形式为$R(\sin x,\cos x)$，这里我们考虑$\int R(\sin x,\cos x)\mathrm{d}x$．作变换，令$\tan\dfrac{x}{2}=t$（也称**万能代换**），则

$$\sin x=2\sin\frac{x}{2}\cdot\cos\frac{x}{2}=\frac{2\sin\frac{x}{2}}{\cos\frac{x}{2}}\cdot\frac{1}{\sec^2\frac{x}{2}}=\frac{2\tan\frac{x}{2}}{1+\tan^2\frac{x}{2}}=\frac{2t}{1+t^2},$$

$$\cos x=2\cdot\frac{1}{\sec^2\frac{x}{2}}-1=\frac{2}{1+t^2}-1=\frac{1-t^2}{1+t^2},$$

$$\mathrm{d}x=\mathrm{d}(2\arctan t)=\frac{2}{1+t^2}\mathrm{d}t,$$

故$\int R(\sin x,\cos x)\mathrm{d}x=\int R\left(\dfrac{2t}{1+t^2},\dfrac{1-t^2}{1+t^2}\right)\dfrac{2}{1+t^2}\mathrm{d}t$，从而将三角有理式的积分化为有理函数的不定积分.

例 5.40 求$\int\dfrac{1}{2+\cos x}\mathrm{d}x$.

解 令$\tan\dfrac{x}{2}=t$，则$\cos x=\dfrac{1-t^2}{1+t^2}$，$\mathrm{d}x=\dfrac{2}{1+t^2}\mathrm{d}t$，于是

$$\int \frac{1}{2+\frac{1-t^2}{1+t^2}} \cdot \frac{2}{1+t^2} \mathrm{d}t = \int \frac{2}{3+t^2} \mathrm{d}t = \frac{2}{\sqrt{3}} \arctan \frac{t}{\sqrt{3}} + C$$

$$= \frac{2}{\sqrt{3}} \arctan\left(\frac{1}{\sqrt{3}} \tan \frac{x}{2}\right) + C .$$

万能代换对一般的三角函数有理式的积分是有效的，但不是对所有的问题都能简化.

例 5.41 求$\int \frac{1}{a^2 \sin^2 x + b^2 \cos^2 x} \mathrm{d}x$，$ab \neq 0$.

解 分子分母同除以$\cos^2 x$，得

$$\int \frac{1}{a^2 \sin^2 x + b^2 \cos^2 x} \mathrm{d}x = \int \frac{\sec^2 x}{a^2 \tan^2 x + b^2} \mathrm{d}x = \int \frac{1}{b^2 + a^2 \tan^2 x} \mathrm{d}\tan x$$

$$= \frac{1}{a} \int \frac{1}{b^2 + a^2 \tan^2 x} \mathrm{d}(a \tan x) = \frac{1}{ab} \arctan\left(\frac{a}{b} \tan x\right) + C .$$

当被积函数是$\sin^2 x, \cos^2 x$及$\sin x \cos x$的有理式时，通常采用分子、分母同除以$\cos^2 x$，然后化简被积函数的方法.

5.4.3 简单无理函数的积分

求形如$\int R\left(x, \sqrt[n]{\frac{ax+b}{cx+d}}\right) \mathrm{d}x$的积分，一般方法为令$\sqrt[n]{\frac{ax+b}{cx+d}} = t$，则$x = \frac{b - dt^n}{ct^n - a}$，将积分化为有理函数的积分．显然积分$\int R(x, \sqrt[n]{ax+b}) \, \mathrm{d}x$为$\int R\left(x, \sqrt[n]{\frac{ax+b}{cx+d}}\right) \mathrm{d}x$的特殊形式.

例 5.42 求$\int \frac{1}{x} \sqrt{\frac{1+x}{x}} \mathrm{d}x$.

解 令$\sqrt{\frac{1+x}{x}} = t$，则$x = \frac{1}{t^2 - 1}$， $\mathrm{d}x = \frac{-2t}{(t^2-1)^2} \mathrm{d}t$，所以

$$\int \sqrt{\frac{1+x}{x}} \cdot \frac{1}{x} \mathrm{d}x = \int t \cdot (t^2 - 1) \cdot \frac{-2t}{(t^2-1)^2} \mathrm{d}t = -2 \int \frac{t^2}{t^2 - 1} \mathrm{d}t$$

$$= -2t - \int \left(\frac{1}{t-1} - \frac{1}{t+1}\right) \mathrm{d}t = -2t - \ln\left|\frac{t-1}{t+1}\right| + C$$

$$= -2\sqrt{\frac{1+x}{x}} - \ln\left|\frac{\sqrt{\frac{1+x}{x}} - 1}{\sqrt{\frac{1+x}{x}} + 1}\right| + C$$

$$= -2\sqrt{\frac{1+x}{x}} - \ln\left|\frac{\sqrt{1+x} - \sqrt{x}}{\sqrt{1+x} + \sqrt{x}}\right| + C.$$

习题 5.4

求下列积分：

（1）$\int\frac{2x^3-9x+10}{x^2-4}\mathrm{d}x$；

（2）$\int\frac{2x-3}{(x-1)^2}\mathrm{d}x$；

（3）$\int\frac{1}{x(x^2+1)}\mathrm{d}x$；

（4）$\int\frac{1}{(x^2+x)(x^2+1)}\mathrm{d}x$；

（5）$\int\frac{x}{(x+3)(x+2)(x+1)}\mathrm{d}x$；

（6）$\int\frac{1}{1+\cos x+\sin x}\mathrm{d}x$；

（7）$\int\frac{1}{1+\tan x}\mathrm{d}x$；

（8）$\int\frac{1}{2+\sin^2 x}\mathrm{d}x$；

（9）$\int\frac{2x}{\sqrt[3]{3-x}}\mathrm{d}x$；

（10）$\int\sqrt{\frac{1}{1+\mathrm{e}^x}}\mathrm{d}x$.

自测题 A 基础自测题

一、填空题（每题 2 分，共 10 分）

1. 若 $\int f(x)\mathrm{d}x=x\mathrm{e}^x+C$，则 $f(x)$=________.

2. $\int\frac{\cos x}{\sqrt{1+\sin x}}\mathrm{d}x=$________.

3. $\int\frac{2}{(x+1)(x+3)}\mathrm{d}x=$________.

4. $\int x\sec^2 x\mathrm{d}x=$________.

5. 若曲线 $y=f(x)$ 上点 (x,y) 处的切线斜率与 x^3 成正比例，并且该曲线通过点 $A(1,6)$ 和 $B(2,-9)$，则该曲线方程为________.

二、选择题（每题 2 分，共 10 分）

6. 若 $\int f(x)\mathrm{d}x=F(x)+C$，且 $u=\varphi(x)$，则 $\int f(u)\mathrm{d}u=$（　　）.

A. $F(x)+C$　　B. $F[\varphi(x)]+C$　　C. $F(x)$　　D. $F[\varphi(x)]$

7. 不定积分 $\int x\cos x^2\mathrm{d}x=$（　　）.

A. $\frac{1}{2}\sin^2 x+C$　　B. $-\frac{1}{2}\sin^2 x+C$

C. $\frac{1}{2}\sin x^2+C$　　D. $-\frac{1}{2}\sin x^2+C$

8. 设 $f(x)$ 的导函数是 $\mathrm{e}^{-x}+\cos x$，则 $f(x)$ 的一个原函数是（　　）.

A. $-\mathrm{e}^{-x}+\sin x$　　B. $-\mathrm{e}^{-x}-\cos x$

C. $\mathrm{e}^{-x}-\cos x$　　D. $\mathrm{e}^{-x}+\sin x$

9. 设 $f(x)$ 的一个原函数是 $\ln x$，则 $f(x)$ 的导函数是（　　）.

A. $\dfrac{1}{x}$　　B. $x\ln x-x+C$　　C. $-\dfrac{1}{x^2}$　　D. e^x

10. 设函数 $f(x)$ 在 $(-\infty,+\infty)$ 内连续，则 $d\left[\int f(x)dx\right]=$（　　）.

A. $f(x)$　　B. $f(x)dx$　　C. $f(x)+C$　　D. $f'(x)dx$

三、解答题（每题 5 分，共 65 分）

11. 计算不定积分 $\int\dfrac{1+\cos x}{x+\sin x}dx$.

12. 计算不定积分 $\int\dfrac{1}{e^x+e^{-x}}dx$.

13. 计算不定积分 $\int x(x-1)^8dx$.

14. 计算不定积分 $\int\dfrac{1}{x^2-5x+6}dx$.

15. 计算不定积分 $\int\dfrac{1}{\sqrt{x}+\sqrt[3]{x}}dx$.

16. 计算不定积分 $\int\dfrac{1}{x(x^4+1)}dx$.

17. 计算不定积分 $\int\dfrac{x^2}{\sqrt{2-x^2}}dx$.

18. 计算不定积分 $\int\sin x\cos 2xdx$.

19. 计算不定积分 $\int\sin(\ln x)dx$.

20. 已知函数 $y=f(x)$ 的一个原函数为 $\sin 2x$，计算不定积分 $\int xf'(x)dx$.

21. 设 $F(x)\geqslant 0$ 为 $f(x)$ 的原函数，当 $x\geqslant 0$ 时，$f(x)F(x)=e^{2x}$，且 $F(0)=1$，求 $f(x)$.

22. 已知 $\int xf(x)dx=\arcsin x+C$，试计算 $\int\dfrac{1}{f(x)}dx$.

23. 已知 $f(\ln x)=\dfrac{\ln(1+x)}{x}$，试计算 $\int f(x)dx$.

四、应用题（本题 15 分）

24.（本题 7 分）已知曲线 $y=f(x)$ 过点 $\left(0,-\dfrac{1}{2}\right)$，且在其上任意点 (x,y) 处的切线斜率为 $x\ln(1+x^2)$，求曲线方程.

25.（本题 8 分）某工厂生产某型号的轮胎 Q（百台）的边际成本为 $C'(Q)=3$（单位：万元/百台），固定成本为 2 万元，边际收益为 $R'(Q)=7-2Q$（单位：万元/百台），求总利润最大时该产品的产量及最大利润.

自测题B 提高自测题

一、填空题（每题5分，共15分）

1. 已知 $f'(e^x)=xe^{-x}$，且 $f(1)=0$，则 $f(x)=$________.

2. 当 $x\neq 0$ 时，$f'(x)$ 连续，且 $g'(x)=\dfrac{xf'(x)-(x+1)f(x)}{x^2e^x}$，则 $g(x)=$________.

3. 设 $f(x)=\dfrac{x-1}{\sqrt{3x-1}}$，则 $\int f(x+1)dx=$________.

二、选择题（每题5分，共15分）

4. 设 $f(x)$ 为 $(-\infty,+\infty)$ 内连续的偶函数，$F'(x)=f(x)$，则原函数 $F(x)$（　　）.

A. 均为奇函数　　B. 均为偶函数

C. 只有一个是奇函数　　D. 既非奇函数也非偶函数

5. 设一个三次函数导数为 x^2-2x-8，则该函数的极小值与极大值的差是（　　）.

A. -36　　B. $-\dfrac{57}{3}$　　C. 36　　D. $-\dfrac{55}{3}$

6. $\displaystyle\int\frac{\ln(1+x^2)}{x^2}dx=$（　　）.

A. $-\dfrac{1}{x}\ln(1+x^2)+\arctan x+C$　　B. $-\dfrac{1}{x}\ln(1+x^2)+2\arctan x+C$

C. $\dfrac{1}{x}\ln(1+x^2)+\arctan x+C$　　D. $\dfrac{1}{x}\ln(1+x^2)+2\arctan x+C$

三、解答题（每题7分，共56分）

7. 已知 $f'(\cos x+2)=\sin^2 x+\tan^2 x$，计算 $f(x)$.

8. 计算不定积分 $\displaystyle\int\frac{\sqrt[3]{x}}{x\left(\sqrt{x}+\sqrt[3]{x}\right)}dx$.

9. 计算不定积分 $\displaystyle\int\frac{3x+6}{(x-1)^2(x^2+x+1)}dx$.

10. 计算不定积分 $\displaystyle\int\frac{1}{\sin^3 x\cos x}dx$.

11. 设 $I_n=\int(\ln x)^n dx$，试给出 I_n 的递推式，并计算 $I_3=\int(\ln x)^3dx$.

12. 设 $F(x)$ 是 $f(x)$ 的一个原函数，当 $x\geqslant 0$ 时，$f(x)F(x)=\dfrac{xe^x}{2(1+x)^2}$，已知 $F(0)=1$，$F(x)>0$，试求 $F(x)$.

13. 设 $f(\sin^2 x)=\dfrac{x}{\sin x}\left(0<x<\dfrac{\pi}{2}\right)$，求 $\int\dfrac{\sqrt{x}}{\sqrt{1-x}}f(x)\mathrm{d}x$.

14. 设 $f(x)=\begin{cases}1, & x<0\\ x+1, & 0\leqslant x\leqslant 1\\ 2x, & x>1\end{cases}$，求 $\int f(x)\mathrm{d}x$.

四、应用题（本题 14 分）

15. 某企业为生产甲、乙两种型号的产品投入的固定成本是 10000（万元）. 设该企业生产甲、乙两种产品的产量分别为 x 件和 y 件，且这两种产品的边际成本分别为 $20+\dfrac{x}{2}$（万元/件）和 $6+y$（万元/件）.

（1）求生产甲、乙两种产品的总成本函数 $C(x,y)$（万元）；

（2）求当总产量为 50 件时，甲、乙两种产品的产量各为多少时可使总成本最小，并求最小总成本；

（3）当总产量为 50 件且总成本最小时，求甲产品的边际成本，并解释其经济意义.

思维导图

习题答案

第 6 章　定积分及其应用

开普勒第二定律中借助“在相等时间内，太阳和运动着的行星的连线所扫过的面积都是相等的”的理论准确预测了行星的运行轨迹. 在第 3 章中我们已经用导数解决了加速度、瞬时速度的问题，本章我们利用定积分的思想解决曲线所围成图形的面积. 定积分是一元函数积分学的一个重要概念，它在工程学、经济学和其他科学技术领域中有着广泛的应用. 本章将介绍定积分的概念与基本性质、定积分的计算、定积分的简单应用和反常积分等.

6.1　定　积　分

6.1.1　定积分的概念

1. 曲边梯形的面积

设函数 $y=f(x)\geqslant 0$，且在区间 $[a,b]$ 上连续. 由曲线 $y=f(x)$ 和 $x=a$，$x=b$ 及 x 轴所围成的平面图形称为**曲边梯形**，如图 6.1 所示. 为了计算曲边梯形的面积 A，我们用一组垂直于 x 轴的直线把曲边梯形任意分割成许多小曲边梯形，如图 6.2 所示. 因为每个小曲边梯形的底边是很窄的，而 $f(x)$ 又是连续变化的，所以，可用小曲边梯形的底边作为底、底边上的任意一点 ξ_i 所对应的函数值 $f(\xi_i)$ 作为高的小矩形的面积来近似代替小曲边梯形的面积. 再把所有这些小矩形的面积加起来，就可以得到曲边梯形面积 A 的近似值. 当分割无限细密时，如果所有小矩形面积之和的极限值存在，则此极限就定义为曲边梯形的面积 A. 根据上面的分析，曲边梯形的面积可按下述步骤来计算：

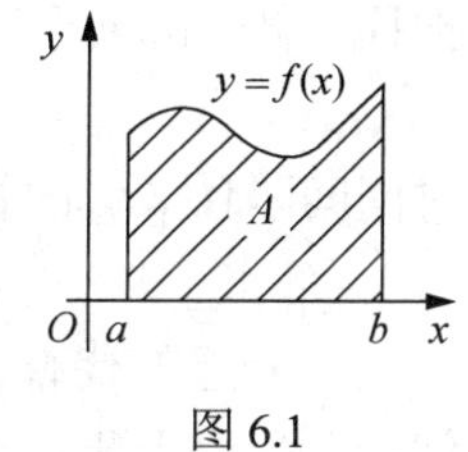

图 6.1

（1）分割：在 $[a,b]$ 内任意插入 $n-1$ 个分点 $x_1,x_2,\cdots,x_{n-1}$，且

$$a=x_0<x_1<x_2<\cdots<x_{i-1}<x_i\cdots<x_{n-1}<x_n=b,$$

把曲边梯形的底边 $[a,b]$ 分成 n 个小区间：

$$[x_0,x_1],[x_1,x_2],\cdots,[x_{i-1},x_i],\cdots,[x_{n-1},x_n],$$

小区间 $[x_{i-1},x_i]$ 的长度记为

$$\Delta x_i=x_i-x_{i-1}(i=1,2,\cdots,n).$$

过各分点作垂直于 x 轴的直线，把整个曲边梯形分成 n 个小曲边梯形，其中第 i 个小曲边梯形的面积记为 $\Delta A_i(i=1,2,\cdots,n)$.

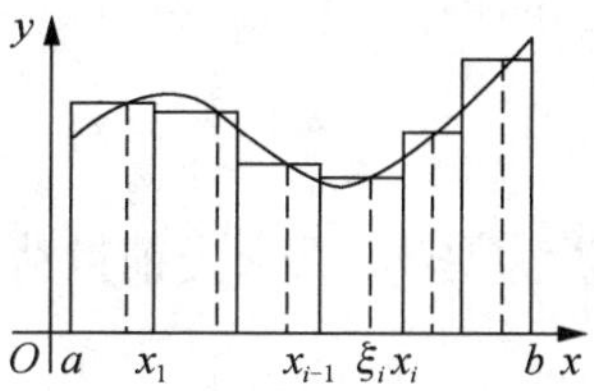

图 6.2

（2）近似代替：如图 6.2 所示，在小区间 $[x_{i-1},x_i]$ 上任取 $\xi_i(x_{i-1}\leqslant\xi_i\leqslant x_i)$，以 $f(\xi_i)$ 为高、Δx_i 为底作一小矩形，再用小矩形的面积 $f(\xi_i)\Delta x_i$ 近似代替第 i 个小曲边梯形的面积 ΔA_i，即

$$\Delta A_i \approx f(\xi_i)\Delta x_i (i=1,2,\cdots,n).$$

（3）求和：将 n 个小矩形的面积加起来，可得到曲边梯形的面积 A 的近似值，即

$$A \approx f(\xi_1)\Delta x_1 + f(\xi_2)\Delta x_2 + \cdots + f(\xi_i)\Delta x_i + \cdots + f(\xi_n)\Delta x_n = \sum_{i=1}^{n} f(\xi_i)\Delta x_i .$$

（4）取极限：用 λ 表示所有小区间长度的最大值，即 $\lambda = \max\limits_{1\leqslant i\leqslant n}\{\Delta x_i\}$，当 $\lambda \to 0$ 时，和式 $\sum\limits_{i=1}^{n} f(\xi_i)\Delta x_i$ 的极限就是所求曲边梯形的面积 A，即

$$A = \lim_{\lambda\to 0}\sum_{i=1}^{n} f(\xi_i)\Delta x_i .$$

2. 变速直线运动的路程

设一质点做直线运动，其速度 $v = v(t)$ 是时间间隔 $[T_1,T_2]$ 上的连续函数，且 $v(t) \geqslant 0$，求在这段时间内质点所经过的路程 s .

由于速度是随时间变化的，所以不能直接用公式“路程=速度×时间”来求路程 s . 与求曲边梯形面积的方法类似，我们用极限的方法来求路程 s .

（1）分割：在 $[T_1,T_2]$ 内任意插入 $n-1$ 个分点 $t_1,t_2,\cdots,t_{n-1}$，且

$$T_1 = t_0 < t_1 < t_2 < \cdots < t_{n-1} < t_n = T_2 ,$$

把 $[T_1,T_2]$ 分成 n 个时间间隔：

$$[t_0,t_1],[t_1,t_2],\cdots,[t_{i-1},t_i],\cdots,[t_{n-1},t_n] ,$$

时间间隔 $[t_{i-1},t_i]$ 的长度记为

$$\Delta t_i = t_i - t_{i-1} \quad (i=1,2,\cdots,n).$$

（2）近似代替：在 $[t_{i-1},t_i]$ 上任取 $\tau_i (t_{i-1} \leqslant \tau_i \leqslant t_i)$，乘积 $v(\tau_i)\cdot\Delta t_i$ 近似代替物体在时间段 $[t_{i-1},t_i]$ 上所经过的路程，即 $\Delta s_i \approx v(\tau_i)\cdot\Delta t_i (i=1,2,\cdots,n)$.

（3）求和：将 n 个时间段上物体经过的路程加起来，得到路程 s 的近似值

$$s = \sum_{i=1}^{n}\Delta s_i \approx \sum_{i=1}^{n} v(\tau_i)\cdot\Delta t_i .$$

（4）取极限：用 λ 表示所有时间间隔长度的最大值，即 $\lambda = \max\limits_{1\leqslant i\leqslant n}\{\Delta t_i\}$，当 $\lambda \to 0$ 时，和式 $\sum\limits_{i=1}^{n} v(\tau_i)\cdot\Delta t_i$ 的极限就是物体在时间间隔 $[T_1,T_2]$ 上经过的路程，即

$$s = \lim_{\lambda\to 0}\sum_{i=1}^{n} v(\tau_i)\cdot\Delta t_i .$$

3. 收益问题

设某商场出售的某物品的价格 P 是销量 Q 的连续函数，即 $P = f(Q)$，试求当销量从 a 变化到 b 时收益 R 为多少？

由于价格随销量的变化而变化，所以不能直接用公式“收益=价格×销量”来计算

收益．仿照上面两个例子，用下述方法来解决问题，简单叙述如下：

在区间$[a,b]$内任意插入$n-1$个分点$Q_1,Q_2,\cdots,Q_{i-1},Q_i,\cdots,Q_{n-1}$，且

$$a=Q_0<Q_1<Q_2<\cdots<Q_{i-1}<Q_i<\cdots<Q_{n-1}<Q_n=b,$$

每个销售段$[Q_{i-1},Q_i]\ (i=1,2,\cdots,n)$的销售量为$\Delta Q_i=Q_i-Q_{i-1}\ (i=1,2,\cdots,n)$，任取$\eta_i\in[Q_{i-1},Q_i]$，$f(\eta_i)$看作该销售段的近似价格，则收益近似为$\Delta R_i\approx f(\eta_i)\cdot\Delta Q_i\ (i=1,2,\cdots,n)$，总收益近似为$R=\sum\limits_{i=1}^{n}\Delta R_i\approx\sum\limits_{i=1}^{n}f(\eta_i)\cdot\Delta Q_i$，记$\lambda=\max\limits_{1\leqslant i\leqslant n}\{\Delta Q_i\}$，则$R=\lim\limits_{\lambda\to 0}\sum\limits_{i=1}^{n}f(\eta_i)\cdot\Delta Q_i$．

上面讨论的三个实际问题，尽管它们的具体意义各不相同，但解决问题的方法完全相同，最后都归结为求具有相同结构的一种特定和式的极限．如果抛开它们的实际意义，仅从数学的结构上进行抽象的研究，就引出了定积分的概念．

4. 定积分的定义

定义 6.1　设函数$y=f(x)$在区间$[a,b]$上有界，在区间$[a,b]$内任意插入$n-1$个分点$x_1,x_2,\cdots,x_{n-1}$，且$a=x_0<x_1<x_2<\cdots<x_{i-1}<x_i\cdots<x_{n-1}<x_n=b$，将$[a,b]$分成$n$个小区间，各个小区间的长度记为

$$\Delta x_i=x_i-x_{i-1}(i=1,2,\cdots,n).$$

在每个小区间$[x_{i-1},x_i]$上任取一点$\xi_i\ (x_{i-1}\leqslant\xi_i\leqslant x_i)$，作乘积$f(\xi_i)\Delta x_i\ (i=1,2,\cdots,n)$，作和式

$$\sum_{i=1}^{n}f(\xi_i)\Delta x_i.$$

记$\lambda=\max\limits_{1\leqslant i\leqslant n}\{\Delta x_i\}$，如果极限$\lim\limits_{\lambda\to 0}\sum\limits_{i=1}^{n}f(\xi_i)\Delta x_i$存在，则称函数$f(x)$在$[a,b]$上可积，并称此极限为$f(x)$在$[a,b]$上的定积分，记为$\int_a^b f(x)\mathrm{d}x$，即

定积分的概念

$$\int_a^b f(x)\mathrm{d}x=\lim_{\lambda\to 0}\sum_{i=1}^{n}f(\xi_i)\Delta x_i.$$

其中，$f(x)$称为**被积函数**，$f(x)\mathrm{d}x$称为**被积表达式**，x称为**积分变量**，$[a,b]$称为**积分区间**，a和b分别称为**积分下限**和**积分上限**，$\sum\limits_{i=1}^{n}f(\xi_i)\Delta x_i$称为**积分和**.

习惯上，若定积分$\int_a^b f(x)\mathrm{d}x$存在，则称函数$f(x)$在区间$[a,b]$上可积，否则，称$f(x)$在区间$[a,b]$上不可积．

根据定积分的定义，前面所讨论的曲边梯形的面积A、变速直线运动的路程s及收益R可分别表示为

$$A=\int_a^b f(x)\mathrm{d}x,\quad s=\int_{T_1}^{T_2}v(t)\mathrm{d}t,\quad R=\int_a^b f(Q)\mathrm{d}Q.$$

关于定积分，有如下几点说明：

（1）极限$\lim\limits_{\lambda\to 0}\sum\limits_{i=1}^{n}f(\xi_i)\Delta x_i$存在，是指无论对$[a,b]$如何划分，也无论对点$\xi_i\ (x_{i-1}\leqslant$

$\xi_i \leqslant x_i$) 如何选取，极限都存在且相同，即极限 $\lim\limits_{\lambda\to 0}\sum\limits_{i=1}^{n} f(\xi_i)\Delta x_i$ 存在与 $[a,b]$ 的划分及 ξ_i 的取法无关.

（2）定积分 $\int_a^b f(x)\mathrm{d}x$ 是一个和式的极限，它是一个数，它与被积函数 $f(x)$ 和积分区间 $[a,b]$ 有关，而与积分变量用什么字母表示无关，即

$$\int_a^b f(x)\mathrm{d}x = \int_a^b f(u)\,\mathrm{d}u = \int_a^b f(t)\mathrm{d}t .$$

（3）在定积分 $\int_a^b f(x)\mathrm{d}x$ 的定义中，我们总是假定 $a<b$，为了应用方便起见，对于 $a>b$ 或 $a=b$ 的情形，我们作如下补充规定：

① 当 $a>b$ 时，$\int_a^b f(x)\mathrm{d}x = -\int_b^a f(x)\mathrm{d}x$；

② 当 $a=b$ 时，$\int_a^b f(x)\mathrm{d}x = 0$.

对于定积分 $\int_a^b f(x)\mathrm{d}x$，我们需要考虑一个基本问题：函数 $f(x)$ 满足什么条件能保证在 $[a,b]$ 上可积？下面我们不加证明地给出函数可积的两个充分条件：

定理 6.1（函数可积的充分条件）

（1）若 $f(x)$ 在 $[a,b]$ 上连续，则 $f(x)$ 在 $[a,b]$ 上可积；

（2）若 $f(x)$ 在 $[a,b]$ 上只有有限个第一类间断点，则 $f(x)$ 在 $[a,b]$ 上可积.

5. 定积分的几何意义

如果在区间 $[a,b]$ 上 $f(x)\geqslant 0$ 且连续，则定积分 $\int_a^b f(x)\mathrm{d}x$ 的几何意义为由曲线 $y=f(x)$，直线 $x=a$，$x=b$ 及 x 轴所围成的曲边梯形的面积.

如果在区间 $[a,b]$ 上 $f(x)\leqslant 0$，则由曲线 $y=f(x)$，直线 $x=a$，$x=b$ 及 x 轴所围成的曲边梯形位于 x 轴的下方. 和式 $\sum\limits_{i=1}^{n} f(\xi_i)\Delta x_i$ 每一项中 $f(\xi_i)\leqslant 0$，$\Delta x_i>0$，因为面积总是正的，这时，定积分 $\int_a^b f(x)\mathrm{d}x$ 的几何意义为上述曲边梯形面积的相反数，如图 6.3 所示.

如果在区间 $[a,b]$ 上 $f(x)$ 的值有正有负，则函数图像的某些部分在 x 轴的上方，某些部分在 x 轴的下方，如图 6.4 所示. 此时，定积分 $\int_a^b f(x)\mathrm{d}x$ 表示 x 轴上方图形的面积减去 x 轴下方图形的面积，即

$$\int_a^b f(x)\mathrm{d}x = -A_1 + A_2 - A_3 .$$

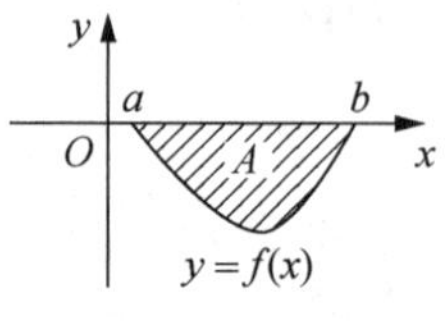

图 6.3

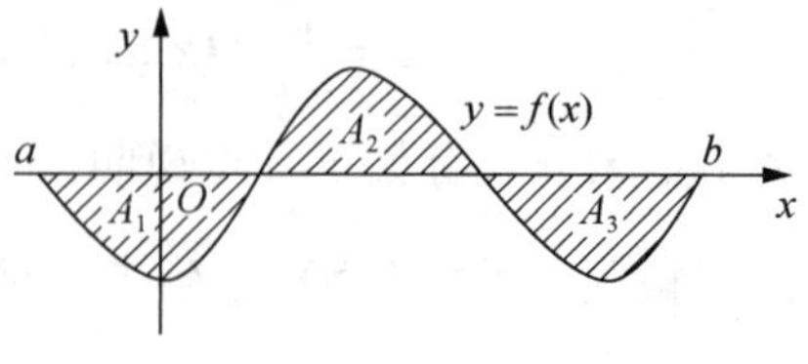

图 6.4

例 6.1　用定积分的定义求$\int_0^1 e^x dx$.

解　因为被积函数$f(x)=e^x>0$在区间$[0,1]$上连续，所以定积分$\int_0^1 e^x dx$存在且表示面积，积分值与区间$[0,1]$的分法和ξ_i的取法无关，因此我们采取简便的方法，具体过程如下：

（1）分割：n 等分区间$[0,1]$，分点$x_i=\frac{i}{n}(i=1,2,\cdots,n)$，区间长度$\Delta x_i=\frac{1}{n}(i=1,2,\cdots,n)$.

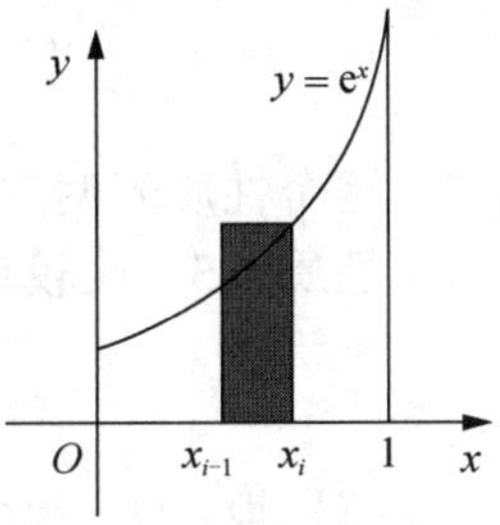

图 6.5

（2）近似代替：如图 6.5 所示，取$\xi_i=x_i=\frac{i}{n}$，则$f(\xi_i)=f(x_i)$，第 i 块的面积$\Delta A_i\approx f(x_i)\cdot\Delta x_i$.

（3）求和：面积

$$A=\sum_{i=1}^{n}\Delta A_i\approx\sum_{i=1}^{n}f(x_i)\cdot\Delta x_i .$$

（4）取极限：记$\lambda=\max\limits_{1\leqslant i\leqslant n}\{\Delta x_i\}=\frac{1}{n}$，当$\lambda\to 0$时，$n\to\infty$，故

$$A=\int_0^1 e^x\,dx=\lim_{n\to\infty}\sum_{i=1}^{n}f(x_i)\cdot\Delta x_i=\lim_{n\to\infty}\sum_{i=1}^{n}e^{\frac{i}{n}}\cdot\frac{1}{n}=\lim_{n\to\infty}\frac{1}{n}\left(e^{\frac{1}{n}}+e^{\frac{2}{n}}+\cdots+e^{\frac{n}{n}}\right)$$

$$=\lim_{n\to\infty}\frac{1}{n}\cdot\frac{e^{\frac{1}{n}}\left[1-(e^{\frac{1}{n}})^n\right]}{1-e^{\frac{1}{n}}}=\lim_{n\to\infty}\frac{1}{n}\cdot\frac{e^{\frac{1}{n}}(1-e)}{1-e^{\frac{1}{n}}}=\lim_{n\to\infty}\frac{1}{n}\cdot\frac{e^{\frac{1}{n}}(1-e)}{-\frac{1}{n}}=e-1.$$

6.1.2　定积分的性质

在下列各性质中，假定函数$f(x)$和$g(x)$在区间$[a,b]$上都是可积的.

性质 6.1　两个函数和（或差）的定积分等于它们定积分的和（或差），即

$$\int_a^b[f(x)\pm g(x)]dx=\int_a^b f(x)dx\pm\int_a^b g(x)dx .$$

此性质可以推广到有限个函数的和（或差）的情形，即

$$\int_a^b[f_1(x)\pm f_2(x)\pm\cdots\pm f_n(x)]dx=\int_a^b f_1(x)dx\pm\int_a^b f_2(x)dx\pm\cdots\pm\int_a^b f_n(x)dx .$$

性质 6.2　被积函数中的常数因子可以提到积分号外，即

$$\int_a^b kf(x)dx=k\int_a^b f(x)dx\text{（k 是常数）}.$$

性质 6.3　被积函数$f(x)=1$时，积分值等于积分区间的长度，即

$$\int_a^b dx=b-a .$$

性质 6.4（区间可加性）　若$a<c<b$，则

$$\int_a^b f(x)dx=\int_a^c f(x)dx+\int_c^b f(x)dx .$$

实际上不论 a,b,c 三点相对位置如何，性质 6.4 仍然成立．例如，$a<b<c$ 时，由于

$$\int_a^c f(x)\mathrm{d}x=\int_a^b f(x)\mathrm{d}x+\int_b^c f(x)\mathrm{d}x,$$

于是有

$$\int_a^b f(x)\mathrm{d}x=\int_a^c f(x)\mathrm{d}x-\int_b^c f(x)\mathrm{d}x=\int_a^c f(x)\mathrm{d}x+\int_c^b f(x)\mathrm{d}x.$$

这个性质表明定积分对于积分区间具有可加性.

性质 6.5（比较定理） 如果在区间 $[a,b]$ 上有 $f(x)\leqslant g(x)$，则

$$\int_a^b f(x)\mathrm{d}x\leqslant\int_a^b g(x)\mathrm{d}x.$$

特别地，① 若在区间 $[a,b]$ 上有 $f(x)\geqslant 0$，则 $\int_a^b f(x)\mathrm{d}x\geqslant 0$.

② $\left|\int_a^b f(x)\mathrm{d}x\right|\leqslant\int_a^b |f(x)|\mathrm{d}x$，$a<b$.

性质 6.6（估值定理） 设 M 和 m 分别为 $f(x)$ 在区间 $[a,b]$ 上的最大值和最小值，则

$$m(b-a)\leqslant\int_a^b f(x)\mathrm{d}x\leqslant M(b-a).$$

性质 6.7（积分中值定理） 如果 $f(x)$ 在区间 $[a,b]$ 上连续，则在区间 $[a,b]$ 上至少存在一点 ξ，使得

$$\int_a^b f(x)\mathrm{d}x=f(\xi)(b-a)\quad(a\leqslant\xi\leqslant b).$$

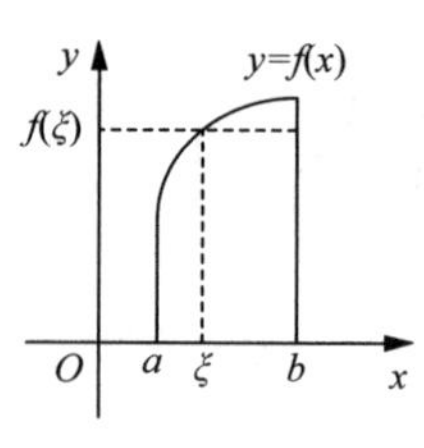

图 6.6

上式称为**积分中值公式**. 当 $f(x)\geqslant 0$ 时，积分中值定理的几何解释为，由曲线 $y=f(x)$，直线 $x=a$，$x=b$ 及 x 轴所围成的曲边梯形的面积恰好等于以区间 $[a,b]$ 为底、以 $f(\xi)$ 为高的矩形面积，如图 6.6 所示.

通常这个高度 $f(\xi)$ 为该曲边梯形的“平均高度”，也称为 $f(x)$ 在区间 $[a,b]$ 上的平均值，即

$$f(\xi)=\frac{1}{b-a}\int_a^b f(x)\mathrm{d}x.$$

例 6.2 比较 $\int_0^1 x^2\mathrm{d}x$ 与 $\int_0^1 x\mathrm{d}x$ 的大小.

解 在区间 $[0,1]$ 上，有 $x^2\leqslant x$ 成立，由性质 6.5 得

$$\int_0^1 x^2\mathrm{d}x\leqslant\int_0^1 x\mathrm{d}x.$$

例 6.3 估计定积分 $\int_0^1 \mathrm{e}^{x^2-x}\mathrm{d}x$ 的值.

解 令函数 $f(x)=\mathrm{e}^{x^2-x}$. 在 $[0,1]$ 上，$f'(x)=\mathrm{e}^{x^2-x}(2x-1)$，令 $f'(x)=0$，得 $x=\frac{1}{2}$. 由于 $f(0)=\mathrm{e}^0=1$，$f(1)=\mathrm{e}^0=1$，$f\left(\frac{1}{2}\right)=\mathrm{e}^{-\frac{1}{4}}$，所以 $f(x)$ 在 $[0,1]$ 上最小值为 $\mathrm{e}^{-\frac{1}{4}}$，最大值为 1，故有

$$\mathrm{e}^{-\frac{1}{4}}\leqslant\int_0^1 \mathrm{e}^{x^2-x}\mathrm{d}x\leqslant 1.$$

习题 6.1

1．用定积分的几何意义计算：

（1）$\int_0^2 x\mathrm{d}x$；　（2）$\int_{-a}^{a}\sqrt{a^2-x^2}\mathrm{d}x$；

（3）$\int_{-1}^{1}|x|\mathrm{d}x$；　（4）$\int_{-\pi}^{\pi}\sin x\mathrm{d}x$.

2．比较下列各组定积分值的大小：

（1）$\int_0^1\sqrt{x}\,\mathrm{d}x$，$\int_0^1 x^2\mathrm{d}x$；　（2）$\int_1^{\mathrm{e}}\ln x\mathrm{d}x$，$\int_1^{\mathrm{e}}\ln t\mathrm{d}t$；

（3）$\int_0^1 3^x\mathrm{d}x$，$\int_{-2}^{-1}\left(\frac{1}{3}\right)^x\mathrm{d}x$；　（4）$\int_1^2\ln x\mathrm{d}x$，$\int_1^2(\ln x)^2\mathrm{d}x$.

3．估计下列定积分的值：

（1）$\int_0^4\mathrm{e}^{\sqrt{x}}\mathrm{d}x$；　（2）$\int_1^3\frac{x}{x^2+1}\mathrm{d}x$.

4．已知$\int_0^1 x^2\,\mathrm{d}x=\frac{1}{3}$，计算下列定积分：

（1）$\int_0^1(x+1)^2\mathrm{d}x$；　（2）$\int_0^1 2x^2\mathrm{d}x$.

6.2　微积分基本公式

6.1 节我们利用定积分的定义来计算定积分，我们看到虽然被积函数很简单，但直接按定义计算定积分是非常麻烦的．因此，我们有必要进一步寻求计算定积分的方法，这是本节的一个中心问题．第 5 章我们学习了不定积分，介绍了原函数存在定理，即连续函数一定具有原函数．本节我们首先来证明这个结论，并进一步揭示不定积分与定积分之间的关系．

6.2.1　积分上限函数

设函数 $f(x)$在区间$[a,b]$上可积，x 为区间$[a,b]$上任意一点，则 $f(x)$在$[a,x]$上也可积，即变上限积分

$$\int_a^x f(t)\mathrm{d}t$$

存在，并且对于每一个 $x\in[a,b]$，都有一个确定的值与之对应，因此它是定义在$[a,b]$上的函数，称为**积分上限函数**，记为$\Phi(x)$，即

$$\Phi(x)=\int_a^x f(t)\,\mathrm{d}t\ (a\leqslant x\leqslant b),$$

也称$\int_a^x f(t)\mathrm{d}t$ 为**变上限的定积分**.

积分上限函数具有下面的重要性质：

定理 6.2（原函数存在定理）　如果函数 $f(x)$ 在区间$[a,b]$上连续，则积分上限函数 $\int_a^x f(t)\mathrm{d}t$ 在区间$[a,b]$上可导，且它的导数为

$$\Phi'(x)=\frac{\mathrm{d}}{\mathrm{d}x}\int_a^x f(t)\mathrm{d}t=f(x)\ (a\leqslant x\leqslant b).$$

证明 对任意 $x\in(a,b)$，给 x 一个增量 Δx，且 $x+\Delta x\in(a,b)$，则

$$\Phi'(x)=\lim_{\Delta x\to 0}\frac{\Phi(x+\Delta x)-\Phi(x)}{\Delta x}=\lim_{\Delta x\to 0}\frac{\int_a^{x+\Delta x}f(t)\mathrm{d}t-\int_a^x f(t)\mathrm{d}t}{\Delta x}$$

$$=\lim_{\Delta x\to 0}\frac{\int_x^{x+\Delta x}f(t)\mathrm{d}t}{\Delta x}=\lim_{\Delta x\to 0}\frac{f(\xi)\cdot\Delta x}{\Delta x}=\lim_{\Delta x\to 0}f(\xi),$$

其中，ξ 介于 x 与 $x+\Delta x$ 之间，当 $\Delta x\to 0$ 时，$\xi\to x$．故

$$\Phi'(x)=\lim_{\xi\to x}f(\xi)=f(x).$$

当 $x=a$ 时，取 $\Delta x>0$，同理可证 $\Phi_+'(a)=f(a)$；当 $x=b$ 时，取 $\Delta x<0$，可证 $\Phi_-'(b)=f(b)$．所以有

$$\Phi'(x)=f(x)\ (a\leqslant x\leqslant b).$$

积分上限函数的应用

因此，积分上限函数 $\Phi(x)=\int_a^x f(t)\mathrm{d}t$ 是 $f(x)$ 的一个原函数，这表明连续函数的原函数总是存在的，也初步揭示了积分学中定积分与原函数之间的关系．

例 6.4 设 $\Phi(x)=\int_a^x t\mathrm{e}^t\mathrm{d}t$，求 $\Phi'(x)$．

解 由公式得 $\Phi'(x)=\frac{\mathrm{d}}{\mathrm{d}x}\int_a^x t\mathrm{e}^t\mathrm{d}t=x\mathrm{e}^x$．

注 （1）当积分上限为自变量 x 的可导函数 $b(x)$ 时，可利用复合函数求导法则，即有

$$\frac{\mathrm{d}}{\mathrm{d}x}\left[\int_a^{b(x)}f(t)\mathrm{d}t\right]=\frac{\mathrm{d}}{\mathrm{d}b(x)}\left[\int_a^{b(x)}f(t)\mathrm{d}t\right]\cdot\frac{\mathrm{d}b(x)}{\mathrm{d}x}=f[b(x)]\cdot b'(x).$$

（2）当积分下限为自变量 x 的可导函数 $a(x)$ 时，可利用复合函数求导法则，即有

$$\frac{\mathrm{d}}{\mathrm{d}x}\left[\int_{a(x)}^b f(t)\mathrm{d}t\right]=\frac{\mathrm{d}}{\mathrm{d}a(x)}\left[-\int_b^{a(x)}f(t)\mathrm{d}t\right]\cdot\frac{\mathrm{d}a(x)}{\mathrm{d}x}=-f[a(x)]\cdot a'(x).$$

（3）当积分上、下限都是 x 的可导函数时，可利用定积分对积分区间的可加性和复合函数的求导法则，即有

$$\frac{\mathrm{d}}{\mathrm{d}x}\left[\int_{a(x)}^{b(x)}f(t)\mathrm{d}t\right]=\frac{\mathrm{d}}{\mathrm{d}x}\left[\int_{a(x)}^{c}f(t)\mathrm{d}t+\int_c^{b(x)}f(t)\mathrm{d}t\right]$$

$$=\frac{\mathrm{d}}{\mathrm{d}x}\left[\int_c^{b(x)}f(t)\mathrm{d}t-\int_c^{a(x)}f(t)\mathrm{d}t\right]$$

$$=f[b(x)]\cdot b'(x)-f[a(x)]\cdot a'(x).$$

例 6.5 求 $\frac{\mathrm{d}}{\mathrm{d}x}\int_0^{x^3}\sqrt{1+t}\,\mathrm{d}t$．

解 $\frac{\mathrm{d}}{\mathrm{d}x}\int_0^{x^3}\sqrt{1+t}\,\mathrm{d}t=\sqrt{1+x^3}\cdot(x^3)'=3x^2\sqrt{1+x^3}$．

例 6.6 设 $f(x)=\int_{\sin x}^{\cos x}(1+t)\mathrm{d}t$，求 $f'(x)$．

解　$f'(x)=(1+\cos x)(\cos x)'-(1+\sin x)(\sin x)'$
$$=-\sin x(1+\cos x)-\cos x(1+\sin x)=-(\sin x+\cos x+\sin 2x).$$

例 6.7　求 $\lim\limits_{x\to 0}\dfrac{\int_x^0 \sin t^2\,\mathrm{d}t}{x^3}$.

解　这是 $\dfrac{0}{0}$ 型未定式，利用洛必达法则，得

$$\lim_{x\to 0}\frac{\int_x^0 \sin t^2\mathrm{d}t}{x^3}=-\lim_{x\to 0}\frac{\sin x^2}{3x^2}=-\frac{1}{3}.$$

例 6.8　求由方程 $\int_0^y \mathrm{e}^t\mathrm{d}t+\int_0^x \cos t\mathrm{d}t=0$ 所确定的函数 $y=y(x)$ 的导数.

解　方程两边关于 x 求导，y 是 x 的函数，得

$$\mathrm{e}^y\frac{\mathrm{d}y}{\mathrm{d}x}+\cos x=0\text{，即}\frac{\mathrm{d}y}{\mathrm{d}x}=-\frac{\cos x}{\mathrm{e}^y}.$$

6.2.2　微积分基本定理

定理 6.3（微积分基本定理）　设函数 $F(x)$是连续函数 $f(x)$在区间$[a,b]$上的任一原函数，则

$$\int_a^b f(x)\mathrm{d}x=F(b)-F(a).\tag{6.1}$$

证明　由定理 6.2 知，积分上限函数

$$\varPhi(x)=\int_a^x f(t)\mathrm{d}t,\quad x\in[a,b]$$

为 $f(x)$在$[a,b]$上的一个原函数，因为 $F(x)$也是 $f(x)$在$[a,b]$上的一个原函数，故

$$F(x)=\varPhi(x)+C.$$

从而有

$$F(a)=\varPhi(a)+C=C,\quad F(b)=\varPhi(b)+C=\int_a^b f(x)\mathrm{d}x+C,$$

上面两式相减，得

$$\int_a^b f(x)\mathrm{d}x=F(b)-F(a).$$

式（6.1）称为**牛顿-莱布尼茨公式**，也称为微积分基本公式.

为了使用的方便，该公式也可以表示为

$$\int_a^b f(x)\mathrm{d}x=F(x)\Big|_a^b=F(b)-F(a).$$

牛顿-莱布尼茨公式揭示了定积分与原函数之间的内在联系，它表明一个连续函数在区间$[a,b]$上的定积分等于它的任意一个原函数在区间$[a,b]$上的改变量，也就是说，要计算定积分，只要先求不定积分，即求出被积函数在区间$[a,b]$上的一个原函数，再将上、下限分别代入求其差即可.

例 6.9　计算 $\int_0^1 x^2\mathrm{d}x$.

解 因为在$[0,1]$上$\dfrac{x^3}{3}$是x^2的一个原函数，所以有

$$\int_0^1 x^2 \mathrm{d}x = \frac{1}{3}x^3\Big|_0^1 = \frac{1}{3} - 0 = \frac{1}{3}.$$

例 6.10 计算下列积分：

（1）$\displaystyle\int_0^1 \frac{1}{x^2+1}\mathrm{d}x$；（2）$\displaystyle\int_{-\frac{\pi}{4}}^{\frac{\pi}{4}} \frac{1}{1+\cos 2x}\mathrm{d}x$；

（3）$\displaystyle\int_0^{2\pi} |\sin x|\,\mathrm{d}x$；（4）$\displaystyle\int_1^{\sqrt{\mathrm{e}}} \frac{1}{x\sqrt{1-(\ln x)^2}}\mathrm{d}x.$

解 （1）$\displaystyle\int_0^1 \frac{1}{x^2+1}\mathrm{d}x = \arctan x\big|_0^1 = \frac{\pi}{4}.$

（2）$\displaystyle\int_{-\frac{\pi}{4}}^{\frac{\pi}{4}} \frac{1}{1+\cos 2x}\mathrm{d}x = \int_{-\frac{\pi}{4}}^{\frac{\pi}{4}} \frac{1}{2\cos^2 x}\mathrm{d}x = \frac{1}{2}\tan x\Big|_{-\frac{\pi}{4}}^{\frac{\pi}{4}} = \frac{1}{2}\times(1+1) = 1.$

（3）$$\int_0^{2\pi} |\sin x|\,\mathrm{d}x = \int_0^{\pi} |\sin x|\,\mathrm{d}x + \int_{\pi}^{2\pi} |\sin x|\,\mathrm{d}x = \int_0^{\pi} \sin x\mathrm{d}x + \int_{\pi}^{2\pi} (-\sin x)\mathrm{d}x$$
$$= -\cos x\big|_0^{\pi} + \cos x\big|_{\pi}^{2\pi} = -(-1-1) + (1+1) = 4.$$

（4）$$\int_1^{\sqrt{\mathrm{e}}} \frac{1}{x\sqrt{1-(\ln x)^2}}\mathrm{d}x = \int_1^{\sqrt{\mathrm{e}}} \frac{1}{\sqrt{1-(\ln x)^2}}\mathrm{d}(\ln x) = \arcsin(\ln x)\Big|_1^{\sqrt{\mathrm{e}}} = \arcsin\frac{1}{2} = \frac{\pi}{6}.$$

例 6.11 设函数$f(x) = \begin{cases} \mathrm{e}^x, & x<1 \\ \dfrac{1}{2\sqrt{x}}, & x \geqslant 1 \end{cases}$，计算$\displaystyle\int_0^2 f(x)\mathrm{d}x$.

解 由于$f(x)$是分段函数，在积分区间$[0,2]$上的解析式不同，所以利用定积分的区间可加性，将定积分$\displaystyle\int_0^2 f(x)\mathrm{d}x$写成区间$[0,1]$与$[1,2]$上两个定积分的和，即

$$\int_0^2 f(x)\,\mathrm{d}x = \int_0^1 f(x)\,\mathrm{d}x + \int_1^2 f(x)\,\mathrm{d}x = \int_0^1 \mathrm{e}^x\mathrm{d}x + \int_1^2 \frac{1}{2\sqrt{x}}\,\mathrm{d}x$$
$$= \mathrm{e}^x\big|_0^1 + \sqrt{x}\big|_1^2 = \mathrm{e} - 1 + \sqrt{2} - 1 = \mathrm{e} + \sqrt{2} - 2.$$

例 6.12 已知某产品生产Q个单位时，总收益R的变化率（边际收益）为

$$R' = R'(Q) = 200 - \frac{Q}{100},\quad Q \geqslant 0.$$

（1）求生产 50 个单位时的总收益；

（2）若已经生产了 100 个单位，求再生产 100 个单位的总收益.

解 （1）$$R = \int_0^{50} R'(Q)\mathrm{d}Q = \int_0^{50}\left(200 - \frac{Q}{100}\right)\mathrm{d}Q = \left(200Q - \frac{Q^2}{200}\right)\Big|_0^{50}$$
$$= 200\times 50 - \frac{2500}{200} = 9987.5.$$

（2）$$R = \int_{100}^{200} R'(Q)\mathrm{d}Q = \int_{100}^{200}\left(200 - \frac{Q}{100}\right)\mathrm{d}Q = \left(200Q - \frac{Q^2}{200}\right)\Big|_{100}^{200} = 19850.$$

习题 6.2

1．计算下列各式的导数:

（1）$y=\int_0^{x^2}\sqrt{1+t^2}\,\mathrm{d}t$；　（2）$y=\int_0^{\cos x}\mathrm{e}^{t^2}\,\mathrm{d}t$；

（3）$y=\int_0^{x}\sin(3t-t^2)\mathrm{d}t$；　（4）$y=\int_x^{0}\tan(1-t^3)\mathrm{d}t$；

（5）$y=\int_0^{x^3}\ln(1+t)\mathrm{d}t$；　（6）$y=\int_x^{x^2}\frac{1}{\sqrt{1+t}}\mathrm{d}t$.

2．求下列极限:

（1）$\lim\limits_{x\to1}\frac{\ln x}{\int_1^x \mathrm{e}^{t^2}\mathrm{d}t}$；　（2）$\lim\limits_{x\to0}\int_0^x\frac{1}{x^2}\ln(1-2t)\mathrm{d}t$.

3．设 $f(x)=\begin{cases}2x-1, & -1\leqslant x<0\\ \mathrm{e}^{-x}, & 0\leqslant x\leqslant1\end{cases}$，求 $\int_{-1}^{1}f(x)\mathrm{d}x$.

4．求下列定积分:

（1）$\int_0^2 x^3\mathrm{d}x$；　（2）$\int_1^2\frac{1}{x^3}\mathrm{d}x$；

（3）$\int_0^{2\pi}|\cos x|\mathrm{d}x$；　（4）$\int_{-4}^{0}|x+2|\mathrm{d}x$；

（5）$\int_{-2}^{-1}\frac{1}{x}\mathrm{d}x$；　（6）$\int_1^2\mathrm{e}^x\mathrm{d}x$；

（7）$\int_0^{\pi}\sin^2\frac{x}{2}\,\mathrm{d}x$；　（8）$\int_0^{\sqrt{3}}\frac{1}{1+x^2}\mathrm{d}x$.

5．求函数 $f(x)=\int_0^x(t-1)\mathrm{d}t$ 的极值.

6.3　定积分的换元积分法和分部积分法

应用牛顿–莱布尼茨公式计算定积分，首先求被积函数的原函数，然后按式（6.1）计算积分值．不定积分的换元积分法和分部积分法是求原函数的方法，本节将这两种方法应用到定积分的计算中．在求原函数的过程中，相应地变换积分的上、下限，可以简化计算．

6.3.1　定积分的换元积分公式

定理 6.4（定积分的换元积分法）　设函数 $f(x)$ 在区间 $[a,b]$ 上连续，函数 $x=\varphi(t)$ 在区间 $[\alpha,\beta]$（或 $[\beta,\alpha]$）上有连续导数 $\varphi'(t)$，又 $\varphi(\alpha)=a$，$\varphi(\beta)=b$，则有**换元公式**

$$\int_a^b f(x)\mathrm{d}x=\int_\alpha^\beta f[\varphi(t)]\cdot\varphi'(t)\mathrm{d}t.\tag{6.2}$$

证明　式（6.2）两边的被积函数都是连续的，因此它们的原函数都存在．设 $F(x)$ 为 $f(x)$ 在 $[a,b]$ 上的一个原函数，则有

$$\int f[\varphi(t)]\cdot\varphi'(t)\mathrm{d}t=\int f[\varphi(t)]\mathrm{d}\varphi(t)=F[\varphi(t)]+C.$$

由牛顿-莱布尼茨公式，得

$$\int_{\alpha}^{\beta} f[\varphi(t)]\cdot\varphi'(t)\mathrm{d}t=F[\varphi(t)]\Big|_{\alpha}^{\beta}=F[\varphi(\beta)]-F[\varphi(\alpha)]=F(b)-F(a).$$

所以式（6.2）成立.

注　（1）在作换元代换时，积分的上、下限要跟着变换，但对应关系不能变，即“**换元必换限，换限必对限**”，换元后下限α不一定小于上限β.

（2）换元积分后，不必换回原来的积分变量，直接积分求出结果即可.

例 6.13　计算$\int_0^2\sqrt{4-x^2}\mathrm{d}x$.

解　设$x=2\sin t$，则$\mathrm{d}x=2\cos t\mathrm{d}t$，且当$x=0$时，$t=0$；当$x=2$时，$t=\dfrac{\pi}{2}$. 于是有

$$\int_0^2\sqrt{4-x^2}\mathrm{d}x=\int_0^{\frac{\pi}{2}}2\cos t\cdot 2\cos t\,\mathrm{d}t=4\int_0^{\frac{\pi}{2}}\cos^2 t\mathrm{d}t$$

$$=2\int_0^{\frac{\pi}{2}}(1+\cos 2t)\mathrm{d}t=\pi+\sin 2t\Big|_0^{\frac{\pi}{2}}=\pi.$$

例 6.14　计算$\int_0^8\dfrac{1}{\sqrt[3]{x}+1}\mathrm{d}x$.

解　设$\sqrt[3]{x}=t$，则$x=t^3$，$\mathrm{d}x=3t^2\mathrm{d}t$，且当$x=0$时，$t=0$；当$x=8$时，$t=2$. 于是有

$$\int_0^8\frac{1}{\sqrt[3]{x}+1}\mathrm{d}x=\int_0^2\frac{1}{1+t}\cdot 3t^2\mathrm{d}t=3\int_0^2\frac{(t^2-1)+1}{1+t}\mathrm{d}t$$

$$=3\left[\frac{1}{2}(t-1)^2+\ln|1+t|\right]\Big|_0^2=3\ln 3.$$

例 6.15　设函数$f(x)$在区间$[-a,a]$上连续，证明：

（1）$\int_{-a}^{a}f(x)\mathrm{d}x=\int_0^a[f(x)+f(-x)]\mathrm{d}x$；

（2）若$f(x)$为偶函数，则$\int_{-a}^{a}f(x)\mathrm{d}x=2\int_0^a f(x)\mathrm{d}x$；

（3）若$f(x)$为奇函数，则$\int_{-a}^{a}f(x)\mathrm{d}x=0$.

证明　利用定积分的性质 6.4，得

$$\int_{-a}^{a}f(x)\mathrm{d}x=\int_{-a}^{0}f(x)\mathrm{d}x+\int_0^a f(x)\mathrm{d}x.$$

对积分$\int_{-a}^{0}f(x)\mathrm{d}x$作变量代换，令$x=-t$，则$\mathrm{d}x=-\mathrm{d}t$，且当$x=-a$时，$t=a$；当$x=0$时，$t=0$，于是有

$$\int_{-a}^{0}f(x)\mathrm{d}x=-\int_a^0 f(-t)\mathrm{d}t=\int_0^a f(-x)\mathrm{d}x.$$

所以

（1）$\int_{-a}^{a}f(x)\mathrm{d}x=\int_0^a f(-x)\mathrm{d}x+\int_0^a f(x)\mathrm{d}x=\int_0^a[f(x)+f(-x)]\mathrm{d}x$.

（2）若 $f(x)$ 为偶函数，即 $f(x)=f(-x)$，则

$$\int_{-a}^{a} f(x)\mathrm{d}x = 2\int_{0}^{a} f(x)\mathrm{d}x.$$

（3）若 $f(x)$ 为奇函数，即 $f(x)=-f(-x)$，则

$$\int_{-a}^{a} f(x)\mathrm{d}x = 0.$$

例 6.16　计算下列定积分：

（1）$\int_{-\frac{\pi}{2}}^{\frac{\pi}{2}} \frac{\sin x}{1+\cos x}\mathrm{d}x$；　（2）$\int_{-\frac{\pi}{4}}^{\frac{\pi}{4}} \cos^2 x\mathrm{d}x$；　（3）$\int_{-1}^{1} \frac{\sin^2 x}{1+\mathrm{e}^{-x}}\mathrm{d}x$.

解　（1）记 $f(x)=\frac{\sin x}{1+\cos x}$，因为 $f(-x)=-f(x)$，所以 $f(x)$ 在 $\left[-\frac{\pi}{2},\frac{\pi}{2}\right]$ 上为奇函数，于是有

$$\int_{-\frac{\pi}{2}}^{\frac{\pi}{2}} \frac{\sin x}{1+\cos x}\mathrm{d}x = 0.$$

（2）因为 $f(x)=\cos^2 x$ 在 $\left[-\frac{\pi}{4},\frac{\pi}{4}\right]$ 上是偶函数，所以

$$\begin{aligned}\int_{-\frac{\pi}{4}}^{\frac{\pi}{4}} \cos^2 x\mathrm{d}x &= 2\int_{0}^{\frac{\pi}{4}} \cos^2 x\mathrm{d}x = \int_{0}^{\frac{\pi}{4}} (1+\cos 2x)\mathrm{d}x \\ &= \frac{\pi}{4}+\frac{1}{2}\sin 2x\Big|_{0}^{\frac{\pi}{4}} = \frac{\pi}{4}+\frac{1}{2}.\end{aligned}$$

（3）被积函数在区间 $[-1,1]$ 上既非奇函数也非偶函数，则利用例 6.15（1）的结论，得

$$\begin{aligned}\int_{-1}^{1} \frac{\sin^2 x}{1+\mathrm{e}^{-x}}\mathrm{d}x &= \int_{0}^{1}\left(\frac{\sin^2 x}{1+\mathrm{e}^{-x}}+\frac{\sin^2 x}{1+\mathrm{e}^{x}}\right)\mathrm{d}x = \int_{0}^{1}\left(\frac{\mathrm{e}^{x}\sin^2 x}{1+\mathrm{e}^{x}}+\frac{\sin^2 x}{1+\mathrm{e}^{x}}\right)\mathrm{d}x \\ &= \int_{0}^{1}\sin^2 x\mathrm{d}x = \frac{1}{2}\int_{0}^{1}(1-\cos 2x)\mathrm{d}x \\ &= \frac{1}{2}\left(x-\frac{1}{2}\sin 2x\right)\Big|_{0}^{1} = \frac{1}{2}\left(1-\frac{1}{2}\sin 2\right).\end{aligned}$$

例 6.17　设函数 $f(x)$ 在 $[0,1]$ 上连续，证明：

（1）$\int_{0}^{\frac{\pi}{2}} f(\sin x)\mathrm{d}x = \int_{0}^{\frac{\pi}{2}} f(\cos x)\mathrm{d}x$；

（2）$\int_{0}^{\pi} x\cdot f(\sin x)\mathrm{d}x = \frac{\pi}{2}\int_{0}^{\pi} f(\sin x)\mathrm{d}x$，并计算 $\int_{0}^{\pi} \frac{x\sin x}{1+\cos^2 x}\mathrm{d}x$.

证明　（1）设 $x=\frac{\pi}{2}-t$，则 $\mathrm{d}x=-\mathrm{d}t$，且当 x：$0\to\frac{\pi}{2}$ 时，t：$\frac{\pi}{2}\to 0$，所以

$$\int_{0}^{\frac{\pi}{2}} f(\sin x)\mathrm{d}x = \int_{\frac{\pi}{2}}^{0} -f(\cos t)\mathrm{d}t = \int_{0}^{\frac{\pi}{2}} f(\cos t)\mathrm{d}t = \int_{0}^{\frac{\pi}{2}} f(\cos x)\mathrm{d}x.$$

（2）设 $x=\pi-t$，则 $\mathrm{d}x=-\mathrm{d}t$，且当 x：$0\to\pi$ 时，t：$\pi\to 0$，所以

$$\int_{0}^{\pi} x\cdot f(\sin x)\mathrm{d}x = -\int_{\pi}^{0}(\pi-t)f(\sin t)\mathrm{d}t = \int_{0}^{\pi}(\pi-t)f(\sin t)\mathrm{d}t$$

$$=\pi\int_0^\pi f(\sin t)\mathrm{d}t-\int_0^\pi t\cdot f(\sin t)\mathrm{d}t$$

$$=\pi\int_0^\pi f(\sin x)\mathrm{d}x-\int_0^\pi x\cdot f(\sin x)\mathrm{d}x$$

移项，得

$$\int_0^\pi x\cdot f(\sin x)\mathrm{d}x=\frac{\pi}{2}\int_0^\pi f(\sin x)\mathrm{d}x.$$

由例 6.17（2）的结论可知

$$\int_0^\pi \frac{x\sin x}{1+\cos^2 x}\mathrm{d}x=\frac{\pi}{2}\int_0^\pi \frac{\sin x}{1+\cos^2 x}\mathrm{d}x=-\frac{\pi}{2}\int_0^\pi \frac{1}{1+\cos^2 x}\mathrm{d}\cos x$$

$$=-\frac{\pi}{2}\arctan(\cos x)\Big|_0^\pi=-\frac{\pi}{2}\left(-\frac{\pi}{4}-\frac{\pi}{4}\right)=\frac{\pi^2}{4}.$$

6.3.2 定积分的分部积分公式

定理 6.5（定积分的分部积分法） 设 $u(x)$, $v(x)$ 在区间 $[a,b]$ 上有连续导数，则

$$\int_a^b u(x)\cdot v'(x)\mathrm{d}x=[u(x)v(x)]\Big|_a^b-\int_a^b v(x)\mathrm{d}u(x),\tag{6.3}$$

式（6.3）称为定积分的**分部积分公式**.

证明 因为

$$\int_a^b u(x)\cdot v'(x)\mathrm{d}x+\int_a^b v(x)\mathrm{d}u(x)=\int_a^b [u(x)\cdot v'(x)+u'(x)\cdot v(x)]\mathrm{d}x=[u(x)\cdot v(x)]\Big|_a^b,$$

移项，知式（6.3）成立.

式（6.3）也常写为

$$\int_a^b u(x)\mathrm{d}v(x)=[u(x)v(x)]\Big|_a^b-\int_a^b v(x)\mathrm{d}u(x).$$

例 6.18 计算 $\int_0^\pi x\cdot\cos x\mathrm{d}x$.

解 被积函数为两类不同函数乘积的积分，利用分部积分法，得

$$\int_0^\pi x\cdot\cos x\mathrm{d}x=\int_0^\pi x\mathrm{d}\sin x=x\sin x\Big|_0^\pi-\int_0^\pi \sin x\mathrm{d}x$$

$$=\cos x\Big|_0^\pi=-2.$$

例 6.19 计算 $\int_1^2 \ln x\mathrm{d}x$.

解 $\int_1^2 \ln x\mathrm{d}x=x\ln x\Big|_1^2-\int_1^2 x\mathrm{d}\ln x=2\ln 2-\int_1^2 x\cdot\frac{1}{x}\mathrm{d}x$

$$=2\ln 2-1.$$

例 6.20 计算 $\int_0^{\frac{\pi}{2}} \mathrm{e}^x\sin x\mathrm{d}x$.

解 $\int_0^{\frac{\pi}{2}} \mathrm{e}^x\sin x\mathrm{d}x=\int_0^{\frac{\pi}{2}} \sin x\mathrm{d}\mathrm{e}^x=(\mathrm{e}^x\sin x)\Big|_0^{\frac{\pi}{2}}-\int_0^{\frac{\pi}{2}} \mathrm{e}^x\cos x\mathrm{d}x$

$$=\mathrm{e}^{\frac{\pi}{2}}-\int_0^{\frac{\pi}{2}}\cos x\mathrm{d}\mathrm{e}^x=\mathrm{e}^{\frac{\pi}{2}}-(\mathrm{e}^x\cos x)\Big|_0^{\frac{\pi}{2}}+\int_0^{\frac{\pi}{2}}\mathrm{e}^x\mathrm{d}(\cos x)$$

$$=e^{\frac{\pi}{2}}+1-\int_0^{\frac{\pi}{2}}e^x\sin x\mathrm{d}x.$$

移项，得

$$\int_0^{\frac{\pi}{2}}e^x\sin x\mathrm{d}x=\frac{1}{2}(e^{\frac{\pi}{2}}+1).$$

例 6.21　计算 $\int_0^1 e^{\sqrt{x}}\,\mathrm{d}x$.

解　先用换元法，令 $\sqrt{x}=t$，则 $x=t^2$，$\mathrm{d}x=2t\mathrm{d}t$，且当 $x=0$ 时，$t=0$；当 $x=1$ 时，$t=1$. 于是有

$$\int_0^1 e^{\sqrt{x}}\mathrm{d}x=2\int_0^1 te^t\,\mathrm{d}t.$$

再用分部积分计算上式右端的积分，得

$$\int_0^1 te^t\mathrm{d}t=\int_0^1 t\mathrm{d}e^t=(te^t)\big|_0^1-\int_0^1 e^t\mathrm{d}t=e-e^t\big|_0^1=e-e+1=1.$$

因此

$$\int_0^1 e^{\sqrt{x}}\mathrm{d}x=2.$$

例 6.22　证明定积分公式：

$$I_n=\int_0^{\frac{\pi}{2}}\sin^n x\mathrm{d}x=\int_0^{\frac{\pi}{2}}\cos^n x\mathrm{d}x
=\begin{cases}\dfrac{n-1}{n}\times\dfrac{n-3}{n-2}\times\cdots\times\dfrac{3}{4}\times\dfrac{1}{2}\times\dfrac{\pi}{2}, & n\text{为大于0的偶数}\\[2mm] \dfrac{n-1}{n}\times\dfrac{n-3}{n-2}\times\cdots\times\dfrac{4}{5}\times\dfrac{2}{3}\times 1, & n\text{为大于1的奇数}\end{cases}. \tag{6.4}$$

证明　利用分部积分法，有

$$I_n=\int_0^{\frac{\pi}{2}}\sin^n x\mathrm{d}x=-\int_0^{\frac{\pi}{2}}\sin^{n-1}x\mathrm{d}\cos x=-(\sin^{n-1}x\cdot\cos x)\Big|_0^{\frac{\pi}{2}}+\int_0^{\frac{\pi}{2}}\cos x\,\mathrm{d}\sin^{n-1}x$$

$$=(n-1)\int_0^{\frac{\pi}{2}}\sin^{n-2}x\cos^2 x\mathrm{d}x=(n-1)\int_0^{\frac{\pi}{2}}\sin^{n-2}x(1-\sin^2 x)\mathrm{d}x$$

$$=(n-1)\int_0^{\frac{\pi}{2}}\sin^{n-2}x\mathrm{d}x-(n-1)\int_0^{\frac{\pi}{2}}\sin^n x\mathrm{d}x$$

$$=(n-1)I_{n-2}-(n-1)I_n.$$

移项，得递推式

$$I_n=\frac{n-1}{n}I_{n-2},$$

进而有

$$I_n=\frac{n-1}{n}I_{n-2}=\frac{n-1}{n}\cdot\frac{n-3}{n-2}I_{n-4}=\cdots
=\begin{cases}\dfrac{n-1}{n}\times\dfrac{n-3}{n-2}\times\cdots\times\dfrac{3}{4}\times\dfrac{1}{2}\times I_0, & n\text{为大于0的偶数}\\[2mm] \dfrac{n-1}{n}\times\dfrac{n-3}{n-2}\times\cdots\times\dfrac{4}{5}\times\dfrac{2}{3}\times I_1, & n\text{为大于1的奇数}\end{cases}.$$

因为

$$I_0=\int_0^{\frac{\pi}{2}}1\mathrm{d}x=\frac{\pi}{2}, \quad I_1=\int_0^{\frac{\pi}{2}}\sin x\mathrm{d}x=-\cos x\Big|_0^{\frac{\pi}{2}}=1,$$

所以式（6.4）成立.

例 6.23 求$\int_0^1(1-x^2)^{\frac{99}{2}}\mathrm{d}x$.

解 令$x=\sin t$，则$\mathrm{d}x=\cos t\mathrm{d}t$，当$x$：$0\to1$时，$t$：$0\to\frac{\pi}{2}$，于是有

$$\begin{aligned}\int_0^1(1-x^2)^{\frac{99}{2}}\mathrm{d}x&=\int_0^{\frac{\pi}{2}}(\cos^2 t)^{\frac{99}{2}}\cos t\mathrm{d}t=\int_0^{\frac{\pi}{2}}\cos^{100}t\mathrm{d}t\\&=\frac{99}{100}\times\frac{97}{98}\times\cdots\times\frac{1}{2}\times\frac{\pi}{2}.\end{aligned}$$

习题 6.3

1．利用函数的奇偶性计算下列定积分：

（1）$\int_{-\pi}^{\pi}\frac{\sin 2x}{1+x^2}\mathrm{d}x$；（2）$\int_{-2}^{2}\left(\sin 3x\tan^2 x+\frac{x}{\sqrt{1+x^2}}+x^2\right)\mathrm{d}x$；

（3）$\int_{-\frac{1}{2}}^{\frac{1}{2}}\frac{(\arcsin x)^2}{\sqrt{1-x^2}}\mathrm{d}x$；（4）$\int_{-5}^{5}\frac{x^3\sin^2 x}{x^4-2x^2+1}\mathrm{d}x$.

2．计算下列定积分：

（1）$\int_{\frac{\pi}{3}}^{\pi}\sin\left(x+\frac{\pi}{3}\right)\mathrm{d}x$；（2）$\int_0^1\frac{1}{(x+1)^3}\mathrm{d}x$；

（3）$\int_0^{\pi}\sin x\cos^2 x\mathrm{d}x$；（4）$\int_0^{\pi}\sin^2 x\,\mathrm{d}x$；

（5）$\int_0^2\frac{1}{\sqrt{4+x^2}}\mathrm{d}x$；（6）$\int_1^{\sqrt{3}}\frac{\mathrm{d}x}{x^2\sqrt{1+x^2}}$；

（7）$\int_1^4\frac{\mathrm{d}x}{1+\sqrt{x}}$；（8）$\int_0^{\frac{\pi}{4}}\tan^3 x\mathrm{d}x$；

（9）$\int_{-1}^1\frac{\mathrm{e}^x}{1+\mathrm{e}^x}\mathrm{d}x$；（10）$\int_1^{\mathrm{e}}\frac{\sin(\ln x)}{x}\mathrm{d}x$；

（11）$\int_{-2}^0\frac{x+2}{x^2+2x+2}\mathrm{d}x$；（12）$\int_0^2 x\sqrt{4-x^2}\mathrm{d}x$.

3．求下列定积分的值：

（1）$\int_0^1 x\mathrm{e}^{-x}\mathrm{d}x$；（2）$\int_0^{\frac{\sqrt{3}}{2}}\arccos x\mathrm{d}x$；

（3）$\int_1^{\mathrm{e}}(\ln x)^2\mathrm{d}x$；（4）$\int_0^{\pi}x\cos 2x\mathrm{d}x$；

（5）$\int_1^4\frac{\ln x}{\sqrt{x}}\mathrm{d}x$；（6）$\int_{\frac{\pi}{4}}^{\frac{\pi}{2}}\frac{x}{\sin^2 x}\mathrm{d}x$.

4．已知 xe^x 为 $f(x)$ 的一个原函数，求 $\int_0^1 xf'(x)\mathrm{d}x$.

5. 证明下列等式：

（1）$\int_0^1 x^m(1-x)^n\mathrm{d}x=\int_0^1 x^n(1-x)^m\mathrm{d}x$（$m$，$n$ 为自然数）；

（2）$\int_0^1\left[\int_0^x f(t)\mathrm{d}t\right]\mathrm{d}x=\int_0^1(1-x)f(x)\mathrm{d}x$（$f(x)$ 为连续函数）.

6. 计算 $\int_0^1(1-x^2)^{\frac{m}{2}}\mathrm{d}x\ (m\in\mathbf{N}^+)$.

7.（1）若 $f(t)$ 是连续的奇函数，证明 $\int_0^x f(t)\mathrm{d}t$ 是偶函数；

（2）若 $f(t)$ 是连续的偶函数，证明 $\int_0^x f(t)\mathrm{d}t$ 是奇函数.

6.4 反常积分

前面讨论的定积分，是以积分区间有限与被积函数有界为前提的. 但实际问题中，常常会遇到积分区间无限或被积函数无界的积分，因此我们有必要把定积分的概念加以推广，从而引入反常积分的概念.

6.4.1 无穷限的反常积分

定义 6.2 设函数 $f(x)$ 在 $[a,+\infty)$ 上连续，任取 $t>a$，若极限 $\lim\limits_{t\to+\infty}\int_a^t f(x)\mathrm{d}x$ 存在，则称此极限为 $f(x)$ 在无穷区间 $[a,+\infty)$ 上的反常积分，记为

$$\int_a^{+\infty} f(x)\mathrm{d}x=\lim_{t\to+\infty}\int_a^t f(x)\mathrm{d}x .$$

这时也称反常积分 $\int_a^{+\infty} f(x)\mathrm{d}x$ **收敛**；若上述极限不存在，则函数 $f(x)$ 在 $[a,+\infty)$ 上的反常积分 $\int_a^{+\infty} f(x)\mathrm{d}x$ 就没有意义，习惯上称反常积分 $\int_a^{+\infty} f(x)\mathrm{d}x$ **发散**.

类似地，设函数 $f(x)$ 在 $(-\infty,b]$ 上连续，任取 $t<b$，若极限 $\lim\limits_{t\to-\infty}\int_t^b f(x)\mathrm{d}x$ 存在，则称此极限为 $f(x)$ 在无穷区间 $(-\infty,b]$ 上的反常积分，记为

$$\int_{-\infty}^{b} f(x)\mathrm{d}x=\lim_{t\to-\infty}\int_t^b f(x)\mathrm{d}x .$$

这时也称反常积分 $\int_{-\infty}^b f(x)\mathrm{d}x$ **收敛**；若上述极限不存在，则称反常积分 $\int_{-\infty}^b f(x)\mathrm{d}x$ **发散**.

设函数 $f(x)$ 在无穷区间 $(-\infty,+\infty)$ 上连续，若反常积分 $\int_{-\infty}^0 f(x)\mathrm{d}x$ 和 $\int_0^{+\infty} f(x)\mathrm{d}x$ 都收敛，则称上述两个反常积分的和为函数 $f(x)$ 在无穷区间 $(-\infty,+\infty)$ 上的反常积分，记作 $\int_{-\infty}^{+\infty} f(x)\mathrm{d}x$，即

$$\int_{-\infty}^{+\infty} f(x)\mathrm{d}x=\int_{-\infty}^{0} f(x)\mathrm{d}x+\int_0^{+\infty} f(x)\mathrm{d}x$$

$$=\lim_{t\to-\infty}\int_t^0 f(x)\mathrm{d}x+\lim_{s\to+\infty}\int_0^s f(x)\mathrm{d}x .$$

这时也称反常积分$\int_{-\infty}^{+\infty} f(x)\mathrm{d}x$收敛，否则称反常积分$\int_{-\infty}^{+\infty} f(x)\mathrm{d}x$发散.

例 6.24 计算反常积分$\int_0^{+\infty}\dfrac{1}{1+x^2}\mathrm{d}x$.

解 取$t>0$，有

$$\int_0^{+\infty}\frac{\mathrm{d}x}{1+x^2}=\lim_{t\to+\infty}\int_0^t\frac{\mathrm{d}x}{1+x^2}=\lim_{t\to+\infty}(\arctan x)\Big|_0^t=\lim_{t\to+\infty}\arctan t=\frac{\pi}{2},$$

所以反常积分$\int_0^{+\infty}\dfrac{1}{1+x^2}\mathrm{d}x$是收敛的.

为了书写方便，实际运算过程中常常省去极限符号，而形式地把“∞”写成一个“数”，然后直接写成牛顿-莱布尼茨公式的计算形式，即设$F'(x)=f(x)$，有

$$\int_a^{+\infty} f(x)\mathrm{d}x=F(x)\big|_a^{+\infty}=F(+\infty)-F(a),$$

$$\int_{-\infty}^{b} f(x)\mathrm{d}x=F(x)\big|_{-\infty}^{b}=F(b)-F(-\infty),$$

$$\int_{-\infty}^{+\infty} f(x)\mathrm{d}x=F(x)\big|_{-\infty}^{+\infty}=F(+\infty)-F(-\infty),$$

其中，$F(x)$为$f(x)$的一个原函数，记号$F(\pm\infty)$应理解为极限运算，即

$$F(\pm\infty)=\lim_{x\to\pm\infty}F(x).$$

例 6.25 计算反常积分$\int_0^{+\infty} t\mathrm{e}^{-t}\mathrm{d}t$.

解
$$\begin{aligned}\int_0^{+\infty} t\mathrm{e}^{-t}\,\mathrm{d}t&=-\int_0^{+\infty} t\,\mathrm{d}\mathrm{e}^{-t}=-(t\mathrm{e}^{-t})\big|_0^{+\infty}+\int_0^{+\infty}\mathrm{e}^{-t}\,\mathrm{d}t\\&=(-t\mathrm{e}^{-t})\big|_0^{+\infty}-\mathrm{e}^{-t}\big|_0^{+\infty}=\lim_{t\to+\infty}(-t\mathrm{e}^{-t})+1\\&=1.\end{aligned}$$

例 6.26 判定反常积分$\int_{-\infty}^0 x\mathrm{e}^{x^2}\mathrm{d}x$的敛散性.

解 因为

$$\begin{aligned}\int_{-\infty}^0 x\mathrm{e}^{x^2}\mathrm{d}x&=\frac{1}{2}\int_{-\infty}^0\mathrm{e}^{x^2}\mathrm{d}x^2=\frac{1}{2}\mathrm{e}^{x^2}\Big|_{-\infty}^0\\&=\frac{1}{2}(1-\lim_{x\to-\infty}\mathrm{e}^{x^2})=-\infty.\end{aligned}$$

故反常积分$\int_{-\infty}^0 x\mathrm{e}^{x^2}\mathrm{d}x$发散.

例 6.27 讨论反常积分$\int_a^{+\infty}\dfrac{1}{x^p}\mathrm{d}x\ (a>0)$的敛散性.

解 当$p=1$时，$\int_a^{+\infty}\dfrac{1}{x}\mathrm{d}x=\ln x\Big|_a^{+\infty}=+\infty$；

当$p>1$时，$\int_a^{+\infty}\dfrac{1}{x^p}\mathrm{d}x=\dfrac{1}{1-p}x^{1-p}\Big|_a^{+\infty}=\dfrac{a^{1-p}}{p-1}$；

当 $p<1$ 时，$\int_a^{+\infty}\frac{1}{x^p}\mathrm{d}x=\frac{1}{1-p}x^{1-p}\Big|_a^{+\infty}=+\infty$.

因此，当 $p>1$ 时，此反常积分收敛，且 $\int_a^{+\infty}\frac{1}{x^p}\mathrm{d}x=\frac{a^{1-p}}{p-1}$；当 $p\leqslant 1$ 时，此反常积分发散.

例如，$\int_a^{+\infty}\frac{1}{\sqrt{x}}\mathrm{d}x$ 是发散的（$p=\frac{1}{2}<1$）；$\int_a^{+\infty}\frac{1}{x^2}\mathrm{d}x$ 是收敛的（$p=2>1$），且 $\int_a^{+\infty}\frac{1}{x^2}\mathrm{d}x=\frac{1}{a}$.

6.4.2　无界函数的反常积分

下面我们把定积分推广到被积函数为无界函数的情形.

若函数 $f(x)$ 在 a 的任意邻域内都无界，则称 a 为函数 $f(x)$ 的**瑕点**（又称无界间断点）. 无界函数的反常积分又称为**瑕积分**.

定义 6.3　设函数 $f(x)$ 在 $(a,b]$ 上连续，点 a 为 $f(x)$ 的瑕点. 取 $t>a$，如果极限

$$\lim_{t\to a^+}\int_t^b f(x)\mathrm{d}x$$

存在，则称此极限为函数 $f(x)$ 在 $(a,b]$ 上的反常积分，仍然记作 $\int_a^b f(x)\mathrm{d}x$，即

$$\int_a^b f(x)\mathrm{d}x=\lim_{t\to a^+}\int_t^b f(x)\mathrm{d}x.$$

这时也称反常积分 $\int_a^b f(x)\mathrm{d}x$ 收敛；如果上述极限不存在，则称反常积分 $\int_a^b f(x)\mathrm{d}x$ 发散.

类似地，设函数 $f(x)$ 在 $[a,b)$ 上连续，点 b 为 $f(x)$ 的瑕点. 取 $t<b$，如果极限

$$\lim_{t\to b^-}\int_a^t f(x)\mathrm{d}x$$

存在，则称此极限为函数 $f(x)$ 在 $[a,b)$ 上的反常积分，仍然记作 $\int_a^b f(x)\mathrm{d}x$，即

$$\int_a^b f(x)\mathrm{d}x=\lim_{t\to b^-}\int_a^t f(x)\mathrm{d}x.$$

这时也称反常积分 $\int_a^b f(x)\mathrm{d}x$ 收敛，否则称反常积分 $\int_a^b f(x)\mathrm{d}x$ 发散.

无界函数的反常积分

若函数 $f(x)$ 在 $[a,b]$ 上除点 $c\,(c\in(a,b))$ 外连续，则点 c 为 $f(x)$ 的瑕点. 若反常积分 $\int_a^c f(x)\mathrm{d}x$ 与 $\int_c^b f(x)\mathrm{d}x$ 都收敛，则称反常积分 $\int_a^b f(x)\mathrm{d}x$ 收敛，否则称反常积分 $\int_a^b f(x)\mathrm{d}x$ 发散.

无界函数的反常积分，也可借助于牛顿-莱布尼茨公式计算，设 $F'(x)=f(x)$，则有

（1）若 a 为瑕点，则 $\int_a^b f(x)\mathrm{d}x=F(x)\Big|_a^b=F(b)-F(a^+)$；

（2）若 b 为瑕点，则 $\int_a^b f(x)\mathrm{d}x=F(x)\Big|_a^b=F(b^-)-F(a)$；

（3）若 c 为瑕点，则 $\int_a^b f(x)\mathrm{d}x=\int_a^c f(x)\mathrm{d}x+\int_c^b f(x)\mathrm{d}x=F(x)\Big|_a^c+F(x)\Big|_c^b$

$$=F(c^-)-F(a)+F(b)-F(c^+).$$

例 6.28 求反常积分$\int_0^2 \frac{x}{\sqrt{4-x^2}}\mathrm{d}x$.

解 因为$\lim\limits_{x\to 2^-}\frac{1}{\sqrt{4-x^2}}=\infty$，所以$x=2$为被积函数$f(x)=\frac{x}{\sqrt{4-x^2}}$的瑕点.

$$\int_0^2 \frac{x}{\sqrt{4-x^2}}\mathrm{d}x=-\frac{1}{2}\int_0^2 \frac{1}{\sqrt{4-x^2}}\mathrm{d}(4-x^2)=-\sqrt{4-x^2}\Big|_0^2$$
$$=-\lim_{x\to 2^-}\sqrt{4-x^2}+2=2.$$

例 6.29 讨论反常积分$\int_0^2 \frac{1}{(1-x)^2}\mathrm{d}x$的敛散性.

解 因为$\lim\limits_{x\to 1}\frac{1}{(1-x)^2}=\infty$，所以$x=1$为函数$f(x)=\frac{1}{(1-x)^2}$的瑕点．所以

$$\int_0^2 \frac{1}{(1-x)^2}\mathrm{d}x=\int_0^1 \frac{1}{(1-x)^2}\mathrm{d}x+\int_1^2 \frac{1}{(1-x)^2}\mathrm{d}x,$$

而

$$\int_0^1 \frac{1}{(1-x)^2}\mathrm{d}x=\frac{1}{1-x}\Big|_0^1=\lim_{x\to 1^-}\frac{1}{1-x}-1=+\infty,$$

故反常积分$\int_0^2 \frac{1}{(1-x)^2}\mathrm{d}x$发散.

例 6.30 证明反常积分$\int_a^b \frac{1}{(x-a)^q}\mathrm{d}x\ (a<b)$，当$0<q<1$时收敛，当$q\geqslant 1$时发散.

证明 显然$x=a$为函数$f(x)=\frac{1}{(x-a)^q}$的瑕点.

当$q=1$时，

$$\int_a^b \frac{1}{x-a}\mathrm{d}x=\ln(x-a)\Big|_a^b=\ln(b-a)-\lim_{x\to a^+}\ln(x-a)=+\infty;$$

当$q\neq 1$时，

$$\int_a^b \frac{1}{(x-a)^q}\mathrm{d}x=\frac{1}{1-q}(x-a)^{1-q}\Big|_a^b=\begin{cases}\dfrac{(b-a)^{1-q}}{1-q}, & 0<q<1\\ +\infty, & q>1\end{cases}.$$

因此，当$0<q<1$时，反常积分$\int_a^b \frac{1}{(x-a)^q}\mathrm{d}x$收敛，且其值为$\frac{(b-a)^{1-q}}{1-q}$；当$q\geqslant 1$时，此反常积分发散.

习题 6.4

判断下列反常积分的敛散性，若收敛，计算其值.

（1）$\int_a^{+\infty}\frac{\mathrm{d}x}{x^2}\ (a>0)$； （2）$\int_{-\infty}^{+\infty}\frac{x\mathrm{d}x}{1+x^2}$；

（3）$\int_1^2 \frac{\mathrm{d}x}{\sqrt{x-1}}$；　（4）$\int_{-\infty}^0 \mathrm{e}^{px}\mathrm{d}x\ (p>0)$；

（5）$\int_2^{+\infty} \frac{\mathrm{d}x}{x(x+1)}$；　（6）$\int_{\mathrm{e}}^{+\infty} \frac{\mathrm{d}x}{x(\ln x)^2}$；

（7）$\int_0^{+\infty} \mathrm{e}^{-x}\cos x\mathrm{d}x$；　（8）$\int_1^{+\infty} \frac{1}{\sqrt{x}}\mathrm{d}x$；

（9）$\int_0^{+\infty} x\mathrm{e}^{-x^2}\mathrm{d}x$；　（10）$\int_1^{+\infty} \frac{\arctan x}{1+x^2}\mathrm{d}x$；

（11）$\int_0^1 \frac{x}{\sqrt{1-x^2}}\mathrm{d}x$；　（12）$\int_1^2 \frac{x}{\sqrt{x-1}}\mathrm{d}x$；

（13）$\int_1^{\mathrm{e}} \frac{1}{x\sqrt{1-(\ln x)^2}}\mathrm{d}x$；　（14）$\int_{-1}^1 \frac{1}{x^2}\mathrm{d}x$．

6.5　定积分的应用

6.5.1　定积分的微元法

应用定积分解决实际问题，就是根据问题的实际意义采用分割、近似代替、求和、取极限的方法，将实际问题抽象为定积分．因为在解决同类问题时常用到这样的方法，因此有必要将上述求解过程简单化．

以曲边梯形面积的计算为例．首先分割积分区间$[a,b]$，即$a=x_0<x_1<x_2<\cdots<x_n=b$，若将无限接近的两个相邻点$x_{i-1}$和$x_i$借助微分的方法记为$x$和$x+\Delta x$，任取$\xi\in[x,x+\Delta x]$，得到小曲边梯形面积的近似值$\Delta A\approx f(\xi)\cdot\Delta x$．当$\Delta x\to 0$时，分割充分细，此时$\Delta x$为微分$\mathrm{d}x$，而$\xi\to x$，这时$\Delta A$就化为微分形式下的等式$\mathrm{d}A=f(x)\mathrm{d}x$，我们称$\mathrm{d}A$为**面积元素**，最后直接积分得到$A=\int_a^b f(x)\mathrm{d}x$．

解决问题时，可以将上述过程做如下简化：

$$\text{问题}\xrightarrow{\text{选变量}}x\xrightarrow{\text{取典型区间}}[x,x+\mathrm{d}x]\xrightarrow{\text{求微元}}\mathrm{d}A=f(x)\mathrm{d}x\xrightarrow{\text{积分定限}}A=\int_a^b f(x)\mathrm{d}x,$$

这种处理问题和解决问题的方法称为**微元法**（或称**元素法**）．

6.5.2　平面图形的面积

根据定积分的几何意义，曲线$y=f(x)$（$f(x)\geqslant 0$，且$f(x)$在$[a,b]$上连续）和x轴与直线$x=a$，$x=b$所围成的曲边梯形的面积是$A=\int_a^b f(x)\mathrm{d}x$．利用定积分，不但可以计算曲边梯形的面积，而且可以计算比较复杂的平面图形的面积．

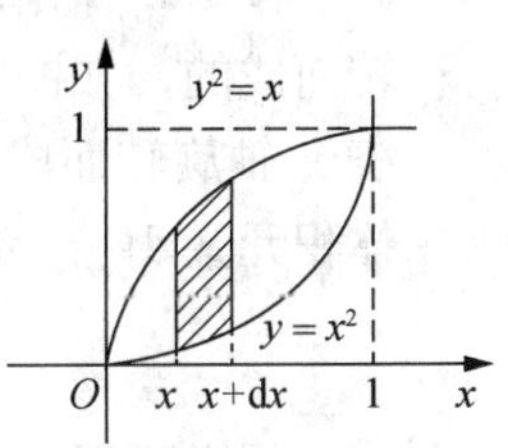

图 6.7

例 6.31　求抛物线$y=x^2$和$x=y^2$所围区域的面积．

解　如图 6.7 所示，利用微元法分析，选x为积分变量，取典型

小区间$[x,x+\mathrm{d}x]$，对应面积元素

$$\mathrm{d}A=(\sqrt{x}-x^2)\mathrm{d}x,$$

所以

$$A=\int_0^1(\sqrt{x}-x^2)\mathrm{d}x=\left(\frac{2}{3}x^{\frac{3}{2}}-\frac{1}{3}x^3\right)\Bigg|_0^1=\frac{1}{3}.$$

例 6.32 求曲线$y=x^2$与$y=2-x^2$所围图形的面积.

解 如图 6.8 所示，两抛物线的交点是$(-1,1)$和$(1,1)$，选x为积分变量，取典型小区间$[x,x+\mathrm{d}x]$，则面积元素$\mathrm{d}A=[(2-x^2)-x^2]\mathrm{d}x$，所以面积为

$$A=\int_{-1}^1(2-2x^2)\mathrm{d}x=4\int_0^1(1-x^2)\mathrm{d}x=4\left(x-\frac{1}{3}x^3\right)\Bigg|_0^1=\frac{8}{3}.$$

例 6.33 求由曲线$xy=1$及直线$y=x$，$y=2$所围成的图形的面积.

解 如图 6.9 所示，首先求出所围区域的边界曲线的交点坐标：$(1,1)$，$(2,2)$和$\left(\frac{1}{2},2\right)$，选择$y$为积分变量，取典型小区间$[y,y+\mathrm{d}y]$，则面积元素为$\mathrm{d}A=\left(y-\frac{1}{y}\right)\mathrm{d}y$，所以面积为

$$A=\int_1^2\left(y-\frac{1}{y}\right)\mathrm{d}y=\left(\frac{1}{2}y^2-\ln y\right)\Bigg|_1^2=\frac{3}{2}-\ln 2.$$

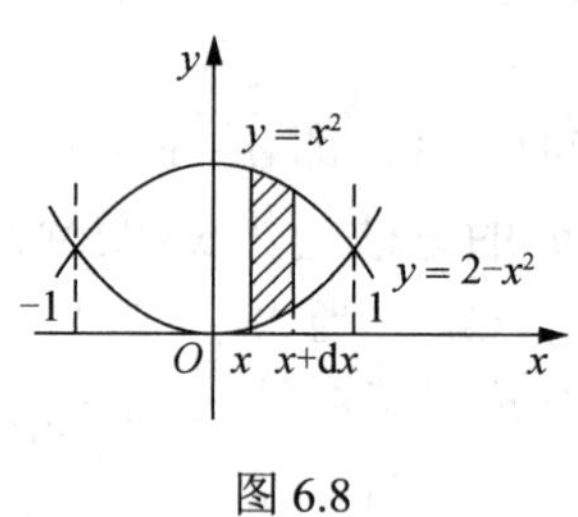

图 6.8

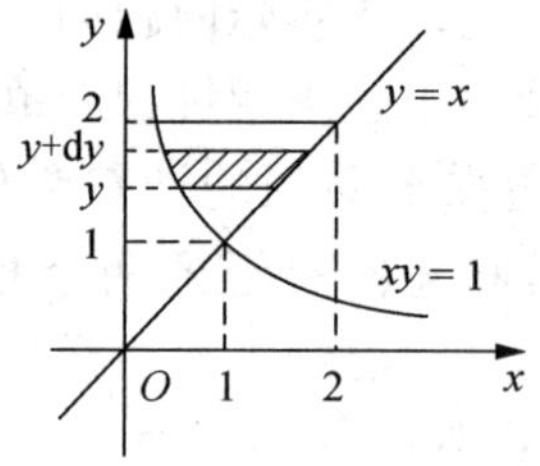

图 6.9

6.5.3 旋转体的体积

平面上的一个区域，绕平面内一条直线旋转一周所围成的立体称为**旋转体**. 这条直线称为旋转轴. 圆柱、圆锥、圆台、球体都可以看作由矩形绕它的一条边、直角三角形绕它的直角边、直角梯形绕它的直角腰、半圆绕它的直径旋转一周而成的立体，所以它们都是旋转体.

设旋转体是由曲线$y=f(x)$和直线$x=a$，$x=b$及x轴所围成的曲边梯形绕x轴旋转而成的，如图 6.10 所示. 选x为积分变量，取典型小区间$[x,x+\mathrm{d}x]$，则窄曲边梯形绕x轴旋转而成的薄片的体积近似看作以$f(x)$为底半径、$\mathrm{d}x$为高的圆柱体的体积，则体积元素$\mathrm{d}V_x=\pi[f(x)]^2\mathrm{d}x$，那么体积是

$$V_x=\pi\int_a^b[f(x)]^2\mathrm{d}x.$$

同样可得，由连续曲线$x=\varphi(y)$和直线$y=c$，$y=d$及y轴所围成的曲边梯形绕y

轴旋转而成的旋转体的体积（图 6.11）为

$$V_y=\pi\int_c^d[\varphi(y)]^2\mathrm{d}y .$$

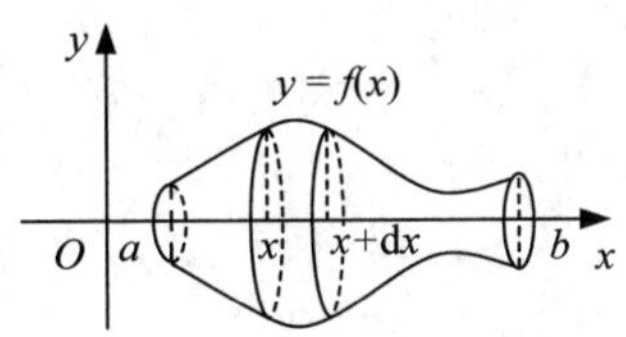

图 6.10

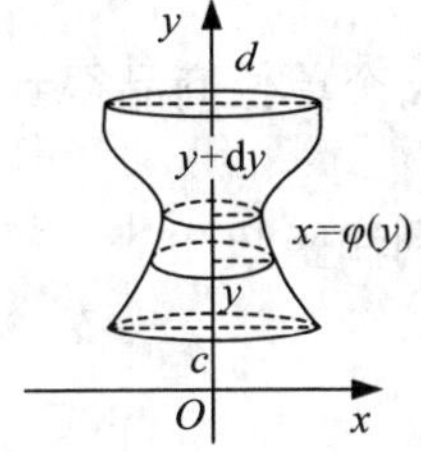

图 6.11

例 6.34　求椭圆 $\dfrac{x^2}{a^2}+\dfrac{y^2}{b^2}=1\,(a>b>0)$ 分别绕 x 轴和 y 轴旋转而成的立体的体积.

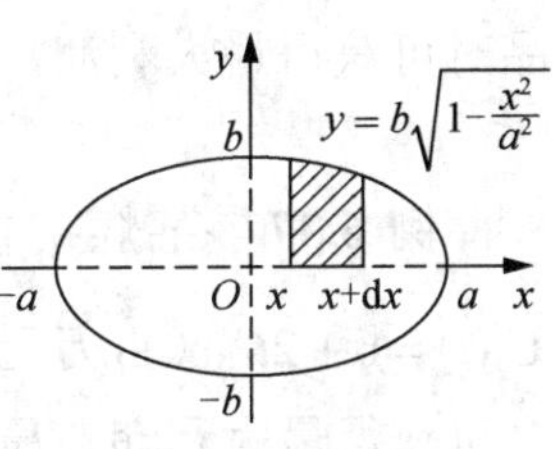

图 6.12

解　如图 6.12 所示，绕 x 轴旋转得到的旋转体是由曲线 $y=b\sqrt{1-\dfrac{x^2}{a^2}}$ 和 x 轴所围的平面图形绕 x 轴旋转而成的，选 x 为积分变量，取典型小区间 $[x,x+\mathrm{d}x]$，则体积元素 $\mathrm{d}V_x=\pi y^2\mathrm{d}x$，所以

$$V_x=\pi\int_{-a}^{a}y^2\mathrm{d}x=2\pi b^2\int_0^a\left(1-\frac{x^2}{a^2}\right)\mathrm{d}x=2\pi b^2\left(x-\frac{x^3}{3a^2}\right)\Bigg|_0^a$$

$$=2\pi b^2\left(a-\frac{a^3}{3a^2}\right)=\frac{4}{3}\pi ab^2 .$$

同理可得绕 y 轴旋转得到的旋转体的体积为

$$V_y=\pi\int_{-b}^{b}x^2\mathrm{d}y=2\pi a^2\int_0^b\left(1-\frac{y^2}{b^2}\right)\mathrm{d}y=\frac{4}{3}\pi a^2 b .$$

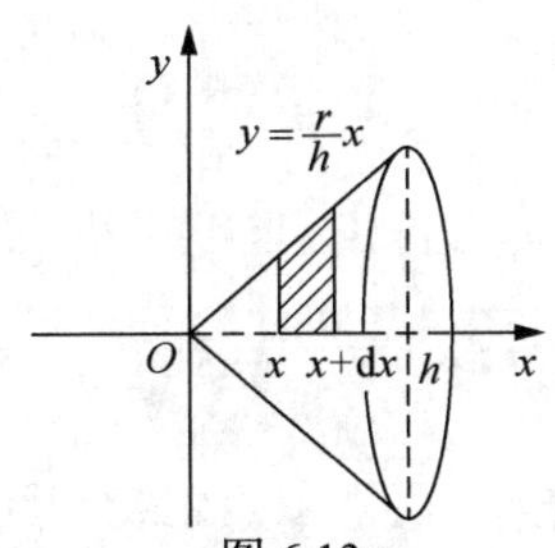

图 6.13

例 6.35　计算由直线 $y=\dfrac{r}{h}x$，$x=h$ 及 x 轴围成的平面图形绕 x 轴旋转一周所生成的立体的体积.

解　如图 6.13 所示，选 x 为积分变量，取典型小区间 $[x,x+\mathrm{d}x]$，则体积元素 $\mathrm{d}V_x=\pi y^2\mathrm{d}x$，所以

$$V_x=\pi\int_0^h\left(\frac{r}{h}x\right)^2\mathrm{d}x=\frac{1}{3}\pi r^2 h .$$

6.5.4　定积分在经济学中的应用举例

例 6.36　设某种商品每天生产 x 单位时固定成本是 20 元，边际成本函数 $C'(x)=0.4x+2$（元/单位），求总成本函数 $C(x)$. 如果这种商品规定的销售单价为 18 元，且产品可以全部售出，求总利润函数 $L(x)$，并计算每天生产多少单位商品时才能获得最大利润，最大利润是多少？

解 因为可变成本就是边际成本函数在$[0,x]$上的定积分，又已知固定成本是 20 元，所以每天生产x单位商品时总成本函数为

$$C(x)=\int_0^x(0.4t+2)\mathrm{d}t+20=(0.2t^2+2t)\Big|_0^x+20=0.2x^2+2x+20.$$

设销售x个单位商品得到的总收益为$R(x)$，则有

$$R(x)=18x.$$

因为总利润函数

$$L(x)=R(x)-C(x),$$

所以

$$L(x)=18x-(0.2x^2+2x+20)=-0.2x^2+16x-20.$$

由$L'(x)=-0.4x+16=0$，得$x=40$，而$L''(40)=-0.4<0$，所以每天生产 40 单位商品时可获得最大利润，最大利润为

$$L(40)=-0.2\times40^2+16\times40-20=300\text{（元）}.$$

例 6.37 某煤矿投资 2000 万元建成，在时刻t的边际成本和边际收益分别为$C'(t)=6+2t^{\frac{2}{3}}$（百万元/年），$R'(t)=18-t^{\frac{2}{3}}$（百万元/年），试确定该煤矿在何时停止生产可获得最大利润？最大利润是多少？

解 由极值存在的必要条件$R'(t)-C'(t)=0$，即$18-t^{\frac{2}{3}}-(6+2t^{\frac{2}{3}})=0$，可得$t=8$.

又$R''(t)-C''(t)=-\dfrac{2}{3}t^{-\frac{1}{3}}-\dfrac{4}{3}t^{-\frac{1}{3}}$，故$R''(8)-C''(8)=-1<0$，从而$t=8$是最佳终止时间.

此时的利润为

$$L=\int_0^8[R'(t)-C'(t)]\mathrm{d}t-20=\int_0^8\left(12-3t^{\frac{2}{3}}\right)\mathrm{d}t-20=18.4\text{（百万元）}.$$

习题 6.5

1．求下列图形的面积：

（1）由曲线$y=2-x^2$及直线$y=-x$所围成的图形；

（2）由曲线$xy=1$，$y=x^2$与直线$x=2$所围成的图形；

（3）由抛物线$y=x^2$，$y=(x-2)^2$与直线$y=0$所围成的图形；

（4）由曲线$y=\sin x$与$y=\sin 2x$在$[0,\pi]$上所围成的图形.

2．求下列旋转体的体积：

（1）求圆$(x-5)^2+y^2=16$绕y轴旋转一周而成的旋转体的体积；

（2）求$y=x^2$与$x=y^2$所围图形绕x轴旋转一周而成的旋转体的体积；

（3）求星形线$x=a\cos^3 t$，$y=a\sin^3 t(a>0，0\leqslant t\leqslant 2\pi)$所围图形分别绕$x$轴和$y$轴旋转一周而成的旋转体的体积；

（4）求由$y=x^3$，$x=2$，$y=0$所围图形分别绕x轴和y轴旋转一周而成的两个旋转体的体积.

3．设生产某产品的固定成本为 50 万元，当产量为Q t时的边际成本为$C'(Q)=Q^2-$

$2Q+45$（万元/t），边际收益为 $R'(Q)=-10Q+225$（万元/t），求总利润最大时的产量及最大利润.

自测题 A　基础自测题

一、填空题（每题 2 分，共 10 分）

1. 函数 $\int_0^{x^2}\ln(t+3)\mathrm{d}t$ 的驻点为________.

2. 已知函数 $f(x)$ 连续，且 $\int_0^{x^3-1}f(t)\mathrm{d}t=x-1$，则 $f(26)=$________.

3. $\int_{-\frac{\pi}{2}}^{\frac{\pi}{2}}\cos^6 x\mathrm{d}x=$________.

4. 已知函数 $y=f(x)$ 在区间 $[a,b]$ 上连续，则由曲线 $y=f(x)$，直线 $x=a$, $x=b, y=0$ 所围的面积是________.

5. $\lim\limits_{x\to 0}\dfrac{\int_0^x \sin t^2\mathrm{d}t}{x-\sin x}=$________.

二、选择题（每题 2 分，共 10 分）

6. 函数 $y=x^2$ 在区间 $[1,3]$ 上的平均值为（　　）.

A. $\dfrac{26}{3}$　　B. $\dfrac{13}{3}$　　C. 8　　D. 4.

7. $\int_{-\pi}^{\pi}\dfrac{x^2\sin x}{1+x^4}\mathrm{d}x=$（　　）.

A. 2　　B. 0　　C. 1　　D. -1

8. 设函数 $f(x)$ 在区间 $[a,b]$ 上连续，已知 $\int_a^b f(x)\mathrm{d}x=0$，则下列结论中正确的是（　　）.

A. 在区间 $[a,b]$ 上 $f(x)\equiv 0$

B. 在区间 $[a,b]$ 上恒有 $f(x)>0$

C. 在区间 $[a,b]$ 上恒有 $f(x)<0$

D. 在区间 $[a,b]$ 上至少存在一点 ξ，使 $f(\xi)=0$

9. 下列反常积分中，收敛的是（　　）.

A. $\int_1^{+\infty}x^3\mathrm{d}x$　　B. $\int_1^{+\infty}\dfrac{\ln x}{x}\mathrm{d}x$　　C. $\int_1^{+\infty}\sqrt{x}\mathrm{d}x$　　D. $\int_0^{+\infty}\mathrm{e}^{-x}\mathrm{d}x$

10. 设 $F(x)=\int_x^{x+2\pi}\mathrm{e}^{\cos t}\sin t\mathrm{d}t$ 则 $F(x)$（　　）.

A. 为止常数　　B. 为负常数　　C. 恒为零　　D. 不为常数

三、解答题（每题 5 分，共 55 分）

11. 已知 $f(x)=\dfrac{1}{1+x^2}+\sqrt{1-x^2}\int_0^1 f(x)\mathrm{d}x$，求$\int_0^1 f(x)\mathrm{d}x$.

12. 计算定积分 $\int_0^{\pi}\cos^2 x\sin^3 x\mathrm{d}x$.

13. 计算定积分 $\int_{-1}^1 (1+x)\sqrt{1-x^2}\mathrm{d}x$.

14. 计算定积分 $\int_0^4 \dfrac{x+3}{\sqrt{2x+1}}\mathrm{d}x$.

15. 计算定积分 $\int_{-1}^1 x^2\mathrm{e}^{|x|}\mathrm{d}x$.

16. 判断反常积分 $\int_0^1 \ln x\mathrm{d}x$ 的敛散性.

17. 求函数 $f(x)=\int_1^x t(1+2\ln t)\mathrm{d}t$ 在区间$[1,\mathrm{e}]$上的最大值和最小值.

18. 设函数 $f(x)$ 连续且满足$\int_0^x (t-x)f(t)\mathrm{d}t=1-\cos x$，求 $f(x)$.

19. 已知 $f(0)=1, f(1)=3, f'(1)=5$，求$\int_0^1 xf''(x)\mathrm{d}x$.

20. 已知 $f(x)=\begin{cases}\dfrac{\int_0^x (\mathrm{e}^{t^2}-1)\mathrm{d}t}{x^2}, & x\neq 0\\ a, & x=0\end{cases}$，且 $f(x)$ 在点 $x=0$ 处连续，求 a 的值.

21. 判断反常积分 $\int_{-3}^{+\infty}\mathrm{e}^{-5x}\mathrm{d}x$ 的收敛性.

四、应用题（每题 5 分，共 15 分）

22. 平面图形 D 由曲线 $y=\mathrm{e}^x$ 及直线 $y=\mathrm{e}$，y 轴所围成，求：

（1）平面图形 D 的面积.

（2）平面图形 D 绕 y 轴旋转一周而成的旋转体的体积.

23. 曲线 $y=x^3\,(x\geqslant 0)$，直线 $x+y=2$ 以及 y 轴围成一平面图形 D，试求平面图形 D 绕 x 轴旋转一周所得旋转体的体积.

24. 求曲线 $y=\ln x$ 在区间$(1,3)$内一点处的切线，使得该切线与直线 $x=1$，$x=3$ 和曲线 $y=\ln x$ 所围的平面图形的面积最小.

五、证明题（本题 10 分）

25. 设函数 $f(x)$ 为连续函数，且 $f(x)>0$，证明当 $x>0$ 时，函数 $\varphi(x)=\dfrac{\int_0^x tf(t)\mathrm{d}t}{\int_0^x f(t)\mathrm{d}t}$ 单调增加.

自测题 B　提高自测题

一、填空题（每题 5 分，共 15 分）

1. $\lim\limits_{n\to\infty} n\left(\dfrac{1}{n^2+1}+\dfrac{1}{n^2+2^2}+\cdots+\dfrac{1}{n^2+n^2}\right)=$________.

2. 设 $f(x)$ 是连续函数，满足 $f(x)=\dfrac{1+\sin x}{1+x^2}-\int_{-1}^{1} f(x)\,\mathrm{d}x$，则 $\lim\limits_{x\to\infty} f(x)=$________.

3. $\int_0^2 \sqrt{x^3-2x^2+x}\,\mathrm{d}x=$________.

二、选择题（每题 5 分，共 15 分）

4. 已知反常积分 $\int_{-\infty}^{0} \mathrm{e}^{-(k^2-1)x}\mathrm{d}x$ 收敛，则（　　）.

A. $k>1$　　B. $k<-1$　　C. $-1<k<1$　　D. $k<0$

5. $\int_0^2 \sqrt{2x-x^2}\,\mathrm{d}x=$（　　）.

A. 1　　B. $\dfrac{\pi}{2}$　　C. 2π　　D. 2

6. 已知 $M=\int_{-\frac{\pi}{2}}^{\frac{\pi}{2}} \dfrac{(1+x)^2}{1+x^2}\mathrm{d}x$，$N=\int_{-\frac{\pi}{2}}^{\frac{\pi}{2}} \dfrac{1+x}{\mathrm{e}^x}\mathrm{d}x$，$K=\int_{-\frac{\pi}{2}}^{\frac{\pi}{2}}\left(1+\sqrt{\cos x}\right)\mathrm{d}x$，则（　　）.

A. $M>N>K$　　B. $K>N>M$　　C. $M>K>N$　　D. $K>M>N$

三、解答题（每题 8 分，共 48 分）

7. 判断反常积分 $\int_1^{+\infty} \dfrac{1}{\mathrm{e}^{1+x}+\mathrm{e}^{3-x}}\mathrm{d}x$ 的敛散性.

8. 计算定积分 $\int_0^{\frac{\pi}{4}} \dfrac{1}{\cos^2 x+3}\mathrm{d}x$.

9. 计算定积分 $\int_0^1 x(1-x^4)^{\frac{3}{2}}\mathrm{d}x$.

10. 计算反常积分 $\int_0^1 \dfrac{\arcsin\sqrt{x}}{\sqrt{x(1-x)}}\mathrm{d}x$.

11. 已知 $f(x)=x\int_1^x \dfrac{\sin t^2}{t}\mathrm{d}t$，求 $\int_0^1 f(x)\mathrm{d}x$.

12. 已知函数 $f(x)$ 连续，且 $\int_0^x tf(x-t)\mathrm{d}t=1-\cos x$，计算 $\int_0^{\frac{\pi}{2}} f(x)\,\mathrm{d}x$.

四、应用题（每题 8 分，共 16 分）

13. 曲线 $y=1-x^2(0\leqslant x)$ 与两坐标轴所围的图形被曲线 $y=ax^2(a>0)$ 分为面积相等的两部分，求参数 a 的值.

14. 已知曲线 $y = ax^2 + bx$ 满足当 $0 \leqslant x \leqslant 1$ 时，$y \geqslant 0$，且该曲线与 x 轴及 $x=1$ 所围平面图形 D 的面积为 4，求参数 a, b 的值，使得平面图形 D 绕 x 轴旋转一周所成的旋转体的体积最小.

五、证明题（本题 6 分）

15. 设函数 $f(x)$ 在区间 $[0, 1]$ 上连续，在 $(0, 1)$ 内可导，且满足 $f(1) = 2\int_0^{\frac{1}{2}} \mathrm{e}^{1-x^2} f(x)\mathrm{d}x$，证明存在 $\xi \in (0,1)$，使得 $f'(\xi) = 2\xi f(\xi)$.

思维导图

习题答案

史料阅读

微积分发展史（二）

英国大科学家牛顿（Newton，1642—1727 年）和德国数学家莱布尼茨（Leibniz，1646—1716 年）就微积分“发明优先权”之争更多是为了自己所认为的正确而争，是真理之争，而非虚名之争. 现在对两人谁是微积分的创立人已达成共识——各自独立创立了微积分. 令人遗憾的是，当时对于优先权的争论使英国数学一度陷入牛顿的“流数术”中停步不前，因为牛顿的《自然哲学的数学原理》一书使用的是几何方法，英国人在差不多 100 年中仍旧以几何作为主要工具，而欧洲大陆的数学家则采用莱布尼茨的分析法，并且使微积分更加完善. 在这 100 年中，英国人甚至连欧洲大陆通用的微积分符号都不认识，也因此导致其数学发展整整落后了 100 年.

牛顿的理论是在《无穷多项方程分析》、《流数法》和《曲线求积法》三本小册子中发展起来的. 这些著作给出了求瞬时变化率的一般方法，并证明了面积可由变化率的逆过程求得，阐明了微分与积分之间的联系——微积分基本定理，这标志着微积分的诞生.《流数法》一书写成于 1671 年，但直到 1736 年才出版，牛顿在这本书中指出变量是由点、线、面的连续运动产生的，否定了以前自己认为的“变量是无穷小元素的静止集合”的看法，而从运动学的观点来研究问题：已知连续运动的路径，求给定时刻的速度（微分学）；已知运动的速度求给定时间内经过的路程（积分学）. 他把连续变量称为流动量，把这些流动量的导数称为流数. 但要说牛顿在《无穷多项方程分析》中已经成功消除了他早期著作里的模糊之处，那就有些过分夸大了，因为在其中依旧出现有“无穷小增量”“与它相乘的诸项对于其余诸项来说就等于没有”这样的论断，正是这些导致了悖论的产生. 足以看出，即便是如此微小的量，在数学运算中，都不能被随意忽略. 英国数学家沃利斯（Wallis，1616—1703 年）的《无穷算术》对牛顿的影响很大，从牛顿的坦率自白中可以清楚地看出他是借助沃利斯在书中所提到的“用级数插入法求出圆与双曲线面积的思路”完成了曾经难倒前人的插值法.

微积分的另一位创始人莱布尼茨是一个博才多学的学者，他发明了一套有效的微积分符号，明确了求和与求差互为逆运算的思想，建立了微积分基本公式，并讨论了微分在求切线、法线和极值方面的应用. 1684 年，他发表了现在世界上公认的最早的微积分文献，这篇文章有一个很长且很古怪的名字《一种求极大极小值和切线的新方法，它也适用于分式和无理量，以及这种新方法的奇妙类型的计算》，文章从几何学的角度论述微分法则，得到微分学的一系列基本结果. 1686 年，他又发表了第一篇积分学的论文，可以求出原函数. 这两篇文献均早于牛顿首次发表的微积分结果（1687 年），但他开始从事研究的时间要晚近十年，因此数学史上将他们二人并列作为微积分的创立者.

微积分创立后，由于其应用于实际问题的有效性非常显著，以至于科学家们暂时忽略了它的一些基本概念、逻辑困难等问题. 1755 年，欧拉（Euler，1707—1783 年）给出了函数新的定义；法国数学家拉克鲁瓦（Lacroix，1765—1843 年）给出了分段函数的形式，冲破了函数用解析式表达的模式；而德国数学家黎曼（Riemann，1826—1866 年）给出的函数新的定义与现在的定义非常相似，我们可以看到函数概念在逐渐精确化. 19 世纪 70 年代，魏尔斯特拉斯（Weierstrass，1815—1897 年）、戴德金（Dedekind，1831—1916 年）和康托尔（Cantor，1845—1918 年）分别创立了实数理论，并在此基础上建立了极限理论的基本定理，使微积分严格化并成功克服了数学史上的第二次数学危机.

微积分的定型不是数学的终结，它只是使常量数学阶段跃升为变量数学阶段，并朝着现代数学阶段迈进，数学的发展将永无止境.

第 7 章　常微分方程与差分方程

函数是客观事物的内在联系在数量方面的反映，利用函数关系可以对客观事物的某些规律进行研究. 因此寻求函数关系在实际工作中具有重要意义，但在许多问题中，这种函数关系往往不能直接找到，而只能列出未知函数及其导数满足的关系式，这就是所谓的微分方程，建立了这种关系之后，再通过微分方程求出未知函数，这就是解微分方程.

本章主要介绍微分方程和差分方程的一些基本概念，以及几种常见的微分方程和差分方程的解法.

7.1　常微分方程的基本概念

我们先通过两个具体例题来说明常微分方程的基本概念.

例 7.1　设平面曲线 $y=f(x)$ 过原点，且在任一点 $M(x,y)$ 处的切线的斜率为 x^2，求该曲线方程.

解　根据题意，有

$$y'=x^2. \tag{7.1}$$

对上式两端积分，得

$$y=\frac{x^3}{3}+C\ （C 为任意常数）. \tag{7.2}$$

因为要求的曲线经过点 $(0,0)$，所以

$$y(0)=0. \tag{7.3}$$

把条件代入，得 $C=0$. 所以所求的曲线方程为

$$y=\frac{x^3}{3}. \tag{7.4}$$

例 7.2　假设收益 R 为产量 Q 的函数 $R=R(Q)$. 已知当 $Q=30$ 时，收益最大（此时，收益 R 也取极大值），且边际收益的变化率为 -0.4. 试求收益函数 $R(Q)$.

解　收益函数 $R(Q)$ 的边际收益为 $\frac{\mathrm{d}R}{\mathrm{d}Q}$，边际收益的变化率为 $\frac{\mathrm{d}^2R}{\mathrm{d}Q^2}$. 根据题意，有

$$\frac{\mathrm{d}^2R}{\mathrm{d}Q^2}=-0.4, \tag{7.5}$$

方程两端积分一次，得到

$$\frac{\mathrm{d}R}{\mathrm{d}Q}=-0.4Q+C_1\ （C_1 为任意常数）, \tag{7.6}$$

再积分一次，得到

$$R(Q)=-0.2Q^2+C_1Q+C_2\ （C_1，C_2 都是任意常数）. \tag{7.7}$$

又未知函数 $R = R(Q)$ 满足下列条件：

$$R(Q)\big|_{Q=0}=0\,,\quad \left.\frac{\mathrm{d}R}{\mathrm{d}Q}\right|_{Q=30}=0\,, \tag{7.8}$$

将条件代入式（7.6），得 $C_1 = 12$．再把条件代入式（7.7），得 $C_2 = 0$．把 C_1，C_2 的值代入式（7.7），得

$$R(Q) = -0.2Q^2 + 12Q\,. \tag{7.9}$$

结合以上两个具体例子，下面我们来介绍微分方程的一些基本概念.

含有未知函数的导数（或微分）的方程称为**微分方程**. 如果微分方程的未知函数只含有一个自变量，则这样的微分方程称为**常微分方程**.

本章只讨论常微分方程，有时也将其简称为微分方程或方程.

注　*微分方程中可以不出现自变量或未知函数，但是必须含有未知函数的导数（或微分）.*

微分方程中未知函数的导数的最高阶数称为**微分方程的阶**. 例如，方程（7.1）是一阶微分方程，而方程（7.5）是二阶微分方程.

一般地，n 阶微分方程的一般形式是

$$F(x,y,y',\cdots,y^{(n-1)},y^{(n)})=0\,. \tag{7.10}$$

需要说明的是，式（7.10）中，$y^{(n)}$ 是必须出现的，而 $x,y,y',\cdots,y^{(n-1)}$ 等变量可以不全出现，如 $y^{(n)}+1=0$，$y^{(n)}+xy'=0$ 等都是 n 阶微分方程. 在式（7.10）中，如果左端的函数 F 对未知函数 y 和它的各阶导数 $y',y'',\cdots,y^{(n)}$ 的全体而言是一次的，则称它是线性常微分方程，具体形式为

$$y^{(n)}+a_1(x)y^{(n-1)}+\cdots+a_{n-1}(x)y'+a_n(x)y=f(x)\,, \tag{7.11}$$

其中，$a_i(x)\ (i=1,2,\cdots,n)$，$f(x)$ 是 x 的函数，否则称其为非线性常微分方程.

如果将函数 $y=y(x)$ 代入微分方程后能使该方程成为恒等式，则这个函数就称为该微分方程的一个**解**. 如果将 $\varphi(x,y)=0$ 所确定的隐函数代入微分方程之后能使该方程成为恒等式，那么称 $\varphi(x,y)=0$ 是微分方程的一个**隐式解**.

微分方程的解有两种形式：如果解中包含的相互独立的任意常数的个数与方程的阶数相同，这样的解就称为微分方程的**通解**；确定了通解中任意常数的解称为微分方程的**特解**.

例如，式（7.2）和式（7.7）分别是微分方程（7.1）和微分方程（7.5）的通解，式（7.4）和式（7.9）则分别是微分方程（7.1）和微分方程（7.5）的特解.

显然，通解中的任意常数一旦确定之后，通解就变成了特解. 例 7.1 中的条件（7.3）和例 7.2 中的条件（7.8）就是确定通解中任意常数的条件，称为**初值条件**.

求微分方程满足初值条件的解的问题，称为微分方程的**初值问题**.

一阶微分方程的初值问题为

$$\begin{cases} y'=f(x,y), \\ y(x_0)=y_0 \end{cases}$$

其中，y_0 是给定的常数.

二阶微分方程的初值问题为

$$\begin{cases} y''=f(x,y,y') \\ y(x_0)=y_0, y'(x_0)=y_0' \end{cases},$$

其中，y_0，y_0'是给定的常数.

一般地，n阶微分方程的初值问题为

$$\begin{cases} y^{(n)}=f(x,y,y',\cdots,y^{(n-1)}) \\ y(x_0)=y_0, y'(x_0)=y_0',\cdots,y^{(n-1)}(x_0)=y_0^{(n-1)} \end{cases},$$

其中，$y_0,y_0',\cdots,y_0^{(n-1)}$是给定的常数.

例 7.3 验证函数 $x=C_1\cos kt+C_2\sin kt$（C_1，C_2为任意常数）是二阶微分方程 $\dfrac{\mathrm{d}^2x}{\mathrm{d}t^2}+k^2x=0$ 的解，并求方程满足初值条件 $x|_{t=0}=A$，$\left.\dfrac{\mathrm{d}x}{\mathrm{d}t}\right|_{t=0}=0$ 的特解.

解 所给函数的导数为

$$\frac{\mathrm{d}x}{\mathrm{d}t}=-kC_1\sin kt+kC_2\cos kt,$$

$$\frac{\mathrm{d}^2x}{\mathrm{d}t^2}=-k^2(C_1\cos kt+C_2\sin kt),$$

把$\dfrac{\mathrm{d}^2x}{\mathrm{d}t^2}$及$x$的表达式代入微分方程，得

$$k^2(C_1\cos kt+C_2\sin kt)-k^2(C_1\cos kt+C_2\sin kt)=0.$$

因此函数 $x=C_1\cos kt+C_2\sin kt$ 是微分方程的解.

由初值条件 $x|_{t=0}=A$，得 $C_1=A$，由初值条件 $\left.\dfrac{\mathrm{d}x}{\mathrm{d}t}\right|_{t=0}=0$，得 $C_2=0$. 故所求的特解为

$$x=A\cos kt.$$

习题 7.1

1．请指出下列微分方程的阶数：

（1）$y'''+y'=0$；（2）$(y'')^2+5xy=6(y')^5$；

（3）$\dfrac{\mathrm{d}^2y}{\mathrm{d}t^2}+k\dfrac{M}{y^2}=0$；（4）$(7x+8y)\mathrm{d}y-(3x-11y)\mathrm{d}x=0$.

2．指出下列各题中所给的函数是否为所给微分方程的解，若是解，指出是通解还是特解：

（1）$xy'+y=\mathrm{e}^x$，$y=\dfrac{\mathrm{e}^x}{x}$；

（2）$y''-y'=0$，$y=2\sin x-\cos x$；

（3）$xy''+y'=0$，$y=\ln x$；

（4）$y\ln x\mathrm{d}x+x\ln y\mathrm{d}y=0$，$\ln^2x+\ln^2y=C$.

3．证明 $y=x\tan(x+C)$ 是方程 $x\dfrac{\mathrm{d}y}{\mathrm{d}x}=x^2+y^2+y$ 的通解，其中C为任意常数，并求

满足初值条件 $y\big|_{x=1}=1$ 的特解.

4．根据下列条件，建立微分方程：

（1）曲线在点 (x,y) 处的切线斜率等于该点的纵坐标的平方；

（2）曲线上点 $A(x,y)$ 处的法线与 x 轴的交点为 B，且线段 AB 被 y 轴平分；

（3）某商品的需求量 Q 对价格 P 的弹性为 $P\ln 3$. 已知该商品的最大需求量为 1200（即 $P=0$ 时，$Q=1200$），求需求量 Q 与价格 P 的函数关系.

5．一汽车以 10m/s 的速度在公路上行驶，司机突然发现汽车前方 20m 处有一物体，于是立即刹车. 已知汽车刹车后获得的加速度为 $-4\,\mathrm{m/s^2}$，试分析汽车能否撞到此物体.

7.2　一阶微分方程

一阶微分方程的一般形式为 $F(x,y,y')=0$. 我们这里只介绍几种常见的一阶微分方程及其解法.

7.2.1　可分离变量的微分方程

1. 可直接分离变量的微分方程

一般地，如果通过适当变形可将一个一阶微分方程化成

$$g(y)\mathrm{d}y=f(x)\mathrm{d}x \tag{7.12}$$

的形式，即把微分方程化成一端只含有 y 的函数和 $\mathrm{d}y$，另一端只含有 x 的函数和 $\mathrm{d}x$，那么原方程就称为**可分离变量的微分方程**.

显然

$$\frac{\mathrm{d}y}{\mathrm{d}x}=h(x)g(y) \tag{7.13}$$

或

$$M_1(x)M_2(y)\mathrm{d}x+N_1(x)N_2(y)\mathrm{d}y=0 \tag{7.14}$$

都是可分离变量的微分方程.

求解可分离变量的微分方程，只要将两个变量分离开，使方程化为式（7.12）的形式，然后对两端积分，即可求出微分方程的解.

例 7.4　求微分方程 $\dfrac{\mathrm{d}y}{\mathrm{d}x}=2xy$ 的通解.

解　此方程是可分离变量的微分方程，分离变量之后，得

$$\frac{\mathrm{d}y}{y}=2x\mathrm{d}x.$$

两端积分，得

$$\ln|y|=x^2+C_1,$$

其中，C_1 为任意常数，从而

$$|y|=\mathrm{e}^{x^2+C_1},$$

即 $y=\pm\mathrm{e}^{C_1}\mathrm{e}^{x^2}$. 令 $C=\pm\mathrm{e}^{C_1}$，则

$$y = Ce^{x^2},$$

其中，$C = \pm e^{C_1}$ 是任意非零常数. 易知当 $C = 0$ 时有 $y = 0$，也是方程 $\dfrac{dy}{dx} = 2xy$ 的解. 所以，方程的通解为

$$y = Ce^{x^2},$$

其中，C 为任意常数.

例 7.5 求 $y(x-1)dy - (y^2-1)dx = 0$ 的通解.

解 方程可变为 $\dfrac{y}{y^2-1}dy = \dfrac{1}{x-1}dx$，两边积分 $\displaystyle\int \frac{y}{y^2-1}dy = \int \frac{1}{x-1}dx$，得

$$\frac{1}{2}\ln|y^2-1| = \ln|x-1| + \ln|C_1|.$$

即

$$y^2 - 1 = C(x-1)^2 \ (C = \pm C_1^2)$$

为方程的通解.

2. 齐次方程

一般地，如果一阶微分方程可化为

$$\frac{dy}{dx} = \varphi\left(\frac{y}{x}\right) \tag{7.15}$$

的形式，则称其为**齐次方程**.

在式（7.15）中作变换 $v = \dfrac{y}{x}$，则 $y = vx$，$\dfrac{dy}{dx} = v + x\dfrac{dv}{dx}$，代入齐次方程（7.15）中，有

$$v + x\frac{dv}{dx} = \varphi(v),$$

即

$$x\frac{dv}{dx} = \varphi(v) - v.$$

上式为是可分离变量的微分方程，从中求出 $v = v(x)$，再以 $\dfrac{y}{x}$ 代替 v，就得到齐次方程的通解.

例 7.6 求微分方程 $y^2 + x^2\dfrac{dy}{dx} = xy\dfrac{dy}{dx}$ 的通解.

解 原方程可写成

$$\frac{dy}{dx} = \frac{\left(\dfrac{y}{x}\right)^2}{\dfrac{y}{x} - 1},$$

上式为齐次方程. 令 $\dfrac{y}{x} = v$，则原方程化为

$$v+x\frac{\mathrm{d}v}{\mathrm{d}x}=\frac{v^2}{v-1},$$

即

$$x\frac{\mathrm{d}v}{\mathrm{d}x}=\frac{v}{v-1}.$$

分离变量，得

$$\left(1-\frac{1}{v}\right)\mathrm{d}v=\frac{\mathrm{d}x}{x},$$

两端积分，得

$$v-\ln|v|=\ln|x|+C_1.$$

以$\frac{y}{x}$代替上式中的 v，得所给微分方程的通解为

$$\ln|y|=\frac{y}{x}+C,$$

其中，$C=-C_1$.

另外，对于某些微分方程，可作适当的变量代换后再求解，现举一例说明.

例 7.7　求微分方程$\frac{\mathrm{d}y}{\mathrm{d}x}=\frac{x+y-2}{x+y}$的通解.

解　令$u=x+y$，则$\frac{\mathrm{d}u}{\mathrm{d}x}=1+\frac{\mathrm{d}y}{\mathrm{d}x}$，代入原微分方程，得

$$\frac{\mathrm{d}u}{\mathrm{d}x}=\frac{2(u-1)}{u}.$$

分离变量之后再两端积分，得

$$u+\ln|u-1|=2x+C.$$

将$u=x+y$代回，即得原方程的通解为

$$x+y+\ln|x+y-1|=2x+C.$$

7.2.2　一阶线性微分方程

形如

$$\frac{\mathrm{d}y}{\mathrm{d}x}+P(x)y=Q(x) \tag{7.16}$$

的方程称为**一阶线性微分方程**，因为它对于未知函数 y 及其导数是一次的方程. 当$Q(x)=0$时，方程（7.16）为

$$\frac{\mathrm{d}y}{\mathrm{d}x}+P(x)y=0, \tag{7.17}$$

称方程（7.17）为**一阶齐次线性微分方程**（注意，它与前面讲的齐次方程的含义不同）. 同时，也称方程（7.17）是方程（7.16）对应的齐次方程. 当$Q(x)\neq 0$时，方程（7.16）称为**一阶非齐次线性微分方程**.

1. 一阶齐次线性微分方程的解法

一阶齐次线性微分方程（7.17）实际上是一个可分离变量的微分方程. 分离变量，得

$$\frac{\mathrm{d}y}{y}=-P(x)\mathrm{d}x,$$

两端积分，得

$$\ln|y|=-\int P(x)\,\mathrm{d}x+\ln|C|,$$

即

$$y=C\mathrm{e}^{-\int P(x)\mathrm{d}x}. \tag{7.18}$$

这就是一阶齐次线性微分方程（7.17）的通解，其中$\int P(x)\mathrm{d}x$表示$P(x)$的某个确定的原函数.

2. 一阶非齐次线性微分方程的解法

现在我们使用**常数变易法**来求非齐次方程（7.16）的通解，这个方法是把通解（7.18）中的C换成x的未知函数$u(x)$，即做变换

$$y=u(x)\mathrm{e}^{-\int P(x)\mathrm{d}x},$$

于是

$$\frac{\mathrm{d}y}{\mathrm{d}x}=u'(x)\mathrm{e}^{-\int P(x)\mathrm{d}x}-u(x)P(x)\mathrm{e}^{-\int P(x)\mathrm{d}x}.$$

将上面两式代入方程（7.16）得

$$u'(x)\mathrm{e}^{-\int P(x)\mathrm{d}x}-u(x)P(x)\mathrm{e}^{-\int P(x)\mathrm{d}x}+P(x)u(x)\mathrm{e}^{-\int P(x)\mathrm{d}x}=Q(x),$$

即

$$u'(x)=Q(x)\mathrm{e}^{\int P(x)\mathrm{d}x},$$

两边积分，得

$$u(x)=\int Q(x)\mathrm{e}^{\int P(x)\mathrm{d}x}\mathrm{d}x+C. \tag{7.19}$$

将式（7.19）代入变换$y=u(x)\mathrm{e}^{-\int P(x)\mathrm{d}x}$，得非齐次线性微分方程（7.16）的通解为

$$y=\mathrm{e}^{-\int P(x)\mathrm{d}x}\left[\int Q(x)\mathrm{e}^{\int P(x)\mathrm{d}x}\mathrm{d}x+C\right]. \tag{7.20}$$

综上所述，求一阶非齐次线性微分方程通解的步骤如下：

（1）求出与非齐次线性微分方程（7.16）对应的齐次线性微分方程（7.17）的通解$y=C\mathrm{e}^{-\int P(x)\mathrm{d}x}$.

（2）把上述通解中的常数C换成待定函数$u(x)$，然后代入方程（7.16）确定出$u(x)$，从而得到方程（7.16）的通解. 这种方法称为常数变易法. 在具体解题过程中，可以使用常数变易法，也可以直接使用通解公式（7.20）.

将通解公式（7.20）写成两部分之和，即

$$y=C\mathrm{e}^{-\int P(x)\mathrm{d}x}+\int Q(x)\mathrm{e}^{\int P(x)\mathrm{d}x}\mathrm{d}x\cdot\mathrm{e}^{-\int P(x)\mathrm{d}x},$$

其中，第一部分是方程（7.16）所对应的齐次线性微分方程（7.17）的通解，第二部分是方程（7.16）的一个特解（可在通解公式（7.20）中令 $C=0$ 得到）. 由此可知，一阶非齐次线性微分方程的通解等于它所对应的齐次线性微分方程的通解与它的一个特解之和.

一阶微分方程

例 7.8　求微分方程 $y'+\frac{y}{x}=\frac{\sin x}{x}$ 的通解.

解法一　（常数变易法）先求对应的齐次线性微分方程

$$y'+\frac{y}{x}=0$$

的通解. 分离变量，得

$$\frac{\mathrm{d}y}{y}=-\frac{\mathrm{d}x}{x},$$

两端积分，得

$$\ln|y|=-\ln|x|+\ln|C|,$$

化简得

$$y=\frac{C}{x}.$$

根据常数变易法，可设原微分方程的解为 $y=\frac{u(x)}{x}$，则

$$y'=\frac{u'(x)}{x}-\frac{u(x)}{x^2},$$

代入原方程，并整理化简，得

$$u'(x)=\sin x,$$

等式两端积分，可得

$$u(x)=-\cos x+C.$$

所以，所求方程的通解为

$$y=\frac{1}{x}(-\cos x+C).$$

解法二　（公式法）将 $P(x)=\frac{1}{x}$，$Q(x)=\frac{\sin x}{x}$ 代入式（7.20）中，得

$$y=\mathrm{e}^{-\int\frac{1}{x}\mathrm{d}x}\left(\int\frac{\sin x}{x}\mathrm{e}^{\int\frac{1}{x}\mathrm{d}x}\mathrm{d}x+C\right)=\mathrm{e}^{-\ln x}\left(\int\frac{\sin x}{x}\mathrm{e}^{\ln x}\mathrm{d}x+C\right)$$

$$=\frac{1}{x}\left(\int\sin x\mathrm{d}x+C\right)=\frac{1}{x}(-\cos x+C).$$

例 7.9　求微分方程 $y'=\frac{1}{x+2y}$ 的通解.

解　原方程可写为 $\frac{\mathrm{d}y}{\mathrm{d}x}=\frac{1}{x+2y}$，显然关于 y 不是一阶线性微分方程. 但是，如果把

y 看作自变量，把 $x=x(y)$ 看作未知函数，则原方程就是关于未知函数 $x(y)$ 的一阶非齐次线性微分方程，即

$$\frac{\mathrm{d}x}{\mathrm{d}y}-x=2y.$$

用公式法求解，由于 $P(y)=-1$，$Q(y)=2y$，所以

$$x=\mathrm{e}^{-\int P(y)\mathrm{d}y}\left[\int Q(y)\mathrm{e}^{\int P(y)\mathrm{d}y}\mathrm{d}y+C\right]=\mathrm{e}^{y}\left(\int 2y\mathrm{e}^{-y}\mathrm{d}y+C\right)$$

$$=C\mathrm{e}^{y}-2(y+1).$$

注 对方程 $\frac{\mathrm{d}x}{\mathrm{d}y}=x+2y$ 求通解，也可仿照本节例 7.7，用变量代换法求解.

例 7.10 求微分方程 $\frac{\mathrm{d}y}{\mathrm{d}x}-\frac{2y}{x+1}=(x+1)^3$ 满足 $y(0)=1$ 的特解.

解 原方程对应的齐次方程为

$$\frac{\mathrm{d}y}{\mathrm{d}x}-\frac{2y}{x+1}=0,$$

分离变量，得

$$\frac{\mathrm{d}y}{y}=\frac{2}{x+1}\mathrm{d}x,$$

两边积分，得 $y=C(x+1)^2$，令 $y=u(x)(x+1)^2$，记 $u=u(x)$，则 $y'=u'(x+1)^2+2(x+1)u$．代入原方程，有

$$(x+1)^2u'+2(x+1)u-2(x+1)u=(x+1)^3,$$

即 $u'=x+1$，积分得

$$u(x)=\frac{1}{2}x^2+x+C.$$

所以，原方程的通解为

$$y=\left(\frac{1}{2}x^2+x+C\right)(x+1)^2.$$

由初始条件 $y(0)=1$，代入通解得

$$C=1.$$

故满足初值条件的特解为

$$y=\left(\frac{1}{2}x^2+x+1\right)(x+1)^2.$$

7.2.3 伯努利微分方程

形如

$$\frac{\mathrm{d}y}{\mathrm{d}x}+P(x)y=Q(x)y^n \quad (n\neq 0,1) \tag{7.21}$$

的微分方程称为伯努利（Bernoulli）微分方程.

对于伯努利微分方程，可经过变量代换，将其化为一阶线性微分方程．具体方法为，

先将方程（7.21）两边同除以 y^n，得到

$$y^{-n}\frac{\mathrm{d}y}{\mathrm{d}x}+P(x)y^{1-n}=Q(x).$$

再令 $z=y^{1-n}$，则 $\frac{\mathrm{d}z}{\mathrm{d}x}=(1-n)y^{-n}\frac{\mathrm{d}y}{\mathrm{d}x}$，代入上式，得

$$\frac{1}{1-n}\cdot\frac{\mathrm{d}z}{\mathrm{d}x}+P(x)z=Q(x),$$

即

$$\frac{\mathrm{d}z}{\mathrm{d}x}+(1-n)P(x)z=(1-n)Q(x).$$

上式为以 z 为未知函数，x 为自变量的一阶线性微分方程，求出此方程的通解后，再回代 $z=y^{1-n}$，便得到方程（7.21）的通解.

例 7.11　求微分方程 $y'-y=xy^5$ 的通解.

解　这是 $n=5$ 的伯努利微分方程，两边同除以 y^5，得

$$y^{-5}y'-y^{-4}=x.$$

令 $z=y^{-4}$，则 $\frac{\mathrm{d}z}{\mathrm{d}x}=-4y^{-5}\frac{\mathrm{d}y}{\mathrm{d}x}$，代入上式，整理得

$$\frac{\mathrm{d}z}{\mathrm{d}x}+4z=-4x.$$

这是一阶线性微分方程，利用式（7.20），得

$$z=\mathrm{e}^{-\int 4\mathrm{d}x}\left[\int(-4x)\cdot\mathrm{e}^{\int 4\mathrm{d}x}\mathrm{d}x+C\right]=C\mathrm{e}^{-4x}-x+\frac{1}{4},$$

其中，C 为任意常数．回代 $z=y^{-4}$，得原微分方程的通解为

$$1=\left(C\mathrm{e}^{-4x}-x+\frac{1}{4}\right)y^4.$$

7.2.4　一阶微分方程的应用举例

微分方程在自然科学和工程技术中有着非常广泛的应用．利用微分方程解决实际问题时，首先要根据实际问题列出微分方程，并写出初始条件，然后求出微分方程的特解．对于一些实际问题，在求出解后，还要对解的性质加以分析，以达到理解实际问题的目的.

例 7.12　已知一曲线过点 $(1,2)$，它在两坐标轴间的任一切线段均被切点平分，求该曲线的方程.

解　设所求曲线的方程为 $y=y(x)$，则曲线上点 $P(x,y)$ 处的切线方程为

$$Y-y=y'(X-x).$$

设切线与 x 轴、y 轴的交点分别为 B 点和 A 点，如图 7.1 所示，则 A 点的坐标为

$$X=0,\quad Y=y-xy',$$

图 7.1

B 点的坐标为

$$X = x - \frac{y}{y'},\quad Y = 0.$$

由于 P 点是线段 AB 的中点，所以

$$y = \frac{1}{2}(y - xy'),$$

即

$$y' = -\frac{y}{x},$$

该方程是可分离变量的方程，解得

$$y = \frac{C}{x}.$$

将初值条件 $y(1) = 2$ 代入，得到 $C = 2$．所以，所求曲线方程为 $xy = 2$．

例 7.13　探照灯的聚光镜是一个旋转的曲面，即可以看作由曲线 $y = y(x)$ 绕 x 轴旋转一周而成．按照聚光镜性能的要求，在其旋转轴（x 轴）上一点 O 处发出的一切光线，经它反射后都与旋转轴平行．求这条曲线（称为旋转曲面的母线）的方程．

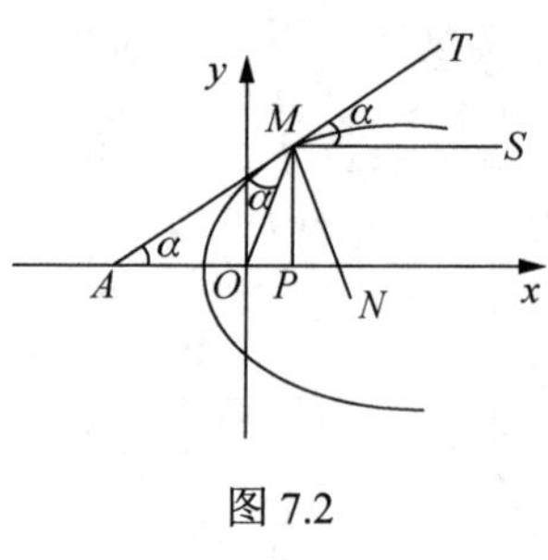

图 7.2

解　取旋转轴为 x 轴，点光源所在位置为坐标原点，如图 7.2 所示．

设 O 点发出的某条光线经曲线 $y = y(x)$ 上一点 $M(x, y)$ 反射后成为一条平行于 x 轴的直线 MS，又设经过 M 点的切线 AT 的倾角为 α．

根据题意，$\angle SMT = \alpha$．因为 $\angle OMA$ 是入射角的余角，$\angle SMT$ 是反射角的余角，根据光学中的反射定律（光线的入射角等于反射角），有 $\angle OMA = \angle SMT = \alpha$，从而 $AO = MO$．作 MP 垂直于 x 轴，交 x 轴于 P，则

$$AO = MO = \sqrt{x^2 + y^2},\quad AP = AO + OP = \sqrt{x^2 + y^2} + x.$$

于是，有

$$y' = \tan\alpha = \frac{MP}{AP} = \frac{y}{\sqrt{x^2 + y^2} + x},$$

即

$$y' = \frac{y}{\sqrt{x^2 + y^2} + x}.$$

这是一个齐次方程，为了方便求解，视 y 为自变量，将 x 看作未知函数，把方程改写成

$$\frac{\mathrm{d}x}{\mathrm{d}y} = \frac{x + \sqrt{x^2 + y^2}}{y} = \frac{x}{y} + \sqrt{1 + \left(\frac{x}{y}\right)^2}.$$

令 $v = \dfrac{x}{y}$，则 $x = yv$，$\dfrac{\mathrm{d}x}{\mathrm{d}y} = v + y\dfrac{\mathrm{d}v}{\mathrm{d}y}$，代入上式，得

$$y\frac{\mathrm{d}v}{\mathrm{d}y} = \sqrt{1 + v^2}.$$

这是一个可分离变量的方程，通解为

$$y = C(v + \sqrt{1+v^2}),$$

即

$$(y - Cv)^2 = C^2(1+v^2).$$

将 $v = \dfrac{x}{y}$ 代入，得

$$y^2 = 2C\left(x + \frac{C}{2}\right).$$

这是一条以 x 轴为对称轴，定点在 $\left(-\dfrac{C}{2},0\right)$，焦点在原点的抛物线，所以聚光镜必须做成由抛物线旋转而成的旋转曲面.

习题 7.2

1．求下列微分方程的通解：

（1）$xy\mathrm{d}x + \sqrt{1-x^2}\,\mathrm{d}y = 0$；　（2）$y' = \mathrm{e}^{2x-y}$；

（3）$x\dfrac{\mathrm{d}y}{\mathrm{d}x} = y(\ln y - \ln x)$；　（4）$y' = (1+x)(1+y^2)$；

（5）$y'\sec x = y$；　（6）$y' = \dfrac{y}{x} + \tan\dfrac{y}{x}$.

2．求下列微分方程的特解：

（1）$y\mathrm{d}x = \tan x\mathrm{d}y$，$y\left(\dfrac{\pi}{2}\right) = 4$；

（2）$\dfrac{x}{1+y}\mathrm{d}x - \dfrac{y}{1+x}\mathrm{d}y = 0$，$y(0) = 1$；

（3）$\sin x\cos y\mathrm{d}x - \cos x\sin y\mathrm{d}y = 0$，$y(0) = \dfrac{\pi}{4}$；

（4）$x\mathrm{d}y + 2y\mathrm{d}x = 0$，$y|_{x=2} = 1$.

3．求下列微分方程的通解：

（1）$xy' = x^2 + 3y\ (x>0)$；　（2）$y' - 2xy = x\mathrm{e}^{x^2}$；

（3）$y' + y\cos x = \mathrm{e}^{-\sin x}$；　（4）$\dfrac{\mathrm{d}y}{\mathrm{d}x} = \dfrac{y}{x + y^2\mathrm{e}^y}$；

（5）$y' - \dfrac{3}{x}y = \dfrac{1}{x^2}y^2$；　（6）$xy' + y = x^2y^2\ln x$.

4．求下列微分方程的特解：

（1）$x\dfrac{\mathrm{d}y}{\mathrm{d}x} - 2y = x^3\mathrm{e}^x$，$y|_{x=1} = 0$；　（2）$y' = \dfrac{y}{x} + \dfrac{x}{y}$，$y|_{x=1} = 2$；

（3）$\dfrac{\mathrm{d}y}{\mathrm{d}x} - y\tan x = \sec x$，$y|_{x=0} = 0$；　（4）$\dfrac{\mathrm{d}y}{\mathrm{d}x} + 2xy = 4x$，$y|_{x=0} = 1$.

5．设曲线 $y=f(x)$ 上任一点 (x,y) 处的切线斜率为 $\frac{y}{x}+x^2$，且该曲线过点 $\left(1,\frac{1}{2}\right)$，求该曲线的方程.

6．已知生产某产品的固定成本为 $a>0$，生产 x 单位的边际成本与平均成本之差为 $\frac{x}{a}-\frac{a}{x}$，且当产量为 a 单位时，相应的总成本为 $4a$．求总成本 C 与产量 x 之间的函数关系.

7.3 可降阶的高阶微分方程

二阶及二阶以上的微分方程，称为**高阶微分方程**．对于高阶微分方程，一般来说没有普适的解法，有些高阶微分方程，可以通过变量代换，化为低阶的微分方程来求解．本节介绍三种容易降阶的高阶微分方程及其解法.

7.3.1 $y^{(n)}=f(x)$ 型微分方程

微分方程

$$y^{(n)}=f(x)$$

的右端仅含有自变量 x，两边积分得到

$$y^{(n-1)}=\int f(x)\mathrm{d}x+C_1,$$

再积分，得到

$$y^{(n-2)}=\int\left[\int f(x)\mathrm{d}x\right]\mathrm{d}x+C_1x+C_2.$$

连续积分，便得到含有 n 个相互独立的任意常数的通解.

例 7.14 求微分方程 $y'''=x+\sin x$ 的通解.

解 两边连续积分三次，依次得

$$y''=\frac{1}{2}x^2-\cos x+C_0,$$

$$y'=\frac{1}{6}x^3-\sin x+C_0x+C_2,$$

$$y=\frac{1}{24}x^4+\cos x+\frac{C_0}{2}x^2+C_2x+C_3.$$

令 $C_1=\frac{C_0}{2}$，得通解为

$$y=\frac{1}{24}x^4+\cos x+C_1x^2+C_2x+C_3,$$

其中，C_1,C_2,C_3 为任意常数.

7.3.2　$y''=f(x,y')$ 型微分方程

微分方程

$$y''=f(x,y')$$

的右端不显含未知函数 y，称为不显含未知函数 y 的二阶微分方程.

该类方程的求解方法：作变换 $y'=p(x)$，则 $y''=p'(x)$，代入上述方程，可得

$$p'=f(x,p),$$

即将二阶方程化为一阶微分方程，然后按一阶微分方程的求法，求出通解

$$p=\varphi(x,C_1)=\frac{\mathrm{d}y}{\mathrm{d}x},$$

两边再对 x 积分，即得原方程的通解

$$y=\int\varphi(x,C_1)\mathrm{d}x+C_2 .$$

例 7.15　求方程 $(1-x^2)y''-xy'=2$ 满足初值条件 $y|_{x=0}=1$，$y'|_{x=0}=0$ 的特解.

解　此题属于不显含未知函数 y 的二阶微分方程，先整理微分方程为

$$y''-\frac{x}{1-x^2}y'=\frac{2}{1-x^2}.$$

令 $y'=p$，则 $y''=p'$，上式化为一阶线性微分方程

$$p'-\frac{x}{1-x^2}p=\frac{2}{1-x^2},$$

代入求解公式，得

$$\begin{aligned}p&=\mathrm{e}^{\int\frac{x}{1-x^2}\mathrm{d}x}\left(\int\frac{2}{1-x^2}\cdot\mathrm{e}^{-\int\frac{x}{1-x^2}\mathrm{d}x}\mathrm{d}x+C_1\right)=\mathrm{e}^{-\frac{1}{2}\int\frac{1}{1-x^2}\mathrm{d}(1-x^2)}\left[\int\frac{2}{1-x^2}\cdot\mathrm{e}^{\frac{1}{2}\int\frac{1}{1-x^2}\mathrm{d}(1-x^2)}\mathrm{d}x+C_1\right]\\&=\mathrm{e}^{-\frac{1}{2}\ln(1-x^2)}\left[\int\frac{2}{1-x^2}\cdot\mathrm{e}^{\frac{1}{2}\ln(1-x^2)}\mathrm{d}x+C_1\right]=\frac{1}{\sqrt{1-x^2}}\left(\int\frac{2}{1-x^2}\cdot\sqrt{1-x^2}\mathrm{d}x+C_1\right)\\&=\frac{1}{\sqrt{1-x^2}}(2\arcsin x+C_1).\end{aligned}$$

因为 $y'|_{x=0}=p|_{x=0}=0$，代入得 $C_1=0$.

因为 $p=\dfrac{\mathrm{d}y}{\mathrm{d}x}=\dfrac{2\arcsin x}{\sqrt{1-x^2}}$，两边积分，得

$$y=\int\frac{2\arcsin x}{\sqrt{1-x^2}}\mathrm{d}x=2\int\arcsin x\,\mathrm{d}\arcsin x=(\arcsin x)^2+C_2 .$$

因为 $y|_{x=0}=1$，代入得 $C_2=1$. 所以，原微分方程满足初值条件的特解为

$$y=(\arcsin x)^2+1.$$

7.3.3　$y''=f(y,y')$ 型微分方程

微分方程

$$y''=f(y,y')$$

的右端不显含自变量x，称为不显含自变量x的二阶微分方程.

该类方程的求解方法：作变换$y'=p(y)$，则$y''=\frac{\mathrm{d}p}{\mathrm{d}x}=\frac{\mathrm{d}p}{\mathrm{d}y}\cdot\frac{\mathrm{d}y}{\mathrm{d}x}=\ p\cdot\frac{\mathrm{d}p}{\mathrm{d}y}$，代入上述方程，可得

$$p\frac{\mathrm{d}p}{\mathrm{d}y}=f(y,p),$$

可降阶的微分方程的解法

将二阶方程化为一阶微分方程，然后按一阶微分方程的求法，求出通解

$$p=\varphi(y,C_1)=\frac{\mathrm{d}y}{\mathrm{d}x},$$

这是变量可分离的微分方程，分离变量，两边积分，即得方程的隐式通解为

$$\int\frac{1}{\varphi(y,C_1)}\mathrm{d}y=x+C_2.$$

例 7.16 求方程$yy''-(y')^2=0$的通解.

解 此题属于不显含自变量x的二阶微分方程，作变换$y'=p(y)$，则$y''=p\cdot\frac{\mathrm{d}p}{\mathrm{d}y}$，代入上述方程，可得

$$yp\frac{\mathrm{d}p}{\mathrm{d}y}-p^2=0.$$

当$y\neq 0$，$p\neq 0$时，方程化为$\frac{1}{p}\mathrm{d}p=\frac{1}{y}\mathrm{d}y$，两边积分，得

$$\ln|p|=\ln|y|+\ln|C_1|,$$

即有$p=\frac{\mathrm{d}y}{\mathrm{d}x}=C_1y$，分离变量，得$\frac{\mathrm{d}y}{y}=C_1\mathrm{d}x$，两边积分，得

$$\ln|y|=C_1x+\ln|C_2|,$$

所以通解为

$$y=C_2\mathrm{e}^{C_1x}.$$

此外，$y'=p=0$时，$y=C$也包含在通解中.

习题 7.3

1. 求下列方程的通解：

（1）$\mathrm{e}^{-x}y'''=x$；（2）$y''=y'+x$；

（3）$y''=1+(y')^2$；（4）$(x+1)y''+y'=\ln(x+1)$.

2. 求下列微分方程满足初值条件的特解：

（1）$4y'+y''=4xy''$，$y(0)=1$，$y'(0)=-1$；

（2）$(1+x^2)y''=2xy'$，$y|_{x=0}=1$，$y'|_{x=0}=3$.

3．试求满足方程$y''=x$的经过点$M(0,1)$且在此点与直线$y=\frac{x}{2}+1$相切的积分曲线.

7.4　二阶线性微分方程解的结构

二阶线性微分方程的一般形式为

$$y'' + p(x)y' + q(x)y = f(x), \tag{7.22}$$

其中，$p(x), q(x), f(x)$ 都为 x 的连续函数，$f(x)$ 为自由项．当 $f(x) \equiv 0$ 时，方程

$$y'' + p(x)y' + q(x)y = 0 \tag{7.23}$$

称为二阶齐次线性微分方程；当 $f(x) \neq 0$ 时，方程（7.22）称为二阶非齐次线性微分方程．

7.4.1　二阶齐次线性微分方程解的结构

定理 7.1　设 y_1，y_2 是二阶齐次线性微分方程（7.23）的两个解，则

$$y = C_1 y_1 + C_2 y_2 \quad（C_1, C_2 \text{ 为任意常数}）$$

也是该方程的解．

证明　由 $y = C_1 y_1 + C_2 y_2$，得 $y' = C_1 y_1' + C_2 y_2'$，$y'' = C_1 y_1'' + C_2 y_2''$，因为 y_1 与 y_2 都是微分方程（7.23）的解，即

$$y_1'' + p(x)y_1' + q(x)y_1 = 0,\quad y_2'' + p(x)y_2' + q(x)y_2 = 0,$$

将 $y = C_1 y_1 + C_2 y_2$ 代入方程（7.23），得

$$\begin{aligned}
\text{左端} &= C_1 y_1'' + C_2 y_2'' + p(x)(C_1 y_1' + C_2 y_2') + q(x)(C_1 y_1 + C_2 y_2) \\
&= C_1[y_1'' + p(x)y_1' + q(x)y_1] + C_2[y_2'' + p(x)y_2' + q(x)y_2] \\
&= 0 = \text{右端},
\end{aligned}$$

所以 $y = C_1 y_1 + C_2 y_2$ 是微分方程（7.23）的解．

那么，$y = C_1 y_1 + C_2 y_2$ 是否是微分方程(7.23)的通解呢？从表面上看，$y = C_1 y_1 + C_2 y_2$ 中似乎含有两个任意常数，但实际上，若 $\dfrac{y_2}{y_1} = k$（k 为常数），则 $y_2 = k y_1$，这时 $C_1 y_1 + C_2 y_2 = (C_1 + kC_2)y_1$，$C_1 + kC_2$ 也表示任意一个常数，或者说，C_1, C_2 不是两个独立的任意常数，所以 $C_1 y_1 + C_2 y_2$ 不是微分方程（7.23）的通解．事实上，当 $\dfrac{y_2}{y_1}$ 不是常数时，$y = C_1 y_1 + C_2 y_2$ 中的两个任意常数不能合并为一个任意常数，或者说，C_1, C_2 是两个独立的任意常数，这时 $y = C_1 y_1 + C_2 y_2$ 就是微分方程（7.23）的通解．

为了说明 $C_1 y_1 + C_2 y_2$ 中的两个任意常数是否可以合并为一个常数，我们引入两个函数线性相关或线性无关的概念．

定义 7.1　设 y_1 与 y_2 是两个函数，当 $\dfrac{y_2}{y_1}$ 恒为常数时，称 y_1 与 y_2 **线性相关**；当 $\dfrac{y_2}{y_1}$ 不为常数时，称 y_1 与 y_2 **线性无关**．

例如，函数 $y_1 = e^x$ 与 $y_2 = 2e^x$ 是线性相关的，这是因为 $\dfrac{y_2}{y_1} = 2$．又如，函数 $y_1 = e^x$ 与

$y_2=1$是线性无关的，因为$\dfrac{y_2}{y_1}=\mathrm{e}^{-x}$不是常数.

注 上面定义中所给的判定函数之间是否线性无关的方法仅是针对两个函数来说的，对于3个及3个以上函数之间的相关性判断，不能用上述方法.

有了函数之间线性无关的概念后，我们有如下关于微分方程（7.23）的通解的结构定理：

定理 7.2 如果y_1与y_2是微分方程（7.23）的两个线性无关的特解，则

$$y=C_1y_1+C_2y_2\text{（}C_1,C_2\text{为任意常数）}$$

是微分方程（7.23）的通解.

证明 由定理7.1知，$y=C_1y_1+C_2y_2$是微分方程（7.23）的解，又因为y_1，y_2线性无关，故$y=C_1y_1+C_2y_2$中的两个任意常数不能合并，即C_1,C_2是两个独立的任意常数，从而$y=C_1y_1+C_2y_2$是微分方程（7.23）的通解.

例如，函数$y_1=\mathrm{e}^{-2x}$，$y_2=\mathrm{e}^{x}$是微分方程$y''+y'-2y=0$的两个特解，且y_1与y_2线性无关，则$y=C_1\mathrm{e}^{-2x}+C_2\mathrm{e}^{x}$是微分方程$y''+y'-2y=0$的通解.

由定理7.2可知，求二阶齐次线性微分方程的通解，关键是求出它的两个线性无关的解.

7.4.2 二阶非齐次线性微分方程解的结构

定理 7.3 设y^*是二阶非齐次线性微分方程（7.22）的一个特解，$Y=C_1y_1+C_2y_2$是对应的齐次方程（7.23）的通解，则

$$y=Y+y^* \tag{7.24}$$

是非齐次线性微分方程（7.22）的通解.

证明 因为y^*是微分方程（7.22）的一个特解，所以

$$y^{*\prime\prime}+p(x)y^{*\prime}+q(x)y^*=f(x).$$

又因为Y是对应的齐次方程$y''+p(x)y'+q(x)y=0$的通解，所以

$$Y''+p(x)Y'+q(x)Y=0.$$

把$y=Y+y^*$代入微分方程（7.22）的左端，得

$$\begin{aligned}\text{左端}&=(Y+y^*)''+p(x)(Y+y^*)'+q(x)(Y+y^*)\\&=[Y''+p(x)Y'+q(x)Y]+[y^{*\prime\prime}+p(x)y^{*\prime}+q(x)y^*]=0+f(x)\\&=f(x)=\text{右端},\end{aligned}$$

所以，$y=Y+y^*$是微分方程（7.22）的解.

由于Y是对应的齐次方程（7.23）的通解，其中含有两个相互独立的任意常数，于是$y=Y+y^*$中也含有两个相互独立的任意常数，所以它是方程（7.22）的通解.

例如，方程$y''+y=x^2$是二阶非齐次线性微分方程，容易验证$Y=C_1\sin x+C_2\cos x$是对应齐次方程$y''+y=0$的通解，$y^*=x^2-2$是原方程的一个特解，因此，原方程的通解为

$$y=C_1\sin x+C_2\cos x+x^2-2.$$

定理 7.4 设$y=y_1(x)$和$y=y_2(x)$是二阶非齐次线性微分方程（7.22）的两个解，

则 $y=y_1(x)-y_2(x)$ 是对应的齐次方程（7.23）的解.

证明　因为 $y=y_1(x)$ 和 $y=y_2(x)$ 是二阶非齐次线性微分方程（7.22）的两个解，所以有

$$y_1''(x)+p(x)y_1'(x)+q(x)y_1=f(x) \text{ 及 } y_2''(x)+p(x)y_2'(x)+q(x)y_2=f(x),$$

两式相减，得

$$y_1''(x)-y_2''(x)+p(x)[y_1'(x)-y_2'(x)]+q(x)[y_1(x)-y_2(x)]=0,$$

即

$$[y_1(x)-y_2(x)]''+p(x)[y_1(x)-y_2(x)]'+q(x)[y_1(x)-y_2(x)]=0,$$

上式说明 $y=y_1(x)-y_2(x)$ 是微分方程（7.23）的解.

定理 7.5　设二阶非齐次线性微分方程（7.22）的右端项 $f(x)$ 是两个函数之和，即

$$y''+p(x)y'+q(x)y=f_1(x)+f_2(x), \tag{7.25}$$

而 $y=y_1^*(x)$ 和 $y=y_2^*(x)$ 分别是

$$y''+p(x)y'+q(x)y=f_1(x),\quad y''+p(x)y'+q(x)y=f_2(x)$$

的两个特解，则 $y=y_1^*(x)+y_2^*(x)$ 是非齐次方程（7.25）的特解.

证明　依题意，$y=y_1^*(x)$ 和 $y=y_2^*(x)$ 分别满足

$$y_1^{*''}+p(x)y_1^{*'}+q(x)y_1^*=f_1(x) \text{ 和 } y_2^{*''}+p(x)y_2^{*'}+q(x)y_2^*=f_2(x),$$

将 $y=y_1^*(x)+y_2^*(x)$ 代入式（7.25），得

$$\begin{aligned}\text{左端}&=(y_1^*+y_2^*)''+p(x)(y_1^*+y_2^*)'+q(x)(y_1^*+y_2^*)\\&=[y_1^{*''}+p(x)y_1^{*'}+q(x)y_1^*]+[y_2^{*''}+p(x)y_2^{*'}+q(x)y_2^*]\\&=f_1(x)+f_2(x)=\text{右端}.\end{aligned}$$

故 $y=y_1^*(x)+y_2^*(x)$ 是非齐次方程（7.25）的特解.

例 7.17　设方程 $y''+p(x)y'+q(x)y=f(x)$ 有三个解 $y_1=x$，$y_2=\mathrm{e}^x$，$y_3=\mathrm{e}^{2x}$，求此方程满足初值条件 $y(0)=1$，$y'(0)=3$ 的解.

解　由定理 7.4 知，$y_1-y_2=x-\mathrm{e}^x$ 和 $y_1-y_3=x-\mathrm{e}^{2x}$ 均为对应齐次方程的解，且因为 $\dfrac{y_1-y_2}{y_1-y_3}=\dfrac{x-\mathrm{e}^x}{x-\mathrm{e}^{2x}}\neq$ 常数，所以二者线性无关，故 $Y=C_1(x-\mathrm{e}^x)+C_2(x-\mathrm{e}^{2x})$ 是对应齐次方程的通解. 从而

$$y=C_1(x-\mathrm{e}^x)+C_2(x-\mathrm{e}^{2x})+x$$

为原非齐次方程的通解. 代入初值条件 $y(0)=1$，$y'(0)=3$，得 $C_1=1$，$C_2=-2$. 因此，所求微分方程的特解为

$$y=2\mathrm{e}^{2x}-\mathrm{e}^x.$$

习题 7.4

1. 验证 $y_1=\cos wx$ 与 $y_2=\sin wx$ 是方程 $y''+w^2y=0$ 的解，并写出该方程的通解.

2. 验证 $y=C_1x^5+\dfrac{C_2}{x}-\dfrac{x^2}{9}\ln x$（$C_1$，$C_2$ 是任意常数）是方程 $x^2y''-3xy'-5y=x^2\ln x$

的通解.

3. 已知方程 $y''-4xy'+(4x^2-2)y=0$ 的两个特解为 $y_1=\mathrm{e}^{x^2}$，$y_2=x\mathrm{e}^{x^2}$，试求该方程满足初值条件 $y(0)=0$，$y'(0)=2$ 的特解.

4. 若 $y_1=x^2$，$y_2=x+x^2$，$y_3=x^2+\mathrm{e}^x$ 都是微分方程

$$(x-1)y''-xy'+y=-x^2+2x-2$$

的解，求此方程的通解.

7.5 二阶常系数线性微分方程

形如

$$y''+py'+qy=0 \quad（p，q \text{ 为常数}） \tag{7.26}$$

的微分方程称为**二阶常系数齐次线性微分方程**.

形如

$$y''+py'+qy=f(x) \quad（f(x) \text{ 不恒为 } 0，p，q \text{ 为常数}） \tag{7.27}$$

的微分方程称为**二阶常系数非齐次线性微分方程**. 方程右端的 $f(x)$ 称为**自由项**. 同时，也称方程（7.26）是方程（7.27）对应的齐次线性微分方程.

二阶常系数齐次线性微分方程与二阶常系数非齐次线性微分方程统称为**二阶常系数线性微分方程**.

本节首先讨论二阶常系数齐次线性微分方程（7.26）的求解问题，然后讨论二阶常系数非齐次线性微分方程（7.27）的解法.

7.5.1 二阶常系数齐次线性微分方程

我们知道，要求二阶齐次线性微分方程（7.26）的通解，首先要求其线性无关的两个特解. 如何求其线性无关的两个解呢？

因为微分方程（7.26）中，p,q 都是常数，且方程左端的 y'',py',qy 三项之和为零，那么 y，y' 和 y'' 应是同一类型的函数，也就是说，函数 y 求导后其类型不变，什么函数具有这种性质呢？我们很容易想到指数函数 $y=\mathrm{e}^{rx}$ 求导后仍为指数函数，仅是系数发生变化. 于是我们设想微分方程（7.26）有形如 $y=\mathrm{e}^{rx}$ 的解，然后看是否能找到合适的 r，使 $y=\mathrm{e}^{rx}$ 满足微分方程（7.26）.

设 $y=\mathrm{e}^{rx}$ 是微分方程（7.26）的特解，则 $y'=r\mathrm{e}^{rx}$，$y''=r^2\mathrm{e}^{rx}$. 把 y,y',y'' 的表达式代入微分方程（7.26）中，整理，得

$$(r^2+pr+q)\mathrm{e}^{rx}=0.$$

因为 $\mathrm{e}^{rx}\neq 0$，所以

$$r^2+pr+q=0. \tag{7.28}$$

式（7.28）表明，只要常数 r 满足方程（7.28），那么 $y=\mathrm{e}^{rx}$ 就是微分方程（7.26）的解. 这样，求解微分方程（7.26）的问题就转化为求解代数方程（7.28）的问题.

代数方程（7.28）称为微分方程（7.26）的**特征方程**，特征方程的解称为**特征根**.

特征方程（7.28）是一个一元二次方程，它的两个根 r_1，r_2 有三种不同的情形.

（1）特征方程有两个不相等的实根 $r_1 \neq r_2$.

这时，$y_1 = \mathrm{e}^{r_1 x}$，$y_2 = \mathrm{e}^{r_2 x}$ 都是微分方程（7.26）的解，且 $\dfrac{y_2}{y_1} = \mathrm{e}^{(r_2 - r_1)x}$ 不为常数，因此，微分方程（7.26）的通解为

$$y = C_1 \mathrm{e}^{r_1 x} + C_2 \mathrm{e}^{r_2 x}. \tag{7.29}$$

（2）特征方程有两个相等的实根 $r_1 = r_2$.

这时，我们只能得到微分方程（7.26）的一个特解 $y_1 = \mathrm{e}^{r_1 x}$，所以还必须找出微分方程的另一个特解 y_2，且要使 $\dfrac{y_2}{y_1}$ 不为常数，故可令 $\dfrac{y_2}{y_1} = u(x)$，即

$$y_2 = u(x) y_1 = u(x)\mathrm{e}^{r_1 x}.$$

只要能找出 $u(x)$，那么 y_2 也就找到了. 记 $u = u(x)$，因为

$$y_2' = \mathrm{e}^{r_1 x}(u' + r_1 u), \quad y_2'' = \mathrm{e}^{r_1 x}(u'' + 2r_1 u' + r_1^2 u).$$

代入微分方程（7.26），得

$$\mathrm{e}^{r_1 x}[(u'' + 2r_1 u' + r_1^2 u) + p(u' + r_1 u) + qu] = 0,$$

即

$$\mathrm{e}^{r_1 x}[u'' + (2r_1 + p)u' + (r_1^2 + pr_1 + q)u] = 0.$$

由于 $\mathrm{e}^{r_1 x} \neq 0$，所以

$$u'' + (2r_1 + p)u' + (r_1^2 + pr_1 + q)u = 0.$$

因为 r_1 是特征方程的重根，所以 $r_1^2 + pr_1 + q = 0$，$2r_1 + p = 0$，于是有

$$u'' = 0.$$

这就是说，只要 $u(x)$ 满足 $u''(x) = 0$，就可得到微分方程（7.26）的另一个特解 $y_2 = \mathrm{e}^{r_1 x} u(x)$. 而满足 $u'' = 0$ 的函数 $u(x)$ 很多，我们不妨取一个比较简单的，即取 $u(x) = x$，于是得微分方程（7.26）的另一个与 y_1 线性无关的特解为

$$y_2 = x\mathrm{e}^{r_1 x}.$$

故此时微分方程（7.26）的通解为

$$y = (C_1 + C_2 x)\mathrm{e}^{r_1 x}. \tag{7.30}$$

（3）特征方程有一对共轭复根 $r_{1,2} = \alpha \pm \mathrm{i}\beta$，其中 $\alpha = -\dfrac{p}{2}$，$\beta = \dfrac{\sqrt{4q - p^2}}{2}$.

这时，微分方程（7.26）有两个复数形式的解

$$y_1 = \mathrm{e}^{(\alpha + \mathrm{i}\beta)x}, \quad y_2 = \mathrm{e}^{(\alpha - \mathrm{i}\beta)x}.$$

但是，为了应用方便，我们希望得到实数形式的解，根据欧拉公式

$$\mathrm{e}^{\mathrm{i}\theta} = \cos\theta + \mathrm{i}\sin\theta,$$

我们有

$$y_1 = \mathrm{e}^{\alpha x}(\cos\beta x + \mathrm{i}\sin\beta x), \quad y_2 = \mathrm{e}^{\alpha x}(\cos\beta x - \mathrm{i}\sin\beta x),$$

$$\overline{y_1} = \frac{1}{2}(y_1 + y_2) = \mathrm{e}^{\alpha x}\cos\beta x, \quad \overline{y_2} = \frac{1}{2\mathrm{i}}(y_1 - y_2) = \mathrm{e}^{\alpha x}\sin\beta x.$$

由定理 7.1 可知，$\overline{y}_1$ 和 $\overline{y}_2$ 仍是微分方程(7.26)的解，且 $\dfrac{\overline{y}_1}{\overline{y}_2}=\cot\beta x\neq C$（$C$ 为常数），所以此时微分方程（7.26）的通解为

$$y=\mathrm{e}^{\alpha x}(C_1\cos\beta x+C_2\sin\beta x). \tag{7.31}$$

综上所述，二阶常系数齐次线性微分方程的求解步骤如下：

（1）写出特征方程，求出特征方程的两个根；

（2）根据两个特征根的不同情况，按照表 7.1 写出微分方程的通解.

表 7.1

特征方程 $r^2+pr+q=0$ 的两个根 r_1，r_2	微分方程 $y''+py'+qy=0$ 的通解
有两个不相等的实数根（$r_1\neq r_2$）	$y=C_1\mathrm{e}^{r_1x}+C_2\mathrm{e}^{r_2x}$
有两个相等的实数根（$r_1=r_2$）	$y=(C_1+C_2x)\mathrm{e}^{r_1x}$
有一对共轭复根（$r_{1,2}=\alpha\pm\mathrm{i}\beta$）	$y=\mathrm{e}^{\alpha x}(C_1\cos\beta x+C_2\sin\beta x)$

例 7.18 求微分方程 $y''+2y'-3y=0$ 的通解.

解 特征方程为

$$r^2+2r-3=0.$$

它有两个不相等的实根

$$r_1=1,\quad r_2=-3.$$

所以，微分方程的通解为

$$y=C_1\mathrm{e}^{x}+C_2\mathrm{e}^{-3x}.$$

例 7.19 求微分方程 $y''-2y'+y=0$ 的满足初值条件 $y(0)=4$，$y'(0)=-2$ 的特解.

解 特征方程为

$$r^2-2r+1=0.$$

它有两个相等的实根 $r_1=r_2=1$，于是，微分方程的通解为

$$y=(C_1+C_2x)\mathrm{e}^{x}.$$

将 $y(0)=4$ 代入上式，得 $C_1=4$. 又因为

$$y'=(C_1+C_2+C_2x)\mathrm{e}^{x}.$$

将 $y'(0)=-2$ 代入上式，得到 $C_2=-6$.于是，满足初值条件的特解为

$$y=(4-6x)\mathrm{e}^{x}.$$

例 7.20 求微分方程 $y''-2y'+5y=0$ 的通解.

解 特征方程为

$$r^2-2r+5=0,$$

它有一对共轭复根 $r_{1,2}=1\pm2\mathrm{i}$，所以，微分方程的通解为

$$y=\mathrm{e}^{x}(C_1\cos2x+C_2\sin2x).$$

7.5.2 二阶常系数非齐次线性微分方程

二阶常系数非齐次线性微分方程的一般形式为

$$y''+py'+qy=f(x)\,, \tag{7.32}$$

其中，p, q 为常数.

根据定理 7.3，求非齐次线性微分方程（7.32）的通解，关键是求出它的一个特解 y^*，而特解 y^* 显然与 $f(x)$ 有关，我们仅介绍当微分方程（7.32）中的 $f(x)$ 取几种常见形式时求 y^* 的方法，这种方法叫作**待定系数法**，它的特点是不用积分就可求出 y^*，$f(x)$ 的常见形式有：

（i）$f(x)=P_m(x)\mathrm{e}^{\lambda x}$；

（ii）$f(x)=\mathrm{e}^{\lambda x}\left[P_l(x)\cos\omega x+P_n(x)\sin\omega x\right]$.

其中，$P_m(x)$ 为 m 次多项式，$P_l(x)$，$P_n(x)$ 分别是 l 次和 n 次多项式，λ,ω 为常数.

（1）求微分方程

$$y''+py'+qy=P_m(x)\mathrm{e}^{\lambda x} \tag{7.33}$$

的一个特解 y^*.

微分方程（7.33）的右端 $P_m(x)\mathrm{e}^{\lambda x}$ 是多项式与指数函数的乘积，考虑到 p, q 是常数，而多项式与指数函数求导之后仍是同一类型的函数，因而可推测微分方程（7.33）的特解形式为

$$y^*=Q(x)\mathrm{e}^{\lambda x}\,.$$

其中，$Q(x)$ 是某个多项式.

将

$$y^*=Q(x)\mathrm{e}^{\lambda x}\,,\quad y^{*\prime}=[Q'(x)+\lambda Q(x)]\mathrm{e}^{\lambda x}\,,\quad y^{*\prime\prime}=[Q''(x)+2\lambda Q'(x)+\lambda^2Q(x)]\mathrm{e}^{\lambda x}$$

代入微分方程（7.33）中，得

$$[Q''(x)+(2\lambda+p)Q'(x)+(\lambda^2+p\lambda+q)Q(x)]\mathrm{e}^{\lambda x}=P_m(x)\mathrm{e}^{\lambda x}\,,$$

约去两端的因子 $\mathrm{e}^{\lambda x}$，得

$$Q''(x)+(2\lambda+p)Q'(x)+(\lambda^2+p\lambda+q)Q(x)=P_m(x)\,. \tag{7.34}$$

下面我们分几种情况来讨论：

① 如果 λ 不是特征方程 $r^2+pr+q=0$ 的根，即 $\lambda^2+p\lambda+q\neq0$，那么式（7.34）左端的多项式的次数与 $Q(x)$ 的次数相同，而式（7.34）右端是 m 次多项式，因此 $Q(x)$ 也必须是 m 次多项式，故可设

$$Q(x)=Q_m(x)=b_0x^m+b_1x^{m-1}+\cdots+b_{m-1}x+b_m\,, \tag{7.35}$$

其中，$b_0,b_1,\cdots,b_m$ 为 $m+1$ 个待定系数. 把式（7.35）代入式（7.34），用待定系数法，比较等式两端 x 的同次幂的系数，从而可以求出 $b_0,b_1,\cdots,b_m$，即可确定 $Q(x)$. 于是，可得微分方程（7.33）的一个特解 $y^*=Q_m(x)\mathrm{e}^{\lambda x}$.

② 如果 λ 是特征方程 $r^2+pr+q=0$ 的单根，即 $\lambda^2+p\lambda+q=0$，而 $2\lambda+p\neq0$，那么式（7.34）成为

$$Q''(x)+(2\lambda+p)Q'(x)=P_m(x)\,.$$

要使上式两端恒等，$Q'(x)$ 应是一个 m 次多项式，不妨取 $Q(x)=xQ_m(x)$，将它代入式(7.34)后，可用与上面同样的方法确定 $Q_m(x)$ 的 $m+1$ 个系数. 于是，可得微分方程(7.33)的一个特解 $y^*=x\cdot Q_m(x)\cdot\mathrm{e}^{\lambda x}$.

③ 如果λ是特征方程$r^2+pr+q=0$的重根，即$\lambda^2+p\lambda+q=0$，且$2\lambda+p=0$，那么式（7.34）成为

$$Q''(x)=P_m(x),$$

$Q''(x)$应是一个m次多项式，不妨取

$$Q(x)=x^2Q_m(x).$$

把它代入式（7.34）后，可确定出$Q_m(x)$的$m+1$个系数. 于是，可得微分方程（7.33）的一个特解$y^*=x^2\cdot Q_m(x)\cdot \mathrm{e}^{\lambda x}$.

综上所述，我们有如下结论：

二阶常系数非齐次线性微分方程

$$y''+py'+qy=P_m(x)\mathrm{e}^{\lambda x}$$

具有形如

$$y^*=x^k\cdot Q_m(x)\cdot \mathrm{e}^{\lambda x} \tag{7.36}$$

的特解. 其中，若λ不是特征方程的根，取$k=0$；若λ是特征方程的单根，取$k=1$；若λ是特征方程的重根，取$k=2$. $Q_m(x)$为 m 次多项式，它的$m+1$个系数可由$Q(x)=x^kQ_m(x)$满足式（7.34）确定.

例 7.21 求微分方程$y''-2y'-3y=3x+1$的通解.

解 方程中自由项$f(x)=(3x+1)\mathrm{e}^{0\cdot x}$属于$P_m(x)\mathrm{e}^{\lambda x}$型（$m=1$，$\lambda=0$）. 该方程的特征方程为$r^2-2r-3=0$，特征根为$r_1=3$，$r_2=-1$，对应齐次方程的通解为

$$Y=C_1\mathrm{e}^{3x}+C_2\mathrm{e}^{-x}.$$

由于$\lambda=0$不是特征方程的根，所以设其特解为

$$y^*=b_0x+b_1,$$

把上式代入原方程，得

$$0-2b_0-3(b_0x+b_1)=3x+1.$$

比较两端x同次幂的系数，得

$$\begin{cases}-3b_0=3\\-2b_0-3b_1=1\end{cases},$$

解得$b_0=-1$，$b_1=\dfrac{1}{3}$. 于是原方程的一个特解为$y^*=-x+\dfrac{1}{3}$，所以所求通解为

$$y=C_1\mathrm{e}^{3x}+C_2\mathrm{e}^{-x}-x+\frac{1}{3}.$$

例 7.22 求微分方程$y''-5y'+6y=x\mathrm{e}^{2x}$的通解.

解 方程中自由项$f(x)=x\mathrm{e}^{2x}$属于$P_m(x)\mathrm{e}^{\lambda x}$型（$m=1$，$\lambda=2$）. 该方程的特征方程

$$r^2-5r+6=0$$

有两个实根$r_1=2$，$r_2=3$，于是，对应的齐次方程的通解为

$$Y=C_1\mathrm{e}^{2x}+C_2\mathrm{e}^{3x}.$$

由于$\lambda=2$是特征方程的单根，所以可设特解y^*为

$$y^*=x(b_0x+b_1)\mathrm{e}^{2x}.$$

把 y^* 直接代入所给的微分方程，并化简整理，得

$$-2b_0x+2b_0-b_1=x.$$

比较等式两端 x 的同次幂的系数，得

$$\begin{cases}-2b_0=1\\2b_0-b_1=0\end{cases},$$

二阶常系数非齐次线性微分方程的解法

解得 $b_0=-\dfrac{1}{2}$，$b_1=-1$，从而求得一个特解为

$$y^*=x\left(-\frac{1}{2}x-1\right)\mathrm{e}^{2x}.$$

因此，所求的通解为

$$y=Y+y^*=C_1\mathrm{e}^{2x}+C_2\mathrm{e}^{3x}-\frac{1}{2}(x^2+2x)\mathrm{e}^{2x}.$$

（2）求微分方程

$$y''+py'+qy=\mathrm{e}^{\lambda x}[P_l(x)\cos\omega x+P_n(x)\sin\omega x]$$

的一个特解 y^* 的方法，这里不再详细讨论，直接给出特解的形式，即

$$y^*=x^k\mathrm{e}^{\lambda x}[P_m^{(1)}(x)\cos\omega x+P_m^{(2)}(x)\sin\omega x],\tag{7.37}$$

其中，$P_m^{(1)}(x),P_m^{(2)}(x)$ 是 m 次多项式，$m=\max\{l,n\}$，而 k 按 $\lambda+\mathrm{i}\omega$（或 $\lambda-\mathrm{i}\omega$）不是特征方程的根或是特征方程的单根依次取 0 或 1.

例 7.23　求微分方程 $y''+y=x\cos 2x$ 的一个特解.

解　右端自由项 $f(x)=x\cos 2x$ 属于 $\mathrm{e}^{\lambda x}[P_l(x)\cos\omega x+P_n(x)\sin\omega x]$ 型（其中 $\lambda=0$，$\omega=2$，$P_l(x)=x$，$P_n(x)=0$）. 该方程的特征方程为

$$r^2+1=0,$$

特征根为

$$r_1=\mathrm{i},\quad r_2=-\mathrm{i}.$$

由于 $\lambda+\mathrm{i}\omega=2\mathrm{i}$ 不是特征方程的根，故可设特解为

$$y^*=(ax+b)\cos 2x+(cx+d)\sin 2x.$$

将上式代入所给方程，得

$$(-3ax-3b+4c)\cos 2x-(3cx+3d+4a)\sin 2x=x\cos 2x.$$

比较两端同类项系数，得

$$\begin{cases}-3a=1\\-3b+4c=0\\-3c=0\\-3d-4a=0\end{cases},$$

解得

$$a=-\frac{1}{3},\quad b=0,\quad c=0,\quad d=\frac{4}{9}.$$

于是所求的一个特解为

$$y^*=-\frac{1}{3}x\cos 2x+\frac{4}{9}\sin 2x.$$

习题 7.5

1．求下列微分方程的通解或特解：

（1）$y''-5y'=0$；

（2）$y''+y'-2y=0$；

（3）$y''-4y'+4y=0$；

（4）$y''+2y'+y=0$；

（5）$y''+6y'+13y=0$；

（6）$y''-5y'+6y=0$，$y'|_{x=0}=1$，$y|_{x=0}=\dfrac{1}{2}$；

（7）$y''-6y'+9y=0$，$y'|_{x=0}=2$，$y|_{x=0}=0$；

（8）$y''+3y'+2y=0$，$y'|_{x=0}=1$，$y|_{x=0}=1$；

（9）$y''+4y'+29y=0$，$y(0)=0$，$y'(0)=15$；

（10）$y''-4y'+13y=0$，$y(0)=0$，$y'(0)=3$．

2．写出下列二阶常系数非齐次微分方程待定特解的形式：

（1）$y''-3y=3$；（2）$y''-10y'+25y=2\mathrm{e}^{5x}$；

（3）$y''-4y'=x\mathrm{e}^{4x}$；（4）$y''+25y=\cos 5x$．

3．求解下列二阶常系数非齐次线性微分方程：

（1）$y''+2y'+y=-2$；（2）$y''-2y'-3y=(x+1)\mathrm{e}^{x}$；

（3）$y''+3y'=3\mathrm{e}^{-3x}$；（4）$y''-5y'+6y=\mathrm{e}^{3x}\sin x$．

7.6 差 分 方 程

在企业管理与经济分析中，许多经济数据是以均匀的时间间隔记录的．例如，上市公司会按照季度、年度分别公布该公司收益的季报、年报等经济数据；国家财政预算按年制定；产品的产量、成本、收益、利润等按月、周进行统计等．这些变量都是离散变化的，刻画离散变量之间的变化关系的一个常用工具就是差分方程．例如，函数 $y_n=f(n)$ 的自变量是自然数 n，是离散变化的，其平均变化率用 $\dfrac{\Delta y}{\Delta n}=\dfrac{f(n+\Delta n)-f(n)}{\Delta n}$ 刻画．若取 $\Delta n=1$，则 $\Delta y=f(n+\Delta n)-f(n)$ 可以近似表示该函数在 n 处的变化率．在解决实际问题时，引入离散变量，根据实际背景的规律与性质，建立离散变量满足的等式，即为差分方程．本节将简单地介绍差分方程的相关内容．

7.6.1 差分的概念

定义 7.2 设有函数 $y_n=f(n)\ (n=0,1,2,\cdots)$，称

$$\Delta y_n=y_{n+1}-y_n$$

为函数 $y_n=f(n)\,(n\in\mathbf{N})$ 的一阶差分；称

$$\Delta^2 y_n=\Delta(\Delta y_n)=\Delta(y_{n+1}-y_n)=(y_{n+2}-y_{n+1})-(y_{n+1}-y_n)=y_{n+2}-2y_{n+1}+y_n$$

为函数 $y_n = f(n)$ 的二阶差分；类似地，称

$$\Delta^k y_n = \Delta(\Delta^{k-1} y_n)$$

为函数 $y_n = f(n)$ 的在 n 处的 k 阶差分. 二阶及二阶以上的差分统称为**高阶差分**.

从差分的定义可以看出，差分与微分类似，差分反映的是离散函数 $y_n = f(n)$ 的增量.

例 7.24　设 $y_n = n^2$，求差分 $\Delta y_n, \Delta^2 y_n, \Delta^3 y_n$.

解　由差分的定义，知

$$\Delta y_n = y_{n+1} - y_n = (n+1)^2 - n^2 = 2n+1,$$

$$\Delta^2 y_n = \Delta(\Delta y_n) = \Delta(2n+1) = [2(n+1)+1] - (2n+1) = 2,$$

$$\Delta^3 y_n = \Delta(\Delta^2 y_n) = \Delta(2) = 2 - 2 = 0.$$

定理 7.6　设 C 是任意常数，则对自然数 n 有

（1）$\Delta C = 0$；

（2）$\Delta(C y_n) = C(\Delta y_n)$；

（3）$\Delta(x_n + y_n) = \Delta x_n + \Delta y_n$；

（4）$\Delta(x_n \cdot y_n) = y_{n+1}\Delta x_n + x_n \Delta y_n$；

（5）$\Delta^2 y_n = y_{n+2} - 2y_{n+1} + y_n$；

（6）$\Delta^k y_n = \sum_{i=0}^{k} (-1)^{k-i} \mathrm{C}_k^i y_{n+i}$，其中 $\mathrm{C}_k^i = \dfrac{k!}{i!(k-1)!}$.

证明　仅对（4）给出证明，其余证明类似.

$$\begin{aligned}\Delta(x_n \cdot y_n) &= x_{n+1}y_{n+1} - x_n y_n = x_{n+1}y_{n+1} - x_n y_{n+1} + x_n y_{n+1} - x_n y_n \\ &= (x_{n+1} - x_n) y_{n+1} + x_n (y_{n+1} - y_n) \\ &= y_{n+1}\Delta x_n + x_n \Delta y_n .\end{aligned}$$

7.6.2　差分方程的概念

由函数 $y_n = f(n)$ 及它的各阶差分构成的方程

$$\Delta^k y_n = F(n, y_n, \Delta y_n, \cdots, \Delta^{k-1} y_n) \tag{7.38}$$

称为 **k 阶差分方程**. 由定理 7.6 的（6）可知，差分方程（7.38）也可以写成

$$y_{n+k} = F(n, y_n, y_{n+1}, \cdots, y_{n+k-1}), \tag{7.39}$$

故方程（7.39）也称为 **k 阶差分方程**，它反映未知函数 $y_n = f(n)$ 的任一项与其后面的 k 项之间的关系.

方程中未知函数实际所含差分的最高阶数或方程中未知函数下标的最大值与最小值的差称为**差分方程的阶**.

差分方程的不同形式也可以相互转化，如二阶差分方程

$$y_{n+2} + 2y_{n+1} - y_n = n^2$$

可以转化为

$$y_n + 2y_{n-1} - y_{n-2} = (n-2)^2 .$$

任何满足差分方程的函数 $y_n = f(n)$ 都是**差分方程的解**，如果差分方程的解中含有任意常数，且独立的常数个数与差分方程的阶数相同，则称这个解是**差分方程的通解**，确定了通解中任意常数的解称为差分方程的**特解**.

给定差分方程中函数及各阶差分在指定点的值的条件，称为**差分方程的初值条件**，求差分方程满足初值条件的特解问题，称为**差分方程的初值问题**.

例如，求一阶差分方程 $y_{n+1} = F(n, y_n)$ 满足条件 $y_n\big|_{n=n_0} = y_{n_0}$ 的特解的初值问题可以记为

$$\begin{cases} y_{n+1} = F(n, y_n) \\ y_n\big|_{n=n_0} = y_{n_0} \end{cases}.$$

7.6.3 非齐次差分方程解的结构

线性微分方程的解的结构定理对于差分方程同样也是成立的，本节给出如下的结构定理，其他相关的结论读者可以自行推导.

定理 7.7（非齐次差分方程解的结构定理） 设 y_n^* 是 k 阶非齐次线性差分方程

$$y_{n+k} + P_{k-1}(n)y_{n+k-1} + \cdots + P_0(n)y_n = f(n) \tag{7.40}$$

的一个特解，Y_n 是方程（7.40）对应齐次方程

$$y_{n+k} + P_{k-1}(n)y_{n+k-1} + \cdots + P_0(n)y_n = 0 \tag{7.41}$$

的通解，则

$$y_n = Y_n + y_n^*$$

是 k 阶非齐次线性差分方程（7.40）的通解.

证明 因为 y_n^* 是 k 阶非齐次线性差分方程（7.40）的一个特解，则

$$y_{n+k}^* + P_{k-1}(n)y_{n+k-1}^* + \cdots + P_0(n)y_n^* = f(n),$$

同理，由 Y_n 是齐次方程（7.41）的通解，则有

$$Y_{n+k} + P_{k-1}(n)Y_{n+k-1} + \cdots + P_0(n)Y_n = 0$$

成立. 将 $y_n = Y_n + y_n^*$ 代入方程（7.40），可得

$$\begin{aligned} 左边 &= (y_{n+k}^* + Y_{n+k}) + P_{k-1}(n)(y_{n+k-1}^* + Y_{n+k-1}) + \cdots + P_0(n)(y_n^* + Y_n) \\ &= \left[y_{n+k}^* + P_{k-1}(n)y_{n+k-1}^* + \cdots + P_0(n)y_n^*\right] + \left[Y_{n+k} + P_{k-1}(n)Y_{n+k-1} + \cdots + P_0(n)Y_n\right] \\ &= f(n) = 右边. \end{aligned}$$

因此

$$y_n = Y_n + y_n^*$$

是 k 阶非齐次线性差分方程（7.40）的解. 又 Y_n 是齐次方程（7.41）的通解，故它含有 k 个任意独立的常数，这样 $y_n = Y_n + y_n^*$ 中也含有 k 个任意独立的常数，即它是 k 阶非齐次线性差分方程（7.40）的通解.

7.6.4 一阶常系数线性差分方程

形如

$$y_{n+1} - ay_n = f(n) \tag{7.42}$$

的差分方程称为**一阶常系数线性差分方程**，其中 a 为任意非零常数，当 $f(x) \equiv 0$ 时，即

$$y_{n+1} - ay_n = 0\,, \tag{7.43}$$

称方程（7.43）为一阶齐次线性差分方程，有时简称齐次方程；当 $f(x)$ 不恒为零时，称方程（7.42）为一阶非齐次线性差分方程.

利用迭代法，容易求出齐次方程（7.43）的通解，即

$$y_1 = ay_0\,,$$

$$y_2 = ay_1 = a^2 y_0\,,$$

$$\cdots$$

所以，齐次方程（7.43）的通解为

$$y_n = Ca^n\,,$$

其中，$C = y_0$ 是任意独立的常数.

由定理 7.7 可知，要求一阶非齐次线性差分方程（7.42）的通解，只要求出它的一个特解以及对应齐次差分方程（7.43）的通解即可. 下面我们仅讨论 $f(n)$为两种不同形式时，一阶非齐次线性差分方程（7.42）的特解.

1. $f(n)=b^n P_m(n)$型

差分方程为

$$y_{n+1} - ay_n = b^n P_m(n)\,, \tag{7.44}$$

其中，$P_m(n)$是关于 n 的 m 次多项式，a,b 为非零常数，可用待定系数法求该方程的一个特解.

根据方程（7.44）的特点，特解应该具有的形式为

$$y_n^* = Q(n)b^n\,.$$

其中，$Q(n)$是关于 n 的多项式，其幂的次数待定. 将 $y_n^* = Q(n)b^n$ 代入方程（7.44）中，得

$$Q(n+1)b^{n+1} - aQ(n)b^n = b^n P_m(n)\,. \tag{7.45}$$

（1）当 $b \neq a$ 时，要使式（7.45）对一切自然数 n 都成立，则 $Q(n)$必定是关于 n 的 m 次多项式，因此可以假设

$$Q(n) = Q_m(n) = d_0 n^m + d_1 n^{m-1} + \cdots + d_{m-1} n + d_m\,,$$

将 $Q(n)$代入式（7.45），比较两端同次幂的系数，可以确定 $d_0, d_1, \cdots, d_m$ 的值，所以方程（7.44）的特解可以表示为

$$y_n^* = Q_m(n)b^n\,.$$

（2）当 $b = a$ 时，要使式（7.45）对一切自然数 n 都成立，通过二项式展开，$Q(n)$ 必定是关于 n 的 m+1 次多项式，因此可以假设

$$Q(n) = nQ_m(n)\,.$$

其中，$Q_m(n) = d_0 n^m + d_1 n^{m-1} + \cdots + d_{m-1} n + d_m$. 将 $Q(n)$代入式（7.45），比较两端同次幂的系数，同样可以确定 $d_0, d_1, \cdots, d_m$ 的值，所以方程（7.44）的特解可以表示为

$$y_n^* = nQ_m(n)b^n\,.$$

综上所述，当右端项$f(n)=b^nP_m(n)$时，一阶非齐次线性差分方程

$$y_{n+1}-ay_n=b^nP_m(n)$$

的特解为

$$y_n^*=n^jQ_m(n)b^n.$$

其中，$P_m(n),Q_m(n)$是关于n的m次多项式. 当$b=a$时，j取1，当$b\neq a$时，j取0，如表7.2所示.

表7.2

$f(n)$的类型	方程（7.44）的特解
$f(n)=b^nP_m(n)$	（1）当$b\neq a$时$y_n^*=Q_m(n)b^n$
	（2）当$b=a$时$y_n^*=nQ_m(n)b^n$

例 7.25 求差分方程$y_{n+1}-ay_n=d$的通解.

解 先求齐次方程$y_{n+1}-ay_n=0$的通解. 易知其通解为

$$Y_n=Ca^n.$$

再求非齐次的特解. 因为右端项$d=1^n\cdot d=d$，所以，当$a\neq 1$时，原方程的一个特解可设为$y_n^*=1^n\cdot A=A$，代入原方程可得$A=\dfrac{d}{1-a}$，从而原方程的通解为

$$y_n=Ca^n+\frac{d}{1-a}.$$

当$a=1$时，原方程的一个特解可设为$y_n^*=n\cdot 1^n\cdot A=nA$，代入原方程得$A=d$，从而原方程的通解为

$$y_n=Ca^n+nd.$$

综上所述，原方程的通解为

$$y_n=\begin{cases}Ca^n+\dfrac{d}{1-a}, & a\neq 1\\ Ca^n+nd, & a=1\end{cases}.$$

例 7.26 求差分方程$y_{n+1}-3y_n=7\times 2^n$的通解.

解 对应齐次方程$y_{n+1}-3y_n=0$的通解为$Y_n=C\cdot 3^n$（C为任意常数）. 因为$b=2$，$a=3$，$b\neq a$，所以设其特解为$y_n^*=A\cdot 2^n$，所以有

$$A\cdot 2^{n+1}-3A\cdot 2^n=7\times 2^n,$$

从而得$A=-7$. 因此，原方程的通解为$y_n=C\cdot 3^n-7\times 2^n$.

例 7.27 求方程$y_{n+1}-4y_n=2\times 4^n$的通解.

解 对应齐次方程$y_{n+1}-4y_n=0$的通解为$Y_n=C\cdot 4^n$（C为任意常数）. 因为$b=4=a$，所以设其特解为$y_n^*=A\cdot n\cdot 4^n$，代入非齐次方程，有

$$A\cdot(n+1)\cdot 4^{n+1}-4A\cdot n\cdot 4^n=2\times 4^n,$$

整理得$A=\dfrac{1}{2}$. 因此，原方程的通解为

$$y_n = C \cdot 4^n + \frac{1}{2} n \cdot 4^n .$$

2. $f(n)= P_k(n)\cos\omega n+ P_l(n)\sin\omega n$ 型

差分方程为

$$y_{n+1} - a y_n = P_k(n)\cos\omega n+ P_l(n)\sin\omega n. \tag{7.46}$$

其中，$P_k(n)$ 与 $P_l(n)$ 分别是关于 n 的 k 次与 l 次多项式. 与非齐次常系数线性微分方程类似，可以求得差分方程（7.46）的一个特解

$$y_n^* = P_m^1(n)\cos\omega n + P_m^2(n)\sin\omega n ,$$

其中，$P_m^1(n)$，$P_m^2(n)$ 分别是关于 n 的 m 次多项式，$m=\max\{k,l\}$.

例 7.28　求差分方程 $y_{n+1} + y_n = \cos\frac{n\pi}{2}$ 的通解.

解　对应齐次方程 $y_{n+1} + y_n = 0$ 的通解为 $Y_n = C \cdot (-1)^n$（C 为任意常数）.设原方程的一个特解为

$$y_n^* = A\cos\frac{n\pi}{2} + B\sin\frac{n\pi}{2} ,$$

代入原方程，得

$$A\cos\frac{(n+1)\pi}{2} + B\sin\frac{(n+1)\pi}{2} + A\cos\frac{n\pi}{2} + B\sin\frac{n\pi}{2} = \cos\frac{n\pi}{2} ,$$

化简整理，得

$$A = \frac{1}{2}，\quad B = \frac{1}{2}.$$

从而原方程的一个特解为

$$y_n^* = \frac{1}{2}\cos\frac{n\pi}{2} + \frac{1}{2}\sin\frac{n\pi}{2} .$$

故原方程的通解为

$$y_n = C \cdot (-1)^n + \frac{1}{2}\cos\frac{n\pi}{2} + \frac{1}{2}\sin\frac{n\pi}{2} .$$

7.6.5　差分方程在经济学中的应用

本节将介绍差分方程在经济学中的一些简单应用.

例 7.29（存款模型）　设 S_0 是初始存款，年利率为 $r(0 < r < 1)$，若以复利累计，求 n 年末累计金额 S_n .

解　依题意，得方程

$$S_{n+1} = S_n + rS_n = (1+r)S_n ,$$

整理得

$$S_{n+1} - (1+r)S_n = 0 ,$$

其为一阶常系数齐次线性差分方程，通解为

$$S_n = C(1+r)^n .$$

因为当$n=0$时，$C=S_0$，故n年末累计金额为

$$S_n=S_0(1+r)^n.$$

例 7.30（消费模型） 设y_t为t期国民收入，C_t为t期消费，I为投资（各期相同），设三者的关系为

$$y_t=C_t+I,\quad C_t=\alpha y_{t-1}+\beta,$$

其中，$0<\alpha<1$，$\beta>0$，试求y_t和C_t.

解 消去模型中C_t可得方程$y_t-\alpha y_{t-1}=I+\beta$，该方程为一阶非齐次线性差分方程，可求得$y_t=C\alpha^t+\dfrac{I+\beta}{1-\alpha}$，由$y(0)=y_0$，则

$$y_t=\left(y_0-\frac{I+\beta}{1-\alpha}\right)\alpha^t+\frac{I+\beta}{1-\alpha}.$$

又由$C_t=\alpha y_{t-1}+\beta$，$C_{t+1}=\alpha y_t+\beta$，则有$C_{t+1}-\alpha C_t=\alpha I+\beta$为一阶非齐次线性差分方程，可得解

$$C_t=\left(y_0-\frac{I+\beta}{1-\alpha}\right)\alpha^t+\frac{\alpha I+\beta}{1-\alpha}.$$

例 7.31（购房贷款模型） 小张夫妇为买房要向银行贷款 60 万元，月利率为 0.005，贷款期限为 25 年，设每月的还款数相同. 小张夫妇想知道每月要还给银行多少钱，从而判断他们是否有能力买房（已知小张夫妇每月能有 4000 元剩余）.

解 设$A_0=600000$（元）为银行贷款数，A_n为第n个月时尚欠银行的贷款数. 月贷款利率为$r=0.005$，每月归还a（元）. 按照题意，可建立如下模型

$$A_{n+1}-(1+r)A_n=-a,$$

这是一个一阶线性非齐次差分方程，但非齐次项$-a$是需要求出的未知常数. 由例 7.25 知该差分方程的通解是

$$A_n=C(1+r)^n+\frac{a}{r},$$

由初值条件$A_n|_{n=0}=A_0=600000$，得$C=A_0-\dfrac{a}{r}$，故所求特解为

$$A_n=\left(A_0-\frac{a}{r}\right)(1+r)^n+\frac{a}{r}.$$

又因为$A_n|_{n=300}=0$（300 个月还清贷款），代入上式，得

$$a=\frac{A_0r(1+r)^{300}}{(1+r)^{300}-1}.$$

把已知数据$A_0=600000$，$r=0.005$代入，得

$$a=\frac{600000\times0.005\times(1.005)^{300}}{1.005^{300}-1}\approx3865.8<4000,$$

所以小张夫妇有能力买房.

习题 7.6

1. 求下列一阶常系数差分方程的解：

（1）$y_{n+1}-y_n=5$；　（2）$y_{n+1}-3y_n=n\cdot 3^n$；

（3）$y_{n+1}-2y_n=3n^2$；　（4）$y_{n+1}-y_n=4\cos\dfrac{n\pi}{3}$．

2. 求下列一阶常系数差分方程满足给定条件的特解：

（1）$y_{n+1}+7y_n=2$，$y_0=1$；　（2）$y_{n+1}+y_n=2^{n+1}$，$y_0=2$．

自测题 A　基础自测题

一、填空题（每题 2 分，共 10 分）

1. 若方程 $y''+py'+qy=0$（p,q 均为实常数）有解 $y_1=\sin 2x$，$y_2=\cos 2x$，则实数 $p=$________，$q=$________.

2. 微分方程 $\dfrac{\mathrm{d}y}{\mathrm{d}x}+2xy=\mathrm{e}^{-x^2}$ 满足 $y(0)=0$ 的特解为________.

3. 微分方程 $9y''-6y'+y=0$ 的通解为________.

4. 微分方程 $xy''+3y'=0$ 的通解为________.

5. 某公司每年的工资总额在比上一年增加20%的基础上，再追加200万元，若以 W_n 表示第 n 年的工资总额（单位：百万元），则 W_n 满足的差分方程为________.

二、选择题（每题 2 分，共 10 分）

6. 已知微分方程 $y''-5y'+ay=0$ 的一个解为 e^{2x}，则常数 a=（　　）.

A. 4　B. 3　C. 5　D. 6

7. 微分方程 $xy'=y+x^3$ 的通解是（　　）.

A. $y=\dfrac{x^3}{3}+C$　B. $y=\dfrac{x^3}{2}+Cx$　C. $y=\dfrac{x^3}{4}+Cx$　D. $y=\dfrac{x^3}{4}+C$

8. 下列等式中，不是差分方程的是（　　）.

A. $\Delta y_n+y_n=\dfrac{n-1}{3}$　B. $2\Delta y_n-\dfrac{1}{2}y_n=2$

C. $\Delta^2 y_n=0$　D. $y_n-y_{n-1}=\sin\dfrac{\pi}{2}n$

9. 微分方程 $y''+y'=x\mathrm{e}^{-x}$ 的特解形式应设为 $y^*=$（　　）.

A. $x(ax+b)\mathrm{e}^{-x}$　B. $ax+b$

C. $(ax+b)\mathrm{e}^{-x}$　D. $x^2(ax+b)\mathrm{e}^{-x}$

10. 以 $C_1\mathrm{e}^{-2x}+C_2x\mathrm{e}^{-2x}$ 为通解的二阶常系数齐次线性微分方程为（　　）.

A. $y''+4y'-4y=0$　B. $y''+4y'+4y=0$

C. $y''+5y'+4y=0$　D. $y''+4y'+3y=0$

三、解答题（每题 5 分，共 60 分）

11. 求解初值问题$\begin{cases}(1+\mathrm{e}^x)yy'=\mathrm{e}^x\\ y(0)=1\end{cases}$.

12. 求齐次方程$x\dfrac{\mathrm{d}y}{\mathrm{d}x}=y\ln\dfrac{y}{x}$的通解.

13. 求微分方程$y'=\sec(2x+y)-2$满足初值条件$y\big|_{x=0}=0$的特解.

14. 求微分方程$(x+y^3)y'=y$的通解.

15. 求微分方程$y=\mathrm{e}^x+\int_0^x y(t)\mathrm{d}t$的通解.

16. 求伯努利微分方程$x\dfrac{\mathrm{d}y}{\mathrm{d}x}+y=x^2y^2$的通解.

17. 求微分方程$2\dfrac{\mathrm{d}^2y}{\mathrm{d}x^2}+4\dfrac{\mathrm{d}y}{\mathrm{d}x}+3y=0$的通解.

18. 求微分方程$2y''+y'-y=3\mathrm{e}^x$的通解.

19. 求差分方程$y_{n+1}-y_n=2n(n-1)(n-2)$的通解.

20. 求解微分方程初值问题$\begin{cases}y''+(y')^2\mathrm{e}^x=0\\ y(0)=1,y'(0)=1\end{cases}$.

21. 设$y_1(x),y_2(x),y_3(x)$是某二阶非齐次线性微分方程的三个解，且他们线性无关，求该微分方程的通解.

22. 已知曲线$y=f(x)$满足方程$y''+y=\cos x$且与直线$y=1$相切于点$(0,1)$，求曲线的方程$y=f(x)$.

四、应用题（每题 7 分，共 14 分）

23. 设在冷库中存储的花菜有A（吨），已发现其中有些开始腐烂，其腐烂率为未腐烂的$\lambda(0<\lambda<1)$倍. 若腐烂的数量为x（吨），则它关于时间t的函数是什么？

24. 某池塘养鱼的最大容量为 1000 条. 已知在时刻t时鱼塘内鱼的数量y与时间t满足函数关系$y=y(t)$，且其变化率与$y(1000-y)$成正比，比例系数为$k>0$. 现在池塘内养鱼 100 条，3 个月后有鱼 250 条. 求t月后池塘内鱼的数量$y=y(t)$的表达式，并求 6 个月后有多少条鱼?

五、证明题（本题 6 分）

25. 证明：$(x+C_2)^2+y^2=C_1$（C_1,C_2为任意常数）为微分方程$1+yy''+(y')^2=0$的通解.

自测题 B　提高自测题

一、填空题（每题 5 分，共 15 分）

1. 微分方程$xy'-y=x\ln\ln x$满足条件$y\big|_{x=\mathrm{e}}=0$的特解为________.

2. 微分方程$\dfrac{\mathrm{d}y}{\mathrm{d}x}=\dfrac{y}{x+y^3\mathrm{e}^y}$满足条件$y|_{x=0}=1$的特解为________.

3. 微分方程$y''-2y'-\mathrm{e}^{2x}-x=0$满足初值条件$y(0)=y'(0)=1$的特解为________.

二、选择题（每题 5 分，共 15 分）

4. 设$y=f(x)$是微分方程$y''+y'=\mathrm{e}^{\sin x}$的解，且$f'(x_0)=0$，则$y=f(x)$在（　　）.

A. x_0的某邻域内单调增加　　B. x_0的某邻域内单调减少

C. x_0处取得极小值　　D. x_0处取得极大值

5. 微分方程$y''-y=\mathrm{e}^x+1$的一个特解应具有的形式为$y^*=$（　　）.

A. $a\mathrm{e}^x+b$　　B. $ax\mathrm{e}^x+b$

C. $a\mathrm{e}^x+bx$　　D. $ax\mathrm{e}^x+bx$

6. 函数$y=C_1\mathrm{e}^x+C_2\mathrm{e}^{-2x}+\cos x$（其中$C_1,C_2$是任意常数）满足的一个微分方程是（　　）.

A. $y''-y'-2y=-3\cos x-\sin x$

B. $y''-y'-2y=\sin x-\cos x$

C. $y''+y'-2y=-3\cos x-\sin x$

D. $y''+y'-2y=\sin x-\cos x$

三、解答题（每题 8 分，共 56 分）

7. 已知函数$y=y(x)$在任意点x处的增量$\Delta y=\dfrac{x(1+2y)}{1+x^2}\Delta x+o(\Delta x)$，其中$o(\Delta x)$是$\Delta x\to 0$时比$\Delta x$高阶的无穷小，且$y(0)=0$，求$y(x)$.

8. 设常系数线性微分方程$y''+ay'+by=0$的通解为$y=\mathrm{e}^{-x}(C_1\cos x+C_2\sin x)$，其中$C_1,C_2$是任意常数，求$a+b$的值.

9. 设二阶常系数线性微分方程$y''+\alpha y'+\beta y=\gamma\mathrm{e}^x$的一个特解为$y=\mathrm{e}^{2x}+(1+x)\mathrm{e}^x$，求$\alpha,\beta,\gamma$的值.

10. 求微分方程$xy''+2y'=-\dfrac{1}{x^2}(x>0)$的一条积分曲线，使其经过点$(1,0)$，且在该点处与直线$y=x-1$相切.

11. 设函数$f(x)$一阶可导，且满足$x=\int_0^x f(t)\,\mathrm{d}t+\int_0^x tf(x-t)\,\mathrm{d}t$，求$f(x)$.

12. 设函数$f(x),g(x)$满足$f'(x)=g(x)$，$g'(x)=2\mathrm{e}^x-f(x)$，且$f(0)=0$，$g(0)=2$. 求$\int_0^{\pi}\left[\dfrac{g(x)}{1+x}-\dfrac{f(x)}{(1+x)^2}\right]\mathrm{d}x$.

13. 设$F(x)=f(x)g(x)$，其中$f(x),g(x)$在$(-\infty,+\infty)$内满足以下条件：$f'(x)=g(x)$，$g'(x)=f(x)$，且$f(0)=0$，$f(x)+g(x)=2\mathrm{e}^x$.

求：（1）$F(x)$所满足的一阶微分方程；

（2）$F(x)$的表达式.

四、应用题（每题 7 分，共 14 分）

14. 设函数 $y(x)(x \geqslant 0)$ 二阶可导，且 $y'(x) > 0$，$y(0)=1$，过曲线 $y=y(x)$ 上任一点 $P(x,y)$ 作该曲线的切线及 x 轴的垂线，上述两直线与 x 轴所围成的三角形面积记为 S_1，区间 $[0,x]$ 上以 $y=y(x)$ 为曲边的曲边梯形面积记为 S_2，且 $2S_1 - S_2 = 1$，求曲线 $y=y(x)$ 的方程.

15. 某汽车公司在长期运营中发现，每辆汽车的总维修成本 y 关于汽车大修的时间间隔 x 的变化率等于总维修成本的 2 倍与大修时间间隔之比，再减去 81 倍的大修时间间隔的平方的倒数. 已知当 $x=1$（年）时，总维修成本 $y=27.5$（百元），试求每辆汽车的总维修成本 y 与大修时间间隔 x 的函数关系，并求每辆汽车多少年大修一次可使得总维修成本最低.

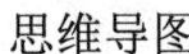
思维导图

习题答案

第 8 章　向量代数与空间解析几何

解析几何通过点与坐标的对应关系，将数学上两个基本研究对象“数”和“形”统一起来，从而实现了既可以用代数的方法解决几何问题，又可以用几何的方法解决代数问题．因此，解析几何的产生在数学史上具有划时代的意义．空间解析几何的任务是用代数的方法研究空间图形的性质．

本章首先引进向量的概念和向量的代数运算，然后以向量为工具研究平面和空间直线，最后介绍空间曲面．

8.1　向量的概念与几何运算

8.1.1　向量的概念

定义 8.1　既有大小又有方向的量叫作**向量**（或**矢量**）.

在中学物理中我们学过的位移、速度、加速度等都是矢量．还有一类量，只有大小没有方向，这一类量称为**数量**（或**标量**），如温度、质量、距离等．

向量常用一个有方向的线段来表示，有向线段的长度即为向量的大小，有向线段的方向即为向量的方向．以 M_1 为起点，M_2 为终点的有向线段所表示的向量记为 $\overrightarrow{M_1M_2}$，如图 8.1 所示．

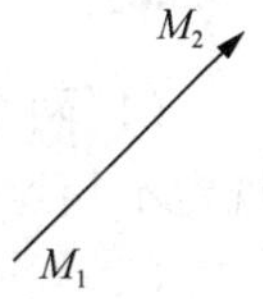

图 8.1

有向线段的起点和终点即为向量的起点和终点．向量一般用黑体的字母表示，如 $\boldsymbol{a}$，$\boldsymbol{b}$，$\boldsymbol{c}$ 等．向量 $\overrightarrow{M_1M_2}$ 的大小又叫作**向量的模**，记为 $|\overrightarrow{M_1M_2}|$．模为 1 的向量叫作**单位向量**，模为 0 的向量叫作**零向量**，记为 $\mathbf{0}$，零向量的方向是任意的．

本章仅研究与起点无关的向量，即向量仅与模和方向有关，这类向量叫**自由向量**．我们称两个方向相同、模大小相等的向量为同一个向量．所以，向量具有平移不变性．

8.1.2　向量的加减运算

1. 向量的加法

定义 8.2　设有两个非零向量 $\boldsymbol{a}$，$\boldsymbol{b}$，把它们的起点放到一起，则以 $\boldsymbol{a}$，$\boldsymbol{b}$ 为邻边的平行四边形的对角线所表示的向量称为两个向量 $\boldsymbol{a}$，$\boldsymbol{b}$ 的和向量，记为 $\boldsymbol{a}+\boldsymbol{b}$．这种求两个向量和的方法叫作**向量加法的平行四边形法则**，如图 8.2 所示．

由于向量可以平行移动，所以把 $\boldsymbol{b}$ 平行移动使其起点与 $\boldsymbol{a}$ 的终点重合，则从 $\boldsymbol{a}$ 的起点到 $\boldsymbol{b}$ 的终点的向量就是 $\boldsymbol{a},\boldsymbol{b}$ 的和向量，这种求向量和的方法叫作**向量加法的三角形法则**，如图 8.3 所示．三角形法则可以推广到 n 个向量求和的情形．

图 8.2　　　　图 8.3

向量的加法满足以下运算规律：

（1）交换律 $\boldsymbol{a}+\boldsymbol{b}=\boldsymbol{b}+\boldsymbol{a}$;

（2）结合律$(\boldsymbol{a}+\boldsymbol{b})+\boldsymbol{c}=\boldsymbol{a}+(\boldsymbol{b}+\boldsymbol{c})$.

规定：零向量与任意向量 $\boldsymbol{a}$ 的和向量仍是 $\boldsymbol{a}$，即 $\boldsymbol{0}+\boldsymbol{a}=\boldsymbol{a}$.

2. 向量的减法

与向量 $\boldsymbol{a}$ 的模相等但方向相反的向量，记为 $-\boldsymbol{a}$，称为向量 $\boldsymbol{a}$ 的**负向量或逆向量**. 我们定义向量 $\boldsymbol{a}$，$\boldsymbol{b}$ 的减法为 $\boldsymbol{a}$ 与 $\boldsymbol{b}$ 的负向量即 $-\boldsymbol{b}$ 的和，即 $\boldsymbol{a}-\boldsymbol{b}=\boldsymbol{a}+(-\boldsymbol{b})$.

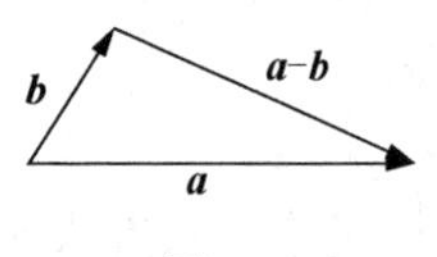

图 8.4

向量的减法也可以按照三角形法则进行，将向量 $\boldsymbol{a}$ 与 $\boldsymbol{b}$ 的起点放到一起，那么从 $\boldsymbol{b}$ 的终点到 $\boldsymbol{a}$ 的终点的向量就是向量 $\boldsymbol{a}$ 与 $\boldsymbol{b}$ 的**差向量**，如图 8.4 所示.

3. 两个向量的关系

（1）**两个向量的夹角**：两个非零向量 $\boldsymbol{a}$ 与 $\boldsymbol{b}$，在空间任取一点 O，作 $\overrightarrow{OA}=\boldsymbol{a}$，$\overrightarrow{OB}=\boldsymbol{b}$，规定不超过 π 的 $\angle AOB$ 称为向量 $\boldsymbol{a}$ 与 $\boldsymbol{b}$ 的夹角，记作 $\langle\boldsymbol{a},\boldsymbol{b}\rangle$ 或 $\langle\boldsymbol{b},\boldsymbol{a}\rangle$.

（2）**平行**：两个非零向量 $\boldsymbol{a}$ 与 $\boldsymbol{b}$，若它们的方向相同或相反，则称这两个向量平行，记作 $\boldsymbol{a}\,/\!/\,\boldsymbol{b}$.

显然，$\boldsymbol{a}\,/\!/\,\boldsymbol{b}$ 时，$\langle\boldsymbol{a},\boldsymbol{b}\rangle=0$ 或 $\langle\boldsymbol{a},\boldsymbol{b}\rangle=\pi$. 规定：零向量与任何向量都平行. 若两个平行的向量的起点放在一起，则它们的终点和公共起点在一条线上，因此，两个向量平行又称为两个向量共线.

（3）**垂直**：若非零向量 $\boldsymbol{a}$ 与 $\boldsymbol{b}$ 的夹角 $\langle\boldsymbol{a},\boldsymbol{b}\rangle=\dfrac{\pi}{2}$，则称向量 $\boldsymbol{a}$ 与 $\boldsymbol{b}$ 垂直，记作 $\boldsymbol{a}\perp\boldsymbol{b}$.

规定：零向量与任何向量都垂直.

8.1.3　向量的数乘运算

对任意的实数 λ 和向量 $\boldsymbol{a}$，我们定义其乘积是一个向量，记作 $\lambda\boldsymbol{a}$，它的模和方向规定如下：

（1）$|\lambda\boldsymbol{a}|=|\lambda|\cdot|\boldsymbol{a}|$.

（2）当 $\lambda>0$ 时，$\lambda\boldsymbol{a}$ 与 $\boldsymbol{a}$ 同方向，大小是向量 $\boldsymbol{a}$ 的 λ 倍；当 $\lambda<0$ 时，$\lambda\boldsymbol{a}$ 与 $\boldsymbol{a}$ 反方向，大小是向量 $\boldsymbol{a}$ 的 λ 倍；当 $\lambda=0$ 时，$\lambda\boldsymbol{a}=\boldsymbol{0}$，方向任意.

设 $\boldsymbol{a}$ 为非零向量，记与 $\boldsymbol{a}$ 同方向的单位向量为 $\boldsymbol{a}^{\circ}$，则 $\boldsymbol{a}^{\circ}=\dfrac{\boldsymbol{a}}{|\boldsymbol{a}|}$，这是非零向量单位化的方法. 显然，负向量就是 -1 与向量的乘积.

向量的数乘满足以下运算规律：

（1）分配律：$\lambda(\boldsymbol{a}+\boldsymbol{b})=\lambda\boldsymbol{a}+\lambda\boldsymbol{b}$；

（2）结合律：$\lambda(\mu\boldsymbol{a})=(\lambda\mu)\boldsymbol{a}$.

其中，λ、μ 为常数.

习题 8.1

1．设非零向量 $\boldsymbol{a},\boldsymbol{b}$，下列等式在什么条件下成立？

（1）$|\boldsymbol{a}+\boldsymbol{b}|=|\boldsymbol{a}-\boldsymbol{b}|$；（2）$|\boldsymbol{a}+\boldsymbol{b}|=||\boldsymbol{a}|-|\boldsymbol{b}||$；（3）$\dfrac{\boldsymbol{a}}{|\boldsymbol{a}|}=\dfrac{\boldsymbol{b}}{|\boldsymbol{b}|}$.

2．已知向量 $\boldsymbol{a}$ 的模为 3，求向量 $\dfrac{1}{2}\boldsymbol{a}$ 和 $-\dfrac{1}{3}\boldsymbol{a}$ 的模.

8.2　向 量 代 数

8.2.1　空间直角坐标系

在空间中任取一点 O，过点 O 作三条互相垂直的数轴，它们都以 O 为原点. 这三条轴分别叫作 x 轴、y 轴、z 轴，统称为坐标轴. 点 O 称为坐标原点. 三条坐标轴的正方向符合右手法则，即伸开右手，使大拇指与其余四指保持垂直，让右手的四指指向 x 轴的正向，然后自然弯曲 90° 后指向 y 轴正向时，大拇指的指向就是 z 轴正向，如图 8.5 所示. 这样的三条坐标轴构成了一个空间直角坐标系，记为 $O\text{-}xyz$.

每两条坐标轴确定的一个平面，称为**坐标平面**. 由 x 轴和 y 轴确定的平面称为 xOy 平面，由 x 轴和 z 轴确定的平面称为 zOx 平面，由 y 轴和 z 轴确定的平面称为 yOz 平面. 三个坐标平面将空间分成八个部分，每个部分称为一个**卦限**，分别记为Ⅰ、Ⅱ、Ⅲ、Ⅳ、Ⅴ、Ⅵ、Ⅶ、Ⅷ，如图 8.6 所示.

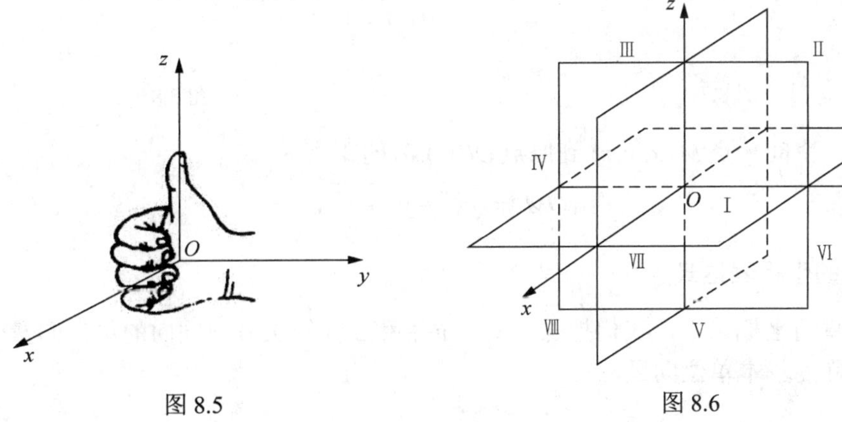

图 8.5　　图 8.6

有了空间直角坐标系，就可以建立空间上的点与有序数组之间的一一对应关系．设 M 为空间一点，过点 M 作三个平面分别垂直于 x 轴、y 轴和 z 轴，并与三坐标轴分别交于点 P,Q,R，如图 8.7 所示．

设这三点在 x 轴、y 轴、z 轴上的坐标依次取为 a,b,c，从而空间一点 M 就唯一确定了一个三元有序数组 (a,b,c)；反过来，已知一个三元有序数组 (a,b,c)，在 x 轴上取坐标为 a 的点 P，在 y 轴上取坐标为 b 的点 Q，在 z 轴上取坐标为 c 的点 R，然后通过 P,Q,R 分别作垂直于 x 轴、y 轴、z 轴的平面，这三个平面的交点 M 便是有序数组 (a,b,c) 所唯一确定的点．这样，就建立了空间上的点 M 与有序数组 (a,b,c) 之间的一一对应关系．

因此，称有序数组 (a,b,c) 为点 M 的**坐标**，记为 $M\ (a,b,c)$，称 a,b,c 分别为点 M 的**横坐标、纵坐标、竖坐标**．

显然，坐标原点 O 的坐标为 $(0,0,0)$；x 轴上的点的坐标为 $(a,0,0)$，y 轴上的点的坐标为 $(0,b,0)$，z 轴上的点的坐标为 $(0,0,c)$；xOy 面上的点的坐标为 $(a,b,0)$，yOz 面上的点的坐标为 $(0,b,c)$，zOx 面上的点的坐标为 $(a,0,c)$．

已知空间两点 $M_1(x_1,y_1,z_1)$ 和 $M_2(x_2,y_2,z_2)$，过点 M_1 和 M_2 各作三个分别垂直于三条坐标轴的平面，这六个平面围成一个以 M_1M_2 为对角线的长方体，如图 8.8 所示．容易求得，空间两点 M_1，M_2 之间的**距离**为

$$|M_1M_2| = \sqrt{(x_2-x_1)^2+(y_2-y_1)^2+(z_2-z_1)^2}\ .$$

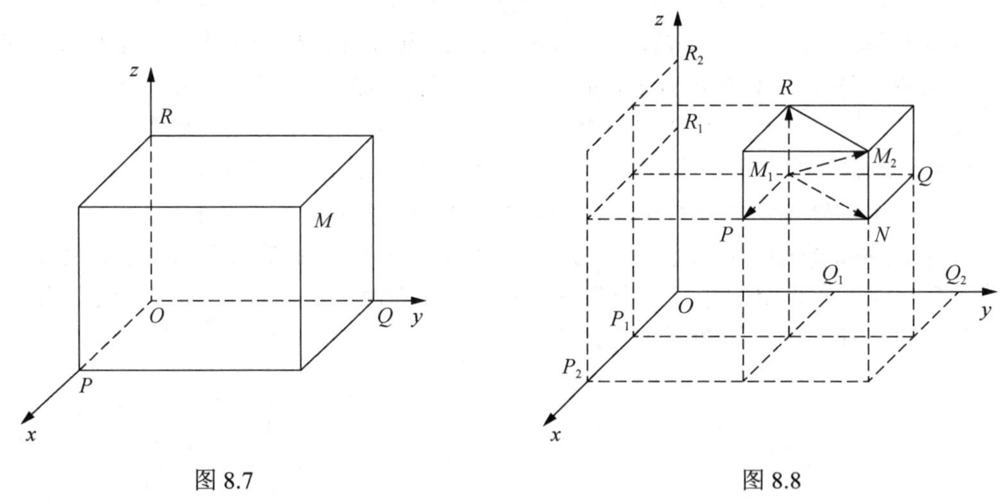

图 8.7　　图 8.8

特别地，空间一点 $M(x,y,z)$ 到原点 $O(0,0,0)$ 的距离为

$$|OM| = \sqrt{x^2+y^2+z^2}\ .$$

8.2.2　向量的坐标表达式

在空间直角坐标系中，我们把与 x 轴、y 轴和 z 轴的正方向同向的单位向量分别记为 $\boldsymbol{i},\boldsymbol{j},\boldsymbol{k}$，称为**基本单位向量**．

1. 起点在原点的向量表示

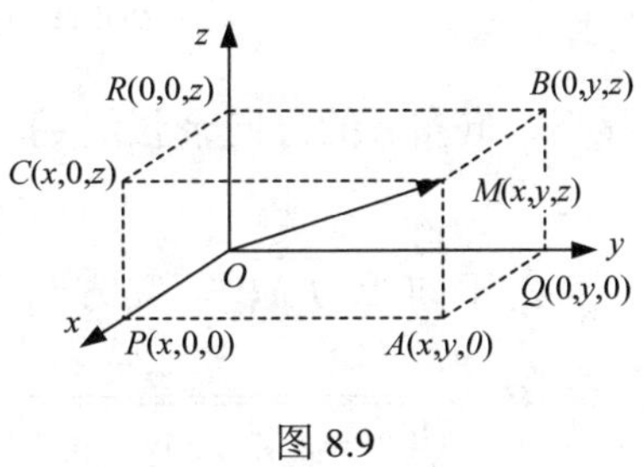

图 8.9

以原点 O 为起点、任意点 $M(x,y,z)$ 为终点的向量 $\overrightarrow{OM}$ 叫作点 M 的向径，如图 8.9 所示. 由 $\overrightarrow{OP}=x\boldsymbol{i}$，$\overrightarrow{OQ}=y\boldsymbol{j}$，$\overrightarrow{OR}=z\boldsymbol{k}$，再由向量的加法易知 $\overrightarrow{OM}=x\boldsymbol{i}+y\boldsymbol{j}+z\boldsymbol{k}$，称为向量 $\overrightarrow{OM}$ 的按基本单位向量的分解式. 一般地，我们记向量 $\overrightarrow{OM}$ 为 $\overrightarrow{OM}=\{x,y,z\}$，称为向量 $\overrightarrow{OM}$ 的坐标表达式.

2. 向量 $\overrightarrow{M_1M_2}$ 的坐标表达式

设空间中两点 $M_1(x_1,y_1,z_1)$, $M_2(x_2,y_2,z_2)$，由向量的加法，则以 M_1 为起点，以 M_2 为终点的向量 $\overrightarrow{M_1M_2}=\overrightarrow{OM_2}-\overrightarrow{OM_1}$，即

$$\overrightarrow{M_1M_2}=(x_2-x_1)\boldsymbol{i}+(y_2-y_1)\boldsymbol{j}+(z_2-z_1)\boldsymbol{k}=\{x_2-x_1,\ y_2-y_1,\ z_2-z_1\}.$$

称上式为向量 $\overrightarrow{M_1M_2}$ 的坐标表达式，并称 x_2-x_1，y_2-y_1，z_2-z_1 为向量 $\overrightarrow{M_1M_2}$ 的坐标，也称为向量 $\overrightarrow{M_1M_2}$ 在三个坐标轴上的**投影**.

8.2.3　向量线性运算的坐标表达式

向量的加法、减法和数乘统称为向量的线性运算. 我们可以通过向量的坐标表达式进行向量的线性运算.

设向量 $\boldsymbol{a}=\{a_x,\ a_y,\ a_z\}$，$\boldsymbol{b}=\{b_x,\ b_y,\ b_z\}$，则

$$\boldsymbol{a}+\boldsymbol{b}=\{a_x+b_x,\ a_y+b_y,\ a_z+b_z\}=(a_x+b_x)\boldsymbol{i}+(a_y+b_y)\boldsymbol{j}+(a_z+b_z)\boldsymbol{k};$$

$$\boldsymbol{a}-\boldsymbol{b}=\{a_x-b_x,\ a_y-b_y,\ a_z-b_z\}=(a_x-b_x)\boldsymbol{i}+(a_y-b_y)\boldsymbol{j}+(a_z-b_z)\boldsymbol{k};$$

$$\lambda\boldsymbol{a}=\{\lambda a_x,\ \lambda a_y,\ \lambda a_z\}=(\lambda a_x)\boldsymbol{i}+(\lambda a_y)\boldsymbol{j}+(\lambda a_z)\boldsymbol{k}.$$

例 8.1　已知向量 $\boldsymbol{a}=\{2,-1,4\}$，$\boldsymbol{b}=\{0,-2,-3\}$，计算 $\boldsymbol{a}+\boldsymbol{b}, 3\boldsymbol{a}-2\boldsymbol{b}$.

解　$\boldsymbol{a}+\boldsymbol{b}=\{2+0,-1+(-2),\ 4+(-3)\}=\{2,-3,1\}$.

$3\boldsymbol{a}-2\boldsymbol{b}=\{6,-3,12\}-\{0,-4,-6\}=\{6,1,18\}$.

8.2.4　向量的模与方向余弦的坐标表达式

我们可以利用向量的坐标来表示向量的模和方向.

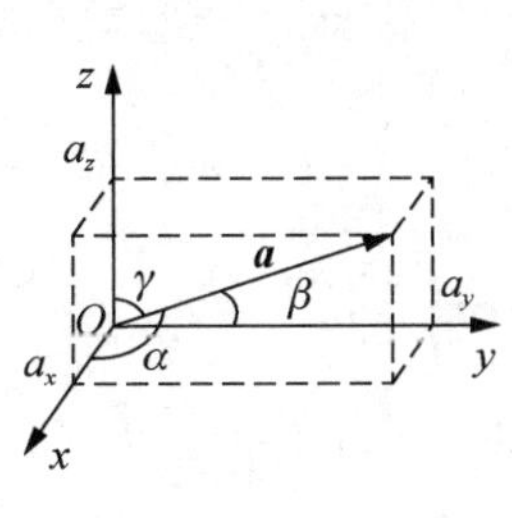

图 8.10

向量 $\boldsymbol{a}$ 的长度也叫作 $\boldsymbol{a}$ 的**模**（范数），记作 $|\boldsymbol{a}|$. 若 $\boldsymbol{a}=\{a_x,a_y,a_z\}$，则 $|\boldsymbol{a}|=\sqrt{a_x^2+a_y^2+a_z^2}$. 一般地，设向量 $\overrightarrow{M_1M_2}=\{x_2-x_1,\ y_2-y_1,\ z_2-z_1\}$，则它的模为

$$|\overrightarrow{M_1M_2}|=\sqrt{(x_2-x_1)^2+(y_2-y_1)^2+(z_2-z_1)^2}.$$

向量 $\boldsymbol{a}=\{a_x,a_y,a_z\}$ 与 x 轴、y 轴、z 轴的正向所成的夹角 α,β,γ 称为向量 $\boldsymbol{a}$ 的**方向角**，如图 8.10 所示. 方向角的余弦 $\cos\alpha,\cos\beta,\cos\gamma$ 称为其**方向余弦**. 由图 8.10 得

$$\cos\alpha=\frac{a_x}{|\boldsymbol{a}|},\quad \cos\beta=\frac{a_y}{|\boldsymbol{a}|},\quad \cos\gamma=\frac{a_z}{|\boldsymbol{a}|}.$$

显然，向量$\boldsymbol{a}$的方向余弦满足

$$\cos^2\alpha+\cos^2\beta+\cos^2\gamma=1.$$

对于向量$\overrightarrow{M_1M_2}$，其方向余弦为

$$\cos\alpha=\frac{x_2-x_1}{\sqrt{(x_2-x_1)^2+(y_2-y_1)^2+(z_2-z_1)^2}},\quad \cos\beta=\frac{y_2-y_1}{\sqrt{(x_2-x_1)^2+(y_2-y_1)^2+(z_2-z_1)^2}},$$

$$\cos\gamma=\frac{z_2-z_1}{\sqrt{(x_2-x_1)^2+(y_2-y_1)^2+(z_2-z_1)^2}},$$

且满足

$$\cos^2\alpha+\cos^2\beta+\cos^2\gamma=1.$$

例 8.2 设$M_1\left(2,2,\sqrt{2}\right)$和$M_2(1,3,0)$为空间中的两个点，求以$M_1$为起点、$M_2$为终点的向量的坐标表达式、模、方向余弦、方向角及同方向的单位向量.

解 向量的坐标表示：$\overrightarrow{M_1M_2}=\{1-2,3-2,0-\sqrt{2}\}=\{-1,1,-\sqrt{2}\}$.

模：$|\overrightarrow{M_1M_2}|=\sqrt{(-1)^2+1^2+(-\sqrt{2})^2}=2$.

方向余弦：$\cos\alpha=-\dfrac{1}{2}$，$\cos\beta=\dfrac{1}{2}$，$\cos\gamma=-\dfrac{\sqrt{2}}{2}$.

方向角：$\alpha=\dfrac{2\pi}{3}$，$\beta=\dfrac{\pi}{3}$，$\gamma=\dfrac{3\pi}{4}$.

单位向量：$\overrightarrow{M_1M_2}^{\circ}=\dfrac{\overrightarrow{M_1M_2}}{|\overrightarrow{M_1M_2}|}=\dfrac{1}{2}\{-1,1,-\sqrt{2}\}=\left\{-\dfrac{1}{2},\dfrac{1}{2},-\dfrac{\sqrt{2}}{2}\right\}$.

例 8.3 设向量$\boldsymbol{a}$的两个方向余弦为$\cos\alpha=\dfrac{1}{3}$，$\cos\beta=\dfrac{2}{3}$，又$|\boldsymbol{a}|=6$，求向量$\boldsymbol{a}$的坐标.

解 由$\cos\alpha=\dfrac{1}{3}$，$\cos\beta=\dfrac{2}{3}$，则

$$\cos\gamma=\pm\sqrt{1-\cos^2\alpha-\cos^2\beta}=\pm\sqrt{1-\left(\frac{1}{3}\right)^2-\left(\frac{2}{3}\right)^2}=\pm\frac{2}{3},$$

则

$$a_x=|\boldsymbol{a}|\cos\alpha=6\times\frac{1}{3}=2,$$

$$a_y=|\boldsymbol{a}|\cos\beta=6\times\frac{2}{3}=4,$$

$$a_z=|\boldsymbol{a}|\cos\gamma=6\times\left(\pm\frac{2}{3}\right)=\pm4.$$

所以$\boldsymbol{a}=\{2,4,4\}$或$\boldsymbol{a}=\{2,4,-4\}$.

8.2.5　向量的数量积

一物体在常力 $\boldsymbol{F}$ 的作用下沿直线从点 M_1 移动到点 M_2，以 $\boldsymbol{s}$ 表示位移，则力 $\boldsymbol{F}$ 所做的功为

$$W=|\boldsymbol{F}||\boldsymbol{s}|\cos\theta\text{（其中 }\theta\text{ 为 }\boldsymbol{F}\text{ 与 }\boldsymbol{s}\text{ 的夹角），}$$

即功是由两个向量的模及其夹角的余弦乘积所构成的计算式. 这种关系在很多实际问题中经常遇到.

定义 8.3　两个非零向量 $\boldsymbol{a}$，$\boldsymbol{b}$ 的模及其夹角余弦的乘积，称为它们的**数量积**（或点积、内积），记为 $\boldsymbol{a}\cdot\boldsymbol{b}$，即

$$\boldsymbol{a}\cdot\boldsymbol{b}=|\boldsymbol{a}||\boldsymbol{b}|\cos\theta .$$

从定义中不难看出，两个向量的数量积是一个数.

注　（1）$\boldsymbol{a}\cdot\boldsymbol{a}=|\boldsymbol{a}|^2$.

（2）对于两个非零的向量 $\boldsymbol{a}$，$\boldsymbol{b}$，当 $\boldsymbol{a}\perp\boldsymbol{b}$ 时，夹角为 $\dfrac{\pi}{2}$，则 $\boldsymbol{a}\cdot\boldsymbol{b}=0$；反之，若 $\boldsymbol{a}\cdot\boldsymbol{b}=0$，则它们的夹角为 $\dfrac{\pi}{2}$，即 $\boldsymbol{a}\perp\boldsymbol{b}$. 故对于两个非零的向量 $\boldsymbol{a}$，$\boldsymbol{b}$，$\boldsymbol{a}\perp\boldsymbol{b}\Leftrightarrow\boldsymbol{a}\cdot\boldsymbol{b}=0$.

（3）对于基本单位向量 $\boldsymbol{i},\boldsymbol{j},\boldsymbol{k}$，有

$$\boldsymbol{i}\cdot\boldsymbol{i}=\boldsymbol{j}\cdot\boldsymbol{j}=\boldsymbol{k}\cdot\boldsymbol{k}=1,\quad \boldsymbol{i}\cdot\boldsymbol{j}=\boldsymbol{i}\cdot\boldsymbol{k}=\boldsymbol{j}\cdot\boldsymbol{i}=\boldsymbol{j}\cdot\boldsymbol{k}=\boldsymbol{k}\cdot\boldsymbol{i}=\boldsymbol{k}\cdot\boldsymbol{j}=0 .$$

数量积满足以下运算规律：

（1）交换律：$\boldsymbol{a}\cdot\boldsymbol{b}=\boldsymbol{b}\cdot\boldsymbol{a}$；

（2）分配律：$\boldsymbol{a}\cdot(\boldsymbol{b}+\boldsymbol{c})=\boldsymbol{a}\cdot\boldsymbol{b}+\boldsymbol{a}\cdot\boldsymbol{c}$；

（3）结合律：$(\lambda\boldsymbol{a})\cdot\boldsymbol{b}=\lambda(\boldsymbol{a}\cdot\boldsymbol{b})=\boldsymbol{a}\cdot(\lambda\boldsymbol{b})$.

下面给出两个向量的数量积的坐标计算公式：

设向量 $\boldsymbol{a}=\{a_x,\ a_y,\ a_z\}$，$\boldsymbol{b}=\{b_x,\ b_y,\ b_z\}$，则

$$\begin{aligned}\boldsymbol{a}\cdot\boldsymbol{b}&=a_x\boldsymbol{i}\cdot(b_x\boldsymbol{i}+b_y\boldsymbol{j}+b_z\boldsymbol{k})+a_y\boldsymbol{j}\cdot(b_x\boldsymbol{i}+b_y\boldsymbol{j}+b_z\boldsymbol{k})+a_z\boldsymbol{k}\cdot(b_x\boldsymbol{i}+b_y\boldsymbol{j}+b_z\boldsymbol{k})\\&=a_xb_x\boldsymbol{i}\cdot\boldsymbol{i}+a_xb_y\boldsymbol{i}\cdot\boldsymbol{j}+a_xb_z\boldsymbol{i}\cdot\boldsymbol{k}+a_yb_x\boldsymbol{j}\cdot\boldsymbol{i}+a_yb_y\boldsymbol{j}\cdot\boldsymbol{j}+a_yb_z\boldsymbol{j}\cdot\boldsymbol{k}\\&\quad+a_zb_x\boldsymbol{k}\cdot\boldsymbol{i}+a_zb_y\boldsymbol{k}\cdot\boldsymbol{j}+a_zb_z\boldsymbol{k}\cdot\boldsymbol{k}\\&=a_xb_x+a_yb_y+a_zb_z .\end{aligned}$$

因而

$$\boldsymbol{a}\cdot\boldsymbol{b}=a_xb_x+a_yb_y+a_zb_z .$$

上式表明，两个向量的数量积等于它们对应分量的乘积之和.

运用向量的坐标及数量积的坐标计算结果，可以得到：

（1）向量夹角的余弦为

$$\cos\theta=\frac{\boldsymbol{a}\cdot\boldsymbol{b}}{|\boldsymbol{a}||\boldsymbol{b}|}=\frac{a_xb_x+a_yb_y+a_zb_z}{\sqrt{a_x^2+a_y^2+a_z^2}\cdot\sqrt{b_x^2+b_y^2+b_z^2}}\quad(0\leqslant\theta\leqslant\pi).$$

（2）两个向量 $\boldsymbol{a},\boldsymbol{b}$ 垂直的充要条件可以表示为

$$a_xb_x+a_yb_y+a_zb_z=0 .$$

例 8.4　已知向量 $\boldsymbol{a}=\{1,\ 1,\ -4\}$，$\boldsymbol{b}=\{1,\ -2,\ 2\}$，求 $\boldsymbol{a}\cdot\boldsymbol{b}$ 以及它们的夹角.

解 $\boldsymbol{a}\cdot\boldsymbol{b}=1\times1+1\times(-2)+(-4)\times2=-9$.

因为

$$|\boldsymbol{a}|=\sqrt{1^2+1^2+(-4)^2}=3\sqrt{2}\text{，}|\boldsymbol{b}|=\sqrt{1^2+(-2)^2+2^2}=3\text{，}$$

所以$\cos\theta=\dfrac{\boldsymbol{a}\cdot\boldsymbol{b}}{|\boldsymbol{a}|\cdot|\boldsymbol{b}|}=\dfrac{-9}{3\times3\sqrt{2}}=-\dfrac{\sqrt{2}}{2}$，故它们的夹角为$\theta=\dfrac{3\pi}{4}$.

例 8.5 设三角形的三个顶点为$A(1,1,-1)$, $B(2,1,0)$, $C(2,0,0)$，试求$\cos A$.

解 向量$\overrightarrow{AB}=\{1,0,1\}$，$\overrightarrow{AC}=\{1,-1,1\}$，则

$$\cos A=\frac{\overrightarrow{AB}\cdot\overrightarrow{AC}}{|\overrightarrow{AB}|\times|\overrightarrow{AC}|}=\frac{2}{\sqrt{6}}.$$

8.2.6 向量的向量积

1. 向量积的概念

在物理中，我们常计算力矩，如图 8.11 所示，设O为一根杠杆L的支点，力$\boldsymbol{F}$作用于杠杆上点P处. 力$\boldsymbol{F}$与$\overrightarrow{OP}$的夹角为θ，力$\boldsymbol{F}$对支点O的力矩是向量$\boldsymbol{M}$，它的模$|\boldsymbol{M}|=|\overrightarrow{OP}||\boldsymbol{F}|\sin\theta$.

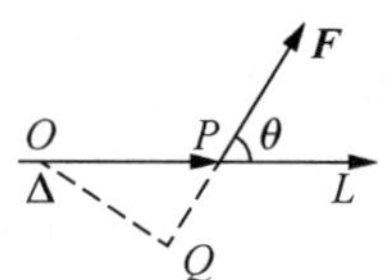

图 8.11

$\boldsymbol{M}$的方向垂直于$\overrightarrow{OP}$与$\boldsymbol{F}$所决定的平面，指向是按右手规则来确定的，即当右手的四个手指从$\overrightarrow{OP}$以不超过π的角转向$\boldsymbol{F}$时，大拇指的指向就是$\boldsymbol{M}$的方向.

由此，引出两个向量的向量积的概念.

定义 8.4 设有两个向量$\boldsymbol{a}$，$\boldsymbol{b}$，若向量$\boldsymbol{c}$满足：

（1）$|\boldsymbol{c}|=|\boldsymbol{a}||\boldsymbol{b}|\sin\theta$（$\theta$为向量$\boldsymbol{a}$与$\boldsymbol{b}$的夹角）；

（2）$\boldsymbol{c}$垂直于$\boldsymbol{a}$与$\boldsymbol{b}$所确定平面，它的正方向由右手法则确定，如图 8.12 所示，则称向量$\boldsymbol{c}$为向量$\boldsymbol{a}$，$\boldsymbol{b}$的**向量积（或叉积、外积）**，记为$\boldsymbol{c}=\boldsymbol{a}\times\boldsymbol{b}$.

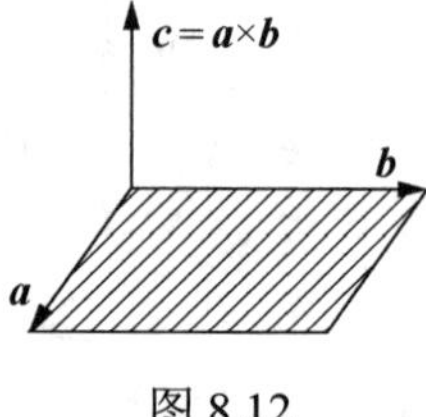

图 8.12

说明：（1）向量积仍是一个向量，且$\boldsymbol{c}\perp\boldsymbol{a}$，$\boldsymbol{c}\perp\boldsymbol{b}$.

（2）$|\boldsymbol{a}\times\boldsymbol{b}|$的几何意义：$|\boldsymbol{a}\times\boldsymbol{b}|$等于以$\boldsymbol{a}$与$\boldsymbol{b}$为邻边的平行四边形的面积，即

$$s=|\boldsymbol{a}\times\boldsymbol{b}|.$$

（3）$\boldsymbol{a}\times\boldsymbol{a}=\boldsymbol{0}$.

（4）若两个非零向量$\boldsymbol{a}$，$\boldsymbol{b}$平行，即它们的夹角为 0 或π，则$|\boldsymbol{a}\times\boldsymbol{b}|=0$，即$\boldsymbol{a}\times\boldsymbol{b}=\boldsymbol{0}$，反之亦然.

所以，两个向量平行当且仅当它们的向量积是零向量.

基本单位向量$\boldsymbol{i},\boldsymbol{j}$和$\boldsymbol{k}$之间的向量积满足以下性质：

（1）$\boldsymbol{i}\times\boldsymbol{i}=\boldsymbol{j}\times\boldsymbol{j}=\boldsymbol{k}\times\boldsymbol{k}=\boldsymbol{0}$；

（2）$\boldsymbol{i}\times\boldsymbol{j}=\boldsymbol{k}$，$\boldsymbol{j}\times\boldsymbol{k}=\boldsymbol{i}$，$\boldsymbol{k}\times\boldsymbol{i}=\boldsymbol{j}$.

向量积满足以下运算规律：

（1）$\boldsymbol{a}\times\boldsymbol{b}=-\boldsymbol{b}\times\boldsymbol{a}$（$\boldsymbol{a},\boldsymbol{b}$ 为任意向量）；

（2）$(\boldsymbol{a}+\boldsymbol{b})\times\boldsymbol{c}=\boldsymbol{a}\times\boldsymbol{c}+\boldsymbol{b}\times\boldsymbol{c}$（$\boldsymbol{a},\boldsymbol{b},\boldsymbol{c}$ 为任意向量）；

（3）$(\lambda\boldsymbol{a})\times\boldsymbol{b}=\boldsymbol{a}\times(\lambda\boldsymbol{b})=\lambda(\boldsymbol{a}\times\boldsymbol{b})$（$\boldsymbol{a},\boldsymbol{b}$ 为任意向量，λ 为实数）.

2. 向量积的坐标表达式

设 $\boldsymbol{a}=a_x\boldsymbol{i}+a_y\boldsymbol{j}+a_z\boldsymbol{k}$，$\boldsymbol{b}=b_x\boldsymbol{i}+b_y\boldsymbol{j}+b_z\boldsymbol{k}$，则

$$\begin{aligned}\boldsymbol{a}\times\boldsymbol{b}&=(a_x\boldsymbol{i}+a_y\boldsymbol{j}+a_z\boldsymbol{k})\times(b_x\boldsymbol{i}+b_y\boldsymbol{j}+b_z\boldsymbol{k})\\&=a_xb_x(\boldsymbol{i}\times\boldsymbol{i})+a_xb_y(\boldsymbol{i}\times\boldsymbol{j})+a_xb_z(\boldsymbol{i}\times\boldsymbol{k})\\&\quad+a_yb_x(\boldsymbol{j}\times\boldsymbol{i})+a_yb_y(\boldsymbol{j}\times\boldsymbol{j})+a_yb_z(\boldsymbol{j}\times\boldsymbol{k})\\&\quad+a_zb_x(\boldsymbol{k}\times\boldsymbol{i})+a_zb_y(\boldsymbol{k}\times\boldsymbol{j})+a_zb_z(\boldsymbol{k}\times\boldsymbol{k}).\end{aligned}$$

整理得

$$\boldsymbol{a}\times\boldsymbol{b}=(a_yb_z-a_zb_y)\boldsymbol{i}+(a_zb_x-a_xb_z)\boldsymbol{j}+(a_xb_y-a_yb_x)\boldsymbol{k}.$$

为方便记忆，我们用行列式来表示，即

$$\boldsymbol{a}\times\boldsymbol{b}=\begin{vmatrix}\boldsymbol{i}&\boldsymbol{j}&\boldsymbol{k}\\a_x&a_y&a_z\\b_x&b_y&b_z\end{vmatrix}=\begin{vmatrix}a_y&a_z\\b_y&b_z\end{vmatrix}\boldsymbol{i}+\begin{vmatrix}a_z&a_x\\b_z&b_x\end{vmatrix}\boldsymbol{j}+\begin{vmatrix}a_x&a_y\\b_x&b_y\end{vmatrix}\boldsymbol{k}.$$

由于两个向量 $\boldsymbol{a},\boldsymbol{b}$ 平行的充要条件是 $\boldsymbol{a}\times\boldsymbol{b}=\boldsymbol{0}$，用向量的坐标表示为

$$\begin{cases}a_yb_z-a_zb_y=0\\a_zb_x-a_xb_z=0,\\a_xb_y-a_yb_x=0\end{cases}$$

向量的数量积与向量积

当 b_x,b_y,b_z 全不为零时，条件即为

$$\frac{a_x}{b_x}=\frac{a_y}{b_y}=\frac{a_z}{b_z}.$$

事实上，b_x,b_y,b_z 不能同时为零，有零出现时也可以如上表示，但约定当分母为零时分子也为零，如

$$\frac{a_x}{0}=\frac{a_y}{0}=\frac{a_z}{b_z}\Rightarrow a_x=0,\ a_y=0.$$

例 8.6　已知 $\boldsymbol{a}=3\boldsymbol{i}-2\boldsymbol{j}+4\boldsymbol{k}$，$\boldsymbol{b}=\boldsymbol{i}+\boldsymbol{j}-2\boldsymbol{k}$，求 $\boldsymbol{a}\times\boldsymbol{b}$.

解　$$\boldsymbol{a}\times\boldsymbol{b}=\begin{vmatrix}\boldsymbol{i}&\boldsymbol{j}&\boldsymbol{k}\\a_x&a_y&a_z\\b_x&b_y&b_z\end{vmatrix}=\begin{vmatrix}\boldsymbol{i}&\boldsymbol{j}&\boldsymbol{k}\\3&-2&4\\1&1&-2\end{vmatrix}=10\boldsymbol{j}+5\boldsymbol{k}.$$

例 8.7　如图 8.13 所示，三角形 ABC 的顶点坐标分别为 $A(1,-1,2)$，$B(5,-6,2)$ 和 $C(1,3,-1)$，求 AC 边上的高 BD 的长.

解　向量 $\overrightarrow{AC}=\{0,4,-3\}$，$\overrightarrow{AB}=\{4,-5,0\}$，由向量积的几何意义可知

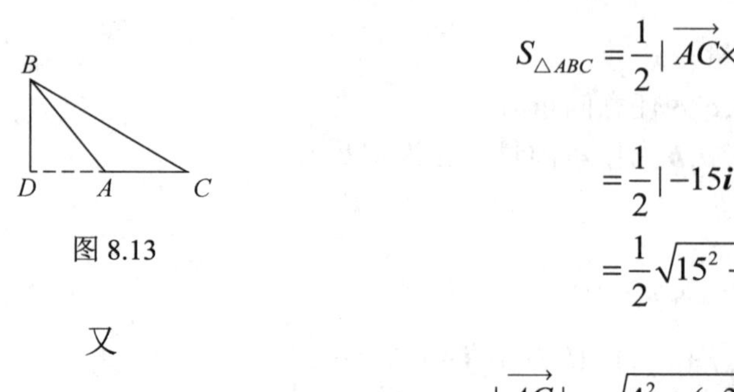

图 8.13

$$S_{\triangle ABC}=\frac{1}{2}|\overrightarrow{AC}\times\overrightarrow{AB}|=\frac{1}{2}\begin{vmatrix}\boldsymbol{i} & \boldsymbol{j} & \boldsymbol{k}\\ 0 & 4 & -3\\ 4 & -5 & 0\end{vmatrix}$$

$$=\frac{1}{2}|-15\boldsymbol{i}-12\boldsymbol{j}-16\boldsymbol{k}|$$

$$=\frac{1}{2}\sqrt{15^2+12^2+16^2}=\frac{25}{2}.$$

又

$$|\overrightarrow{AC}|=\sqrt{4^2+(-3)^2}=5,$$

$$S_{\triangle ABC}=\frac{1}{2}|\overrightarrow{AC}|\times|\overrightarrow{BD}|=\frac{25}{2}=\frac{1}{2}\times 5\times|\overrightarrow{BD}|,$$

所以$|\overrightarrow{BD}|=5$，即高 BD 的长为 5.

例 8.8 若$\boldsymbol{a},\boldsymbol{b},\boldsymbol{c}$均为非零向量，且$\boldsymbol{a}=\boldsymbol{b}\times\boldsymbol{c}$，$\boldsymbol{b}=\boldsymbol{c}\times\boldsymbol{a}$，$\boldsymbol{c}=\boldsymbol{a}\times\boldsymbol{b}$，证明$\boldsymbol{a},\boldsymbol{b},\boldsymbol{c}$是相互垂直的单位向量.

证明 因为$\boldsymbol{a}=\boldsymbol{b}\times\boldsymbol{c}$，所以$\boldsymbol{a}\perp\boldsymbol{b}$，$\boldsymbol{a}\perp\boldsymbol{c}$. 同理，由$\boldsymbol{b}=\boldsymbol{c}\times\boldsymbol{a}$得$\boldsymbol{b}\perp\boldsymbol{c}$，$\boldsymbol{b}\perp\boldsymbol{a}$，即$\boldsymbol{a},\boldsymbol{b},\boldsymbol{c}$两两相互垂直. 所以

$$\boldsymbol{a}=\boldsymbol{b}\times\boldsymbol{c}\Rightarrow|\boldsymbol{a}|=|\boldsymbol{b}|\cdot|\boldsymbol{c}|\cdot\sin\theta\Rightarrow|\boldsymbol{a}|=|\boldsymbol{b}|\cdot|\boldsymbol{c}|.$$

同理有

$$\boldsymbol{b}=\boldsymbol{c}\times\boldsymbol{a}\Rightarrow|\boldsymbol{b}|=|\boldsymbol{c}|\cdot|\boldsymbol{a}|,\quad \boldsymbol{c}=\boldsymbol{a}\times\boldsymbol{b}\Rightarrow|\boldsymbol{c}|=|\boldsymbol{a}|\cdot|\boldsymbol{b}|.$$

由以上公式得$|\boldsymbol{c}|^2=1$，所以$|\boldsymbol{c}|=1$. 同理得$|\boldsymbol{a}|=1$，$|\boldsymbol{b}|=1$.

习题 8.2

1. 求起点为$A(1,2,1)$，终点为$B(-19,-18,1)$的向量$\overrightarrow{AB}$的坐标表达式及$|\overrightarrow{AB}|$.
2. 求使向量$\boldsymbol{a}=\{\lambda,1,5\}$与向量$\boldsymbol{b}=\{2,10,50\}$平行的$\lambda$的值.
3. 求与向量$\boldsymbol{a}=\{1,5,6\}$平行，模为 10 的向量$\boldsymbol{b}$的坐标表达式.
4. 求点$M\left(1,\sqrt{2},1\right)$的向径$\overrightarrow{OM}$与坐标轴之间的夹角.
5. 求同时垂直于向量$\boldsymbol{a}=\{-3,6,8\}$和$y$轴的单位向量.
6. 求与$\boldsymbol{a}=\boldsymbol{i}+\boldsymbol{j}+\boldsymbol{k}$平行且满足$\boldsymbol{a}\cdot\boldsymbol{x}=1$的向量$\boldsymbol{x}$.
7. 已知两点$M_1\left(4,\sqrt{2},1\right)$和$M_2(3,0,2)$，计算向量$\overrightarrow{M_1M_2}$的模、方向余弦和方向角.
8. 已知$\boldsymbol{a}=\{2,-3,1\}$，$\boldsymbol{b}=\{1,-2,3\}$，$\boldsymbol{c}=\{2,1,2\}$，求$2\boldsymbol{a}-3\boldsymbol{b}+4\boldsymbol{c}$及其单位向量.
9. 设$\boldsymbol{a}=\{3,-1,-2\}$，$\boldsymbol{b}=\{1,2,-1\}$，$\boldsymbol{c}=\{1,-2,0\}$，求：

（1）$\boldsymbol{a}\cdot\boldsymbol{b}$；（2）$\boldsymbol{a}\times\boldsymbol{b}$；（3）$\cos\langle\boldsymbol{a},\boldsymbol{b}\rangle$；

（4）$\boldsymbol{a}\cdot(\boldsymbol{b}+\boldsymbol{c})$；（5）$(\boldsymbol{a}-\boldsymbol{b})\times\boldsymbol{c}$.

10. 已知$|\boldsymbol{a}|=3$，$|\boldsymbol{b}|=36$，$|\boldsymbol{a}\times\boldsymbol{b}|=72$，求$\boldsymbol{a}\cdot\boldsymbol{b}$.

8.3　平面与空间直线

平面与直线是空间中最简单的几何图形，本节将以向量为工具来研究平面与空间直线的方程，然后讨论它们之间的位置关系.

8.3.1　平面及其方程

1. 平面的点法式方程

如果一非零向量 $\boldsymbol{n}$ 垂直于一平面 Π，则称向量 $\boldsymbol{n}$ 为该平面的**法向量**. 显然若向量 $\boldsymbol{n}$ 是平面 Π 的法向量，则 $\lambda\boldsymbol{n}(\lambda\neq 0)$ 仍是该平面的法向量，并且平面内任一向量都与法向量垂直.

在几何中我们知道经过一定点垂直于一条已知直线的平面是唯一的，由此我们可以建立平面的点法式方程.

已知平面 Π 经过点 $M_0(x_0,y_0,z_0)$，与该平面垂直的非零向量为 $\boldsymbol{n}=\{A,B,C\}$，则对于平面 Π 上任意一点 $M(x,y,z)$，都有向量 $\overrightarrow{M_0M}\perp\boldsymbol{n}$，如图 8.14 所示. 根据向量垂直的充要条件，有 $\overrightarrow{M_0M}\cdot\boldsymbol{n}=0$，由于 $\overrightarrow{M_0M}=\{x-x_0,y-y_0,z-z_0\}$，$\boldsymbol{n}=\{A,B,C\}$，因此有

$$A(x-x_0)+B(y-y_0)+C(z-z_0)=0. \tag{8.1}$$

这就是 Π 上任一点 M 的坐标 x、y、z 所满足的方程.

反之，若一点 $M(x,y,z)$ 的坐标满足方程（8.1），则 $\overrightarrow{M_0M}\perp\boldsymbol{n}$，又点 $M(x,y,z)$ 是平面 Π 上的点，因此式（8.1）为平面 Π 的方程，称为平面 Π 的**点法式方程**.

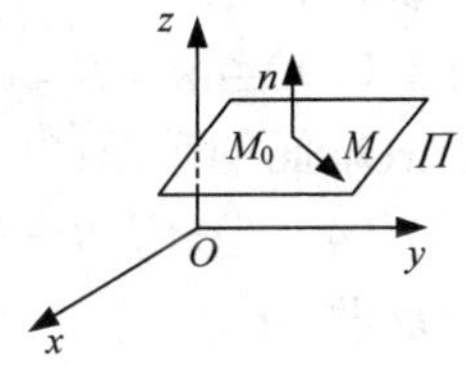

图 8.14

例 8.9　求经过点 $A(2,1,1)$ 且以 $\boldsymbol{n}=\{1,-2,3\}$ 为法向量的平面方程.

解　根据平面的点法式方程，所求平面的方程为

$$(x-2)-2(y-1)+3(z-1)=0,$$

即

$$x-2y+3z-3=0.$$

例 8.10　求过三点 $A(2,-1,4)$，$B(-1,3,-2)$ 和 $C(0,2,3)$ 的平面方程.

解　所求平面的法向量与向量 $\overrightarrow{AB}$，$\overrightarrow{AC}$ 都垂直，故可取法向量为 $\boldsymbol{n}=\overrightarrow{AB}\times\overrightarrow{AC}$. 因为 $\overrightarrow{AB}=\{-3,4,-6\}$，$\overrightarrow{AC}=\{-2,3,-1\}$，则

$$\overrightarrow{AB}\times\overrightarrow{AC}=\begin{vmatrix}\boldsymbol{i} & \boldsymbol{j} & \boldsymbol{k}\\ -3 & 4 & -6\\ -2 & 3 & -1\end{vmatrix}=14\boldsymbol{i}+9\boldsymbol{j}-\boldsymbol{k}.$$

故所求平面方程为

$$14(x-2)+9(y+1)-(z-4)=0,$$

即

$$14x + 9y - z - 15 = 0.$$

2. 平面的一般方程

将式（8.1）展开可得

$$Ax + By + Cz - (Ax_0 + By_0 + Cz_0) = 0\text{，} \tag{8.2}$$

方程（8.2）是一个关于 x, y, z 的三元一次方程.

反之，我们讨论任意一个三元一次方程

$$Ax + By + Cz + D = 0\text{，} \tag{8.3}$$

其中 A, B, C C 不全为 0，任取满足方程（8.3）的一个解 (x_0, y_0, z_0)，代入得

$$Ax_0 + By_0 + Cz_0 + D = 0\text{.} \tag{8.4}$$

两式相减可得方程

$$A(x - x_0) + B(y - y_0) + C(z - z_0) = 0.$$

该方程即为一个经过点 $M_0(x_0, y_0, z_0)$ 且法向量为 $\boldsymbol{n} = \{A, B, C\}$ 的平面方程. 由此可知任意的三元一次方程的图形都是空间中的一个平面，我们称方程（8.3）为平面的一般方程，其法向量为 $\boldsymbol{n} = \{A, B, C\}$. 特别地，

（1）当 $D = 0$ 时，有 $Ax + By + Cz = 0$，它表示过坐标原点的平面.

（2）当 $C = 0$ 时，有 $Ax + By + D = 0$，因为它的法向量 $\boldsymbol{n} = \{A, B, 0\}$ 垂直于 z 轴， 所以它是平行于 z 轴的平面; 类似地，$Ax + Cz + D = 0$，$By + Cz + D = 0$ 分别为平行于 y 轴、x 轴的平面.

（3）当 $A = B = 0$ 时，有 $Cz + D = 0$，法向量 $\boldsymbol{n} = \{0, 0, C\}$ 垂直于 xOy 平面，它是平行于 xOy 面的平面；同理 $Ax + D = 0$， $By + D = 0$ 分别是平行于 yOz 、 zOx 面的平面.

（4）当 $A = B = D = 0$ 时， $z = 0$， 它是 xOy 面； $x = 0$， $y = 0$ 分别表示 yOz 面和 zOx 面.

例如，方程 $x + 2z = 0$ 是一个平面方程，它经过原点，法向量为 $\{1, 0, 2\}$，且平行于 y 轴.

例 8.11 求经过点 $P(0,1,-1)$, $Q(1,0,3)$, $R(-1,2,0)$ 的平面方程.

解 设所求平面的方程为 $Ax + By + Cz + D = 0$，将 P, Q, R 的坐标代入方程可得方程组

$$\begin{cases} B - C + D = 0 \\ A + 3C + D = 0 \\ -A + 2B + D = 0 \end{cases},$$

解得

$$A = -D\text{，}\quad B = -D\text{，}\quad C = 0\text{.}$$

代入原方程，得 $-Dx - Dy + D = 0$，消去 D，可得平面的方程为

$$x + y - 1 = 0\text{.}$$

3. 平面的截距式方程

设一平面与 x 轴、 y 轴、 z 轴分别交于 $P(a,0,0)$, $Q(0,b,0)$, $R(0,0,c)$ （其中 $a \neq 0$，$b \neq 0$， $c \neq 0$）三点，求此平面的方程.

设平面的方程为 $Ax+By+Cz+D=0$，将三点的坐标代入可得方程组

$$\begin{cases} aA+D=0 \\ bB+D=0, \\ cC+D=0 \end{cases}$$

解得 $A=-\dfrac{D}{a}$，$B=-\dfrac{D}{b}$，$C=-\dfrac{D}{c}$.

代入原方程化简得平面的方程为

$$\frac{x}{a}+\frac{y}{b}+\frac{z}{c}=1. \tag{8.5}$$

式（8.5）叫作平面的**截距式方程**，其中 a,b,c 分别是平面在 x 轴、y 轴和 z 轴上的截距.

例 8.12　求经过点 $A(1,0,0)$, $B(0,2,0)$, $C(0,0,3)$ 的平面方程.

解　由平面的截距式方程可得此平面的方程为

$$\frac{x}{1}+\frac{y}{2}+\frac{z}{3}=1.$$

4. 点到平面的距离

设 $P_0(x_0,y_0,z_0)$ 为平面 Π：$Ax+By+Cz+D=0$ 外一点，$P(x,y,z)$ 为平面 Π 上任意一点，P_0 到平面 Π 的垂足为 P_1，如图 8.15 所示，则 P_0 到平面 Π 的距离即为 $d=|\overrightarrow{P_0P_1}|$，取与向量 $\overrightarrow{P_0P_1}$ 同方向的单位向量 $\boldsymbol{n}^\circ$，向量 $\overrightarrow{P_0P}$ 与 $\overrightarrow{P_0P_1}$ 夹角的余弦为

$$\cos\theta=\frac{\overrightarrow{P_0P}\cdot\overrightarrow{P_0P_1}}{|\overrightarrow{P_0P}|\cdot|\overrightarrow{P_0P_1}|}=\frac{\overrightarrow{P_0P}\cdot\boldsymbol{n}^\circ}{|\overrightarrow{P_0P}|\cdot|\boldsymbol{n}^\circ|}.$$

则 $d=|\overrightarrow{P_0P_1}|=|\overrightarrow{P_0P}\cdot\boldsymbol{n}^\circ|=|\overrightarrow{P_0P}|\cos\theta$.

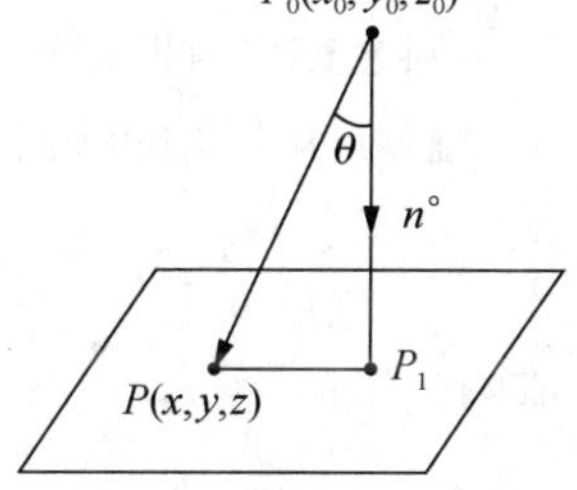

图 8.15

又因为 $\overrightarrow{P_0P}=\{x-x_0,y-y_0,z-z_0\}$，$\boldsymbol{n}^\circ=\pm\dfrac{1}{\sqrt{A^2+B^2+C^2}}\{A,B,C\}$，且 $P(x,y,z)$ 满足平面方程，则

$$d=|\overrightarrow{P_0P}\cdot\boldsymbol{n}^\circ|=\frac{|A(x-x_0)+B(y-y_0)+C(z-z_0)|}{\sqrt{A^2+B^2+C^2}},$$

即

$$d=\frac{|Ax_0+By_0+Cz_0+D|}{\sqrt{A^2+B^2+C^2}}. \tag{8.6}$$

式（8.6）称为空间中一点 $P_0(x_0,y_0,z_0)$ 到平面 Π：$Ax+By+Cz+D=0$ 的距离公式.

例 8.13　求点 $P(1,2,0)$ 到平面 $x-2y+3z=0$ 的距离.

解　由点到平面的距离公式，可得所求距离为

$$d=\frac{|1\times1-2\times2+3\times0+0|}{\sqrt{1^2+(-2)^2+3^2}}=\frac{3}{\sqrt{14}}=\frac{3}{14}\sqrt{14}.$$

5. 两平面的夹角

两平面的法向量的夹角（通常指锐角）称为两平面的夹角.

设两个平面Π_1: $A_1x+B_1y+C_1z+D_1=0$，Π_2: $A_2x+B_2y+C_2z+D_2=0$，两平面的法向量分别为$\boldsymbol{n}_1=\{A_1,B_1,C_1\}$，$\boldsymbol{n}_2=\{A_2,B_2,C_2\}$，则两平面的夹角的余弦为

$$\cos\theta=\frac{|\boldsymbol{n}_1\cdot\boldsymbol{n}_2|}{|\boldsymbol{n}_1|\cdot|\boldsymbol{n}_2|}=\frac{|A_1A_2+B_1B_2+C_1C_2|}{\sqrt{A_1^2+B_1^2+C_1^2}\cdot\sqrt{A_2^2+B_2^2+C_2^2}}.$$

若两个平面平行，则有

$$\Pi_1 /\!/ \Pi_2 \Leftrightarrow \boldsymbol{n}_1 /\!/ \boldsymbol{n}_2 \Leftrightarrow \frac{A_1}{A_2}=\frac{B_1}{B_2}=\frac{C_1}{C_2}\neq\frac{D_1}{D_2}.$$

若两个平面垂直，则有

$$\Pi_1\perp\Pi_2\Leftrightarrow\boldsymbol{n}_1\perp\boldsymbol{n}_2\Leftrightarrow A_1A_2+B_1B_2+C_1C_2=0.$$

例 8.14　求两个平面Π_1: $x-2y+2z+1=0$，Π_2: $x-y+5=0$的夹角.

解　两平面的法向量分别为$\boldsymbol{n}_1=\{1,-2,2\}$，$\boldsymbol{n}_2=\{1,-1,0\}$，则

$$\cos\theta=\frac{|\boldsymbol{n}_1\cdot\boldsymbol{n}_2|}{|\boldsymbol{n}_1|\cdot|\boldsymbol{n}_2|}=\frac{3}{\sqrt{9}\cdot\sqrt{2}}=\frac{\sqrt{2}}{2}.$$

因为夹角为锐角，所以$\theta=\dfrac{\pi}{4}$.

例 8.15　判断两个平面Π_1: $2x-y+z-1=0$, Π_2: $-4x+2y-2z+5=0$的位置关系.

解　两平面的法向量分别为$\boldsymbol{n}_1=\{2,-1,1\}$，$\boldsymbol{n}_2=\{-4,2,-2\}$，由于

$$\frac{2}{-4}=\frac{-1}{2}=\frac{1}{-2}\neq\frac{-1}{5},$$

故两个平面平行.

8.3.2 空间直线方程

1. 空间直线的点向式方程和参数方程

几何中，我们知道经过一点且与一条已知直线平行的直线是唯一的，由此我们可以建立空间直线的点向式方程.

设直线L过点$M_0(x_0,y_0,z_0)$且与非零向量$\boldsymbol{s}=\{l,m,n\}$平行，称$\boldsymbol{s}$为L的**方向向量**，l,m,n称为直线L的方向数. 下面分析如何建立图8.16中直线L的方程.

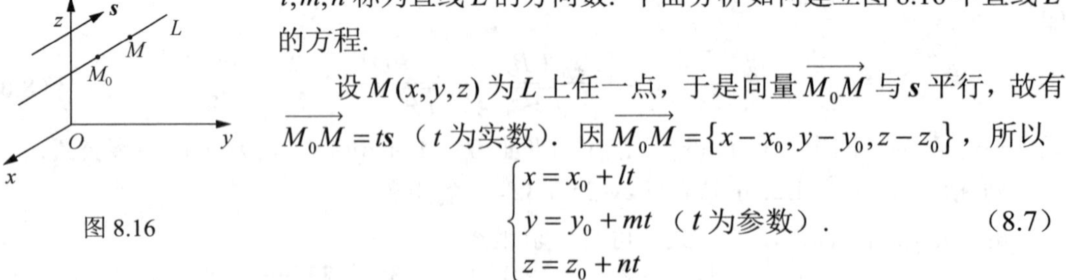

图 8.16

设$M(x,y,z)$为L上任一点，于是向量$\overrightarrow{M_0M}$与$\boldsymbol{s}$平行，故有$\overrightarrow{M_0M}=t\boldsymbol{s}$（$t$为实数）. 因$\overrightarrow{M_0M}=\{x-x_0,y-y_0,z-z_0\}$，所以

$$\begin{cases}x=x_0+lt\\ y=y_0+mt\quad(t\text{为参数}).\\ z=z_0+nt\end{cases}\tag{8.7}$$

称式（8.7）为直线L的**参数方程**，t为参数. 消去t得

$$\frac{x-x_0}{l}=\frac{y-y_0}{m}=\frac{z-z_0}{n}, \tag{8.8}$$

称式（8.8）为直线 L 的**点向式方程**. 在方程中若有某个分母为零，应理解为其相应的分子等于零. 例如，若 $m=0$，则有 $y-y_0=0$. 于是，直线的方程为

$$\begin{cases}\dfrac{x-x_0}{l}=\dfrac{z-z_0}{n} \\ y-y_0=0\end{cases}.$$

平面与直线

例 8.16　求经过两点 $M(1,-2,1)$，$N(5,4,5)$ 的直线方程.

解　不妨取向量 $\overrightarrow{MN}=\{4,6,4\}=2\{2,3,2\}$ 为直线 L 的方向向量，直线 L 又经过点 $M(1,-2,1)$，则直线的点向式方程为

$$\frac{x-1}{2}=\frac{y+2}{3}=\frac{z-1}{2}.$$

2. 空间直线的一般式方程

空间直线可以看作两个不平行的平面的交线. 设有两个不平行的平面 Π_1 与 Π_2，它们的方程分别为 $A_1x+B_1y+C_1z+D_1=0$，$A_2x+B_2y+C_2z+D_2=0$，方程组

$$\begin{cases}A_1x+B_1y+C_1z+D_1=0\\A_2x+B_2y+C_2z+D_2=0\end{cases}$$

表示两平面交线的方程，称为空间直线的**一般式方程**.

例 8.17　设直线 L 的一般式方程为 $\begin{cases}x+y+z+1=0\\2x-y+3z+4=0\end{cases}$，求其点向式方程和参数方程.

解　为求直线 L 的点向式方程，先要找到 L 上的任意一点，不妨令 $z=0$，解得 $x=-\dfrac{5}{3}$，$y=\dfrac{2}{3}$，即点 $M_0\left(-\dfrac{5}{3},\dfrac{2}{3},0\right)$ 位于直线上. L 的方向向量 $\boldsymbol{s}$ 可取为两平面的法向量 $\boldsymbol{n}_1=\{1,1,1\}$，$\boldsymbol{n}_2=\{2,-1,3\}$ 的向量积，于是 $\boldsymbol{s}=\boldsymbol{n}_1\times\boldsymbol{n}_2=\{4,-1,-3\}$. 所以，$L$ 的点向式方程为

$$\frac{x+\frac{5}{3}}{4}=\frac{y-\frac{2}{3}}{-1}=\frac{z}{-3}.$$

L 的参数方程为

$$\begin{cases}x=-\dfrac{5}{3}+4t\\[2mm] y=\dfrac{2}{3}-t\\[2mm] z=-3t\end{cases}.$$

例 8.18　设直线 L 过点 $P(1,0,-1)$，且与两平面 Π_1: $3x-y+5z+1=0$ 和 Π_2: $x+2y-3z+5=0$ 都平行，求直线 L 的方程.

解　因为直线 L 平行于两个平面，所以直线 L 一定垂直于两个平面的法向量 $\boldsymbol{n}_1=\{3,-1,5\}$ 和 $\boldsymbol{n}_2=\{1,2,-3\}$，故可取直线 L 的方向向量 $\boldsymbol{s}=\boldsymbol{n}_1\times\boldsymbol{n}_2$，则

$$s=\begin{vmatrix} i & j & k \\ 3 & -1 & 5 \\ 1 & 2 & -3 \end{vmatrix}=\{-7,14,7\}=-7\{1,-2,-1\}.$$

所以，直线 L 的方程为

$$\frac{x-1}{1}=\frac{y}{-2}=\frac{z+1}{-1}.$$

3. 两直线的夹角

两直线的方向向量的夹角 θ（通常指锐角）称为**两直线的夹角**．若直线 L_1, L_2 的方向向量分别为 $s_1=\{m_1,n_1,p_1\}$，$s_2=\{m_2,n_2,p_2\}$，则两直线的夹角的余弦为

$$\cos\theta=\frac{|s_1\cdot s_2|}{|s_1|\cdot|s_2|}=\frac{|m_1m_2+n_1n_2+p_1p_2|}{\sqrt{m_1^2+n_1^2+p_1^2}\cdot\sqrt{m_2^2+n_2^2+p_2^2}}. \tag{8.9}$$

特别地，两直线 L_1 和 L_2 互相垂直的充要条件为 $s_1\perp s_2$，即 $m_1m_2+n_1n_2+p_1p_2=0$；两直线 L_1 和 L_2 互相平行的充要条件为 $s_1/\!/s_2$，即 $\dfrac{m_1}{m_2}=\dfrac{n_1}{n_2}=\dfrac{p_1}{p_2}$．

8.3.3 直线与平面的位置关系

直线 L 和它在平面 Π 上的投影直线 L_1 的夹角 θ $\left(0\leqslant\theta\leqslant\dfrac{\pi}{2}\right)$ 称为**直线与平面的夹角**，如图 8.17 所示．

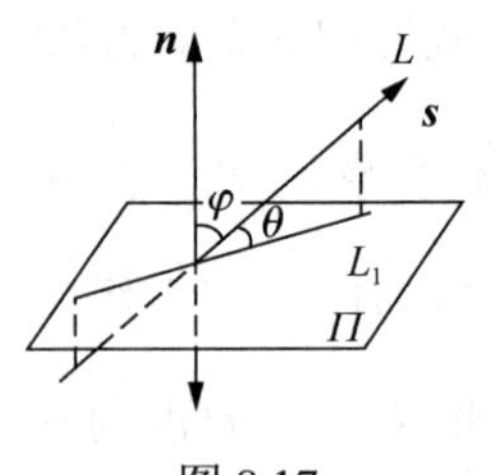

图 8.17

特别地，当直线 L 与平面 Π 垂直时，规定直线与平面的夹角为 $\dfrac{\pi}{2}$；当直线 L 与平面 Π 平行时，规定直线与平面的夹角为 0．

设直线 L 的方向向量为 $s=\{m,n,p\}$，平面 Π 的法向量为 $n=\{A,B,C\}$，s 与 n 的夹角为 φ $\left(\varphi=\dfrac{\pi}{2}-\theta \text{ 或 } \varphi=\dfrac{\pi}{2}+\theta\right)$，则有

$$\sin\theta=|\cos\varphi|=\frac{|s\cdot n|}{|s||n|}=\frac{|Am+Bn+Cp|}{\sqrt{A^2+B^2+C^2}\cdot\sqrt{m^2+n^2+p^2}}, \tag{8.10}$$

称式（8.10）为**直线与平面的夹角公式**．

注 （1）直线 L 与平面 Π 平行的充要条件为 $s\perp n \Leftrightarrow Am+Bn+Cp=0$；

（2）直线 L 与平面 Π 垂直的充要条件为 $s/\!/n \Leftrightarrow \dfrac{A}{m}=\dfrac{B}{n}=\dfrac{C}{p}$．

例 8.19 求直线 L：$\begin{cases}4x+y+2=0\\ -5x-y+z=0\end{cases}$ 与平面 Π：$2x-2y-z+1=0$ 的夹角．

解 设夹角为 θ，由已知条件得直线 L 的方向向量为

$$s=\begin{vmatrix} i & j & k \\ 4 & 1 & 0 \\ -5 & -1 & 1 \end{vmatrix}=\{1,-4,1\},$$

平面 Π 的法向量 $\boldsymbol{n}=\{2,-2,-1\}$，则

$$\sin\theta=\frac{|\boldsymbol{s}\cdot\boldsymbol{n}|}{|\boldsymbol{s}|\cdot|\boldsymbol{n}|}=\frac{9}{\sqrt{18}\times\sqrt{9}}=\frac{1}{\sqrt{2}}=\frac{\sqrt{2}}{2},$$

所以夹角 $\theta=\dfrac{\pi}{4}$.

习题 8.3

1. 求满足下列条件的平面方程：

（1）过点 $A(1,-2,3)$ 且与向径 $\overrightarrow{OA}$ 垂直；

（2）过点 $(3,1,-2)$ 且与平面 $2x+y-7z+10=0$ 平行；

（3）过点 $(1,0,2)$ 且平行于向量 $\boldsymbol{a}=\{1,-1,2\}$ 和 $\boldsymbol{b}=\{2,1,0\}$；

（4）过点 $(1,1,-1)$，$(-2,-2,2)$ 和 $(1,-1,2)$；

（5）过点 $(1,2,-1)$ 和 y 轴；

（6）过点 $(2,0,1)$，$(5,1,3)$ 且平行于 z 轴；

（7）过点 $(1,1,1)$，$(0,1,-1)$ 且与平面 $x+y+z=0$ 垂直.

2. 判断平面 $2x+5y+2z-3=0$ 与平面 $x-2y+4z-7=0$ 的位置关系.

3. 求点 $A(1,1,2)$ 到平面 $4x+3y-z+2=0$ 的距离.

4. 求过两点 $A(1,2,1)$，$B(2,1,2)$ 的直线方程.

5. 求直线 $\begin{cases}x+y+z=1\\2x-y+3z=0\end{cases}$ 的点向式方程.

6. 求过点 $(1,1,1)$ 且与直线 $\dfrac{x-1}{2}=\dfrac{y-2}{3}=\dfrac{z-3}{4}$ 平行的直线 l 的方程.

7. 判断直线 $\dfrac{x-1}{2}=\dfrac{y-1}{3}=\dfrac{z}{2}$ 与平面 $3x-4y+3z=0$ 的位置关系.

8. 求平面 $2x-2y+z+5=0$ 与平面 $x+3y-2z+7=0$ 的夹角 θ 的余弦.

9. 求过 z 轴且与平面 $x+\sqrt{2}y+z-18=0$ 的夹角为 $\dfrac{\pi}{3}$ 的平面方程.

10. 求下列直线的方程：

（1）过点 $(1,1,5)$ 且垂直于平面 $2y-z=0$；

（2）过点 $(0,2,4)$ 且与两平面 $x+2z-1=0$ 和 $y-3z-2=0$ 平行；

（3）过点 $(0,1,2)$ 且与直线 $\dfrac{x-1}{1}=\dfrac{y-1}{1}=\dfrac{z}{2}$ 垂直相交.

11. 求 $L_1:\dfrac{x}{2}=\dfrac{y+3}{3}=\dfrac{z}{4}$，$L_2:\dfrac{x-1}{1}=\dfrac{y+2}{1}=\dfrac{z-2}{2}$ 的夹角 φ 的余弦.

12. 求直线 $\dfrac{x-1}{2}=\dfrac{y}{-1}=\dfrac{z+1}{2}$ 与平面 $x-y+2z=3$ 的夹角.

13. 求 k 的值，使直线 $\dfrac{x-3}{2k}=\dfrac{y+1}{k+1}=\dfrac{z-3}{5}$ 与 $\dfrac{x-1}{3}=y+5=\dfrac{z+2}{k-2}$ 垂直.

8.4 空间曲面与空间曲线的方程

8.4.1 曲面方程的概念

日常生活中，我们经常会遇到各种曲面，如球面、锥面及反光镜的镜面等．与平面解析几何中把平面曲线看作动点的轨迹一样，在空间解析几何中，任何曲面都看作点的几何轨迹．

定义 8.5 如果曲面 S 上任意一点的坐标都满足方程 $F(x,y,z)=0$，而不在曲面 S 上的点的坐标都不满足方程 $F(x,y,z)=0$，那么方程 $F(x,y,z)=0$ 称为曲面 S 的方程，而曲面 S 称为方程 $F(x,y,z)=0$ 的图形．

例 8.20 建立球心在点 $M_0(x_0,y_0,z_0)$，半径为 R 的球面方程．

解 设 $M(x,y,z)$ 为球面上任一点，则由于

$$|M_0M|=\sqrt{(x-x_0)^2+(y-y_0)^2+(z-z_0)^2}=R,$$

所以

$$(x-x_0)^2+(y-y_0)^2+(z-z_0)^2=R^2$$

即为球面上的点的坐标所满足的方程．

如果球心在原点，则球面方程为

$$x^2+y^2+z^2=R^2.$$

例 8.21 设点 $A(1,2,3)$ 和 $B(2,-1,4)$，求线段 AB 的垂直平分面的方程．

解 由题意知，所求的平面就是与点 A 和 B 等距离的点的几何轨迹，设 $M(x,y,z)$ 为所求平面上的一点，由于 $|AM|=|BM|$，所以有

$$\sqrt{(x-1)^2+(y-2)^2+(z-3)^2}=\sqrt{(x-2)^2+(y+1)^2+(z-4)^2}.$$

化简得

$$2x-6y+2z-7=0,$$

这就是所求平面上的点的坐标所满足的方程．

8.4.2 几种常见曲面的方程

1. 球面

一般地，设有三元二次方程

$$x^2+y^2+z^2+Ax+By+Cz+D=0. \tag{8.11}$$

方程（8.11）的特点是缺少交叉项 xy，yz，xz，且二次项的系数是相同的，将上式配方后可得

$$\left(x+\frac{A}{2}\right)^2+\left(y+\frac{B}{2}\right)^2+\left(z+\frac{C}{2}\right)^2=\frac{1}{4}(A^2+B^2+C^2-4D).$$

由此可得

（1）若 $A^2+B^2+C^2-4D>0$，则式（8.11）表示一个球心为 $\left(-\frac{A}{2},-\frac{B}{2},-\frac{C}{2}\right)$，半径为 $\frac{1}{2}\sqrt{A^2+B^2+C^2-4D}$ 的球面.

（2）若 $A^2+B^2+C^2-4D=0$，则式（8.11）表示一个点 $\left(-\frac{A}{2},-\frac{B}{2},-\frac{C}{2}\right)$.

（3）若 $A^2+B^2+C^2-4D<0$，则式（8.11）表示的是虚轨迹.

例如，对方程 $x^2+y^2+z^2-2x+4y=0$ 配方后化简，得

$$(x-1)^2+(y+2)^2+z^2=5.$$

它表示球心在点 $(1,-2,0)$，半径为 $\sqrt{5}$ 的球面.

2. 柱面

定义 8.6　一般地，直线 L 沿定曲线 C 平行移动形成的轨迹叫作**柱面**. 定曲线 C 叫作柱面的**准线**，动直线 L 叫作柱面的**母线**.

设 C 是 xOy 面上的曲线 $\begin{cases}F(x,y)=0\\ z=0\end{cases}$，以 C 为准线，L 为母线，平行于 z 轴移动形成一个柱面（图 8.18），显然柱面上任一点 $M(x,y,z)$ 的坐标满足 $F(x,y)=0$；反过来，满足 $F(x,y)=0$ 的点 $M(x,y,z)$，不管其 z 的坐标是多少，总在此柱面上. 因此，方程 $F(x,y)=0$ 表示母线平行于 z 轴、以 xOy 面上曲线 $F(x,y)=0$ 为准线的**柱面方程**.

下面是几种常见的母线平行于 z 轴的柱面.

（1）圆柱面：$x^2+y^2=R^2(R>0)$，其准线为 xOy 面上的圆 $x^2+y^2=R^2$（图 8.19）.

（2）椭圆柱面：$\frac{x^2}{a^2}+\frac{y^2}{b^2}=1$（$a>0$，$b>0$），其准线为 xOy 面上的椭圆 $\frac{x^2}{a^2}+\frac{y^2}{b^2}=1$.

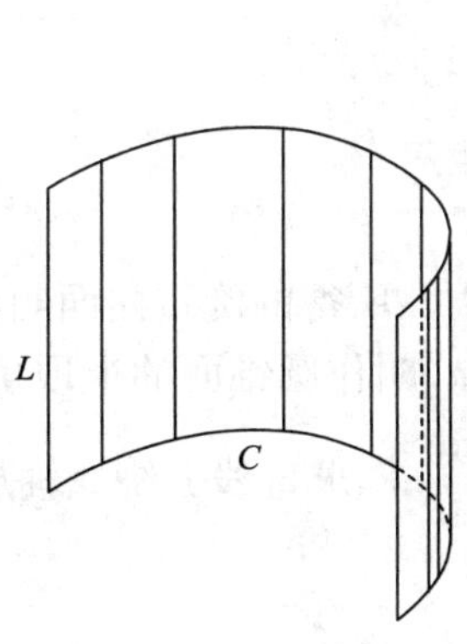

图 8.18

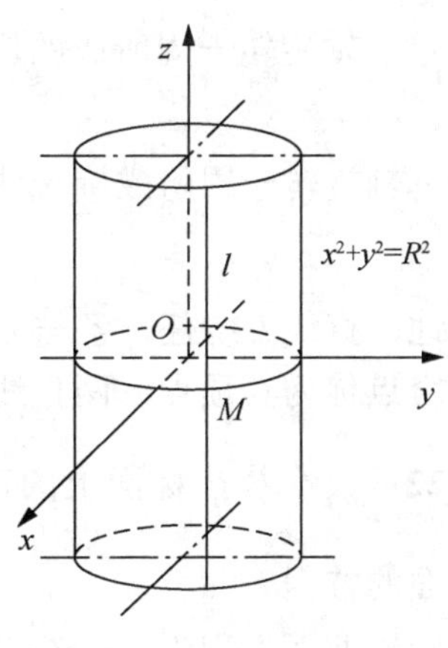

图 8.19

（3）双曲柱面：$\frac{x^2}{a^2}-\frac{y^2}{b^2}=1$（$a>0$，$b>0$），其准线为 xOy 面上的双曲线 $\frac{x^2}{a^2}-\frac{y^2}{b^2}=1$（图 8.20）.

（4）抛物柱面：$x^2=2py\,(p>0)$，准线为 xOy 面上抛物线 $x^2=2py$（图 8.21）.

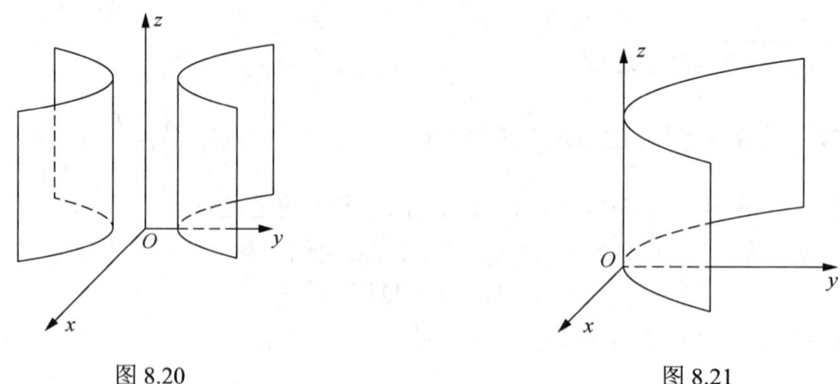

图 8.20　　　　图 8.21

从柱面的方程中不难看出，同一个方程 $F(x,y)=0$，在平面直角坐标系 xOy 下，表示一条平面曲线，而在空间直角坐标系下，表示的是母线平行于 z 轴并以 xOy 面上的曲线 $F(x,y)=0$ 为准线的柱面.

同理，$F(y,z)=0$，$F(x,z)=0$ 分别表示母线平行于 x 轴、y 轴，准线是 yOz 面及 xOz 面上的曲线 $F(y,z)=0$，$F(x,z)=0$ 的柱面方程.

3. 旋转曲面

以一条平面曲线绕其平面上的一条直线旋转一周所成的曲面叫作**旋转曲面**，旋转曲线和定直线分别叫作旋转曲面的**母线**和**旋转轴**.

设 yOz 坐标面上有一已知曲线 C，它的方程为

$$\begin{cases}f(y,z)=0\\ x=0\end{cases},$$

则曲线 C 绕 z 轴旋转一周所成的旋转曲面方程为

$$f(\pm\sqrt{x^2+y^2},z)=0.$$

曲线 C 绕 y 轴旋转一周所成旋转曲面的方程为

$$f(y,\pm\sqrt{x^2+z^2})=0.$$

特别地，直线 L 绕任一条与 L 相交的直线旋转一周，所得的旋转曲面叫作**圆锥面**，两直线的交点称为其顶点，两直线的夹角 $\alpha\,(0\leqslant\alpha\leqslant\pi)$ 叫作圆锥面的半顶角.

例 8.22　设 yOz 坐标面上的直线 L 的方程为 $\begin{cases}z=ay\\ x=0\end{cases}$，求直线 L 绕 z 轴旋转一周所成圆锥曲面的方程.

解　圆锥曲面方程为 $z=a(\pm\sqrt{x^2+y^2})$ 或 $z^2=a^2(x^2+y^2)$（图 8.22）.

例 8.23　设 yOz 坐标面上的曲线 C 的方程为 $\begin{cases}z=y^2\\ x=0\end{cases}$，求曲线 C 绕 z 轴旋转一周所成旋转曲面的方程.

解　旋转曲面方程为 $z=x^2+y^2$，此曲面为旋转抛物面（图 8.23）.

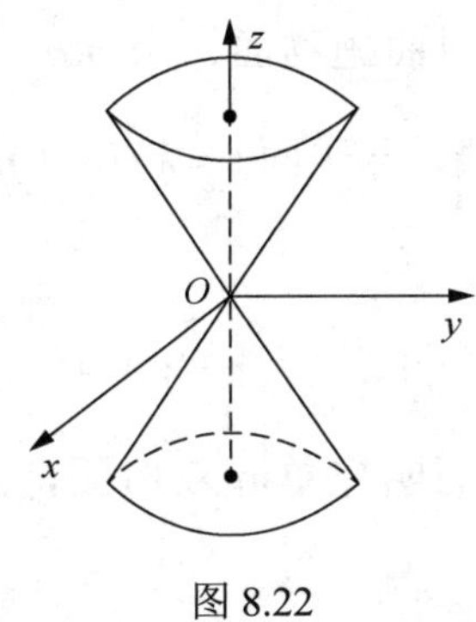

图 8.22

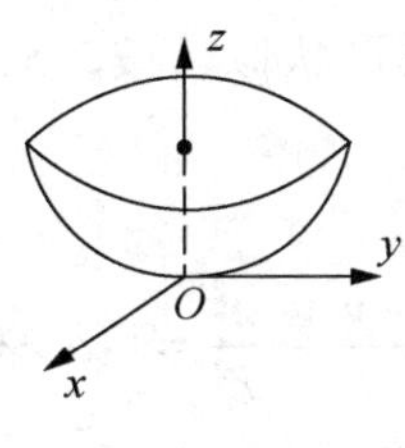

图 8.23

8.4.3　常见的二次曲面

我们来介绍几种空间中常见的二次曲面，前面所讲的柱面、旋转曲面等都是二次曲面的特殊情况.

1. 椭球面

方程 $\frac{x^2}{a^2}+\frac{y^2}{b^2}+\frac{z^2}{c^2}=1\,(a>0,b>0,c>0)$ 所表示的曲面叫作**椭球面**，如图 8.24 所示. 该曲面与三个坐标平面的截痕都是椭圆，a,b,c 称为椭球面的三个半轴.

若 $a=b=c$，则方程变为

$$x^2+y^2+z^2=a^2,$$

即球心在坐标原点，半径为 a 的球面.

2. 抛物面

方程 $\frac{x^2}{2p}+\frac{y^2}{2q}=z$（$p$，$q$ 同号）所表示的曲面称为**椭圆抛物面**，如图 8.25 所示. 当 $p>0$，$q>0$ 时，曲面过坐标原点且位于 xOy 面上方，与 yOz 面及 xOz 面的截痕都是抛物线，而用平面 $z=k\,(k\neq 0)$ 去截时，截痕为椭圆.

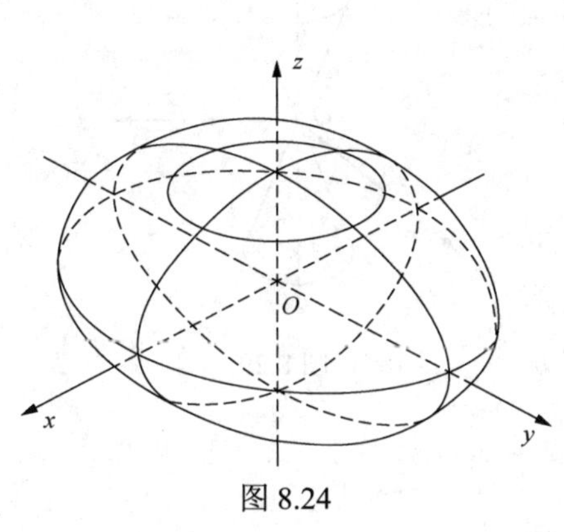

图 8.24

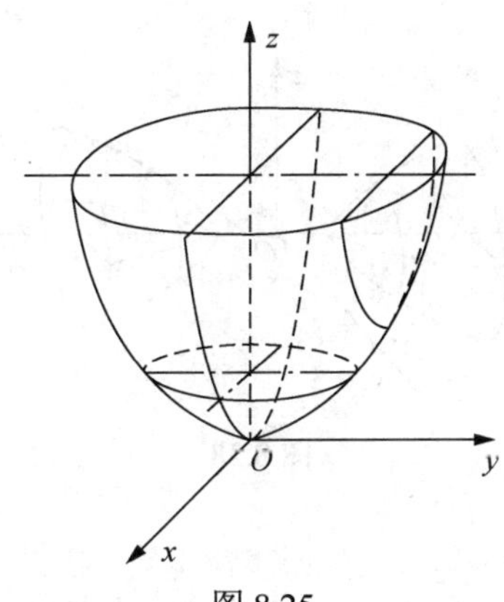

图 8.25

方程 $-\dfrac{x^2}{2p}+\dfrac{y^2}{2q}=z$（$p,q$ 同号）表示的曲面叫作**双曲抛物面**．当 $p,q>0$ 时，如图 8.26 所示．它与平面 $y=k$ 及 $x=k$ 的截痕均为抛物线，与平面 $z=k\ (k\neq 0)$ 的截痕为双曲线．因其形状似马鞍，故又称**马鞍面**．

3．双曲面

方程 $\dfrac{x^2}{a^2}+\dfrac{y^2}{b^2}-\dfrac{z^2}{c^2}=1\ (a>0,b>0,c>0)$ 所表示的曲面叫作**单叶双曲面**，其形状如图 8.27 所示．

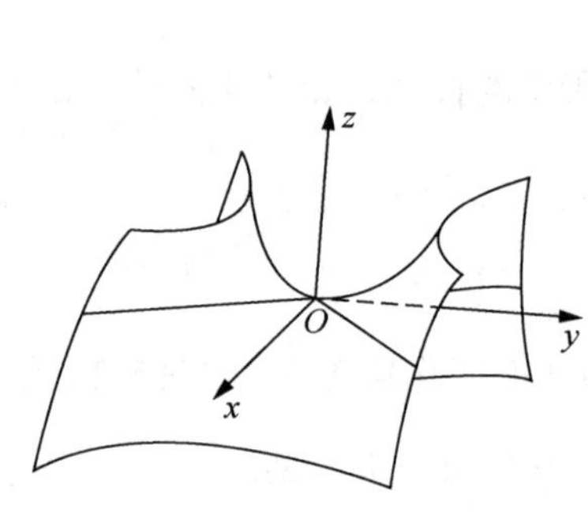

图 8.26

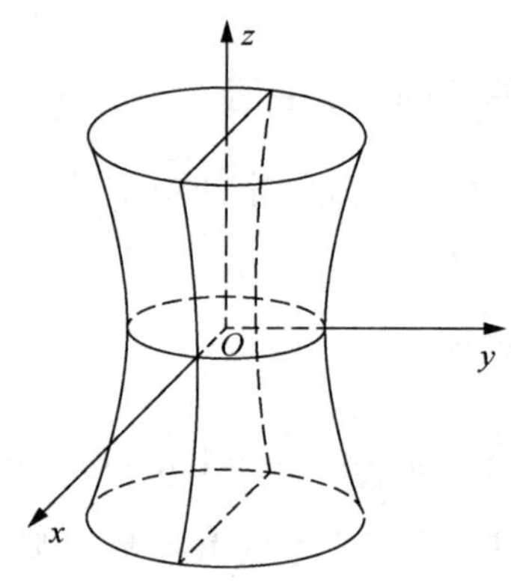

图 8.27

由方程 $\dfrac{x^2}{a^2}+\dfrac{y^2}{b^2}-\dfrac{z^2}{c^2}=-1\ (a>0,\ b>0,\ c>0)$ 所表示的曲面叫作**双叶双曲面**，其形状如图 8.28 所示．

4．锥面

方程 $z^2=a^2x^2+b^2y^2 (a>0,\ b>0)$ 所表示的曲面叫作锥面，其形状如图 8.29 所示．

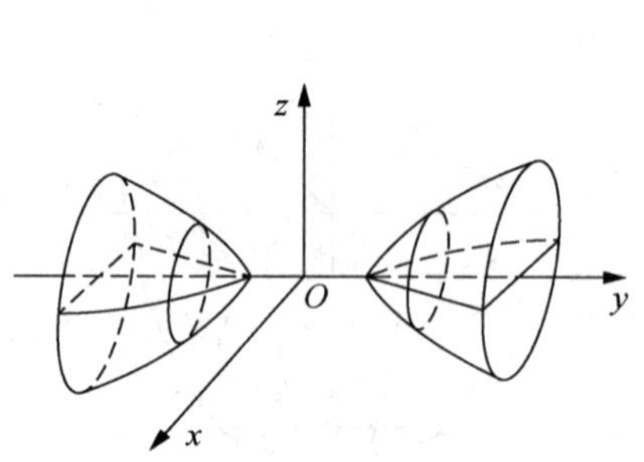

图 8.28

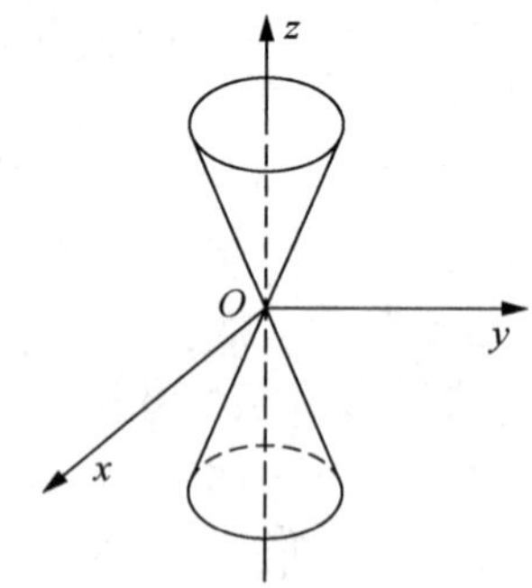

图 8.29

8.4.4 空间曲线及其方程

1. 空间曲线的一般方程

空间曲线可以看作空间两个曲面的交线. 设曲面 S_1，S_2 的方程分别为 $F_1(x,y,z)=0$，$F_2(x,y,z)=0$，则称

$$\begin{cases}F_1(x,y,z)=0\\F_2(x,y,z)=0\end{cases}$$

为空间曲线 C 的**一般方程**.

特别地，空间直线是两个空间平面的交线，其一般方程为

$$\begin{cases}A_1x+B_1y+C_1z+D_1=0\\A_2x+B_2y+C_2z+D_2=0\end{cases}.$$

例如，平面 $\dfrac{x}{a}+\dfrac{y}{b}+\dfrac{z}{c}=1$ 与 yOz 坐标平面的交线可表示为

$$\begin{cases}\dfrac{x}{a}+\dfrac{y}{b}+\dfrac{z}{c}=1\\x=0\end{cases}，即\begin{cases}\dfrac{y}{b}+\dfrac{z}{c}=1\\x=0\end{cases}.$$

它是 yOz 坐标平面上的一条直线.

例 8.24　方程组 $\begin{cases}x^2+y^2=9\\2x+3z=6\end{cases}$ 表示什么曲线？

解　方程 $x^2+y^2=9$ 表示母线平行于 z 轴、准线是 xOy 平面内的圆心在原点半径是3的圆的圆柱面；$2x+3z=6$ 表示母线平行于 y 轴、准线是 zOx 平面内的直线的柱面. 该方程组表示柱面与平面的交线，如图 8.30 所示阴影部分的边界.

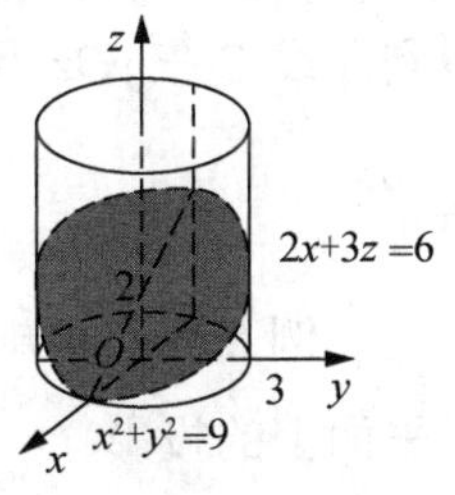

图 8.30

2. 空间曲线的参数方程

空间曲线 C 的方程除一般方程外，也可以用参数方程表示，即将 C 上动点的坐标 x, y, z 表示为参数 t 的函数，即

$$\begin{cases}x=x(t)\\y=y(t)\quad(\alpha\leqslant t\leqslant\beta)\\z=z(t)\end{cases},\tag{8.12}$$

当给定 $t=t_1$ 时，就得到 C 上的一个点 (x_1,y_1,z_1)，随着参数 t 的变化就得到曲线 C 上的全部点. 方程组（8.12）叫作**空间曲线的参数方程**.

例 8.25　如果空间一点 M 在圆柱面 $x^2+y^2=a^2$ 上以角速度 ω 绕 z 轴旋转，同时又以线速度 v 沿平行于 z 轴的正方向上升（其中 ω，v 都是常数），那么点 M 构成的图形叫作**螺旋线**. 试建立其参数方程.

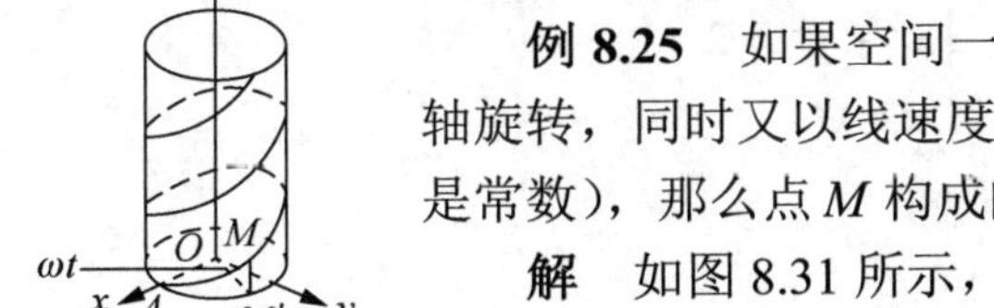

图 8.31

解　如图 8.31 所示，取时间 t 为参数，在 $t=0$ 时刻，动点位于 x 轴上一点 $A(a,0,0)$ 处，经过时间 t，动点由 A 运动到 $M(x,y,z)$，记点 M 在坐标面 xOy 上的投影点为 M'，则 $M'(x,y,0)$，由题意可得螺旋线的参

数方程为

$$\begin{cases} x = |OM'|\cos\omega t \\ y = |OM'|\sin\omega t \\ z = vt \end{cases}，\ 即 \begin{cases} x = a\cos\omega t \\ y = a\sin\omega t \\ z = vt \end{cases}.$$

3. 空间曲线在坐标面上的投影

设空间曲线 C 的一般方程为

$$\begin{cases} F(x,y,z) = 0 \\ G(x,y,z) = 0 \end{cases}. \tag{8.13}$$

下面考虑 C 在 xOy 平面上的投影曲线.

在方程组（8.13）中消去 z 得到方程

$$H(x,y) = 0. \tag{8.14}$$

易知，当变量 x, y 和 z 满足方程组（8.13）时，其中 x, y 必满足方程（8.14），这说明曲线 C 上的点都在方程（8.14）所表示的曲面上．因为（8.14）又可以看作母线平行于 z 轴的柱面，由上述分析知，此柱面必包含曲线 C．以曲线 C 为准线，母线平行于 z 轴的柱面叫作曲线 C 在 xOy 平面上的投影柱面，投影柱面与 xOy 平面的交线叫作曲线 C 在 xOy 平面上的投影曲线，或简称为投影，投影曲线方程为

$$\begin{cases} H(x,y) = 0 \\ z = 0 \end{cases}.$$

同理，在方程组（8.13）中消去变量 x 或者 y，再分别与 $x = 0$ 或 $y = 0$ 联立，就得到曲线 C 在 yOz 及 zOx 平面内的投影曲线方程，即

$$\begin{cases} R(y,z) = 0 \\ x = 0 \end{cases}, \qquad \begin{cases} T(x,z) = 0 \\ y = 0 \end{cases}.$$

例 8.26 求旋转圆锥面 $z = \sqrt{x^2 + y^2}$ 与上半球面 $z = \sqrt{4 - x^2 - y^2}$ 所围的立体在 xOy 平面上的投影.

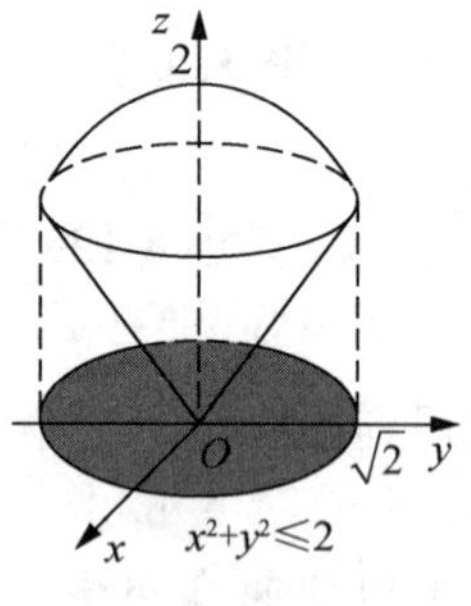

图 8.32

解 如图 8.32 所示，两个曲面的交线

$$C: \begin{cases} z = \sqrt{x^2 + y^2} \\ z = \sqrt{4 - x^2 - y^2} \end{cases},$$

消去 z，得到 $x^2 + y^2 = 2$，这是母线平行于 z 轴的柱面，恰好是交线 C 在 xOy 平面上的投影柱面．因此，交线在 xOy 平面上的投影曲线为

$$\begin{cases} x^2 + y^2 = 2 \\ z = 0 \end{cases},$$

所以立体的投影为 $x^2 + y^2 \leqslant 2$.

习题 8.4

1．指出下列方程在平面解析几何和空间解析几何中分别表示什么图形：

（1）$y=x+1$；　　（2）$x^2+y^2=4$；

（3）$x^2-y^2=1$；　　（4）$y=1-x^2$．

2．求 yOz 坐标面内的曲线 $z=y^2$ 绕 z 轴旋转一周所得旋转曲面的方程．

3．求曲线 $C:\begin{cases} z^2=5x \\ y=0 \end{cases}$ 绕 x 轴旋转一周所得旋转曲面的方程．

4．说明下列旋转曲面是如何形成的：

（1）$\dfrac{x^2}{4}+\dfrac{y^2}{9}+\dfrac{z^2}{9}=1$；　　（2）$x^2-\dfrac{y^2}{4}+z^2=1$；

（3）$x^2-y^2-z^2=1$；　　（4）$(z-a)^2=x^2+y^2$．

5．写出下列曲线绕指定轴旋转一周所生成的旋转曲面的方程：

（1）zOx 面上的抛物线 $z^2=5x$ 绕 x 轴旋转；

（2）yOz 面上的圆 $y^2+z^2=9$ 绕 z 轴旋转；

（3）xOy 面上的双曲线 $4x^2-9y^2=36$ 分别绕 x 轴和 y 轴旋转；

（4）xOy 面上的直线 $x=1$ 绕 y 轴旋转．

6. 求球面 $x^2+y^2+z^2=9$ 与平面 $x+z=1$ 的交线在 xOy 平面上的投影的方程．

7. 求旋转抛物面 $z=x^2+y^2\ (0\leqslant z\leqslant 4)$ 在三个坐标面上的投影．

自测题 A　基础自测题

一、填空题（每题 2 分，共 16 分）

1. 设向量 $\boldsymbol{b}$ 与 $\boldsymbol{a}=\{1,-2,3\}$ 共线，且 $\boldsymbol{a}\cdot\boldsymbol{b}=56$，则 $\boldsymbol{b}=$________．

2. 与向量 $\boldsymbol{a}=\{-3,4,1\}$ 平行的单位向量是________．

3. 设一个向量的模是 4，它与 x 轴的夹角是 $\dfrac{\pi}{3}$，则它在 x 轴上的投影为________．

4. 若向量 $\boldsymbol{a},\boldsymbol{b},\boldsymbol{c}$ 两两垂直，且 $|\boldsymbol{a}|=1,\ |\boldsymbol{b}|=2,\ |\boldsymbol{c}|=3$，则 $\boldsymbol{a}+\boldsymbol{b}+\boldsymbol{c}$ 的长度为________．

5. 向量 $\boldsymbol{a}=\{1,0,1\}$ 与向量 $\boldsymbol{b}=\{-1,1,0\}$ 的夹角是________．

6. 点 $(3,2,-1)$ 到平面 $x+y+z-1=0$ 的距离是________．

7. 若平面 $\Pi_1: x+2y-5z+7=0$ 与平面 $\Pi_2: 4x+3y+mz+13=0$ 垂直，则 $m=$_____．

8. 设向量 $\boldsymbol{a}=\{2,1,2\}$，$\boldsymbol{b}=\{4,-1,10\}$，$\boldsymbol{c}=\boldsymbol{b}-\lambda\boldsymbol{a}$，且 $\boldsymbol{a}\perp\boldsymbol{c}$，则 $\boldsymbol{\lambda}=$________．

二、选择题（每题 2 分，共 16 分）

9. 已知向量 $\boldsymbol{a},\boldsymbol{b}$，且 $|\boldsymbol{a}|=3,|\boldsymbol{b}|=4$，则（　　）．

A. $0\leqslant|\boldsymbol{a}+\boldsymbol{b}|\leqslant 7$　　B. $2\leqslant|\boldsymbol{a}+\boldsymbol{b}|\leqslant 3$

C. $1\leqslant|\boldsymbol{a}+\boldsymbol{b}|\leqslant 7$　　D. $3\leqslant|\boldsymbol{a}+\boldsymbol{b}|\leqslant 4$

10. 已知$A(1,0,2),B(1,2,1)$是空间两点，向量$\overrightarrow{AB}$的模是（　　）.

A. $\sqrt{5}$　　B. 3　　C. 6　　D. 9

11. 下列各组角中，可以作为某个向量的方向角的是（　　）.

A. $\frac{\pi}{4},\frac{\pi}{4},\frac{\pi}{3}$　　B. $\frac{\pi}{6},\frac{\pi}{4},\frac{\pi}{3}$　　C. $\frac{\pi}{3},\frac{\pi}{3},\frac{\pi}{4}$　　D. $\frac{\pi}{4},\frac{\pi}{3},\frac{\pi}{2}$

12. 对于任意两个向量$\boldsymbol{a}$和$\boldsymbol{b}$，下列等式不恒成立的是（　　）.

A. $\boldsymbol{a}+\boldsymbol{b}=\boldsymbol{b}+\boldsymbol{a}$　　B. $\boldsymbol{a}\cdot\boldsymbol{b}=\boldsymbol{b}\cdot\boldsymbol{a}$

C. $\boldsymbol{a}\times\boldsymbol{b}=\boldsymbol{b}\times\boldsymbol{a}$　　D. $(\boldsymbol{a}\cdot\boldsymbol{b})^2+(\boldsymbol{a}\times\boldsymbol{b})^2=\boldsymbol{a}^2\cdot\boldsymbol{b}^2$

13. 已知向量$\boldsymbol{a}=\{5,x,-2\}$与$\boldsymbol{b}=\{y,6,4\}$平行，则$x$和$y$的值分别为（　　）.

A. $-4,5$　　B. $-3,-10$　　C. $-4,-10$　　D. $-10,-3$

14. 设$\triangle ABC$的顶点为$A(3,0,2),B(5,3,1),C(0,-1,3)$，则$\triangle ABC$的面积是（　　）.

A. $\frac{3\sqrt{6}}{2}$　　B. $\frac{4\sqrt{6}}{3}$　　C. $\frac{2}{3}$　　D. 3

15. 直线$L:\frac{x-1}{2}=\frac{y+2}{-3}=\frac{z-4}{1}$与平面$\Pi:2x-3y+z-4=0$的位置关系是（　　）.

A. L在Π上　　B. L与Π垂直相交

C. L与Π平行　　D. L与Π相交，但不垂直

16. 方程$x^2+y^2-z=0$在空间直角坐标系中表示的是（　　）.

A. 球面　　B. 圆锥面　　C. 旋转抛物面　　D. 圆柱面

三、解答题（每题 8 分，共 56 分）

17. 从原点O向平面Π引一条垂线，垂足为(1, 1, 1)，求平面Π的方程.

18. 已知向量$\boldsymbol{a},\boldsymbol{b}$的模分别为$|\boldsymbol{a}|=5,|\boldsymbol{b}|=2$，且夹角为$60^\circ$，求向量$\boldsymbol{c}=3\boldsymbol{a}+\boldsymbol{b}$的模.

19. 求直线$\begin{cases}x=1\\y=0\end{cases}$绕$z$轴旋转一周所形成的旋转曲面的方程.

20. 已知$|\boldsymbol{a}|=3$，$|\boldsymbol{b}|=6$，$\boldsymbol{a}\cdot\boldsymbol{b}=9$，求$|\boldsymbol{a}\times\boldsymbol{b}|$.

21. 已知平行四边形$ABCD$的两个顶点$A(2,-3,-5)$，$B(-1,3,2)$及它的对角线的交点$E(4,-1,7)$，求顶点C、D的坐标.

22. 求过点$P(1,2,-1)$且与直线$L:\begin{cases}x=-t+2\\y=3t-4\\z=t-1\end{cases}$垂直的平面方程.

23. 设直线$L:\begin{cases}x+2y+3z=0\\3x+5y+7z=1\end{cases}$，求过点$A(0,1,2)$且平行于直线$L$的直线方程.

四、证明题（每题 6 分，共 12 分）

24. 已知向量$\boldsymbol{a},\boldsymbol{b},\boldsymbol{c}$满足$\boldsymbol{a}+\boldsymbol{b}+\boldsymbol{c}=0$，证明$\boldsymbol{a}\times\boldsymbol{b}=\boldsymbol{b}\times\boldsymbol{c}=\boldsymbol{c}\times\boldsymbol{a}$.

25. 证明以$A(4,1,9)$，$B(10,-1,6)$，$C(2,4,3)$为顶点的三角形是等腰直角三角形.

自测题 B　提高自测题

一、填空题（每题 4 分，共 20 分）

1. 已知向量 $\boldsymbol{a}=\{1,2,3\}$，$\boldsymbol{b}=\{2,3,4\}$，则与向量 $\boldsymbol{a},\boldsymbol{b}$ 都垂直的单位向量为________.

2. 直线 $L:\dfrac{x+2}{3}=\dfrac{y-2}{1}=\dfrac{z+1}{2}$ 和平面 $\Pi:2x+3y-3z-8=0$ 的交点是________.

3. 过点 $(-1,-3,2)$ 且平行于平面 $3x-y+5z+2=0$ 及 $x+2y-3z+4=0$ 的直线方程为________.

4. 若向量 $\boldsymbol{a}=\{0,1,1\}$，$\boldsymbol{b}=\{1,0,1\}$，$\boldsymbol{c}=\{1,1,0\}$，则 $(\boldsymbol{a}\times\boldsymbol{b})\cdot\boldsymbol{c}=$________.

5. 双曲抛物面 $x^2-\dfrac{y^2}{3}=2z$ 与 xOy 坐标面的交线是________.

二、选择题（每题 4 分，共 20 分）

6. 设 α,β,γ 为一向量的三个方向角，则必有（　　）.

A. $\sin^2\alpha+\sin^2\beta+\sin^2\gamma=1$　　B. $\sin^2\alpha+\sin^2\beta+\sin^2\gamma=2$

C. $\sin\alpha+\sin\beta+\sin\gamma=1$　　D. $\sin\alpha+\sin\beta+\sin\gamma=2$

7. 经过直线 $L_1:\dfrac{x-1}{1}=\dfrac{y-2}{0}=\dfrac{3-z}{1}$ 且平行于直线 $L_2:\dfrac{x+2}{2}=\dfrac{y-1}{1}=\dfrac{z}{1}$ 的平面方程为（　　）.

A. $x-3y+z+2=0$　　B. $x-3y+z-2=0$

C. $x-3y-z+2=0$　　D. $x-3y-z-2=0$

8. 已知向量 $\boldsymbol{a},\boldsymbol{b},\boldsymbol{c}$ 满足 $|\boldsymbol{a}|=1$，$|\boldsymbol{b}|=2$，$|\boldsymbol{c}|=3$，且 $|\boldsymbol{a}+\boldsymbol{b}+\boldsymbol{c}|=4$，则 $\boldsymbol{a}\cdot\boldsymbol{b}+\boldsymbol{a}\cdot\boldsymbol{c}+\boldsymbol{b}\cdot\boldsymbol{c}=$（　　）.

A. 1　　B. 2　　C. 3　　D. 4

9. 平行于 z 轴，且过点 $M_1(1,0,1)$ 和 $M_2(2,-1,1)$ 的平面方程为（　　）.

A. $2x+3y-5=0$　　B. $x-y+1=0$

C. $x+y+1=0$　　D. $x+y-1=0$

10. 下列方程在空间直角坐标系中表示的图形为旋转曲面的是（　　）.

A. $\dfrac{x^2}{3}+\dfrac{z^2}{2}=1$　　B. $z=x^2-y^2$

C. $y^2=x-z^2$　　D. $x^2-y+1=0$

三、解答题（每题 12 分，共 48 分）

11. 已知向量 $\boldsymbol{a}+2\boldsymbol{b}$ 垂直于 $\boldsymbol{a}-4\boldsymbol{b}$，向量 $\boldsymbol{a}+4\boldsymbol{b}$ 垂直于 $\boldsymbol{a}-2\boldsymbol{b}$，求向量 $\boldsymbol{a},\boldsymbol{b}$ 之间的夹角.

12. 求通过曲线 $\begin{cases}2x^2+y^2+2z^2=12\\ z^2=x^2+y^2\end{cases}$ 且母线分别平行于 x 轴及 z 轴的柱面方程.

13. 设直线$L_1:\dfrac{x-1}{1}=\dfrac{y-5}{-2}=\dfrac{z+8}{1}$，$L_2:\begin{cases}x-y=6\\2y+z=3\end{cases}$，求$L_1$与$L_2$的夹角.

14. 求经过坐标原点及点$(6,-3,2)$，且与平面$4x-y+2z-8=0$垂直的平面方程.

四、证明题（本题 12 分）

15. 设数$\lambda_1,\lambda_2,\lambda_3$不全为0，且使得$\lambda_1\boldsymbol{a}+\lambda_2\boldsymbol{b}+\lambda_3\boldsymbol{c}=0$，证明：$(\boldsymbol{a}\times\boldsymbol{b})\cdot\boldsymbol{c}=\boldsymbol{0}$.

思维导图

习题答案

史料阅读

向量理论

向量思想的萌芽最早可以追溯到大约公元前 350 年的古希腊时期. 亚里士多德（Aristotle，前 384—前 322 年）在《力学》一书中记载了“速度”的平行四边形法则，3 个世纪以后又被亚历山大时期的数学家海伦（Heron，约 1 世纪）证明. 向量思想的孕育不仅有着明确的力学背景，而且和位置几何以及复数的几何表示有着直接关系.

在向量理论中，最基本的数学思想之一是向量加法的思想. 尽管速度的平行四边形法则可追溯至古希腊时期，但在力学中对该方法详细明确的总结是在 16 世纪开始的. 荷兰数学家史蒂文（Stevin，约 1548—1620 年）最早在静力学问题中应用了平行四边形法则，牛顿（Newton，1643—1727 年）是最先使用有向线段表示向量的科学家，在其科学巨著《自然哲学之数学原理》中把它作为运动定律的一个推论并给出了证明. 但这个阶段并没有把“向量的加法运算”抽象成数学概念. 随着力学的不断发展，数理学家欧拉（Euler，1707—1783 年）、拉普拉斯（Laplace，1749—1827 年）等利用向量描述刚体运动的力矩和角速度等力学对象的向量特征. 这一时期孕育了丰富的向量思想，研究人员在力学研究中普遍地将力学与向量联系起来，但向量都是用笛卡尔坐标表示，最终未能产生向量理论.

向量理论的发展有着深刻的几何背景，贡献突出的科学家为莱布尼茨（Leibniz，1646—1716 年）. 莱布尼茨提出位置几何的概念，并在数理领域提出了几何实体可以用符号来表示，并且利用符号直接运算的新系统的理论构想. 百年以后，数学家格拉斯曼（Grassmann，1809—1877 年）充实了这个新系统并弥补其明显缺陷. 位置几何孕育了丰富的向量思想，但遗憾的是并没在这条线索中诞生现代意义下的向量理论.

复数的几何表示使得数学家们认识到平面向量可以通过复数来表示和研究. 18 世纪末期，挪威测量学家韦塞尔（Wessel，1745—1818 年）首次利用坐标平面上的点来表示复数 $a+bi$，并利用复数运算来定义向量的运算. 阿尔冈（Argand，1768—1822 年）和高斯（Gauss，1777—1855 年）都对复数的几何表示做出过重要贡献，并且他们为三维空间的复数表示做了尝试. 直到 19 世纪中期，英国数学家汉密尔顿（Hamilton，1805—1865 年）发明了四元数，通过引入有序实数偶表示复数，使得复数脱离几何成为代数的一部分，为向量代数和向量分析的建立奠定了基础.

英国著名数理学家泰特（Tait，1831—1901 年）在四元数分析的基础上发展并创造了许多现代向量分析的新理论，强调了四元数中对物理科学最有用的部分，拓展向量成为物理学中强有力的工具之一. 英国数理学家麦克思韦尔（Maxwell，1831—1879 年）在 1873 年出版的巨著《电磁通论》中使用了笛卡尔坐标和四元数两种不同符号，并把四元数的数量部分和向量部分分开处理，从而加速了向量分析诞生的历程. 英国数理学家克利福德（Clifford，1845—1879 年）的工作几乎接近现代向量分析，在其著作《动力学基础》中解释了向量加法，并从纯几何角度定义了两个向量的向量积和数量积，讨论了算子和线性向量函数.

在众多数学家和物理学家的共同努力下，向量思想逐渐趋于成熟. 直到 19 世纪 80 年代，美国数理学家吉布斯（Gibbs，1839—1903 年）和英国数理学家亥维赛（Heaviside，1850—1925 年）各自独立完成了现代意义下的向量理论. 吉布斯的《向量分析基础》详细介绍了向量代数、向量的微分和积分、线性向量函数以及向量的变换函数等内容. 亥维赛的三卷本《电磁理论》是其向量思想系统化的标志性著作，也是现代意义下的向量理论的第一次公开表述. 吉布斯和亥维赛在向量理论方面的更多贡献是选择，他们能顺应时代需要，凭借敏锐的洞察力决定四元数系统里什么可以删除，什么可以选择，使得四元数系统在物理应用中的缺点在新系统中消失，并逐步完善成为现代向量理论.

对于向量理论，物理学家和数学家一直都没有停下研究的脚步. 吉布斯和亥维赛创立向量理论之后，数理学家把向量语言大量应用于物理学和数学的各个分支的同时，也进一步研究和发展着向量理论. 其中，以德国数理学家费尔博（A.Fopple，1854—1924 年）、美国数学家威尔逊（Wilson，1879—1964 年）为代表的科学家们做了大量工作. 现代数学意义的向量空间概念最早由皮亚诺（Peano，1858—1932 年）从几何中发展而来，他于 1888 年给出了被称为“线性系统”的第一个公理化定义. 直到 20 世纪 30 年代，向量空间理论已成为许多复杂精美理论的基础和一种广泛模型，被广泛应用到数学的许多分支及其他学科中.

向量理论的产生与发展是物理与数学相互推动、交织发展的典型例证. 物理学家讲究实用性和可应用性，向量运算相对于四元数运算更为简单，但简单的东西更可能流传下来. 就像希尔伯特（Hilbert，1862—1943 年）在 1900 年国际数学家大会上所说：“数学中每一步真正的进展都与更有力的工具和更简单的方法的发现密切联系着，这些工具和方法同时会有助于理解已有的理论，并把陈旧的、复杂的东西抛到一边. 数学学科发展的这种特点是根深蒂固的.”

第 9 章　多元函数的微积分

前面讨论的函数都是含有一个自变量的函数，即一元函数. 但在许多实际问题中，还会遇到自变量多于一个的函数，这就是我们将要讨论的多元函数. 多元函数的理论，多是一元函数的推广，在学习过程中，要善于与一元函数比较. 本章在一元函数微积分的基础上以二元函数为例，先介绍多元函数的极限、连续、导数、微分、积分等基本概念，然后讨论多元函数的微积分及简单应用.

9.1　二 元 函 数

9.1.1　二元函数的定义

例 9.1　矩形的面积公式

$$A = xy$$

描述了面积 A 与其长 x 和宽 y 这两个变量之间确定的关系，当 x, y 在一定范围（$x>0$，$y>0$）内取定一组值时，A 的值随之确定.

例 9.2　实际生活中商品的需求量 Q 不仅与价格 P 有关，还与消费者的收入 Y 有关，具体关系为

$$Q = 120 + \frac{250}{P} + 100Y - Y^2.$$

显然，商品的需求量 Q 随着 P 和 Y 的确定而确定.

例 9.3　国内生产总值（GDP）计算的是所有最终消费品价值的总和，表达式为

$$y = C + I + G + X - M ,$$

其中，C 是消费品中由家庭、个人等消费的那部分，I 是消费品中用于私人投资的那部分，G 是被政府购买的部分，$X-M$ 表示净出口. 显然，当 C, I, G, X, M 取定一组值时，GDP 的值随之确定.

上面几个例子的具体意义虽不相同，但它们有共同的性质，分析这些共性，对照一元函数的定义可得多元函数的定义. 下面以二元函数为例给出具体的定义.

定义 9.1　设有变量 x、y 和 z、D 为平面上点的集合，如果变量 x, y 在 D 内任意取定一组值时，按照一定的对应法则 f 总有唯一确定的实数 z 与之对应，则称 z 是 x, y 的**二元函数**，记作

$$z = f(x, y),$$

其中，x, y 叫作自变量，z 叫作因变量，D 叫作函数 f 的定义域.

类似地，可以定义三元函数 $u = f(x, y, z)$ 及三元以上的函数. 二元及二元以上的函数统称为多元函数.

例 9.4　求函数 $z = \sqrt{R^2 - x^2 - y^2}$ 的定义域.

解　当 $R^2-x^2-y^2\geqslant 0$，即 $x^2+y^2\leqslant R^2$ 时函数有意义，所以

$$D=\left\{(x,y)\mid x^2+y^2\leqslant R^2\right\},$$

即函数的定义域是圆周 $x^2+y^2=R^2$ 上及其内部的所有点，如图 9.1 所示.

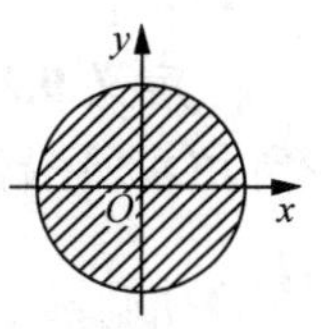

图 9.1

例 9.5　求下列二元函数的定义域.

（1）$z=\ln(x+y)$；

（2）$z=\arcsin\dfrac{x^2+y^2}{9}+\sqrt{x^2+y^2-4}$.

解　（1）当 $x+y>0$ 时，函数有意义，即函数的定义域为 $D=\{(x,y)|x+y>0\}$，满足 $x+y>0$ 的点 (x,y) 都在直线 $x+y=0$ 的上方，如图 9.2 所示.

（2）当 (x,y) 满足不等式组 $\begin{cases}\left|\dfrac{x^2+y^2}{9}\right|\leqslant 1\\ x^2+y^2-4\geqslant 0\end{cases}$ 时，函数有意义，即定义域为

$$D=\{(x,y)|4\leqslant x^2+y^2\leqslant 9\}.$$

定义域上的点 (x,y) 都在圆环 $4\leqslant x^2+y^2\leqslant 9$ 的内部和圆周 $x^2+y^2=4$ 及 $x^2+y^2=9$ 上，如图 9.3 所示.

图 9.2　　图 9.3

二元函数的定义域，一般是由平面上一条或几条曲线围成的一部分平面或整个平面，称为**平面区域**，简称**区域**. 围成平面区域的曲线称为该区域的**边界**，包括边界在内的区域称为**闭区域**，不包括边界在内的区域称为**开区域**. 如果区域能延伸到无穷远处，则称为**无界区域**，否则称为**有界区域**. 例 9.4 中的定义域是有界闭区域，例 9.5（1）中的定义域是**无界区域**. 特别地，在 xOy 平面上，以点 $P_0(x_0,y_0)$ 为圆心，$\delta>0$ 为半径的开圆，称为点 $P_0(x_0,y_0)$ 的 **δ 邻域**，即

$$\{(x,y)\mid(x-x_0)^2+(y-y_0)^2<\delta^2\}.$$

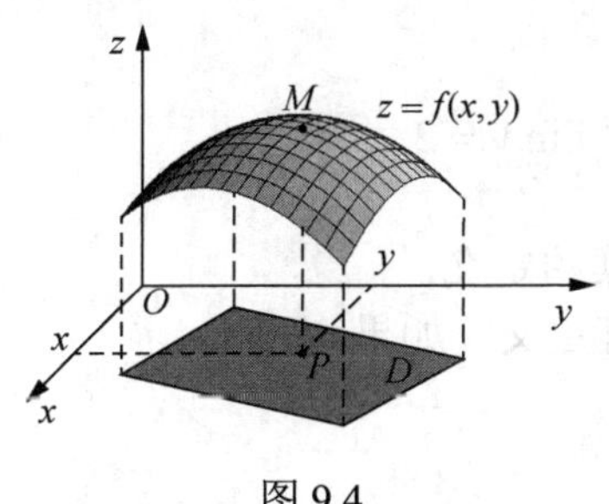

图 9.4

二元函数 $z=f(x,y)$ 的定义域 D 是 xOy 坐标面上的一个平面区域，对于 D 中的每一个点 $P(x,y)$，根据函数关系式有一个 z 值与之对应，从而确定了空间一点 $M(x,y,z)$. 当点 $P(x,y)$ 在 D 中移动，并经过 D 中所有的点时，与之对应的动点 $M(x,y,z)$ 就在空间形成一个曲面，这个曲面就是二元函数 $z=f(x,y)$ 的几何图形，如图 9.4 所示，该曲面在 xOy 坐标面上的投影就是这个函数的定义域 D.

9.1.2 二元函数的极限与连续

定义 9.2 设二元函数 $z=f(x,y)$ 在点 $P_0(x_0,y_0)$ 的某邻域内有定义（点 P_0 可除外），当 $P(x,y)$ 沿任意路径趋近于点 $P_0(x_0,y_0)$，即

$$|PP_0|=\sqrt{(x-x_0)^2+(y-y_0)^2}\to 0$$

时，函数 $f(x,y)$ 的值总是趋近于一个确定的常数 A，则称 A 为当 $(x,y)\to(x_0,y_0)$ 时函数 $f(x,y)$ 的极限，记作

$$\lim_{\substack{x\to x_0\\ y\to y_0}} f(x,y)=A \text{ 或 } \lim_{(x,y)\to(x_0,y_0)} f(x,y)=A .$$

注 （1）二元函数极限的定义在形式上与一元函数的极限是类似的，但由于 $P\to P_0$ 的路径是任意的，涉及无穷多个方向和无穷多种方式，因此二元函数的极限要比一元函数的极限复杂得多，用定义判断二元函数极限存在是比较困难的. 但若点 $P(x,y)$ 沿某两条不同的路径趋近于点 $P_0(x_0,y_0)$ 时，函数 $f(x,y)$ 趋近于不同的数值；或者当点 $P(x,y)$ 沿某个路径趋近于点 $P_0(x_0,y_0)$ 时，函数 $f(x,y)$ 的极限不存在，都可以断定 $\lim\limits_{\substack{x\to x_0\\ y\to y_0}} f(x,y)$ 不存在.

（2）二元函数极限的运算法则与一元函数极限类似.

例 9.6 判断下列函数的极限是否存在，若存在求出其值：

（1）$\lim\limits_{\substack{x\to 0\\ y\to 0}}\dfrac{xy}{x^2+y^2}$；　（2）$\lim\limits_{\substack{x\to 0\\ y\to 0}}\dfrac{xy^2}{x^2+y^2}$；　（3）$\lim\limits_{\substack{x\to 0\\ y\to 2}}\dfrac{\sin(xy)}{x}$.

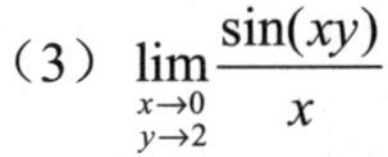

二重极限的存在性

解 （1）当点 $P(x,y)$ 沿直线 $y=kx$ 趋近于点(0,0)时，有

$$\lim_{\substack{x\to 0\\ y=kx}}\frac{xy}{x^2+y^2}=\lim_{x\to 0}\frac{kx^2}{x^2+k^2x^2}=\frac{k}{1+k^2},$$

若 k 取不同的数值，则 $\dfrac{k}{1+k^2}$ 的值不同，因此极限 $\lim\limits_{\substack{x\to 0\\ y\to 0}}\dfrac{xy}{x^2+y^2}$ 不存在.

（2）利用夹逼准则，因为

$$0\leqslant\left|\frac{xy^2}{x^2+y^2}\right|=|x|\cdot\left|\frac{y^2}{x^2+y^2}\right|\leqslant|x|,$$

且 $\lim\limits_{\substack{x\to 0\\ y\to 0}}|x|=0$，所以 $\lim\limits_{\substack{x\to 0\\ y\to 0}}\left|\dfrac{xy^2}{x^2+y^2}\right|=0$，从而 $\lim\limits_{\substack{x\to 0\\ y\to 0}}\dfrac{xy^2}{x^2+y^2}=0$.

（3）利用等价无穷小，因为 $xy\to 0$ 时，$\sin(xy)\sim xy$，所以

$$\lim_{\substack{x\to 0\\ y\to 2}}\frac{\sin(xy)}{x}=\lim_{\substack{x\to 0\\ y\to 2}}\frac{\sin(xy)}{xy}\cdot y=\lim_{xy\to 0}\frac{\sin(xy)}{xy}\lim_{y\to 2}y=2.$$

和一元函数的连续的定义类似，下面给出二元函数连续的定义.

定义 9.3 设函数 $f(x,y)$ 在点 $P_0(x_0,y_0)$ 的某个邻域内有定义，如果

$$\lim_{\substack{x\to x_0\\ y\to y_0}} f(x,y)=A=f(x_0,y_0),$$

则称 $z=f(x,y)$ 在点 $P_0(x_0,y_0)$ 处连续，$P_0(x_0,y_0)$ 为函数 $z=f(x,y)$ 的连续点. 若 $f(x,y)$ 在点 $P_0(x_0,y_0)$ 处不连续，则称点 $P_0(x_0,y_0)$ 为该函数的**间断点**.

例如，函数 $f(x,y)=\dfrac{1}{y^2-2x}$ 在抛物线 $y^2=2x$ 上每一点处均间断.

如果 $f(x,y)$ 在区域 D 内每一点都连续，则称函数 $f(x,y)$ 在区域 D 内连续.

与一元函数类似，二元连续函数的和、差、积、商（分母不为零）仍为连续函数，二元连续函数的复合函数也是连续函数，二元初等函数在其定义区域内也连续. 因此若 $f(x,y)$ 为二元初等函数，(x_0,y_0) 为其定义区域内的点，则

$$\lim_{\substack{x\to x_0\\ y\to y_0}} f(x,y)=f(x_0,y_0).$$

例如

$$\lim_{\substack{x\to 0\\ y\to 1}}\frac{1-xy}{x^2+y^2}=f(0,1)=1.$$

闭区间上一元连续函数的性质也可以推广到二元函数.

性质 9.1（有界性定理）　如果函数 $z=f(x,y)$ 在有界闭区域 D 上连续，则它在 D 上必有界，即存在常数 $M>0$，使得

$$|f(x,y)|\leqslant M,\ (x,y)\in D.$$

性质 9.2（最大值、最小值定理）　如果函数 $z=f(x,y)$ 在有界闭区域 D 上连续，则它在 D 上必有最大值和最小值，即存在 m,M，使得

$$m\leqslant f(x,y)\leqslant M,\ (x,y)\in D.$$

例如，函数 $z=x^2+y^2$ 在有界闭区域 $D=\{(x,y)\,|\,x^2+y^2\leqslant 1\}$ 上有最大值 1 和最小值 0.

性质 9.3（介值定理）　如果函数 $z=f(x,y)$ 在有界闭区域 D 上连续，则函数 $f(x,y)$ 必取得介于最大值和最小值之间的任何值，即对任何 $C\in[m,M]$，至少存在一点 $(x_0,y_0)\in D$，使得

$$f(x_0,y_0)=C.$$

习题 9.1

1. 求下列函数在指定点的函数值：

（1）$f(x,y)=xy+\dfrac{x}{y}$，求 $f\left(\dfrac{1}{2},3\right)$ 与 $f(1,1)$；

（2）$f(x,y)=\dfrac{\arcsin(x-y)}{x+y}$，求 $f(1,0)$ 与 $f(x,x-y)$；

（3）$f(x,y)=\begin{cases}\dfrac{1}{\sqrt{x+y}}, & x+y\geqslant 1\\ \ln(x-y), & x+y<1\end{cases}$，求 $f(1,0)$ 与 $f(1,-2)$.

2. 求下列函数的定义域：

（1）$z=\dfrac{\sqrt{4x-y^2}}{\ln(1-x^2-y^2)}$；　　（2）$z=\dfrac{\arccos(x+y)}{x-y}$；

（3）$z=\sqrt{x-\sqrt{y}}$；　　（4）$z=\mathrm{e}^{-x^2+y^2}$.

3．求下列极限：

（1）$\lim\limits_{(x,y)\to(0,0)}\left(x\sin\dfrac{1}{y}+y\cos\dfrac{1}{x}\right)$；（2）$\lim\limits_{(x,y)\to(1,2)}\dfrac{x+y}{xy}$；

（3）$\lim\limits_{(x,y)\to(0,\ 0)}\dfrac{\sqrt{xy+1}-1}{xy}$；（4）$\lim\limits_{(x,y)\to(0,0)}\dfrac{1-\cos(x^2+y^2)}{x^2+y^2}$．

4．证明下列极限不存在：

（1）$\lim\limits_{(x,y)\to(0,0)}\dfrac{x^2y}{x^4+y^2}$；（2）$\lim\limits_{(x,y)\to(0,0)}\dfrac{xy}{x+y}$．

5．函数 $f(x,y)=\begin{cases}x\sin\dfrac{1}{x^2+y^2}, & (x,y)\neq(0,0)\\ 0, & (x,y)=(0,0)\end{cases}$ 在点 $(0,0)$ 处是否连续？为什么？

6．讨论 $f(x,y)=\begin{cases}\dfrac{x^2y^2}{x^2+y^2}, & (x,y)\neq(0,0)\\ 0, & (x,y)=(0,0)\end{cases}$ 在点 $(0,0)$ 处的连续性．

9.2 偏 导 数

在一元函数中，我们从讨论函数的变化率引入导数的定义，对于多元函数，同样需要讨论函数的变化率，比如在 9.1 节例 9.2 中所给的商品需求量关于价格和收入的函数关系，通常会分别考虑价格对需求量的影响和收入对需求量的影响，此时经常会暂时固定其中一个影响因素，把多元问题转化为一元问题求解. 下面我们先讨论二元函数关于其中一个自变量的变化率.

设二元函数 $z=f(x,y)$ 在点 (x_0,y_0) 的某邻域内有定义，在点 (x_0,y_0) 处，若把 y 固定在 $y=y_0$，让 x 变化，这时就是一元函数 $f(x,y_0)$，此函数在 x_0 处的导数就是 $f(x,y)$ 在点 (x_0,y_0) 处关于 x 的变化率；同样，把 x 固定于 $x=x_0$，让 y 变化，这时一元函数 $f(x_0,y)$ 在 y_0 处的导数，就是 $f(x,y)$ 在点 (x_0,y_0) 处关于 y 的变化率.

9.2.1 偏导数的概念

定义 9.4 设函数 $z=f(x,y)$ 在点 (x_0,y_0) 的某一邻域内有定义，当 y 固定在 y_0 处，而 x 在 x_0 处有改变量 Δx 时，如果极限

$$\lim_{\Delta x\to 0}\frac{f(x_0+\Delta x,y_0)-f(x_0,y_0)}{\Delta x}$$

存在，则称此极限为函数 $z=f(x,y)$ 在点 (x_0,y_0) 处对 x 的**偏导数**，记为

$$\left.\frac{\partial z}{\partial x}\right|_{(x_0,y_0)},\left.\frac{\partial f}{\partial x}\right|_{(x_0,y_0)},\left.z'_x\right|_{(x_0,y_0)}\text{ 或 }\left.f'_x\right|_{(x_0,y_0)}.$$

类似地，当 x 固定在 x_0，而 y_0 处有改变量 Δy 时，如果极限

$$\lim_{\Delta y \to 0} \frac{f(x_0, y_0 + \Delta y) - f(x_0, y_0)}{\Delta y}$$

存在，则称此极限为函数 $z = f(x,y)$ 在点 (x_0, y_0) 处对 y 的**偏导数**，记为

$$\left.\frac{\partial z}{\partial y}\right|_{(x_0,y_0)},\ \left.\frac{\partial f}{\partial y}\right|_{(x_0,y_0)},\ \left.z'_y\right|_{(x_0,y_0)} \text{或} \left.f'_y\right|_{(x_0,y_0)}.$$

如果函数 $z = f(x,y)$ 在区域 D 内每一点 (x,y) 处对 x 的偏导数都存在，则这个偏导数就是 x, y 的函数，称为函数 $z = f(x,y)$ 对 x 的**偏导函数**，记为

$$\frac{\partial z}{\partial x}, \frac{\partial f}{\partial x}, z'_x \text{或} f'_x(x,y).$$

可以类似地定义函数 $z = f(x,y)$ 对 y 的**偏导函数**，记为

$$\frac{\partial z}{\partial y}, \frac{\partial f}{\partial y}, z'_y \text{或} f'_y(x,y).$$

通常 z'_x, f'_x, z'_y, f'_y 也简记为 z_x, f_x, z_y, f_y.

像一元函数的导数一样，在不至于混淆的情况下，偏导函数也称为**偏导数**. 函数 $z = f(x,y)$ 在点 (x_0, y_0) 对 x（或 y）的偏导数就是对 x（或 y）的偏导函数在点 (x_0, y_0) 处的函数值.

由偏导数的定义知，求二元函数偏导数的方法与一元函数的求导方法完全一样，所有一元函数的求导公式和求导法则都能使用，只要记住对一个自变量求导时需把另外一个自变量暂时看作常量.

例如，在 9.1 节的例 9.2 中所提到的商品的需求量函数 $Q = Q(P,Y)$，若考虑消费者收入保持不变，价格 P 改变 ΔP，那么需求量 Q 相对于价格 P 产生的改变量即为

$$\Delta_P Q = Q(P + \Delta P, Y) - Q(P, Y),$$

需求量 Q 相对于价格 P 的偏导数便为

$$\frac{\partial Q}{\partial P} = \lim_{\Delta P \to 0} \frac{\Delta_P Q}{\Delta P} = \lim_{\Delta P \to 0} \frac{Q(P + \Delta P, Y) - Q(P, Y)}{\Delta P}.$$

例 9.7　求 $z = 3x^2 + 2xy + y^3$ 在点 $(1,2)$ 处的偏导数.

解　先把 y 看作常量，则函数 $z = 3x^2 + 2xy + y^3$ 对 x 的偏导数为

$$\frac{\partial z}{\partial x} = 6x + 2y.$$

再把 x 看作常量，则函数 $z = 3x^2 + 2xy + y^3$ 对 y 的偏导数为

$$\frac{\partial z}{\partial y} = 2x + 3y^2.$$

将点 $(1,2)$ 代入上面的结果中可得

$$\left.\frac{\partial z}{\partial x}\right|_{\substack{x=1\\y=2}} = 10,\quad \left.\frac{\partial z}{\partial y}\right|_{\substack{x=1\\y=2}} = 14.$$

例 9.8　求函数 $z = x^2 \sin y$ 的偏导数.

解　求 $\dfrac{\partial z}{\partial x}$ 时，把 y 看作常量，因此

$$\frac{\partial z}{\partial x}=2x\sin y.$$

求$\dfrac{\partial z}{\partial y}$时，把$x$看作常量，因此

$$\frac{\partial z}{\partial y}=x^2\cos y.$$

例 9.9 设$z=x^y\ (x>0，\ x\neq 1)$，求$\dfrac{\partial z}{\partial x},\dfrac{\partial z}{\partial y}$.

解 先把y看作常量，于是$z=x^y$是幂函数，所以有

$$\frac{\partial z}{\partial x}=yx^{y-1}.$$

再把x看作常量，于是$z=x^y$是指数函数，所以有

$$\frac{\partial z}{\partial y}=x^y\ln x.$$

例 9.10 设$f(x,y)=\dfrac{x+y}{\sqrt{x^2+y^2}}$，求$f_x(3,4)$.

解 因为

$$f_x(x,y)=\frac{\sqrt{x^2+y^2}-(x+y)\dfrac{x}{\sqrt{x^2+y^2}}}{x^2+y^2}=\frac{y^2-xy}{(x^2+y^2)^{\frac{3}{2}}},$$

将点$(3,4)$代入，得

$$f_x(3,4)=\frac{4}{(5^2)^{\frac{3}{2}}}=\frac{4}{125}.$$

注 对于二元函数$z=f(x,y)$，如果等式$f(x,y)=f(y,x)$成立，则称函数$z=f(x,y)$对变量x,y是对称的. 对于对变量x,y对称的函数，只要在求得的偏导数$\dfrac{\partial z}{\partial x}$中把$x$与$y$互换，就得到$\dfrac{\partial z}{\partial y}$，如例 9.10 中$z$对变量$x$与$y$是对称的，故有

$$f_y(x,y)=\frac{x^2-xy}{(x^2+y^2)^{\frac{3}{2}}}.$$

例 9.11 证明函数

$$f(x,y)=\begin{cases}\dfrac{xy}{x^2+y^2}, & (x,y)\neq(0,0)\\ 0, & (x,y)=(0,0)\end{cases}$$

在点$(0,0)$处的偏导数存在，但在该点不连续.

证明 在点$(0,0)$处，$f(0,0)=0$，分别按偏导数的定义计算，则

$$f_x(0,0)=\lim_{\Delta x\to 0}\frac{f(0+\Delta x,0)-f(0,0)}{\Delta x}=\lim_{\Delta x\to 0}\frac{\dfrac{\Delta x\cdot 0}{(\Delta x)^2+0^2}}{\Delta x}=0,$$

同理可得

$$f_y(0,0)=0.$$

由 9.1 节的例 9.6（1）可知 $\lim\limits_{\substack{x\to 0\\ y\to 0}}\dfrac{xy}{x^2+y^2}$ 不存在，故函数 $f(x,y)$ 在点(0,0)处不连续.

注　例 9.11 表明 $f(x,y)$ 在点(0,0)处的两个偏导数都存在，但是在点(0,0)处并不连续. 因此，对二元函数 $z=f(x,y)$ 来讲，在点 (x_0,y_0) 处的偏导数存在，并不能保证函数在该点连续. "一元函数在可导点处一定连续"的结论对二元函数是不成立的. 反之，二元函数在某点连续，它在该点的偏导数不一定存在. 例如，函数 $z=f(x,y)=\sqrt{x^2+y^2}$ 在点(0,0)处显然是连续的，但极限

$$\lim_{\Delta x\to 0}\frac{f(0+\Delta x,0)-f(0,0)}{\Delta x}=\lim_{\Delta x\to 0}\frac{\sqrt{(\Delta x)^2}}{\Delta x}=\lim_{\Delta x\to 0}\frac{|\Delta x|}{\Delta x}$$

不存在，所以该函数在 $(0,0)$ 处的偏导数不存在.

二元函数偏导数的定义还可推广到三元及三元以上的函数.

例 9.12　设 $u=\sqrt{x^2+y^2+z^2}$，求证 $\left(\dfrac{\partial u}{\partial x}\right)^2+\left(\dfrac{\partial u}{\partial y}\right)^2+\left(\dfrac{\partial u}{\partial z}\right)^2=1$.

解　把 y，z 看作常量，对 x 求偏导数

$$\frac{\partial u}{\partial x}=\frac{x}{\sqrt{x^2+y^2+z^2}}=\frac{x}{u}.$$

类似地，有

$$\frac{\partial u}{\partial y}=\frac{y}{u},\quad \frac{\partial u}{\partial z}=\frac{z}{u}.$$

于是有

$$\left(\frac{\partial u}{\partial x}\right)^2+\left(\frac{\partial u}{\partial y}\right)^2+\left(\frac{\partial u}{\partial z}\right)^2=\frac{x^2+y^2+z^2}{u^2}=1.$$

9.2.2　偏导数的几何意义

二元函数 $z=f(x,y)$ 在点 (x_0,y_0) 处的偏导数有下述几何意义.

图 9.5 中的曲面 Σ 表示函数 $z=f(x,y)$ 的图形，$M_0(x_0,y_0,f(x_0,y_0))$ 为曲面 Σ 上的一点，过点 M_0 作平面 $y=y_0$，截此曲面得一曲线，其方程为

$$\begin{cases} z=f(x,y)\\ y=y_0 \end{cases}.$$

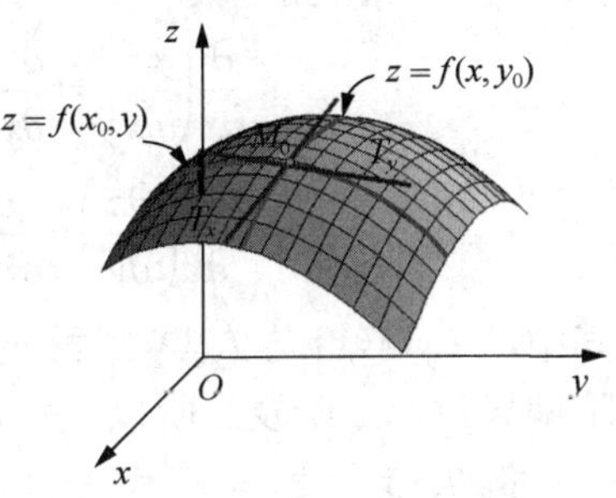

图 9.5

由一元函数导数的几何意义可知，函数 $z=f(x,y)$ 在

(x_0, y_0) 处对 x 的偏导数 $f_x(x_0, y_0)$ 就是曲线在点 M_0 处的切线 M_0T_x 对 x 轴的斜率（即切线 M_0T_x 与 x 轴正向所成倾斜角的正切值）.

同理，偏导数 $f_y(x_0, y_0)$ 的几何意义是曲面 $z = f(x, y)$ 与平面 $x = x_0$ 的交线在点 M_0 处的切线 M_0T_y 对 y 轴的斜率.

9.2.3 偏导数的经济学意义

与一元经济函数的导数类似，多元经济函数的偏导数也有其经济学意义. 9.1 节的例 9.2 中的需求量 Q 对于价格 P 和消费者的收入 Y 的偏导数为

$$\frac{\partial Q}{\partial P} = \lim_{\Delta P \to 0} \frac{\Delta_P Q}{\Delta P} \text{ 和 } \frac{\partial Q}{\partial Y} = \lim_{\Delta Y \to 0} \frac{\Delta_Y Q}{\Delta Y},$$

分别表示当价格为 P、消费者的收入为 Y 时，需求量 Q 对价格 P 的变化率和需求量 Q 对收入 Y 的变化率.

类似于一元函数所探讨的需求量关于价格的弹性问题，本章讨论**需求量 Q 对价格 P 的偏弹性 E_P**，即

$$E_P = -\lim_{\Delta P \to 0} \frac{\Delta_P Q / Q}{\Delta P / P} = -\frac{\partial Q}{\partial P} \cdot \frac{P}{Q}.$$

它的经济含义可解释为所有其他变量保持不变的前提下，价格的一个单位的变化率所引起的商品需求量的变化.

同样的，**需求量 Q 对收入 Y 的偏弹性 E_Y** 可表示为

$$E_Y = -\lim_{\Delta Y \to 0} \frac{\Delta_Y Q / Q}{\Delta Y / Y} = -\frac{\partial Q}{\partial Y} \cdot \frac{Y}{Q},$$

它的经济学意义可解释为所有其他变量保持不变的前提下，收入的一个单位的变化率所引起的商品需求量的变化.

9.2.4 高阶偏导数

函数 $z = f(x, y)$ 的两个偏导数

$$\frac{\partial z}{\partial x} = f_x(x, y), \quad \frac{\partial z}{\partial y} = f_y(x, y)$$

一般来说仍是 x, y 的函数，如果这两个函数关于 x，y 的偏导数也存在，则称它们为函数 $f(x, y)$ 的二阶偏导数. 二元函数的二阶偏导数及其记法如下：

$$\frac{\partial}{\partial x}\left(\frac{\partial z}{\partial x}\right) = \frac{\partial^2 z}{\partial x^2} = f_{xx}(x, y), \quad \frac{\partial}{\partial y}\left(\frac{\partial z}{\partial x}\right) = \frac{\partial^2 z}{\partial x \partial y} = f_{xy}(x, y),$$

$$\frac{\partial}{\partial x}\left(\frac{\partial z}{\partial y}\right) = \frac{\partial^2 z}{\partial y \partial x} = f_{yx}(x, y), \quad \frac{\partial}{\partial y}\left(\frac{\partial z}{\partial y}\right) = \frac{\partial^2 z}{\partial y^2} = f_{yy}(x, y).$$

其中，$f_{xy}(x, y)$ 与 $f_{yx}(x, y)$ 称为**二阶混合偏导数**. 类似地，可以定义三阶、四阶、…、n 阶偏导数，二阶及二阶以上的偏导数统称为**高阶偏导数**.

例 9.13 设 $z = x^3y^2 - xy^5$，求它的四个二阶偏导数.

解 因为

$$\frac{\partial z}{\partial x}=\frac{\partial}{\partial x}(x^3y^2-xy^5)=3x^2y^2-y^5，\quad \frac{\partial z}{\partial y}=\frac{\partial}{\partial y}(x^3y^2-xy^5)=2x^3y-5xy^4，$$

所以四个二阶偏导数分别为

$$\frac{\partial^2 z}{\partial x^2}=\frac{\partial}{\partial x}(3x^2y^2-y^5)=6xy^2，\quad \frac{\partial^2 z}{\partial x\partial y}=\frac{\partial}{\partial y}(3x^2y^2-y^5)=6x^2y-5y^4，$$

$$\frac{\partial^2 z}{\partial y\partial x}=\frac{\partial}{\partial x}(2x^3y-5xy^4)=6x^2y-5y^4，\quad \frac{\partial^2 z}{\partial y^2}=\frac{\partial}{\partial y}(2x^3y-5xy^4)=2x^3-20xy^3 .$$

从上例看到$\frac{\partial^2 z}{\partial y\partial x}=\frac{\partial^2 z}{\partial x\partial y}$，即二阶混合偏导数与求导次序无关，但这个结论并不是对任意可求二阶偏导数的二元函数都成立，而是在一定条件下才成立.

定理 9.1　如果函数$z=f(x,y)$在区域D上的两个二阶混合偏导数$\frac{\partial^2 z}{\partial y\partial x},\frac{\partial^2 z}{\partial x\partial y}$连续，则在区域$D$上有

$$\frac{\partial^2 z}{\partial y\partial x}=\frac{\partial^2 z}{\partial x\partial y}.$$

对于二元以上的函数，在混合偏导数连续的条件下，混合偏导数也与求导次序无关.

例 9.14　验证函数$z=\ln\sqrt{x^2+y^2}$满足方程$\frac{\partial^2 z}{\partial x^2}+\frac{\partial^2 z}{\partial y^2}=0$.

证明　由于$z=\ln\sqrt{x^2+y^2}=\frac{1}{2}\ln(x^2+y^2)$，所以

$$\frac{\partial z}{\partial x}=\frac{x}{x^2+y^2}，\quad \frac{\partial z}{\partial y}=\frac{y}{x^2+y^2}，$$

$$\frac{\partial^2 z}{\partial x^2}=\frac{x^2+y^2-x(2x)}{(x^2+y^2)^2}=\frac{y^2-x^2}{(x^2+y^2)^2}，\quad \frac{\partial^2 z}{\partial y^2}=\frac{x^2+y^2-y(2y)}{(x^2+y^2)^2}=\frac{x^2-y^2}{(x^2+y^2)^2}.$$

因此，

$$\frac{\partial^2 z}{\partial x^2}+\frac{\partial^2 z}{\partial y^2}=\frac{x^2-y^2}{(x^2+y^2)^2}+\frac{y^2-x^2}{(x^2+y^2)^2}=0.$$

习题 9.2

1．设函数$f(x,y)=x+y-\sqrt{x^2+y^2}$，求$f_x(3,4),f_y(4,3)$.

2．求下列多元函数的一阶偏导数：

（1）$z=\sqrt{\ln(xy)}$；　　（2）$z=\mathrm{e}^{\sin x}\cos y$；

（3）$z=x^2y^4-3x^3y-x^2+5y$；　　（4）$u=x^{yz}$.

3．已知$z=\frac{y}{x}\ln(2x-y)$，求$\left.\frac{\partial z}{\partial x}\right|_{\substack{x=1\\y=1}}$，$\left.\frac{\partial z}{\partial y}\right|_{\substack{x=1\\y=1}}$.

4．求函数$f(x,y)=\begin{cases}\frac{x^2y}{x^4+y^2}, & x^2+y^2\neq 0\\ 0, & x^2+y^2=0\end{cases}$在点$(0,0)$处的一阶偏导数.

5．求下列函数的二阶偏导数：

（1）$z=\arctan\dfrac{y}{x}$；　　（2）$z=x^3+2xy^2+y^2+1$；　　（3）$z=x^2\mathrm{e}^y$．

6．设 $z=xyf\left(\dfrac{y}{x}\right)$，其中 $f(u)$ 可导，证明：$x\dfrac{\partial z}{\partial x}+y\dfrac{\partial z}{\partial y}=2z$．

7．证明：函数 $y=\mathrm{e}^{-kn^2t}\sin nx$ 满足方程 $\dfrac{\partial y}{\partial t}=k\dfrac{\partial^2 y}{\partial x^2}$．

9.3 全 微 分

9.3.1 全微分的概念

在一元函数中我们知道，当函数 $y=f(x)$ 在 x_0 处可导时，函数的改变量 Δy 可分成两个部分：

$$\Delta y=f'(x_0)\Delta x+o(\Delta x)\ .$$

当 $f'(x_0)\neq 0$ 时，其中一部分与 Δx 呈线性关系，另一部分是 Δx 的高阶无穷小（当 $\Delta x\to 0$ 时），这个与 Δx 呈线性关系的部分 $f'(x_0)\Delta x$ 是 Δy 的主要部分（或称线性主部），称为函数 $y=f(x)$ 在 x_0 处的微分.

对于二元函数 $z=f(x,y)$，当自变量 x,y 在点 (x,y) 处取得增量 $\Delta x,\Delta y$ 时，称

$$\Delta z=f(x+\Delta x,y+\Delta y)-f(x,y)$$

为二元函数 $z=f(x,y)$ 在点 (x,y) 处的全增量. 根据一元函数在一点处连续的定义，类似地，若 $\lim\limits_{\substack{\Delta x\to 0\\ \Delta y\to 0}}\Delta z=0$，则称函数 $z=f(x,y)$ 在点 (x,y) 处连续. 一般来说，Δz 的计算比较复杂，类似于一元函数的情形，我们希望用自变量 x,y 的增量 Δx，Δy 的线性函数来近似代替全增量. 一元函数的微分推广到多元函数就是全微分.

定义 9.5　如果二元函数 $z=f(x,y)$ 在点 (x,y) 处的全增量

$$\Delta z=f(x+\Delta x,y+\Delta y)-f(x,y)$$

可以表示为

$$\Delta z=A\Delta x+B\Delta y+o(\rho)\ ,$$

其中 A,B 与 $\Delta x,\Delta y$ 无关，$\rho=\sqrt{(\Delta x)^2+(\Delta y)^2}$，$o(\rho)$ 是ρ的高阶无穷小（当 $\rho\to 0$），则称函数 $z=f(x,y)$ 在 (x,y) 处**可微分**（简称**可微**），称 $A\Delta x+B\Delta y$ 是函数 $f(x,y)$ 在点 (x,y) 处的**全微分**，记作

$$\mathrm{d}z=A\Delta x+B\Delta y\ .$$

与一元函数一样，自变量的微分等于自变量的增量，即

$$\mathrm{d}x=\Delta x\ ,\quad \mathrm{d}y=\Delta y\ .$$

于是函数 $z=f(x,y)$ 的全微分可写成

$$\mathrm{d}z=A\mathrm{d}x+B\mathrm{d}y\ .$$

多元函数可微的判断（定义法）

当 $f(x,y)$ 在区域 D 内每一点 (x,y) 处都可微时，称函数 $z=f(x,y)$ 在区域 D 内可微.

9.3.2　可微的性质

定理 9.2　若函数 $z=f(x,y)$ 在点 (x,y) 处可微，则函数 $z=f(x,y)$ 在该点处必连续.

证明　因为 $z=f(x,y)$ 在点 (x,y) 处可微，由定义 9.5 知

$$\Delta z=A\Delta x+B\Delta y+o(\rho),$$

则

$$\lim_{\substack{\Delta x\to 0\\ \Delta y\to 0}}\Delta z=\lim_{\substack{\Delta x\to 0\\ \Delta y\to 0}}[A\Delta x+B\Delta y+o(\rho)]=0,$$

由连续的定义知，函数 $z=f(x,y)$ 在该点处连续.

我们知道，一元函数可导与可微是等价的，对于二元函数，情形就不同了.下面研究二元函数 $z=f(x,y)$ 在点 (x,y) 处可微与它在点 (x,y) 处的偏导数存在之间的关系.

定理 9.3　如果函数 $z=f(x,y)$ 在点 (x,y) 处可微，则它在点 (x,y) 处的两个偏导数 $\frac{\partial z}{\partial x},\frac{\partial z}{\partial y}$ 必存在，且

$$\mathrm{d}z=\frac{\partial z}{\partial x}\mathrm{d}x+\frac{\partial z}{\partial y}\mathrm{d}y.$$

证明　因为 $z=f(x,y)$ 在点 (x,y) 处可微，由定义 9.5 知

$$\Delta z=A\Delta x+B\Delta y+o(\rho).$$

令 $\Delta y=0$，则此时 $\Delta z=f(x+\Delta x,y)-f(x,y)$，$\rho=|\Delta x|$，所以

$$\lim_{\Delta x\to 0}\frac{\Delta z}{\Delta x}=\lim_{\Delta x\to 0}\frac{f(x+\Delta x,y)-f(x,y)}{\Delta x}=\lim_{\Delta x\to 0}\left[\frac{A\Delta x+o(\rho)}{\Delta x}\right]=A=\frac{\partial z}{\partial x}.$$

同理得 $B=\frac{\partial z}{\partial y}$，因此

$$\mathrm{d}z=\frac{\partial z}{\partial x}\mathrm{d}x+\frac{\partial z}{\partial y}\mathrm{d}y.$$

但是，如果二元函数在点 (x,y) 处的两个偏导数都存在，它在点 (x,y) 处却未必可微. 所以，函数 $z=f(x,y)$ 在点 (x,y) 处的偏导数存在是函数在该点可微的必要条件，而不是充分条件.

例 9.15　证明二元函数 $f(x,y)=\begin{cases}\dfrac{xy}{\sqrt{x^2+y^2}}, & x^2+y^2\neq 0\\ 0, & x^2+y^2=0\end{cases}$ 在点 $(0,0)$ 处的偏导数存在但不可微.

证明　在点 $(0,0)$ 处 $f(0,0)=0$，

$$f_x(0,0)=\lim_{\Delta x\to 0}\frac{f(\Delta x,0)-f(0,0)}{\Delta x}=0,\quad f_y(0,0)=\lim_{\Delta y\to 0}\frac{f(0,\Delta y)-f(0,0)}{\Delta y}=0.$$

而

$$\Delta z-[f_x(0,0)\Delta x+f_y(0,0)\Delta y]=\frac{\Delta x\Delta y}{\sqrt{(\Delta x)^2+(\Delta y)^2}},$$

则

$$\lim_{\substack{\Delta x\to 0\\ \Delta y\to 0}}\frac{\dfrac{\Delta x\Delta y}{\sqrt{(\Delta x)^2+(\Delta y)^2}}}{\rho}=\lim_{\substack{\Delta x\to 0\\ \Delta y\to 0}}\frac{\dfrac{\Delta x\Delta y}{\sqrt{(\Delta x)^2+(\Delta y)^2}}}{\sqrt{(\Delta x)^2+(\Delta y)^2}}=\lim_{\substack{\Delta x\to 0\\ \Delta y\to 0}}\frac{\Delta x\Delta y}{(\Delta x)^2+(\Delta y)^2}.$$

9.1 节的例 9.6（1）已经说明了上述极限不存在. 于是，$\Delta z-[f_x(0,0)\Delta x+f_y(0,0)\Delta y]$ 当 $\rho\to 0$ 时并不是 ρ 的高阶无穷小，因此函数在点 $(0,0)$ 处是不可微的.

下面不加证明地给出函数可微的充分条件.

定理 9.4 如果函数 $z=f(x,y)$ 的两个偏导数 $\dfrac{\partial z}{\partial x},\dfrac{\partial z}{\partial y}$ 在点 (x,y) 处连续，则 $z=f(x,y)$ 在 (x,y) 处可微.

例 9.16 求函数 $z=x^2y^2$ 当 $x=2$，$y=-1$，$\Delta x=0.02$，$\Delta y=-0.01$ 时的全增量和全微分.

解 全增量

$$\Delta z=z(x+\Delta x,y+\Delta y)-z(x,y)=(x+\Delta x)^2(y+\Delta y)^2-x^2y^2$$

$$\Delta z\Big|_{\substack{x=2\\ y=-1}}=(2.02)^2\times(-1.01)^2-2^2\times(-1)^2\approx 0.1624.$$

全微分

$$\begin{aligned}\mathrm{d}z\Big|_{\substack{x=2\\ y=-1}}&=\frac{\partial z}{\partial x}\Big|_{\substack{x=2\\ y=-1}}\Delta x+\frac{\partial z}{\partial y}\Big|_{\substack{x=2\\ y=-1}}\Delta y=2xy^2\Big|_{\substack{x=2\\ y=-1}}\Delta x+2x^2y\Big|_{\substack{x=2\\ y=-1}}\Delta y\\&=4\times 0.02-8\times(-0.01)=0.16.\end{aligned}$$

例 9.17 设函数 $z=x^2y+\tan(x+y)$，求 $\mathrm{d}z$.

解 因为

$$\frac{\partial z}{\partial x}=2xy+\sec^2(x+y),\quad \frac{\partial z}{\partial y}=x^2+\sec^2(x+y),$$

所以

$$\mathrm{d}z=[2xy+\sec^2(x+y)]\mathrm{d}x+[x^2+\sec^2(x+y)]\mathrm{d}y.$$

以上讨论了二元函数全微分的定义及可微分的必要条件与充分条件，这些内容和结论可类似地推广到三元及三元以上的函数. 例如，三元函数 $u=f(x,y,z)$ 可微，那么它在点 (x,y,z) 处的全微分为

$$\mathrm{d}u=\frac{\partial u}{\partial x}\mathrm{d}x+\frac{\partial u}{\partial y}\mathrm{d}y+\frac{\partial u}{\partial z}\mathrm{d}z.$$

例 9.18 求函数 $u=(xy)^z$ 的全微分.

解 因为

$$\frac{\partial u}{\partial x}=z(xy)^{z-1}y=yz(xy)^{z-1},\quad \frac{\partial u}{\partial y}=z(xy)^{z-1}x=xz(xy)^{z-1},\quad \frac{\partial u}{\partial z}=(xy)^z\ln(xy),$$

所以

$$\mathrm{d}u=yz(xy)^{z-1}\mathrm{d}x+xz(xy)^{z-1}\mathrm{d}y+(xy)^z\ln(xy)\mathrm{d}z.$$

9.3.3　全微分在近似计算中的应用

由二元函数全微分的定义及可微的充分条件知，当二元函数 $z=f(x,y)$ 在点 $P(x,y)$ 处的两个偏导数连续，并且 $|\Delta x|,|\Delta y|$ 都很小，且 $f_x(x,y)$，$f_y(x,y)$ 不全为零时，有近似等式

$$\Delta z \approx \mathrm{d}z = f_x(x,y)\Delta x + f_y(x,y)\Delta y \tag{9.1}$$

或

$$f(x+\Delta x, y+\Delta y) \approx f(x,y) + f_x(x,y)\Delta x + f_y(x,y)\Delta y . \tag{9.2}$$

我们可以利用式（9.2）进行近似计算.

例 9.19　计算 $1.97^{1.05}$（$\ln 2 \approx 0.693$）的近似值.

解　设函数 $z=f(x,y)=x^y$，显然要计算函数 $z=f(x,y)$ 在 $x=1.97$，$y=1.05$ 处的值. 取 $x=2$，$y=1$，$\Delta x=-0.03$，$\Delta y=0.05$，则由式（9.2）得

$$f(x+\Delta x, y+\Delta y) \approx f(x,y) + yx^{y-1}\Delta x + x^y \ln x \Delta y ,$$

即

$$1.97^{1.05} \approx 2^1 + 1\times 2^0 \times (-0.03) + 2^1 \times \ln 2 \times 0.05 \approx 2.0393 .$$

例 9.20　已知边长为 $x=6\text{m}$，$y=8\text{m}$ 的矩形，如果 x 边增加 5cm，y 边减少 10cm，则这个矩形的对角线近似变化多少？

解　用 z 表示对角线，则由题意得 $z=\sqrt{x^2+y^2}$. 显然计算当 $\Delta x=0.05$，$\Delta y=-0.1$ 时 Δz 的近似值. 取 $x=6$，$y=8$，则由式（9.1）知

$$\Delta z \approx \frac{\partial z}{\partial x}\Delta x + \frac{\partial z}{\partial y}\Delta y = \frac{x}{\sqrt{x^2+y^2}}\Delta x + \frac{y}{\sqrt{x^2+y^2}}\Delta y ,$$

$$\Delta z\big|_{(6,8)} \approx \frac{6}{\sqrt{6^2+8^2}} \times 0.05 + \frac{8}{\sqrt{6^2+8^2}} \times (-0.1) = -0.05 .$$

习题 9.3

1．求下列函数的全微分：

（1）$z=\mathrm{e}^{xy}$；　　（2）$f(x,y,z)=\left(\dfrac{x}{y}\right)^z$；　　（3）$z=\ln(x^2+y^2+1)$.

2．求函数 $f(x,y)=\ln\left(x+\dfrac{x}{y}\right)$ 在点 $(1,1)$ 处的全微分.

3．求函数 $z=x^2+y^2$ 在点 $(0.1, 0.1)$ 处，当 $\Delta x=\Delta y=0.01$ 时的全增量与全微分.

4．计算 $\sqrt{(1.02)^3+(1.97)^3}$ 的近似值.

5．设有一个无盖圆柱形容器，容器的壁与底的厚度均为 0.1cm，内高为 20cm，内半径为 4cm，求容器外壳体积的近似值.

9.4 多元复合函数的导数

9.4.1 多元复合函数的求导法则

在一元函数微分学中，我们讨论了复合函数的求导法则，一元复合函数的求导法则可以推广到多元复合函数的情形中.

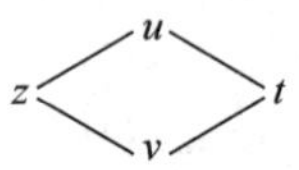

设函数 $z=f(u,v)$ 是 u, v 的函数，而中间变量 $u=\varphi(t)$，$v=\psi(t)$ 是 t 的函数，于是 $z=f[\varphi(t),\psi(t)]$ 是 t 的复合函数，它们之间的关系可以用树形图简单地表示，如图 9.6 所示.

z u v t

图 9.6

如果要求 $\dfrac{\mathrm{d}z}{\mathrm{d}t}$，可以将 $u=\varphi(t)$，$v=\psi(t)$ 代入 $f(u,v)$ 得到 $z=f[\varphi(t),\psi(t)]$ 再求导数，但在许多情况下这样做是很复杂的. 如果不将 $u=\varphi(t)$，$v=\psi(t)$ 代入 $f(u,v)$，而是直接通过函数 $f(u,v)$ 的偏导数及函数 $\varphi(t)$, $\psi(t)$ 的导数来计算 $\dfrac{\mathrm{d}z}{\mathrm{d}t}$，可以利用如下的求导法则.

定理 9.5 如果函数 $u=\varphi(t)$ 及 $v=\psi(t)$ 在点 t 可导，函数 $z=f(u,v)$ 在对应点 (u,v) 具有连续偏导数，则复合函数 $z=f[\varphi(t),\psi(t)]$ 在点 t 可导，且

$$\frac{\mathrm{d}z}{\mathrm{d}t}=\frac{\partial z}{\partial u}\cdot\frac{\mathrm{d}u}{\mathrm{d}t}+\frac{\partial z}{\partial v}\cdot\frac{\mathrm{d}v}{\mathrm{d}t}. \tag{9.3}$$

证明 设 t 取得增量 Δt，此时 $u=\varphi(t)$ 和 $v=\psi(t)$ 的对应增量为 Δu 和 Δv，函数 $z=f(u,v)$ 的增量为 Δz，因为函数 $z=f(u,v)$ 在点 (u,v) 具有连续偏导数，所以

$$\Delta z=\frac{\partial z}{\partial u}\Delta u+\frac{\partial z}{\partial v}\Delta v+o(\rho),\quad \rho=\sqrt{(\Delta u)^2+(\Delta v)^2}.$$

上式两边同除以 Δt，并求极限得

$$\lim_{\Delta t\to 0}\frac{\Delta z}{\Delta t}=\lim_{\Delta t\to 0}\left[\frac{\partial z}{\partial u}\cdot\frac{\Delta u}{\Delta t}+\frac{\partial z}{\partial v}\cdot\frac{\Delta v}{\Delta t}+\frac{o(\rho)}{\Delta t}\right].$$

因为

$$\lim_{\Delta t\to 0}\left|\frac{o(\rho)}{\Delta t}\right|=\lim_{\Delta t\to 0}\left|\frac{o(\rho)}{\rho}\right|\cdot\left|\frac{\rho}{\Delta t}\right|=\lim_{\Delta t\to 0}\left|\frac{o(\rho)}{\rho}\right|\cdot\sqrt{\left(\frac{\Delta u}{\Delta t}\right)^2+\left(\frac{\Delta v}{\Delta t}\right)^2},$$

$$\lim_{\Delta t\to 0}\sqrt{\left(\frac{\Delta u}{\Delta t}\right)^2+\left(\frac{\Delta v}{\Delta t}\right)^2}=\sqrt{\left(\frac{\mathrm{d}u}{\mathrm{d}t}\right)^2+\left(\frac{\mathrm{d}v}{\mathrm{d}t}\right)^2},\quad \lim_{\Delta t\to 0}\left|\frac{o(\rho)}{\rho}\right|=0,$$

所以 $\lim\limits_{\Delta t\to 0}\left|\dfrac{o(\rho)}{\Delta t}\right|=0$，故有 $\lim\limits_{\Delta t\to 0}\dfrac{o(\rho)}{\Delta t}=0$，因而

$$\lim_{\Delta t\to 0}\frac{\Delta z}{\Delta t}=\frac{\partial z}{\partial u}\cdot\frac{\mathrm{d}u}{\mathrm{d}t}+\frac{\partial z}{\partial v}\cdot\frac{\mathrm{d}v}{\mathrm{d}t}.$$

式（9.3）中的导数称为**全导数**.

例 9.21 设 $z=\mathrm{e}^{u-2v}$，$u=\sin t$，$v=\mathrm{e}^t$，求 $\dfrac{\mathrm{d}z}{\mathrm{d}t}$.

解 因为

$$\frac{\partial z}{\partial u}=\mathrm{e}^{u-2v},\quad \frac{\partial z}{\partial v}=-2\mathrm{e}^{u-2v},\quad \frac{\mathrm{d}u}{\mathrm{d}t}=\cos t,\quad \frac{\mathrm{d}v}{\mathrm{d}t}=\mathrm{e}^{t},$$

所以

$$\frac{\mathrm{d}z}{\mathrm{d}t}=\mathrm{e}^{u-2v}\cdot\cos t-2\mathrm{e}^{u-2v}\cdot\mathrm{e}^{t}=\mathrm{e}^{u-2v}(\cos t-2\mathrm{e}^{t})=\mathrm{e}^{\sin t-2\mathrm{e}^{t}}(\cos t-2\mathrm{e}^{t}).$$

用同样的方法，可以把定理 9.5 推广到中间变量多于两个的情形.

定理 9.5 中，若设 $z=f(u,v,w)$，且 $u=\varphi(t)$，$v=\psi(t)$，$w=\omega(t)$ 均为可导函数，则

$$z=f[\varphi(t),\psi(t),\omega(t)]$$

是 t 的复合函数，此时，函数 z 对 t 的导数 $\frac{\mathrm{d}z}{\mathrm{d}t}$ 存在，且

$$\frac{\mathrm{d}z}{\mathrm{d}t}=\frac{\partial z}{\partial u}\cdot\frac{\mathrm{d}u}{\mathrm{d}t}+\frac{\partial z}{\partial v}\cdot\frac{\mathrm{d}v}{\mathrm{d}t}+\frac{\partial z}{\partial w}\cdot\frac{\mathrm{d}w}{\mathrm{d}t}.$$

定理 9.5 还可以推广到中间变量和自变量都不止一个的情形.

定理 9.6　设 $z=f(u,v)$ 在 (u,v) 处有连续的偏导数，而 $u=\varphi(x,y)$，$v=\psi(x,y)$ 在点 (x,y) 处有偏导数，则复合函数

$$z=f[\varphi(x,y),\psi(x,y)]$$

多元复合函数的导数

对 x,y 的偏导数存在，分别为

$$\frac{\partial z}{\partial x}=\frac{\partial z}{\partial u}\cdot\frac{\partial u}{\partial x}+\frac{\partial z}{\partial v}\cdot\frac{\partial v}{\partial x},\quad \frac{\partial z}{\partial y}=\frac{\partial z}{\partial u}\cdot\frac{\partial u}{\partial y}+\frac{\partial z}{\partial v}\cdot\frac{\partial v}{\partial y}.$$

复合函数的结构图可以用树形图简单地表示，如图 9.7 所示.

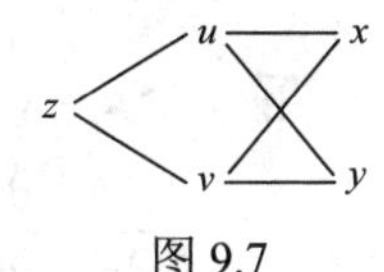

图 9.7

例 9.22　设 $z=u^2v-uv^2$，$u=xy$，$v=x+y$，求 $\frac{\partial z}{\partial x},\frac{\partial z}{\partial y}$.

解　由定理 9.6 可得

$$\begin{aligned}\frac{\partial z}{\partial x}&=\frac{\partial z}{\partial u}\cdot\frac{\partial u}{\partial x}+\frac{\partial z}{\partial v}\cdot\frac{\partial v}{\partial x}=(2uv-v^2)y+(u^2-2uv)\\&=(x+y)y(2xy-x-y)+xy(xy-2x-2y);\end{aligned}$$

$$\begin{aligned}\frac{\partial z}{\partial y}&=\frac{\partial z}{\partial u}\cdot\frac{\partial u}{\partial y}+\frac{\partial z}{\partial v}\cdot\frac{\partial v}{\partial y}=(2uv-v^2)x+(u^2-2uv)\\&=(x+y)x(2xy-x-y)+xy(xy-2x-2y).\end{aligned}$$

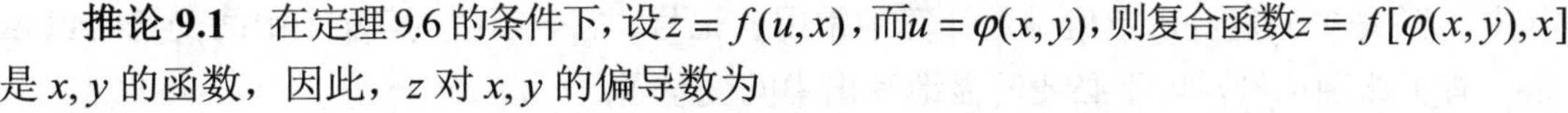

推论 9.1　在定理 9.6 的条件下，设 $z=f(u,x)$，而 $u=\varphi(x,y)$，则复合函数 $z=f[\varphi(x,y),x]$ 是 x,y 的函数，因此，z 对 x,y 的偏导数为

$$\frac{\partial z}{\partial x}=\frac{\partial f}{\partial u}\cdot\frac{\partial u}{\partial x}+\frac{\partial f}{\partial x},\quad \frac{\partial z}{\partial y}=\frac{\partial f}{\partial u}\cdot\frac{\partial u}{\partial y}.$$

其中，$\frac{\partial z}{\partial x}$ 表示复合函数 $z=f[\varphi(x,y),x]$ 中把 y 看成常量，对 x 求偏导，而 $\frac{\partial f}{\partial x}$ 表示函数 $z=f(u,x)$ 中把 u 看成常量，对 x 求偏导，所以 $\frac{\partial z}{\partial x}$ 与 $\frac{\partial f}{\partial x}$ 的含义不同，不可混淆.

例 9.23　设 $z=f(u,y)=y+F(u)$，$u=x^2-y^2$，其中 $F(u)$ 可微，证明：

$$y\frac{\partial z}{\partial x}+x\frac{\partial z}{\partial y}=x.$$

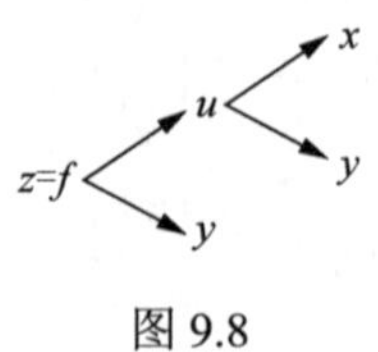

图 9.8

证明 树形结构图如图 9.8 所示，所以

$$\frac{\partial z}{\partial x}=\frac{\partial f}{\partial u}\cdot\frac{\partial u}{\partial x}=F'(u)\cdot 2x=2xF'(u)=2xF'(x^2-y^2);$$

$$\frac{\partial z}{\partial y}=\frac{\partial f}{\partial u}\cdot\frac{\partial u}{\partial y}+\frac{\partial f}{\partial y}=F'(u)\cdot(-2y)+1=-2yF'(x^2-y^2)+1.$$

于是

$$y\frac{\partial z}{\partial x}+x\frac{\partial z}{\partial y}=2xyF'(x^2-y^2)-2xyF'(x^2-y^2)+x=x,$$

即

$$y\frac{\partial z}{\partial x}+x\frac{\partial z}{\partial y}=x.$$

推论 9.2 定理 9.6 中，若设 $z=f(u,v,w)$，且 $u=\varphi(x,y)$，$v=\psi(x,y)$，$w=\omega(x,y)$，则复合函数

$$z=f[\varphi(x,y),\psi(x,y),\omega(x,y)]$$

是关于 x,y 的函数，于是，z 对 x,y 的偏导数为

$$\frac{\partial z}{\partial x}=\frac{\partial z}{\partial u}\cdot\frac{\partial u}{\partial x}+\frac{\partial z}{\partial v}\cdot\frac{\partial v}{\partial x}+\frac{\partial z}{\partial w}\cdot\frac{\partial w}{\partial x},\quad \frac{\partial z}{\partial y}=\frac{\partial z}{\partial u}\cdot\frac{\partial u}{\partial y}+\frac{\partial z}{\partial v}\cdot\frac{\partial v}{\partial y}+\frac{\partial z}{\partial w}\cdot\frac{\partial w}{\partial y}.$$

例 9.24 设 $z=f[x^2-y^2,\mathrm{e}^{2xy},\sin(x+y)]$，求 $\frac{\partial z}{\partial x},\frac{\partial z}{\partial y}$.

解 令 $u=x^2-y^2$，$v=\mathrm{e}^{2xy}$，$w=\sin(x+y)$，则

$$\begin{aligned}\frac{\partial z}{\partial x}&=\frac{\partial z}{\partial u}\cdot\frac{\partial u}{\partial x}+\frac{\partial z}{\partial v}\cdot\frac{\partial v}{\partial x}+\frac{\partial z}{\partial w}\cdot\frac{\partial w}{\partial x}=f_u\cdot(2x)+f_v\cdot 2y\mathrm{e}^{2xy}+f_w\cdot\cos(x+y)\\&=2xf_u+2y\mathrm{e}^{2xy}f_v+\cos(x+y)f_w=2xf_1'+2y\mathrm{e}^{2xy}f_2'+\cos(x+y)f_3';\end{aligned}$$

$$\begin{aligned}\frac{\partial z}{\partial y}&=\frac{\partial z}{\partial u}\cdot\frac{\partial u}{\partial y}+\frac{\partial z}{\partial v}\cdot\frac{\partial v}{\partial y}+\frac{\partial z}{\partial w}\cdot\frac{\partial w}{\partial y}=f_u\cdot(-2y)+f_v\cdot 2x\mathrm{e}^{2xy}+f_w\cdot\cos(x+y)\\&=-2yf_u+2x\mathrm{e}^{2xy}f_v+\cos(x+y)f_w=-2yf_1'+2x\mathrm{e}^{2xy}f_2'+\cos(x+y)f_3'.\end{aligned}$$

其中，f_i' 是多元复合函数偏导数计算中常用的记号，它表示 f 对第 i 个中间变量的偏导数，有了这种记号，就不必要明显地写出中间变量了.

9.4.2 全微分的形式不变性

设函数 $z=f(u,v)$ 具有连续的偏导数，则有全微分

$$\mathrm{d}z=\frac{\partial z}{\partial u}\mathrm{d}u+\frac{\partial z}{\partial v}\mathrm{d}v.$$

若 u，v 为中间变量，且 $u=u(x,y)$，$v=v(x,y)$ 具有一阶连续偏导数，则复合函数 $z=f[u(x,y),v(x,y)]$ 的全微分为

$$\mathrm{d}z=\frac{\partial z}{\partial x}\mathrm{d}x+\frac{\partial z}{\partial y}\mathrm{d}y=\left(\frac{\partial z}{\partial u}\cdot\frac{\partial u}{\partial x}+\frac{\partial z}{\partial v}\cdot\frac{\partial v}{\partial x}\right)\mathrm{d}x+\left(\frac{\partial z}{\partial u}\cdot\frac{\partial u}{\partial y}+\frac{\partial z}{\partial v}\cdot\frac{\partial v}{\partial y}\right)\mathrm{d}y$$

$$=\left(\frac{\partial z}{\partial u}\cdot\frac{\partial u}{\partial x}\mathrm{d}x+\frac{\partial z}{\partial u}\cdot\frac{\partial u}{\partial y}\mathrm{d}y\right)+\left(\frac{\partial z}{\partial v}\cdot\frac{\partial v}{\partial x}\mathrm{d}x+\frac{\partial z}{\partial v}\cdot\frac{\partial v}{\partial y}\mathrm{d}y\right)$$

$$=\frac{\partial z}{\partial u}\cdot\left(\frac{\partial u}{\partial x}\mathrm{d}x+\frac{\partial u}{\partial y}\mathrm{d}y\right)+\frac{\partial z}{\partial v}\cdot\left(\frac{\partial v}{\partial x}\mathrm{d}x+\frac{\partial v}{\partial y}\mathrm{d}y\right)$$

$$=\frac{\partial z}{\partial u}\mathrm{d}u+\frac{\partial z}{\partial v}\mathrm{d}v.$$

由此可见，无论 u,v 是自变量还是中间变量，函数 $z=f(u,v)$ 的全微分的形式不变，这就是全微分的形式不变性.

例 9.25　利用全微分的形式不变性求 $z=u^2v$， $u=xy$， $v=x+y$ 的全微分.

解　$\mathrm{d}z=\mathrm{d}(u^2v)=v\mathrm{d}u^2+u^2\mathrm{d}v=v\cdot 2u\mathrm{d}u+u^2\mathrm{d}v=2xy(x+y)\mathrm{d}(xy)+x^2y^2\mathrm{d}(x+y)$

$$=2xy(x+y)(x\mathrm{d}y+y\mathrm{d}x)+x^2y^2(\mathrm{d}x+\mathrm{d}y)$$

$$=[2xy^2(x+y)+x^2y^2]\mathrm{d}x+[2x^2y(x+y)+x^2y^2]\mathrm{d}y.$$

9.4.3　隐函数的求导法则

在一元函数微分学中，我们介绍了求由方程 $F(x,y)=0$ 所确定的隐函数 $y=f(x)$ 的导数的方法. 现在根据多元复合函数的求导法则，我们也可以给出隐函数的求导公式，并将它推广到多元隐函数的情形.

定理 9.7（隐函数存在定理 1）　设函数 $F(x,y)$ 在点 (x,y) 的某邻域内有连续的偏导数 $F_x(x,y)$ 及 $F_y(x,y)$，且 $F_y(x,y)\neq 0$，则 $F(x,y)=0$ 在点 (x,y) 的某邻域内能唯一确定一个具有连续偏导数的隐函数 $y=f(x)$，且其导数为

$$\frac{\mathrm{d}y}{\mathrm{d}x}=-\frac{F_x(x,y)}{F_y(x,y)}. \tag{9.4}$$

下面给出式(9.4)的推导. 将方程 $F(x,y)=0$ 所确定的函数 $y=f(x)$ 代入 $F(x,y)=0$，得恒等式

$$F[x,f(x)]\equiv 0,$$

其左端可看作 x 的复合函数，对等式两边求导数，得

$$F_x(x,y)+F_y(x,y)\cdot\frac{\mathrm{d}y}{\mathrm{d}x}=0.$$

因为 $F_y(x,y)\neq 0$，所以

$$\frac{\mathrm{d}y}{\mathrm{d}x}=-\frac{F_x(x,y)}{F_y(x,y)}.$$

若 $F(x,y)$ 的二阶偏导数也连续，则可以求二阶导数 $\frac{\mathrm{d}^2y}{\mathrm{d}x^2}$，即

$$\frac{\mathrm{d}^2 y}{\mathrm{d}x^2}=\frac{\mathrm{d}}{\mathrm{d}x}\left(-\frac{F_x}{F_y}\right)=-\frac{\left(F_{xx}+F_{xy}\frac{\mathrm{d}y}{\mathrm{d}x}\right)F_y-F_x\left(F_{yx}+F_{yy}\frac{\mathrm{d}y}{\mathrm{d}x}\right)}{(F_y)^2}$$

$$=-\frac{(F_{xx}F_y-F_{xy}F_x)F_y-F_x(F_{yx}F_y-F_{yy}F_x)}{(F_y)^3}=-\frac{F_{xx}F_y^{\ 2}-2F_xF_yF_{xy}+F_{yy}F_x^{\ 2}}{(F_y)^3}.$$

例 9.26 设 $x^2+y^2=2x$，求 $\frac{\mathrm{d}y}{\mathrm{d}x}$ 及 $\frac{\mathrm{d}^2 y}{\mathrm{d}x^2}$.

解 令 $F(x,y)=x^2+y^2-2x$，则

$$F_x=2x-2，\quad F_y=2y.$$

当 $y\neq 0$ 时，得

$$\frac{\mathrm{d}y}{\mathrm{d}x}=-\frac{F_x}{F_y}=-\frac{2x-2}{2y}=\frac{1-x}{y}.$$

$$\frac{\mathrm{d}^2 y}{\mathrm{d}x^2}=\frac{-y-(1-x)\frac{\mathrm{d}y}{\mathrm{d}x}}{y^2}=\frac{-y-(1-x)\cdot\frac{1-x}{y}}{y^2}=-\frac{(1-x)^2+y^2}{y^3}.$$

定理 9.7 可推广到由方程 $F(x,y,z)=0$ 所确定的隐函数的情形中.

定理 9.8（隐函数存在定理 2） 设函数 $F(x,y,z)$ 在点 (x,y,z) 的某邻域内有连续的偏导数 $F_x(x,y,z),F_y(x,y,z),F_z(x,y,z)$，且 $F_z(x,y,z)\neq 0$，则 $F(x,y,z)=0$ 在点 (x,y,z) 的某邻域内能唯一确定一个具有连续偏导数的隐函数 $z=f(x,y)$，且其偏导数为

$$\frac{\partial z}{\partial x}=-\frac{F_x}{F_z},\quad \frac{\partial z}{\partial y}=-\frac{F_y}{F_z}. \tag{9.5}$$

下面给出式（9.5）的推导. 方程 $F(x,y,z)=0$ 确定一个二元隐函数 $z=f(x,y)$，它在 xOy 平面上的某一区域内满足恒等式

$$F[x,y,f(x,y)]\equiv 0.$$

上式两端分别对 x,y 求导，得

$$F_x+F_z\frac{\partial z}{\partial x}=0，\quad F_y+F_z\frac{\partial z}{\partial y}=0.$$

因为 $F_z\neq 0$，所以

$$\frac{\partial z}{\partial x}=-\frac{F_x}{F_z},\quad \frac{\partial z}{\partial y}=-\frac{F_y}{F_z}.$$

例 9.27 设 $\mathrm{e}^z=xyz$ 确定二元隐函数 $z=f(x,y)$，求 $\frac{\partial z}{\partial x},\frac{\partial z}{\partial y}$.

解法一（公式法） 令 $F(x,y,z)=\mathrm{e}^z-xyz$，则

$$F_x=-yz，\quad F_y=-xz，\quad F_z=\mathrm{e}^z-xy.$$

当 $F_z=\mathrm{e}^z-xy\neq 0$ 时，得

$$\frac{\partial z}{\partial x}=-\frac{F_x}{F_z}=\frac{yz}{\mathrm{e}^z-xy}，\quad \frac{\partial z}{\partial y}=-\frac{F_y}{F_z}=\frac{xz}{\mathrm{e}^z-xy}.$$

解法二（求导法） 方程两边对自变量 x 求偏导，得

$$e^z \frac{\partial z}{\partial x} = yz + xy\frac{\partial z}{\partial x},$$

解得

$$\frac{\partial z}{\partial x} = \frac{yz}{e^z - xy}.$$

同理

$$\frac{\partial z}{\partial y} = \frac{xz}{e^z - xy}.$$

例 9.28　设 $z^x = y^z$，求 $\frac{\partial z}{\partial x},\frac{\partial z}{\partial y}$.

解　令 $F(x,y,z) = z^x - y^z$，则

$$F_x = z^x \ln z，\ F_y = -zy^{z-1}，\ F_z = xz^{x-1} - y^z \ln y.$$

当 $F_z \neq 0$ 时，得

$$\frac{\partial z}{\partial x} = -\frac{F_x}{F_z} = \frac{z^x \ln z}{y^z \ln y - xz^{x-1}}，\ \frac{\partial z}{\partial y} = -\frac{F_y}{F_z} = \frac{-zy^{z-1}}{y^z \ln y - xz^{x-1}}.$$

例 9.29　设 $\varphi(x-y, y-z) = 0$ 确定隐函数 $z = f(x,y)$，试证明：

$$\frac{\partial z}{\partial x} + \frac{\partial z}{\partial y} = 1.$$

证明　令 $F(x,y,z) = \varphi(x-y, y-z)$，则

$$F_x = \varphi_1' \cdot 1 = \varphi_1'，\ F_y = \varphi_1' \cdot (-1) + \varphi_2' \cdot 1 = \varphi_2' - \varphi_1'，\ F_z = \varphi_2' \cdot (-1) = -\varphi_2'.$$

当 $F_z = -\varphi_2' \neq 0$ 时，得

$$\frac{\partial z}{\partial x} = -\frac{F_x}{F_z} = \frac{\varphi_1'}{\varphi_2'}，\ \frac{\partial z}{\partial y} = -\frac{F_y}{F_z} = \frac{\varphi_2' - \varphi_1'}{\varphi_2'} = 1 - \frac{\varphi_1'}{\varphi_2'},$$

故

$$\frac{\partial z}{\partial x} + \frac{\partial z}{\partial y} = \frac{\varphi_1'}{\varphi_2'} + 1 - \frac{\varphi_1'}{\varphi_2'} = 1.$$

习题 9.4

1．设 $z = \arcsin(x-y)$，而 $x = 3t$，$y = 4t^3$，求 $\frac{dz}{dt}$.

2．设 $u = e^{2x}(3y-z)$，而 $y = 2\sin x$，$z = \cos x$，求 $\frac{du}{dx}$.

3．设 $z = \frac{y}{x}$，而 $x = e^t$，$y = 1 - e^{2t}$，求 $\frac{dz}{dt}$.

4．设 $z = e^u \sin v$ 而 $u = xy$，$v = x - y$，求 $\frac{\partial z}{\partial x}$ 和 $\frac{\partial z}{\partial y}$.

5．已知 $u = f(x^2 - y^2, e^{xy})$，求 $\frac{\partial u}{\partial x}$ 和 $\frac{\partial u}{\partial y}$.

6．设方程 $e^{x+y}=1-y\sin x$ 确定函数 $y=y(x)$，求 $\dfrac{dy}{dx}$.

7．设方程 $x+2y+z-2\sqrt{xyz}=0$ 确定函数 $z=z(x,y)$，求 $\dfrac{\partial z}{\partial x}$ 与 $\dfrac{\partial z}{\partial y}$.

8．设 $z=\dfrac{y}{f(x^2-y^2)}$，其中 f 为可导函数，证明：$\dfrac{1}{x}\cdot\dfrac{\partial z}{\partial x}+\dfrac{1}{y}\cdot\dfrac{\partial z}{\partial y}=\dfrac{z}{y^2}$.

9. 设 $2\sin(x+2y-3z)=x+2y-3z$，证明：$\dfrac{\partial z}{\partial x}+\dfrac{\partial z}{\partial y}=1$.

9.5 偏导数的几何应用

9.5.1 空间曲线的切线与法平面

定义 9.6 设 C 是空间曲线，M_0 是曲线 C 上的一个定点，M 是曲线 C 上的一个动点，当点 M 沿着曲线 C 趋近于点 M_0 时，割线 M_0M 的极限位置 M_0T（如果存在）称为曲线 C 在点 M_0 处的切线.过点 M_0 且与切线 M_0T 垂直的平面称为曲线 C 在点 M_0 处的法平面，如图 9.9 所示.

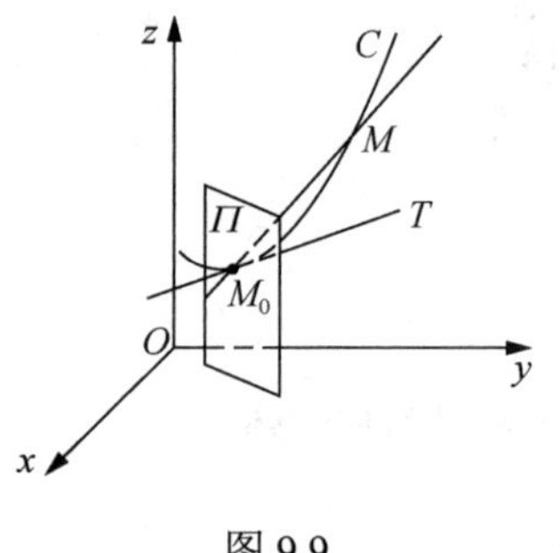

图 9.9

下面建立空间曲线的切线方程与法平面方程.

设曲线 C 的参数方程为

$$\begin{cases} x=x(t) \\ y=y(t), \\ z=z(t) \end{cases}$$

这里假定函数 $x(t)$, $y(t)$, $z(t)$ 都可导，对于曲线 C 上对应于 $t=t_0$ 的一点 $M_0(x_0,y_0,z_0)$ 及对应于 $t=t_0+\Delta t$ 的邻近一点 $M(x_0+\Delta x, y_0+\Delta y, z_0+\Delta z)$，由空间解析几何知识知，曲线 C 的割线 M_0M 的方程为

$$\frac{x-x_0}{\Delta x}=\frac{y-y_0}{\Delta y}=\frac{z-z_0}{\Delta z},$$

用 Δt 除上式各分母，得

$$\frac{x-x_0}{\dfrac{\Delta x}{\Delta t}}=\frac{y-y_0}{\dfrac{\Delta y}{\Delta t}}=\frac{z-z_0}{\dfrac{\Delta z}{\Delta t}}.$$

当点 M 沿曲线 C 趋向于点 M_0 时，有 $\Delta t\to 0$. 上式取极限，即得曲线 C 在点 M_0 处的切线方程为

$$\frac{x-x_0}{x'(t_0)}=\frac{y-y_0}{y'(t_0)}=\frac{z-z_0}{z'(t_0)}.$$

这里要求 $x'(t_0)$, $y'(t_0)$, $z'(t_0)$ 不同时为零，切线的方向向量（又称切向量）为 $\boldsymbol{T}=\{x'(t_0), y'(t_0), z'(t_0)\}$. 容易知道，曲线 C 在点 M_0 处的法平面方程为

$$x'(t_0)(x-x_0)+y'(t_0)(y-y_0)+z'(t_0)(z-z_0)=0.$$

例 9.30　求螺旋线 $x=2\cos t$，$y=2\sin t$，$z=\sqrt{2}t$ 上对应于 $t=\dfrac{\pi}{4}$ 点处的切线方程与法平面方程.

解　当 $t=\dfrac{\pi}{4}$ 时，$x_0=2\cos\dfrac{\pi}{4}=\sqrt{2}$，$y_0=2\sin\dfrac{\pi}{4}=\sqrt{2}$，$z_0=\dfrac{\sqrt{2}}{4}\pi$. 因为

$$x'=-2\sin t,\quad y'=2\cos t,\quad z'=\sqrt{2},$$

所以

$$x'\Big|_{t=\frac{\pi}{4}}=-\sqrt{2},\quad y'\Big|_{t=\frac{\pi}{4}}=\sqrt{2},\quad z'\Big|_{t=\frac{\pi}{4}}=\sqrt{2}.$$

于是，螺旋线对应于点 $t=\dfrac{\pi}{4}$ 处的切线的方向向量为

$$\boldsymbol{T}=\{-\sqrt{2},\sqrt{2},\sqrt{2}\}=\sqrt{2}\{-1,1,1\}.$$

切线方程为

$$\frac{x-\sqrt{2}}{-1}=\frac{y-\sqrt{2}}{1}=\frac{z-\frac{\sqrt{2}}{4}\pi}{1}.$$

螺旋线在该点处的法平面方程为

$$-\left(x-\sqrt{2}\right)+\left(y-\sqrt{2}\right)+\left(z-\frac{\sqrt{2}}{4}\pi\right)=0,$$

即

$$x-y-z+\frac{\sqrt{2}}{4}\pi=0.$$

例 9.31　求曲线 C：$y=16x^2$，$z=12x^2$ 在对应于点 $x=\dfrac{1}{2}$ 处的切线方程与法平面方程.

解　令 x 为参数，则曲线 C 的参数方程为

$$\begin{cases}x=x\\ y=16x^2\\ z=12x^2\end{cases},$$

且当 $x=\dfrac{1}{2}$ 时，$y=4$，$z=3$，且

$$x'\Big|_{x=\frac{1}{2}}=1,\quad y'\Big|_{x=\frac{1}{2}}=16,\quad z'\Big|_{x=\frac{1}{2}}=12,$$

所以曲线 C 对应于点 $x=\dfrac{1}{2}$ 处的切线方程为

$$\frac{x-\frac{1}{2}}{1}=\frac{y-4}{16}=\frac{z-3}{12},$$

法平面方程为

$$x-\frac{1}{2}+16(y-4)+12(z-3)=0,$$

即

$$2x+32y+24z-201=0.$$

例 9.32 在曲线 C：$y=x^2$，$z=x^3$ 上求一点，使此点处的切线平行于平面 $x+2y+z=4$.

解 取 x 为参数，则曲线 C 的参数方程为

$$\begin{cases}x=x\\ y=x^2\\ z=x^3\end{cases}.$$

因为 $x'=1$，$y'=2x$，$z'=3x^2$，所以曲线 C 上任意一点 (x,y,z) 处的切线的方向向量为 $\boldsymbol{T}=\{1,2x,3x^2\}$. 平面 $x+2y+z=4$ 的法向量 $\boldsymbol{n}=\{1,2,1\}$，为使切线平行于已知平面，需 $\boldsymbol{T}\cdot\boldsymbol{n}=0$，即

$$1\times1+2\times2x+1\times3x^2=0,$$

整理得

$$3x^2+4x+1=0.$$

解此方程，得

$$x=-1\text{ 或 }x=-\frac{1}{3}.$$

分别代入曲线的参数方程，即得所求的点为 $(-1,1,-1)$ 或 $\left(-\frac{1}{3},\frac{1}{9},-\frac{1}{27}\right)$.

9.5.2 曲面的切平面与法线

定义 9.7 设 M_0 为曲面 Σ 上的一点，若过点 M_0 的任意一条曲线在点 M_0 处的切线均在同一个平面上，则称该平面为曲面 Σ 在点 M_0 处的**切平面**. 过点 M_0 且与切平面垂直的直线叫作曲面 Σ 在点 M_0 处的**法线**.

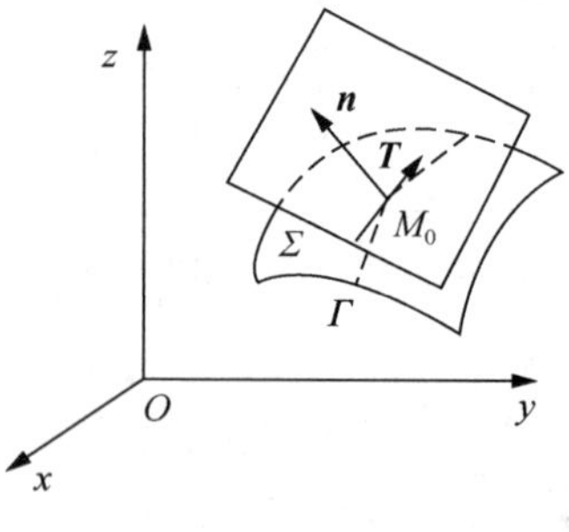

图 9.10

设曲面 Σ 的方程为 $F(x,y,z)=0$，$M_0(x_0,y_0,z_0)$ 是 Σ 上的一点，并假设函数 $F(x,y,z)$ 在点 M_0 处的偏导数连续且不全为零. 设 Γ 为 Σ 上过 $M_0(x_0,y_0,z_0)$ 点的任意一条曲线（图 9.10），Γ 的参数方程为

$$x=\varphi(t),\quad y=\psi(t),\quad z=w(t)\ (\alpha\leqslant t\leqslant\beta),$$

$t=t_0$ 对应点 $M_0(x_0,y_0,z_0)$，且 $\varphi'(t_0),\psi'(t_0),w'(t_0)$ 不全为零，则 Γ 在点 M_0 处的切向量为 $\boldsymbol{T}=\{\varphi'(t_0),\psi'(t_0),w'(t_0)\}$.

因为 Γ 在 Σ 内，则有

$$F(\varphi(t),\psi(t),w(t))\equiv0,$$

两边对 t 求导，得

$$F_x(x,y,z)\cdot\varphi'(t)+F_y(x,y,z)\cdot\psi'(t)+F_z(x,y,z)\cdot w'(t)=0,$$

在点 M_0 处，

$$F_x(x_0,y_0,z_0)\cdot\varphi'(t_0)+F_y(x_0,y_0,z_0)\cdot\psi'(t_0)+F_z(x_0,y_0,z_0)\cdot w'(t_0)=0.$$

令 $\boldsymbol{n}=\{F_x(x_0,y_0,z_0),F_y(x_0,y_0,z_0),F_z(x_0,y_0,z_0)\}$，则点 M_0 处的切向量 $\boldsymbol{T}$ 与向量 $\boldsymbol{n}$ 垂

直. 因为曲线 Γ 是 Σ 内过点 M_0 的任意一条曲线，所以由上式可知，曲面上过点 M_0 的所有曲线在 M_0 点处的切线都垂直于向量 $\boldsymbol{n}$，这些切线在一个平面内，这个平面就是曲面 Σ 在点 M_0 处的切平面（图 9.10），其切平面方程为

$$F_x(x_0,y_0,z_0)(x-x_0)+F_y(x_0,y_0,z_0)(y-y_0)+F_z(x_0,y_0,z_0)(z-z_0)=0.$$

曲面 Σ 在点 M_0 处垂直于切平面的向量 $\boldsymbol{n}$ 称为曲面的**法向量**，通过点 M_0 且垂直于切平面的直线称为曲面在该点的**法线**，其法线方程为

$$\frac{x-x_0}{F_x(x_0,y_0,z_0)}=\frac{y-y_0}{F_y(x_0,y_0,z_0)}=\frac{z-z_0}{F_z(x_0,y_0,z_0)}.$$

若曲面方程由显函数 $z=f(x,y)$ 给出，令

$$F(x,y,z)=f(x,y)-z,$$

则它在点 $M_0(x_0,y_0,z_0)$ 处的法向量为

$$\boldsymbol{n}=\{F_x(x_0,y_0,z_0),F_y(x_0,y_0,z_0),F_z(x_0,y_0,z_0)\}=\{f_x(x_0,y_0),f_y(x_0,y_0),-1\}.$$

所以曲面 Σ 在点 M_0 处的切平面方程为

$$z-z_0=f_x(x_0,y_0)(x-x_0)+f_y(x_0,y_0)(y-y_0),$$

法线方程为

$$\frac{x-x_0}{f_x(x_0,y_0)}=\frac{y-y_0}{f_y(x_0,y_0)}=\frac{z-z_0}{-1}.$$

例 9.33　求球面 $x^2+y^2+z^2=14$ 上点 $M_0(1,2,3)$ 处的切平面方程和法线方程.

解　令

$$F(x,y,z)=x^2+y^2+z^2-14,$$

则

$$F_x(x,y,z)=2x,\quad F_y(x,y,z)=2y,\quad F_z(x,y,z)=2z,$$

于是

$$F_x(1,2,3)=2,\quad F_y(1,2,3)=4,\quad F_z(1,2,3)=6.$$

因此，球面在点 $M_0(1,2,3)$ 处的法向量 $\boldsymbol{n}=\{2,4,6\}=2\{1,2,3\}$，该点处的切平面方程为

$$(x-1)+2(y-2)+3(z-3)=0,$$

即

$$x+2y+3z-14=0.$$

法线方程为

$$x-1=\frac{y-2}{2}=\frac{z-3}{3}.$$

例 9.34　球面 $x^2+y^2+z^2=104$ 上哪一点处的切平面与平面 $3x+4y+z=2$ 平行？并求此切平面的方程.

解　令

$$F(x,y,z)=x^2+y^2+z^2-104,$$

则

$$F_x(x,y,z)=2x\,,\quad F_y(x,y,z)=2y\,,\quad F_z(x,y,z)=2z\,.$$

又因为球面 $x^2+y^2+z^2=104$ 上点 $M_0(x_0,y_0,z_0)$ 处的切平面平行于平面 $3x+4y+z=2$，所以

$$\frac{F_x}{3}=\frac{F_y}{4}=\frac{F_z}{1}\,,\quad 即\ \frac{2x_0}{3}=\frac{2y_0}{4}=\frac{2z_0}{1}\,,$$

解得

$$x_0=3z_0\,,\quad y_0=4z_0\,.$$

又因为点 $M_0(x_0,y_0,z_0)$ 在球面 $x^2+y^2+z^2=104$ 上，所以有

$$x_0^2+y_0^2+z_0^2=104\,,$$

解得 $z_0=\pm2$，于是 $x_0=\pm6$，$y_0=\pm8$．所以法向量

$$\boldsymbol{n}=\{2x_0,2y_0,2z_0\}=\{\pm12,\pm16,\pm4\}=\pm4\{3,4,1\}\,.$$

故在该球面上，点 $(6,8,2)$ 及点 $(-6,-8,-2)$ 处的切平面都平行于平面 $3x+4y+z=2$，且切平面的方程分别为

$$3(x-6)+4(y-8)+(z-2)=0 \text{ 与 } 3(x+6)+4(y+8)+(z+2)=0\,,$$

即

$$3x+4y+z-52=0 \text{ 与 } 3x+4y+z+52=0\,.$$

习题 9.5

1．求下列曲线在指定点处的切线方程和法平面方程：

（1）$x=t^2$，$y=1-t$，$z=t^3$，在点 $(1,0,1)$ 处；

（2）$x=t-\sin t$，$y=1-\cos t$，$z=4\sin\dfrac{t}{2}$，在点 $\left(\dfrac{\pi}{2}-1,1,2\sqrt{2}\right)$ 处；

（3）$x=\dfrac{t}{1+t}$，$y=\dfrac{1+t}{t}$，$z=t^2$，在对应于 $t=1$ 的点处.

2．求曲线 $\begin{cases}x=2t\\ y=t^2\\ z=2^t\end{cases}$ 平行于平面 $x+y=0$ 的切线方程.

3．求曲面 $x^2+2y^2+3z^2=21$ 在点 $(1,-2,2)$ 处的切平面方程和法线方程.

4．求曲面 $z=x^2+y^2-1$ 在点 $(2,1,4)$ 处的切平面方程及法线方程.

9.6 多元函数的极值及其求法

9.6.1 多元函数的极值

在一元函数微分学中，我们利用导数求一元函数的极值，类似地，我们也可以利用偏导数求二元函数的极值.

定义 9.8 设函数 $z=f(x,y)$ 在点 (x_0,y_0) 的某一邻域内有定义，如果对于该邻域内任一异于 (x_0,y_0) 的点 (x,y) 都有

$$f(x,y) < f(x_0,y_0)\ （或\ f(x,y) > f(x_0,y_0)\ ）$$

成立，则称函数 $f(x,y)$ 在点 (x_0,y_0) 处取得极大值（或极小值）$f(x_0,y_0)$，使函数取得极值的点称为函数的极值点.

例如，函数 $z=\sqrt{x^2+y^2}$ 在点 $(0,0)$ 处取得极小值. 函数 $z=xy$ 在点 $(0,0)$ 处既不取极大值，也不取极小值，因为 $z=xy$ 在点 $(0,0)$ 处的值为 0，但在点 $(0,0)$ 的去心邻域内，总有使函数值为正值的点和使函数值为负值的点. 那么对于更为一般的函数，如何求函数的极值点呢？

我们知道，对于一元可导函数，若 $f(x)$ 在点 x_0 处取得极值，则有 $f'(x_0)=0$. 那么，对于二元函数也有类似的结果.

定理 9.9（极值存在的必要条件）　设函数 $z=f(x,y)$ 在点 (x_0,y_0) 处具有偏导数，且在点 (x_0,y_0) 处有极值，则

$$f_x(x_0,y_0)=0\ ,\quad f_y(x_0,y_0)=0\ .$$

证明　不妨设 $z=f(x,y)$ 在点 (x_0,y_0) 处取得极小值，即在点 (x_0,y_0) 的某去心邻域内，$f(x,y)>f(x_0,y_0)$，由偏导数的定义知

$$f_x(x_0,y_0)=\lim_{\Delta x\to 0}\frac{f(x_0+\Delta x,y_0)-f(x_0,y_0)}{\Delta x},$$

而

$$\lim_{\Delta x\to 0^+}\frac{f(x_0+\Delta x,y_0)-f(x_0,y_0)}{\Delta x}\geqslant 0,\quad \lim_{\Delta x\to 0^-}\frac{f(x_0+\Delta x,y_0)-f(x_0,y_0)}{\Delta x}\leqslant 0\ ,$$

因为 $f_x(x_0,y_0)$ 存在，所以 $f_x(x_0,y_0)=0$.

同理可得，$f_y(x_0,y_0)=0$.

使 $f_x(x_0,y_0)=0$ ，$f_y(x_0,y_0)=0$ 同时成立的点 (x_0,y_0) 称为函数 $f(x,y)$ 的**驻点**. 由定理 9.9 知，具有偏导数的函数，其极值点必定是驻点，但是函数的驻点不一定是极值点，如函数 $z=xy$，点 $(0,0)$ 是其驻点，但不是其极值点. 同时还要注意偏导数不存在的点也可能是极值点，如 $z=\sqrt{x^2+y^2}$ 在点 $(0,0)$ 处偏导数不存在，但点 $(0,0)$ 是极小值点，本书对这种情况不予详细讨论.

怎样判定一个驻点是不是极值点呢？下面的定理回答了这个问题.

定理 9.10（极值存在的充分条件）　设函数 $z=f(x,y)$ 在点 (x_0,y_0) 的某邻域内具有一阶及二阶连续偏导数，且点 (x_0,y_0) 是函数 $f(x,y)$ 的驻点，记

$$A=f_{xx}(x_0,y_0),\ B=f_{xy}(x_0,y_0),\ C=f_{yy}(x_0,y_0),\ \Delta=B^2-AC\ ,$$

则

（1）当 $\Delta<0$ 且 $A<0$ 时，$f(x_0,y_0)$ 是极大值；当 $\Delta<0$ 且 $A>0$ 时，$f(x_0,y_0)$ 是极小值.

（2）当 $\Delta>0$ 时，$f(x_0,y_0)$ 不是极值.

（3）当 $\Delta=0$ 时，函数 $f(x,y)$ 在点 (x_0,y_0) 处可能有极值，也可能无极值.

综上所述，若函数 $z=f(x,y)$ 的二阶偏导数连续，可以按下列步骤求函数的极值.

第一步： 求偏导数 f_x,f_y,f_{xx},f_{xy} 及 f_{yy}.

第二步： 解方程组

$$\begin{cases} f_x(x,y)=0 \\ f_y(x,y)=0 \end{cases},$$

求出一切驻点.

第三步：求出每一个驻点(x_0,y_0)处$A=f_{xx}(x_0,y_0)$，$B=f_{xy}(x_0,y_0)$及$C=f_{yy}(x_0,y_0)$的值，确定$\Delta=B^2-AC$的符号，然后按定理9.10判定出极值点，并求出极值.

例 9.35 求函数$z=x^2-xy+y^2-2x+y$的极值.

解 （1）求偏导数，得

$$f_x(x,y)=2x-y-2,\quad f_y(x,y)=-x+2y+1,$$

$$f_{xx}(x,y)=2,\quad f_{xy}(x,y)=-1,\quad f_{yy}(x,y)=2.$$

（2）解方程组

$$\begin{cases} f_x=2x-y-2=0 \\ f_y=-x+2y+1=0 \end{cases},$$

得函数的驻点为(1,0).

（3）判别驻点是否是极值点：在点$(1,0)$处，

$$A=f_{xx}(1,0)=2,\quad B=f_{xy}(1,0)=-1,\quad C=f_{yy}(1,0)=2,$$

于是$\Delta=B^2-AC=-3<0$，且$A>0$，所以函数在点$(1,0)$处取得极小值，极小值为$f(1,0)=-1$.

例 9.36 求函数$f(x,y)=x^3+y^3-3xy$的极值.

解 求出$f(x,y)$的驻点，由$\begin{cases} f_x(x,y)=3x^2-3y=0 \\ f_y(x,y)=3y^2-3x=0 \end{cases}$解得驻点$P_1(0,0)$，$P_2(1,1)$.再求二阶偏导数：

$$f_{xx}(x,y)=6x,\quad f_{xy}(x,y)=-3,\quad f_{yy}=6y.$$

在点$P_1(0,0)$处，$A=0$，$B=-3$，$C=0$，$\Delta=9>0$，所以点$P_1(0,0)$不是极值点.

在点$P_2(1,1)$处，$A=6$，$B=-3$，$C=6$，$\Delta=-27<0$，且$A>0$，所以点$P_2(1,1)$是极小值点，极小值为$f(1,1)=-1$.

例 9.37 求函数$f(x,y)=x^4+y^4$的极值.

解 求出$f(x,y)$的驻点，由$\begin{cases} f_x(x,y)=4x^3=0 \\ f_y(x,y)=4y^3=0 \end{cases}$解得驻点$(0,0)$. 再求二阶偏导数：

$$f_{xx}(x,y)=12x^2,\quad f_{xy}(x,y)=0,\quad f_{yy}=12y^2.$$

在点$(0,0)$处，$A=0$，$B=0$，$C=0$，$\Delta=0$，由定理9.10不能判定$(0,0)$是否为极值点. 但由函数本身可知点$(0,0)$是其极小值点，极小值为$f(0,0)=0$.

9.6.2 多元函数的最大值与最小值问题

我们知道，如果函数$f(x,y)$在有界闭区域D上连续，则$f(x,y)$在D上必能取得最大值和最小值，如果函数$f(x,y)$是可微的，且函数的最大值（或最小值）在区域内部取得，此时这个最大值（或最小值）必定在函数的驻点处取得. 当然，函数的最大值（或最小值）

也可能在区域的边界上取得，因此，求函数 $f(x,y)$ 的最大值和最小值的一般方法：将函数 $f(x,y)$ 在所讨论区域 D 内的所有驻点处的函数值与函数在边界上的最值比较，其中最大者就是函数 $f(x,y)$ 在闭区域 D 上的最大值，最小者就是函数 $f(x,y)$ 在闭区域 D 上的最小值.

在解决实际问题时，如果根据问题的性质，知道函数 $f(x,y)$ 的最大值（或最小值）点在 D 的内部取得，且函数在 D 内只有一个驻点，那么该驻点处的函数值就是函数 $f(x,y)$ 在 D 上的最大值（或最小值）.

例 9.38　要用铁板做一个体积为常数 a 的有盖的长方体水箱，则水箱各边的尺寸为多大时，用料最少.

解　设水箱的长、宽、高分别为 x,y,z，于是体积 $a=xyz$，表面积 S 为

$$S=2(xy+xz+yz)\,(x,y,z>0).$$

将 $z=\dfrac{a}{xy}$ 代入 S 的表达式中，得

$$S(x,y)=2\left(xy+\frac{a}{x}+\frac{a}{y}\right).$$

求得偏导数为

$$\frac{\partial S}{\partial x}=2\left(y-\frac{a}{x^2}\right),\quad \frac{\partial S}{\partial y}=2\left(x-\frac{a}{y^2}\right).$$

解方程组

$$\begin{cases}\dfrac{\partial S}{\partial x}=2\left(y-\dfrac{a}{x^2}\right)=0 & (1)\\[2ex] \dfrac{\partial S}{\partial y}=2\left(x-\dfrac{a}{y^2}\right)=0 & (2)\end{cases},$$

由方程（1）解得 $y=\dfrac{a}{x^2}$，代入方程（2）中可得 $ax-x^4=0$，因为 $x>0$，所以解得 $x=\sqrt[3]{a}$，$y=\sqrt[3]{a}$，即函数 $S(x,y)$ 的驻点为 $\left(\sqrt[3]{a},\sqrt[3]{a}\right)$.

根据实际问题可以断定，$S(x,y)$ 在 $D=\{(x,y)\,|\,x>0,y>0\}$ 内一定有最小值，而在 D 内只有唯一驻点 $\left(\sqrt[3]{a},\sqrt[3]{a}\right)$，则该驻点就是 $S(x,y)$ 的最小值点，即当 $x=\sqrt[3]{a}$，$y=\sqrt[3]{a}$ 时，面积 A 取得最小值. 此时高 $z=\dfrac{a}{xy}=\sqrt[3]{a}$，即水箱为正立方体，各边长为 $\sqrt[3]{a}$ 时，用料最少.

例 9.39　已知产品 A 与 B，售价分别为 10 元与 9 元，生产 A 产品 x 件和生产 B 产品 y 件的总费用为

$$400+2x+3y+0.01(3x^2+xy+3y^2)\ （元），$$

求取得最大利润时两种产品的产量各为多少？

解　利润函数为

$$\begin{aligned}L(x,y)&=10x+9y-[400+2x+3y+0.01(3x^2+xy+3y^2)]\\&=8x+6y-400-0.01(3x^2+xy+3y^2).\end{aligned}$$

由$\begin{cases} L_x = 8 - 0.06x - 0.01y = 0 \\ L_y = 6 - 0.01x - 0.06y = 0 \end{cases}$，解得 $x=120$， $y=80$，即得唯一驻点(120,80). 根据问题的实际意义知，$L(x,y)$ 必可取得最大值. 因此，$L(x,y)$ 在唯一驻点处取得最大值，此时 A 产品的产量为 $x=120$（件），B 产品的产量为 $y=80$（件）.

9.6.3 条件极值

上面所讨论的极值，对于函数的自变量，除限制在函数的定义域内外，并无其他约束条件，如例 9.35～例 9.37. 但在寻求极值的实际问题中，有时对函数的自变量还要附加一些约束条件，如例 9.38，除了变量 x，y，$z>0$ 外，还要求 $xyz=a$. 这种对自变量有附加约束条件的极值称为**条件极值**. 对自变量没有附加约束条件的极值问题也称为**无条件极值**. 例如，在例 9.38 中，若设水箱的长、宽、高分别为 x，y，z，则水箱所用材料的面积为

$$S = 2(xy + yz + zx),$$

此时有一个约束条件 $xyz=a$，这是条件极值问题. 例 9.38 的解法是将它化为无条件极值的问题来求解，但条件极值化为无条件极值并非都能实现，即使都能实现，有时问题也并不简单. 在经济问题的求解过程中，往往需要满足一定的约束条件（如在满足预算约束下的效用最大，在满足生产既定产出的最低配额要求下成本最小），我们将此类问题归结为带有拉格朗日乘子的约束优化模型.

下面介绍一种直接求条件极值的方法，即求函数 $z=f(x,y)$ 在约束条件 $\varphi(x,y)=0$ 下的极值的方法——拉格朗日乘数法.

如果函数 $z=f(x,y)$ 在点 (x_0,y_0) 处取得极值，那么首先有 $\varphi(x_0,y_0)=0$. 假定 $f(x,y)$ 与 $\varphi(x,y)$ 在 (x_0,y_0) 的某个邻域内具有一阶连续偏导数，且 $\varphi_y(x_0,y_0)\neq 0$，则由隐函数存在定理 9.7 可知，方程 $\varphi(x,y)=0$ 在点 (x_0,y_0) 的某个邻域内确定一个具有连续偏导数的函数 $y=y(x)$，代入函数 $z=f(x,y)$，得

$$z = f(x,y) = f[x, y(x)].$$

函数 $z=f(x,y)$ 在点 (x_0,y_0) 处取得极值，相当于函数 $z=f[x,y(x)]$ 在 x_0 处取得极值，由极值存在的必要条件知

$$\left.\frac{\mathrm{d}z}{\mathrm{d}x}\right|_{x=x_0} = f_x(x_0,y_0) + f_y(x_0,y_0)\left.\frac{\mathrm{d}y}{\mathrm{d}x}\right|_{x=x_0} = 0.$$

由定理 9.7（隐函数存在定理 1）知，$\left.\dfrac{\mathrm{d}y}{\mathrm{d}x}\right|_{x=x_0} = -\dfrac{\varphi_x(x_0,y_0)}{\varphi_y(x_0,y_0)}$，代入上式，得

$$\left.\frac{\mathrm{d}z}{\mathrm{d}x}\right|_{x=x_0} = f_x(x_0,y_0) - f_y(x_0,y_0)\cdot\frac{\varphi_x(x_0,y_0)}{\varphi_y(x_0,y_0)} = 0.$$

上式为函数 $z=f(x,y)$ 在约束条件 $\varphi(x,y)=0$ 下在点 (x_0,y_0) 处取得极值的必要条件. 若令 $\dfrac{f_y(x_0,y_0)}{\varphi_y(x_0,y_0)} = -\lambda$，则取极值的必要条件可化为

$$\begin{cases} f_x(x_0,y_0)+\lambda\varphi_x(x_0,y_0)=0 \\ f_y(x_0,y_0)+\lambda\varphi_y(x_0,y_0)=0 \\ \varphi(x_0,y_0)=0 \end{cases}. \tag{9.6}$$

若引入辅助函数

$$F(x,y)=f(x,y)+\lambda\varphi(x,y),$$

则条件（9.6）可表示为

$$\begin{cases} F_x(x_0,y_0)=0 \\ F_y(x_0,y_0)=0 \\ \varphi(x_0,y_0)=0 \end{cases}.$$

函数 $F(x,y)$ 称为拉格朗日函数，参数 λ 称为拉格朗日乘子.

由以上讨论，我们得到求函数 $z=f(x,y)$ 在约束条件 $\varphi(x,y)=0$ 下的可能极值点的方法，具体步骤如下：

（1）构造拉格朗日函数

$$F(x,y)=f(x,y)+\lambda\varphi(x,y),$$

其中，λ 是一个待定常数.

（2）求 $F(x,y)$ 对 x 及 y 的一阶偏导数，并令其为零，然后与 $\varphi(x,y)=0$ 联立，得

$$\begin{cases} F_x=f_x(x,y)+\lambda\varphi_x(x,y)=0 \\ F_y=f_y(x,y)+\lambda\varphi_y(x,y)=0 \\ \varphi(x,y)=0 \end{cases}.$$

由这个方程组解出 x,y 及 λ，则其中 x，y 就是可能极值点的坐标. 至于所求的点是否为极值点，一般可由问题的实际意义判定.

拉格朗日乘数法可以推广到两个以上的自变量或一个以上约束条件的情况. 例如，求函数 $u=f(x,y,z)$ 在约束条件 $\varphi(x,y,z)=0$，$\psi(x,y,z)=0$ 下的极值，可构造拉格朗日函数

$$F(x,y,z)=f(x,y,z)+\lambda\cdot\varphi(x,y,z)+\mu\cdot\psi(x,y,z),$$

其中，λ,μ 为参数. 求 $F(x,y,z)$ 对 x，y 及 z 的一阶偏导数，并令其为零，然后与 $\varphi(x,y,z)=0$，$\psi(x,y,z)=0$ 联立起来，由这个方程组解出的 x,y,z 为可能的极值点.

例 9.40　某工厂生产两种商品的日产量分别为 x 和 y（单位：件），总成本函数为 $C(x,y)=8x^2-xy+12y^2$（单位：元），商品的限额为 $x+y=42$，求最小成本.

解　由题意，构造拉格朗日函数

$$F(x,y)=8x^2-xy+12y^2+\lambda(x+y-42),$$

得方程组

$$\begin{cases} F_x=16x-y+\lambda=0 & (1) \\ F_y=-x+24y+\lambda=0 & (2) \\ x+y=42 & (3) \end{cases},$$

方程（1）和（2）联立消去 λ，得 $17x=25y$，代入（3）得，$x=25$，$y=17$. 则点 $(25,17)$ 为唯一驻点，根据题意，该唯一驻点就是极小值点，也是最小值点，故最小成本为

$$C(25,17)=8\times25^2-25\times17+12\times17^2=8043\ （元）.$$

例 9.41 要制造一个无盖的长方体水槽，已知它的底部造价为每平方米 18 元，侧面造价为每平方米 6 元，设计的总造价为 216 元，则如何选取长宽高的尺寸才能使水槽的容积最大？

解 设水槽的长为 x m，宽为 y m，高为 z m，则容积为

$$V = xyz\ (x > 0,\quad y > 0,\quad z > 0).$$

由题设知，约束条件为

$$18xy + 6(2xz + 2yz) = 216,$$

即

$$3xy + 2z(x + y) = 36.$$

构造拉格朗日函数

$$F(x, y, z) = xyz + \lambda[3xy + 2z(x + y) - 36],$$

得方程组

$$\begin{cases} F_x = yz + \lambda(3y + 2z) = 0 & (1) \\ F_y = xz + \lambda(3x + 2z) = 0 & (2) \\ F_z = xy + \lambda(2x + 2y) = 0 & (3) \\ 3xy + 2z(x + y) - 36 = 0 & (4) \end{cases},$$

$(1)\times x-(2)\times y$ 得 $x = y$，$(2)\times y-(3)\times z$ 得 $z=\dfrac{3}{2}y$，将 $x = y$，$z=\dfrac{3}{2}y$ 代入（4）得 $y^2 = 4$，因为 $y > 0$，所以

$$x = y = 2,\quad z = 3.$$

因该实际问题存在最大值，且可能的极值点只有一个，所以当长为 2m，宽为 2m，高为 3m 时，水槽容积最大.

习题 9.6

1. 求下列函数的极值：

（1）$f(x,y) = x^3 - 4x^2 + 2xy - y^2$；　　（2）$f(x,y) = \mathrm{e}^{2x}(x + 2y + y^2)$；

（3）$f(x,\ y) = x^2 + 5y^2 - 6x + 10y + 6$；　　（4）$f(x,y) = 4(x - y) - x^2 - y^2$.

2. 求下列函数在给定条件下的极值：

（1）$z = xy$，$2x + y = 1$；　　（2）$z = x - 2y$，$x^2 + y^2 = 1$.

3. 在斜边长为定值 a 的直角三角形中，求有最大周长的直角三角形的两直角边的长.

4. 要做一个容积为 4000m^3 的长方体无盖水池，应如何选择尺寸，才能使它的表面积最小？

5. 求抛物线 $y = x^2$ 与直线 $x - y - 2 = 0$ 之间的最短距离.

6. 将正数 a 分成三个正数之和，使它们的乘积最大，求此三个正数.

7. 已知某种产品的产量 Q 与所用两种原料 I、II 的数量 x, y 之间的函数关系为

$$Q(x, y) = 0.008xy^2,$$

现欲用 300 元购买原料，已知原料 I、II 的单价分别为 4 元、2 元，则两种原料各购

买多少可使产量Q最大？

8. 设某公司生产甲、乙两种产品，产量分别是x（千件）和y（千件），利润函数为

$$L(x,y)=6x-x^2+16y-4y^2-2 \text{（万元）}.$$

已知生产这两种产品时，每千件产品消耗某种原料 2000kg. 现有该原料 12000kg，试分析两种产品各生产多少千件时，总利润最大？最大利润是多少？

9.7　二重积分

本节我们将把一元函数定积分的概念与性质推广到二元函数，得到二重积分. 定积分的被积函数是一元函数，积分范围是一个区间，二重积分的被积函数是二元函数，积分范围是平面上的一个区域. 定积分与二重积分联系很紧密，虽然形式不同，但是数学思想是相同的，都是“特殊的和式的极限”，二重积分是通过定积分来计算的.

9.7.1　二重积分的概念

我们以计算曲顶柱体的体积为例，引入二重积分的定义.

1. 曲顶柱体的体积

设一立体是以xOy平面上的一个有界闭区域D为底、D的边界为准线，母线平行于z轴，顶为$z=f(x,y)$（假定$f(x,y)$在D上连续且非负）的柱体，称该柱体为曲顶柱体，如图 9.11 所示.

平顶柱体（即顶面平行于xOy平面的柱体）的体积=底面积×高. 但是曲顶柱体的顶是曲面，即高$z=f(x,y)$是随着区域D上点的变化而变化的，因此不能用平顶柱体的体积公式来求曲顶柱体的体积. 此时，我们可以仿效在定积分中求曲边梯形面积的思想来求曲顶柱体的体积，即采用“分割—近似代替—求和—取极限”的方法.

（1）分割：用曲线网将区域D任意分割成n个小闭区域：$\Delta\sigma_1,\Delta\sigma_2,\cdots,\Delta\sigma_n$，其中$\Delta\sigma_i(i=1,2,\cdots,n)$既表示第$i$个小闭区域也表示第$i$个小闭区域的面积. 小闭区域$\Delta\sigma_i$内任意两点间的距离的最大值称为小区域$\Delta\sigma_i$的直径，记为$d_i\ (i=1,2,\cdots,n)$. 以$\Delta\sigma_i$的边界为准线作母线平行于$z$轴的柱面，这些柱面将曲顶柱体分成$n$个小曲顶柱体，如图 9.12 所示.

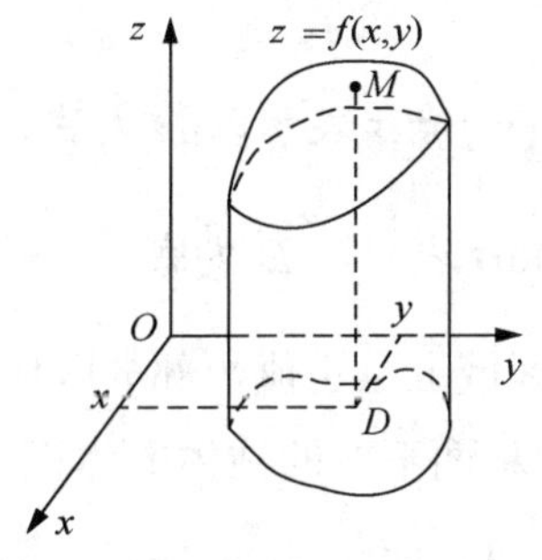

图 9.11

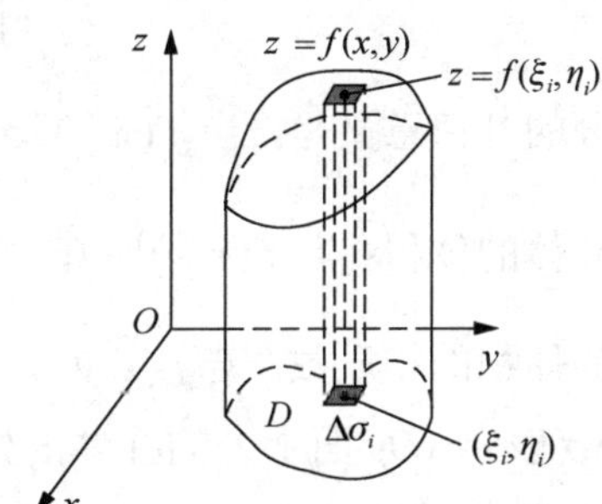

图 9.12

（2）近似代替：在小闭区域$\Delta\sigma_i$上任取一点(ξ_i,η_i)，因为$z=f(x,y)$在D上连续，故当$\Delta\sigma_i$很小时，其高度$f(x,y)$的变化很小，所以，可用$\Delta\sigma_i$为底、$f(\xi_i,\eta_i)$为高的小平顶柱体的体积来近似代替小曲顶柱体的体积ΔV_i，即

$$\Delta V_i \approx f(\xi_i,\eta_i)\Delta\sigma_i \ (i=1,2,\cdots,n).$$

（3）求和：将这n个小的曲顶柱体的体积相加，便得到所求曲顶柱体体积的近似值，即

$$V=\sum_{i=1}^{n}\Delta V_i \approx \sum_{i=1}^{n} f(\xi_i,\eta_i)\Delta\sigma_i .$$

（4）取极限：当区域D的分割越来越细时，上式右端的和式就越来越接近于曲顶柱体的体积V．令n个小闭区域的直径的最大值（记为λ）趋于零，取上述和式的极限，所得极限便为所求曲顶柱体的体积，即

$$V=\lim_{\lambda\to 0}\sum_{i=1}^{n} f(\xi_i,\eta_i)\Delta\sigma_i .$$

抛开上述例子中的几何特征，我们研究一般的这种和式的极限，数学上将其抽象概括，就产生了二重积分的概念.

2. 二重积分的定义

定义 9.9 设函数$f(x,y)$是定义在有界闭区域D上的有界函数，将区域D任意分割成n个小闭区域

$$\Delta\sigma_1,\Delta\sigma_2,\cdots,\Delta\sigma_n ,$$

其中，$\Delta\sigma_i$既表示第i个小闭区域又表示其面积，在每一个闭区域$\Delta\sigma_i$上任取一点(ξ_i,η_i)，作乘积$f(\xi_i,\eta_i)\Delta\sigma_i(i=1,2,\cdots,n)$. 如果当所有小闭区域的直径的最大值$\lambda$趋于零时，和式$\sum\limits_{i=1}^{n} f(\xi_i,\eta_i)\Delta\sigma_i$的极限存在，则称此极限为函数$f(x,y)$在区域$D$上的二重积分，记作$\iint\limits_D f(x,y)\mathrm{d}\sigma$，即

$$\iint\limits_D f(x,y)\mathrm{d}\sigma=\lim_{\lambda\to 0}\sum_{i=1}^{n} f(\xi_i,\eta_i)\Delta\sigma_i .$$

其中，$f(x,y)$为被积函数，$\mathrm{d}\sigma$为面积元素，D为积分区域，x和y为积分变量.

根据二重积分的定义，曲顶柱体的体积V可表示为

$$V=\iint\limits_D f(x,y)\mathrm{d}\sigma .$$

二重积分的几何意义是，当$f(x,y)\geqslant 0$时，$\iint\limits_D f(x,y)\mathrm{d}\sigma$表示以$D$为底、$z=f(x,y)$为顶的曲顶柱体的体积；当$f(x,y)\leqslant 0$时，$\iint\limits_D f(x,y)\mathrm{d}\sigma$表示以$D$为底、$z=f(x,y)$为顶的曲顶柱体的体积的相反数. 若$f(x,y)$在$D$的部分区域上是正值，部分区域上是负值，则$\iint\limits_D f(x,y)\mathrm{d}\sigma$表示$xOy$面上方的柱体的体积减去$xOy$面下方的柱体的体积.

与定积分的存在性类似，如果$f(x,y)$在有界闭区域D上连续，则对应的二重积分

一定存在，即 $f(x,y)$ 在 D 上可积. 今后若不作特别说明，都假定 $f(x,y)$ 是 D 上的连续函数.

9.7.2　二重积分的性质

二重积分不仅与定积分有着类似的性质，而且这些性质的证明也与定积分类似，假定 $f(x,y)$ 在 D 上可积，其性质叙述如下.

性质 9.4　被积函数中的常数因子可提至二重积分号外面，即

$$\iint_D k f(x,y)\mathrm{d}\sigma = k\iint_D f(x,y)\mathrm{d}\sigma.$$

性质 9.5　两个可积函数代数和的二重积分等于各个函数二重积分的代数和，即

$$\iint_D [\alpha f(x,y)+\beta g(x,y)]\mathrm{d}\sigma = \alpha\iint_D f(x,y)\mathrm{d}\sigma + \beta\iint_D g(x,y)\mathrm{d}\sigma,$$

其中，α,β 为常数.

性质 9.6　如果有界闭区域 D 由有限个部分闭区域组成，则在 D 上的二重积分等于各部分闭区域上的二重积分的和.

例如，若 D 由 D_1 和 D_2 组成，则

$$\iint_D f(x,y)\mathrm{d}\sigma = \iint_{D_1} f(x,y)\mathrm{d}\sigma + \iint_{D_2} f(x,y)\mathrm{d}\sigma.$$

这个性质表示二重积分对于积分区域具有可加性.

性质 9.7　如果 $f(x,y)=1$，σ 为有界闭区域 D 的面积，那么

$$\iint_D \mathrm{d}\sigma = \sigma.$$

这个性质的几何意义是，高为 1 的平顶柱体，其体积的数值等于它的底面积.

性质 9.8（比较定理）　如果在有界闭区域 D 上 $f(x,y)\leqslant g(x,y)$ 成立，那么

$$\iint_D f(x,y)\mathrm{d}\sigma \leqslant \iint_D g(x,y)\mathrm{d}\sigma.$$

特别地

$$\left|\iint_D f(x,y)\mathrm{d}\sigma\right| \leqslant \iint_D |f(x,y)|\mathrm{d}\sigma.$$

性质 9.9（估值定理）　设 M，m 分别是 $f(x,y)$ 在有界闭区域 D 上的最大值和最小值，σ 为 D 的面积，那么

$$m\sigma \leqslant \iint_D f(x,y)\mathrm{d}\sigma \leqslant M\sigma.$$

性质 9.10（中值定理）　设函数 $f(x,y)$ 在有界闭区域 D 上连续，则在 D 上至少存在一点 (ξ,η)，使得

$$\iint_D f(x,y)\mathrm{d}\sigma = f(\xi,\eta)\sigma,$$

其中，σ 是区域 D 的面积.

例 9.42　比较二重积分 $\iint\limits_D \ln(x+y)\mathrm{d}\sigma$ 与 $\iint\limits_D [\ln(x+y)]^2\mathrm{d}\sigma$ 的大小，其中区域 D 为顶

点为 $A(1,0)$, $B(1,1)$, $C(2,0)$ 的三角形闭区域.

解 区域 D 如图 9.13 所示. BC 的方程为 $x+y=2$，在 D 上有

$$1\leqslant x+y\leqslant 2,\quad 0\leqslant \ln(x+y)<1,$$

则

$$\ln(x+y)\geqslant[\ln(x+y)]^2.$$

所以

$$\iint_D \ln(x+y)\mathrm{d}\sigma\geqslant\iint_D[\ln(x+y)]^2\mathrm{d}\sigma.$$

例 9.43 求积分 $\iint\limits_D(x+y+1)\mathrm{d}\sigma$ 的取值范围，其中 D 为图 9.14 所示的矩形区域：$0\leqslant x\leqslant 1$，$0\leqslant y\leqslant 2$.

解 设 $f(x,y)=x+y+1$，因为 $f(x,y)$ 在 D 上连续，所以 $f(x,y)$ 的最大值与最小值一定存在，易求得 $f(x,y)=x+y+1$ 在 D 内的最大值为 4，最小值为 1. 又因为 D 的面积 $\sigma=2$，由性质 9.9 可得

$$2\leqslant\iint_D(x+y+1)\mathrm{d}\sigma\leqslant 8.$$

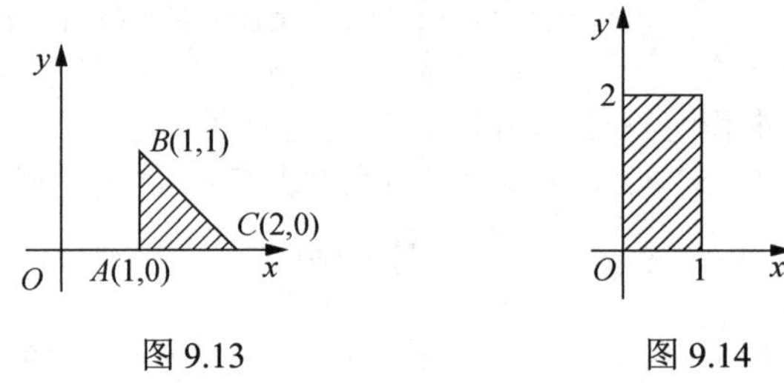

图 9.13　　图 9.14

9.7.3 二重积分的计算方法

1. 利用直角坐标计算二重积分

根据定义来计算二重积分是相当困难的，本小节将在直角坐标系中，推导出二重积分的计算方法，从而把计算二重积分的问题转换为计算两次定积分的问题.

在直角坐标系中，面积元素 $\mathrm{d}\sigma=\mathrm{d}x\mathrm{d}y$，因此

$$\iint_D f(x,y)\mathrm{d}\sigma=\iint_D f(x,y)\mathrm{d}x\mathrm{d}y.$$

若积分区域 D 可以用不等式 $\varphi_1(x)\leqslant y\leqslant\varphi_2(x)$，$a\leqslant x\leqslant b$ 表示，其中一元函数 $y=\varphi_1(x)$ 及 $y=\varphi_2(x)$ 在区间 $[a,b]$ 上连续，则称这种积分区域 D 为 ***X* 型区域**，如图 9.15 所示. 所谓 ***X* 型区域**，是指当一条垂直于 x 轴的直线由下向上穿过该区域时与区域的边界曲线的交点不多于两个.

若积分区域 D 可以用不等式 $\psi_1(y)\leqslant x\leqslant\psi_2(y)$，$c\leqslant y\leqslant d$ 表示，其中函数 $x=\psi_1(y)$ 及 $x=\psi_2(y)$ 在区间 $[c,d]$ 上连续，则称这种积分区域 D 为 ***Y* 型区域**，如图 9.16 所示. 所谓 ***Y* 型区域**，是指当一条垂直于 y 轴的直线由左向右穿过该区域时与区域的边界曲线的交点不多于 2 个.

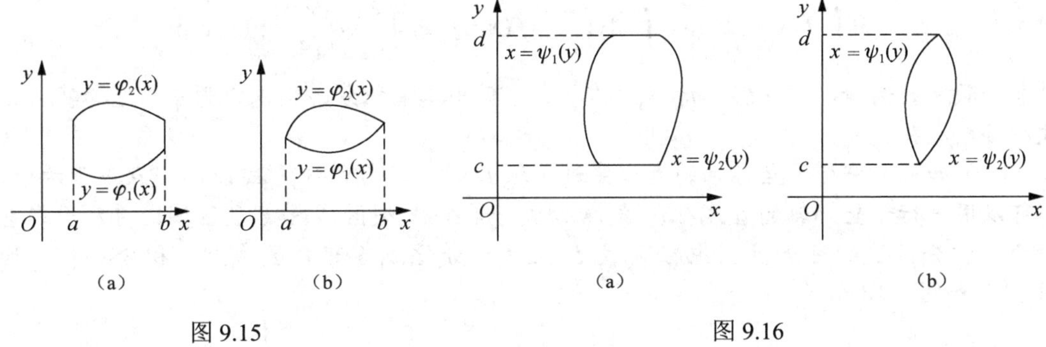

图 9.15　　　　图 9.16

下面仅考虑当区域 D 为 X 型区域或 Y 型区域时，二重积分的计算方法.

（1）区域 D 为 X 型区域.

若函数 $z=f(x,y)$ 在 X 型区域

$$D=\{(x,y)\mid\varphi_1(x)\leqslant y\leqslant\varphi_2(x),\ a\leqslant x\leqslant b\}$$

上可积，且对固定的 $x\in[a,b]$，定积分

$$\int_{\varphi_1(x)}^{\varphi_2(x)} f(x,y)\mathrm{d}y$$

存在，且二次积分

$$\int_a^b\left[\int_{\varphi_1(x)}^{\varphi_2(x)} f(x,y)\mathrm{d}y\right]\mathrm{d}x=\int_a^b\mathrm{d}x\int_{\varphi_1(x)}^{\varphi_2(x)} f(x,y)\mathrm{d}y$$

也存在，则

$$\iint_D f(x,y)\mathrm{d}x\mathrm{d}y=\int_a^b\mathrm{d}x\int_{\varphi_1(x)}^{\varphi_2(x)} f(x,y)\mathrm{d}y.$$

这就是二重积分在直角坐标系下的计算公式，也把它称为先 y 后 x 的二次积分.

（2）区域 D 为 Y 型区域.

若函数 $z=f(x,y)$ 在 Y 型区域

$$D=\{(x,y)\mid\psi_1(y)\leqslant x\leqslant\psi_2(y),c\leqslant y\leqslant d\}$$

上可积，且对固定的 $y\in[c,d]$，定积分

$$\int_{\psi_1(y)}^{\psi_2(y)} f(x,y)\mathrm{d}x$$

直角坐标系下二重积分的计算方法

存在，且二次积分

$$\int_c^d\left[\int_{\psi_1(y)}^{\psi_2(y)} f(x,y)\mathrm{d}x\right]\mathrm{d}y=\int_c^d\mathrm{d}y\int_{\psi_1(y)}^{\psi_2(y)} f(x,y)\mathrm{d}x$$

也存在，则

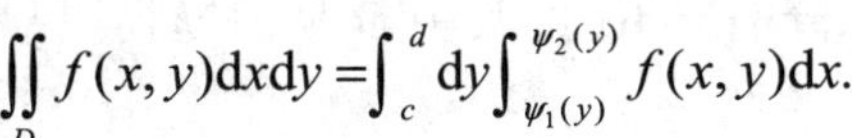

$$\iint_D f(x,y)\mathrm{d}x\mathrm{d}y=\int_c^d\mathrm{d}y\int_{\psi_1(y)}^{\psi_2(y)} f(x,y)\mathrm{d}x.$$

Y 型区域上的二重积分化为二次积分也称为先 x 后 y 的二次积分.

注　（1）计算二重积分时，首先要确定积分区域 D 的类型，并由此确定是将二重积分化为先 x 后 y 的二次积分，还是化为先 y 后 x 的二次积分.

（2）当积分区域 D 既是 X 型区域又是 Y 型区域时，二重积分化为二次积分就有两种积分顺序，即

$$\iint_D f(x,y)\mathrm{d}x\mathrm{d}y=\int_a^b \mathrm{d}x\int_{\varphi_1(x)}^{\varphi_2(x)} f(x,y)\mathrm{d}y=\int_c^d \mathrm{d}y\int_{\psi_1(y)}^{\psi_2(y)} f(x,y)\mathrm{d}x.$$

对积分顺序的选择，往往影响计算量的大小，有些二重积分，其积分顺序的选择甚至与被积函数有关.

（3）如果用平行于坐标轴的直线穿过区域 D 时，其与积分区域 D 的交点多于两个，则可以用平行于坐标轴的直线把区域 D 分成若干个 X 型区域或 Y 型区域，再利用二重积分对积分区域的可加性，把在区域 D 上的积分化成各部分区域上的积分之和，如图 9.17 和图 9.18 所示.

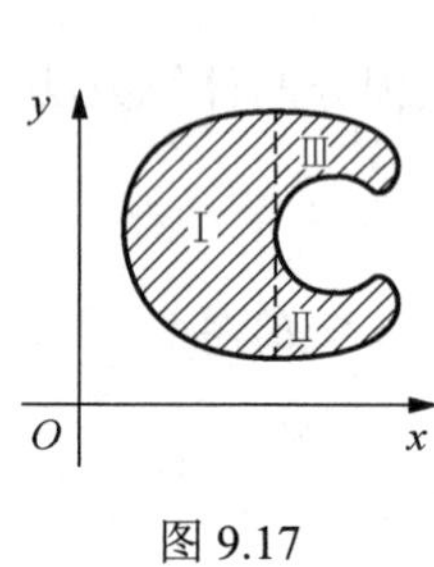

图 9.17

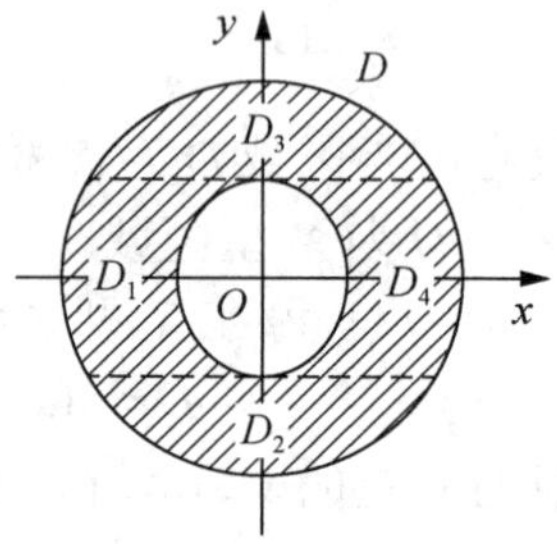

图 9.18

图 9.19

例 9.44 计算二重积分 $\iint_D\left(1-\frac{x}{4}-\frac{y}{3}\right)\mathrm{d}\sigma$，其中 D 为矩形区域：$-2\leqslant x\leqslant 2$，$-1\leqslant y\leqslant 1$.

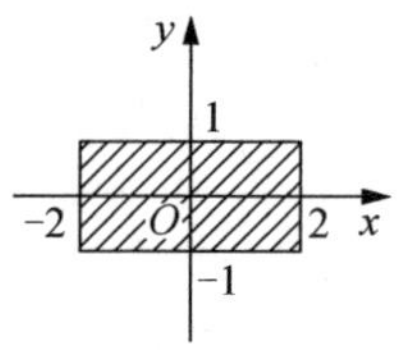

解 首先画出积分区域 D 的图形，如图 9.19 所示. 区域 D 是 X 型区域，可将其化为先 y 后 x 的二次积分，于是

$$\iint_D\left(1-\frac{x}{4}-\frac{y}{3}\right)\mathrm{d}\sigma=\int_{-2}^{2}\mathrm{d}x\int_{-1}^{1}\left(1-\frac{x}{4}-\frac{y}{3}\right)\mathrm{d}y$$

$$=\int_{-2}^{2}\left(y-\frac{x}{4}y-\frac{1}{6}y^2\right)\Big|_{-1}^{1}\mathrm{d}x=\int_{-2}^{2}\left(2-\frac{1}{2}x\right)\mathrm{d}x=8.$$

其实，区域 D 也是 Y 型区域，所以也可以将其化为先 x 后 y 的二次积分，即

$$\iint_D\left(1-\frac{x}{4}-\frac{y}{3}\right)\mathrm{d}\sigma=\int_{-1}^{1}\mathrm{d}y\int_{-2}^{2}\left(1-\frac{x}{4}-\frac{y}{3}\right)\mathrm{d}x$$

$$=\int_{-1}^{1}\left(x-\frac{1}{8}x^2-\frac{y}{3}\cdot x\right)\Big|_{-2}^{2}\mathrm{d}y=\int_{-1}^{1}\left(4-\frac{4}{3}y\right)\mathrm{d}y=8.$$

例 9.45 计算二重积分 $\iint_D xy\mathrm{d}\sigma$，其中 D 是由抛物线 $y^2=x$ 及直线 $y=x-2$ 所围成的闭区域.

解 积分区域 D 如图 9.20 所示. 联立方程组 $\begin{cases}x=y^2\\ y=x-2\end{cases}$，求出交点坐标分别为 $(1,-1),(4,2)$. 由图 9.20 不难看出积分区域 D 既是 X 型区域，也是 Y 型区域.

我们先选择 X 型区域进行积分，即先对 y 后对 x 积分. 如图 9.20（a）所示，由于在区间 $[0,1]$ 上 $\varphi_1(x)=-\sqrt{x}$，在区间 $[1,4]$ 上 $\varphi_1(x)=x-2$，不能直接用公式，需先用直线 $x=1$

将积分区域 D 分成两部分，即 D_1 和 D_2，其中，

$$D_1=\{(x,y)\mid -\sqrt{x}\leqslant y\leqslant\sqrt{x},0\leqslant x\leqslant 1\};$$

$$D_2=\{(x,y)\mid x-2\leqslant y\leqslant\sqrt{x},1\leqslant x\leqslant 4\}.$$

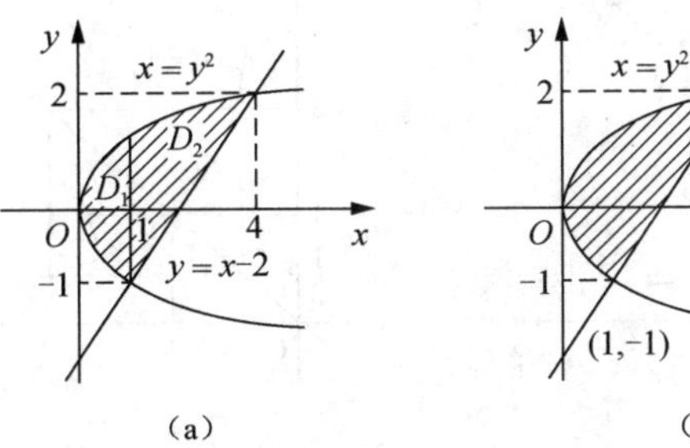

图 9.20

由积分的性质可得

$$\iint\limits_D xy\mathrm{d}\sigma=\iint\limits_{D_1} xy\mathrm{d}\sigma+\iint\limits_{D_2} xy\mathrm{d}\sigma=\int_0^1\mathrm{d}x\int_{-\sqrt{x}}^{\sqrt{x}}xy\mathrm{d}y+\int_1^4\mathrm{d}x\int_{x-2}^{\sqrt{x}}xy\mathrm{d}y$$

$$=\int_0^1\left(\frac{1}{2}xy^2\right)\Big|_{-\sqrt{x}}^{\sqrt{x}}\mathrm{d}x+\int_1^4\left(\frac{1}{2}xy^2\right)\Bigg|_{x-2}^{\sqrt{x}}\mathrm{d}x=0+\frac{1}{2}\int_1^4(-x^3+5x^2-4x)\mathrm{d}x$$

$$=\frac{1}{2}\left(-\frac{1}{4}x^4+\frac{5}{3}x^3-2x^2\right)\Bigg|_1^4=\frac{45}{8}.$$

若选择 Y 型区域进行积分，即先对 x 后对 y 积分，如图 9.20（b）所示，则 D 可表示为

$$D=\{(x,y)\mid y^2\leqslant x\leqslant y+2,-1\leqslant y\leqslant 2\}.$$

于是

$$\iint\limits_D xy\mathrm{d}\sigma=\int_{-1}^2\mathrm{d}y\int_{y^2}^{y+2}xy\mathrm{d}x=\int_{-1}^2\left(\frac{1}{2}x^2y\right)\Bigg|_{y^2}^{y+2}\mathrm{d}y$$

$$=\frac{1}{2}\int_{-1}^2(4y+4y^2+y^3-y^5)\mathrm{d}y=\frac{45}{8}.$$

比较两种积分次序显然第二种较为简单. 一般地，当积分区域 D 既是 X 型区域也是 Y 型区域时，选择合适的积分次序可以使计算简化.

例 9.46　计算二重积分 $\iint\limits_D x^2y\mathrm{d}\sigma$，其中积分区域 D 是由直线 $x=2$，$y=x$ 及双曲线 $xy=1$ 所围成的区域.

解　首先画出积分区域 D 的图形，如图 9.21（a）所示，区域 D 是 X 型区域，故

$$\iint\limits_D x^2y\mathrm{d}\sigma=\int_1^2x^2\mathrm{d}x\int_{\frac{1}{x}}^{x}y\mathrm{d}y=\int_1^2x^2\left(\frac{1}{2}y^2\right)\Bigg|_{\frac{1}{x}}^{x}\mathrm{d}x=\int_1^2\frac{1}{2}(x^4-1)\mathrm{d}x=\frac{13}{5}.$$

本题也可以化为先对 x 后对 y 的二次积分，但计算要麻烦一些. 因为区域 D 的左侧边界曲线是由 $y=x$ 及 $xy=1$ 给出的，所以要用经过交点 $(1,1)$ 且平行于 x 轴的直线 $y=1$ 把区域 D 分为两个 Y 型区域 D_1 和 D_2，如图 9.21（b）所示，即

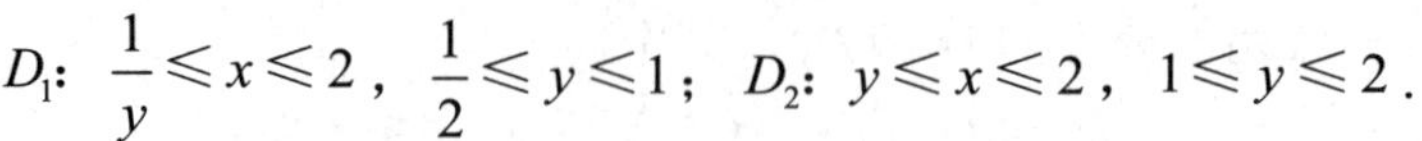

$$D_1:\ \frac{1}{y}\leqslant x\leqslant 2,\ \frac{1}{2}\leqslant y\leqslant 1;\quad D_2:\ y\leqslant x\leqslant 2,\ 1\leqslant y\leqslant 2.$$

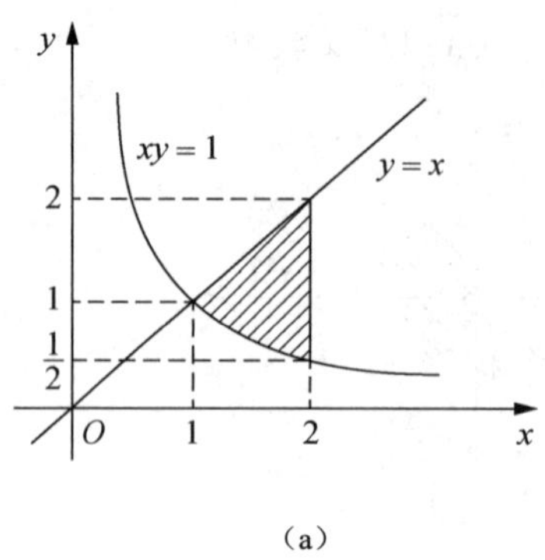

（a）

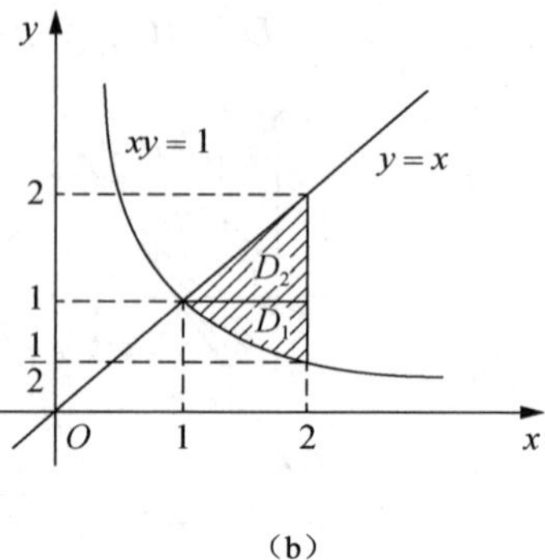

（b）

图 9.21

由积分区域的可加性，得

$$\begin{aligned}\iint\limits_D x^2y\mathrm{d}\sigma&=\iint\limits_{D_1}x^2y\mathrm{d}\sigma+\iint\limits_{D_2}x^2y\mathrm{d}\sigma\\&=\int_{\frac{1}{2}}^{1}y\mathrm{d}y\int_{\frac{1}{y}}^{1}x^2\mathrm{d}x+\int_1^2 y\,\mathrm{d}\,y\int_y^2 x^2\mathrm{d}x=\frac{13}{5}.\end{aligned}$$

化二重积分为二次积分，积分限的确定可采用下述方法：如果是先对 y 后对 x 的积分，首先在 x 的变化范围 $[a,b]$ 内任取一点 x，固定 x，并过该点作平行于 y 轴的直线，由下向上穿过积分区域 D，分别与边界曲线交于两点，下方交点的纵坐标 $\varphi_1(x)$ 是首次积分的下限，上方交点的纵坐标 $\varphi_2(x)$ 是首次积分的上限，如图 9.22 所示；而后确定对 x 积分的上、下限，即其变化范围的右、左端点. 先对 x 后对 y 的二次积分的上、下限，可类似得到.

例 9.47　计算二重积分 $\iint\limits_D\frac{\sin y}{y}\mathrm{d}\sigma$，其中 D 是由直线 $y=x$ 及抛物线 $y^2=x$ 所围成的区域.

解　首先画出积分区域 D，如图 9.23 所示，选择先对 x 后对 y 的积分次序. 在 y 的变化范围[0,1]内任取一点 y，并过该点作与 x 轴平行的直线穿过区域 D，与其边界的交点的横坐标从左到右为 $x=y^2$ 及 $x=y$，即 $y^2\leqslant x\leqslant y$，所以

$$\begin{aligned}\iint\limits_D\frac{\sin y}{y}\mathrm{d}\sigma&=\int_0^1\frac{\sin y}{y}\mathrm{d}y\int_{y^2}^{y}\mathrm{d}x=\int_0^1(1-y)\sin y\mathrm{d}y=\int_0^1\sin y\mathrm{d}y-\int_0^1 y\sin y\mathrm{d}y\\&=-\cos y\big|_0^1+\int_0^1 y\mathrm{d}\cos y=1-\cos 1+(y\cos y)\big|_0^1-\int_0^1\cos y\mathrm{d}y\\&=1-\cos 1+\cos 1-\sin y\big|_0^1=1-\sin 1.\end{aligned}$$

如果选择先对 y 后对 x 的积分顺序，可将二重积分化为

$$\int_0^1\mathrm{d}x\int_x^{\sqrt{x}}\frac{\sin y}{y}\mathrm{d}y.$$

由于积分 $\int \frac{\sin y}{y}\mathrm{d}y$ 不能用初等函数表示，所以上述积分无法计算.

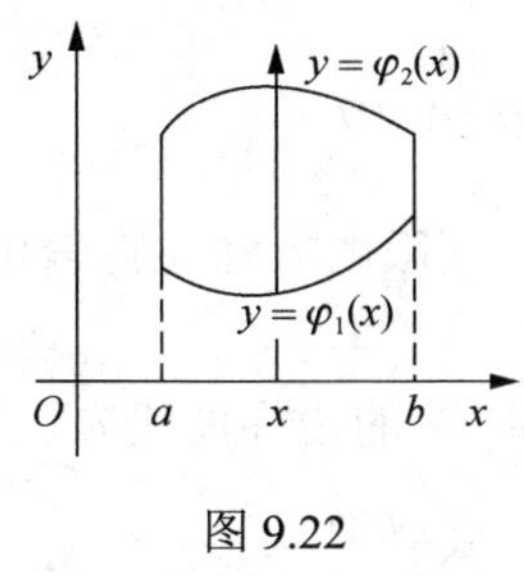

图 9.22

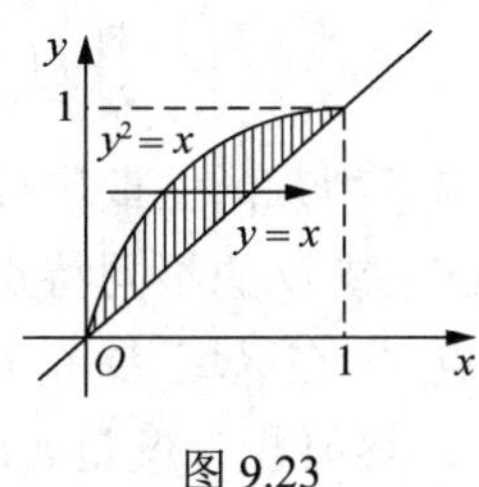

图 9.23

由上述例子可以看出，把二重积分化为二次积分时，需要根据区域 D 和被积函数的特点，选择适当的积分次序.

二重积分的计算步骤归纳如下：

（1）画出积分区域 D 的图形，并求出边界上各曲线的交点.

（2）根据积分区域 D 及被积函数的特点，选择适当的积分顺序，把二重积分化成二次积分.

（3）依据二次积分的顺序，分别计算两次定积分，从而得到最终结果.

例 9.48　交换下面二次积分的顺序

$$I=\int_{-2}^{0}\mathrm{d}x\int_{0}^{\frac{2+x}{2}}f(x,y)\mathrm{d}y+\int_{0}^{2}\mathrm{d}x\int_{0}^{\frac{2-x}{2}}f(x,y)\mathrm{d}y.$$

解　首先根据二次积分确定积分区域 D. 由二次积分对 y 和 x 的积分上、下限得它们的变化范围分别为

$$D_1=\{(x,y)\,|\,0\leqslant y\leqslant \frac{2+x}{2},\ -2\leqslant x\leqslant 0\}$$

和

$$D_2=\{(x,y)\,|\,0\leqslant y\leqslant \frac{2-x}{2},\ 0\leqslant x\leqslant 2\},$$

区域 $D=D_1+D_2$，如图 9.24 所示.

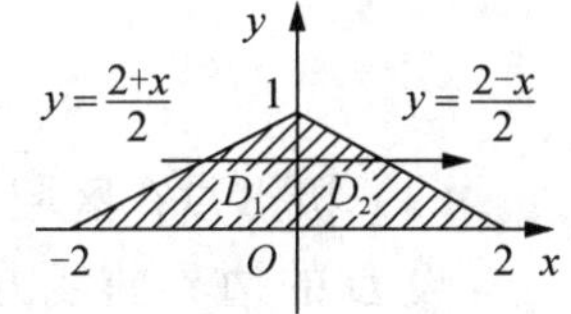

图 9.24

满足这些不等式的点 (x,y) 是由直线 $y=0, y=\frac{2+x}{2}$ 及 $y=\frac{2-x}{2}$ 所围成的区域 D，由此得到交换积分次序后的二次积分为

$$I=\int_{0}^{1}\mathrm{d}y\int_{2y-2}^{2-2y}f(x,y)\mathrm{d}x.$$

2. 利用极坐标计算二重积分

当被积函数和积分区域 D 的边界曲线方程在极坐标系中的表达式比较简洁时，使用极坐标计算二重积分较为简单.

在极坐标系中的面积元素为

$$\mathrm{d}\sigma = r\mathrm{d}r\mathrm{d}\theta,$$

被积函数 $f(x,y)$ 中的 x 和 y 分别用 $x = r\cos\theta$， $y = r\sin\theta$ 代替，便得到二重积分在极坐标系中的表达式

$$\iint_D f(x,y)\mathrm{d}\sigma = \iint_D f(r\cos\theta, r\sin\theta) r\mathrm{d}r\mathrm{d}\theta .$$

在极坐标系中，化二重积分为二次积分时，确定上、下限的方法与直角坐标系中类似. 根据积分区域 D 的不同特点，分以下几种情况.

（1）极点 O 在区域 D 的内部，如图 9.25 所示. 设 D 的边界曲线方程为 $r = r(\theta)$ $(0 \leqslant \theta \leqslant 2\pi)$. 这时积分变量 r,θ 的变化范围为

$$0 \leqslant r \leqslant r(\theta), \quad 0 \leqslant \theta \leqslant 2\pi,$$

于是

$$\iint_D f(x,y)\mathrm{d}\sigma = \int_0^{2\pi} \mathrm{d}\theta \int_0^{r(\theta)} f(r\cos\theta, r\sin\theta) r\mathrm{d}r.$$

（2）极点 O 在区域 D 的边界上（图 9.26）.

图 9.25　　图 9.26

设 D 的边界曲线方程为 $r = r(\theta)$ （$\alpha \leqslant \theta \leqslant \beta$），这时积分变量 r,θ 的变化范围为 $0 \leqslant r \leqslant r(\theta)$， $\alpha \leqslant \theta \leqslant \beta$，于是

$$\iint_D f(x,y)\mathrm{d}\sigma = \int_\alpha^\beta \mathrm{d}\theta \int_0^{r(\theta)} f(r\cos\theta, r\sin\theta) r\mathrm{d}r.$$

（3）极点 O 在区域 D 的外部（图 9.27）.

设 D 的边界曲线方程为 $r = r_1(\theta)$ 和 $r = r_2(\theta)$ $(\alpha \leqslant \theta \leqslant \beta)$，其中 $r_1(\theta)$ 和 $r_2(\theta)$ 均在 $[\alpha,\beta]$ 上连续，积分变量 r,θ 的变化范围为

$$r_1(\theta) \leqslant r \leqslant r_2(\theta), \quad \alpha \leqslant \theta \leqslant \beta,$$

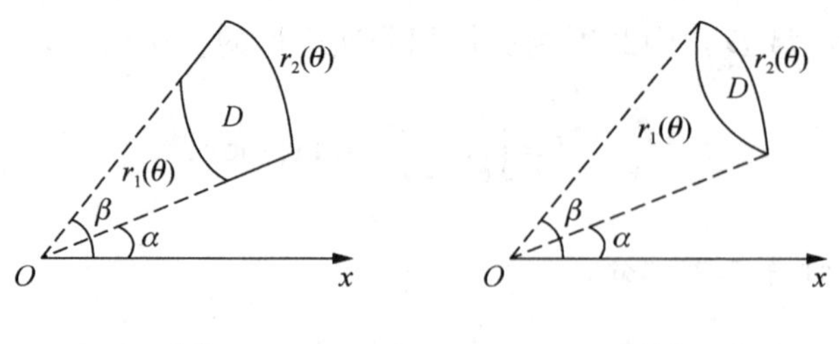

图 9.27

极坐标系下二重积分的计算方法

于是

$$\iint_D f(x,y)\mathrm{d}\sigma = \int_\alpha^\beta \mathrm{d}\theta \int_{r_1(\theta)}^{r_2(\theta)} f(r\cos\theta, r\sin\theta) r\mathrm{d}r.$$

例 9.49　在极坐标系下计算二重积分 $\iint_D \sqrt{x^2+y^2}\mathrm{d}\sigma$，其中 D 是圆域：$x^2+y^2\leqslant 1$.

解　在极坐标变换 $x=r\cos\theta$，$y=r\sin\theta$ 下，曲线 $x^2+y^2=1$ 的极坐标方程为 $r=1$. 积分区域 D 如图 9.28 所示，D 可表示为

$$D=\{(r,\theta)\,|\,0\leqslant r\leqslant 1, 0\leqslant\theta\leqslant 2\pi\},$$

所以

$$\iint_D \sqrt{x^2+y^2}\mathrm{d}\sigma = \int_0^{2\pi}\mathrm{d}\theta\int_0^1 r\cdot r\mathrm{d}r = \int_0^{2\pi}\left(\frac{1}{3}r^3\right)\Bigg|_0^1 \mathrm{d}\theta = \frac{2}{3}\pi.$$

例 9.50　计算二重积分 $\iint_D \mathrm{e}^{-x^2-y^2}\mathrm{d}\sigma$，其中 D 是圆环域：$1\leqslant x^2+y^2\leqslant 4$.

解　在极坐标变换 $x=r\cos\theta$，$y=r\sin\theta$ 下，圆环 $1\leqslant x^2+y^2\leqslant 4$ 可表示为 $1\leqslant r\leqslant 2$. 积分区域 D 如图 9.29 所示，可表示为 $D=\{(r,\theta)\,|\,1\leqslant r\leqslant 2, 0\leqslant\theta\leqslant 2\pi\}$，所以

$$\begin{aligned}\iint_D \mathrm{e}^{-x^2-y^2}\mathrm{d}\sigma &= \int_0^{2\pi}\mathrm{d}\theta\int_1^2 \mathrm{e}^{-r^2} r\mathrm{d}r \\ &= 2\pi\cdot\left(-\frac{1}{2}\right)\mathrm{e}^{-r^2}\Bigg|_1^2 = \pi(\mathrm{e}^{-1}-\mathrm{e}^{-4}).\end{aligned}$$

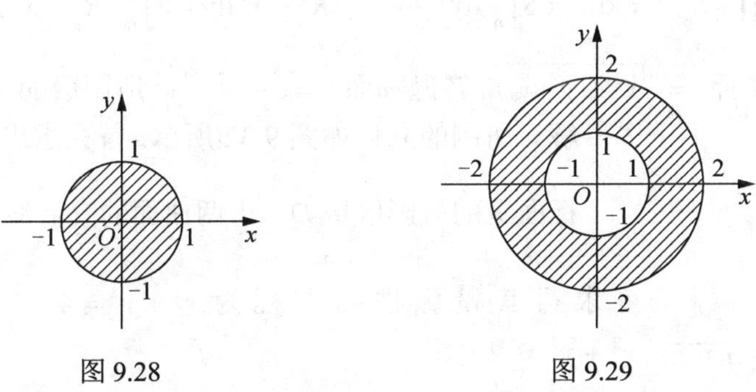

图 9.28　　图 9.29

注　对于一个二重积分，究竟采用哪种坐标系来计算，需要根据被积函数和积分区域来确定. 一般来说，如果积分区域是圆域、圆环域或者是它们的一部分及被积函数可表示成为 $f(x^2+y^2)$ 的形式，应选择极坐标来计算.

9.7.4　二重积分的简单应用

1. 计算平面图形的面积

由二重积分的性质可知，当 $f(x,y)\equiv 1$ 时，二重积分 $\iint_D 1\mathrm{d}\sigma$ 等于区域 D 的面积.

例 9.51　求抛物线 $y^2=x$ 及直线 $y=x-2$ 所围成的图形的面积.

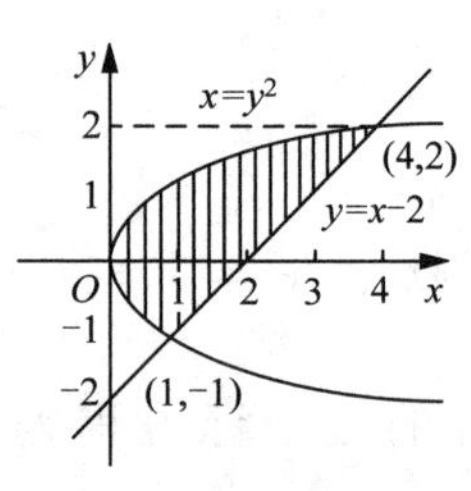

图 9.30

解 先画出积分区域D，如图 9.30 所示，求得交点为$(1,-1)$，$(4,2)$，则有

$$A=\iint_D \mathrm{d}x\mathrm{d}y=\int_{-1}^{2}\mathrm{d}y\int_{y^2}^{y+2}\mathrm{d}x=\int_{-1}^{2}(y+2-y^2)\mathrm{d}y=\frac{9}{2}.$$

2. 求曲顶柱体的体积

根据二重积分的几何意义，当$f(x,y)\geqslant 0$时，以xOy坐标面上的有界闭区域D为底、曲面$z=f(x,y)$为顶的曲顶柱体的体积等于$\iint_D f(x,y)\mathrm{d}\sigma$；当$f(x,y)\leqslant 0$时，该曲顶柱体的体积为$-\iint_D f(x,y)\mathrm{d}\sigma$.

例 9.52 求由柱面$x^2+y^2=R^2$与$x^2+z^2=R^2$所围成的立体的体积.

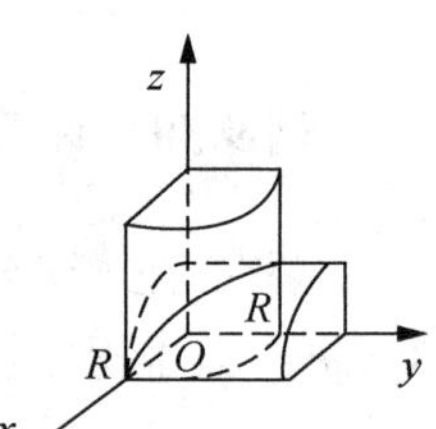

图 9.31

解 由立体的对称性，只要求出该立体在第 I 卦限内的体积V_1，再乘以 8，就得到了整个立体的体积V，为此，首先画出它在第 I 卦限内的图形，如图 9.31 所示.

由图可见，立体在第 I 卦限内的体积V_1可以看作以圆柱面$z=\sqrt{R^2-x^2}$为顶，$\frac{1}{4}$的圆域D为底的曲顶柱体，其中$D=\{(x,y)\,|\,0\leqslant y\leqslant\sqrt{R^2-x^2},0\leqslant x\leqslant R\}$，所以

$$V=8V_1=8\iint_D\sqrt{R^2-x^2}\mathrm{d}\sigma=8\int_0^R\mathrm{d}x\int_0^{\sqrt{R^2-x^2}}\sqrt{R^2-x^2}\mathrm{d}y=8\int_0^R(R^2-x^2)\mathrm{d}x=\frac{16}{3}R^3.$$

例 9.53 求锥面$z=\sqrt{x^2+y^2}$与旋转抛物面$z=6-x^2-y^2$所围成的立体体积.

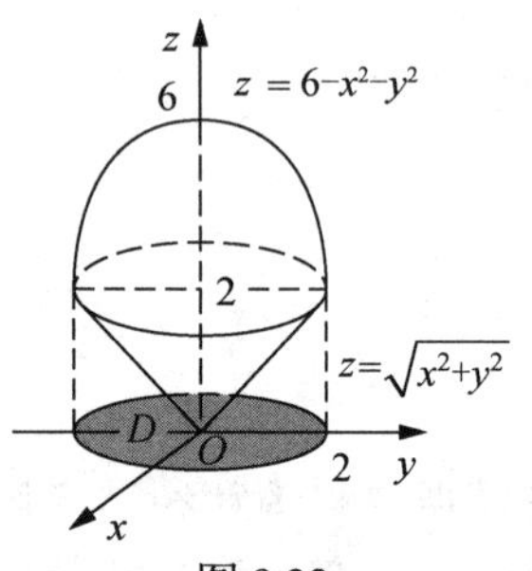

图 9.32

解 所围的立体如图 9.32 所示. 首先求出该立体在xOy坐标面上的投影区域D. 由两曲面的交界线$\begin{cases}z=\sqrt{x^2+y^2}\\ z=6-x^2-y^2\end{cases}$，可求得其投影柱面方程为$x^2+y^2=4$，所以区域$D$为$x^2+y^2\leqslant 4$.

所求立体的体积V可以看作是以$z=6-x^2-y^2$为顶、D为底的曲顶柱体的体积V_2减去在同一底上以$z=\sqrt{x^2+y^2}$为顶的曲顶柱体的体积V_1而得到的，即

$$\begin{aligned}V=V_2-V_1&=\iint_D(6-x^2-y^2)\mathrm{d}\sigma-\iint_D\sqrt{x^2+y^2}\mathrm{d}\sigma\\&=\iint_D\left(6-x^2-y^2-\sqrt{x^2+y^2}\right)\mathrm{d}\sigma.\end{aligned}$$

显然选择极坐标来计算这个二重积分比较简单. 在极坐标变换$x=r\cos\theta$，$y=r\sin\theta$下，圆域$0\leqslant x^2+y^2\leqslant 4$的极坐标表示为$0\leqslant r\leqslant 2$. 积分区域$D$可表示为

$$D=\{(r,\theta)\,|\,0\leqslant r\leqslant 2,0\leqslant\theta\leqslant 2\pi\},$$

于是

$$V=\int_0^{2\pi}\mathrm{d}\theta\int_0^2(6-r^2-r)\cdot r\mathrm{d}r=\frac{32}{3}\pi .$$

习题 9.7

1．由二重积分的几何意义计算下列二重积分：

（1）$\iint\limits_{\frac{x^2}{3^2}+\frac{y^2}{4^2}\leqslant 1}\mathrm{d}\sigma$；

（2）$\iint\limits_{x^2+y^2\leqslant a^2}\sqrt{a^2-x^2-y^2}\mathrm{d}\sigma$；

（3）$\iint\limits_D\mathrm{d}\sigma$，其中 D 由 $x+y=1$，$x-y=1$，$x=0$ 所围成．

2．计算下列二重积分：

（1）$\iint\limits_D xy\mathrm{d}x\mathrm{d}y$，$D$ 是由 $0\leqslant x\leqslant 1$，$0\leqslant y\leqslant 1$ 确定的正方形区域；

（2）$\iint\limits_D y\mathrm{e}^{xy}\mathrm{d}x\mathrm{d}y$，$D$ 是由 $\frac{1}{x}\leqslant y\leqslant 2$，$1\leqslant x\leqslant 2$ 所围成的闭区域；

（3）$\iint\limits_D\sin y^2\,\mathrm{d}x\mathrm{d}y$，$D$ 是由 $x=0$，$y=1$，$y=x$ 所围成的闭区域；

（4）$\iint\limits_D y\sqrt{1+x^2-y^2}\mathrm{d}x\mathrm{d}y$，$D$ 是由直线 $y=1$，$x=-1$ 及 $y=x$ 所围成的闭区域；

（5）$\iint\limits_D(x+y)\,\mathrm{d}x\mathrm{d}y$，$D$ 是由 $y=\mathrm{e}^x$，$y=1$，$x=1$ 所围成的闭区域；

（6）$\iint\limits_D x^2y^2\mathrm{d}x\mathrm{d}y$，$D$ 是由 $x=y^2$，$x=2$ 所围成的闭区域．

3．将二重积分 $\iint\limits_D f(x,y)\,\mathrm{d}x\mathrm{d}y$ 化为不同顺序的二次积分：

（1）D 由 x 轴与 $x^2+y^2=R^2\,(y>0)$ 所围成；

（2）D 由 $y=x$，$x=2$ 及 $y=\frac{1}{x}\,(x>0)$ 所围成．

4．改变下列二次积分的次序：

（1）$\int_0^2\mathrm{d}y\int_{y^2}^{3y}f(x,y)\mathrm{d}x$；

（2）$\int_1^2\mathrm{d}x\int_{\sqrt{x}}^3 f(x,y)\mathrm{d}y$；

（3）$\int_0^1\mathrm{d}x\int_0^{x^2}f(x,y)\mathrm{d}y+\int_1^3\mathrm{d}x\int_0^{\frac{1}{2}(3-x)}f(x,y)\mathrm{d}y$.

5．计算下列二次积分：

（1）$I=\int_0^1\mathrm{d}y\int_{\sqrt{y}}^1\mathrm{e}^{\frac{y}{x}}\mathrm{d}x$；　　（2）$I=\int_0^1\mathrm{d}x\int_x^1\mathrm{e}^{-y^2}\mathrm{d}y$；

（3）$I=\int_0^1 dx\int_x^1 x^2 e^{-y^2} dy$；（4）$I=\int_0^{\sqrt{\frac{\pi}{2}}} dy\int_y^{\sqrt{\frac{\pi}{2}}} y^2 \sin x^2 dx$.

6．对下列各积分区域D，用极坐标变换将$\iint\limits_D f(x,y)\,dxdy$化为二次积分：

（1）D：半圆域$x^2+y^2\leqslant a^2$，$y\geqslant 0$；

（2）D：半环域$a^2\leqslant x^2+y^2\leqslant b^2$，$x\geqslant 0$；

（3）D：圆域$x^2+y^2\leqslant ay\ (a>0)$；

（4）D：正方形域$0\leqslant x\leqslant a$，$0\leqslant y\leqslant a$.

7．利用极坐标计算下列二重积分：

（1）$\iint\limits_D \sin\sqrt{x^2+y^2}\,dxdy$，$D$是圆环域$\pi^2\leqslant x^2+y^2\leqslant 4\pi^2$；

（2）$\iint\limits_D (x+y)\,dxdy$，$D$是半圆域$x^2+y^2\leqslant x$，$y\geqslant 0$；

（3）$\iint\limits_D \arctan\frac{y}{x}\,dxdy$，$D$由$1\leqslant x^2+y^2\leqslant 4$与$0\leqslant y\leqslant x$构成;

（4）$\iint\limits_D \ln(1+x^2+y^2)d\sigma$，$D$是$\frac{1}{4}$圆域$x^2+y^2\leqslant 1$，$x\geqslant 0$，$y\geqslant 0$.

8．选用适当的坐标计算下列二重积分：

（1）$I=\iint\limits_D (x^2+y^2)d\sigma$，$D$是由直线$y=x$，$y=x+a$，$y=a$，$y=3a(a>0)$所围成的闭区域;

（2）$I=\iint\limits_D x\sin\frac{y}{x}d\sigma$，$D$是由直线$y=x$，$y=0$，$x=1$所围成的闭区域;

（3）$I=\iint\limits_D (y-x)d\sigma$，$D$是由$y\leqslant R+x$，$x^2+y^2\leqslant R^2$，$y\geqslant 0\,(R>0)$所围成的闭区域.

9．求以xOy面上的圆周$x^2+y^2=ax(a>0)$围成的区域为底、以曲面$z=x^2+y^2$为顶的曲顶柱体的体积.

10．求下列曲面所围成的立体的体积：

（1）$z=5-x-y$，$z=0$，$x=-1$，$x=1$，$y=-1$，$y=1$;

（2）$z=1+x+y$，$z=0$，$x+y=1$，$x=0$，$y=0$;

（3）$z=x^2+y^2$，$y=1$，$z=0$，$y=x^2$.

自测题 A　基础自测题

一、填空题（每题 2 分，共 10 分）

1. 函数$z=xy$在$x=2$，$y=1$，$\Delta x=0.1$，$\Delta y=-0.1$时的全增量$\Delta z=$________，全微分$dz=$________.

2. 函数 $u=\arccos\dfrac{z}{\sqrt{x^2+y^2}}$ 的定义域为________.

3. 设 $z=x^2+(y-2)\arctan\sqrt{\dfrac{y}{x}}$，则 $\left.\dfrac{\partial z}{\partial x}\right|_{(1,2)}=$________.

4. $\lim\limits_{\substack{x\to 0\\ y\to 0}}\dfrac{y\sin 2x}{\sqrt{xy+1}-1}=$________.

5. 设 $f(u)$ 是连续函数，将 $I=\int_0^2 \mathrm{d}x\int_0^x f(\sqrt{x^2+y^2})\,\mathrm{d}y$ 化为极坐标系下的二次积分，$I=$________.

二、选择题（每题 2 分，共 10 分）

6. 函数 $f(x,y)$ 在点 (x_0,y_0) 处两个偏导数 $f_x(x_0,y_0),f_y(x_0,y_0)$ 都存在是函数 $f(x,y)$ 在该点可微的（　　）.

A. 充分条件　　B. 充分必要条件

C. 必要条件　　D. 既非充分也非必要条件

7. 若函数 $f(x,y)=x^2+2xy+3y^2+ax+by+6$ 在点 $(1,-1)$ 处取得极值，则 $(a,b)=$（　　）.

A. $(1,5)$　　B. $(0,4)$　　C. $(4,0)$　　D. $(5,1)$

8. 由方程 $xyz+x^2+y^2+z^2=2$ 所确定的函数 $z=z(x,y)$ 在点 $(1,0,-1)$ 处的全微分 $\mathrm{d}z=$（　　）.

A. $\mathrm{d}x-\dfrac{1}{2}\mathrm{d}y$　　B. $\mathrm{d}x+\dfrac{1}{2}\mathrm{d}y$

C. $\mathrm{d}x+\mathrm{d}y$　　D. $\mathrm{d}x-\mathrm{d}y$

9. 曲线 $x=\mathrm{e}^t+3t$，$y=\mathrm{e}^t+2t^2$，$z=\mathrm{e}^{-t}+t^3$ 在对应于点 $t=0$ 处的切线方程为（　　）.

A. $\dfrac{x-1}{4}=\dfrac{y-1}{1}=\dfrac{z-1}{-1}$　　B. $\dfrac{x+1}{4}=\dfrac{y+1}{1}=\dfrac{z+1}{-1}$

C. $\dfrac{x-1}{4}=\dfrac{y-1}{-1}=\dfrac{z-1}{-1}$　　D. $\dfrac{x-1}{4}=\dfrac{y-1}{1}=\dfrac{z-1}{1}$

10. 设 $f(x,y)$ 是连续函数，交换二次积分 $I=\int_0^1\mathrm{d}y\int_{\mathrm{e}^y}^{\mathrm{e}} f(x,y)\mathrm{d}x$ 的积分次序，$I=$（　　）.

A. $\int_0^1\mathrm{d}x\int_{\mathrm{e}^y}^{\mathrm{e}} f(x,y)\mathrm{d}y$　　B. $\int_0^1\mathrm{d}x\int_{\ln x}^{1} f(x,y)\mathrm{d}y$

C. $\int_1^{\mathrm{e}}\mathrm{d}x\int_0^{\ln x} f(x,y)\mathrm{d}y$　　D. $\int_0^{\mathrm{e}}\mathrm{d}x\int_{\mathrm{e}}^{\ln x} f(x,y)\mathrm{d}y$

三、解答题（每题 5 分，共 60 分）

11. 设函数 $z=z(x,y)$ 由方程 $\mathrm{e}^z+yz+x^2=\mathrm{e}+\ln(x+1)$ 所确定，求 $\left.\dfrac{\partial z}{\partial y}\right|_{(0,0)}$.

12. 设 $f(u,v)$ 具有连续的偏导数，$z=\mathrm{e}^x f(u,v)$，$u=x^2+y^2$，$v=x\mathrm{e}^y$，求 $\dfrac{\partial z}{\partial x},\dfrac{\partial z}{\partial y}$.

13. 求椭球面 $2x^2+3y^2+z^2=9$ 上平行于平面 $2x-3y+2z+1=0$ 的切平面方程.

14. 求函数 $f(x,y)=x^2+y^2-2\ln x-2\ln y$ 的极值.

15. 已知 $\sqrt{x+1}+\sqrt{y-2}=5$，求函数 $f(x,y)=x+y$ 的最小值.

16. 求函数 $z=2x^2+3y^2+4x-8$ 在闭域 $D:x^2+y^2\leqslant 4$ 上的最大值和最小值.

17. 设 D 是由 $y=x$，$y=0$，$x=1$ 所围成的闭区域，计算 $\iint\limits_D \mathrm{e}^{x+y}\mathrm{d}x\mathrm{d}y$.

18. 计算二重积分 $\iint\limits_D (|x|+|y|)\mathrm{d}x\mathrm{d}y$，其中 $D:|x|+|y|\leqslant 1$.

19. 交换积分次序并计算 $\int_1^2 \mathrm{d}y\int_y^2 \dfrac{\sin(x-1)}{x-1}\mathrm{d}x$.

20. 计算二重积分 $\iint\limits_D \dfrac{\cos\left(\dfrac{\pi}{2}\sqrt{x^2+y^2}\right)}{\sqrt{x^2+y^2}}\mathrm{d}x\mathrm{d}y$，其中 $D:1\leqslant x^2+y^2\leqslant 4$.

21. 计算二重积分 $\iint\limits_D (x^2+y^2)\sqrt{a^2-x^2-y^2}\mathrm{d}x\mathrm{d}y$，其中 $D:x^2+y^2\leqslant a^2\ (a>0)$.

22. 计算二重积分 $\iint\limits_D y\left[1+xf(x^2+y^2)\right]\mathrm{d}x\mathrm{d}y$，其中 D 是由曲线 $y=x^2$ 与 $y=1$ 所围成的闭区域.

四、应用题（每题 7 分，共 14 分）

23. 在第一卦限内作球面 $x^2+y^2+z^2=1$ 的切平面，使得该切平面与三个坐标平面所围成的体积最小，求切点坐标.

24. 某厂家生产的一种产品同时在两个市场销售，售价分别为 P_1 元和 P_2 元，销售量分别为 $Q_1=24-0.2P_1$，$Q_2=10-0.5P_2$（单位：件），总成本函数为 $C=34+40(Q_1+Q_2)$（元），问厂家如何确定两个市场的售价，才能使得获得的总利润最大？

五、证明题（本题 6 分）

25. 证明函数 $f(x,y)=\begin{cases}(x+y)\sin\dfrac{1}{x^2+y^2}, & (x,y)\neq(0,0)\\ 0, & (x,y)=(0,0)\end{cases}$ 在点 $(0,0)$ 处连续，但偏导数不存在.

自测题 B　提高自测题

一、填空题（每题 5 分，共 15 分）

1. 连续函数 $z=f(x,y)$ 满足 $\lim\limits_{\substack{x\to 0\\ y\to 1}}\dfrac{f(x,y)-2x+y-2}{\sqrt{x^2+(y-1)^2}}=0$，则 $\mathrm{d}z|_{(0,1)}=$________.

2. 二次积分 $\int_0^1 \mathrm{d}y \int_y^1 \left(\frac{\mathrm{e}^{x^2}}{x} - \mathrm{e}^{y^2} \right) \mathrm{d}x =$ ________.

3. 曲线 $x = t, y = t^2, z = t^3$ 上切线平行于平面 $x + 2y + z = 4$ 的点为________.

二、选择题（每题 5 分，共 15 分）

4. 设函数 $f(x,y)$ 可微，且 $f(x+1, \mathrm{e}^x) = x(x+1)^2$，$f(x, x^2) = 2x^2 \ln x$，则 $\mathrm{d}f(1,1) =$ (　　).

A. $\mathrm{d}x + \mathrm{d}y$　　B. $\mathrm{d}x - \mathrm{d}y$　　C. $\mathrm{d}y$　　D. $-\mathrm{d}y$

5 设函数 $f(x)$ 具有二阶连续导数，且 $f(x) > 0, f'(0) = 0$，则函数 $z = f(x) \ln f(y)$ 在点 $(0,0)$ 处取得极小值的一个充分条件是（　　）.

A. $f(0) > 1$，$f''(0) > 0$　　B. $f(0) > 1$，$f''(0) < 0$

C. $f(0) < 1$，$f''(0) > 0$　　D. $f(0) < 1$，$f''(0) < 0$

6. 设 $T_i = \iint\limits_{D_i} \sqrt[3]{x-y} \mathrm{d}x\mathrm{d}y = (i = 1,2,3)$，其中 $D_1 = \{(x,y) \mid 0 \leqslant x \leqslant 1, 0 \leqslant y \leqslant 1\}$，$D_2 = \{(x,y) \mid 0 \leqslant x \leqslant 1, 0 \leqslant y \leqslant \sqrt{x}\}$，$D_3 = \{(x,y) \mid 0 \leqslant x \leqslant 1, x^2 \leqslant y \leqslant 1\}$，则（　　）.

A. $T_1 < T_2 < T_3$　　B. $T_2 < T_1 < T_3$

C. $T_2 < T_3 < T_1$　　D. $T_3 < T_1 < T_2$

三、解答题（每题 8 分，共 56 分）

7. 设函数 $f(x,y)$ 具有一阶连续偏导数，且满足 $\mathrm{d}f(x,y) = y\mathrm{e}^y \mathrm{d}x + x(1+y)\mathrm{e}^y \mathrm{d}y$，$f(0,0) = 0$，求 $f(x,y)$.

8. 设函数 $f(u,v)$ 可微，$z = z(x,y)$ 由方程 $(x+1)z - y^2 = x^2 f(x-z, y)$ 确定，求 $\mathrm{d}z|_{(0,1)}$.

9. 已知曲线 $C: \begin{cases} x^2 + 2y^2 - z = 6 \\ 4x + 2y + z = 30 \end{cases}$，求 C 上的点到 xOy 坐标面距离的最大值.

10. 设区域 $D = \{(x,y) \mid x^2 + y^2 \leqslant 1, y \geqslant 0\}$，$f(x,y) = y\sqrt{1-x^2} + x\iint\limits_D f(x,y)\mathrm{d}x\mathrm{d}y$，求 $\iint\limits_D xf(x,y)\mathrm{d}x\mathrm{d}y$.

11. 设有界闭区域 D 是由 $x^2 + y^2 = 1$ 和直线 $y = x$ 及 x 轴在第一象限内围成的部分，求 $\iint\limits_D \mathrm{e}^{(x+y)^2}(x^2 - y^2)\mathrm{d}x\mathrm{d}y$.

12. 设函数 $f(u,v)$ 具有二阶连续的偏导数，函数 $g(x,y) = xy - f(x+y, x-y)$，求 $\frac{\partial^2 g}{\partial x^2} + \frac{\partial^2 g}{\partial x \partial y} + \frac{\partial^2 g}{\partial y^2}$.

13. 设函数 $f(u)$ 二阶连续可导，$z = f(\mathrm{e}^x \cos y)$ 满足 $\frac{\partial^2 z}{\partial x^2} + \frac{\partial^2 z}{\partial y^2} = (4z + \mathrm{e}^x \cos y)\mathrm{e}^{2x}$，若 $f(0) = 0, f'(0) = 0$，求 $f(u)$ 的表达式.

四、应用题（本题 7 分）

14. 一根绳子长 2m，截成三段，分别做成圆、正三角形、正方形，这三段长分别为多少才能使得三个图形面积总和最小，求该最小值.

五、证明题（本题 7 分）

15. 已知 $xy = xf(z) + yg(z)$，$xf'(z) + yg'(z) \neq 0$，$z = z(x, y)$ 是 x 和 y 的函数，证明：$[x - g(z)]\dfrac{\partial z}{\partial x} = [y - f(z)]\dfrac{\partial z}{\partial y}$.

思维导图

习题答案

史料阅读

微积分发展史（三）

牛顿（Newton，1642—1727 年）和莱布尼茨（Leibniz，1646—1716 年）共同创立了微积分理论，但他们也留下了大量的问题给后人去解决，首先是微积分主要内容的扩展，其次是微积分所缺少的逻辑基础. 18 世纪，伯努利（Bernoulli，1687—1759 年）、欧拉（Euler，1707—1783 年）、拉格朗日（Lagrange，1736—1813 年）、达朗贝尔（D'Alembert，1717—1783 年）、麦克劳林（Maclaurin，1698—1746 年）、拉普拉斯（Laplace，1749—1827 年）等数学家对函数和极限研究逐步深入. 他们把定积分概念推广到二重积分、三重积分，将微积分算法推广到多元函数而建立偏导数理论和多重积分理论，无穷级数、微分方程、变分法等微积分分支也在那时初具规模.

多元函数微积分学是微积分学的一个重要组成部分，它是在一元微积分基本思想的发展和应用中自然而然形成的，其基本概念都是在描述和分析物理现象及规律中与一元微积分的基本概念合为一体的.

偏导数的理论是由欧拉和法国数学家克莱罗（Clairaut，1713—1765 年）与达朗贝尔在早期偏微分方程的研究中建立起来的. 欧拉在关于流体力学的一系列文章中给出了偏导数运算法则、复合函数的偏导数、偏导数反演及函数行列式等有关运算. 1739 年，克莱罗在关于地球形状的研究论文中首次提出全微分的概念，建立了形如 $P\mathrm{d}x + Q\mathrm{d}y + R\mathrm{d}z = 0$ 这样的全微分方程. 达朗贝尔在 1743 年的著作《动力学》和 1747 年关于弦振动的研究中，推广了偏导数的演算. 不过当时一般都用记号 d 表示导数与偏导数，现在用的专门的偏导数记号直到 19 世纪 40 年代由雅可比（Jacobi，1804—1851 年）在其行列式理论中正式创用并逐渐普及.

牛顿在他的《原理》中讨论球与球壳作用于质点上的万有引力时首次涉及到重积分的概念，但当时他是使用几何形式论述的. 1769年，欧拉建立了平面有界区域上的二重积分理论，给出用累次积分计算二重积分的方法. 拉格朗日在关于旋转椭球引力的著作中用三重积分表示引力，为了克服计算上的困难，他转用极坐标建立了积分变换公式，开始了多重积分变换的研究.

十九世纪，多元微积分和一元微积分同时随着其理论分析在数学物理领域的应用得以向更深层次推广. 1828年，俄国数学家奥斯特洛格茨基在研究热传导理论的过程中证明了三重积分和曲面积分之间的关系，得到了奥斯特洛格茨基-高斯公式(奥高公式). 同年，英国数学家格林（Green，1793—1841年）在研究位势方程时得到了格林公式. 1833年以后，奥斯特洛格茨基不仅得到了二重积分和三重积分的变换公式，还把奥高公式向n维推广. 1854年，英国数学家斯托克斯（Stokes，1819—1903年）也把格林公式推广到三维空间，建立了著名的斯托克斯定理. 当微积分的维度从二维扩展至三维直至更高维空间时，就相当于建立了与现实世界沟通的桥梁，而数学本身作为一个高抽象度的学科就具备了更多的现实价值.

第 10 章　无 穷 级 数

微积分中另一个重要思想是关于无穷多项的和是否存在的问题的讨论. 无穷级数是微积分的一个重要组成部分，是表示函数、研究函数性质及进行数学理论分析和数值计算的有力工具. 本章首先介绍常数项级数的基本理论，然后给出幂级数的一些基本结论.

10.1　常数项级数的概念与性质

介绍极限的概念时，我们可以用任意内接正多边形的面积逼近圆的面积，其思想是随着内接正多边形的边数逐渐增多，多边形的面积越来越接近圆的面积，即

当 $n\to\infty$ 时，$a_1+a_2+\cdots+a_n+\cdots=S$（其中 a_i 表示增加部分的面积）.

显然，这个问题可以看作无限项求和问题. 下面先介绍常数项级数的概念，也就是无穷数列求和问题.

10.1.1　常数项级数的基本概念

定义 10.1　给定一个无穷数列

$$u_1,u_2,u_3,\cdots,u_n,\cdots,$$

则称由这个数列构成的表达式

$$u_1+u_2+u_3+\cdots+u_n+\cdots$$

为（常数项）**无穷级数**，简称为（常数项）**级数**，记为 $\sum\limits_{n=1}^{\infty}u_n$，即

$$\sum_{n=1}^{\infty}u_n=u_1+u_2+u_3+\cdots+u_n+\cdots.$$

其中，第 n 项 u_n 叫作级数 $\sum\limits_{n=1}^{\infty}u_n$ 的**一般项**或**通项**.

例如，

$$\sum_{n=1}^{\infty}\frac{1}{2^n}=\frac{1}{2}+\frac{1}{4}+\frac{1}{8}+\cdots+\frac{1}{2^n}+\cdots,\quad \sum_{n=1}^{\infty}(-1)^{n-1}\frac{1}{n}=1-\frac{1}{2}+\frac{1}{3}-\frac{1}{4}+\cdots+(-1)^{n-1}\frac{1}{n}+\cdots$$

都是级数.

上述级数的定义只是一个形式上的定义，怎样理解无穷级数中无穷多个数相加呢？无穷多个数相加是否会有一个确定的结果呢？在数学上，我们可以从有限项的和出发，观察它的变化趋势，即通过极限的方法，来解决无穷多项的求和问题.

级数 $\sum\limits_{n=1}^{\infty}u_n$ 的前 n 项的和

$$S_n = u_1 + u_2 + \cdots + u_n = \sum_{i=1}^{n} u_i \ ,$$

称 S_n 为级数 $\sum_{n=1}^{\infty} u_n$ 的**部分和**．当 n 依次取 $1, 2, 3, \cdots$ 时，得到一个新的数列：

$$S_1 = u_1, S_2 = u_1 + u_2, S_3 = u_1 + u_2 + u_3, \cdots, S_n = u_1 + u_2 + u_3 + \cdots + u_n, \cdots$$

称数列 $\{S_n\}$ 为级数 $\sum_{n=1}^{\infty} u_n$ 的**部分和数列**. 显然，当 $n \to \infty$ 时，数列 $\{S_n\}$ 的变化趋势反映了该数列的无限项和的情况.因此，我们可以通过级数的部分和数列来研究级数.

定义 10.2 若级数 $\sum_{n=1}^{\infty} u_n$ 的部分和数列 $\{S_n\}$ 有极限 S（S 为常数），即 $\lim\limits_{n\to\infty} S_n = S$，则称级数 $\sum_{n=1}^{\infty} u_n$ **收敛**，并称 S 为这个级数的和，记作

$$S = \sum_{n=1}^{\infty} u_n = u_1 + u_2 + \cdots + u_n + \cdots .$$

如果部分和数列 $\{S_n\}$ 没有极限，则称级数 $\sum_{n=1}^{\infty} u_n$ **发散**，发散的级数没有和．当级数 $\sum_{n=1}^{\infty} u_n$ 收敛时，其和 S 与部分和 S_n 之差称为级数的**余项**，记作 r_n，即

$$r_n = S - S_n = u_{n+1} + u_{n+2} + \cdots .$$

用 S_n 作为 S 的近似值所产生的**误差**就是 $|r_n|$.

例 10.1 讨论**等比级数**（又称为**几何级数**）$\sum_{n=0}^{\infty} aq^n = a + aq + aq^2 + aq^3 + \cdots + aq^n + \cdots$ 的敛散性，其中 $a \neq 0$，q 叫作级数的公比.

解 当 $q \neq 1$ 时，所给级数的部分和

$$S_n = a + aq + aq^2 + \cdots + aq^{n-1} = \frac{a(1-q^n)}{1-q} = \frac{a}{1-q}(1-q^n) .$$

（1）当 $|q|<1$ 时，因为 $\lim\limits_{n\to\infty} q^n = 0$，所以 $\lim\limits_{n\to\infty} S_n = \frac{a}{1-q}$，因此级数收敛，其和为 $\frac{a}{1-q}$.

（2）当 $|q|>1$ 时，因为 $\lim\limits_{n\to\infty} q^n = \infty$，所以 $\lim\limits_{n\to\infty} S_n = \infty$，此时级数发散.

（3）当 $|q|=1$ 时，若 $q=1$，则 $S_n=na \to \infty$，因此级数发散；若 $q=-1$，则

$$S_n = a - a + a - a + \cdots + (-1)^{n-1} a = \begin{cases} a, & n\text{为偶数} \\ 0, & n\text{为奇数} \end{cases},$$

显然 $\lim\limits_{n\to\infty} S_n$ 不存在，因此级数发散.

综上所述可知，当 $|q|<1$ 时，等比级数 $\sum_{n=0}^{\infty} aq^n$ 收敛，其和为 $\frac{a}{1-q}$；当 $|q| \geqslant 1$ 时，等比级数 $\sum_{n=0}^{\infty} aq^n$ 发散.

例 10.2 判断级数 $\sum_{n=1}^{\infty}\frac{2}{n(n+2)}$ 的敛散性.

解 因为

$$\begin{aligned}S_n&=\sum_{i=1}^{n}\frac{2}{i(i+2)}=\sum_{i=1}^{n}\left(\frac{1}{i}-\frac{1}{i+2}\right)\\&=\left(1-\frac{1}{3}\right)+\left(\frac{1}{2}-\frac{1}{4}\right)+\left(\frac{1}{3}-\frac{1}{5}\right)+\left(\frac{1}{4}-\frac{1}{6}\right)+\cdots\\&\quad+\left(\frac{1}{n-2}-\frac{1}{n}\right)+\left(\frac{1}{n-1}-\frac{1}{n+1}\right)+\left(\frac{1}{n}-\frac{1}{n+2}\right)\\&=\frac{3}{2}-\frac{1}{n+1}-\frac{1}{n+2},\end{aligned}$$

所以

$$\lim_{n\to\infty}S_n=\lim_{n\to\infty}\left(\frac{3}{2}-\frac{1}{n+1}-\frac{1}{n+2}\right)=\frac{3}{2}.$$

所以级数 $\sum_{n=1}^{\infty}\frac{2}{n(n+2)}$ 收敛，其和为 $\frac{3}{2}$.

例 10.3 讨论调和级数 $\sum_{n=1}^{\infty}\frac{1}{n}$ 的敛散性.

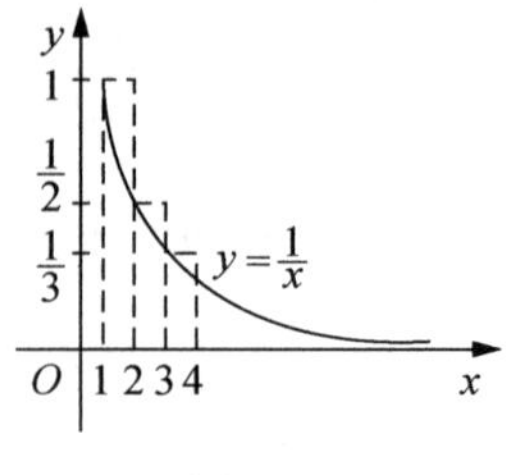

图 10.1

解 调和级数部分和

$$S_n=1+\frac{1}{2}+\frac{1}{3}+\cdots+\frac{1}{n}.$$

如图 10.1 所示，各小矩形的面积依次为 $1,\frac{1}{2},\frac{1}{3},\cdots,\frac{1}{n}$，显然这些矩形的面积之和大于由曲线 $y=\frac{1}{x}$，直线 $y=0$，$x=1$ 和 $x=n+1$ 所围成的图形的面积，即

$$S_n>\int_1^{n+1}\frac{1}{x}\mathrm{d}x=\ln x\big|_1^{n+1}=\ln(n+1),$$

而 $\lim_{n\to\infty}\ln(n+1)=\infty$，于是 $\lim_{n\to\infty}S_n=\infty$，因此级数 $\sum_{n=1}^{\infty}\frac{1}{n}$ 发散.

10.1.2 常数项级数的性质

根据级数收敛、发散及其和的概念，可以得出级数的几个基本性质.

性质 10.1 设 k 是不为 0 的常数，则级数 $\sum_{n=1}^{\infty}ku_n$ 与级数 $\sum_{n=1}^{\infty}u_n$ 有相同的敛散性.

特别地，如果级数 $\sum_{n=1}^{\infty}u_n$ 收敛于 S，那么 $\sum_{n=1}^{\infty}ku_n$ 也收敛，其和为 kS.

性质 10.2 如果级数 $\sum_{n=1}^{\infty}u_n$，$\sum_{n=1}^{\infty}v_n$ 分别收敛于 S，T，那么 $\sum_{n=1}^{\infty}(u_n\pm v_n)$ 也收敛，且其和

为 $S \pm T$.

证明　设 $S_n = \sum_{i=1}^{n} u_i$ ，$T_n = \sum_{i=1}^{n} v_i$ ，则级数 $\sum_{n=1}^{\infty}(u_n \pm v_n)$ 的部分和

$$\varGamma_n = \sum_{i=1}^{n}(u_i \pm v_i) = \sum_{i=1}^{n} u_i \pm \sum_{i=1}^{n} v_i = S_n \pm T_n ,$$

则

$$\lim_{n\to\infty} \varGamma_n = \lim_{n\to\infty}(S_n \pm T_n) = \lim_{n\to\infty} S_n \pm \lim_{n\to\infty} T_n = S \pm T .$$

性质 10.2 也可以叙述为收敛的级数可以逐项相加或逐项相减.

例 10.4　判定级数 $\sum_{n=1}^{\infty}\frac{2+(-1)^n}{3^n}$ 是否收敛？若收敛，求其和.

解　因为 $\sum_{n=1}^{\infty}\frac{2}{3^n}$ 是首项 $a=\frac{2}{3}$ ，公比 $q=\frac{1}{3}$ 的等比级数，是收敛的，其和为

$$S_1 = \frac{\frac{2}{3}}{1-\frac{1}{3}} = 1 .$$

$\sum_{n=1}^{\infty}\frac{(-1)^n}{3^n}$ 是首项 $a=-\frac{1}{3}$ ，公比 $q=-\frac{1}{3}$ 的等比级数，也是收敛的，其和为

$$S_2 = \frac{-\frac{1}{3}}{1-\left(-\frac{1}{3}\right)} = -\frac{1}{4} .$$

根据性质 10.2 可知，级数 $\sum_{n=1}^{\infty}\frac{2+(-1)^n}{3^n} = \sum_{n=1}^{\infty}\left[\frac{2}{3^n}+\frac{(-1)^n}{3^n}\right]$ 收敛，其和为

$$S = S_1 + S_2 = 1-\frac{1}{4} = \frac{3}{4} .$$

注　性质 10.2 是以级数 $\sum_{n=1}^{\infty}u_n$, $\sum_{n=1}^{\infty}v_n$ 都收敛为前提条件的，当 $\sum_{n=1}^{\infty}u_n$ 与 $\sum_{n=1}^{\infty}v_n$ 至少有一个发散时，逐项相加（或减）法则就不能使用，如例 10.2，$\sum_{n=1}^{\infty}\frac{2}{n(n+2)} = \sum_{n=1}^{\infty}\left(\frac{1}{n}-\frac{1}{n+2}\right) = \frac{3}{2}$ ，但级数 $\sum_{n=1}^{\infty}\frac{1}{n}$ 及 $\sum_{n=1}^{\infty}\frac{1}{n+2}$ 都是发散的，因此

$$\sum_{n=1}^{\infty}\left(\frac{1}{n}-\frac{1}{n+2}\right) \neq \sum_{n=1}^{\infty}\frac{1}{n} - \sum_{n=1}^{\infty}\frac{1}{n+2} .$$

性质 10.3　级数中去掉、增加或改变有限项，不会改变该级数的敛散性.

例如，级数 $1+\frac{1}{2}+\frac{1}{4}+\frac{1}{8}+\frac{1}{16}+\cdots = \sum_{n=1}^{\infty}\frac{1}{2^{n-1}} = \frac{1}{1-\frac{1}{2}} = 2$ ，此级数收敛，若删去第二、

三、四项，则新级数为$1+\frac{1}{16}+\frac{1}{32}+\cdots=1+\sum_{n=1}^{\infty}\frac{1}{2^{n+3}}$，其和为

$$1+\frac{1}{16}+\frac{1}{32}+\cdots=1+\sum_{n=1}^{\infty}\frac{1}{2^{n+3}}=1+\frac{\frac{1}{16}}{1-\frac{1}{2}}=\frac{9}{8},$$

新级数仍是收敛的.

性质 10.4（级数收敛的必要条件） 若级数$\sum_{n=1}^{\infty}u_n$收敛，则$\lim_{n\to\infty}u_n=0$.

证明 设$\sum_{n=1}^{\infty}u_n=S$，其部分和为S_n，则$\lim_{n\to\infty}S_n=S$. 因为$u_n=S_n-S_{n-1}$，所以

$$\lim_{n\to\infty}u_n=\lim_{n\to\infty}(S_n-S_{n-1})=\lim_{n\to\infty}S_n-\lim_{n\to\infty}S_{n-1}=S-S=0.$$

注 （1）性质 10.4 的逆命题不成立，即$\lim_{n\to\infty}u_n=0$，并不能推出$\sum_{n=1}^{\infty}u_n$收敛，如调和级数$\sum_{n=1}^{\infty}\frac{1}{n}$的一般项趋于 0，但它是发散的，所以$\lim_{n\to\infty}u_n=0$只是级数收敛的必要条件.

（2）若$\lim_{n\to\infty}u_n\neq 0$，则级数$\sum_{n=1}^{\infty}u_n$发散，这为我们提供了一种判别级数发散的方法. 在讨论级数敛散性时，我们常常先考虑$\lim_{n\to\infty}u_n$，若它不存在或不为零，则级数必发散.例如，级数$\frac{1}{2}+\frac{2}{3}+\cdots+\frac{n}{n+1}+\cdots$的通项$u_n=\frac{n}{n+1}$，因为

$$\lim_{n\to\infty}u_n=\lim_{n\to\infty}\frac{n}{n+1}=1\neq 0,$$

所以此级数发散.

例 10.5 判断级数$\sum_{n=1}^{\infty}n\sin\frac{\pi}{n}$的敛散性.

解 通项$u_n=n\sin\frac{\pi}{n}$，极限

$$\lim_{n\to\infty}u_n=\lim_{n\to\infty}n\sin\frac{\pi}{n}=\lim_{n\to\infty}\frac{\sin\frac{\pi}{n}}{\frac{\pi}{n}}\cdot\pi=\pi\neq 0,$$

则原级数发散.

习题 10.1

1．写出下列级数的前五项：

（1）$\sum_{n=1}^{\infty}\frac{1+n}{2+n^2}$；　　（2）$\sum_{n=1}^{\infty}\frac{1\times 3\times\cdots\times(2n-1)}{2\times 4\times\cdots\times 2n}$；

（3）$\sum_{n=1}^{\infty}\frac{(-1)^{n+1}}{6^n}$；（4）$\sum_{n=1}^{\infty}\frac{n!}{n^n}$．

2．写出下列级数的一般项：

（1）$1+\frac{1}{3}+\frac{1}{5}+\frac{1}{7}+\cdots$；（2）$\frac{1}{2}-\frac{2}{3}+\frac{3}{4}-\frac{4}{5}+\cdots$；

（3）$a-\frac{a^2}{3}+\frac{a^3}{5}-\frac{a^4}{7}+\cdots$；（4）$1-\frac{2}{3}+\frac{3}{5}-\frac{4}{7}+\cdots$；

（5）$\frac{1}{2\ln 2}+\frac{1}{3\ln 3}+\frac{1}{4\ln 4}+\cdots$；（6）$\frac{1}{1}+\frac{1\times 3}{1\times 4}+\frac{1\times 3\times 5}{1\times 4\times 7}+\cdots$．

3．根据级数收敛与发散的定义判断下列级数的敛散性：

（1）$\sum_{n=1}^{\infty}(\sqrt{n+1}-\sqrt{n})$；（2）$\sum_{n=1}^{\infty}\frac{1}{(2n+1)(2n-1)}$．

4．判断下列级数的敛散性：

（1）$-\frac{3}{4}+\frac{3^2}{4^2}-\frac{3^3}{4^3}+\frac{3^4}{4^4}-\cdots$；

（2）$\sum_{n=1}^{\infty}\frac{1}{\sqrt{n+1}+\sqrt{n}}$；

（3）$\frac{1}{1\times 6}+\frac{1}{6\times 11}+\frac{1}{11\times 16}+\cdots+\frac{1}{(5n-4)(5n+1)}+\cdots$；

（4）$\frac{1}{3}+\frac{1}{6}+\frac{1}{9}+\cdots+\frac{1}{3n}+\cdots$；

（5）$\left(\frac{1}{2}+\frac{1}{3}\right)+\left(\frac{1}{2^2}+\frac{1}{3^2}\right)+\left(\frac{1}{2^3}+\frac{1}{3^3}\right)+\cdots+\left(\frac{1}{2^n}+\frac{1}{3^n}\right)+\cdots$．

10.2 常数项级数的审敛法

在研究级数时，一个重要的问题是判断级数是否收敛，而只利用级数收敛、发散的定义和性质来判断级数的敛散性，常常是很困难的，因此需要建立判断级数敛散性的审敛法. 本节着重讨论几种判定基本的数项级数敛散性的审敛法.

10.2.1 正项级数及其审敛法

定义 10.3 如果$u_n \geqslant 0\ (n=1,2,\cdots)$，则称级数$\sum_{n=1}^{\infty}u_n$为正项级数.

正项级数是一类十分重要的级数，以后会看到许多级数的敛散性问题可归结为正项级数的敛散性问题.

正项级数的部分和数列$\{S_n\}$，满足$S_{n+1}=u_1+u_2+\cdots+u_n+u_{n+1}\geqslant S_n$，即部分和数列$\{S_n\}$是单调递增的数列，若其有界，则数列$\{S_n\}$是收敛的.于是我们有下面重要的结论.

定理 10.1（正项级数收敛原理） 正项级数收敛的充要条件是它的部分和数列$\{S_n\}$有界.

收敛原理是判断正项级数收敛的基础，由此原理可以推出正项级数敛散性的一系列重要的判别法.

定理 10.2（比较审敛法） 设有正项级数$\sum_{n=1}^{\infty}u_n$和$\sum_{n=1}^{\infty}v_n$，且$u_n \leqslant v_n \ (n=1,2,\cdots)$，

（1）若级数$\sum_{n=1}^{\infty}v_n$收敛，则级数$\sum_{n=1}^{\infty}u_n$也收敛；

（2）若级数$\sum_{n=1}^{\infty}u_n$发散，则级数$\sum_{n=1}^{\infty}v_n$也发散.

证明 （1）设级数$\sum_{n=1}^{\infty}v_n$的和为σ，则级数$\sum_{n=1}^{\infty}u_n$的部分和

$$S_n = u_1 + u_2 + \cdots + u_n \leqslant v_1 + v_2 + \cdots + v_n \leqslant \sigma, \quad n=1,2,\cdots,n.$$

即部分和数列$\{S_n\}$有界，由定理 10.1 知，级数$\sum_{n=1}^{\infty}u_n$收敛.

（2）反证法. 假设级数$\sum_{n=1}^{\infty}v_n$收敛，由（1）知，级数$\sum_{n=1}^{\infty}u_n$必收敛，这与题设矛盾. 所以假设错误，级数$\sum_{n=1}^{\infty}v_n$发散.

定理 10.2 可以通俗地解释为**大级数收敛，小级数必收敛；小级数发散，大级数必发散**.

由性质 10.1 和性质 10.3 知，级数每一项乘以同一个不为零的常数不改变级数的敛散性，级数去掉前面有限项或改变前面有限项不改变级数的敛散性，于是可以得出下面的结论.

推论 10.1 设$\sum_{n=1}^{\infty}u_n$和$\sum_{n=1}^{\infty}v_n$都是正项级数，若级数$\sum_{n=1}^{\infty}v_n$收敛，且存在$N>0$，当$n \geqslant N$时，$u_n \leqslant c \cdot v_n$（$c$为正常数），则级数$\sum_{n=1}^{\infty}u_n$也收敛；若级数$\sum_{n=1}^{\infty}v_n$发散，且存在$N>0$，当$n \geqslant N$时，$u_n \geqslant c \cdot v_n$（$c$为正常数），则级数$\sum_{n=1}^{\infty}u_n$也发散.

注 定理 10.2 和推论 10.1 中，“$\leqslant$”或“$\geqslant$”换成“$<$”或“$>$”，结论同样成立.

例 10.6 讨论p-级数

$$\sum_{n=1}^{\infty}\frac{1}{n^p} = 1 + \frac{1}{2^p} + \frac{1}{3^p} + \cdots + \frac{1}{n^p} + \cdots$$

的敛散性.

解 当$p \leqslant 1$时，有$\frac{1}{n^p} \geqslant \frac{1}{n}$，而$\sum_{n=1}^{\infty}\frac{1}{n}$发散，由比较审敛法知，级数$\sum_{n=1}^{\infty}\frac{1}{n^p}$发散.

当$p>1$时，设$k-1 \leqslant x \leqslant k$，有$\frac{1}{k^p} \leqslant \frac{1}{x^p}$，所以

$$\frac{1}{k^p} = \int_{k-1}^{k}\frac{1}{k^p}\mathrm{d}x \leqslant \int_{k-1}^{k}\frac{1}{x^p}\mathrm{d}x \quad (k=2,3,\cdots),$$

从而部分和数列

$$S_n = 1 + \frac{1}{2^p} + \frac{1}{3^p} + \cdots + \frac{1}{n^p} = 1 + \sum_{k=2}^{n} \frac{1}{k^p} \leqslant 1 + \sum_{k=2}^{n} \int_{k-1}^{k} \frac{1}{x^p} \mathrm{d}x$$
$$= 1 + \int_1^n \frac{1}{x^p} \mathrm{d}x = 1 + \frac{1}{p-1}\left(1 - \frac{1}{n^{p-1}}\right) < 1 + \frac{1}{p-1} \quad (n = 2,3,\cdots),$$

因此数列 $\{S_n\}$ 有界. 因为数列 $\{S_n\}$ 是单调递增的，从而 S_n 的极限存在（由单调有界数列必有极限可得），所以级数收敛.

综上所述，当 $p>1$ 时，p-级数 $\sum\limits_{n=1}^{\infty}\frac{1}{n^p}$ 收敛；当 $p\leqslant 1$ 时，p-级数 $\sum\limits_{n=1}^{\infty}\frac{1}{n^p}$ 发散.这个结论以后会经常用到，应予以重视.

例如，级数 $\sum\limits_{n=1}^{\infty}\frac{1}{n^2}$，这里 $p=2>1$，所以级数 $\sum\limits_{n=1}^{\infty}\frac{1}{n^2}$ 收敛，而级数 $\sum\limits_{n=1}^{\infty}\frac{1}{\sqrt{n}}$，这里 $p=\frac{1}{2}<1$，所以级数 $\sum\limits_{n=1}^{\infty}\frac{1}{\sqrt{n}}$ 是发散的.

例 10.7 判定级数 $\sum\limits_{n=1}^{\infty}\left(\frac{n}{2n+1}\right)^n$ 的敛散性.

解 因为 $\left(\frac{n}{2n+1}\right)^n < \left(\frac{1}{2}\right)^n$，而级数 $\sum\limits_{n=1}^{\infty}\frac{1}{2^n}$ 是公比为 $\frac{1}{2}$ 的等比级数，所以级数 $\sum\limits_{n=1}^{\infty}\frac{1}{2^n}$ 收敛，由比较审敛法知，级数 $\sum\limits_{n=1}^{\infty}\left(\frac{n}{2n+1}\right)^n$ 收敛.

例 10.8 判定级数 $\sum\limits_{n=1}^{\infty}\frac{1}{\sqrt{n(n+1)}}$ 的敛散性.

解 因为 $\frac{1}{\sqrt{n(n+1)}} \geqslant \frac{1}{n+1}$，而级数 $\sum\limits_{n=1}^{\infty}\frac{1}{n+1}$ 发散，根据比较审敛法知，级数 $\sum\limits_{n=1}^{\infty}\frac{1}{\sqrt{n(n+1)}}$ 发散.

利用比较审敛法判断所给正项级数的敛散性，需要找一个已知敛散性的级数（常用等比级数和 p-级数）与待判断的级数做比较，在比较时，有时需要对原级数进行放大或缩小变形，才能得到我们需要的不等式. 为了避免放大或缩小带来的麻烦，下面介绍比较审敛法的极限形式.

定理 10.3（比较审敛法的极限形式） 若两个正项级数 $\sum\limits_{n=1}^{\infty}u_n$ 与 $\sum\limits_{n=1}^{\infty}v_n$ 满足关系式

$$\lim_{n\to\infty}\frac{u_n}{v_n} = l,$$

则

（1）当 $0<l<+\infty$ 时，级数 $\sum\limits_{n=1}^{\infty}u_n$ 与 $\sum\limits_{n=1}^{\infty}v_n$ 同时收敛或同时发散；

（2）当$l=0$时，若级数$\sum_{n=1}^{\infty}v_n$收敛，则级数$\sum_{n=1}^{\infty}u_n$收敛；

（3）当$l=+\infty$时，若级数$\sum_{n=1}^{\infty}v_n$发散，则级数$\sum_{n=1}^{\infty}u_n$发散.

证明 （1）$0<l<+\infty$，由于$\lim\limits_{n\to\infty}\frac{u_n}{v_n}=l$，由极限的定义，存在$\varepsilon=\frac{l}{2}>0$和正整数$N$，当$n>N$时，$\left|\frac{u_n}{v_n}-l\right|<\frac{l}{2}$，即$\frac{l}{2}v_n<u_n<\frac{3l}{2}v_n$.由推论 10.1 知，当级数$\sum_{n=1}^{\infty}v_n$收敛时，因为$u_n<\frac{3l}{2}v_n$，所以级数$\sum_{n=1}^{\infty}u_n$收敛；当级数$\sum_{n=1}^{\infty}v_n$发散时，因为$\frac{l}{2}v_n<u_n$，所以级数$\sum_{n=1}^{\infty}u_n$发散. 故当$0<l<+\infty$时，级数$\sum_{n=1}^{\infty}u_n$与$\sum_{n=1}^{\infty}v_n$同时收敛或同时发散.

（2）由于$\lim\limits_{n\to\infty}\frac{u_n}{v_n}=0$，由极限的定义，存在$\varepsilon=\frac{1}{2}$和正整数$N$，当$n>N$时，$\left|\frac{u_n}{v_n}\right|<\frac{1}{2}$，即有$u_n<\frac{1}{2}v_n$. 由推论 10.1 知，当级数$\sum_{n=1}^{\infty}v_n$收敛时，级数$\sum_{n=1}^{\infty}u_n$也收敛.

（3）由于$\lim\limits_{n\to\infty}\frac{u_n}{v_n}=+\infty$，取$M=1$，则存在正整数$N$，当$n>N$时，$\left|\frac{u_n}{v_n}\right|>M=1$，即有$u_n>v_n$. 由推论 10.1 知，当级数$\sum_{n=1}^{\infty}v_n$发散时，级数$\sum_{n=1}^{\infty}u_n$也发散.

例 10.9 判断级数$\sum_{n=1}^{\infty}\sin\frac{\pi}{n}$的敛散性.

解 由于$\lim\limits_{n\to\infty}\frac{\sin\frac{\pi}{n}}{\frac{1}{n}}=\pi$，而调和级数$\sum_{n=1}^{\infty}\frac{1}{n}$发散，由比较审敛法的极限形式知，级数$\sum_{n=1}^{\infty}\sin\frac{\pi}{n}$发散.

例 10.10 判断下列级数的敛散性：

（1）$\sum_{n=1}^{\infty}\frac{1}{(n+1)(n+2)}$；　　（2）$\sum_{n=1}^{\infty}\ln\left[1+\frac{1}{\sqrt{n(n+1)}}\right]$；

（3）$\sum_{n=1}^{\infty}\frac{2^n}{3^n+a}\ (a>0)$.

解 （1）令$u_n=\frac{1}{(n+1)(n+2)}$，取$v_n=\frac{1}{n^2}$，则

$$\lim_{n\to\infty}\frac{u_n}{v_n}=\lim_{n\to\infty}\frac{n^2}{(n+1)(n+2)}=1,$$

所以$\sum_{n=1}^{\infty}u_n$与$\sum_{n=1}^{\infty}v_n$敛散性相同. 因为级数$\sum_{n=1}^{\infty}\frac{1}{n^2}$是$p=2$的$p$-级数，是收敛的，所以原级数$\sum_{n=1}^{\infty}\frac{1}{(n+1)(n+2)}$收敛.

（2）当$n\to\infty$时，$\ln\left[1+\frac{1}{\sqrt{n(n+1)}}\right]\to 0$，且

$$\ln\left[1+\frac{1}{\sqrt{n(n+1)}}\right]\sim\frac{1}{\sqrt{n(n+1)}}\sim\frac{1}{n}\ (n\to\infty),$$

即$\lim\limits_{n\to\infty}\frac{\ln\left[1+\frac{1}{\sqrt{n(n+1)}}\right]}{\frac{1}{n}}=1$，所以级数$\sum_{n=1}^{\infty}\ln\left[1+\frac{1}{\sqrt{n(n+1)}}\right]$与$\sum_{n=1}^{\infty}\frac{1}{n}$敛散性相同，而$\sum_{n=1}^{\infty}\frac{1}{n}$是发散的，所以级数$\sum_{n=1}^{\infty}\ln\left[1+\frac{1}{\sqrt{n(n+1)}}\right]$发散.

（3）令$u_n=\frac{2^n}{3^n+a}$，取$v_n=\left(\frac{2}{3}\right)^n$，则

$$\lim_{n\to\infty}\frac{u_n}{v_n}=\lim_{n\to\infty}\frac{2^n}{3^n+a}\cdot\frac{3^n}{2^n}=\lim_{n\to\infty}\frac{3^n}{3^n+a}=\lim_{n\to\infty}\frac{1}{1+\frac{a}{3^n}}=1,$$

所以$\sum_{n=1}^{\infty}u_n$与$\sum_{n=1}^{\infty}v_n$敛散性相同.因为级数$\sum_{n=1}^{\infty}\left(\frac{2}{3}\right)^n$是公比$q=\frac{2}{3}$的等比级数，是收敛的，所以级数$\sum_{n=1}^{\infty}\frac{2^n}{3^n+a}$收敛.

用比较审敛法判断一个级数的敛散性时，首先需要对级数的敛散性进行预判，然后选取一个适当的已知其敛散性的级数作为比较的基准，这是使用该判别法的难点. 级数$\sum_{n=1}^{\infty}u_n$的敛散性是由其通项u_n决定的，那么能否从级数本身出发，不再借助于其他级数，直接利用其通项u_n来判别级数的敛散性呢？下面介绍比值审敛法和根值审敛法.

定理 10.4（比值审敛法）　对正项级数$\sum_{n=1}^{\infty}u_n$，如果$\lim\limits_{n\to\infty}\frac{u_{n+1}}{u_n}=\rho$，则

（1）当$\rho<1$时，级数$\sum_{n=1}^{\infty}u_n$收敛；

（2）当$\rho>1$$\left(\text{或}\lim\limits_{n\to\infty}\frac{u_{n+1}}{u_n}=+\infty\right)$时，级数$\sum_{n=1}^{\infty}u_n$发散；

（3）当$\rho=1$时，级数$\sum_{n=1}^{\infty}u_n$可能收敛，也可能发散.

证明 因为$\lim\limits_{n\to\infty}\dfrac{u_{n+1}}{u_n}=\rho$，由极限的定义，对于任意$\varepsilon>0$，存在正整数$N$，当$n>N$时，$\rho-\varepsilon<\dfrac{u_{n+1}}{u_n}<\rho+\varepsilon$.

（1）当$\rho<1$时，取ε适当小，使得$r=\rho+\varepsilon<1$，则当$n>N$时，$\dfrac{u_{n+1}}{u_n}<\rho+\varepsilon=r$，即

$$u_{n+1}<ru_n<r^2u_{n-1}<r^{n-N}u_{N+1}=\frac{u_{N+1}}{r^N}\cdot r^n,$$

因为$\sum\limits_{n=N+1}^{\infty}r^n$收敛，由比较审敛法及级数的性质 10.3 知级数$\sum\limits_{n=1}^{\infty}u_n$收敛.

（2）当$\rho>1$时，取ε适当小，使得$\rho-\varepsilon>1$，则当$n>N$时，$\dfrac{u_{n+1}}{u_n}>\rho-\varepsilon>1$，即$u_{n+1}>u_n>\cdots>u_{N+1}$，故$\lim\limits_{n\to\infty}u_n\neq 0$，故级数$\sum\limits_{n=1}^{\infty}u_n$发散.

（3）举例说明，对于级数$\sum\limits_{n=1}^{\infty}\dfrac{1}{n}$，$\rho=\lim\limits_{n\to\infty}\dfrac{\frac{1}{n+1}}{\frac{1}{n}}=\lim\limits_{n\to\infty}\dfrac{n}{n+1}=1$，级数$\sum\limits_{n=1}^{\infty}\dfrac{1}{n}$是发散的；而对于级数$\sum\limits_{n=1}^{\infty}\dfrac{1}{n^2}$，$\rho=\lim\limits_{n\to\infty}\dfrac{\frac{1}{(n+1)^2}}{\frac{1}{n^2}}=\lim\limits_{n\to\infty}\dfrac{n^2}{(n+1)^2}=1$，级数$\sum\limits_{n=1}^{\infty}\dfrac{1}{n^2}$是收敛的.

一般地，对于p-级数，不论p为何值都有

$$\lim_{n\to\infty}\frac{u_{n+1}}{u_n}=\lim_{n\to\infty}\frac{\frac{1}{(n+1)^p}}{\frac{1}{n^p}}=1.$$

我们知道，当$p>1$时级数收敛；当$p\leqslant 1$时级数发散，所以当$\rho=1$时比值审敛法失效，此时需改用其他方法判定级数的敛散性.

例 10.11 判定级数$\sum\limits_{n=1}^{\infty}\dfrac{3^n}{n^3}$的敛散性.

解 因为

$$\lim_{n\to\infty}\frac{u_{n+1}}{u_n}=\lim_{n\to\infty}\frac{3^{n+1}}{(n+1)^3}\cdot\frac{n^3}{3^n}=\lim_{n\to\infty}3\cdot\left(\frac{n}{n+1}\right)^3=3>1,$$

由比值审敛法知，级数$\sum\limits_{n=1}^{\infty}\dfrac{3^n}{n^3}$发散.

例 10.12 判断级数$\sum\limits_{n=1}^{\infty}2^n\sin\dfrac{\pi}{3^n}$的敛散性.

解 $2^n\sin\dfrac{\pi}{3^n}>0\ (n=1,2,\cdots)$，所以$\sum\limits_{n=1}^{\infty}2^n\sin\dfrac{\pi}{3^n}$是正项级数．由于

$$\rho=\lim_{n\to\infty}\frac{u_{n+1}}{u_n}=\lim_{n\to\infty}\frac{2^{n+1}\sin\dfrac{\pi}{3^{n+1}}}{2^n\sin\dfrac{\pi}{3^n}}=\frac{2}{3}\lim_{n\to\infty}\frac{\sin\dfrac{\pi}{3^{n+1}}}{\dfrac{\pi}{3^{n+1}}}\cdot\frac{\dfrac{\pi}{3^n}}{\sin\dfrac{\pi}{3^n}}=\frac{2}{3}<1,$$

由比值审敛法可知，该级数收敛．

例 10.13 判断级数$\sum\limits_{n=1}^{\infty}\dfrac{n!}{n^n}$的敛散性．

解 因为

$$\rho=\lim_{n\to\infty}\frac{u_{n+1}}{u_n}=\lim_{n\to\infty}\frac{(n+1)!}{(n+1)^{n+1}}\cdot\frac{n^n}{n!}=\lim_{n\to\infty}\frac{n^n}{(n+1)^n}=\lim_{n\to\infty}\frac{1}{\left(1+\dfrac{1}{n}\right)^n}=\frac{1}{\mathrm{e}}<1,$$

由比值审敛法可知，该级数收敛．

定理 10.5（根值审敛法） 设$\sum\limits_{n=1}^{\infty}u_n$为正项级数，如果

$$\lim_{n\to\infty}\sqrt[n]{u_n}=\rho,$$

则当$\rho<1$时级数收敛；当$\rho>1$ $\left(或\lim\limits_{n\to\infty}\sqrt[n]{u_n}=+\infty\right)$时级数发散；当$\rho=1$时级数可能收敛也可能发散．

证明方法与定理 10.4 类似，这里从略．

例 10.14 证明级数$1+\dfrac{1}{2^2}+\dfrac{1}{3^3}+\cdots+\dfrac{1}{n^n}+\cdots$是收敛的．

解 因为$\lim\limits_{n\to\infty}\sqrt[n]{u_n}=\lim\limits_{n\to\infty}\sqrt[n]{\dfrac{1}{n^n}}=\lim\limits_{n\to\infty}\dfrac{1}{n}=0<1$，根据根值审敛法可知所给级数收敛．

例 10.15 利用根值审敛法再次判定例 10.7 的级数$\sum\limits_{n=1}^{\infty}\left(\dfrac{n}{2n+1}\right)^n$的敛散性．

解 因为$\lim\limits_{n\to\infty}\sqrt[n]{u_n}=\lim\limits_{n\to\infty}\dfrac{n}{2n+1}=\dfrac{1}{2}<1$，根据根值审敛法知所给级数收敛．

10.2.2 交错级数及其审敛法

定义 10.4 设$u_n>0(n=1,2,\cdots)$，形如

$$u_1-u_2+u_3-u_4+\cdots\ （或-u_1+u_2-u_3+u_4-\cdots）$$

的级数称为**交错级数**，一般记为$\sum\limits_{n=1}^{\infty}(-1)^{n-1}u_n$ $\left(或\sum\limits_{n=1}^{\infty}(-1)^n u_n\right)$．

该级数的敛散性有下面的判别方法．

定理 10.6（莱布尼茨判别法） 如果交错级数$\sum\limits_{n=1}^{\infty}(-1)^{n-1}u_n$满足条件：

（1）$u_n \geqslant u_{n+1}(n=1,2,3,\cdots)$；

（2）$\lim\limits_{n\to\infty} u_n = 0$.

则级数$\sum\limits_{n=1}^{\infty}(-1)^{n-1}u_n$收敛，且其和$S \leqslant u_1$.

证明 前$2n$项部分和

$$
\begin{aligned}
S_{2n} &= u_1 - u_2 + u_3 - u_4 + \cdots + u_{2n-1} - u_{2n} \\
&= (u_1 - u_2) + (u_3 - u_4) + \cdots + (u_{2n-1} - u_{2n}) \\
&= u_1 - (u_2 - u_3) - (u_4 - u_5) + \cdots + (u_{2n-2} - u_{2n-1}) - u_{2n} \\
&\leqslant u_1,
\end{aligned}
$$

由（1）和上式知，数列$\{S_{2n}\}$单增且有上界，因此$\{S_{2n}\}$收敛.

设$\lim\limits_{n\to\infty} S_{2n} = S$，则有$S \leqslant u_1$. 因为$S_{2n+1} = S_{2n} + u_{2n+1}$，由（2）可得

$$\lim_{n\to\infty} S_{2n+1} = \lim_{n\to\infty}(S_{2n} + u_{2n+1}) = S.$$

由于$\{S_n\}$的奇数列和偶数列都收敛，且极限都为S，因此$\lim\limits_{n\to\infty} S_n = S$.

注 定理 10.6 中条件$u_n \geqslant u_{n+1}\ (n=1,2,\cdots)$可消弱为“存在$N$，当$n>N$时，$u_n \geqslant u_{n+1}$”，或“$u_n \geqslant u_{n+1}$”换成“$u_n > u_{n+1}$”，结论同样成立.

例 10.16 证明级数$\sum\limits_{n=1}^{\infty}(-1)^{n-1}\dfrac{1}{n} = 1 - \dfrac{1}{2} + \dfrac{1}{3} - \dfrac{1}{4} + \cdots + (-1)^{n-1}\dfrac{1}{n} - \cdots$收敛.

证明 级数$\sum\limits_{n=1}^{\infty}(-1)^{n-1}\dfrac{1}{n}$是交错级数，满足：

（1）$u_n = \dfrac{1}{n} > \dfrac{1}{n+1} = u_{n+1}(n=1,2,\cdots)$；

（2）$\lim\limits_{n\to\infty} u_n = \lim\limits_{n\to\infty}\dfrac{1}{n} = 0$，

所以级数$\sum\limits_{n=1}^{\infty}(-1)^{n-1}\dfrac{1}{n}$收敛.

例 10.17 判断级数$\sum\limits_{n=1}^{\infty}(-1)^{n-1}\dfrac{\sqrt{n}}{n+10}$的敛散性.

解 此级数为交错级数，令$u_n = \dfrac{\sqrt{n}}{n+10}$，则需要判断$\{u_n\}$是否单调减少，直接判断有点烦琐，此时可以借助于函数的单调性来判断数列$\{u_n\}$的单调性.

令$u(x) = \dfrac{\sqrt{x}}{x+10}$，$x \geqslant 1$，则

$$u'(x) = \frac{\dfrac{1}{2\sqrt{x}}(x+10) - \sqrt{x}}{(x+10)^2} = \frac{10-x}{2\sqrt{x}(x+10)^2}.$$

当$x>10$时，$u'(x)<0$，故$u(x)$单调减少，所以当$n>10$时，$u_n > u_{n+1}$，即

$\dfrac{\sqrt{n}}{n+10} > \dfrac{\sqrt{n+1}}{n+1+10}$，且 $\lim\limits_{n\to\infty} u_n = \lim\limits_{n\to\infty} \dfrac{\sqrt{n}}{n+10} = 0$. 由莱布尼茨判别法知，级数 $\sum\limits_{n=1}^{\infty}(-1)^{n-1}\dfrac{\sqrt{n}}{n+10}$ 收敛.

10.2.3 绝对收敛与条件收敛

现在我们讨论一般的级数 $\sum\limits_{n=1}^{\infty} u_n$，其中 $u_n (n=1,2,3,\cdots)$ 为任意实数，这样的级数称为**任意项级数**. 对于任意项级数 $\sum\limits_{n=1}^{\infty} u_n$ 的敛散性，我们可以通过分析由级数各项的绝对值所构成的正项级数 $\sum\limits_{n=1}^{\infty} |u_n|$ 的敛散性来判断.

定义 10.5 如果级数 $\sum\limits_{n=1}^{\infty} |u_n|$ 收敛，称 $\sum\limits_{n=1}^{\infty} u_n$ **绝对收敛**；如果级数 $\sum\limits_{n=1}^{\infty} |u_n|$ 发散，而级数 $\sum\limits_{n=1}^{\infty} u_n$ 收敛，则称 $\sum\limits_{n=1}^{\infty} u_n$ **条件收敛**.

注 级数 $\sum\limits_{n=1}^{\infty} |u_n|$ 收敛，则级数 $\sum\limits_{n=1}^{\infty} u_n$ 必收敛，这就使一些任意项级数的收敛性的判定问题可以转化为正项级数的收敛性判定问题.但对于任意项级数 $\sum\limits_{n=1}^{\infty} u_n$，如果 $\sum\limits_{n=1}^{\infty} |u_n|$ 发散，则 $\sum\limits_{n=1}^{\infty} u_n$ 不一定发散.

例如，正项级数 $\sum\limits_{n=1}^{\infty}\left|(-1)^{n-1}\dfrac{1}{n^2}\right| = \sum\limits_{n=1}^{\infty}\dfrac{1}{n^2}$ 收敛，所以级数 $\sum\limits_{n=1}^{\infty}(-1)^{n-1}\dfrac{1}{n^2}$ 绝对收敛；而级数 $\sum\limits_{n=1}^{\infty}\left|(-1)^{n-1}\dfrac{1}{n}\right| = \sum\limits_{n=1}^{\infty}\dfrac{1}{n}$ 发散，但交错级数 $\sum\limits_{n=1}^{\infty}(-1)^{n-1}\dfrac{1}{n}$ 收敛，所以 $\sum\limits_{n=1}^{\infty}(-1)^{n-1}\dfrac{1}{n}$ 条件收敛.

例 10.18 判别级数 $\sum\limits_{n=1}^{\infty}\dfrac{\sin n}{n^2}$ 的敛散性，若收敛，指出是绝对收敛还是条件收敛.

解 因为 $\left|\dfrac{\sin n}{n^2}\right| \leqslant \dfrac{1}{n^2}$，而级数 $\sum\limits_{n=1}^{\infty}\dfrac{1}{n^2}$ 收敛，由正项级数的比较审敛法知，级数 $\sum\limits_{n=1}^{\infty}\left|\dfrac{\sin n}{n^2}\right|$ 收敛，所以，级数 $\sum\limits_{n=1}^{\infty}\dfrac{\sin n}{n^2}$ 绝对收敛.

例 10.19 判定级数 $\sum\limits_{n=1}^{\infty}\dfrac{(-1)^n 3^n}{n!}$ 的敛散性，若收敛，指出是绝对收敛还是条件收敛.

解 先分析级数 $\sum\limits_{n=1}^{\infty}\left|\dfrac{(-1)^n 3^n}{n!}\right| = \sum\limits_{n=1}^{\infty}\dfrac{3^n}{n!}$ 的敛散性. 因为

$$\rho = \lim_{n\to\infty}\frac{u_{n+1}}{u_n} = \lim_{n\to\infty}\frac{3^{n+1}}{(n+1)!}\cdot\frac{n!}{3^n} = \lim_{n\to\infty}\frac{3}{n+1} = 0 < 1,$$

由正项级数的比值审敛法知，级数$\sum\limits_{n=1}^{\infty}\dfrac{3^n}{n!}$收敛，因而级数$\sum\limits_{n=1}^{\infty}\dfrac{(-1)^n 3^n}{n!}$绝对收敛.

例 10.20 判定级数$\sum\limits_{n=1}^{\infty}(-1)^{n-1}\sin\dfrac{1}{n}$的敛散性，若收敛，指出是绝对收敛还是条件收敛.

解 考虑绝对值级数$\sum\limits_{n=1}^{\infty}\left|(-1)^{n-1}\sin\dfrac{1}{n}\right|=\sum\limits_{n=1}^{\infty}\sin\dfrac{1}{n}$的敛散性.

因为$\lim\limits_{n\to\infty}\dfrac{\sin\frac{1}{n}}{\frac{1}{n}}=1$，所以级数$\sum\limits_{n=1}^{\infty}\sin\dfrac{1}{n}$与级数$\sum\limits_{n=1}^{\infty}\dfrac{1}{n}$敛散性相同，故$\sum\limits_{n=1}^{\infty}\sin\dfrac{1}{n}$发散.

考虑交错级数$\sum\limits_{n=1}^{\infty}(-1)^{n-1}\sin\dfrac{1}{n}$的敛散性．显然$\sin\dfrac{1}{n}>\sin\dfrac{1}{n+1}$，且$\lim\limits_{n\to\infty}\sin\dfrac{1}{n}=0$，由莱布尼茨判别法知，级数$\sum\limits_{n=1}^{\infty}(-1)^{n-1}\sin\dfrac{1}{n}$收敛.

综上所述，级数$\sum\limits_{n=1}^{\infty}(-1)^{n-1}\sin\dfrac{1}{n}$条件收敛.

一般地，级数$\sum\limits_{n=1}^{\infty}|u_n|$发散，级数$\sum\limits_{n=1}^{\infty}u_n$不一定发散，但是如果是依据比值审敛法或根值审敛法判定级数$\sum\limits_{n=1}^{\infty}|u_n|$发散，则可以断定级数$\sum\limits_{n=1}^{\infty}u_n$一定发散.这是因为$\rho=\lim\limits_{n\to\infty}\dfrac{|u_{n+1}|}{|u_n|}>1$或$\rho=\lim\limits_{n\to\infty}\sqrt[n]{|u_n|}>1$，可以推出$\lim\limits_{n\to\infty}u_n\neq 0$，因此级数$\sum\limits_{n=1}^{\infty}u_n$发散.

例 10.21 判定级数$\sum\limits_{n=1}^{\infty}(-1)^{n-1}\dfrac{1}{2^n}\left(1+\dfrac{1}{n}\right)^{n^2}$的敛散性.

解 因为

$$\lim_{n\to\infty}\sqrt[n]{\left|(-1)^{n-1}\frac{1}{2^n}\left(1+\frac{1}{n}\right)^{n^2}\right|}=\lim_{n\to\infty}\frac{1}{2}\left(1+\frac{1}{n}\right)^n=\frac{\mathrm{e}}{2}>1,$$

常数项级数的审敛法（总结）

所以，级数$\sum\limits_{n=1}^{\infty}(-1)^{n-1}\dfrac{1}{2^n}\left(1+\dfrac{1}{n}\right)^{n^2}$发散.

习题 10.2

1．用比较审敛法判断下列级数的敛散性：

（1）$\sum\limits_{n=1}^{\infty}\dfrac{1}{2n-1}$；（2）$\sum\limits_{n=1}^{\infty}\dfrac{1}{n(n+1)}$；（3）$\sum\limits_{n=1}^{\infty}\dfrac{1}{1+2^n}$；

（4）$\sum\limits_{n=1}^{\infty}\sin\dfrac{\pi}{2^n}$；（5）$\sum\limits_{n=1}^{\infty}\dfrac{1+n}{1+n^2}$；（6）$\sum\limits_{n=1}^{\infty}\dfrac{1}{1+a^n}\quad(a>0)$.

2．用比值审敛法判断下列级数的敛散性：

（1）$\sum_{n=1}^{\infty}\frac{n+2}{2^n}$；（2）$\sum_{n=1}^{\infty}\frac{5^n\cdot n!}{n^n}$；（3）$\sum_{n=1}^{\infty}\frac{2\times5\times\cdots\times(3n-1)}{1\times5\times\cdots\times(4n-3)}$；

（4）$\sum_{n=1}^{\infty}\frac{4^n}{n\cdot3^n}$；（5）$\sum_{n=1}^{\infty}\frac{(n+1)!}{n^3}$；（6）$\sum_{n=1}^{\infty}\frac{n^2}{n!}$.

3．用根值审敛法判别下列级数的敛散性：

（1）$\sum_{n=1}^{\infty}\left(\frac{n}{3n+1}\right)^n$；（2）$\sum_{n=2}^{\infty}\frac{2^n}{\sqrt{n^n}}$；（3）$\sum_{n=1}^{\infty}\frac{1}{[\ln(n+1)]^n}$；

（4）$\sum_{n=1}^{\infty}\frac{3^n}{e^n-1}$；（5）$\sum_{n=1}^{\infty}\left(\frac{b}{a_n}\right)^n$ [$a_n\to a\ (n\to\infty)$，a_n，b，a 均为正数].

4．判断下列级数的敛散性：

（1）$\sum_{n=1}^{\infty}(-1)^{n+1}\frac{n+1}{n}$；（2）$\sum_{n=1}^{\infty}(-1)^{n+1}\frac{1}{\sqrt{n}}$；

（3）$\sum_{n=1}^{\infty}(-1)^{n-1}\frac{1}{(2n-1)^2}$；（4）$\sum_{n=1}^{\infty}(-1)^{n-1}\frac{n}{2n-1}$.

5．判断下列级数的敛散性，若收敛，指出是条件收敛还是绝对收敛：

（1）$\sum_{n=1}^{\infty}(-1)^{n-1}\frac{n}{3^{n-1}}$；（2）$\sum_{n=1}^{\infty}(-1)^{n+1}\left(\frac{2}{3}\right)^n$；

（3）$\sum_{n=1}^{\infty}(-1)^{n+1}\frac{2^{n^2}}{n!}$；（4）$\sum_{n=1}^{\infty}(-1)^{n+1}\frac{1}{\ln(n+1)}$.

10.3 幂 级 数

10.3.1 函数项级数的概念

前面我们讨论的是数项级数，它的每一项都是常数，现在我们考虑每一项都是定义在区间 I 上的函数所构成的级数：

$$u_1(x)+u_2(x)+\cdots+u_n(x)+\cdots,$$

这种级数称为**函数项级数**. 对于每一个确定的 $x_0\in I$，对应一个数项级数

$$u_1(x_0)+u_2(x_0)+\cdots+u_n(x_0)+\cdots,$$

若这个数项级数收敛，则称 x_0 为函数项级数的一个**收敛点**，否则称 x_0 为函数项级数的一个**发散点**. 函数项级数的所有收敛点构成的集合称为它的**收敛域**，所有发散点构成的集合称为它的**发散域**.

对应于收敛域内的任意一个数，函数项级数成为一个收敛的常数项级数，因而有一个确定的和 S，因此在收敛域上，函数项级数 $\sum_{n=1}^{\infty}u_n(x)$ 的和是 x 的函数 $S(x)$，我们称 $S(x)$ 为函数项级数的**和函数**，记为 $S(x)=\sum_{n=1}^{\infty}u_n(x)$，它的定义域就是级数的收敛域，即

$$S(x)=\sum_{n=1}^{\infty}u_n(x)=u_1(x)+u_2(x)+\cdots+u_n(x)+\cdots.$$

从上面的定义可以看出，函数项级数在某点的收敛性问题，实质上是常数项级数的收敛性问题，可以通过常数项级数收敛性的判别法来判断，但是对于一般的函数项级数在任意点的收敛性问题是比较复杂的，要确定它的收敛域十分困难，我们仅讨论一类简单而常见的函数项级数——幂级数.

10.3.2 幂级数及其收敛性

形如

$$a_0+a_1x+a_2x^2+\cdots+a_nx^n+\cdots \tag{10.1}$$

的级数，称为 x 的**幂级数**，其中常数 $a_0,a_1,a_2,\cdots,a_n,\cdots$ 叫作幂级数的**系数**. 幂级数的一般形式

$$a_0+a_1(x-x_0)+a_2(x-x_0)^2+\cdots+a_n(x-x_0)^n+\cdots \tag{10.2}$$

称为 $(x-x_0)$ 的幂级数，因为只要作代换 $t=x-x_0$，级数（10.2）就转化为（10.1）的形式，所以我们着重讨论（10.1）型幂级数.

首先我们分析幂级数

$$\sum_{n=0}^{\infty}(-1)^nx^n=1-x+x^2-x^3+\cdots+(-1)^nx^n+\cdots,$$

容易看出这是一个公比为 $-x$ 的等比级数，所以当 $|x|<1$ 时，这个级数收敛，其和函数 $S(x)=\dfrac{1}{1+x}$；当 $|x|\geqslant 1$ 时，这个级数发散. 因此当 $x\in(-1,1)$ 时，有

$$\frac{1}{1+x}=1-x+x^2-x^3+\cdots+(-1)^nx^n+\cdots.$$

显然，级数 $\sum\limits_{n=0}^{\infty}(-1)^nx^n$ 的收敛域 $(-1,1)$ 关于原点对称. 对于幂级数 $\sum\limits_{n=0}^{\infty}a_nx^n$ 来说，显然它有一个收敛点 $x=0$，它是否还有其他的收敛点呢？它的收敛域是什么？一般的幂级数的收敛域是否也关于原点对称呢？下面的定理回答了这些问题.

定理 10.7（阿贝尔定理）

（1）若幂级数 $\sum\limits_{n=0}^{\infty}a_nx^n$ 在 $x=x_1\neq 0$ 处收敛，则当 $|x|<|x_1|$ 时，该幂级数绝对收敛；

（2）若幂级数 $\sum\limits_{n=0}^{\infty}a_nx^n$ 在 $x=x_2\neq 0$ 处发散，则当 $|x|>|x_2|$ 时，该幂级数发散.

证明 （1）级数 $\sum\limits_{n=0}^{\infty}a_nx_1^n$ 收敛，则由级数收敛的必要条件知 $\lim\limits_{n\to\infty}a_nx_1^n=0$，即对于 $\varepsilon=1$，存在正整数 N，当 $n>N$ 时，$|a_nx_1^n|<1$.对于幂级数 $\sum\limits_{n=0}^{\infty}a_nx^n$，当 $n>N$ 时，有

$$|a_nx^n|=\left|a_nx_1^n\frac{x^n}{x_1^n}\right|=|a_nx_1^n|\cdot\left|\frac{x^n}{x_1^n}\right|<\left|\left(\frac{x}{x_1}\right)^n\right|=\left|\frac{x}{x_1}\right|^n,$$

因为 $\sum\limits_{n=N+1}^{\infty}\left|\frac{x}{x_1}\right|^n$ 是公比 $q=\left|\frac{x}{x_1}\right|<1$ 的等比级数，所以此级数收敛，由比较审敛法知级数 $\sum\limits_{n=0}^{\infty}|a_nx^n|$ 收敛，故原级数 $\sum\limits_{n=0}^{\infty}a_nx^n$ 绝对收敛.

（2）反证法. 级数 $\sum\limits_{n=0}^{\infty}a_nx^n$ 在 $x=x_2$ 处发散，假设存点 x_0，且 $|x_0|>|x_2|$，但 $\sum\limits_{n=0}^{\infty}a_nx^n$ 在 $x=x_0$ 处收敛，则由（1）可知，当 $|x|<|x_0|$ 时，级数 $\sum\limits_{n=0}^{\infty}a_nx^n$ 绝对收敛，即有级数 $\sum\limits_{n=0}^{\infty}a_nx^n$ 在 $x=x_2$ 处收敛，出现矛盾，假设不成立，从而（2）得证.

阿贝尔定理告诉我们，若已知幂级数 $\sum\limits_{n=0}^{\infty}a_nx^n$ 的一个收敛点 $x=x_1$，则可以找到该幂级数的一个绝对收敛区间 $(-|x_1|,|x_1|)$；若已知幂级数 $\sum\limits_{n=0}^{\infty}a_nx^n$ 的一个发散点 $x=x_2$，则可以找到该幂级数的发散区间 $(-\infty,-|x_2|)$ 与 $(|x_2|,+\infty)$. 无论收敛区间还是发散区间，都是关于原点对称的. 因此，我们有以下结论：

推论 10.2　如果幂级数 $\sum\limits_{n=0}^{\infty}a_nx^n$ 不是仅在 $x=0$ 点收敛，也不是在整个数轴上收敛，则必存在一个正常数 R，

（1）当 $|x|<R$ 时，级数 $\sum\limits_{n=0}^{\infty}a_nx^n$ 绝对收敛；

（2）当 $|x|>R$ 时，级数 $\sum\limits_{n=0}^{\infty}a_nx^n$ 发散；

（3）当 $|x|=R$ 时，级数 $\sum\limits_{n=0}^{\infty}a_nx^n$ 可能收敛也可能发散.

由此可见，只要 $0<R<+\infty$，就存在一个开区间 $(-R,R)$，在区间 $(-R,R)$ 内幂级数绝对收敛，在区间 $(-\infty,-R)\cup(R,+\infty)$ 内幂级数发散，当 $x=\pm R$ 时，级数可能收敛也可能发散，我们把 R 叫作幂级数的**收敛半径**，开区间 $(-R,R)$ 叫作幂级数的**收敛区间**. 通过讨论 $x=\pm R$ 时级数的收敛性，得到幂级数的**收敛域**为下述区间之一：

$$(-R,R)，[-R,R)，(-R,R]，[-R,R].$$

特别地，若幂级数 $\sum\limits_{n=0}^{\infty}a_nx^n$ 仅在 $x=0$ 处收敛，我们规定收敛半径 $R=0$；若幂级数 $\sum\limits_{n=0}^{\infty}a_nx^n$ 在整个数轴上收敛，则规定收敛半径 $R=+\infty$.

要确定幂级数 $\sum\limits_{n=0}^{\infty}a_nx^n$ 的收敛域，需要先求出其收敛半径，然后判断 $x=\pm R$ 时级数是否收敛.

关于幂级数收敛半径的求法，有下面的定理：

定理 10.8 设幂级数 $\sum_{n=0}^{\infty} a_n x^n$ 的系数满足 $\lim_{n\to\infty}\left|\frac{a_{n+1}}{a_n}\right| = \rho$（$\rho$ 为常数或为 $+\infty$），则它的收敛半径 R:

$$R = \begin{cases} \frac{1}{\rho}, & \rho \neq 0 \\ +\infty, & \rho = 0 \\ 0 & \rho = +\infty \end{cases}.$$

证明 考虑正项级数 $\sum_{n=0}^{\infty} |a_n x^n|$，令 $u_n = a_n x^n$，利用比值判别法，得

$$\lim_{n\to\infty}\left|\frac{u_{n+1}}{u_n}\right| = \lim_{n\to\infty}\left|\frac{a_{n+1}x^{n+1}}{a_n x^n}\right| = \rho |x|,$$

由比值审敛法可知:

（1）若 $\rho \neq 0$，则当 $\rho|x|<1$，即 $|x|<\frac{1}{\rho}$ 时，级数 $\sum_{n=0}^{\infty} a_n x^n$ 绝对收敛；当 $\rho|x|>1$，即 $|x|>\frac{1}{\rho}$ 时，级数 $\sum_{n=0}^{\infty} a_n x^n$ 发散，此时收敛半径 $R=\frac{1}{\rho}$.

（2）若 $\rho = 0$，则对任意 x，$\rho|x| = 0 < 1$，即级数 $\sum_{n=0}^{\infty} a_n x^n$ 在 $(-\infty,+\infty)$ 内收敛，所以收敛半径为 $R=+\infty$.

（3）若 $\rho = +\infty$，对任意的 $x \neq 0$，$\rho|x| = +\infty$，即级数 $\sum_{n=0}^{\infty} a_n x^n$ 在任意的 $x \neq 0$ 处发散，仅在 $x=0$ 处收敛，故此时收敛半径 $R=0$.

综上可知，求幂级数 $\sum_{n=0}^{\infty} a_n x^n$ 的收敛域的步骤：首先求出收敛半径，然后判断 $x=\pm R$ 时级数的敛散性，最后写出收敛域.

例 10.22 求幂级数

$$x - \frac{x^2}{2} + \frac{x^3}{3} - \cdots + (-1)^{n-1}\frac{x^n}{n} + \cdots$$

的收敛半径、收敛区间和收敛域.

解 幂级数为 $\sum_{n=1}^{\infty} (-1)^{n-1}\frac{x^n}{n}$，令 $a_n = (-1)^{n-1}\frac{1}{n}$，则

$$\rho = \lim_{n\to\infty}\left|\frac{a_{n+1}}{a_n}\right| = \lim_{n\to\infty}\frac{\frac{1}{n+1}}{\frac{1}{n}} = 1,$$

所以收敛半径 $R=\frac{1}{\rho}=1$，收敛区间为 $(-1,1)$.

在 $x=1$ 处，级数为交错级数 $1-\frac{1}{2}+\frac{1}{3}-\cdots+(-1)^{n-1}\frac{1}{n}+\cdots=\sum_{n=1}^{\infty}(-1)^{n-1}\frac{1}{n}$，该级数收敛；在 $x=-1$ 处，级数为 $-1-\frac{1}{2}-\frac{1}{3}-\cdots-\frac{1}{n}-\cdots=\sum_{n=1}^{\infty}\frac{-1}{n}$，该级数发散．因此所给级数的收敛域是 $(-1,1]$.

例 10.23 求幂级数

$$x-\frac{x^2}{2!}+\frac{x^3}{3!}-\cdots+(-1)^{n-1}\frac{x^n}{n!}+\cdots$$

的收敛区间.

解 令 $a_n=(-1)^{n-1}\frac{1}{n!}$，则

$$\rho=\lim_{n\to\infty}\left|\frac{a_{n+1}}{a_n}\right|=\lim_{n\to\infty}\frac{\frac{1}{(n+1)!}}{\frac{1}{n!}}=\lim_{n\to\infty}\frac{1}{n+1}=0,$$

所以收敛半径 $R=+\infty$，级数的收敛区间为 $(-\infty,+\infty)$.

例 10.24 求幂级数 $\sum_{n=1}^{\infty}n^n x^n$ 的收敛半径.

解 令 $a_n=n^n$，则

$$\rho=\lim_{n\to\infty}\left|\frac{a_{n+1}}{a_n}\right|=\lim_{n\to\infty}\frac{(n+1)^{n+1}}{n^n}=\lim_{n\to\infty}\left(1+\frac{1}{n}\right)^n(n+1)=+\infty,$$

所以收敛半径 $R=0$，级数仅在 $x=0$ 处收敛.

例 10.25 求幂级数 $\sum_{n=1}^{\infty}\frac{(x-2)^n}{\sqrt{n}}$ 的收敛区间.

解 令 $t=x-2$，则级数变为 $\sum_{n=1}^{\infty}\frac{t^n}{\sqrt{n}}$，令 $a_n=\frac{1}{\sqrt{n}}$，则

$$\rho=\lim_{n\to\infty}\left|\frac{a_{n+1}}{a_n}\right|=\lim_{n\to\infty}\frac{\frac{1}{\sqrt{n+1}}}{\frac{1}{\sqrt{n}}}=\lim_{n\to\infty}\frac{\sqrt{n}}{\sqrt{n+1}}=1,$$

所以收敛半径 $R=\frac{1}{\rho}=1$，收敛区间 $(-1,1)$，即 $-1<t<1$，从而原幂级数的收敛区间为 $(1,3)$.

例 10.26 求幂级数 $\sum_{n=1}^{\infty}\frac{x^{2n}}{2^n}$ 的收敛半径和收敛域.

解 由于级数 $\sum_{n=1}^{\infty}\frac{x^{2n}}{2^n}$ 中缺少 x 的奇次幂项，因此不能直接用公式，此时可直接用比值审敛法来求收敛半径．令 $u_n=\frac{x^{2n}}{2^n}$，则

$$\lim_{n\to\infty}\left|\frac{u_{n+1}}{u_n}\right|=\lim_{n\to\infty}\left|\frac{2^n x^{2n+2}}{2^{n+1}x^{2n}}\right|=\frac{x^2}{2}.$$

当$\frac{x^2}{2}<1$，即$|x|<\sqrt{2}$时，$\sum_{n=1}^{\infty}\frac{x^{2n}}{2^n}$绝对收敛；当$\frac{x^2}{2}>1$，即$|x|>\sqrt{2}$时，$\sum_{n=1}^{\infty}\frac{x^{2n}}{2^n}$发散，所以收敛半径$R=\sqrt{2}$．当$x=\pm\sqrt{2}$时，级数$\sum_{n=1}^{\infty}\frac{x^{2n}}{2^n}=\sum_{n=1}^{\infty}1$发散．所以收敛域为$(-\sqrt{2},\sqrt{2})$．

10.3.3 幂级数的运算

函数可以进行四则运算及微分、积分的运算，相应地幂级数在它们的收敛域内也可以进行一些运算，并且有着和多项式相似的性质。下面我们不加证明地给出幂级数的一些重要的运算性质．

性质 10.5 设$\sum_{n=0}^{\infty}a_nx^n=S(x)$，$x\in(-R_1,R_1)$，$\sum_{n=0}^{\infty}b_nx^n=T(x)$，$x\in(-R_2,R_2)$，$R=\min(R_1,R_2)$，则当$x\in(-R,R)$时，有

（1）$\sum_{n=0}^{\infty}a_nx^n\pm\sum_{n=0}^{\infty}b_nx^n=\sum_{n=0}^{\infty}(a_n\pm b_n)x^n=S(x)\pm T(x)$；

（2）
$$\begin{aligned}\left(\sum_{n=0}^{\infty}a_nx^n\right)\cdot\left(\sum_{n=0}^{\infty}b_nx^n\right)&=a_0b_0+(a_0b_1+a_1b_0)x+(a_0b_2+a_1b_1+a_2b_0)x^2\\&\quad+\cdots+(a_0b_n+a_1b_{n-1}+\cdots+a_nb_0)x^n+\cdots\\&=S(x)\cdot T(x).\end{aligned}$$

性质 10.6 幂级数$\sum_{n=0}^{\infty}a_nx^n$的和函数$S(x)$在其收敛域上是连续的．

性质 10.7 幂级数$\sum_{n=0}^{\infty}a_nx^n$的和函数$S(x)$在其收敛区间$(-R,R)$内是可导的，且在$(-R,R)$内有

$$S'(x)=\left(\sum_{n=0}^{\infty}a_nx^n\right)'=\sum_{n=0}^{\infty}(a_nx^n)'=\sum_{n=1}^{\infty}na_nx^{n-1},$$

即幂级数在其收敛区间内可**逐项求导**，且求导后所得的幂级数的收敛半径与原级数的收敛半径相同．

性质 10.8 幂级数$\sum_{n=0}^{\infty}a_nx^n$的和函数$S(x)$在其收敛区间$(-R,R)$内是可积的，且在$(-R,R)$内有

$$\int_0^x S(x)\mathrm{d}x=\int_0^x\left(\sum_{n=0}^{\infty}a_nx^n\right)\mathrm{d}x=\sum_{n=0}^{\infty}\int_0^x a_nx^n\mathrm{d}x,$$

即幂级数在其收敛区间内可**逐项积分**，且积分后所得的幂级数的收敛半径与原级数的收敛半径相同．

利用幂级数的性质，我们可以求某些幂级数的和函数．

例 10.27 求幂级数$\sum_{n=1}^{\infty}(-1)^{n-1}\frac{x^n}{n}$的和函数.

幂级数的和函数

解 设$S(x)=x-\frac{x^2}{2}+\frac{x^3}{3}-\cdots+(-1)^{n-1}\frac{x^n}{n}+\cdots$，则

$$S'(x)=1-x+x^2-x^3+\cdots=\frac{1}{1+x}\ (-1<x<1).$$

又

$$\int_0^x S'(x)\mathrm{d}x=S(x)-S(0),\quad S(0)=0,$$

所以

$$S(x)=\int_0^x S'(x)\mathrm{d}x=\int_0^x\frac{1}{1+x}\mathrm{d}x=\ln(1+x).$$

即

$$\ln(1+x)=\sum_{n=1}^{\infty}(-1)^{n-1}\frac{x^n}{n}\ (-1<x<1).$$

所以它的收敛半径$R=1$. 容易验证，当$x=-1$时，级数$\sum_{n=1}^{\infty}(-1)^{n-1}\frac{(-1)^n}{n}=\sum_{n=1}^{\infty}\frac{-1}{n}$发散；当$x=1$时，级数$\sum_{n=1}^{\infty}(-1)^{n-1}\frac{1^n}{n}=\sum_{n=1}^{\infty}\frac{(-1)^{n-1}}{n}$收敛. 所以所给的级数的收敛域为$(-1,1]$，所以

$$\sum_{n=1}^{\infty}(-1)^{n-1}\frac{x^n}{n}=\ln(1+x)\ (-1<x\leqslant 1).$$

注 幂级数逐项求导和逐项积分后收敛半径不变，但当$x=\pm R$时的敛散情况可能会有变化，即收敛半径不变，但收敛域可能会改变.

利用幂级数性质还可以求某些数项级数的和或进行数值近似计算，如在例 10.27 中，$\sum_{n=1}^{\infty}(-1)^{n-1}\frac{x^n}{n}=\ln(1+x)\ (-1<x\leqslant 1)$，令$x=1$，可得

$$\ln 2=1-\frac{1}{2}+\frac{1}{3}+\cdots+(-1)^{n-1}\frac{1}{n}+\cdots.$$

例 10.28 求幂级数$\sum_{n=1}^{\infty}nx^n$的收敛域与和函数.

解 令$a_n=n$，则收敛半径$R=\frac{1}{\rho}=\lim_{n\to\infty}\left|\frac{a_n}{a_{n+1}}\right|=\lim_{n\to\infty}\frac{n}{n+1}=1$.

当$x=1$时，级数$\sum_{n=1}^{\infty}nx^n=\sum_{n=1}^{\infty}n$发散；当$x=-1$时，级数$\sum_{n=1}^{\infty}nx^n=\sum_{n=1}^{\infty}(-1)^n n$发散. 因此该幂级数的收敛域为$(-1,1)$.

令和函数$S(x)=\sum_{n=1}^{\infty}nx^n=x\sum_{n=1}^{\infty}nx^{n-1}$，$x\in(-1,1)$. 令$S_1(x)=\sum_{n=1}^{\infty}nx^{n-1}$，两边积分，得

$$\int_0^x S_1(x)\mathrm{d}x=\sum_{n=1}^{\infty}\int_0^x nx^{n-1}\mathrm{d}x=\sum_{n=1}^{\infty}x^n=\frac{x}{1-x},$$

两边再求导，得 $S_1(x)=\dfrac{1}{(1-x)^2}$，所以和函数 $S(x)=\dfrac{x}{(1-x)^2}(-1<x<1)$.

习题 10.3

1．求下列幂级数的收敛域：

（1）$\sum\limits_{n=1}^{\infty}\dfrac{1}{n\cdot 3^n}x^n$；（2）$\sum\limits_{n=1}^{\infty}\dfrac{(-1)^{n-1}}{n^2}x^n$；（3）$\sum\limits_{n=1}^{\infty}(-1)^n\dfrac{1}{2n+1}x^{2n+1}$；

（4）$\sum\limits_{n=1}^{\infty}\dfrac{2n-1}{2^n}x^{2n-2}$；（5）$\sum\limits_{n=1}^{\infty}\dfrac{2^n}{n^2+1}x^n$；（6）$\sum\limits_{n=1}^{\infty}\dfrac{(x-1)^{n-1}}{\sqrt{n+1}}$；

（7）$\sum\limits_{n=1}^{\infty}\dfrac{\ln(n+1)}{n+1}x^{n+1}$；（8）$\sum\limits_{n=1}^{\infty}\dfrac{x^n}{2\times 4\times\cdots\times(2n)}$.

2．利用逐项求导法或逐项积分法求下列级数的和函数，并指出其收敛域：

（1）$\sum\limits_{n=1}^{\infty}\dfrac{x^n}{n}$；（2）$\sum\limits_{n=0}^{\infty}\dfrac{x^{2n+1}}{2n+1}$；

（3）$\sum\limits_{n=1}^{\infty}(n+1)x^n$；（4）$\sum\limits_{n=1}^{\infty}\dfrac{n(n+1)}{2}x^{n-1}$.

10.4　函数展开成幂级数

对于一些复杂的函数，要研究其性质比较困难，而多项式函数的性质比较简单，为了方便研究，能否用一个多项式函数近似代替这些复杂的函数呢？

10.4.1　泰勒级数

我们在讨论用函数的微分近似代替函数的改变量时，曾得到

$$f(x)\approx f(x_0)+f'(x_0)(x-x_0),$$

这实际上是用曲线 $f(x)$ 上点 $(x_0,f(x_0))$ 处的切线来近似表示函数 $f(x)$，可以设想，若用二次、三次……n 次多项式来近似表示 $f(x)$，效果将会更好. 我们已学习过泰勒公式，即 $f(x)$ 在点 x_0 的某个邻域内具有 $(n+1)$ 阶导数时，有

$$f(x)=f(x_0)+f'(x_0)(x-x_0)+\frac{f''(x_0)}{2!}(x-x_0)^2+\cdots+\frac{f^{n}(x_0)}{n!}(x-x_0)^n+R_n(x),\tag{10.3}$$

其中余项

$$R_n(x)=\frac{f^{(n+1)}(\xi)}{(n+1)!}(x-x_0)^{n+1},$$

ξ 是 x 与 x_0 之间的某个值.

式(10.3)称为函数 $f(x)$ 在点 x_0 处的 n **阶泰勒公式**. 特别地，当 $x_0=0$ 时，称式(10.3)为函数 $f(x)$ 的 n **阶麦克劳林公式**.

如果 $f(x)$ 在点 x_0 的某个邻域内具有任意阶导数，则称幂级数

$$f(x_0)+f'(x_0)(x-x_0)+\frac{f''(x_0)}{2!}(x-x_0)^2+\cdots+\frac{f^{(n)}(x_0)}{n!}(x-x_0)^n+\cdots \tag{10.4}$$

为函数 $f(x)$ 在点 x_0 处的**泰勒级数**.

现在的问题是，由 $f(x)$ 得到的泰勒级数（10.4）是否收敛？若收敛是否收敛于 $f(x)$？一般说来，这两个问题的答案都不是肯定的. 那么 $f(x)$ 还需满足什么条件，它的泰勒级数才能收敛于 $f(x)$？我们先看下面的定理.

定理 10.9 如果函数 $f(x)$ 在点 x_0 的某个邻域内具有任意阶导数，则 $f(x)$ 的泰勒级数（10.4）在该邻域内收敛于 $f(x)$ 的充分必要条件是

$$\lim_{n\to\infty}R_n(x)=0.$$

当上述条件满足时，有

$$\begin{aligned}f(x)=f(x_0)+f'(x_0)(x-x_0)+\frac{f''(x_0)}{2!}(x-x_0)^2+\cdots\\+\frac{f^{(n)}(x_0)}{n!}(x-x_0)^n+\cdots,\end{aligned} \tag{10.5}$$

称 $f(x)$ 在该邻域内能展开成 $(x-x_0)$ 的幂级数，并称式（10.5）为函数 $f(x)$ 在点 x_0 处的泰勒展开式. 在式（10.5）中，若 $x_0=0$，得

$$f(x)=f(0)+f'(0)x+\frac{f''(0)}{2!}x^2+\cdots+\frac{f^{(n)}(0)}{n!}x^n+\cdots, \tag{10.6}$$

此时称 $f(x)$ 能展开成 x 的幂级数，并称式（10.6）为函数 $f(x)$ 的**麦克劳林级数**.

10.4.2 函数展开成幂级数的方法

1. 直接展开法

函数 $f(x)$ 展开为关于 x 的幂级数的步骤：

（1）求出 $f(x)$ 在 $x_0=0$ 处的各阶导数 $f^{(n)}(0)$，$n=0,1,2,\cdots$.

（2）写出 $f(x)$ 的麦克劳林级数 $\sum\limits_{n=0}^{\infty}\frac{f^{(n)}(0)}{n!}x^n$，并求出收敛半径 R.

（3）当 $x\in(-R,R)$ 时，判断极限 $\lim\limits_{n\to\infty}R_n(x)$ 是否为零，若该极限为零，则在 $(-R,R)$ 内，

$$f(x)=f(0)+f'(0)x+\frac{f''(0)}{2!}x^2+\cdots+\frac{f^{(n)}(0)}{n!}x^n+\cdots.$$

例 10.29 将函数 $f(x)=\mathrm{e}^x$ 展开成 x 的幂级数.

解 因为 $f(x)=\mathrm{e}^x$ 的各阶导数均为 $f^{(n)}(x)=\mathrm{e}^x\ (n=0,1,2,3,\cdots)$，所以

$$f(0)=f'(0)=f''(0)=\cdots=f^{(n)}(0)=1.$$

于是有级数

$$1+x+\frac{x^2}{2!}+\cdots+\frac{x^n}{n!}+\cdots=\sum_{n=0}^{\infty}\frac{x^n}{n!}.$$

因为$a_n=\dfrac{1}{n!}$，则

$$\rho=\lim_{n\to\infty}\left|\frac{a_{n+1}}{a_n}\right|=\lim_{n\to\infty}\frac{n!}{(n+1)!}=0,$$

所以收敛半径$R=+\infty$.

拉格朗日余项$R_n(x)=\dfrac{e^{\xi}}{(n+1)!}x^{n+1}$，$\xi$介于0与$x$之间，则

$$|R_n(x)|=\left|\frac{e^{\xi}}{(n+1)!}x^{n+1}\right|\leqslant e^{|x|}\frac{|x|^{n+1}}{(n+1)!},$$

易知$\sum\limits_{n=0}^{\infty}\dfrac{|x|^{n+1}}{(n+1)!}$的收敛半径$R=+\infty$，所以由级数收敛的必要条件知$\lim\limits_{n\to\infty}\dfrac{|x|^{n+1}}{(n+1)!}=0$. 而$n\to\infty$时，$e^{|x|}$是常数，所以$\lim\limits_{n\to\infty}\left[e^{|x|}\dfrac{|x|^{n+1}}{(n+1)!}\right]=0$，因此$\lim\limits_{n\to\infty}R_n(x)=0$. 于是得展开式

$$e^x=1+x+\frac{x^2}{2!}+\cdots+\frac{x^n}{n!}+\cdots\quad(-\infty<x<+\infty).$$

例 10.30 将函数$f(x)=\sin x$展开成x的幂级数.

解 $f(x)=\sin x$的各阶导数为$f^{(n)}(x)=\sin\left(x+\dfrac{n\pi}{2}\right)$ $(n=0,1,2,\cdots)$，所以$f(0)=0$，$f'(0)=1$，$f''(0)=0$，$f'''(0)=-1$，$f^{(4)}(0)=0$，$\cdots$，于是有级数

$$x-\frac{x^3}{3!}+\frac{x^5}{5!}-\frac{x^7}{7!}+\cdots+(-1)^n\frac{x^{2n+1}}{(2n+1)!}+\cdots=\sum_{n=0}^{\infty}(-1)^n\frac{x^{2n+1}}{(2n+1)!}.$$

因为级数缺少偶次幂项，利用比值审敛法，令$u_n=(-1)^n\dfrac{x^{2n+1}}{(2n+1)!}$，有

$$\lim_{n\to\infty}\left|\frac{u_{n+1}}{u_n}\right|=\lim_{n\to\infty}\left|\frac{x^{2n+3}}{(2n+3)!}\cdot\frac{(2n+1)!}{x^{2n+1}}\right|=0\cdot x^2=0<1\quad(-\infty<x<+\infty),$$

所以收敛半径$R=+\infty$.

拉格朗日余项$R_n(x)=\dfrac{\sin\left(\xi+\dfrac{n+1}{2}\pi\right)}{(n+1)!}x^{n+1}$，$\xi$介于0与$x$之间，则

$$|R_n(x)|\leqslant\frac{|x|^{n+1}}{(n+1)!}.$$

因为$\lim\limits_{n\to\infty}\dfrac{|x|^{n+1}}{(n+1)!}=0$，所以$\lim\limits_{n\to\infty}R_n(x)=0$，于是得展开式

$$\sin x=x-\frac{x^3}{3!}+\frac{x^5}{5!}-\frac{x^7}{7!}+\cdots+(-1)^n\frac{x^{2n+1}}{(2n+1)!}+\cdots\quad(-\infty<x<+\infty).$$

同理可得

$$\cos x=1-\frac{x^2}{2!}+\frac{x^4}{4!}-\frac{x^6}{6!}+\cdots+(-1)^n\frac{x^{2n}}{(2n)!}+\cdots\quad(-\infty<x<+\infty).$$

例 10.31 将函数 $f(x)=(1+x)^\alpha$ 展开成 x 的幂级数.

解 因为

$$f^{(n)}(x)=\alpha(\alpha-1)(\alpha-2)\cdots(\alpha-n+1)(1+x)^{\alpha-n}\quad(n=1,2,\cdots),$$

所以

$$f(0)=1,\ f^{(n)}(0)=\alpha(\alpha-1)(\alpha-2)\cdots(\alpha-n+1)\quad(n=1,2,\cdots),$$

故 $f(x)=(1+x)^\alpha$ 的麦克劳林级数为

$$1+\alpha x+\frac{\alpha(\alpha-1)}{2!}x^2+\cdots+\frac{\alpha(\alpha-1)\cdots(\alpha-n+1)}{n!}x^n+\cdots.$$

易知，其收敛半径 $R=1$，且可以证明当 $|x|<1$ 时，$\lim\limits_{n\to\infty}R_n(x)=0$，因此

$$(1+x)^\alpha=1+\alpha x+\frac{\alpha(\alpha-1)}{2!}x^2+\cdots+\frac{\alpha(\alpha-1)\cdots(\alpha-n+1)}{n!}x^n+\cdots\quad(-1<x<1).$$

上式也称为二项展开式，其端点 $x=\pm1$ 的敛散性随 α 值变化，特别地，当 $\alpha=-1$ 时，

$$\frac{1}{1+x}=1-x+x^2-x^3+\cdots+(-1)^nx^n-\cdots\quad(-1<x<1);$$

当 $\alpha=\frac{1}{2}$ 时，

$$\sqrt{1+x}=1+\frac{1}{2}x-\frac{1}{2\times4}x^2+\frac{1\times3}{2\times4\times6}x^3-\frac{1\times3\times5}{2\times4\times6\times8}x^4+\cdots\quad(-1\leqslant x\leqslant1);$$

当 $\alpha=-\frac{1}{2}$ 时，

$$\frac{1}{\sqrt{1+x}}=1-\frac{1}{2}x+\frac{1}{2\times4}x^2-\frac{1\times3}{2\times4\times6}x^3+\frac{1\times3\times5}{2\times4\times6\times8}x^4-\cdots\quad(-1<x\leqslant1).$$

2. 间接展开法

通常利用上述几个基本展开式，通过变量代换、幂级数的运算及逐项微分、逐项积分等方法，将所给的函数展开成幂级数.

函数展开成幂级数的间接展开法

例 10.32 将函数 $f(x)=\ln(1+x)$ 展开成 x 的幂级数.

解 已知

$$\frac{1}{1+x}=1-x+x^2-x^3+\cdots+(-1)^nx^n+\cdots\quad(-1<x<1),$$

而

$$[\ln(1+x)]'=\frac{1}{1+x},$$

所以

$$[\ln(1+x)]'=1-x+x^2-x^3+\cdots+(-1)^nx^n+\cdots\quad(-1<x<1).$$

将上式从 0 到 x 逐项积分，得

$$\ln(1+x)=x-\frac{x^2}{2}+\frac{x^3}{3}-\frac{x^4}{4}+\cdots+(-1)^n\frac{x^{n+1}}{n+1}+\cdots=\sum_{n=0}^{\infty}(-1)^n\frac{x^{n+1}}{n+1}\quad(-1<x\leqslant 1).$$

上述展开式对 $x=1$ 也成立，这是因为 $x=1$ 时级数 $\sum_{n=0}^{\infty}\frac{(-1)^n}{n+1}$ 收敛.

例 10.33 将函数 $f(x)=\mathrm{e}^{x^2}$ 展开成 x 的幂级数.

解 因为

$$\mathrm{e}^x=1+x+\frac{x^2}{2!}+\cdots+\frac{x^n}{n!}+\cdots\quad(-\infty<x<+\infty),$$

把 x 换成 x^2 得

$$\mathrm{e}^{x^2}=1+x^2+\frac{x^4}{2!}+\cdots+\frac{x^{2n}}{n!}+\cdots\quad(-\infty<x<+\infty).$$

例 10.34 将函数 $f(x)=\frac{1}{x-3}$ 展开成 x 的幂级数.

解 因为

$$\frac{1}{1-x}=1+x+x^2+x^3+\cdots+x^n+\cdots\quad(-1<x<1),$$

$$\frac{1}{x-3}=-\frac{1}{3-x}=-\frac{1}{3}\cdot\frac{1}{1-\frac{x}{3}}=-\frac{1}{3}\left[1+\frac{x}{3}+\left(\frac{x}{3}\right)^2+\cdots+\left(\frac{x}{3}\right)^n+\cdots\right]\left(-1<\frac{x}{3}<1\right),$$

所以

$$\frac{1}{x-3}=-\frac{1}{3}-\frac{x}{3^2}-\frac{x^2}{3^3}-\cdots-\frac{x^n}{3^{n+1}}-\cdots\quad(-3<x<3).$$

例 10.35 将函数 $f(x)=\frac{1}{x^2+4x+3}$ 展开成$(x-1)$的幂级数.

解 因为

$$\begin{aligned}f(x)&=\frac{1}{x^2+4x+3}=\frac{1}{(x+1)(x+3)}=\frac{1}{2}\left(\frac{1}{x+1}-\frac{1}{x+3}\right)\\&=\frac{1}{2}\left(\frac{1}{2+x-1}-\frac{1}{4+x-1}\right)=\frac{1}{4}\cdot\frac{1}{1+\frac{x-1}{2}}-\frac{1}{8}\cdot\frac{1}{1+\frac{x-1}{4}}\\&=\frac{1}{4}\sum_{n=0}^{\infty}(-1)^n\frac{(x-1)^n}{2^n}-\frac{1}{8}\sum_{n=0}^{\infty}(-1)^n\frac{(x-1)^n}{4^n}\\&=\sum_{n=0}^{\infty}(-1)^n\left(\frac{1}{2^{n+2}}-\frac{1}{2^{2n+3}}\right)(x-1)^n .\end{aligned}$$

又因为 $\left|\frac{x-1}{2}\right|<1$ 且 $\left|\frac{x-1}{4}\right|<1$，所以得 $-1<x<3$，即有

$$\frac{1}{x^2+4x+3}=\sum_{n=0}^{\infty}(-1)^n\left(\frac{1}{2^{n+2}}-\frac{1}{2^{2n+3}}\right)(x-1)^n\quad(-1<x<3).$$

例 10.36 将函数 $f(x)=\arctan x$ 展开成 x 的幂级数.

解 因为

$$\frac{1}{1+x}=1-x+x^2-x^3+x^4-\cdots+(-1)^n x^n+\cdots \quad (-1<x<1),$$

所以

$$\frac{1}{1+x^2}=1-x^2+x^4-x^6+x^8-\cdots+(-1)^n x^{2n}+\cdots \quad (-1<x<1),$$

将上式从0到 x 逐项积分，得

$$\arctan x=x-\frac{x^3}{3}+\frac{x^5}{5}-\frac{x^7}{7}+\cdots+(-1)^n\frac{x^{2n+1}}{2n+1}+\cdots=\sum_{n=0}^{\infty}\frac{(-1)^n}{2n+1}x^{2n+1}.$$

当 $x=1$ 时，级数 $\sum\limits_{n=0}^{\infty}\frac{(-1)^n}{2n+1}x^{2n+1}=\sum\limits_{n=0}^{\infty}\frac{(-1)^n}{2n+1}$ 收敛；当 $x=-1$ 时，级数 $\sum\limits_{n=0}^{\infty}\frac{(-1)^n}{2n+1}x^{2n+1}=\sum\limits_{n=0}^{\infty}\frac{(-1)^{n+1}}{2n+1}$ 收敛. 故有展开式

$$\arctan x=x-\frac{x^3}{3}+\frac{x^5}{5}-\frac{x^7}{7}+\cdots+(-1)^n\frac{x^{2n+1}}{2n+1}-\cdots \quad (-1\leqslant x\leqslant 1).$$

例 10.37 将函数 $f(x)=\frac{1}{x^2}$ 展开成 $(x-1)$ 的幂级数.

解 已知 $f(x)=\frac{1}{x^2}=-\left(\frac{1}{x}\right)'$，且 $\frac{1}{1+x}=\sum\limits_{n=0}^{\infty}(-1)^n x^n \quad (-1<x<1)$.

所以

$$\frac{1}{x}=\frac{1}{1+x-1}=\sum_{n=0}^{\infty}(-1)^n(x-1)^n \quad (-1<x-1<1),$$

因此

$$f(x)=\frac{1}{x^2}=-\left(\frac{1}{x}\right)'=-\left[\sum_{n=0}^{\infty}(-1)^n(x-1)^n\right]'$$
$$=\sum_{n=1}^{\infty}(-1)^{n-1}n(x-1)^{n-1} \quad (0<x<2).$$

习题 10.4

1. 将下列函数展开成 x 的幂级数，并求展开式成立的区间：

（1）e^{2x}；（2）$\sin\frac{x}{2}$；（3）$\frac{1}{(1+x)^2}$；

（4）$\ln(a+x) \quad (a>0)$；（5）$\sin^2 x$；（6）$x^2\cos x$.

2. 将函数 $f(x)=\frac{1}{x}$ 展开成 $(x-3)$ 的幂级数.

3. 将函数 $f(x)=\frac{1}{x^2+3x+2}$ 展开成 $(x+4)$ 的幂级数.

自测题 A　基础自测题

一、填空题（每题 2 分，共 10 分）

1. 若级数 $\sum_{n=1}^{\infty}u_n$ 收敛，则 $\lim_{n\to\infty}u_n=$________；若 $\lim_{n\to\infty}u_n\neq 0$，则级数 $\sum_{n=1}^{\infty}u_n$ ________.

2. 正项级数 $\sum_{n=1}^{\infty}u_n$ 收敛的充要条件是部分和数列 $\{S_n\}$ ________.

3. 级数 $\sum_{n=1}^{\infty}\left(\frac{1}{2^n}+\frac{2}{n(n+1)}\right)$ 的和 S=________.

4. 设级数 $\sum_{n=1}^{\infty}a_n(x-1)^n$ 在 $x=-1$ 处收敛，则此级数在 $x=2$ 处________.

5. 函数 $f(x)=3^x$ 的麦克劳林级数为________.

二、选择题（每题 2 分，共 10 分）

6. 下列级数中，条件收敛的是（　　）.

A. $\sum_{n=1}^{\infty}(-1)^{n-1}\frac{n+1}{\sqrt{n^3+1}}$　　B. $\sum_{n=1}^{\infty}(-1)^{n-1}\left(\frac{2}{3}\right)^n$

C. $\sum_{n=1}^{\infty}(-1)^{n-1}\frac{1}{n^2}$　　D. $\sum_{n=1}^{\infty}(-1)^{n-1}\frac{1}{4^n}$

7. 如果级数 $\sum_{n=1}^{\infty}a_n(x-1)^n$ 的收敛半径是 1，则该级数的收敛区间为（　　）.

A. $(0,2)$　　B. $(0,1)$　　C. $(-1,1)$　　D. $(-2,2)$

8. 级数 $\sum_{n=1}^{\infty}(-1)^{n-1}\frac{x^n}{n}$ 的收敛域为（　　）.

A. $[-1,0)$　　B. $(-1,1]$　　C. $[-1,1]$　　D. $(-1,1)$

9. 级数 $\sum_{n=1}^{\infty}nx^{n-1}$ 的和函数 $S(x)$=（　　）.

A. $\frac{1}{1-x}\quad(-1<x<1)$　　B. $\frac{1}{1-x^2}\quad(-1<x<1)$

C. $\frac{1}{(1+x)^2}\quad(-1<x<1)$　　D. $\frac{1}{(1-x)^2}\quad(-1<x<1)$

10. 关于下列级数的敛散性的说法中，正确的是（　　）.

（1）$\sum_{n=1}^{\infty}\frac{1+n}{1+n^2}$；　　（2）$\sum_{n=1}^{\infty}\frac{1}{n^2+\sqrt{n}}$.

A.（1）收敛，（2）发散　　B.（1）收敛，（2）收敛

C.（1）发散，（2）收敛　　D.（1）发散，（2）发散

三、解答题（每题5分，共60分）

11. 判断级数$\sum_{n=1}^{\infty}\frac{1}{25n^2+5n-6}$的敛散性，若收敛，求其和.

12. 判断级数$\sum_{n=1}^{\infty}\frac{1}{4^n}\left[\sqrt{3}+(-1)^n\right]^n$的敛散性.

13. 判断级数$\sum_{n=1}^{\infty}\frac{3^n\cdot n!}{n^2}$的敛散性.

14. 判断级数$\sum_{n=1}^{\infty}\left(\frac{n}{2n-1}\right)^n$的敛散性.

15. 判断级数$\sum_{n=2}^{\infty}\frac{(-1)^n\sqrt{n}}{n^2+(-1)^n}$的敛散性.

16. 判断级数$\sum_{n=1}^{\infty}\frac{(-1)^n}{n-\ln n}$的敛散性.

17. 求幂级数$\sum_{n=1}^{\infty}\left[\frac{(-1)^n}{n}+\frac{1}{4^n}\right]x^n$的收敛域.

18. 求幂级数$\sum_{n=1}^{\infty}(-1)^{n-1}\frac{(2n-1)x^{2n-1}}{2^n}$的收敛域.

19. 求幂级数$\sum_{n=1}^{\infty}\frac{(n+1)nx^n}{2}$的和函数.

20. 求幂级数$\sum_{n=1}^{\infty}\frac{3^n}{n}x^n$的和函数$S(x)$，并计算$S'\left(\frac{1}{4}\right)$的值.

21. 将函数$f(x)=\frac{3}{1-2x}$展开为x的幂级数.

22. 将函数$f(x)=\frac{x}{x^2-2x-3}$展开为x的幂级数.

四、分析题（本题8分）

23. 讨论级数$\sum_{n=1}^{\infty}(-1)^{n-1}\frac{a^n}{n^p}$（$a>0, p>0$为常数）的绝对收敛性与条件收敛性.

五、证明题（每题6分，共12分）

24. 设$0\leqslant a_n<\frac{1}{n}$，证明级数$\sum_{n=1}^{\infty}(-1)^{n-1}a_n^2$绝对收敛.

25. 若$\sum_{n=1}^{\infty}a_n\,(a_n>0)$收敛，证明：当$\alpha>1$时，$\sum_{n=1}^{\infty}\sqrt{\frac{a_n}{n^{\alpha}}}$也收敛.

自测题B 提高自测题

一、 填空题（每题5分，共15分）

1. 设级数$\sum_{n=1}^{\infty} a_n$收敛，其和为S，级数$\sum_{n=1}^{\infty}(a_n+a_{n+2}-2a_{n+1})=$________.

2. 级数$\sum_{n=1}^{\infty}\frac{n-\sqrt{n^2-1}}{\sqrt{n(n+1)}}=$________.

3. 已知级数$\sum_{n=1}^{\infty}u_{2n}=\sum_{n=1}^{\infty}(-1)^n u_n=3$，则$\sum_{n=1}^{\infty}u_n=$________.

二、选择题（每题5分，共15分）

4. 下列级数中，发散的是（　　）.

A. $\sum_{n=1}^{\infty}\frac{n}{3^n}$　　B. $\sum_{n=1}^{\infty}\frac{1}{\sqrt{n}}\ln\left(1+\frac{1}{n}\right)$　　C. $\sum_{n=2}^{\infty}\frac{(-1)^n+1}{\ln n}$　　D. $\sum_{n=1}^{\infty}\frac{n!}{n^n}$

5. 若$\sum_{n=1}^{\infty}nu_n$绝对收敛，$\sum_{n=1}^{\infty}\frac{v_n}{n}$条件收敛，则（　　）.

A. $\sum_{n=1}^{\infty}u_n v_n$条件收敛　　B. $\sum_{n=1}^{\infty}u_n v_n$绝对收敛

C. 无法判断$\sum_{n=1}^{\infty}u_n v_n$的敛散性　　D. $\sum_{n=1}^{\infty}u_n v_n$发散

6. $\sum_{n=0}^{\infty}(-1)^n\frac{2n+3}{(2n+1)!}=$（　　）.

A. 2sin1+2cos1　　B. 2sin1+cos1

C. sin1+cos1　　D. 3sin1+2cos1

三、解答题（每题8分，共48分）

7. 判断级数$\sum_{n=2}^{\infty}\frac{(-1)^n}{\sqrt{n}+(-1)^n}$的敛散性.

8. 求幂级数$\sum_{n=0}^{\infty}x^2(1-x^2)^n$的收敛域及和函数.

9. 求幂级数$\sum_{n=0}^{\infty}(n+1)(n+3)x^n$的收敛域及和函数.

10. 求函数$f(x)=\mathrm{e}^{2x-x^2}$在$x_0=0$点的泰勒级数至含x^4的项.

11. 将函数$f(x)=\ln(1+x-2x^2)$展开成x的幂级数，并指出其收敛区间.

12. 求极限$\lim_{n\to\infty}\left(\frac{1}{a}+\frac{2}{a^2}+\cdots+\frac{n}{a^n}\right)$（其中$a>1$）.

四、分析题（本题10分）

13. 设 n 为正整数，$y=y_n(x)$ 是微分方程 $xy'-(n+1)y=0$ 满足条件 $y_n(1)=\dfrac{1}{n(n+1)}$ 的解.

求：(1) $y_n(x)$；

(2) 级数 $\sum_{n=1}^{\infty} y_n(x)$ 的收敛域和和函数.

五、证明题（每题6分，共12分）

14. 设级数 $\sum_{n=1}^{\infty}(-1)^n a_n 2^n$ 收敛，证明级数 $\sum_{n=1}^{\infty} a_n$ 绝对收敛.

15. 设级数 $\sum_{n=1}^{\infty} a_n$ 收敛且 $0<a_n<1$，证明：当 $p\geqslant 1$ 时，级数 $\sum_{n=1}^{\infty}\dfrac{(a_n)^p}{1-a_n}$ 也收敛.

思维导图

习题答案

史料阅读

无穷级数发展史

无穷级数是最简单的无穷表达式，是逼近理论的重要部分，在数学科学中出现的顺序并不是最后，而是与最初的极限思想同期出现的.

一、无穷级数理论的萌芽

最早的级数概念起源于哲学和逻辑的悖论，古希腊数学家芝诺（Zeno，约前490—前425年）提出的四大悖论揭示了时空的连续性与离散性、潜在无限与实在无限的矛盾，被称之为数学史上的第一次危机. 其中，“阿基里斯追乌龟”的悖论首次提出1能否分解为 $\frac{1}{2}+\frac{1}{2^2}+\frac{1}{2^3}+\cdots$，这也标志着无穷级数的出现. 古希腊数学家亚里士多德（Aristotle，前384—前322年）也认同公比小于1大于0的级数可以求出和，而阿基米德（Archimede，约前287—前212年）在他的《抛物线图形求积法》一书中也使用了无穷级数求和的思想. 但由于当时的古希腊人惧怕无穷，所以严格意义上说此时还没有无穷级数的概念.

二、无穷级数理论的开端

到了中世纪，无穷级数的理论逐渐发展到一个新的水平，作为这一时期的代表人物法国数学家奥雷姆（Oresme，约 1320—1382 年）明确了几何级数的两种可能，证明了调和级数的和为无穷，但对于级数的收敛和发散并不能严格区分. 这个阶段的重要突破是证明了有限量可以分解为无限个有限量的和，这一重要思想将无穷级数的研究向前推进了一大步，人们逐渐接受了无限过程，但由于仅限于文字叙述和几何方法，直到微积分理论的建立，人们才把级数作为独立的概念.

三、无穷级数理论的发展

17～18 世纪是级数理论发展的黄金期，数学家们逐渐应用无穷级数作为表示数量的工具研究各种无穷级数的求和问题. 苏格兰数学家格雷戈里（Gregory，1638—1675 年）在他的《几何著作》中证明了"阿基里斯追乌龟"的悖论可以用无穷级数的求和来解决. 伴随着微积分的诞生，许多重要函数需要被表示为可以逐项求导和逐项积分的无穷级数，如牛顿和莱布尼茨相继得到了 $\sin x$、$\cos x$ 和 $\arctan x$ 等函数的幂级数展开式. 17 世纪后半期到 18 世纪，为了适应航海、天文学和地理学的发展，要求三角函数、对数函数和航海表的插值有较大精度，这就成为困扰当时数学界的一大难题. 格雷戈里和英国数学家牛顿独立地给出了这一重要公式，而且格雷戈里还对公式进行了严格证明，就是著名的 Gregory-Newton 内插公式. 之后，英国数学家泰勒（Taylor，1685—1737 年）又将此公式发展成构造一般解析函数的泰勒级数展开方法，被命名为"泰勒定理". 然而，在半个世纪里该定理并未受到数学家们的重视，直到法国数学家拉格朗日（Lagrange，1736—1813 年）给出了泰勒公式的余项表达式并将此定理作为微积分基本定理开展后续研究，它的价值才逐渐为人所知. 在此期间，级数收敛和发散也被认为是确切表述无穷级数的重要问题. 高斯在其《无穷级数的一般研究》中对级数的收敛性做出了重要而严密的论述，提出了一些简单的收敛准则，并对余项和收敛半径进行了探讨. 此时，对敛散性的认识依然流于形式上的讨论，有限代数的运算是否能推广到无穷级数和级数的收敛与发散对级数的作用并未被真正认识到.

四、无穷级数理论的成熟

直到 19 世纪，许多无穷级数的收敛法则才逐步建立起来. 1812 年，德国数学家高斯（Gauss，1777—1855 年）向阿根廷协会提交了关于超几何级数收敛的判别准则，标志着无穷级数正式进入严格化阶段. 1821 年，柯西（Cauchy，1789—1857 年）给出了级数收敛和发散的确切定义，建立了判别级数收敛的柯西准则及正项级数收敛的根值判别法和比值判别法，推导出交错级数的莱布尼茨判别法，他是第一个把无穷级数论看做以极限为基础建立起来的完整理论，而非在此之前所理解的多项式函数的平凡推广. 挪威数学家阿贝尔（Abel，1802—1829 年）注意到发散级数的重要性，他在关于二项式级数的论文中更正了柯西的若干个结论，指出了连续性在收敛问题中的重要作用，但经过后来的数学家论证"阿贝尔定理"中所反映的一致收敛和柯西的表述本质是一致的. 级数和连续是否蕴含函数的一致收敛性是由英国数学家斯托克（Stokes，1819—1903 年）和德国数学家赛德尔（Seidel，1821—1896 年）提出的. 1842 年，魏尔斯特拉斯（Weierstrass，1815—1897 年）给出了一致收敛概念的表述，并建立了逐项积分和微分的条件. 至此，由柯西进行级数的初步严密化到阿贝尔等人的深化再到魏尔斯特拉斯的基本完成标志着级数理论的基本完备.

无穷级数作为分析的有效工具，促使数学家在数学发展上大胆尝试，虽然产生诸多悖论但也促进许多数学分支的出现.

主要参考文献

高洁，郭夕敬，2016. 高等数学[M]. 北京：清华大学出版社.

孙毅，王国铭，2014. 微积分[M]. 2 版. 北京：清华大学出版社.

同济大学数学系，2014. 高等数学（经管类）[M]. 2 版. 上海：同济大学出版社.

同济大学数学系，2014. 高等数学[M]. 7 版. 北京：高等教育出版社.

同济大学数学系，2017. 高等数学[M]. 北京：人民邮电出版社.

王书彬，2019. 高等数学[M]. 北京：高等教育出版社.

西南财经大学高等数学教研室，2016. 高等数学（经管类）[M]. 北京：科学出版社.

徐延安，张彤，2011. 微积分[M]. 北京：高等教育出版社.

杨慧卿，2017. 经济数学：微积分（微课版）[M]. 2 版. 北京：人民邮电出版社.

张琴，2014. 微积分[M]. 2 版. 北京：科学出版社.

张天德，王玮，2020. 高等数学[M]. 北京：人民邮电出版社.

赵树嫄，2021. 微积分[M]. 5 版. 北京：中国人民大学出版社.

附录　常用的三角函数公式

1. 诱导公式

$\sin(-\alpha)=-\sin\alpha$；　　$\cos(-\alpha)=\cos\alpha$；

$\sin\left(\frac{\pi}{2}-\alpha\right)=\cos\alpha$；　　$\cos\left(\frac{\pi}{2}-\alpha\right)=\sin\alpha$；

$\sin\left(\frac{\pi}{2}+\alpha\right)=\cos\alpha$；　　$\cos\left(\frac{\pi}{2}+\alpha\right)=-\sin\alpha$；

$\sin(\pi-\alpha)=\sin\alpha$；　　$\cos(\pi-\alpha)=-\cos\alpha$.

2. 同角三角函数关系式

$\tan\alpha=\frac{\sin\alpha}{\cos\alpha}$;　　$\cot\alpha=\frac{\cos\alpha}{\sin\alpha}=\frac{1}{\tan\alpha}$;　　$\sec\alpha=\frac{1}{\cos\alpha}$;　　$\csc\alpha=\frac{1}{\sin\alpha}$;

$\sin^2\alpha+\cos^2\alpha=1$;　　$\tan^2\alpha+1=\sec^2\alpha$;　　$\cot^2\alpha+1=\csc^2\alpha$.

3. 二倍角公式

$\sin 2\alpha=2\sin\alpha\cos\alpha$;　　$\tan 2\alpha=\frac{2\tan\alpha}{1-\tan^2\alpha}$;

$\cos 2\alpha=\cos^2\alpha-\sin^2\alpha=2\cos^2\alpha-1=1-2\sin^2\alpha$.

4. 半角公式

$\sin^2\frac{\alpha}{2}=\frac{1-\cos\alpha}{2}$；　　$\cos^2\frac{\alpha}{2}=\frac{1+\cos\alpha}{2}$；　　$1-\cos\alpha=2\sin^2\frac{\alpha}{2}$；

$1+\cos\alpha=2\cos^2\frac{\alpha}{2}$；　　$\tan\frac{\alpha}{2}=\frac{\sin\alpha}{1+\cos\alpha}=\frac{1-\cos\alpha}{\sin\alpha}$.

5. 和差角公式

$\sin(\alpha+\beta)=\sin\alpha\cos\beta+\cos\alpha\sin\beta$；　　$\sin(\alpha-\beta)=\sin\alpha\cos\beta-\cos\alpha\sin\beta$；

$\cos(\alpha-\beta)=\cos\alpha\cos\beta+\sin\alpha\sin\beta$；　　$\cos(\alpha+\beta)=\cos\alpha\cos\beta-\sin\alpha\sin\beta$；

$\tan(\alpha+\beta)=\frac{\tan\alpha+\tan\beta}{1-\tan\alpha\cdot\tan\beta}$;　　$\tan(\alpha-\beta)=\frac{\tan\alpha-\tan\beta}{1+\tan\alpha\cdot\tan\beta}$.

6. 和差化积公式

$$\sin\alpha+\sin\beta=2\sin\frac{\alpha+\beta}{2}\cos\frac{\alpha-\beta}{2};\qquad \sin\alpha-\sin\beta=2\cos\frac{\alpha+\beta}{2}\sin\frac{\alpha-\beta}{2};$$

$$\cos\alpha+\cos\beta=2\cos\frac{\alpha+\beta}{2}\cos\frac{\alpha-\beta}{2};\qquad \cos\alpha-\cos\beta=-2\sin\frac{\alpha+\beta}{2}\sin\frac{\alpha-\beta}{2}.$$

7. 积化和差公式

$$\sin\alpha\cos\beta=\frac{1}{2}[\sin(\alpha+\beta)+\sin(\alpha-\beta)];\quad \cos\alpha\sin\beta=\frac{1}{2}[\sin(\alpha+\beta)-\sin(\alpha-\beta)];$$

$$\cos\alpha\cos\beta=\frac{1}{2}[\cos(\alpha+\beta)+\cos(\alpha-\beta)];\quad \sin\alpha\sin\beta=-\frac{1}{2}[\cos(\alpha+\beta)-\cos(\alpha-\beta)].$$